KB212688

# 하나를 알면 열을 깨치는 원리한자 1

부수글자

박홍균 지음

하나를 알면 열을 깨치는
원리한자 9
부수글자

개정2판 1쇄 발행 2024년 9월 27일

지은이 박홍균

펴낸곳 도서출판 이비컴

펴낸이 강기원
디자인 이승현
마케팅 박선왜

주 소 (02560) 서울시 동대문구 고산자로 34길 70, 431호
대표 전화 (02) 2254-0658 팩스 (02) 2254-0634
전자우편 bookbee@naver.com

등록번호 제 6-0596호(2002.4.9)

ISBN 978-89-6245-228-0 04700
ISBN 978-89-6245-227-3 (세트)

© 박홍균, 2024

· 책 값은 뒤표지에 있습니다.
· 이 책은 도서출판 이비컴이 저작권자의 계약에 따라 발행한 것이므로
저자와 출판사의 사용 승인을 통해 이용할 수 있습니다.
· 파본이나 잘못 인쇄된 책은 구입하신 서점에서 교환해 드립니다.

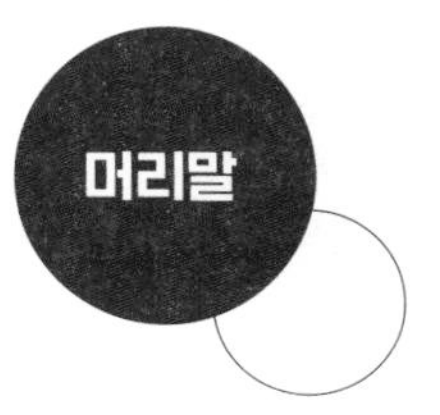


## 왜 한자를 배워야 할까?

한때 독자 여러분의 큰 사랑을 받았던 《350자로 2200자를 깨치는 원리한자》를 1권과 2권으로 분리하여 《하나를 알면 열을 깨치는 원리한자1(부수글자)》, 《하나를 알면 열을 깨치는 원리한자2(소리글자)》로 분권 출간하였고, 지속해서 보내주신 격려와 질책을 바탕으로 새로운 개정판을 출간하게 되었습니다. 이번 개정판은 그동안 제 홈페이지 게시판과 이메일 등으로 보내주신 질문과 의견, 지인들의 조언을 참고하여 개정하였습니다. 시대가 달라져도 꾸준히 독자의 사랑을 받아온 이 책은 다음과 같은 특징을 갖고 있습니다.

첫째, 한자 급수 시험을 준비하는 분들을 위해 1권(뜻글자)은 3급까지의 한자를 포함하였고, 일상생활이나 사자성어 공부를 위해 필요한 1, 2급 한자도 일부 포함했으며, 초중고 교과에 나오는 용어와 일반 상식의 어휘를 예시로 개념을 설명하였습니다. 또한, 2권(소리글자)은 2급까지의 한자를 포함하였고, 소리글자 263자를 가나다순으로 배열하여 자원을 풀이하여 한자어의 개념을 설명합니다.

둘째, 중국어와 일본어 공부를 겸하여 공부하시는 분들이 의외로 많아, 한자마다 중국 간체자와 일본 약자(우리나라의 약자에 해당)를 별도 표기하였습니다.

셋째, 한자의 이해를 위해 대표적인 한자들의 상형문자를 그림으로 나타내었고, 단순한 암기를 넘어 한자가 만들어진 원리와 본뜻을 풀어 공부와 언어 사용의 토대가 될 유추와 확장이 가능하도록 글자마다 최선을 다해 풀이했습니다.

이 책은 "한자를 왜 배워야 하지?"라고 질문하시는 분들에 대한 답변이 되었으면 하는 바람으로 썼습니다. 대부분 한자를 배우는 목적을 급수 따기, 승진, 입사 시험을 치기 위함이라고 하지만 저는 한자를 배워야 하는 목적이 다른 데 있다고 봅니다. 한국어의 약 70% 이상이 한자어이며, 초·중·고, 대학교에서 암기해야 할 용어의 90% 이상이 한자어입니다. 모든 한자가 원리에 따라 만들어졌듯이 모든 낱말도 아무렇게나 만들어지지 않았습니다. 한자를 만든 사람처럼 나름대로 고민하여 낱말이 갖는 뜻을 최대로 살릴 수 있도록 만들었기 때문에 한자를 알면 우리가 알아야 할 낱말들의 뜻을 쉽게 이해할 수 있고 암기하기도 쉽습니다.

이 책의 독자가 학생이라면 한자가 여러 과목을 공부할 때 큰 도움이 된다는 사실을 깨달았으면 좋겠습니다. 일반인도, 학창 시절에 배웠던 낱말들을 다시 익혀 상식을 쌓는데 도움이 되기를 기대합니다. 자녀가 있는 부모라면 공부를 봐줄 때 본문의 한자어 낱말을 활용하여 이해·암기하도록 지도해 주시면 좋습니다. 감사합니다.

저자 박홍균

## 1권은 뜻글자 127자 + 2권은 소리글자 263자 → 2~3천 자

이 책은 1, 2권으로 나누어져 있습니다. 1권은 127자의 부수글자(뜻글자)를 크게 '자연' 인간' '생활'로 구분하여 다뤘고, 2권은 263자의 소리글자를 '가나다' 순으로 배열하여 설명합니다. 1, 2권에 나오는 390字만 암기하면 이 글자들을 조합하여 2~3천 자(字)를 쉽게 배울 수 있도록 하였습니다.

먼저 1권에 나오는 127자의 부수를 모두 암기하고, 이 부수들이 어떻게 사용되는지를 이해하는 것이 좋습니다. 부수를 암기하기 위해서는 1권을 한번 빠른 속도로 읽어 보길 권합니다. 그런 후에 다시 1권과 2권을 차례대로 정독해 보세요. 정독할 때는 가급적 한자를 모두 써가면서 공부를 하는 것이 좋습니다. 읽다가 싫증이 나면 앞뒤를 오가면서 흥미 있는 부분부터 읽어도 괜찮습니다.

## 1권 부수글자는 3급, 2권 소리글자는 2급 한자까지 포함

그 외 급수시험을 준비하시는 분들을 위해, 원리한자1(뜻글자 편)은 한자자격검정시험 3급까지의 한자가 포함되어 있고, 일상생활이나 사자성어 공부를 위해 필요한 1, 2급 한자도 일부 포함되어 있습니다. 그리고 원리한자2(소리글자 편)는 한자자격검정시험 2급까지의 한자가 모두 포함되어 있음을 참고하시기 합니다.

## 모든 한자의 분해 표기와 중국 간체자, 일본 약자 추가

상형문자를 제외한 모든 한자는 분해하여 표기하였으며, 형성문자인 경우에는 소리에 해당하는 부분을 대괄호([ ])로 묶어 표시하였습니다. 또한 중국어 간체자는 ⓢ, 일본 약자는 ⓨ으로 표시해두었습니다. 이 일본 약자는 우리나라에서도 사용됩니다. 원리한자2에서는 한자어문회와 한자교육진흥회의 급수를 표기해 두었습니다.

참고로 알아 두어야 할 것은, 글자의 소리는 세월이 지남에 따라 변한다는 것입니다. 이런 현상은 동서양의 모든 언어에서 나타납니다. 예를 들어, 한글에서 추석을 의미하는 한가위의 '가위'는 원래 '가배'라는 소리가 변해서 된 것입니다. 이러한 현상은 한자도 예외는 아닙니다.

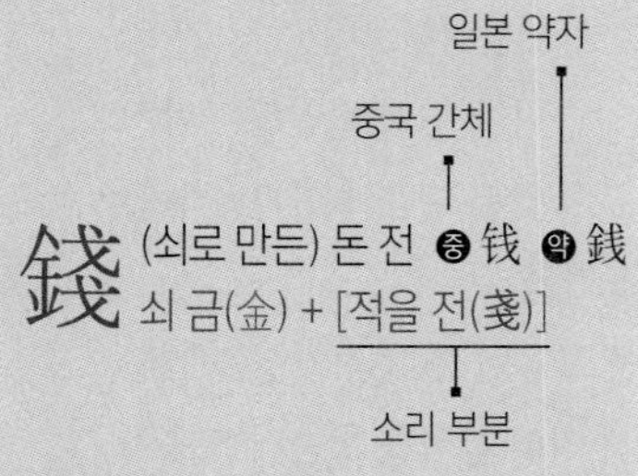

踐 (발로) 밟을 천 ㊥践 ㊖践
발 족(足) + [적을 전(戔)→천]

소리의 변화는 화살표로 표시

시대에 따라 변화한 솥 력(鬲)자

- 더할 가(加)→ 시렁 가(架)→ 하례할 하(賀)
- 나 오(吾)→ 오동나무 오(梧)→ 말씀 어(語)

위 예에서 첫 번째는 초성(자음)이 바뀌는 경우이고, 두 번째는 중성(모음)이 바뀌는 경우입니다. 이렇게 초성이나 중성이 바뀌는 현상도 전세계 모든 언어에 나타나는 공통 현상입니다.

다음의 경우는 가장 극단적인 경우로, 초성과 중성이 모두 여러 번 바뀌는 경우입니다.

- 합할 합(合)→ 조개 합(蛤)→ 마치 흡(恰)→ 주울 습(拾)→ 공급할 급(給)
- 합할 합(合)→ 조개 합(蛤)→ 대답할 답(答)→ 탑 탑(塔)

모양이나 소리가 변한 한자는 변한 모양이나 소리를 화살표(→)로 표시하였습니다. 왼쪽의 예시는 이런 표기의 예입니다.

### 이해를 돕기 위한 상형문자 예시

한자의 이해를 돕기 위해 대표적인 한자들의 상형문자 그림을 올려놓았습니다. 상형문자는 한 글자에 대해 여러 가지 모습을 가지고 있습니다. 또 시대에 따라 은나라의 갑골문(甲骨文), 주나라 이후의 금문(金文), 진나라의 소전(小篆) 등으로 변해왔습니다. 왼쪽 그림은 이렇게 글자의 모양이 변하는 모습을 보여주는 예입니다. 이 책에서는 이런 여러 가지 모습 중에서 글자의 뜻을 가장 잘 나타내는 하나를 뽑았습니다.

### 한자 학습의 선명한 목적 제시

대부분의 사람이 한자를 배우는 주요 목적을 한자 시험, 급수 시험, 승진 시험 등을 치기 위함에 둡니다. 하지만 이 책에서 강조하는 한자를 배워야 하는 목적은 다릅니다.

한국말은 약 70% 이상이 한자어이며, 우리나라에서 사용하는 낱말 중 명사는 대부분 한자어에서 왔습니다. 더욱이 초·중·고, 대학교에서 암기해야 하는 용어들의 90% 이상이 한자어입니다. 즉, 우리나라 교육에서 한자는 학문의 기본이 된다고 해도 지나친 말이 아닙니다.

모든 한자가 원리로 만들어졌듯이 책에 나오는 모든 낱말도 아무렇게나 만들어진 것이 아닙니다. 이런 낱말을 만든 사람은, 한자를 만든 사람처럼 나름대로 고민하여 낱말이 갖는 뜻을 최대로 살릴 수 있게 만들었습니다. 따라서 한자를 알면 우리가 암기해야 할 낱말의 뜻을 쉽게 이해할 수 있고 암기하기도 쉽습니다. 나아가 글을 이해하는 능력과 표현하는 능력도 갖게 합니다.

가령, 초등학교 과학시간에 배우는 **집기병**(集氣甁)이란 낱말은 '기체(氣)를 집합(集)시키는(모으는) 병(甁)'이라는 뜻입니다. 또 각선미(脚線美)와 교각(橋脚)이라는 낱말에 나오는 각(脚)자는 다리를 뜻합니다. **각기병**(脚氣病)은 '다리(脚)에 공기(氣)가 들어간 병(病)', 즉 '다리가 붓는 병'임을 연상할 수 있습니다. 또 역사시간에 배우는 **법흥왕**(法興王)은 '법(法)을 흥(興)하게 한 왕(王)'이라는 뜻으로, 신라 시대에 처음으로 법률을 반포한 왕입니다.

이와 같이 한자로 이루어진 글자의 뜻을 알고 암기하면 평생 잊히지 않을뿐더러 초·중·고생들도 국어를 완벽하게 이해하고 표현하기 위한 어휘력과 문해력을 두루 갖출 수 있습니다. 이 책은 초·중·고 교과에 나오는 한자어는 물론, 일반 상식 한자어 예문을 활용하여 어휘력 확장에 큰 도움을 얻을 수 있습니다.

## 일러두기

- 이 책은 상형문자를 근거로 한자가 만들어진 원리를 해석하려고 노력하였습니다.
- 한자의 해석은 보편적으로 널리 사용되는 것을 따르되, 극히 일부분은 개인적인 의견이 가미된 것임을 밝혀둡니다.
- 이 책에 나오는 중국 지명을 비롯한 각종 이름은 중국식 발음을 사용하지 않고 한자음을 그대로 사용하였습니다.
- 급수한자의 기준은 한국어문회와 한자교육진흥회의 기준을 따랐습니다.
- 원리한자 2권의 부록에 수록한 《한자의 탄생》과 《간지와 음양오행》을 먼저 읽으면 한자를 이해하는 데 도움이 되므로 먼저 읽어보시기를 권합니다.
- 원리한자 1권 부수글자와 원리한자 2권 소리글자의 찾아보기는 시리즈상 1, 2권을 통합해 수록하였으므로 혼동하지 않도록 주의하시기 바랍니다.

# 부수글자(뜻글자) 편



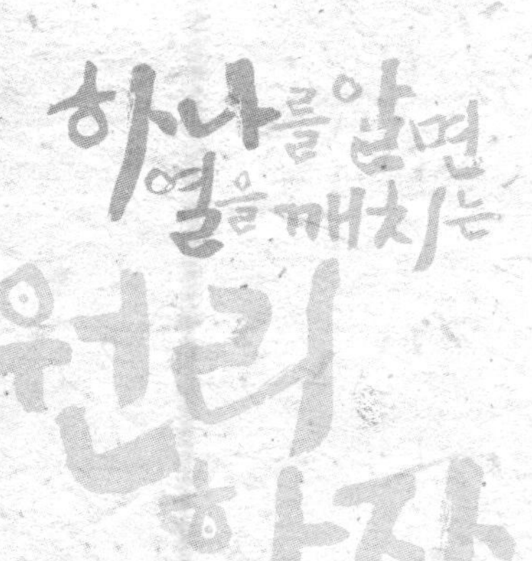

## 셋째 마당

인간과 관련한 부수한자



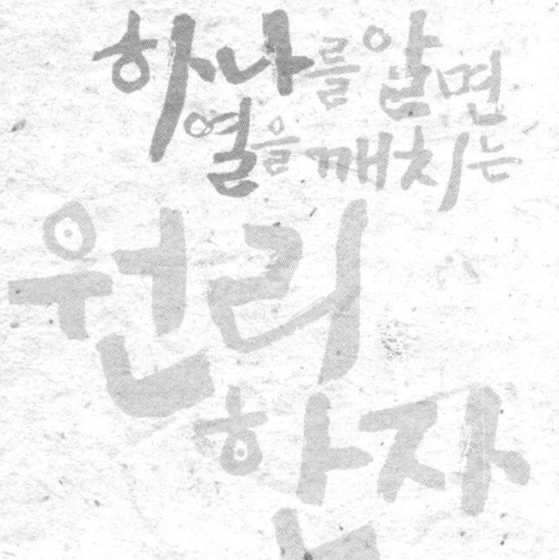

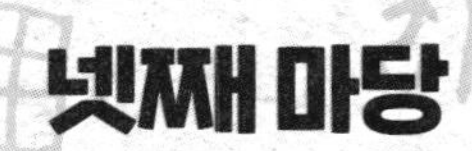

## 넷째 마당

생활과 관련한 부수한자

# 원리한자 2 소리글자 편

# 첫째 마당

## 원리로 깨치는 원리한자 2500

# 1-1 한자 속의 숨은 원리

김홍도의 〈서당〉

옆 그림은 옛날 우리나라의 서당에서 한자를 배우고 있는 모습입니다. '하늘 천, 따 지, 검을 현, 누를 황 ~' 무조건 외워야하고, 못 외우면 회초리로 종아리를 맞았습니다. 이렇게 무작정 외우는 방식은 1+1=2, 1+2=3, 1+3=4, 1+4=5, 1+5=6... 등을 모두 외워서 덧셈을 배우겠다는 생각과 똑같습니다.

세상의 모든 것에는 원리라는 것이 있습니다. 한자도 아무렇게나 대충 만든 것이 아니라 나름대로의 원리에 따라 만든 것입니다. 덧셈의 원리를 알고 나면 어떤 숫자도 더할 수 있듯이, 한자가 만들어진 원리를 이해하면 한자를 훨씬 쉽게 배울 수 있습니다. 따라서 한자를 배우기 전에 먼저 한자가 만들어진 원리를 아는 것이 필요합니다.

### 상형문자: 물건의 모양

→ → → 山

메 산(山)

→ → → 川

내 천(川)

고대 중국에서 글자란 물건의 모양을 본떠 그린 그림에서 시작하였습니다. 산봉우리가 3개 나란히 있는 모양을 본떠 만든 메 산(山)자, 강이 흘러가는 모양을 본떠 만든 내 천(川)자와 같은 글자가 그러한 예입니다.

이와 같이 물건의 모양을 본떠 만든 문자를 상형문자(象形文字)라고 부릅니다. 상형(象:코끼리 상, 形:모양 형)을 말 그대로 해석하면 '코끼리의 형상'입니다. 따라서 상형문자는 코끼리와 같은 물체의 형상을 그대로 본떠 만든 글자입니다.

이러한 상형문자는 원래 물건의 모습을 떠올려서 배운다면 쉽게 외울 수 있습니다. 하지만 이렇게 해서 배울 수 있는 한자는 기껏해야 300여 개 정도로, 한자 전체의 1%도 되지 않습니다.

### 지사문자: 물건이 아닌 것

나무 목(木) → 끝 말(末)

'끝', '밑', '위', '아래'와 같은 글자는 물건이 아니기 때문에 본떠 만들 모양이 없습니다. 그래서 이런 글자는 물건의 모양 대신에 기호를 사용하여 만들었습니다. 예를 들어 '끝'이라는 글자는 나무 목(木)자 맨 위에 一과 같은 기호를 넣어 끝 말(末)자를 만들었습니다. '나무의 맨 꼭대기 끝이다'는 뜻입니다.

이처럼 상형문자에 기호를 덧붙여 만든 글자를 지사문자(指事文字)라고 부릅니다. 위 상(上), 아래 하(下), 오목할 요(凹), 볼록할 철(凸) 등은 기호만으로 만들었는데, 이러한 글자들이 지사문자입니다. 지사(指:가리킬 지, 事:일 사)

를 말 그대로 해석하면 '일을 가리킨다'는 뜻입니다. 일은 코끼리처럼 보거나 만질 수 있는 물체가 아닙니다. 따라서 지사문자는 보거나 만질 수 없는 것들을 나타내는 글자입니다.

이런 지사문자도 상형문자와 마찬가지로 만들어진 과정을 생각하면 비교적 외우기가 쉽습니다. 그런데 지금까지 알려진 지사문자는 전부 130개밖에 되지 않습니다.

## 회의문자: 뜻 + 뜻

사람(人) + 나무(木)
= 쉴 휴(休)

글자를 만드는 더 좋은 방법이 없을까를 고민하던 중국 사람들은 새로운 방법을 발견해 냅니다. 지사문자나 상형문자를 여러 개 모아서 새로운 글자를 만드는 것입니다. 예를 들어, '사람(人)이 나무(木) 아래에서 쉬고 있다'는 의미로, 사람 인(人/亻)자와 나무 목(木)자를 모아서 쉴 휴(休)자를 만드는 식입니다.

이와 같은 글자를 회의문자(會意文字)라고 부릅니다. 회의(會:모을 회, 意:뜻 의)를 말 그대로 해석하면 '뜻을 모으다'라는 의미입니다. 따라서 회의문자는 뜻을 가진 여러 가지 글자를 모아 만든 글자입니다. 하지만 이러한 회의문자도 1,000여 개 정도로 전체 한자의 1% 쯤입니다.

## 형성문자: 뜻 + 소리

이러한 회의문자는 뜻은 쉽게 알 수 있으나, 소리는 알 수 없다는 단점이 있습니다. 위에 나오는 쉴 휴(休)자는 사람 인(人)자나 나무 목(木)자와는 전혀 다른 소리가 납니다. 그런 연유로 생각해 낸 것이 뜻을 나타내는 글자와 소리를 나타내는 글자를 합쳐 새로운 글자를 만드는 방법이었습니다. 다음은 이러한 글자를 만드는 예입니다.

쌀 포(包)자는 태아가 배로 둘러싸여 있는 모습입니다.

- ⊙ 입 구(口) + [쌀 포(包)] = 고함지를 포(咆) : 입(口)으로 고함을 지릅니다.
- ⊙ 물 수(水) + [쌀 포(包)] = 거품 포(泡) : 물(水)에서 거품이 생깁니다.
- ⊙ 먹을 식(食) + [쌀 포(包)] = 배부를 포(飽) : 먹으니까(食) 배가 부릅니다.

대괄호([ ]) 안에 들어 있는 글자가 소리를 나타내는 글자입니다. 이 책에는 이와 같이 소리를 나타내는 글자를 모두 대괄호([ ])로 표시했습니다.

이와 같이 뜻글자와 소리글자를 합쳐 만든 글자를 형성문자(形聲文字)라고 부릅니다. 형성(形:모양 형, 聲:소리 성)을 말 그대로 해석하면 '모양과 소리'라는 의미입니다. 따라서 형성문자는 뜻을 나타내는 모양(形)과 소리를 나

한자의 97%가 뜻글자와 소리글자가 합쳐진 형성문자란다. 그러니까 형성문자만 잘 이해하면 한자 실력이 훨씬 좋아지지.

아~! 알겠습니다.

타내는 소리(聲)가 합쳐져 만들어진 글자입니다.

형성문자는 뜻도 쉽게 이해되고, 소리도 쉽게 알 수 있다는 장점이 있습니다. 다른 예를 더 봅시다. 옛날 사람들은 날씨에 관련된 모든 것들이 비(雨)와 관련되어 있다고 생각하였습니다.

- ⦿ 비 우(雨) + [이를 운(云)] = 구름 운(雲)
- ⦿ 비 우(雨) + [길 로(路)] = 이슬 로(露)
- ⦿ 비 우(雨) + [서로 상(相)] = 서리 상(霜)

한자 자전(字典)에는 한자를 부수에 따라 분류해 두었는데, 이러한 부수가 대부분 한자의 뜻을 나타내는 글자입니다.

##  한자의 97%는 형성문자

뜻글자와 소리글자를 합쳐 새 글자를 만든 형성문자는 전체 한자 중 97%를 차지하지만 우리가 자주 사용하고 있는 2,000여 자의 한자 중 20~30%(약 500자 정도)는 상형문자나 회의문자이고, 나머지 70~80%가 형성문자입니다.

형성문자는 뜻도 이해가 쉽고 소리도 쉽게 알 수 있기 때문에, 앞의 글자처럼 무조건 외우지 않아도 쉽게 공부할 수 있습니다. 그러므로 이 형성문자만 잘 이해해도 한자 실력이 금방 늘 수 있습니다.

뜻글자와 소리글자로 합쳐진 형성문자를 자세히 들여다보면, 소리글자가 뜻도 겸하고 있는 경우를 종종 볼 수 있습니다. 아래의 예를 보면 이런 사실을 알 수 있습니다.

- ⦿ 집 면(宀) + [없을 막(莫)] = 쓸쓸할 막(寞) : 집에 아무도 없으니 쓸쓸합니다.
- ⦿ 물 수(水) + [없을 막(莫)] = 사막 막(漠) : 사막에는 물이 없습니다.
- ⦿ 수건 건(巾) + [없을 막(莫)] = 장막 막(幕) : 안을 볼 수 없게 드리워진 큰 수건이 장막입니다.

중국 송나라의 문필가이자 정치인인 왕안석

당송팔대가 중의 한 사람인 왕안석(王安石, 1021~1086년)은 소리를 나타내는 모든 글자가 뜻도 함께 가지고 있다고 주장한 사람입니다. 사실 한자를 만드는 사람도 소리를 나타내는 글자를 선택할 때, 아무 글자나 선택하지 않고 가급적 의미가 있는 글자를 선택했으리라 짐작할 수 있습니다. 그렇다고 모든 한자에 이런 원리를 꿰어 맞추기는 사실상 불가능합니다. 단지, 한자를 배울 때 가급적 소리를 나타내는 글자에서도 뜻을 찾아보려는 습관을 가지면 한자 실력이 느는데 크게 도움이 될 것입니다.

## 뜻글자와 소리글자의 개수

우리가 한글을 배울 때, ㄱ, ㄴ, ㄷ과 같은 24개의 자모음을 먼저 배우고, 영어를 배우려면 a, b, c와 같은 26개의 알파벳을 먼저 배웁니다. 그러면 한자를 배우려면 몇 개의 뜻글자와 소리글자를 배워야 할까요?

중국 한나라 때, 한자 학자였던 허신(許愼, 30~124년)은 최초로 한자의 뜻과 소리를 체계적으로 정리하여 《설문해자(說文解字)》라는 책을 만들었습니다. 이 책에는 한자를 이루는 기본 글자를 540개로 분류하였습니다. 또, 학자들에 의하면 대략 600~700개의 글자만 익히면 나머지 글자는 모두 이 글자를 기초로 이해할 수 있다고 합니다. 참고로 한자의 개수는 대략 5만 자 정도인데, 간체자 등을 비롯한 이체자를 포함하면 약 10만여 자가 됩니다. 하지만 우리가 실제 학교나 일상에서 사용하는 글자는 2,000여 자에 불과하므로, 이보다 적은 글자만 알아도 됩니다. 이 책에서는 390자로 2500자를 깨치도록 할 예정입니다.

## 전주문자와 가차문자

우리가 자주 사용하는 한자의 대부분은 한자를 처음 만들 때의 뜻에서 파생되어 다른 뜻으로 사용됩니다. 이와 같이 한자 원래의 뜻으로부터 여러 가지 다른 뜻으로 활용되는 글자를 전주문자(轉注文字)라고 부릅니다. 예를 들어 안방 규(閨)자는 색시 규(閨)자로 전주되어 사용됩니다. 색시는 안방에 조용히 있기 때문입니다. 악기를 의미하는 악(樂)자는, 악기 연주를 들으면 즐거워진다고 해서 즐거울 락(樂)으로도 전주되어 사용됩니다. 대부분의 한자가 한 가지 뜻만 가지고 있지 않고 여러 가지 뜻을 가지고 있는데, 이는 뜻이 전주되어 사용되기 때문입니다.

전주문자 이외에도 뜻과 상관없이 소리를 빌려서 쓰는 글자도 있습니다. 예를 들어 영어로 된 아시아(Asia)를 한문으로 아세아(亞世亞)라고 표현합니다. 또 코카콜라(Coca Cola)는 가구가락(可口可樂), 펩시콜라(Pepsi Cola)는 백사가락(百事可樂)으로 표현합니다. 이와 같이 소리만 빌려서 사용하는 글자를 가차문자(假借文字)라고 합니다. 한자에서 의문사나 조사와 같은 글자는 회의문자나 형성문자로도 표현이 불가능한데, 이와 같은 글자들은 대부분 가차하여 사용합니다. 예를 들어 어찌 하(何)자는 원래 사람(人)이 어깨에 짐(可)을 메고 있는 모습인데, 가차되어 '어찌'라는 뜻이 생겼습니다. 또 '새 발의 피'라는 뜻의 조족지혈(鳥足之血)에서 지(之)자는 원래 '가다'는 뜻을 가졌지만, 여기에서는 가차되어 '~의'라는 뜻으로 사용됩니다.

어찌 하(何)

엄밀히 말하면, 가차문자와 전주문자는 새로운 글자를 만드는 것이 아니라 기존의 글자에 새로운 뜻이 추가되거나 소리를 이용하는 것입니다.

## 1-2 옛 중국인의 생활과 한자와의 관계

한자의 부수(部首)가 그 한자의 뜻과 밀접하게 관련 있다는 사실은 대부분 알고 있습니다. 예를 들어 땅 지(地)자에는 흙 토(土)자가 들어가고, 바다 해(海)자에는 물 수(水/氵)자가 들어가고, 매화나무 매(梅)자에는 나무 목(木)자가 들어갑니다.

하지만 한자를 배우다 보면 다음과 같은 질문들이 생깁니다. 돌(石)로 만드는 성(城)에는 왜 흙 토(土)자가 들어가고, 쇠(金)로 만드는 기계(機械)에는 왜 나무 목(木)자가 들어갈까? 또 나무로 만드는 종이 지(紙)자에는 왜 실 사(糸)자가 들어가며, 편지 간(簡)자는 왜 대나무 죽(竹)자가 들어갈까? 세금을 의미하는 조세(租稅)에는 왜 벼 화(禾)자가 나란히 들어가며, 집을 빌린다는 의미의 임대(賃貸)에는 왜 조개 패(貝)자가 나란히 들어갈까? 여자들이 하는 화장(化粧)에는 왜 쌀 미(米)가 들어갈까?

이런 끊임없는 물음에 답을 하려면 먼저 옛 중국인들의 생활을 이해하여야 합니다. 한자를 본격적으로 배우기에 앞서, 부수가 한자의 뜻과 어떤 관계에 있는지, 또 한자가 고대 중국인들의 생활과 얼마나 밀접하게 관련되어 있는지를 개략이나마 알아야 합니다.

다음의 글은 위의 질문에 대한 답변이 되는 동시에, 한자를 만든 상(商)나라/은(殷)나라 – 주(周)나라 – 춘추전국(春秋戰國) 시대 – 진(秦)나라를 거쳐 한자가 정착되기 시작한 BC1세기 한(漢)나라까지의 역사적인 사실에 근거를 두고 중국인들의 생활을 서술해 본 것입니다. 물론 책의 본문에서는 이런 이야기들을 더욱 상세하게 설명할 예정입니다. 따라서 이 글은 본 영화 전에 보는 예고이라고 할 수 있습니다. 문장 곳곳에 연관되는 한자를 넣었는데, 여기에서 이 글자가 무슨 자인지는 알 필요는 없습니다. 본문에서 각 글자가 만들어진 경위나 배경을 상세히 이야기할 예정이기 때문에, 여기에서는 각 단락마다 공통으로 나오는 부수(部首)가 어떻게 사용되는지, 또 중국인의 생활과 한자가 어떻게 관련되어 있는지만 이해하시기 바랍니다.

## 비 우(雨)

여름 하늘에 구름(雲)이 모이면 비(雨)가 내리고 천둥(雷)과 벼락(電)이 칩니다. 그친 비 사이로 무지개(霓)가 뜨고, 노을(霞)이 집니다. 새벽에는 안개(霁)가 자욱하고, 긴 장마(霖)철에는 가끔 우박(雹)도 옵니다. 가을에는 풀잎에 이슬(露)이 맺히고, 늦가을에는 서리(霜)가 내리고, 겨울에는 눈(雪)이 내립니다.

## 구멍 혈(穴)

고대 중국 문명이 시작된 황하강 중류에는 거대한 황토고원이 있는데, 고대인들은 비와 바람을 피하기 위해 황토 언덕에 굴(窟)을 뚫어(穿) 집을 만들었습니다. 굴 내부는 비어(空) 있고 한쪽은 막혀(窒)있었습니다. 입구는 가급적 좁게(窄) 만드는 것이 난방을 위해 좋았고, 통풍이나 채광을 위해 조그마한 구멍(穴)을 낸 것이 창(窓)이었습니다.

## 집 면(宀)

황하강 하류의 화북평야에 사는 사람들은 움집(宇)을 지어 날씨나 맹수들로부터 자신을 지킬(守) 수 있었습니다. 이렇게 집(宙)에 정(定)착하면서 돼지(豕)와 같은 가(家)축도 길렀습니다. 또한 집에 있으면 편안히(寧) 쉴 수 있었습니다. 밤에는 잠을 자고(宿), 아침이면 깨어났습니다(寤). 장가(嫁)를 가서 여자(女)와 함께 살면 더 편안(安)하였습니다.

## 나무 목(木)

고대 중국인들은 나무(木)로 집을 짓기 위해 목재(木材)를 만들고, 이 목재로 기둥(柱)과 대들보(梁)를 세우고, 집안에는 판자(板)를 잘라 침대(床)와 의자(椅)를 만들었습니다. 침대에는 목침(枕)이 있었고, 벽에는 시렁(架)을, 책상에는 책시렁(格)을 만들었습니다. 또한 베틀(機)이나 사다리(梯), 바둑판(棋), 관(棺)도 만들고, 노인을 위해 지팡이(杖)도 만들었습니다. 나무로 만드는 기술이 발달하자 누각(樓)이나 다리(橋)도 만들었습니다. 오래된 나무(枯)는 도끼로 쪼개어(析) 장작 불(焚)을 피웠습니다.

## 문 문(門)

나무로 만든 건축 기술이 발달하자, 성문(門) 위에 누각(閣)을 만들었고, 성문을 통과하는 사람들을 검열(閱)하기도 하였습니다. 보통 문(闔)에는 빗장(關)을 채워 닫거나(閉), 빗장을 벗겨 문을 열었습니다(開). 집안에는 안방(閨)을 만들어 문을 달았고, 문지방(閑)도 만들어 방을 구분하였습니다. 하지만 문이 좀 엉성해서 문(門) 틈 사이(間)로 햇볕(日)이 들어오기도 하였습니다.

## 대 죽(竹)

많은 나무들 중에서도 대나무(竹)는 가장 유용하게 사용되었습니다. 낚싯대(竿), 화살(箭), 화살통(筒), 피리(笛), 붓(筆), 대나무 관(管), 키(箕), 젓가락(箸), 대그릇(籠), 대광주리(簞), 상자(箱), 바구니(籃) 등을 모두 대나무로 만들었습니다. 서기 105년 한나라 채륜이 종이를 만들기 전까지 대나무는 종이 대신 사용되었습니다. 책(篇)이나 장부(簿)는 물론, 편지(簡)나 답장(答)도 대나무에 썼습니다.

## 실 사(糸)

지금은 나무를 이용해 종이(紙)를 만들지만 고대 중국에서는 실(絲)로 짠 비단(絹) 천을 사용하였습니다. 고대 중국에서는 누에고치에서 가는(細) 실을 뽑아(紡) 길쌈(績)을 했습니다. 실로는 비단(緋緞)을 짜고(組), 그물(網)도 짰습니다(織). 비단과 그물은 날줄(經)과 씨줄(緯)을 교차시켜 짰고, 실이 끊어지면(絕) 실을 묶어서(結) 이었습니다(維). 이러한 비단은 실크로드(Silk Road)를 통해 서양으로 수출되었습니다. 누에보다 키우기 쉬운 솜(綿)은 11세기까지 중국인에게 알려지지 않았고, 모시(紵)는 비단보다 먼저 만들기 시작했으나 큰 인기를 누리지 못했습니다.

## 수건 건(巾)

실로 짠 베(布)로 모자(帽)와 띠(帶)를 만들었고, 돛(帆), 휘장(帳), 장막(幕)을 만들었으며, 시장(市)에는 깃발(幢)을 달아 장이 열린다는 표시를 하였습니다. 또 비단(幣帛)은 책 표제(帖)에도 사용되었습니다.

## 옷 의(衣/衤)

또한 베는 재단(裁)을 해서 옷(衣)을 만들어 입었습니다. 도포(袍)도 만들고, 치마(裳)도 만들었으며, 적삼(衫)도 만들어 입었습니다. 겉옷(表)뿐만 아니라 속옷(裏)도 만들어 입었습니다. 찢어진(裂) 남루(襤褸)한 옷은 기워서(補) 입었습니다. 또 부자들은 옷에 장식(裝)을 하여 입었습니다. 옷감으로 이불(衾)도 만들었고 부대(袋)도 만들었습니다.

## 벼 화(禾)

전설에 의하면 신농씨가 농사를 짓는 방법을 가르쳐 주었다고 합니다. 볍씨(種)를 모판에 심으면 싹이 나고, 어느 정도 자라면 모판에서 논으로 모를 옮겨(移) 심었습니다. 가을(秋)이 되면 벼(稻)를 수확(穫)하여 쌓아(積) 놓습니다. 춘추전국 시대에 벼로 조세(租稅)를 징수하기 시작하였습니다. 정확한 징수를 위해, 저울(稱秤)을 만들어 사용하였습니다. 춘추전국 시대를 통일한 진(秦)나라는 벼(禾)를 많이 길렀습니다.

## 먹을 식(食)

고대 중국인도 우리와 마찬가지로 밥(飯)을 해서, 반찬(饌)과 함께 배불리(飽) 먹었습니다(餐). 하지만 농사가 안되면 기근(飢饉)으로 굶어(餓) 죽기도 하였습니다. 남는(餘) 밥은 가축의 사료(飼)로 사용하였습니다.

## 쌀 미(米)

식량(糧)으로 사용한 쌀(米)로 죽(糊)도 만들고, 가루(粉)를 만들어 엿(糖)도 만들고, 화장(粧)하는 데도 사용하였습니다. 밥을 먹고 나면 똥(糞)도 쌌습니다.

## 닭 유(酉)

쌀을 발효(醱酵)시켜 술(酒)을 빗기도(釀) 하였는데, 술을 따라(酌) 마셔 취하면(酩) 자고, 일어나면 술이 깨었습니다(醒). 익은(酋) 술이 너무 오래되어 시어지면(酸) 식초(醋)가 되었습니다.

## 물 수(水/氵)

농사를 짓기 위해 고대 중국인들은 황하강(黃河江) 중류에 모여들었습니다. 바다(海洋)에서 멀리 떨어진 곳이기는 하나 큰 강과 작은 시냇물(溪)이 흘렀습니다. 주변에는 황하강이 범람(濫)해서 호수(湖)나 못(澤), 늪(沼)도 발달하였습니다. 황하강은 황토로 인해 항상 흐려(濁) 물이 맑을(淸) 때가 없었습니다. 물은 강을 따라 흐르면서(流) 때로는 소용돌이(渦)치기도 하고 때로는 격렬(激)하게 흘러 파도(波)가 쳐 물방울(沫)이 튀고, 거품(泡)이 생기기도 하였습니다. 농사를 짓는 사람은 강에서 물을 끌어대어(灌) 땅을 비옥(沃)하게 만들었습니다. 물가(浦)에서는 고기를 잡다가(漁) 물에 빠져(沈) 익사(溺)하는 사람도 있었습니다. 개중에는 수영(泳)을 하거나 잠수(潛)를 하기도 하고, 배를 띄워(浮) 타는 사람도 생겼습니다. 옷이 더러워지면 빨래(洗)를 하고, 여름에 땀(汗)이 나면 강이나 호수에서 목욕(沐浴)을 하였습니다. 사람들은 물가에 모여들어 동네(洞)를 이루고 살았습니다.

## 흙 토(土)

황하강이 범람하면서 황하강에서 나온 토사가 강 주변의 땅(地)에 쌓였습니다. 이렇게 쌓인 황토(土) 흙은 고대 중국인에게 매우 유용하였습니다. 적을 막기(塞) 위해 흙으로 성(城)을 쌓았고, 강가에는 흙으로 제방(堤)을 만들었습니다. 홍수가 오면 제방이 붕괴(壞)되기도 하였습니다. 사람이 죽으면 적당한 터(垈)에 구덩이(坑)를 파고, 시신을 묻어(埋) 분묘(墳墓)를 만들었습니다. 흙으로 벽돌(塼)을 만들어 담(墻)을 쌓고 탑(塔)이나 만리장성(城)도 만들었습니다. 부드러운 흙(壤)이나 진흙(塗)으로 그릇도 만들었습니다.

## 그릇 명(皿)

중국을 뜻하는 영어 차이나(China)는 진(Chin)나라의 이름에서 유래하였습니다. 영어로 도자기를 차이나(China)라 부르는 것을 볼 때, 중국의 도자기 문화가 얼마나 발달하였는지 알 수 있습니다. 밥그릇(盂)뿐만 이니라, 술잔(盃), 화분(盆), 화로(盧), 찬합(盒) 등도 만들었습니다. 그릇(皿)에는 뚜껑(盖)도 만들어 덮었습니다(蓋).

## 불 화(火/灬)

불(火)을 때어(炊) 나는 열(熱)을 이용해 도자기를 굽고(焦), 음식을 삶아(烹) 익히고(熟), 물을 끓였습니다(煎). 뿐만 아니라 밤에는 등불(燈)로 불빛(熙)을 비추어(煇) 어둠을 밝히고(照), 추우면 화로(爐)에 불을 담아 난방(煖)에 이용하였습니다.

## 개 견(犬/犭)

고대 중국에서는 농사뿐만 아니라 수렵(狩獵)도 하였습니다. 사납고(猛) 미쳐(狂) 날뛰는 이리(狼)를 잡아서(獲) 개(狗)로 길들여 집에서 길렀습니다. 무리를 이루어 사는 이리와는 달리 개는 혼자(獨) 살게 되었습니다. 고양이(猫)이도 집에서 길렀으나, 여우(狐)는 교활(狡猾)하여 가축이 되지 못했습니다. 원숭이(猿)도 마찬가지입니다.

## 소 우(牛)

고대 중국에서의 소(牛)는 매우 요긴한 가축이었습니다. 은나라 때 이미 우리(牢)에서 소를 길렀고(牧) 밭을 갈거나 수레를 끄는데(牽) 소를 이용했습니다. 당시까지 제물(物)로 바치던 사람을 소가 대신하였습니다. 즉 소가 사람 대신에 희생(犧牲)되었습니다. 희생되는 소는 수소(特)로서 송아지(犢) 때부터 특별한(特) 대우를 받았습니다. 소를 제단에 바친 후에는 조상신에게 이런 사실을 고(告)했습니다.

## 갈 착(辵/辶)

당시 사람들은 가까운(近) 곳이든 먼(遠) 곳이든 걸어 다녔습니다. 길(道)이 생기면서 방해물이 없이 빠른(迅) 속도(速)로 나아갈(進) 수 있었습니다. 길에서 도둑을 만나면, 먼 길로 우회(迂廻)하여 달아나(逃) 돌아오기도(還) 하였습니다. 길은 마을을 연결(連)하였으며, 마을을 통과(通過)하여 지나(過)갔습니다. 길(途)에서 멀리(遼) 사람을 보내거나(送), 돌아오는(返) 사람을 맞이하기도(迎) 하고, 다른 사람을 만나기도(逢) 하였습니다.

## 말 마(馬)

BC 1500년경 상나라 때에 북방 민족에 의해 중국으로 말(馬)이 수입되었습니다. 말은 올라타서(騰) 원하는 데로 몰고(驅) 갈 수 있는 유일한 동물이었습니다. 말은 종종 놀라(驚)는 특성을 가지고 있으며, 여러 마리가 동시에 놀라면 소동(騷)이 벌어지곤 하였습니다. 말을 몰고 멀리 갈 때에는 역(驛)에서 말을 쉬게 하고 먹이도 줄 수 있었습니다.

## 수레 거(車)

BC 1300년경 은(殷)나라 때에 군(軍)사적인 목적으로 말이 끄는 수레(車)가 사용되었습니다. 보통 두 마리의 말이 수레 한 채(輛)를 끌었습니다. 수레는 바퀴(輪)가 달려 굴러(轉) 가도록 만들었습니다. 군사들이 사용하는 무기나 식량을 실어(載) 빨리(輕) 수송(輸)할 수 있었는데, 삐걱거리는(軋轢) 수레바퀴 소리와 말발굽 소리로 여러 대가 함께 지나가면 굉(轟)음이 울렸습니다. 전쟁터에서는 수레를 배치하여 진(陣)을 쳤고, 공격(擊)을 할 때에도 마차가 사용되었습니다.

## 칠 복(攴/攵)

전쟁은 고대국가에서 일상이었습니다. 전쟁 하려면 먼저 군사를 징집(徵)하고, 세금을 거두었습니다(收). 전쟁이 시작되면 공격(攻)을 하고, 적(敵)들이 패(敗)해서 흩어지면(散) 포로로 잡았습니다. 포로는 매로 때려(攴/攵) 공손(敬)하게 만든 후 사면(赦)하여 놓아(放)주었습니다.

## 매울 신(辛)

하지만 대부분의 경우 포로를 그냥 놓아주지 않고, 얼굴에 침(辛)으로 문신을 새겨 노예로 삼았습니다. 여자는 얼굴에 문신(章)을 새겨 첩(妾)으로 삼고, 아이(童)들은 침(辛)으로 한쪽 눈의 눈동자를 찔러 거리감을 상실하게 만들어 노예로 삼았습니다. 얼굴에 문신을 새기는 형벌을 묵형이라고 하는데, 백성을 다스리는 재상(宰)이 이런 형벌도 관장하였습니다.

## 활 궁(弓)

고대 중국의 국가들은 활(弓)을 어깨에 매고 말을 타고 다니는 오랑캐(夷)들과 전쟁을 많이 했습니다. 오랑캐가 사용하는 활의 호(弧)는 반달 모양이 아닌 낙타 등처럼 이중으로 되어 탄력(彈)이 매우 컸습니다. 활줄(弦)을 당기면(引) 큰 힘으로 발사(發)되었습니다. 이러한 활은 활줄이 느슨해지면(弛) 다시 줄을 팽팽하게 당겨(張) 놓을 수 있도록 되어 있었습니다. 하지만 춘추전국 시대 이후에는 쇠뇌(弩)가 전쟁에 사용되면서 이런 활은 쇠퇴해 갔습니다.

## 조개 패(貝)

BC 1600년경 탄생한 상(商)나라에서는 농사일뿐만 아니라 장사를 하는 사람도 생겨났습니다. 그래서 상나라 사람이란 의미의 상인(商人)은 물건을 파는 사람이란 의미도 생겨났습니다. 상인(商人)들은 조개(貝)를 돈(貨)으로 사용하였습니다. 물건을 사고(買) 팔아(賣) 재산(財)을 모으고, 돈을 저축(貯)하기도 하였습니다. 물건을 판매했을(販) 뿐만 아니라 임대(賃貸)도 하여 세(貰)도 받았습니다. 사회가 혼란해지자 부자든 가난한(貧) 사람이든 남의 재물을 탐(貪)내게 되었고, 도적질(賊)도 하게 되었습니다.

## 칼 도(刀/刂)

BC 1300년경 은나라의 탄생과 함께 청동기 시대로 접어들면서 조개 대신 칼(刀) 모양으로 화폐를 만들어 사용하였습니다. 칼은 여러 가지 용도로 사용되었는데, 물건을 둘로 나누거나(別), 과일을 깎거나(削), 짐승의 배를 가르거나(剖), 가죽을 벗기거나(剝), 나무를 쪼개는(判) 데 사용되었습니다. 또

한 칼(劍)로 사람을 찔러(刺) 죽이거나(刑) 목을 베는(刎) 데도 사용하였습니다.

## 쇠 금(金)

청동기는 구리(銅)와 주석(錫) 등 땅속의 광물(鑛)을 제련(鍊)하여 만들었습니다. 이러한 청동으로 거울(鏡), 바늘(針), 침(鍼), 낚시 바늘(釣), 송곳(錐), 돈(錢), 비녀(鈐) 등을 만들었습니다. BC 3세기 한(漢)나라로 가면서 철기 시대가 도래하여 이런 것들은 모두 쇠(鐵鋼)로 만들게 되었습니다.

## 보일 시(示)

고대 중국인들은 인간에게 닥치는 재앙(禍)이나 복(福)이 모두 조상신(祖上神)과 관련 있다고 믿었기 때문에, 종묘(宗)나 사당(祠)에서 돌아가신 조상에게 제사(祭祀)를 지내거나, 복(福)을 축원(祝)하는 기도(祈禱)를 하였습니다.

## 여자 녀(女)

조상신을 모시는 이러한 관습에서 동양 사상의 근본이 되는 유교가 탄생되게 되었습니다. 제사는 남자가 모셔야 한다는 것 때문에 여자의 지위는 내려갔습니다. 급기야 여자(女) 셋이 모이면 접시가 깨지는 대신 간사하고(姦), 간교하며(奸), 시기하고(嫉), 질투하며(妬), 요망하고(妖), 방해하며(妨), 거짓(妄)을 일삼는 존재로 몰아붙였습니다. 한편으론 고대 중국인에게 여자들은 예쁘고(娟), 고우며(姸), 아리땁고(娥), 맵시(姿)가 아리따운(嬌) 미녀(媛)로 보였습니다.

## 구슬 옥(玉/王)

남자들은 여자들이 예쁘다고 생각했지만 여자들은 더 예뻐지려고 귀걸이(珥)도 하고 반지(環)도 끼었습니다. 공(球)처럼 둥근 구슬(珠)로 목걸이도 만들었습니다. 푸른 옥돌(碧)을 다듬어서(琢) 이런 것들을 만들었습니다. 옥돌(玉)을 잘 다루지(理) 않으면 흠집(瑕)이 생겼습니다. 옥돌과 같은 보석(寶)뿐만 아니라 호박(琥珀)이나 산호(珊瑚)와 같이 진기한(珍) 것으로도 장식을 만들었습니다.

## 병 녁(疒)

고대 중국인들도 아프거나(痛), 각종 질병(疾)에 시달렸습니다. 병(病)의 증상(症)으로는 몸이 피곤(疲)해지거나, 수척(瘦瘠)해지거나, 경련(痙)으로 몸이 마비(痲痹)되는 경우도 있습니다. 천연두(痘)와 같은 전염병(疫)도 있었고, 낫지 않는 고질병(痼)도 있었습니다. 종기(疽)를 치료(療)하면 딱지(痕)가 남았습니다. 늙으면 치매(痴)에 걸리기도 하였습니다.

## 부서진 뼈 알(歹/歺)

당시 사람들도 늙거나 병들면 필연적으로 죽었습니다(死). 하지만 위험(殆)한 전쟁이나 홍수와 같은 재앙(殃)으로 죽는(殊) 수도 많았습니다. 높은 사람이 죽으면(殞), 수의를 입히는 염(殮)을 하고 빈소(殯)를 차린 후, 장사(葬)를 지냈습니다. 또한 살아있는 노예나 궁녀들을 함께 묻어버리는(殉) 잔인한(殘) 악습도 있었습니다.

# 1-3 한자를 가장 잘 암기하는 방법

한자를 공부하는 사람들로부터 가장 많이 받는 질문은 “어떻게 하면 복잡한 한자를 쉽게 암기할 수 있는가?”하는 것입니다. 여기에서 가장 쉽게 한자를 공부하는 방법을 한번 알아보겠습니다.

## 1. 부수는 무조건 암기

우리가 영어를 공부하려면 먼저 알파벳 ABC를 배웁니다. 또 한글을 배울 때에는 자음(ㄱㄴㄷㄹ…)과 모음(ㅏㅑㅓㅕ…)을 배웁니다. 만약 자음과 모음을 배우지 않고 한글을 그냥 외우려면 얼마나 어려울지 상상해 보십시오. 반대로, 자음과 모음을 알면 한글 배우기가 얼마나 쉬운지 누구나 아는 사실입니다.

한자 공부가 어려운 이유는 한자의 부수는 배우지 않고, 바로 한자를 배우기 때문입니다. 앞에서 이야기했듯이 한자의 기본 글자는 부수(部首)입니다. 한자를 보면 제각기 다른 글자처럼 보이지만, 한자의 97%는 이러한 부수가 합쳐져 한 글자를 이룹니다.

한글 자모음은 24자이지만, 한자의 부수는 214자나 됩니다. 그러나, 이 214자는 대부분이 상형문자이기 때문에 물건의 모습을 머릿속에 떠올리면서 외우면 쉽게 익힐 수 있습니다. 그리고 이러한 부수가 몇 개 합쳐지면 지사문자나 회의문자, 혹은 형성문자가 됩니다. 하지만 214자를 모두 암기할 필요는 없습니다. 그중에서는 사용하지 않는 글자도 있기 때문입니다. 이 책에서는 한자 공부에 필요한 부수를 자세하게 정리해 두었습니다.

## 2. 부수의 원래 뜻을 이해

■ 사람의 손

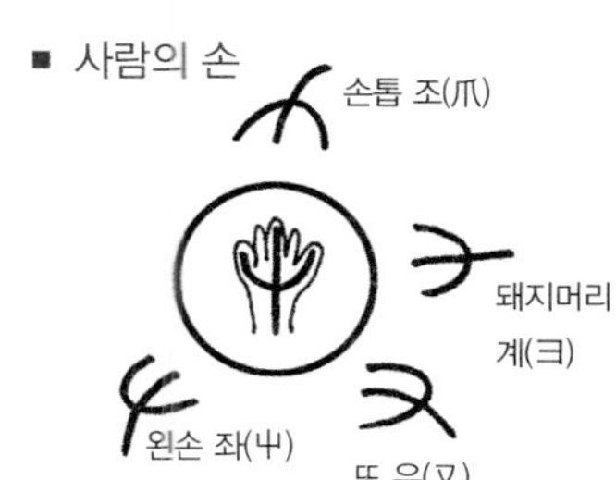


모든 부수는 뜻과 소리를 가지고 있습니다. 예를 들어 흙 토(土)자는 ‘흙’이라는 뜻과 함께 ‘토’라는 소리도 있습니다. 하지만 부수의 뜻이 처음 만들었을 때와 달라진 글자들도 있습니다.

예를 들어 손톱 조(爪), 또 우(又), 왼손 좌(屮), 돼지머리 계(彐)자를 처음 만들었을 때는 모두 ‘손’이라는 뜻을 가졌습니다. 실제로 이 4글자의 상형문자를 보면, 방향만 다를 뿐 똑같이 생겼습니다. 즉, 5개의 손가락을 3개의 손가락으로 간단하게 나타낸 손의 모습입니다. 이들 부수가 다른 글자 속에

■ 사람의 발

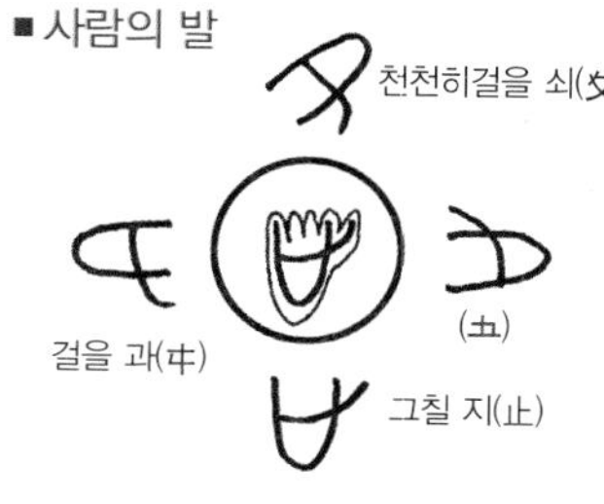


들어가면 모두 손이라는 뜻으로 사용됩니다. 예를 들어 받을 수(受)자는 한 손(爪)으로 어떤 물건(冖)을 주고 다른 손(又)으로 받는 모습입니다. 잡을 병(秉)자는 '벼(禾)를 손(ヨ)으로 잡다'는 뜻입니다.

재미있는 사실은 손과 마찬가지로 발을 나타내는 글자도 발가락을 3개로 나타내었습니다. 이 글자들도 모두 다른 뜻을 가졌지만 다른 글자 속에서는 '발'이라는 뜻을 가집니다. 예를 들어 '언덕에 올라간다'는 의미의 오를 척(陟)자에는 위로 향한 발의 모습인 그칠 지(止)자가 들어 있습니다. 또한 '언덕에서 내려온다'는 의미의 내려올 강(降)자를 보면 아래로 향한 발의 모습인 천천히걸을 쇠(夊)자가 들어 있습니다. 두 글자에 공통으로 들어가는 언덕 부(阝)자는 언덕을 오르내리는데 필요한 계단의 모습을 본떠 만든 글자입니다. 손과 발을 나타내는 이러한 글자는 다른 글자 안에서 자주 나오므로 여기에서 반드시 외어 둡시다.

## 3. 한자를 분해해서 암기

한자는 98% 이상이 2개 이상의 기본 글자가 합쳐져 만들어진 회의문자나 형성문자입니다. 따라서 이러한 글자를 암기할 때에는 반드시 분해해서 암기하십시오. 글자를 분해하면 대부분이 부수로 분해되기 때문에, 부수만 알면 한자가 더 이상 어렵지 않습니다.

예를 들어, 지금까지 한자 공부를 할 때 해(解)자나 령(靈)자를 어떻게 암기했는지 생각해보십시오. 한자 전체를 그대로 머릿속에 집어넣는 방법을 사용했다면, 분명 "한자 암기란 너무나 어렵다"고 불평했을 겁니다.

풀 해(解)=
뿔 각(角)+칼 도(刀)
+소 우(牛)

하지만 풀 해(解)자를 분해해 보면 뿔 각(角), 칼 도(刀), 소 우(牛)자로 나누어집니다. 이 세 글자는 모두 부수 글자인데, 부수를 모두 익혔다면 이 글자를 암기하기 위해 더 이상 머리가 아플 일이 없습니다. 더욱이, 이 세 글자가 합쳐져서 '칼(刀)로 소(牛)의 뿔(角)을 잘라내다'에서 '분해하다, 풀다'라는 뜻이 생긴 것도 알 수 있습니다.

비 우(雨)자와 입구(口)자 3개가 합쳐진 영묘할 령(靈)자의 옛 글자

산신령(山神靈), 영혼(靈魂) 등에 사용되는 영묘할 령(靈)자는 보기만 해도 머리가 아파올지도 모르겠습니다. 하지만 이 글자를 분해해 보면 비 우(雨)자와 입구(口)자 3개, 무당 무(巫)자가 합쳐진 글자라는 것을 알 수 있습니다. 많은 사람이 입(口)으로 주문을 외우며 비(雨)가 오기를 기원하는 모습으로, 나중에 뜻을 분명히 하기 위해 무당 무(巫)자가 추가되었습니다. 비오기를 기원하는 직업을 가진 사람이 무당이기 때문입니다. 이렇게 풀어 놓고 뜻을 생각하면 쉽게 외

울 수 있습니다. 이 책에서는 배워야 할 모든 한자를 이와 같이 모두 풀어 놓았고, 풀어 놓은 각각의 한자에 대한 음과 훈도 달아두었습니다.

### 4. 사용 낱말도 함께 암기

우리나라 속담에 "구슬이 서 말이라도 꿰어야 보배"라는 말이 있습니다. 한자를 배워도, 그 한자가 어떤 낱말에 들어가는지 알 수 없다면, 한자 공부를 할 필요가 없습니다. 즉, 모을 집(集)자를 알더라도 이 글자가 어디에 사용되는지 알 수 없다면, 필요 없는 지식이 되고 맙니다. 따라서 한자를 암기할 때, 이 한자가 들어가는 낱말(한글)을 함께 암기하는 것이 중요합니다. 예를 들어, 모을 집(集)자는 '현명한(賢) 사람을 모아둔(集) 궁전(殿)'이란 뜻의 집현전(集賢殿), '기체(氣)를 모으는(集) 병(甁)'이란 뜻의 집기병(集氣甁) 등과 함께 암기해야 합니다. 이렇게 암기하면 글자의 뜻도 잘 이해되고 오랫동안 잊혀지지 않습니다.

이 책에서 예를 드는 낱말은 대부분 중학교 교과서나, 고등학교 교과서에 나오는 낱말입니다. 한자를 알면, 집현전(集賢殿)이나 집기병(集氣甁)과 같은 낱말들이 뜻도 모른 채 무조건 암기할 때보다 쉽게 암기할 수 있다는 것을 알게 됩니다.

한자가 그래도 싫은 사람이라면 굳이 한자를 알 필요도 없습니다. 그냥 집현전은 '현명한 사람을 집합시켜 놓은 궁전'으로, 집기병은 '기체를 집합시켜 놓은 병'이라고 암기만 해도 됩니다. 이렇게만 암기해도 한자 공부가 저절로 됩니다.

### 5. 훈음을 한 낱말처럼 암기

한자를 암기할 때는, 한자의 음과 훈을 합쳐 한 낱말처럼 암기하십시오. 예를 들어 '천(天)'자를 암기할 때, '하늘 천(天)'자로 암기하세요. 즉 '하늘'과 '천'이 별개의 낱말이 아니라, 하나의 낱말인 것처럼 '하늘천'으로 암기하라는 말입니다. 한자는 음도 중요하지만, 뜻을 나타내는 훈을 모르면 쓸모가 없는 글자이기 때문입니다. 따라서 이 책의 모든 한자에는 훈과 음을 항상 함께 표기하였습니다. 처음에는 읽기가 조금 불편하더라도 자꾸 보면 익숙해질 뿐더러 한자 공부에 큰 도움이 됩니다.

### 6. 뇌에 자극은 강하게

어릴 때의 기억 중에서 잊히지 않는 것이 있습니다. 그런 기억들의 공통점은 자극이 굉장히 강했다라는 것입니다. 이와 같이 암기를 할 때 자극을 강하게 주면 줄수록 오랫동안 기억됩니다.

암기를 한다는 것은 뇌에 기록을 남기는 것입니다. 전문적인 용어로는 뇌세포끼리의 연결 부위인 시냅스(synapse)가 강화되어서 여러 개의 뇌세포가 활성화되는 것을 의미합니다. 즉 기억을 하기 위해서는 시냅스를 강화시켜야 하는데, 시냅스는 인간의 다섯 가지 감각(시각-보기, 청각-듣기, 미각-맛보기, 후각-냄새맡기, 촉각-만지기)에서 오는 자극으로 강화됩니다. 즉, 우리가 암기를 하기 위해서는 보거나, 듣거나, 맛보거나, 냄새를 맡거나, 만져봐야만 한다는 것입니다.

보통 우리가 암기를 하기 위해 책을 보면 눈으로만 자극이 들어옵니다. 하지만 소리내어 읽으면 귀로 자극이 들어오고, 손으로 쓰면 촉각으로 자극이 들어와서 자극이 강해집니다. 따라서 눈으로 보는 동시에 입으로 읽고 손으로 쓰면 더 빨리 암기할 수 있습니다.

### 7. 반복해서 암기

학자들에 의하면 시냅스를 강화시키는 가장 좋은 방법은 같은 자극을 반복하여 주는 것이라고 합니다. 아직 제대로 말을 배우지 못한 아이가 TV에서 나오는 CM송을 따라 할 수 있는 것은 바로 이 반복 효과 때문입니다. 또, 노래 중에서도 반복하는 구절이 많은 노래를 사람들이 잘 따라하는 것도 반복 효과입니다. 따라서 한자를 잘 암기하기 위해서는 반복해서 보고, 읽고, 쓰는 것이 필요합니다. 그래서 이 책에 나오는 한자는 책 전체에 걸쳐 대부분 두 번 반복해서 나오게 하였습니다. 예를 들어, 쉴 휴(休)자에 대한 설명은 사람 인(人)자에서 나오고 나무 목(木)자에 다시 나옵니다. 또 서리 상(霜)자는 비 우(雨)자에서 나오고 2권의 서로 상(相)자에서 다시 나옵니다. 따라서 이 책을 한 번 읽으면, 두 번을 읽은 효과가 납니다. 또 이 책이 2권으로 되어 있지만 반복된 내용을 빼면 한 권 분량 밖에 되지 않습니다. 따라서 책의 분량이 많다고 걱정할 필요가 없습니다.

반복의 가장 큰 단점은 시간이 많이 걸린다는 것입니다. 하지만 공부를 잘하려면 오랫동안 공부를 해야 합니다.

결론을 말하자면, 눈으로 보고, 입으로 읽고, 손으로 쓰고, 집중해서 여러 번 반복한다면 가장 효과적으로 암기할 수 있습니다. 사실 이런 이야기는 누구나 아는 당연한 이야기이며, 따라서 공부에는 왕도가 없다고 말하는 것입니다.

# 둘째 마당

## 자연과 관련한 부수한자

천체, 불, 흙, 산과 언덕, 광물, 물과 강,
날씨, 짐승, 조류, 어패류, 벌레, 식물

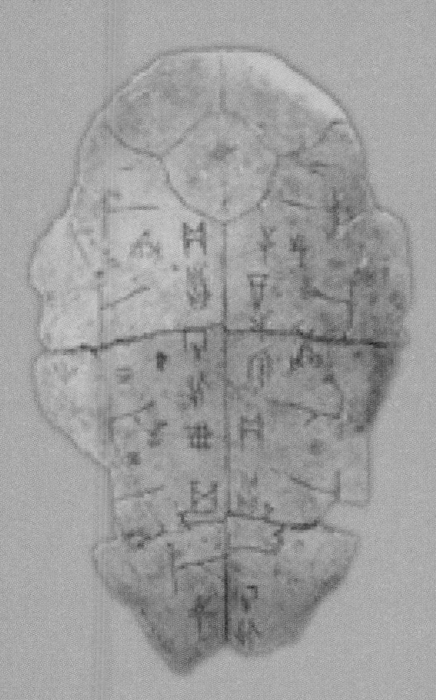

# 자연 2-1 천체

날 일(日) | 달 월(月) | 저녁 석(夕)

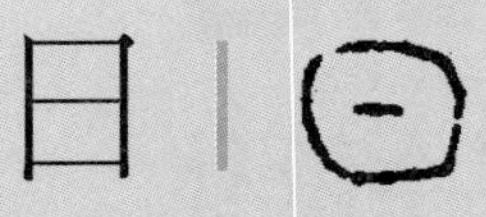

날 일(日)
하늘의 해

날 일(日)자는 해의 모습을 본떠 만든 글자로, 날 일(日)자의 갑골문자를 보면 동그라미 중앙에 검은 점이 있는 모습(◉)입니다. 이 검은 점의 정체에 대해서 아직도 학자들 간에 이견이 많습니다.

최근에는 글자 중간에 있는 점이 해의 흑점(黑點)을 나타낸 것이라고 추측합니다. 눈으로 직접 쳐다볼 수 없는 태양에 흑점이 있다는 사실을 몇 천 년 전의 중국 사람들이 어떻게 알았을까 의아해 할 수 있습니다. 그런데 중국의 갑골문이나 역사책에는 흑점에 대한 이야기가 헤아릴 수 없을 정도로 많이 나옵니다. 다른 고대 국가에서는 불가능했던 흑점 관찰이 유독 중국에서만 가능했던 이유는 중국의 황사 덕분이라고 합니다. 황사가 하늘을 덮으면 맨눈으로도 태양을 직접 쳐다볼 수 있기 때문입니다.

또 해에는, 발이 3개 달린 검은 까마귀인 삼족오(三足烏)가 살았다는 중국의 전설도 있습니다. 아마도 흑점을 까마귀로 본 것이 아닐까요?

해가 뜨고 지는 그 기간을 하루로 정했기 때문에 해를 뜻하는 일(日)자는 날 일(日)자가 되었습니다. 고대 중국에는 시계가 따로 없었기에 해가 시간을 재는 유일한 수단이었습니다. 그래서 시간에 관련되는 글자에 모두 날 일(日)자가 들어갑니다. 또 해(日)에서 빛이 나오기 때문에 밝거나 어두움에 관련된 글자에도 날 일(日)자가 들어갑니다.

고구려 벽화의 삼족오

### 해와 관련한 글자

**景** 볕 경 ㉠景
날 일(日) + [서울 경(京)]

**昊** (해가 있는) 하늘 호 ㉠昊
날 일(日) + 하늘 천(天)

경복궁(景福宮), 경치(景致), 풍경(風景) 등에 들어가는 볕 경(景)자는 높은 건물(京) 위에 해(日)가 떠 있는 모습에서 '볕'이라는 뜻이 생겼습니다. 소리로 사용되는 서울 경(京)자는 높은 고(高)자와 마찬가지로 원래 높은 건물을 뜻하는 글자였는데, 높은 건물이 서울에 많다고 해서 서울이란 뜻이 생겼습니다. 볕 경(景)자는 볕이 비치는 '경치'라는 뜻도 있습니다. 관동팔경(關東八景)은 '대관령(關) 동(東)쪽에 있는 여덟(八) 가지 좋은 경치(景)'라는 뜻으로, 관동 지방의 8가지 명승지를 일컫습니다.

서울 경(京)

旭 해뜰 욱 중 旭
날 일(日) +
[아홉 구(九)→욱]

昇 (해가) 오를 승 중 升
날 일(日) + [되 승(升)]

曜 (해가) 빛날 요 중 曜
날 일(日) + [꿩 적(翟)→요]

映 (해가) 비칠 영 중 映
날 일(日) +
[가운데 앙(央)→영]

일본 군국주의의 상징
욱일승천기

남자 이름에 많이 쓰이는 하늘 호(昊)자는 하늘(天) 위에 해(日)를 넣어 하늘을 강조한 모습입니다. 호천망극(昊天罔極)은 '하늘(昊)과 하늘(天)은 끝(極)이 없다(罔)'는 뜻입니다. 부모의 은혜가 매우 크고 끝이 없음을 이르는 말로, 부모의 제사에서 축문(祝文)에 쓰는 말입니다.

해뜰 욱(旭)자는 '아홉(九) 개의 해(日)'라는 의미로, 요(堯)임금 시절 천제(天帝: 하늘의 황제) 준(俊)이 낳은 10개의 태양 때문에 너무 더워지자, 명궁인 후예(后羿)를 불러 한 개의 해만 남기고 아홉 개의 해를 활로 쏘아 떨어지게 한 신화와 관련이 있는 듯합니다.

오를 승(昇)자는 '해(日)가 하늘 높이 떠오르다'는 뜻입니다. 욱일승천(旭日昇天)은 '아침에 해(日)가 떠(旭) 하늘(天) 위로 오르다(昇)'는 뜻으로, 떠오르는 아침 해처럼 세력이 성대해짐을 이르는 말입니다. 또 욱일승천기(旭日昇天旗)는 일본의 국기인 일장기의 태양 문양 주위에 퍼져나가는 햇살을 붉은색으로 도안한 깃발입니다. 메이지 유신(明治維新) 이후 일본제국 시대의 일본 군 및 현재의 일본 자위대(自衛隊)의 깃발로, 우리에게는 군국주의의 상징으로 보입니다.

빛날 요(曜)자는 '새(隹)의 깃털(羽)이 햇빛(日)에 빛나다'는 뜻입니다. 칠요(七曜)는 '일곱(七) 개의 빛나는(曜) 물체'로, '해(日), 달(月), 화성, 수성, 목성, 금성, 토성'을 이르는 말입니다. 나중에 칠요는 일주일의 날짜를 나타내는 요일이 되어, 빛날 요(曜)자에 요일(曜日)이란 뜻이 생겼습니다. 흑요석(黑曜石)은 '검고(黑) 빛나는(曜) 돌(石)'이란 뜻으로, 유리질 화성암입니다. 유리처럼 날카로워, 신석기 시대 화살촉이나 칼과 같은 석기와 거울로 사용하였습니다.

비칠 영(映)자는 '해(日)가 하늘 가운데(央)에서 밝게 비치다'는 뜻입니다. 극장에서 보는 영화(映畫)는 '스크린에 비치는(映) 그림(畫)'입니다.

### 밝음을 나타내는 글자

明 (해가) 밝을 명 중 明
날 일(日) + 달 월(月)

昭 (해가) 밝을 소, 비출 조 중 昭
날 일(日) + [부를 소(召)]

'해(日)와 달(月)이 있어서 밝다'로 알고 있는 밝을 명(明)자는 원래 창문 경(囧→日)자와 달 월(月)자가 합쳐진 글자(朙)입니다. '창문(囧→日)에 달(月)이 비치니 밝다'는 뜻입니다. 창문 경(囧)자는 나중에 날 일(日)자로 바뀌었습니다.

밝을 소(昭)자는 비출 조(昭)자로도 사용됩니다. '사건을 소상하게 밝히다'에 나오는 소상(昭詳)은 '밝고(昭) 자세하다(詳)'는 뜻입니다.

밝을 소(昭)자 아래에 불 화(灬)자가 들어가면 '해(日)와 불(灬)이 밝게(昭) 비

照 (해가) 비칠 조 중 照
불 화(灬) + 날 일(日) + [부를 소(召)→조]

晳 (해가) 밝을 석 중 晳
날 일(日) + [가를 석(析)]

치다'는 뜻의 비칠 조(照)자가 됩니다. 조명(照明)은 '밝게(明) 비치는(照) 불빛'이고, 일조량(日照量)은 '해(日)가 비치는(照) 양(量)'으로, 일조량이 많아야 식물이 잘 자랍니다.

밝을 석(晳)자는 '도끼(斤)로 나무(木)를 가르듯이(析) 분명하고, 해(日)처럼 밝다'는 뜻입니다. '두뇌가 명석하다'에 나오는 명석(明晳)은 '밝고(明) 밝다(晳)'는 뜻입니다. 옛 사람들은 '똑똑한 사람은 머리가 밝다'고 생각한 것 같습니다.

## 어둠을 나타내는 글자

暗 (해가 없어) 어두울 암 중 暗
날 일(日) + [소리 음(音)→암]

昧 (해가 없어) 어두울 매 중 昧
날 일(日) + [아닐 미(未)→매]

冥 (해가 없어) 어두울 명 중 冥
덮을 멱(冖) + 날 일(日) + 여섯 륙(六)

해(日)가 없으면 어두우므로 '어둡다'는 의미의 글자에도 날 일(日)자가 들어갑니다.

암흑(暗黑), 명암(明暗) 등에 사용하는 어두울 암(暗)자는 '해(日) 지고 어두워지면 소리(音)로 상대방을 알아본다'는 뜻이 들어 있습니다. 이후, '(날이) 어둡다→(눈에) 보이지 않다→숨기다→남몰래 등의 뜻이 생겼습니다. 암시(暗示)는 '눈에 보이지 않게 숨겨서(暗) 보여주다(示)'는 뜻입니다. 암호(暗號)는 '남몰래(暗) 만든 기호(號)'로, 비밀을 유지하기 위하여, 다른 사람들이 그 뜻을 알 수 없고, 당사자끼리만 알 수 있도록 꾸민 기호(글자, 숫자, 부호 등)입니다.

어두울 매(昧)자는 '해(日)가 없어(未) 어둡다'는 뜻입니다. 무지몽매(無知蒙昧)는 '아는(知) 것이 없고(無) 어리고(蒙) 사리에 어둡다(昧)'는 뜻입니다. 옛 사람들은 '어리석은 사람은 머리가 어둡다'고 생각한 것 같습니다.

어두울 명(冥)

'눈을 감고 명상(冥想)에 잠기다'에 나오는 어두울 명(冥)자의 상형문자를 보면, 두 손(六)으로 보자기(冖) 같은 것을 어떤 물건(口→日) 위로 덮는 모습입니다. 아마도 '덮어져 어둡다'는 의미로 만든 글자인 것 같습니다. '구름이 해(日)를 덮어(冖) 어둡다'라는 이야기는 속설일 뿐입니다. 어두울 명(冥)자는 '(어두운) 저승'이란 뜻도 있습니다. '명복(冥福)을 빕니다'는 '저승(冥)에서의 복(福)을 빈다'는 뜻입니다. 원래 태양계의 아홉 번째 행성이었지만, 2006년 국제천문연맹으로부터 행성 지위를 박탈당한 명왕성(冥王星)의 명왕(冥王)은 '저승(冥)의 왕(王)'이란 뜻입니다. 명왕성의 원래 이름은 플루토(Pluto)인데, 플루토는 그리스 신화에 나오는 '저승의 신'입니다. 이외에도 천왕성(天王星)은 우라누스(Uranus)로 '하늘의 신'입니다. 또 해왕성(海王星)은 넵튠(Neptune)인데 '바다의 신'입니다.

## 날씨와 계절

**晴** (해가 나와) 갤 청 중 晴
날 일(日) + [푸를 청(靑)]

**暖** (해로 인해) 따뜻할 난 중 暖
날 일(日) + [당길 원(爰)→난]

**暑** (해로 인해) 더울 서 중 暑
날 일(日) + [사람 자(者)→서]

**旱** (해로 인해) 가물 한 중 旱
날 일(日) +
[방패/마를 간(干)→한]

**暴** 사나울 폭/포, 드러낼 폭
중 暴
날 일(日) + 날 출(出) +
손맞잡을 공(廾) + 쌀 미(米)

**春** 봄 춘 중 春
날 일(日) + 풀 초(艹) +
[진칠 둔(屯)→춘]

| 춘분(春分) | 입하(立夏) | 하지(夏至) |
| --- | --- | --- |
| 입춘(立春) | 춘(春) 하(夏) / 동(冬) 추(秋) | 입추(入秋) |
| 동지(冬至) | 입동(立冬) | 추분(秋分) |

계절과 절기
입춘과 입하 사이의
정중간에 있는 춘분

갤 청(晴)자는 '하늘에 해(日)가 나와 푸르게(靑) 개다'는 뜻입니다. 날 일(日)자 대신 물 수(氵)자가 들어가면 (물이) 맑은 청(淸)자가 됩니다. 청천(晴天)은 '맑게 갠(晴) 하늘(天)'입니다.

따뜻할 난(暖)자는 '해(日)가 있어 따뜻하다'는 뜻입니다. 난류(暖流)는 '따뜻한(暖) 해류(海流)'로, 적도 부근에서 고위도 방향으로 흐르는 온도가 높은 해류입니다. 난대(暖帶)는 '따뜻한(暖) 지대(帶)'로, 열대와 온대의 중간 지대입니다. 날 일(日)자 대신 불 화(火)자가 들어가도 따뜻할 난(煖)자가 됩니다.

더울 서(暑)자는 '해(日)가 있어 덥다'는 뜻입니다. 피서(避暑)는 '더위(暑)를 피하다(避)'는 뜻이고, 24절기 중에 하지(夏至) 다음의 절기가 소서(小暑), 그 다음이 대서(大暑)인데, '작은(小) 더위(暑)'와 '큰(大) 더위(暑)'라는 뜻입니다.

가물 한(旱)자는 '비가 오지 않고 해(日)만 나면 가물다'는 뜻입니다. 한천(旱天)은 '몹시 가문(旱) 여름 하늘(天) '입니다.

사나울 폭(暴)

햇볕으로 너무 더운 것을 폭염(暴炎) 혹은 폭서(暴暑)라 부르는데, 이때 사나울 폭(暴)자는 원래 '해(日)가 나오면(出) 두 손(廾)으로 쌀(米)을 꺼내, 햇볕에 쬐어 말리다'는 뜻입니다. 이후, '햇볕에 말리다→나타내다→드러나다' 등의 뜻이 생겼습니다. 폭로(暴露)는 '드러내고(暴) 드러내다(露)'는 뜻입니다. 또 '햇볕이 사납게 쪼이다'고 해서 '사납다'라는 뜻도 생겼습니다. 사나울 폭(暴)자는 사나울 포(暴)자로도 사용됩니다. 포악(暴惡)이 그런 예입니다.

봄 춘(春)자는 풀 초(艹)자와 날 일(日)자와 소리를 나타내는 모일 둔(屯)자가 합쳐진 모양이 변해서 만들어졌습니다. '햇볕(日)에 풀(艹)이 돋아나니 봄이다'는 뜻입니다. 춘분(春分)은 '봄(春)을 반으로 나누다(分)'는 뜻으로, 봄의 가장 가운데입니다. 즉, 봄이 시작되는 입춘(立春)과 여름이 시작되는 입하(立夏)의 중간입니다. 마찬가지로 추분(秋分)은 '가을(秋)을 반으로 나누다(分)'는 뜻으로, 가을의 가장 가운데입니다. 젊은 시절을 인생의 봄이라고 합니다. 따라서 봄 춘(春)자에는 '봄→젊은 나이→남녀의 사랑' 등의 뜻도 생겼습니다. 청춘(靑春)은 '푸른(靑) 봄(春)'이란 뜻인데, 젊은 나이를 일컫습니다. 사춘기(思春期)는 '남녀의 사랑(春)을 그리워하는(思) 시기(期)'입니다. 또 춘화(春畵)는 '남녀의 사랑(春)을 그린 그림(畵)'으로, 영어로 포로노그러피(pornography)입니다.

### 시간이나 기간

**時** 때 시 ㊥ 时
날 일(日) + [모실 시(寺)]

**暇** 겨를 가 ㊥ 暇 ㊎ 昄
날 일(日) + [빌릴 가(叚)]

**昨** 어제 작 ㊥ 昨
날 일(日) + [지을 작(乍)]

**間** 사이 간 ㊥ 间
날 일(日) + 문 문(門)

**暫** 잠깐 잠 ㊥ 暂
날 일(日) + [벨 참(斬)→잠]

**旬** 열흘 순 ㊥ 旬
날 일(日) + 쌀/묶을 포(勹)

**曆** 책력 력 ㊥ 历
날 일(日) +
[셀/책력 력(厤)]

시계가 없었던 옛날에는 해의 움직임을 보고 시간이나 때를 알았습니다. 시간(時間), 일시(日時) 등에 들어 있는 때 시(時)자는 '해(日)를 보고 때를 안다'는 뜻입니다. 때 시(時)자의 소리로 사용되는 모실 시(寺)자는 우리에게 절 사(寺)자로 더 잘 알려져 있습니다.

여가(餘暇), 휴가(休暇), 한가(閑暇) 등에 사용되는 겨를 가(暇)자의 겨를은 시간적인 여유나 틈을 말하는 순우리말입니다.

어제 작(昨)자는 작년(昨年), 작금(昨今: 어제와 오늘, 요즈음) 등에 사용됩니다.

사이 간(間)자는 '문(門)틈 사이로 햇볕(日)이 들어온다'고 해서 사이라는 뜻이 생겼습니다. 이후 공간적인 사이뿐만 아니라 시간적인 사이라는 뜻도 생겼습니다. 시간(時間), 순간(瞬間)이 그러한 예입니다. 순간(瞬間)은 '눈 깜짝이는(瞬) 사이(間)'입니다.

잠시(暫時), 잠정적(暫定的) 등에 나오는 잠깐 잠(暫)자는 '날(日)을 베어서(斬) 작게 만든 시간이 잠깐이다'는 뜻입니다. 잠깐이란 낱말은 '잠깐(暫) 사이 (間)'라는 뜻의 한자어 잠간(暫間)에서 나왔습니다.

초순(初旬), 중순(中旬), 하순(下旬)은 한 달을 열흘씩 나눈 것입니다. 옛 중국에서 날짜를 셀 때 십간(十干: 갑,을, 병, 정, 무, 기, 경, 신, 임, 계)을 사용하였는데, 열흘 순(旬)자는 '십간(十干)을 묶어(勹) 열흘(旬)로 만든다'는 뜻입니다. 쌀 포(勹)자는 '묶다'는 뜻도 있습니다. 이후 '열흘→열 번→십 년'이란 뜻도 파생되었습니다. 《순오지(旬五志)》는 '십(旬)오(五)일 동안 지은 기록(志)'으로, 조선 인조 때 학자인 홍만종이 15일간 병석에 있을 때 쓴 문학평론집입니다. 정철, 송순 등의 시가(詩歌)와 중국의 소설 《서유기》에 대한 평론이 있고, 부록에는 130여 종의 속담을 실었습니다. 칠순노모(七旬老母)는 '나이가 칠(七)십(旬)세인 늙은(老) 어머니(母)'입니다.

책력(冊曆)은 달력에 월식, 일식, 절기 및 그 밖의 사항을 날의 순서에 따라 적어 놓은 책입니다. 책력 력(曆)자에 들어가는 셀/책력 력(厤)자는 언덕(厂)에 벼(禾)를 수확한 횟수를 하나 둘 그려 넣은 모습에서, 햇수를 세거나 책력(冊曆)이란 뜻이 생겼습니다. 나중에 뜻을 분명히 하기 위해 날 일(日)자가 추가되어 책력 력(曆)자가 되었습니다. 태양력(太陽曆)은 '태양(太陽)을 기준으로 하는 책력(曆)'입니다.

### 하루의 때를 나타내는 글자

晨 (해가 뜨는) 새벽 신 ⓔ 晨
날 일(日) + [별 진(辰)→신]

曉 (해가 뜨는) 새벽 효 ⓔ 晓
날 일(日) +
[요임금 요(堯)→효]

早 이를/새벽 조 ⓔ 早
날 일(日) + 열 십(十)

朝 (해가 뜨는) 아침 조 ⓔ 朝
날 일(日) + 달 월(月) +
[풀 초 (艹)→조]

旦 (해가 뜨는) 아침 단 ⓔ 旦
날 일(日) + 한 일(一)

晝 낮 주 ⓔ 昼 ⓐ 昼
날 일(日) + 그을 획(畫)

暮 (해가) 저물 모 ⓔ 暮
날 일(日) + [없을 막(莫)→모]

晚 (해가) 저물/늦을 만 ⓔ 晚
날 일(日) + [면할 면(免)→만]

昏 (해가) 저물 혼 ⓔ 昏
날 일(日) + 성씨/뿌리 씨(氏)

새벽 신(晨)자는 '별(辰) 위로 해(日)가 뜨니 새벽이다'는 뜻입니다. 신성(晨星)은 '새벽(晨) 별(星)'이란 뜻으로, 새벽에 동쪽 하늘에서 반짝이는 금성(金星), 순우리말로 샛별입니다.

새벽 효(曉)자는 '해(日)가 뜨기 시작하는 때가 새벽이다'는 뜻입니다. 효성 그룹의 효성(曉星)은 '새벽(曉) 별(星)'이란 뜻으로, 새벽의 동쪽 하늘에 가장 빛나 보이는 금성(金星)을 이르는 말입니다.

조퇴(早退), 조기(早期) 등에 나오는 이를 조(早)자는 사람 머리(十) 위로 해(日)가 떠오르는 모습에서, '새벽' 또는 '이르다'는 뜻이 생겼습니다. 조만간(早晚間)은 '이르거나(早) 늦은(晚) 사이(間)'로, '머잖아'라는 뜻입니다.

밝을 명(明)자는 원래 아침 조(朝)자의 옛 글자입니다. 나중에 날 일(日)자 아래위로 풀 초(艹)자의 반쪽이 붙었습니다. '아침이면 풀(艹) 사이로 해(日)가 뜨고 달(月)이 진다'는 뜻으로 만든 것입니다. 극장 매표소에 붙어 있는 조조할인(早朝割引)은 '아침(朝) 일찍(早) 영화를 보면 입장료를 할인(割引)해 준다'는 의미입니다.

아침 단(旦)자는 '지평선(一) 위로 해(日)가 떠오르니 아침이다'는 뜻입니다. 원단(元旦)이란 '으뜸(元)이 되는 아침(旦)'이란 뜻으로, '설날 아침'을 의미하며 주로 연하장에 많이 쓰는 낱말입니다.

낮 주(晝)자는 그을 획(畫: '그림 화'자도 됨)의 변형 자와 날 일(日)자가 합쳐진 글자로, '하루를 해(日)가 있는 시간과 없는 시간으로 가르면(畫), 해(日)가 있는 시간이 낮이다'는 뜻입니다.

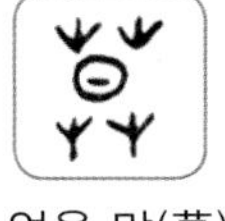
없을 막(莫)

저물 모(暮)자에 들어있는 없을 막(莫)자의 상형문자를 보면 날 일(日)자 위와 아래에 풀 초(艹)자가 그려져 있습니다. 즉 '해(日)가 풀(艹)속 사이로 저물다'는 뜻으로 만들어진 글자입니다. 하지만 '해가 풀속 사이로 저물어 없어지다'는 뜻으로 사용되면서, 원래의 뜻을 살리기 위해 다시 날 일(日)자가 추가되어 저물 모(暮)자를 만들었습니다.

늦을 만(晚)자도 원래 '해(日)가 저물다'는 뜻을 가지고 있습니다. 이후 '저물다→저녁→늦다→늙다' 등의 뜻이 파생되었습니다. 이탈리아 화가인 레오나르도 다 빈치가 그린 〈최후의 만찬(晚餐)〉은 '예수가 십자가에서 죽기 전날 열두 제자와 저녁(晩)을 먹는(餐) 모습'을 그린 그림이고, 만시지탄(晩時之歎)은 '늦었을(晩) 때(時)의 한탄(恨歎)'이며, 만년(晩年)은 '늙은(晩) 때(年)'입니다.

저물 혼(昏)자는 '해(日)가 나무뿌리(氏)처럼 땅속으로 들어갔다'는 의미로 '날이 저문다'는 뜻입니다. 또 옛 중국에서는 결혼(結婚)을 어두운 저녁에 했기 때문에 혼인할 혼(婚)자에도 저물 혼(昏)자가 들어갑니다.

## 기타

是 옳을 시 ㊥ 是
날 일(日) + 바를 정(正)

智 지혜 지 ㊥ 智
날 일(日) + [알 지(知)]

普 넓을 보 ㊥ 普
날 일(日) + [나란히할 병(竝)→보]

星 별 성 ㊥ 星
날 일(日) + [날 생(生)→성]

晶 맑을 정 ㊥ 晶
날 일(日) X 3

昌 창성할 창 ㊥ 昌
날 일(日) + 가로 왈(曰)

옳을 시(是)자는 날 일(日)자와 바를 정(正)자의 변형 자가 합쳐진 글자입니다. '해(日)가 뜨고 지는 것처럼 정확하고 바르다(正)'는 뜻에서 '옳다'라는 의미가 생겼습니다. '혹시나 했더니 역시나...'라는 말에서, 혹시(或是)는 '혹(或) 옳을지도(是)'라는 뜻이고, 역시(亦是)는 '또(亦) 옳다(是)'는 뜻입니다.

지혜(智慧)나 인의예지(仁義禮智)에 나오는 지혜 지(智)자는 '알고 있는 지식(知識)들이 세월(日)이 지나면 지혜가 된다'는 뜻입니다.

보통(普通), 보편(普遍)에 나오는 넓을 보(普)자는 '햇볕(日)이 나란히(竝) 넓게 퍼지다'는 의미로 만들어진 글자입니다. 보신각(普信閣)은 '종소리로 널리(普) 신호(信)를 보내는 누각(閣)'으로, 서울 종로에 있는 종각(鐘閣)입니다. 조선 시대에는 오전 4시에 성문을 열면서 새벽 종을 치고, 오후 7시에 성문을 닫으면서 저녁 종을 쳤습니다.

별 성(星)

별 성(星)자의 상형문자는 소리를 나타내는 생(生)자 위에 날 일(日)자가 세 개 있는 모습(晶)으로 그려져 있습니다. 여기에서 날 일(日)자는 해가 아니라 별들을 의미합니다. 나중에 날 일(日)자와 날 생(生)자가 합쳐진 글자로 변형되었는데, '해(日)에서 떨어져 나와 생긴(生) 것이 별이다'는 뜻입니다.

맑을 정(晶)자도 날 일(日)자가 별을 의미합니다. 날씨가 맑고 투명하면 별들이 잘 보인다고 만든 글자입니다. 수정체 (水晶體)는 '수정(水晶)처럼 투명한 물체(物體)'라는 뜻으로, 눈 앞부분에 볼록렌즈 모양의 투명한 조직입니다.

창원시(昌原市), 평창군(平昌郡), 창녕군(昌寧郡) 등 지명에 많이 사용되는 번창할 창(昌)자의 상형문자를 보면 날 일(日)자가 두 개 모인 것이 아니라, 날 일(日)자와 가로 왈(曰)자가 합쳐진 글자입니다. '말(曰)을 햇볕(日)처럼 번창(繁昌)하게 한다'는 의미입니다.

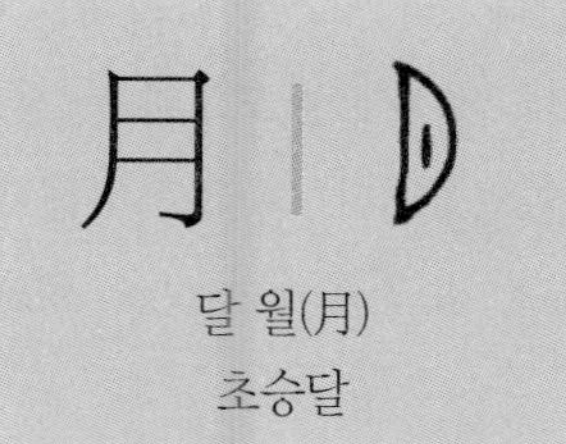


달 월(月)
초승달

달 월(月)자는 달의 모습을 본떠 만든 글자로, '달'이란 낱말은 하늘에 떠 있는 달이란 뜻도 있지만, 한 달, 두 달, 세 달과 같이 기간을 말하는 달도 있습니다. 한 달에 한 번씩 달이 차고 기운다고 해서 '(하늘에 있는) 달'이란 낱말이 기간을 뜻하는 달이 되었습니다. 날 일(日)자와 마찬가지로 밝음이나 시간과 관련되는 글자에 들어갑니다.

옛 중국인들이 해 속에 삼족오가 살았다고 생각했듯이, 달 속에는 두꺼비가 살고 있다고 생각하였습니다. 중국의 전설에 의하면, 아홉 개의 태양을 활로 쏘아 떨어뜨린 후예(后羿)는 천제(天帝)의 노여움을 사 그의 아내 항아(嫦娥)와 함께 인간 세상에 내려와 인간이 되었습니다. 후예는 죽지 않기 위해서 서왕모(西王母)에게 불사약을 얻어왔는데 아내 항아(嫦娥)가 훔쳐 먹고는 달로 도망쳤습니다. 하지만 후예를 배신한 항아는 아름다운 모습을 잃고 두꺼비로 변하여 달에 살고 있다는 전설입니다. 삼족오와 함께 고구려 고분벽화에 등장하는 두꺼비는 바로 이 항아의 변신이기도 합니다. 또 2007년 10월 24일 발사한 중국 최초의 달 탐사 위성의 이름도 항아(嫦娥: 중국말로 창어)인데, 항아의 전설에서 유래합니다.

날 일(日)자가 해 중간에 점을 넣어 흑점을 표시했듯이, 날 월(月)자를 보면 마찬가지로 점이 들어 있습니다. 아마도 달에 있는 분화구(噴火口)를 표시한 것으로 추측됩니다. 그런데 달의 분화구를 자세히 보면 마치 토끼처럼 보입니다. 이런 이유로 달에 토끼가 계수나무를 도끼로 찍고 있다는 전설이 만들어졌습니다.

달 분화구의 모습. 왼쪽에 귀가 두 개 달린 토끼 모습이 보인다.

달 월(月)자는 다른 글자 속에서는 아래와 같이 세 가지로 위치합니다.

(1) 글자의 오른쪽 : 밝을 명(明), 밝을 랑(朗), 아침 조(朝), 기약할 기(期)

(2) 글자의 아래쪽 : 기를 육(育), 등 배(背)

(3) 글자의 왼쪽 : 혈관 맥(脈), 창자 장(腸), 태아 포(胞)

(1)번의 월(月)자는 달을 의미합니다. 하지만 (2)번과 (3)번은 달 월(月)자가 아니고 고기 육(肉)자를 간략하게 쓴 것입니다. 달 월(月)자처럼 생긴 고기 육(肉)자는 사람이나 동물의 신체 부위를 나타내는데 사용합니다. 달 월(月)자와 똑같이 생겨 혼동할 수가 있는데, 글자가 들어가는 위치로 구분할 수 있습니다.

### 밝음과 관련한 글자

**明** 밝을 명 ⓢ 明
날 일(日) + 달 월(月)

**朗** 밝을 랑 ⓢ 朗
달 월(月) + [어질 량(良)→랑]

### 기타

**期** 기약할 기 ⓢ 期
달 월(月) + [그 기(其)]

**朔** 초하루 삭 ⓢ 朔
달 월(月) + [거스를 역(屰)→삭]

**望** 바랄 망 ⓢ 望
달 월(月) + 줄기 정(壬) + [망할 망(亡)]

**朋** 벗 붕 ⓢ 朋
조개 패(貝→月) X 2

달 월(月)자는 날 일(日)자와 마찬가지로 주로 밝다거나 시간을 나타내는 데 주로 사용됩니다. 지금은 전깃불이 밝아 달이 얼마나 밝은지 잘 모르지만, 전깃불이 없던 시절에는 보름달 빛으로 책을 읽을 수 있었습니다. 그래서 밝을 명(明)자와 밝을 랑(朗)자에 달 월(月)자가 들어갑니다. 밝고 유쾌한 것을 '명랑(明朗)하다'고 합니다.

기약할 기(期)자는 원래 '달(月)이 차고 지는 한 달'을 뜻하는 글자입니다. 이후 '한 달→1주년→기간(期間)→때→기일(期日)→기약(期約)하다' 등의 뜻이 생겼습니다. 기약(期約)은 '때(期)를 정하여 약속하다(約)'는 뜻입니다. 또 조기방학이나 조기유학의 조기(早期)는 '이른(早) 때(期)'를 말합니다.

옛 사람들은 음력 초하루와 보름에 조상에게 제사를 지냈는데, 이를 삭망제 (朔望祭)라고 합니다. 삭망(朔望)은 초하루와 보름을 뜻하는 말인데, 두 글자 모두 달 월(月)자가 들어 있습니다. 초하루 삭(朔)자는 '한 달(月)이 다 지나가고, 다시 거슬러(屰) 올라가면 초하루가 된다'는 뜻입니다. 거스를 역(屰)자의 상형문자를 보면 사람 모습의 상형인 큰 대(大)자를 거꾸로 세워 놓은 모습입니다. '사람이 거꾸로 거슬러 간다'는 의미로 만들었습니다. 이 글자는 나중에 뜻을 분명히 하기 위해 갈 착(辶)자를 붙여 거스를 역(逆)자가 되었습니다.

거스를 역(屰)

바랄 망(望)자의 아래에 있는 줄기 정(壬)자는 흙(土) 위에 사람(人)이 서 있는 모습을 본떠 만든 글자로, '언덕(土) 위에 사람(人)이 서서 보름달(月)을 바라본다'는 뜻입니다. 이후 '바라다'와 '보름'이란 뜻이 생겨났습니다. 망루(望樓)는 '바라보는(望) 누각(樓)'이고, 망원경(望遠鏡)은 '멀리(遠) 바라보는(望) 안경(鏡)'입니다. 희망(希望)은 '바라고(希) 바라다(望)'는 뜻이고, 욕망(慾望)은 '욕심내어(慾) 바라다(望)'는 뜻입니다.

벗 붕(朋)자는 달 월(月)자가 두 개 모여 이루어진 글자처럼 보이나, 상형문자를 보면 조개(貝)들이 두 줄에 꿰어 있는 모습입니다. 여러 조개들의 모습에서, 무리나 벗이라는 의미가 생겼습니다. 삼강오륜의 하나인 붕우유신(朋友有信)은 '친구(朋)와 친구(友) 사이에 믿음(信)이 있어야(有) 한다'는 뜻입니다.

벗 붕(朋)

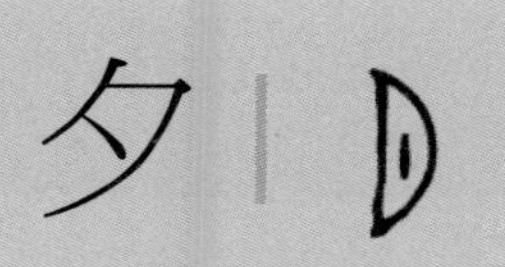

저녁 석(夕)
달 월(月)자의 옛글자

저녁 석(夕)자는 달 월(月)자와 마찬가지로 달의 모습을 본떠 만든 글자로, 달 월(月)자의 옛 글자입니다. 달이 뜬 저녁이나 밤을 나타내는 글자에 들어갑니다. 석양(夕陽)은 '저녁(夕) 나절의 태양(陽)'입니다. 화조월석(花朝月夕)은 '꽃(花)이 핀 아침(朝)과 달(月) 밝은 저녁(夕)'이란 뜻으로, 경치가 가장 좋은 때를 이르기도 하지만, 꽃 피는 봄과 달 밝은 가을을 이르기도 합니다. 추석(秋夕)은 '가을(秋) 저녁(夕)'이란 뜻으로, 음력 8월 15일입니다.

### 석(夕)자와 관련한 글자

**名** 이름 명 ㊥名
입 구(口) + 저녁 석(夕)

**夢** 꿈 몽 ㊥梦 ㊀梦
저녁 석(夕) + 풀 초(艹) + 눈 목(目/罒) + 덮을 멱(冖)

**夜** 밤 야 ㊥夜
저녁 석(夕) + [또 역(亦)→야]

**外** 바깥 외 ㊥外
저녁 석(夕) + 점 복(卜)

**多** 많을 다 ㊥多
고기 육(肉/月→夕) X 2

이름 명(名)자는 '저녁(夕)이 되어 어두워지면, 입(口)으로 이름(名)을 불러 서로를 분간한다'는 뜻에서 이름이란 뜻이 생겼습니다. 성명(姓名)은 '성(姓)과 이름(名)'이고, 명찰(名札)은 '이름(名)이 적인 조각(札)'입니다. 명작(名作)은 '이름(名)난 훌륭한 작품(作品)'이고, 명문(名文)은 '이름(名)난 글(文)'이란 뜻으로, 잘 지은 글을 말합니다.

꿈 몽(夢)

꿈 몽(夢)자는 침상(冖)에 누워 눈(目/罒)을 감고 꿈을 꾸는 모습인데, 나중에 뜻을 분명히 하기 위해 저녁 석(夕)자를 추가하였습니다. 글자 위의 풀 초(艹)자는 눈썹의 모습입니다. 일장춘몽(一場春夢)은 '한(一)바탕(場)의 봄(春) 꿈(夢)'이라는 뜻으로 '헛된 영화(榮華)나 덧없는 일'을 비유하여 이르는 말입니다. 또 동상이몽(同床異夢)은 '같은(同) 침대(床)에서 다른(異) 꿈(夢)을 꾼다'는 뜻으로, '겉으로는 같이 행동하면서 속으로는 각각 딴 생각을 한다'는 의미입니다.

주야(晝夜), 야간(夜間), 야학(夜學) 등에 나오는 밤 야(夜)자는 '달(夕)이 뜨면 밤이다'는 뜻입니다. 고려 시대 야별초(夜別抄)는 '밤(夜) 도둑을 잡기 위해 특별히(別) 뽑은(抄) 군대'라는 뜻으로 나중에 삼별초(三別抄)가 되었습니다.

내외(內外), 실외(室外), 외국(外國) 등에 나오는 바깥 외(外)자는 고대 중국에서 '점(卜)은 아침에 쳐야지 저녁(夕)에 치면 맞지 않는다'는 의미로 '벗어나다, 바깥'이라는 뜻을 갖게 되었습니다. 외래어(外來語)는 '외국(外國)에서 들어온(來) 말(語)'로, 버스, 컴퓨터, 필름 등과 같이 국어처럼 쓰이는 단어를 말합니다. 반면 외국어(外國語)는 영어나 프랑스어처럼 다른 나라 말을 일컫습니다.

많을 다(多)자는 저녁 석(夕)자를 두 개 겹쳐놓은 모습이지만, 저녁과는 상관없습니다. 상형문자를 보면 고기(肉/月→夕)를 많이 쌓아 놓은 모습에서 '많다'는 뜻이 생겼습니다. 다다익선(多多益善)은 '많으면(多) 많을수록(多) 이롭고(益) 좋다(善)'는 뜻입니다.

# 자연 2-2 불

불 화(火)

火 | 

불 화(火/灬)
활활 타는 불의 모습

인간은 불을 사용함으로써 추위를 견디고, 어둠을 밝힐 수 있었으며, 음식을 요리할 수 있었습니다. 따라서 불 화(火/灬)자는 난방(煖房)이나 조명(照明), 요리(料理)와 관련된 글자에 모두 들어갑니다. 또한 더울 열(熱), 태울 초(焦)자에서 보듯이 다른 글자 아래에 올 때에는 4개의 점으로 나란히 쓰기도 하는데, 이렇게 나란히 4개의 점을 쓰는 글자라고 모두 불을 의미하지는 않습니다. 다음은 그러한 예입니다.

- 새 조(鳥), 까마귀 오(烏), 제비 연(燕)자의 4점은 새 꼬리 깃털을 나타냅니다.
- 말 마(馬)자의 4점은 다리를 나타냅니다.
- 물고기 어(魚)자의 4점은 지느러미를 나타냅니다.
- 없을 무(無)자는 춤추는 사람 모습을 그려 놓았습니다. 아래의 4점은 두 다리와 장식물의 모습입니다.
- 점 점(点)자는 점 점(點)자의 약자입니다. 아래에 있는 4개의 점은 생략된 검을 흑(黑)자에서 온 동시에 점을 강조하고 있습니다.

이중 새 조(鳥), 말 마(馬), 물고기 어(魚)자는 글자 자체가 부수지만, 까마귀 오(烏), 제비 연(燕), 없을 무(無), 점 점(点)자 등은 부수가 불 화(火/灬)자입니다.

제비 연(燕)

없을 무(無)

### 불 타거나 불 지름을 뜻함

**然** 그럴/불탄 연 ㊥ 然
고기 육(肉/月) + 개 견(犬) + 불 화(灬)

**燃** 불탈 연 ㊥ 燃
불 화(火) + [그럴 연(然)]

**燒** 불사를 소 ㊥ 烧
불 화(火) + [요임금 요(堯)→소]

자연(自然), 당연(當然) 등에 쓰이는 그럴 연(然)자는 원래 '개(犬) 고기(月)를 불(灬)에 구우며 타다'는 뜻을 가지고 있었으나, 나중에 가차되어 '당연하다, 그러하다'는 뜻으로 사용하면서, 원래 뜻을 살리기 위해 불 화(火)자가 추가되어 불탈 연(燃)자가 되었습니다.

불사를 소(燒)자가 들어가는 글자로는 연소(燃燒), 소각(燒却), 소진(燒盡) 등이 있습니다. 완전연소(完全燃燒)는 '산소의 공급이 충분한 상태에서 물질이 완전(完全)히 타는 연소(燃燒)'이고, 소주(燒酒)는 '불에 탈(燒) 정도로 알코올 도수가 높은 술(酒)'입니다.

불사를 분(焚)자는 '숲(林)을 불(火)사르다'는 뜻입니다. 분서갱유(焚書坑

**焚** 불사를 분 (중) 焚
불 화(火) + 수풀 림(林)

**炎** 불꽃 염 (중) 炎
아름다울 담, 불 화(火) X 2

儒)는 중국 진(秦)나라 시황제가 정치에 대한 비판을 금하려고 '책(書)을 불사르고(焚), 선비(儒)들을 산 채로 구덩이(坑)에 묻어 죽인 사건'을 말합니다.

불꽃 염(炎)자는 불 화(火)자가 두 개로 불꽃의 모습을 표현했습니다. 이후 '불꽃이 아름답다'고 해서 아름다울 담(炎)자도 되었습니다. 염증(炎症)은 '몸에 불꽃(炎)처럼 열이 나는 증세(症勢)'로, 주로 세균에 의해 감염되어 나타납니다. 염증의 종류로는 비염(鼻炎: 코의 염증), 중이염(中耳炎: 귀의 염증), 폐렴(肺炎: 폐의 염증), 위염(胃炎: 위의 염증), 대장염(大腸炎: 큰창자의 염증) 등이 있습니다.

## 연기

**煙** 연기 연 (중) 烟
불 화(火) + [막을 인(垔)→연]

**熏** 연기낄 훈 (중) 熏
검을 흑(黑) + 연기 모습

연기(煙氣), 연통(煙筒: 굴뚝)에 들어가는 연기 연(煙)자는 '불(火)을 막으면(垔) 완전 연소가 되지 않아 연기가 생긴다'는 뜻으로 만든 글자입니다.

연기낄 훈(熏)

연기낄 훈(熏)자 아래에 들어가는 검을 흑(黑)자는 불꽃으로 인해 검게 그을린 구멍이나 굴뚝의 모습이고, 훈(熏)자는 검은 굴뚝(黑) 위로 연기가 올라오는 모습입니다. 훈제 바비큐, 훈제 오리와 훈제 연어 등에 나오는 훈제(燻製)는 '연기(燻)로 만든다(製)' 는 뜻입니다.

## 덥거나 뜨거움을 나타냄

**熱** (불로) 더울 열 (중) 热
불 화(灬) +
[심을 예(埶)→열]

**烈** (불이) 뜨거울/세찰 렬 (중) 烈
불 화(灬) + [벌릴 렬(列)]

**燥** (불에) 마를 조 (중) 燥
불 화(火) + [새떼로울 조(喿)]

더울 열(熱)자는 '불(灬)이 있으니 덥다'는 뜻입니다. 《열하일기(熱河日記)》는 '중국의 열하(熱河)로 여행하면서 날(日)마다 기록(記)한 책'으로, 조선 정조 4년(1780년)에 박지원이 중국 청나라의 건륭제 칠순 잔치에 가는 사신을 따라갔을 때, 보고 들은 것을 일기(日記)처럼 적은 기행문입니다. 이 책에는 당시 중국에 소개되었던 새로운 서양 학문이 소개되어 있고, 〈허생전(許生傳)〉과 〈호질(虎叱)〉 등의 단편소설도 실려 있습니다. 열하는 중국의 하북성에 있는 강으로 겨울에도 강이 얼지 않기 때문에 열하(熱河, 러허)라고 합니다.

열렬(熱烈), 극렬(極烈) 등에 사용되는 세찰 렬(烈)자는 '불(灬)이 타면서 넓게 벌어져(列) 세차다'는 뜻입니다. 이후 '세차다→뜨겁다→맵다→빛나다' 등의 뜻이 생겼습니다. 민족을 위해 저항하다 의롭게 죽은 사람을 열사나 의사라고 부릅니다. 의로운 선비라는 뜻의 의사(義士)는 목적을 달성하고 죽은 사람인 반면, 열사(烈士)는 목적을 달성하지 못하고 죽은 사람을 일컫습니다. 유관순 열사와 이준 열사는 목적을 달성하지 못했지만, 윤봉길 의사와 안중근 의사는 각각 도시락 폭탄과 총으로 일본 요인들을 저격하였습니다.

건조(乾燥)에 들어가는 마를 조(燥)자는 '불(火)로 말리다'는 뜻입니다. 이후 '말리다→(입안에 침이) 마르다→애태우다→초조하다'는 뜻이 생겼습니다. 소리로 사용된 새떼로울 조(喿)자는 나무(木) 위에 여러 마리의 새들이 입을 벌리고(品) 재잘거리며 우는 모습입니다. 이런 모습을 보면 조급(燥急)하거나 초조(焦燥)한 느낌이 듭니다.

### 여러 가지 불과 빛을 나타냄

**燈** 등잔 등 ㊥灯 ㊐灯
불 화(火) + [오를 등(登)]

**燭** 촛불 촉 ㊥烛
불 화(火) + [나라이름 촉(蜀)]

**爐** 화로 로 ㊥炉 ㊐炉
불 화(火) + [밥그릇 로(盧)]

**光** 빛 광 ㊥光
불 화(火) + 어진사람 인(儿)

**照** (불빛이) 비칠/밝을 조 ㊥照
불 화(灬) + 날 일(日) + [부를 소(召)→조]

불을 머리 위로 들고 있는 사람

등잔 등(燈)자와 촛불 촉(燭)자는 모두 불에 관련되므로, 불 화(火)자가 들어갑니다. 등화가친(燈火可親)은 '등잔(燈) 불(火)과 가히(可) 친(親)할 만하다'는 뜻으로, 가을밤은 등불을 가까이하여 글 읽기에 좋음을 이르는 말입니다. 등하불명(燈下不明)은 '등잔(燈) 밑(下)이 어둡다(不明)'라는 뜻으로, '가깝게 있는 것을 도리어 잘 모른다'는 뜻입니다. 화촉(華燭)은 '화려한(華) 촛불(燭)'이란 뜻으로, 빛깔을 들인 초를 말합니다. 또 이런 초는 결혼 때 사용하므로, '화촉을 밝히다'는 '결혼식을 올리다'는 뜻으로 사용됩니다.

지금은 별로 사용하지 않는 화로(火爐)는 숯불을 담아 놓는 그릇입니다. 성냥이 귀하던 시절 불씨를 보존하거나 추운 겨울 난방을 위해 사용하였습니다. 어린 시절 추운 겨울밤에 화로(火爐)에 밤이나 고구마를 구워 먹으며 외할아버지의 옛날 이야기를 듣던 기억이 납니다. '불(火)을 담는 그릇(盧)'인 화로 로(爐)자는 이제 용광로(鎔鑛爐)에나 사용됩니다.

빛 광(光)자는 불(火)이 타는 화로를 머리 위로 들고 있는 사람(儿)의 모습을 본떠 만든 글자로 아마도 이런 사람은 노예로 짐작됩니다. 변광성(變光星)은 '빛(光)의 밝기가 시간에 따라 변하는(變) 별(星)'을 말합니다.

비칠/밝을 조(照)자는 '해(日)와 불(灬)이 밝게 비치다'는 뜻입니다. 조도(照度)는 '밝은(照) 정도(度)'로, 단위면적이 단위시간에 받는 빛의 양을 말합니다. 단위는 럭스(lux)입니다.

### 요리와 관련한 글자(1)

**炊** 불땔 취 ㊥ 炊
불 화(火) + 하품 흠(欠)

**熟** (불에) 익을 숙 ㊥ 熟
불 화(灬) + [누구 숙(孰)]

**蒸** (불로) 찔 증 ㊥ 蒸
풀 초(艹) + [김오를 증(烝)]

**炙** (불로) 고기구울 자/적 ㊥ 炙
불 화(火) + 고기 육(肉/月)

**焦** (불에) 탈 초 ㊥ 焦
불 화(灬) + [새 추(隹)→초]

불은 요리할 때 꼭 필요하기 때문에 요리와 관련되는 글자에 불 화(火)자가 들어갑니다.

하품 흠(欠)

불을 때어 음식 장만하는 일을 취사(炊事)라고 합니다. 이때 불땔 취(炊)자는 '하품(欠) 하듯이 입을 크게 벌리고 불어서 불(火)을 피우다'는 뜻입니다. 이후 '불을 때다→(입으로) 불다→(밥을) 짓다' 등의 뜻이 생겼습니다. 자취생(自炊生)은 '스스로(自) 밥을 짓는(炊) 학생(生)'이란 뜻으로, 하숙집이나 기숙사 같은 데에 들지 않고, 자기가 손수 밥을 지어 먹으며 다니는 학생입니다.

익힐 숙(熟)자는 '불(灬)로 음식을 익힌다'는 뜻입니다. 달걀을 반(半)만 익힌 것을 반숙(半熟)이라 하고, 완전(完全)히 익힌 것을 완숙(完熟)이라고 합니다.

찔 증(蒸)자는 김이 올라오는 곳(烝)에 풀(艹)을 올려놓고 찌는 모습을 본떠 만든 글자입니다. 김오를 증(烝)자는 불(灬) 위에 놓인 그릇(U→一) 안에 담긴 물(水)을 끓이는 모습입니다. 그릇(U→一)에 담긴 물(水)의 모습이 비슷한 모양의 도울 승(丞)자로 변하면서 소리 역할도 하게 되었습니다. 이후 '찌다→김이 오르다→증발하다'는 뜻이 생겼습니다. 중국 음식 이름에 찔 증(蒸)자 들어가면 찜 요리를 말합니다. 증산작용(蒸散作用)은 '식물체 안의 수분을 증발(蒸發)시켜 공기 중으로 흩어지게(散) 하는 작용(作用)'으로, 주로 식물의 잎에 있는 기공을 통해 증발됩니다.

고기구울 자(炙)자는 '불(火) 위에 고기(肉/月)를 올려놓고 굽는다'는 뜻입니다. 회자(膾炙)란 '(맛있는) 회(膾)와 구운 고기(炙)'라는 뜻으로, 칭찬을 받으며 사람의 입에 자주 오르내림을 이르는 말을 일컫습니다. 당나라 말기 때의 사람인 한악의 작품이 '맛있는 육회와 구운 고기처럼 당시 사람들의 입에서 떨어지지 않았다'는 이야기에서 유래합니다. 고기구울 자(炙)자는 고기구울 적(炙)자로도 읽히는데, 제사상에 올리는 대꼬챙이에 꿰어 불에 구운 고기를 적(炙) 혹은 산적(散炙)이라고 합니다.

탈 초(焦)자는 '불(灬) 위에 굽는 새(隹)가 탄다'는 뜻입니다. 또 새를 굽는 동안 '타지 않을까 초조(焦燥)해 한다'고 해서 '초조하다'라는 뜻도 생겼습니다. 초점(焦點)은 '타는(焦) 점(點)'이란 뜻으로, 반사경이나 렌즈에 평행으로 들어와 반사, 굴절한 광선이 모여 타는 점입니다.

### 요리와 관련한 글자(2)

**炒** (불로) 볶을 초 ⓢ 炒
불 화(火) + [적을 소(少)→초]

**烹** (불로) 삶을 팽 ⓢ 烹
불 화(灬) +
[형통할 형(亨)→팽]

**炸** (불에) 터질 작 ⓢ 炸
불 화(火) + [지을 작(乍)]

**煎** (불로) 달일 전 ⓢ 煎
불 화(灬) + [앞 전(前)]

우리나라에서는 거의 사용하지 않는 글자이지만 중국 요리 이름에 많이 들어가는 한자 몇 개만 살펴보겠습니다.

중국 식당의 메뉴에서 가장 많이 보이는 볶을 초(炒)자는 '강한 불(火)에 볶는다'는 뜻입니다. 중국인이 좋아하는 돼지볶음은 차오러우(炒肉: 초육)라 하고 볶음국수는 차우멘(炒麵: 초면)이라고 합니다.

삶을 팽(烹)자가 들어가는 깐풍기(乾烹鷄: 건팽계)는 '물이 다 마를(乾) 때까지 삶아(烹) 소스를 친 닭(鷄) 요리'입니다. 중국 요리에 마를 건(乾)자가 들어가면, 국물 없이 바짝 삶거나 볶은 요리입니다. 깐풍기(乾烹鷄)나 라조기(辣椒鷄)와 같이 '~기(鷄: 닭 계)'자가 들어가면 닭 요리입니다. 토사구팽(兎死狗烹)은 '토끼(兎)가 죽으면(死) 토끼를 잡던 사냥개(狗)도 필요 없게 되어 주인에게 삶아(烹) 먹힌다'는 뜻으로, 필요할 때는 쓰고 필요 없을 때는 버리는 경우를 이르는 말입니다.

중국 요리 이름에 터질 작(炸)자가 들어가면 '기름에 튀긴다'는 뜻입니다. 우리가 자주 먹는 닭튀김은 중국에서 자지(炸鷄: 작계)라고 하고, 두부튀김은 자더우푸(炸豆腐: 작두부)입니다.

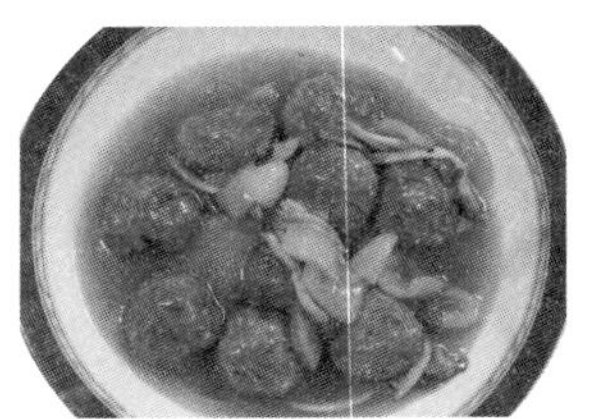
중국 요리 난자완스

중국 요리에 달일 전(煎)자가 들어가면 기름을 최소량만 두른 냄비에 재료를 넣고 볶아서 익히는 것을 말합니다. 중국집에서 먹는 난자완스(南煎丸子: 남전환자)는 '남(南)쪽 지방에서 고기를 완자(丸子)처럼 볶아 달인(煎) 요리'라는 뜻입니다. 또 물을 끓이는 주전자(酒煎子)는 원래 '술(酒)을 달이는(煎) 물건(子)'이란 뜻입니다.

### 그외 불과 관련한 글자들

**煩** 번거로울 번 ⓢ 烦
불 화(火) + 머리 혈(頁)

**庶** 여러 서 ⓢ 庶
집 엄(广) + 달 감(甘) +
불 화(灬)

번민(煩悶), 번뇌(煩惱), 번잡(煩雜) 등에 들어가는 번거로울 번(煩)자는 '머리(頁)에 불(火)이 난 듯 괴로워하고 번민하다'는 뜻입니다.

여러 서(庶)자는 돌집 엄(广), 달 감(甘)의 변형 자, 불 화(灬)자가 합쳐진 글자로, '맛있는(甘) 음식과 따뜻한 불(灬)이 있는 집(广) 안에 여러 사람이 모여 있다'는 뜻입니다. 서민(庶民)은 '여러(庶) 백성(民)'이란 뜻으로, 보통 사람을 일컫는 말입니다.

재앙 재(災)자는 '홍수(巛)와 화재(火)가 재앙(災殃)이다'는 뜻입니다. 재앙 재(災)자의 간체자(灾)는 '집(宀)에 불(火)이 나면 재앙이다'는 뜻으로 만들었습니다.

災 재앙 재 중 災 약 灾
불 화(火) + 내 천(巛)

秋 가을 추 중 秋
벼 화(禾) + 불 화(火)

灰 재 회 중 灰
불 화(火) + 왼손 좌(屮)

爆 터질 폭 중 爆
불 화(火) + [사나울 폭(暴)]

赤 붉을 적 중 赤
큰 대(大→土) + 불 화(灬)

가을 추(秋)자를 '벼(禾)가 불(火)에 타듯이 익는다'거나 '벼를 거두어들인 후 논바닥의 볏짚(禾)을 불(火)로 태운다'라고 해석하는 사람들이 있는데, 상형문자를 보면 메뚜기를 불로 태우는 모습입니다. 가을이 되면 메뚜기가 떼를 지어 나타나기 때문입니다. 하지만 나중에 모습이 바뀌어 지금의 글자가 되었습니다.

재 회(灰)자는 불(火) 속에서 손(屮)으로 다 타고 남은 재를 골라내고 있는 모습입니다. 과학 시간에 나오는 석회암(石灰岩)은 '재(灰)처럼 생긴 돌(石)로 만들어진 암석(岩)'이란 뜻으로, 조개껍질이나 산호 등이 퇴적되어 만들어진 퇴적암입니다.

폭파(爆破), 폭발(爆發), 폭소(爆笑), 폭탄(爆彈) 등에 들어가는 터질 폭(爆)자는 '폭발하여 터질 때 불(火)이 사납게(暴) 난다'는 뜻입니다.

붉을 적(赤)

붉을 적(赤)자는 제사나 기우제 등으로 사람(大)을 제물로 불(火)에 태운다는 뜻의 엽기적인 글자입니다. 사람을 태우는 불꽃의 붉은 색깔로 인해 '붉다'라는 뜻이 생겼습니다. 적혈구(赤血球)는 '피(血) 속에 붉은(赤)색의 공(球)처럼 생긴 작은 덩어리'로, 산소를 몸의 각 부분에 나르는 구실을 합니다. 적혈구 안에는 철분(Fe)이 포함되어 있는데, 이 철분이 산소 분자와 결합하여 붉은색을 냅니다. 쇠가 녹이 슬면 붉은색으로 보이는 것과 동일한 원리입니다.

청색, 백색, 적색으로 만든 프랑스 삼색기

빨갱이는 공산주의자를 속되게 이르는 말인데, 붉은색은 공산주의의 상징이기 때문입니다. 이와 같은 붉은색은 프랑스 국기인 삼색기(三色旗)에서 나왔으며, 원래 시민을 상징하는 색상이었습니다. 1789년 프랑스 대혁명 때 루이 16세가 파리 시청을 방문하여 혁명 세력과 화해한 적이 있었는데, 이때 부르봉 왕가의 상징인 백색(白色), 파리시의 상징인 청색(青色), 그리고 시민들의 상징인 적색(赤色)을 합하여 화합의 상징으로 삼색기(Tricolore)가 만들어졌습니다. 1917년의 11월 러시아 혁명 때에는 황제를 추종하는 백군(白軍)과 무산계급을 대표하는 적군(赤軍)이 싸웠습니다. 이후 붉은색은 공산주의의 상징이 되었습니다.

## 자연 2-3 흙 흙 토(土)

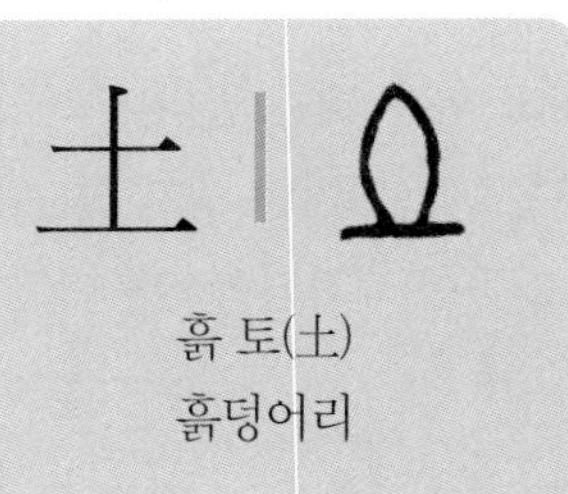


흙 토(土)
흙덩어리

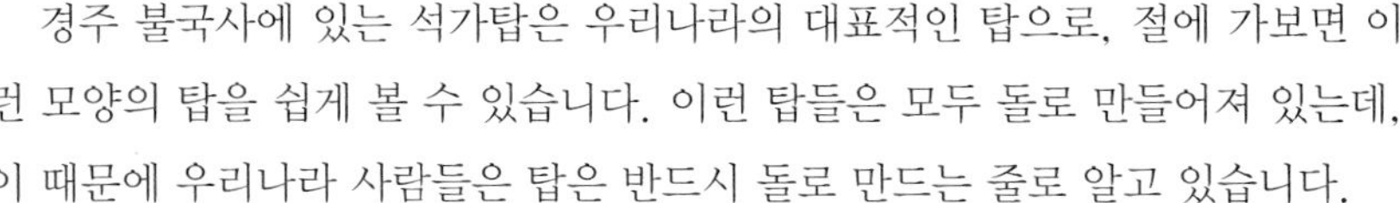

경주 불국사에 있는 석가탑은 우리나라의 대표적인 탑으로, 절에 가보면 이런 모양의 탑을 쉽게 볼 수 있습니다. 이런 탑들은 모두 돌로 만들어져 있는데, 이 때문에 우리나라 사람들은 탑은 반드시 돌로 만드는 줄로 알고 있습니다.

하지만 지진이 많이 일어나는 이웃 일본의 탑들은 대부분 나무로 만들어져 있습니다. 흙이나 돌로 만든 탑은 지진이 나면 쉽게 무너지기 때문에 지진에 강한 나무로 탑을 만듭니다.

경주 불국사 석가탑

일본 호류사 목탑

중국 서안의 전탑

일본에서 가장 오래된 탑은 호류사에 있는 5층 목탑(木塔)으로, 약 600년경에 만들어졌습니다. 호류사는 한국의 불국사처럼 일본에서 가장 유명한 절로, 이 절에 있는 금당벽화는 610년 고구려의 담징이 그린 것으로 널리 알려져 있습니다. 일본에 가보면 우리나라와는 다르게 10층 이상의 고층 아파트가 거의 없고 나무로 지은 집이 많은 이유도 지진 때문입니다.

세계 4대 문명의 발상지의 하나인 중국 황하 문명은 황하 강 주변의 넓은 평원에서 시작되었습니다. 황하 강 상류에 있는 고비사막에서부터 수백만 년 동안 흘러온 황토 물은 홍수가 날 때마다 황하 강 중류에 조금씩 쌓여 50~80m 두께의 큰 황토고원(黃土高原)을 이루고 있습니다.

이러한 황토고원에는 건축에 사용할 수 있는 돌이 거의 없습니다. 따라서 중국에서는 대부분 황토 흙으로 만든 벽돌을 쌓아 탑을 만듭니다. 이렇게 벽돌로 만든 탑을 전탑(塼塔)이라고 하는데, 이때 전(塼)자가 벽돌이란 뜻이고, 벽돌 전(塼)자에도 흙 토(土)자가 들어갑니다. 우리나라의 국보 제30호로 지정된 경주 분황사의 모전석탑(模塼石塔)은 돌을 벽돌 모양으로 다듬어 쌓아올린 것인데, 중국에 있는 전탑(塼塔)의 영향을 받은 것으로 추측됩니다.

황하강 중류에 있는
중국의 황토고원

만약 우리나라에서 한자를 만들었다면 탑(塔)자에 흙 토(土)자 대신 돌 석(石)자가 들어갔을 것이고, 일본에서 한자를 만들었다면 나무 목(木)자가 들어갔을지도 모릅니다. 이와 같이 사람이 살고 있는 환경이 문화에 큰 영향을 줄 뿐더러 중국 한자에는 고대 중국 문화가 녹아 있기 때문에 한자를 제대로 익히려면 고대 중국 문화를 이해하는 것이 필요합니다.

흙 토(土)자의 상형문자를 보면 다른 글자와는 달리 여러 가지가 있는데, 흙이라는 물체를 표현하기 위해 고민한 흔적이 보입니다. 결국 땅을 나타내기 위한 수평선(一) 위에 흙을 표현하기 위한 열 십(十)자로 흙을 나타내는 글자를 만들었다고 추측됩니다.

  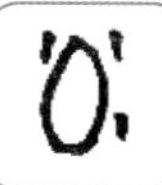   

흙 토(土)자의 상형문자

흙 토(土)자는 흙이란 의미와 함께 땅이라는 뜻으로도 사용됩니다. 그래서 땅이나 흙과 관련된 글자에는 모두 흙 토(土)자가 들어갑니다.

### 여러 가지 흙을 나타내는 글자

**塊** 흙덩이 괴 ㊥ 块
흙 토(土) + [귀신 귀(鬼)→괴]

**壤** 흙 양 ㊥ 壤 ㊐ 壌
흙 토(土) + [도울 양(襄)]

**塗** 진흙/바를 도 ㊥ 涂
흙 토(土) + 물 수(氵) + [나 여(余)→도]

**堊** 백토 악 ㊥ 垩
흙 토(土) + [버금 아(亞)→악]

**塵** 티끌 진 ㊥ 尘
흙 토(土) + 사슴 록(鹿)

금덩어리라는 뜻의 금괴(金塊)에 들어가는 괴(塊)자는 '흙덩이, 덩어리'라는 뜻을 가지고 있습니다.

흙 양(壤)자가 들어가는 사자성어를 살펴봅시다. 천양지차(天壤之差)는 '하늘(天)과 땅(壤) 사이의(之) 차이(差)'라는 뜻으로 큰 차이를 일컫습니다. 또 고복격양(鼓腹擊壤)은 '배(腹)를 두드리고(鼓) 땅(壤)을 친다(擊)'는 뜻으로, 살기 좋은 시절을 일컫습니다. 요순(堯舜) 시절 백성들이 배를 두드리고 땅을 치며 노래를 불렀다는 이야기에서 유래하는 사자성어입니다.

진흙 도(塗)자는 '흙(土)에 물(氵)을 섞으면 진흙이 된다' 는 뜻입니다. 도탄지고(塗炭之苦)는 '진흙(塗)탕이나 숯(炭)불에 빠지는 고통(苦)'이란 뜻으로, 몹시 고생스러움을 말합니다.

백토 악(堊)자는 '황토(黃土)가 가장 좋은 흙이고, 백토(白土)가 버금(亞)으로 좋은 흙(土)이다'는 뜻입니다. 백악관(白堊館)은 '흰(白) 백토(堊)로 지은 집(館)'이고, 백악기(白堊紀)는 '흰(白) 백토(堊)의 지층을 가진 연대(紀)'로, 중생대 쥐라기와 신생대 제3기 사이의 연대입니다.

티끌 진(塵)자는 '사슴(鹿)이 떼 지어 달릴 때 흙(土)에서 먼지(티끌)가 일어나다'는 뜻입니다. 고려 시대 충신 정몽주의 〈단심가(丹心歌)〉에서 "이 몸이 죽고 죽어 일백 번 고쳐 죽어 백골이 진토되어…"에서 '백골(白骨)이 진토(塵土)된다'는 말은 '흰(白) 뼈(骨)가 먼지(塵)와 흙(土)이 될 정도로 오랜 시간이 흐르다'

는 뜻입니다. 티끌 진(塵)자의 간체자(尘)는 작을 소(小)자에 흙 토(土)자를 합친 글자입니다. 뜻이 너무나 분명한 것 같습니다.

### 흙으로 만든 물건(1)

城 (흙으로 만든) 재/성 성 ⓖ 城
흙 토(土) + [이룰 성(成)]

墻 (흙으로 만든) 담 장 ⓖ 墙
흙 토(土) + [아낄 색(嗇)→장]

壁 (흙으로 만든) 벽 벽 ⓖ 壁
흙 토(土) + [피할 벽(辟)]

堤 (흙으로 만든) 둑 제 ⓖ 堤
흙 토(土) + [옳을 시(是)→제]

흙으로 만든 중국의 옛성

재는 '높은 산의 고개'를 뜻하는 순우리말입니다. 이런 고개는 주로 흙으로 이루어져 있기 때문에 재 성(城)자에는 흙 토(土)자가 들어갑니다. 이 글자는 남한산성(南漢山城)이나 북한산성(北漢山城)처럼 '적을 막기 위한 성(城)'이란 글자로도 사용되는데, 옛 중국에서는 성을 흙으로 만들었기 때문입니다. 우리에게 잘 알려진 만리장성(萬里長城)은 춘추 시대 제(齊)나라에서 명나라에 걸쳐 만들어 졌는데, 초기에 만든 성은 모두 황토로 만들거나 황토로 만든 벽돌을 사용하였습니다.

흙으로 만든 성이 쉽게 무너질 것 같지만 그렇지 않습니다. 3500년 전 상나라 수도였던 정주(鄭州)에 가면 지금도 흙으로 세운 성벽이 10여 미터 높이로 7km나 남아 있습니다. 고대 중국인들은 흙을 다져 가면서 쌓는 판축법(版築法)으로 몇 천 년을 견딜 수 있는 성을 쌓을 수 있었습니다.

성과 마찬가지로 담도 흙으로 만들었기 때문에 담 장(墻)자에는 흙 토(土)자가 들어갑니다. 흙 토(土)자 대신 풀 초(艹)자가 들어가면 장미 장(薔)자가 됩니다. 가시가 있는 장미를 담 옆에 심거나 장미 덩쿨을 담으로 사용한다는 뜻이 담겨 있습니다.

벽 벽(壁)자는 '도둑이나 적으로부터 피하기(辟) 위해 흙(土)으로 쌓은 것이 벽이다'는 뜻입니다. 적벽(赤壁)은 '붉은(赤) 절벽(壁)'이란 뜻으로, 중국 호북성(湖北省)에 있는 양자강 중류의 남쪽 강가의 붉은 절벽입니다. 경치가 뛰어나고,《삼국지》에서 제갈공명이 조조의 백만대군을 물리친 적벽대전(赤壁大戰)으로 유명한 곳입니다. 〈적벽가(赤壁歌)〉는 '적벽(赤壁)대전을 소재로 한 노래(歌)'로, 판소리 열두 마당 중의 하나입니다.

황하 강 주변은 홍수가 많아 옛부터 강 주변에는 둑을 쌓았습니다. 둑 제(堤)자는 '흙(土)으로 쌓은 둑 혹은 제방(堤防)'을 이르는 글자입니다. 벽골제(碧骨堤)는 '벽골(碧骨: 지금의 전라북도 김제)에 있는 제방(堤)'으로, 신라 16대 흘해왕 21년(330)에 쌓은 저수지 둑입니다. 지금은 그 터가 논 가운데 드문드문 남아 있습니다.

## 흙으로 만든 물건(2)

型 (흙으로 만든) 틀/거푸집 형 ⓢ 型
흙 토(土) + [형벌 형(刑)]

塑 (흙으로 만든) 토우 소 ⓢ 塑
흙 토(土) +
[초하루 삭(朔)→소]

壇 (흙으로 만든) 제단 단 ⓢ 坛
흙 토(土) + [믿음 단(亶)]

墨 (흙으로 만든) 먹 묵 ⓢ 墨
흙 토(土) + [검을 흑(黑)→묵]

塔 (흙으로 만든) 탑 탑 ⓢ 塔
흙 토(土) +
[작은콩 답(荅)→탑]

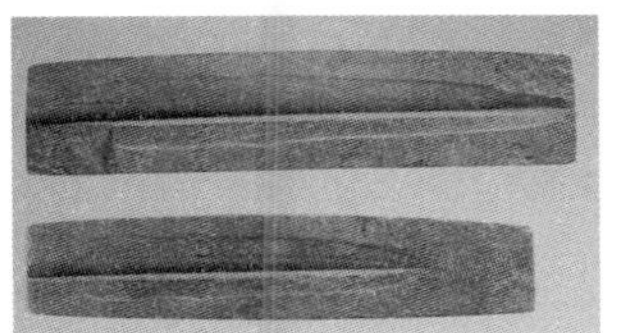

경기도 용인에서 발굴된
청동검 거푸집

틀/거푸집 형(型)자에서 거푸집은 금속을 녹여 부어 어떤 물건을 만들기 위한 틀을 말합니다. 옛 중국에서 이런 거푸집은 흙으로 만들었습니다. 정형시(定型詩)는 '일정한(定) 틀(型)에 따라 만든 시(詩)'로, 일정한 형식(形式)과 규칙에 맞추어 지은 시입니다. 우리나라의 시조가 대표적인 정형시입니다.

토우 소(塑)자에서 토우(土偶)는 '흙으로 빚어 만든 인형'을 이르는 말입니다. 미술 시간에 배우는 소조(塑造)는 찰흙, 석고 따위를 빚거나 덧붙여서 만드는 조형 미술입니다. 활을 당기거나 스프링을 늘인 후 다시 놓으면 원래의 모습으로 돌아갑니다. 하지만 흙이나 점토를 휘거나 늘인 후 놓으면 원래 모습으로 돌아가지 않습니다. 활이나 스프링처럼 본래로 돌아가는 성질을 탄성(彈性)이라고 하고, 흙이나 점토처럼 본래 모습으로 돌아가지 않는 것을 소성(塑性) 또는 가소성(可塑性)이라고 합니다. 소성(塑性)은 '흙을 빚어 만든 토우(塑)처럼 본래의 형태로 돌아가지 않는 성질(性)'이란 뜻입니다. 플라스틱에 열(熱)을 가해 휘어보면 흙이나 점토처럼 원래 모습으로 돌아가지 않는데, 이런 성질을 열가소성(熱可塑性)이라고 합니다.

옛날에는 제사를 지낼 때 귀신이 있는 하늘에 가까이 갈 수 있도록 높이 제단을 쌓았습니다. 제단 단(壇)자는 '제사를 지내는 제단(祭壇)은 흙(土)으로 높이(亶) 쌓은 곳이다'는 뜻입니다. 교단(敎壇)은 '공부를 가르치기(敎) 위해 높이 쌓은 단(壇)'이고, 등단(登壇)은 '단(壇)에 오르다(登)'는 뜻으로, 화단(畵壇)이나 문단(文壇) 등 특수한 사회 분야에 처음으로 나타남을 일컫는 말입니다.

먹 묵(墨)자는 '검은(黑) 흙(土)으로 만든 것이 먹이다'는 뜻입니다. 필묵(筆墨)은 '붓(筆)과 먹(墨)'을 일컫고, 수묵화(水墨畵)는 '물(水)로 먹(墨)의 짙고 옅음을 조절하여 그린 그림(畵)'입니다. 수묵(水墨) 혹은 묵화(墨畵)라고도 합니다.

탑 탑(塔)자는 위에서 말한 대로 '황토(土)로 만든 탑'을 일컫는 말입니다.

## 기타(1)

壞 (흙이) 무너질 괴 ⓢ 坏
흙 토(土) +
[그리워할 회(褱)→괴]

무너질 괴(壞)자는 '언덕이나 절벽의 흙(土)이 무너지다'는 뜻입니다. 괴혈병(壞血病)은 '피부가 헐어서(壞) 피(血)가 나오는 병(病)'으로, 비타민 C의 결핍으로 생기는 결핍증입니다.

퇴적암(堆積巖)의 퇴(堆)자와 적(積)자는 모두 '쌓다'는 뜻입니다. 쌓을 퇴(堆)자는 '흙(土)을 쌓다'는 뜻이고, 쌓을 적(積)은 '벼(禾)를 쌓다'는 뜻입니다.

**堆** (흙을) 쌓을 퇴 ⓢ 堆]
흙 토(土) + [새 추(隹)→퇴]

**堅** (흙이) 굳을 견 ⓢ 坚 ⓨ 坚
흙 토(土) + [굳을 간(臤)→견]

**壓** (흙이) 누를 압 ⓢ 压 ⓨ 压
흙 토(土) + [싫을 염(厭)→압]

**培** (흙을) 북돋을 배 ⓢ 培]
흙 토(土) + [침 부(咅)→배]

**堯** 요임금 요 ⓢ 尧]
우뚝할 올(兀) +
[흙쌓을 요(垚)]

굳을 견(堅)자에 들어가는 굳을 간(臤)자는 노예나 신하(臣)의 손(又)의 모습으로, '노예나 신하가 굳건하다'는 뜻을 표현하였습니다. 나중에 뜻을 분명히 하기 위해 흙 토(土)자를 추가하여 굳을 견(堅)자가 되었습니다. 견과류(堅果類)는 '밤이나 호두처럼 굳은(堅) 껍질을 가진 과일(果) 무리(類)'입니다.

압력(壓力), 기압(氣壓), 혈압(血壓) 등에 들어가는 누를 압(壓)자는 '무거운 흙(土)으로 누르다'는 뜻입니다.

북돋을 배(培)자의 북은 치는 북이 아니고 '식물의 뿌리를 싸고 있는 흙'을 말합니다. 식물이 잘 자라게 하기 위해 북을 위로 쌓아올려 주는 것을 '북돋우다'고 하고, 이 말은 '기운을 더욱 높여 주다'는 뜻으로도 사용됩니다. 이후 '북돋우다→배양하다→양성하다→불리다'는 뜻이 파생되었습니다. 배양(培養), 재배(栽培) 등에 사용됩니다.

요임금 요(堯)자는 사람 머리 위에 흙을 이고 있는 모습입니다. 무슨 의미로 이런 글자를 만들었는지는 알려지지 않았으나 요(堯)임금은 순(舜)임금과 함께 고대 중국의 태평천국을 일컫는 요순시절(堯舜時節)의 임금이었습니다.

요임금 요(堯)

### 땅과 관련한 글자

**地** 땅 지 ⓢ 地
흙 토(土) + [이것 이(也)→지]

**坤** 땅 곤 ⓢ 坤
흙 토(土) + 납 신(申)

**坪** 들 평 ⓢ 坪
흙 토(土) + [평평할 평(平)]

**場** 마당 장 ⓢ 场
흙 토(土) + [빛날 양(昜)→장]

땅 지(地)자의 소리로 사용되는 이것 이(也)자는 어조사 야(也)자로 더 많이 알려져 있습니다. 이것 이(也)자에 물 수(氵)자가 붙으면 못 지(池)자가 됩니다. 지구(地球)는 '공(球)과 같이 둥근 땅(地)'입니다.

땅 곤(坤)자는 흙 토(土)자와 납 신(申)자가 합쳐진 글자입니다. 납 신(申)자의 '납'은 원숭이의 우리말입니다. 십이지(十二支)의 아홉 번째 글자가 신(申)인데, 12동물 중 아홉 번째 동물이 '원숭이'라서 붙은 훈일 뿐 원숭이 모습과 전혀 상관이 없습니다. 신(申)자는 원래 번개 모습을 본떠 만든 글자입니다. 또 번개가 칠 때 빛이 땅으로 펼쳐진다고 해서 '펴다'는 뜻도 가지고 있습니다. 땅 곤(坤)자는 '흙(土)이 펼쳐진(申) 곳이 땅(坤)이다'는 뜻입니다.

〈곤여만국전도(坤輿萬國全圖)〉는 '땅(坤輿) 위의 만(萬)개의 나라(國)를 그린 전체(全) 지도(圖)'로, 선교사로 명나라에 와 있던 이탈리아의 마테오 리치가 1602년 제작하여 한문으로 출판한 세계 지도입니다. 조선 선조 36년(1603년)에 우리나라에도 전래되었습니다. 수레 여(輿)자는 땅이란 뜻으로 사용되는

곤여만국전도

데 옛 중국 사람들은 땅을 만물을 싣고 있는 하나의 큰 수레로 생각하였기 때문입니다.

들 평(坪)자는 '평평한(平) 땅(土)이 들(坪)이다'는 뜻입니다. 평(坪)자는 주로 땅의 넓이를 재는 단위로 사용됩니다. 1평(坪)은 3.3㎡입니다.

장소(場所), 공장(工場), 농장(農場), 시장(市場) 등에 사용되는 마당 장(場)자는 '햇볕이 비치는(昜) 땅(土)이 마당이다'는 뜻입니다. 시장(市場)의 글자 바꾸어 놓은 장시(場市)는 조선 시대에 보통 5일마다 열리던 사설 시장입니다.

### 땅 위에 터를 나타내는 글자

**垈** (땅의) 터 대 ㊥ 垈
흙 토(土) + [대신할 대(代)]

**基** (땅의) 터 기 ㊥ 基
흙 토(土) + [그 기(其)]

**址** (땅의) 터 지 ㊥ 址
흙 토(土) + [그칠 지(止)]

**墟** (땅의) 빈터 허 ㊥ 墟
흙 토(土) + [빌 허(虛)]

집이나 건물을 짓는 자리를 '터'라고 합니다. 한자로는 대지(垈地)라고 하는데, 이때 대(垈)자가 터를 말합니다. 대지면적(垈地面積)은 '집의 터(垈)가 차지하는 땅(地)의 면적(面積)'입니다.

터 기(基)자도 '땅(土) 위의 터'를 의미합니다. 군사기지, 우주기지, 남극기지 등에 나오는 기지(基地)는 '터(基)가 되는 땅(地)'이란 뜻으로, 군대나 탐험대 따위의 활동의 기점이 되는 근거지를 의미합니다.

터 지(址)자는 '땅(土)에 남은 발자국(止)이 터이다'는 뜻입니다. 그칠 지(止)자는 발자국 모습을 본떠 만든 글자입니다. 부여 정림사지(定林寺址), 경주 분황사지(芬皇寺址)와 황룡사지(皇龍寺址) 등은 절은 사라지고 터만 남아 있습니다.

빈터 허(墟)자는 '땅(土)이 비어 있는(虛) 곳이 빈터이다'는 뜻입니다. 폐허(廢墟)는 '버려진(廢) 빈터(墟)'로, 건물이나 마을, 성 따위가 파괴되어 황폐하게 된 터를 말합니다. 갑골문자가 발견되었던 은허(殷墟)는 '은(殷)나라의 폐허(廢墟)'입니다.

### 땅 위에 거주를 나타내는 한자

**在** (땅 위에) 있을 재 ㊥ 在
흙 토(土) +
[재주/바탕 재(才)]

있을 재(在)자는 '모든 사물은 땅(土)을 바탕(才)으로 존재(存在)한다'는 뜻입니다. 주권재민(主權在民)은 '주인(主)의 권리(權)가 백성(民)에게 있다(在)'는 뜻으로, 민주주의의 기본 원칙입니다.

좌선(坐禪), 좌상(坐像) 등에 들어 있는 앉을 좌(坐)자는 '여러 사람(从)이 땅(土) 위에 앉아 있다'는 뜻입니다.

좌석(座席), 좌우명(座右銘), 좌표(座標) 등에 들어 있는 자리 좌(座)자는 '집

坐 (땅 위에) 앉을 좌 ⓖ 坐
흙 토(土) + 사람 인(人) X 2

座 자리 좌 ⓖ 座
집 엄(广) + [앉을 좌(坐)]

堂 (땅 위에) 집 당 ⓖ 堂
흙 토(土) + [오히려 상(尙)→당]

坊 (땅 위에) 동네 방 ⓖ 坊
흙 토(土) + [모 방(方)]

(广)안에 앉아(坐) 있는 곳이 자리(座)이다'는 뜻입니다. 좌우명(座右銘)은 '자리(座)의 오른쪽(右)에 새겨놓은(銘) 글'이란 뜻으로, 항상 자리 옆에 갖추어 두고 가르침으로 삼는 말이나 문구를 말합니다.

집 당(堂)자는 '흙(土) 위의 건물(尙)이 집이다'는 뜻입니다. 오히려 상(尙)자는 높을 고(高)자와 마찬가지로 높은 건물의 상형입니다. 당상관(堂上官)은 '임금의 집(堂)에 올라갈(上) 수 있는 벼슬(官)'로, 조선 시대에 왕과 같은 자리에서 정치의 중대사를 논의하는 자격을 갖춘 정3품 이상의 벼슬을 가진 사람을 말합니다. 반대로 정3품 미만의 벼슬을 가진 사람을 당하관(堂下官)이라고 합니다.

'동네방네 소문났네'에 나오는 동네 방(坊)자는 '네모(方)난 땅(土)이 동네'라는 의미입니다. 네모꼴을 한자로 방형(方形)이라 하듯이, 모 방(方)자는 '네모'라는 의미도 있습니다. 신라방(新羅坊)은 '신라(新羅) 사람들이 사는 동네(坊)'라는 뜻으로 통일신라 시대 당나라 땅에 신라 사람들이 살던 동네입니다.

## 땅의 경계를 나타내는 한자

疆 (땅의) 지경 강 ⓖ 疆
흙 토(土) + 활 궁(弓) + [지경 강(畺)]

境 (땅의) 지경 경 ⓖ 境
흙 토(土) + [마침내 경(竟)]

域 (땅의) 지경 역 ⓖ 域
흙 토(土) + 혹시 혹(或)

백두산정계비

지경(地境)이란 말은 '땅(地)의 경계(境界)'를 말합니다. 농사를 짓던 시절에는 땅이 곧 재산이요, 먹을 것이 나는 곳이기 때문에 어디까지가 내 땅인지는 매우 중요했습니다. 따라서 한자에는 지경을 의미하는 글자가 많습니다.

지경 강(疆)자는 조금 어려워 보이지만, 글자를 풀어놓고 보면 매우 간단합니다. 밭(田)과 밭(田) 사이에 경계를 나타내는 선(三)을 그어 만든 글자가 원래의 지경 강(畺)자입니다. 여기에 경계가 활 궁(弓)자처럼 구불구불하다는 것을 표시하기 위해 활 궁(弓)자를 넣었고, 다시 이러한 경계는 땅 위에 있다고 흙 토(土)자를 추가하였습니다. 하지만 이 글자의 부수는 밭 전(田)자입니다. 《아방강역고(我邦疆域考)》는 '우리(我)나라(邦)의 경계(疆)와 영역(域)을 살핌(考)'이란 뜻으로, 1811년 정약용이 한국의 영토와 경계를 중국과 한국의 문헌을 중심으로 살펴서 쓴 지리서입니다. 여기에는 1712년에 세운 백두산정계비가 우리나라에 포함되어 있습니다. 백두산정계비(白頭山定界碑)는 '백두산(白頭山)에 중국과 우리나라의 경계(界)를 정(定)해 놓은 비석(碑)'입니다.

지경 경(境)자는 '땅(土)이 끝나서 마치는(竟) 곳이 지경이다'는 뜻입니다. 경계(境界)는 '지경(境)과 지경(界)'이란 뜻입니다. 조경수역(潮境水域)은 '조류(潮)의 경계(境)에 있는 바닷물(水)의 영역(域)'으로, 한류와 난류가 만나 섞이는 영역입니다. 이런 곳은 플랑크톤의 양이 많고 물속에 녹아 있는 산소가 많아 한류성 물고기와 난류성 물고기들이 모두 모여들어 좋은 어장이 됩니다.

지역(地域), 영역(領域) 등에 들어가는 지경 역(域)자는 흙 토(土)자와 혹시 혹(或)자가 합쳐진 글자입니다. 혹시 혹(或)자는 원래 땅(一) 위에 있는 지역(口)을 창(戈)으로 지키는 나라나 지역을 나타내는 글자였으나, 혹시라는 뜻이 생겼습니다. 나중에 원래 뜻을 살리기 위해 지역은 흙 토(土)자가 추가되어 지경 역(域)자가 되었습니다만, 여전히 나라나 지역이란 뜻도 가지고 있습니다. 혹(或)자 둘레에 다시 울타리를 두르면 나라 국(國)자가 됩니다.

### 땅의 구덩이와 묻음을 나타냄

**坑** (땅을 판) 구덩이 갱 ⓒ坑
흙 토(土) + [목 항(亢)→갱]

**埋** (땅에) 묻을 매 ⓒ埋
흙 토(土) + 마을 리(里)

구덩이 갱(坑)자는 '땅(土)을 판 구덩이'입니다. 갱도(坑道)는 '광부들이 구덩이(坑) 안에 뚫어 놓은 길(道)'입니다. 갱목(坑木)은 갱도가 무너지지 않도록 받치는 나무입니다.

묻을 매(埋)자의 상형문자를 보면 지금의 글자와 거의 관련이 없습니다. 구덩이를 파고 그 속에 사람이나 소(牛)를 묻는 모습입니다만, 왜 지금과 같은 글자가 되었는지는 알려지지 않고 있습니다. 고대 중국에서는 토신(土神)에게 제사를 지낸 후에는 제물로 사용한 사람이나 소를 땅에 묻었습니다. 매장(埋葬)이나 매립(埋立)에 사용됩니다.

묻을 매(埋)

### 땅속 무덤과 관련한 한자

**墳** (땅속) 무덤 분 ⓒ坟
흙 토(土) + [클 분(賁)]

**墓** (땅속) 무덤 묘 ⓒ墓
흙 토(土) + [없을 막(莫)→묘]

**塚** (땅속) 무덤 총 ⓒ冢
흙 토(土) + [무덤 총(冢)]

분묘(墳墓)는 무덤 분(墳)자와 무덤 묘(墓)자가 합쳐진 글자인데, 이중에서 분(墳)은 땅 위로 솟아 오른 무덤인 반면, 묘(墓)는 원래 땅 위에 봉분이 없는 평평한 무덤입니다.

무덤 분(墳)자는 '흙(土)을 크게(賁) 솟아오른 것이 무덤이다'는 뜻입니다. 적석목곽분(積石木槨墳)은 '나무(木)로 만든 곽(槨) 위에 돌(石)을 쌓고(積) 그 위에 흙을 입힌 무덤(墳)'으로, 신라 고분(古墳)인 천마총(天馬塚)이 대표적입니다.

무덤 묘(墓)자는 '땅(土) 위에 봉분이 없는(莫) 평평한 무덤'입니다. 명절에 가는 성묘(省墓)는 '묘(墓)를 살피다(省)'는 뜻입니다. 분묘기지권(墳墓基地權)은 '분묘(墳墓)의 터(基)가 되는 땅(地)에 대한 권리(權)'란 뜻으로, 남의 땅 위에 묘를 쓴 사람에게 인정하는 권리입니다. 예를 들어 땅 소유자의 승낙을 받지 않았더라

고구려의 장군총

도 분묘를 설치하고 20년이 지났다면 분묘기지권을 가질 수 있습니다.

무덤 총(塚)자는 무덤 총(冢)자의 뜻을 분명히 하기 위해 흙 토(土)자를 추가한 글자입니다. 적석총(積石塚)은 '석곽(石槨) 위에 돌(石)을 쌓아(積) 만든 무덤(塚)'으로, 고구려의 장군총(將軍塚)이 대표적입니다.

무덤을 가리키는 말로는 언덕 능(陵)자도 있습니다. 신라의 무열왕릉(武烈王陵), 백제의 무령왕릉(武寧王陵)이 그러한 예인데, 무덤에 묻힌 사람이 누구인지 아는 경우 언덕 능(陵)자가 붙습니다. 반면, 무덤에 묻힌 사람이 누구인지 알 수 없으면 천마총(天馬塚), 장군총(將軍塚), 무용총(舞踊塚), 쌍영총(雙楹塚)과 같이 무덤 총(塚)자가 붙습니다.

## 기타(2)

均 (땅이) 고를 균 ⓩ 均
흙 토(土) + [두루 균(勻)]

增 더할 증 ⓩ 增
흙 토(土) + [거듭 증(曾)]

吐 토할 토 ⓩ 吐
입 구(口) + [흙 토(土)]

균등(均等), 균형(均衡), 평균(平均) 등에 들어가는 균(均)자는 '땅(土)이 고르고 평평하다'는 뜻입니다. 균전제(均田制)는 '밭(田)을 균등(均)하게 나주어 주는 제도(制)'로, 중국 수나라와 당나라 때에 시행한 제도입니다. 토지를 국민에게 균등하게 분배하고, 그 토지를 지급받은 국민에게 병역을 부과하였습니다. 우리나라에서는 조선 말기의 실학자인 유형원이 토지를 국유화한 뒤, 농민에게 균등하게 나누어 주자는 균전제를 주장하였습니다.

더할 증(增)자는 '흙(土)을 겹쳐(曾) 쌓아 더하다'는 뜻입니다. 증대(增大), 증감(增減), 급증(急增), 증축(增築) 등에 사용됩니다.

토할 토(吐)자는 '배가 고파 흙(土)을 입(口)으로 먹으면 토한다'는 의미도 되고, '입(口)을 땅(土) 위에 대고 토하다'는 의미도 됩니다. 흙 토(土)자가 소리로 사용되는 희귀한 경우입니다.

# 자연 2-4 산과 언덕

기슭 엄/한(厂) | 언덕 부(阜) | 메 산(山)

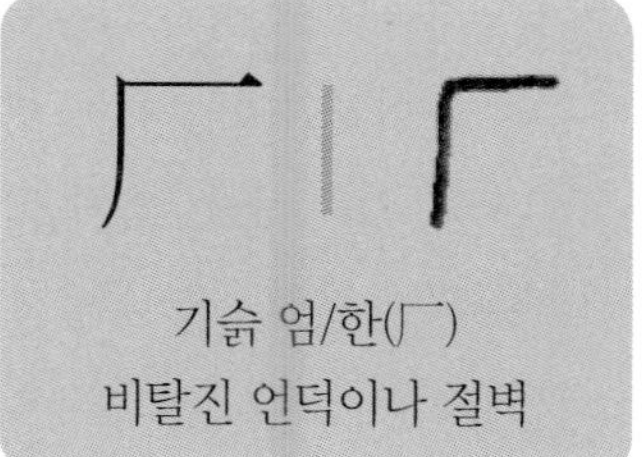

기슭 엄/한(厂)
비탈진 언덕이나 절벽

중국 황토고원과 골짜기

옛 중국 사람들이 살았던 황하강 중류는 황토가 쌓여 높은 황토고원을 이루고 있습니다. 이렇게 쌓인 황토고원은 비가 오면 빗물에 의해 작은 개울이 되어 흘러가면서 부드러운 황토를 깎아 골짜기를 이루거나 절벽이 되기도 하는데, 골짜기나 비탈진 언덕, 그리고 절벽의 형상을 본떠 만든 상형문자가 기슭 엄/한(厂)자입니다.

옛 중국 사람들은 이러한 언덕에 동굴을 뚫고 살았습니다. 그러다 보니 비탈진 언덕에서 굴러 떨어지기도 하고, 계단을 만들어 오르락내리락 하기도 하였습니다. 기슭 엄(厂)자가 들어가는 글자들을 보면 황토고원에 살았던 당시 사람들의 생활이 생생히 그려집니다.

기슭 엄/한(厂)자는 언덕이나 절벽에 관련되는 글자에 들어갑니다. 또 싫을 염(厭)자와 기러기 안(雁)자에서는 소리로 사용됩니다.

### 언덕이나 절벽과 관련한 글자

**岸** 언덕 안 ㊥岸
메 산(山) + 기슭 엄(厂) + [방패/마를 간(干)→안]

**厓** 언덕 애 ㊥厓
기슭 엄(厂) + 흙 토(土) X 2

**崖** 벼랑 애 ㊥崖
메 산(山) + [언덕 애(厓)]

**原** 언덕 원 ㊥原
기슭 엄(厂) + 샘 천(泉)

**源** 근원 원 ㊥源
물 수(氵) + [언덕 원(原)]

언덕 안(岸)자는 '산(山)에 있는 기슭(厂)이 언덕이다'는 뜻입니다. 융기해안(隆起海岸)은 '바닷속의 땅이 높이(隆) 일어나(起) 만들어진 해안(海岸)'이고, 침수해안(沈水海岸)은 '산이 물(水)에 잠겨(沈) 만들어진 해안(海岸)'입니다.

언덕 애(厓)자는 '흙(土)과 흙(土)이 높이 쌓여 있는 곳이 언덕이나 벼랑(厂)이다'는 뜻입니다. 나중에 뜻을 분명히 하기 위해 메 산(山)이 추가되어 벼랑 애(崖)자가 만들어졌습니다. 국사나 미술 시간에 배우는 마애불(磨崖佛)은 '벼랑(崖)에 갈아서(磨) 만든 불상(佛像)'이란 뜻으로, 자연 암벽에 조각한 불상을 말합니다. 마애석불(磨崖石佛)이라고도 합니다. 마애삼존불상(磨崖三尊佛像)은 자연 암벽을 깎아 만든 3명의 불상입니다.

언덕 원(原)자는 원래 '언덕(厂)의 갈라진 틈 사이로 샘(泉) 흘러나오는 곳이 물의 근원이다'는 뜻입니다. 이후 '근원→언덕→(언덕 위의) 벌판'이라는 뜻이 생기면서, 원래의 뜻을 분명히 하기 위해 물 수(氵)를 추가하여 근원 원(源)자가 생겼습니다. 원시인(原始人)은 '근원(原)이자 시작(始)인 사람(人)'이란 뜻이고, 개마고원의 고원(高原)은 '높은(高) 곳에 있는 벌판(原)'입니다. 진원(震源)은 '지진

(地震)이 발생한 근원(源)'으로, 지진이 발생한 땅속의 지점인 반면, 진앙(震央)은 '지진(地震)이 일어난 지역의 중앙(央)'으로, 땅 위의 지점입니다.

### 절벽과 사람

**厄** 재앙 액 중 厄
기슭 엄(厂) + 병부 절(卩)

**危** 위태할 위 중 危
사람 인(人) + 기슭 엄(厂) + 병부 절(卩)

**反** 돌이킬 반 중 反
기슭 엄(厂) + 또 우(又)

'액땜한다'는 말이 있습니다. 닥쳐올 액을 다른 가벼운 곤란으로 미리 겪음으로써 무사히 넘긴다는 뜻입니다. '액운(厄運)을 때우다'도 마찬가지입니다. 재앙 액(厄)자는 절벽(厂)에서 굴러 떨어져 다쳐서 쪼그리고 있는 사람(卩)의 모습입니다. 한마디로 재앙입니다. 절(卩)자는 사람이 쪼그리고 앉아 있는 모습을 본떠 만든 글자입니다.

우리가 사용하지 않는 글자 중에서, 절벽(厂)위에 사람(人)이 서 있는 모습의 첨(产)자가 있습니다. 이 글자는 '(절벽 위에 서 있는 사람이) 위태하다'와 '(절벽 위에 서 있는 사람을) 우러러보다'는 두 가지 뜻이 있습니다. 두 가지 뜻을 구분하기 위해 위태할 위(危)자가 생겼는데, 첨(产)자에 재앙 액(厄)자처럼 절벽 아래에 굴러 떨어진 사람(卩)의 모습을 추가하였습니다.

반대(反對), 반감(反感), 반성(反省) 등에 사용되는 돌이킬 반(反)자는 '손(又)으로 기어서 절벽(厂)을 되돌아 올라가다'는 뜻입니다. 광해군을 몰아낸 인조반정과 연산군을 몰아낸 중종반정의 반정(反正)은 '돌이켜서(反) 바르게(正) 세우다'는 뜻으로, 정치를 잘못하는 왕을 폐위시키고 새로운 왕을 세우는 일을 의미합니다.

돌이킬 반(反)

### 기타

**石** 돌 석 중 石
기슭 엄(厂) + 돌의 모습(口)

**嚴** 엄할 엄 중 严
입 구(口) X 2 + 기슭 엄(厂) + [감히 감(敢)→엄]

**厚** 두터울 후 중 厚
기슭 엄(厂) + 날 일(日) + 아들 자(子)

돌 석(石)자는 절벽(厂)에서 떨어진 바위(口) 모습이나 절벽(厂) 옆으로 드러나보이는 바위(口) 모습을 본떠 만든 글자입니다.

엄격(嚴格), 엄명(嚴命), 엄밀(嚴密), 엄선(嚴選), 엄숙(嚴肅), 위엄(威嚴), 존엄(尊嚴) 등에 들어가는 엄할 엄(嚴)자는 '언덕(厂)에서 광석(口,口)을 캐내는 일은 감히(敢) 하기 힘들고 엄하다'는 뜻입니다. 계엄(戒嚴)은 '경계(戒)를 엄(嚴)하게 하다'는 뜻으로, 전시나 사변 등 비상 사태를 당하여 일정한 지역을 군인들이 경계하게 하고 그 지역의 행정권과 사법권의 전부 또는 일부를 군대가 맡아 다스리게 하는 일입니다.

두터울 후(厚)자는 갑골문자를 보면 기슭(厂)에 기대어 놓은 두터운 질그릇(日 + 子)의 모습으로, 청동을 녹이기 위한 장치로 추정됩니다. 청동을 녹이기

段 층계 단 중 段
기슭 엄(厂) + 석 삼(三) +
창 수(殳)

위해 보통 질그릇보다 두께가 두꺼워 '두텁다'는 의미가 생겼습니다. 이용후생(利用厚生)은 '(상공업을) 잘 이용(利用)하여 생활(生)을 두텁게(厚) 한다(잘살게 한다)'는 뜻으로, 조선 후기 실학파가 주장한 중상주의(重商主義) 정책입니다. 복리후생(福利厚生)의 후생(厚生)도 같은 의미입니다.

층계 단(段)자는 연장을 든 손(殳)으로 언덕(厂)에 계단(三)을 만드는 모습에서 층계라는 뜻이 생겼습니다. 창 수(殳)자는 손(又)에 창이나 연장을 든 모습입니다. 해안단구(海岸段丘)는 '해안(海岸)에 계단(段)처럼 만들어진 언덕(丘)'이란 뜻입니다. 이러한 해안단구는 해안의 융기가 여러 번 되풀이 되어 만들어집니다. 층계 단(段)자는 바둑, 태권도, 유도 등에서 잘하고 못하는 정도를 매긴 등급을 이르는 말로도 사용됩니다.

층계 단(段)

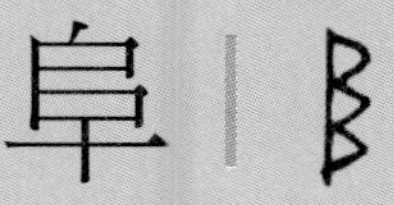
언덕 부(阜/阝)
언덕에 올라가는 계단

언덕 부(阜/阝)자는 황토고원(黃土高原)에 사는 고대 중국인들의 동굴 집을 오르내리는 계단(階段)의 모습을 본떠 만든 글자입니다. 또 이런 계단들이 언덕에 있었기 때문에 언덕이라는 의미가 추가되었습니다. 주로 언덕과 관련되는 글자에 들어갑니다.

간략형으로 쓰는 부(阝)자는 고을 읍(邑)자의 간략형과 똑같이 생겼습니다. 하지만 언덕 부(阝)자는 항상 왼쪽(阿, 險, 隔, 障)에, 고을 읍(邑)자는 항상 오른쪽(鄭, 郡, 都, 郎)에 사용합니다. 언덕 부(阝)자를 자전에서 찾을 때는 2획이 아닌 3획임을 유의하세요.

## 언덕과 계단

阿 언덕 아 중 阿
언덕 부(阝) +
[옳을 가(可)→아]

陵 언덕 릉 중 陵
언덕 부(阝) + [넘을 릉(夌)]

언덕 아(阿)자는 원래 언덕을 뜻하는 글자입니다. 이후 '언덕→(언덕 등선이) 굽다→(굽은 마음으로) 아첨하다'는 뜻이 생겼습니다. 곡학아세(曲學阿世)는 '학문(學)을 왜곡(曲)하여 세상(世)에 아첨(阿)하여 인기를 끌고자 한다'는 뜻으로, 중국 한나라의 원고생이 공손홍에게 "학문의 정도는 학설을 굽혀 세상 속물에 아첨하는 게 아니다"라고 한 데서 유래합니다. 1840년 중국에서 일어난 아편전쟁의 원인이자 마약의 일종인 아편(阿片)은 영어 오우폄(opium)을 소리 나는 대로 적은 것입니다. 하지만 뜻을 해석하면 '사람 마음에 아첨하는(阿) 약 조각(片)'이란 뜻이 됩니다.

陸 뭍 륙 ㊥陆
언덕 부(阝) + [뭍 륙(坴)]

언덕 릉(陵)자는 언덕처럼 큰 무덤을 뜻하기도 합니다. 서울 강남에 있는 선릉(宣陵)은 조선 제9대 왕 성종의 왕릉(王陵)입니다.

뭍 륙(陸)자는 '뭍이 언덕(阜/阝)으로 이루어져 있다'는 뜻입니다. 조륙운동(造陸運動)은 '육지(陸)를 만드는(造) 운동(運動)'으로, 지반의 융기와 침강으로 육지가 만들어지는 지각 운동입니다. 산(山)을 만드는 조산운동(造山運動)에 비하여 넓은 지역에 걸쳐 서서히 작용합니다.

## 언덕의 모습

隆 (언덕이) 높을 륭 ㊥隆
언덕 부(阝) +
[하늘에예지낼 륭(夅)]

險 (언덕이) 험할 험 ㊥险 ㊣険
언덕 부(阝) + [다 첨(僉)→험]

陜 (언덕이) 좁을 협, 땅이름 합
㊥陕
언덕 부(阜/阝) + [낄 협(夾)]

높을 륭(隆)자는 '하늘에 예 지내는(夅) 언덕(阜/阝)은 높다'는 뜻입니다. 융기(隆起)는 '높이(隆) 일어나다(起)'는 뜻으로, 땅이 높이 솟아오른 것을 말합니다. '융숭한 대접을 받다'의 융숭(隆崇)은 '높고(隆) 높다(崇)'는 뜻입니다.

험난(險難), 험악(險惡)에 들어가는 험할 험(險)자는 '언덕(阜/阝)이 험하다'는 뜻입니다. 위험(危險)은 '위태하고(危) 험하다(險)'는 뜻이고, 보험(保險)은 '재해나 사고 등의 위험(險)으로부터 보호(保)를 받는 일'입니다.

좁을 협(陜)자는 '언덕과 언덕(阜/阝) 사이에 끼어(夾) 있는 골짜기가 좁다'는 뜻입니다. 좁을 협(陜)자는 땅이름 합(陜)자로도 사용합니다. 경상남도에 있는 합천군(陜川郡)은 '좁은(陜) 냇물(川)이 있는 고을(郡)'이란 뜻으로, 지리산 자락에 있는 이곳은 원래 협천(陜川)이란 이름을 가졌으나, 일제 때 행정구역이 개편되면서 세 마을이 합쳐져 합천(合川)이라고 이름이 바뀌었고, 지금은 한자 이름만 예전 그대로 두어 합천(陜川)으로 부릅니다. 중국의 섬서성(陝西省)은 '좁은 골짜기(陜) 서쪽(西)에 있는 성(省)'이란 뜻으로, 주(周)나라 때부터 당(唐)나라 때까지 수도였던 서안(西安)이 있습니다.

## 언덕으로 막힘

隔 (언덕으로) 막힐 격 ㊥隔
언덕 부(阝) + [솥 력(鬲)→격]

障 (언덕으로) 막을 장 ㊥障
언덕 부(阝) + [글 장(章)]

격(隔), 장(障), 방(防)자는 모두 '언덕으로 막혀 있다'는 뜻에서 언덕 부(阜/阝)자가 들어갑니다.

막힐 격(隔)자는 언덕(阝)으로 막혀서 '서로 떨어져 있다'는 뜻도 있습니다. 간격(間隔)이나 격리(隔離)가 그런 경우입니다. 횡격막(橫隔膜)은 '가슴과 배 사이에 가로(橫)로 막고(隔) 있는 막(膜)'으로, 가슴과 배를 서로 막는 막입니다. 격세지감(隔世之感)은 '세상(世)에서 격리(隔)되어 있는 느낌(感)'이란 뜻으로, 짧은 시간 동안에 몰라보게 변하여 아주 다른 세상이 된 것 같은 느낌을 말합니다.

防 (언덕으로) 막을 방 ⓢ 防
언덕 부(阝) + [모 방(方)]

限 (언덕으로) 한정 한 ⓢ 限
언덕 부(阝) +
[괘이름 간(艮)→한]

막을 장(障)자가 들어가는 글자로는 장애(障礙), 장벽(障壁), 고장(故障) 등이 있습니다.

막을 방(防)자는 방화(防火), 방충(防蟲), 방지(防止), 방재(防災), 방위(防衛) 등에 사용됩니다. 중구난방(衆口難防)은 '여러 사람(衆)의 말(口)을 막기(防) 어렵다(難)'는 뜻입니다. 방곡령(防穀令)은 '곡식(穀)의 유출을 방지(防)하는 명령(令)'이란 뜻으로, 조선 고종 때인 1889년 식량난을 해소하기 위해 함경도 관찰사 조병식이 일본으로 곡물 수출을 금지한 명령입니다.

한정(限定), 한계(限界), 제한(制限) 등에 사용되는 한정 한(限)자는 '언덕(阝)으로 막혀 땅이 한정되다'는 뜻입니다. 한전제(限田制)는 '밭(田)의 소유를 한정(限)하는 제도(制)'로, 조선의 실학자인 이익이 주장한 토지제도입니다. 토지 매매로 양반들이 토지 소유를 늘렸기 때문에 한 사람이 소유할 수 있는 토지의 크기를 제한하자는 것입니다.

## 언덕과 전쟁

陣 (언덕 위에) 진칠 진 ⓢ 阵
언덕 부(阝) + 수레 차(車)

陳 (언덕 위에) 늘어놓을 진 ⓢ 陈
언덕 부(阝) + 동녘 동(東)

隊 (언덕 위의) 무리 대 ⓢ 队
언덕 부(阝) + [다할 수(㒸)]

墜 (언덕에서) 떨어질 추 ⓢ 坠
흙 토(土) + 무리 대(隊)

예나 지금이나 전쟁을 할 때는 언덕 위에 진(陣)을 칩니다. 높은 언덕 위에서는 적의 동태나 전황을 파악하기가 좋고, 깃발로 병사들을 지휘하기도 편하며, 적들이 쳐들어오더라도 방어하기가 쉽습니다. 따라서 언덕 부(阜/阝)자는 전쟁과 관련된 글자에도 사용됩니다.

진칠 진(陣)자는 '언덕(阜/阝) 위에 수레(車)를 배치하여 진(陣)을 치다'는 뜻으로 만들어졌습니다. 당시 수레(車)는 적군을 돌파하거나 군수품, 식량 등을 운반하기 위한 전쟁 필수품입니다. 배수진(背水陣)은 '등(背) 뒤에 강(水)을 두고 친 진(陣)'으로, 도망갈 길을 막아 죽기를 각오하고 싸우는 것을 말합니다.

진칠 진(陣)자와 비슷하게 생긴 늘어놓을 진(陳)자는 원래 언덕 부(阝)자에 펼 신(申)자가 합쳐진 글자로 '언덕(阝) 위에 펼쳐(申) 놓다'는 의미로 만들어진 글자입니다만, 나중에 지금의 형태로 바뀌었습니다. 진열(陳列)은 물건을 보이기 위해 죽 벌여 놓은 것입니다.

무리 대(隊)자는 원래 '사람(人)이 언덕(阜/阝)에서 추락하다'는 뜻으로 사용되었습니다. 간체자(队)를 보면 이 글자의 원래 뜻을 알 수 있습니다. 하지만 이후 글자의 모양과 뜻이 함께 변해 언덕 위에 진(陣)을 친 군대(軍隊)의 '무리, 떼' 등의 뜻이 생겨, 원래의 뜻을 살리기 위해 흙 토(土)자를 추가하여 떨어질 추(墜)

帥 (언덕 위의) 장수 수 ⓙ 帅
언덕 부(𠂤) + 수건 건(巾)

師 스승 사 ⓙ 师 ⓨ 师
언덕 부(𠂤) + 깃발 잡(帀)

자가 만들어졌습니다. 군대(軍隊)와 부대(部隊), 군대의 단위인 대대(大隊), 중대(中隊), 소대(小隊) 등에 사용되며, 대원(隊員), 대오(隊伍), 대열(隊列), 대형(隊形) 등 군대에 관련된 용어에 사용됩니다.

언덕 부(𠂤)자의 모양이 조금 변한 것도 있습니다. 장수 수(帥)자와 스승 사(師)자의 왼쪽에 나오는 글자가 그런 경우입니다.

장수 수(帥)자는 '언덕(𠂤)에서 깃발(巾)을 들고 지휘하는 사람이 장수(將帥)이다'는 뜻입니다.

1871년 신미양요 때 미국에서 빼앗아 간 수(帥)자 깃발

장수 수(帥)자와 비슷하게 생긴 스승 사(師)자는 원래 '언덕(𠂤) 위에 깃발(帀)을 꽂고 주둔하는 군대'를 뜻하는 글자입니다. 갑골문자를 만들었던 은나라 때에는 삼사전법(三師戰法)이라고 해서 군대를 좌, 중, 우의 삼사(三師)로 나누어 배치하여, 중앙의 군대가 정면에서 공격하고, 좌우의 군대가 양쪽에서 포위하는 공격법을 사용하였습니다. 사단(師團)은 지금도 군부대의 단위로 사용됩니다. 이후 '군대→(군대를 깃발로 지휘하는) 장수→우두머리→스승'이란 뜻이 파생되었습니다. 교사(教師)는 '가르치는(教) 스승((師)'입니다.

### 부(𠂤)의 변형 자가 들어감

追 쫓을 추 ⓙ 追
갈 착(辶) + [언덕 부(𠂤)→추]

官 벼슬 관 ⓙ 官
집 면(宀) + 언덕 부(𠂤)

장수 수(帥)자와 스승 사(師)자 외에도 벼슬 관(官)자와 쫓을 추(追)자도 모양이 변한 언덕 부(𠂤)자가 들어갑니다. 추적(追跡), 추격(追擊), 추월(追越) 등에 사용되는 쫓을 추(追)자는 원래 '언덕(𠂤) 위의 적을 쫓아 거슬러 올라가다(辶)'는 뜻입니다. 언덕 부(𠂤)자가 소리로 사용되는 희귀한 경우입니다. 추가경정예산(追加更正豫算)은 '추가(追加)로 고쳐서(更) 바르게(正) 만든 예산(豫算)'이란 뜻으로, 예산이 정하여진 뒤에 생긴 사유로 말미암아 이미 정한 예산을 변경하여 만든 예산입니다. 줄여서 추경예산(追更豫算)이라고 합니다.

벼슬 관(官)자는 '언덕(𠂤) 위에 우뚝 솟은 집(宀) 혹은 언덕(𠂤)처럼 높은 집(宀)이 관청(官廳)이다'는 뜻입니다. 이후 '집→관청(官廳)→(관청에서 일하는) 벼슬아치→벼슬'이란 뜻이 파생되었습니다. 비슷한 글자로, 집(宀) 안에 방(口)이 여러 개 있다는 의미의 글자인 집 궁(宮)자가 있습니다. 관리(官吏)는 관청(官)에서 일하는 벼슬아치(吏)'라는 뜻으로, 국가 공무원을 말하며, 장관(長官)은 '우두머리(長)가 되는 관리(官)'이라는 뜻으로, 행정부에 있는 각 부서(국토해양부, 국방부, 외무부, 건설교통부 등)의 우두머리입니다.

### 언덕을 오르내림

**陟** (언덕에) 오를 척 ⓒ 陟
언덕 부(阝) + 걸음 보(步)

**降** (언덕에서) 내릴 강, 항복할 항 ⓒ 降
언덕 부(阝) + [내려올 강(夅)]

**隋** (언덕에서) 떨어질 타, 수나라 수 ⓒ 隋
언덕 부(阝) + [제사고기나머지 타(㚄)]

**墮** (언덕에서) 떨어질 타 ⓒ 堕
흙 토(土) + [떨어질 타(隋)]

**隕** (언덕에서) 떨어질 운 ⓒ 陨
언덕 부(阝) + [인원/둥글 원(員)→운]

**陷** (언덕 사이에) 빠질 함 ⓒ 陷
언덕 부(阝) + [함정 함(臽)]

황토고원에 있는 동굴집

높은 언덕에 올라가거나 내려오는 의미의 글자에도 언덕 부(阜/阝)자가 들어갑니다.

오를 척(陟)자는 '언덕(阝) 위로 걸어(步) 올라가다'는 의미입니다. 진척(進陟)은 '나아가(進) 올라가다(陟)'는 뜻으로, 일이 진행되어 나아가는 것을 말합니다.

내릴 강(降)자는 '언덕(阝)에서 내려오다(夅)'는 뜻입니다. 또 '적에게 항복하면 언덕 위의 진(陣)을 버리고 언덕(阝)에서 내려오다(夅)'는 뜻으로 항복할 항(降)자가 되었습니다. 강수량(降水量)은 '물(水)이 내려오는(降) 양(量)'이란 뜻으로, 땅에 떨어진 비, 눈, 우박 등의 양을 말합니다.

황토고원에 살았던 중국 사람들은 높은 언덕에서 종종 떨어지기도 했었나 봅니다. 언덕(阝)에서 떨어질 타(隋)자는 거의 사용되지 않고, 대신 아래에 흙 토(土)자가 들어간 떨어질 타(墮)자가 사용됩니다. 여명과 이가흔이 주연한 1995년 홍콩 영화 〈타락천사(墮落天使, Fallen Angels)〉는 외로움에 지쳐 타락한, 도시의 천사들에 대한 이야기를 다룬 왕가위(王家衛, 왕자웨이) 감독의 대표작입니다.

떨어질 타(隋)자는 수나라 수(隋)자로도 사용됩니다. 수(隋)나라에서 완성한 중국 대운하는 북쪽의 황하강과 남쪽의 양자강을 연결하는 1,747km의 운하입니다. 수나라에서 운하를 완성한 후 운하 주변에 버드나무를 심었는데, 수(隋)나라 양제(煬帝)를 기념하는 의미로 이 버드나무 이름을 수양(隋煬)버들이라고 불렀다고 합니다. 하지만 세월이 흐르면서 '수양(隋煬)'은 '늘어진(垂) 버드나무(楊)'란 뜻의 수양(垂楊)버들로 바뀌었습니다.

떨어질 운(隕)자는 '둥근(員) 것이 언덕(阝)에서 굴러 떨어지다'는 뜻입니다. 운석(隕石)은 '우주에서 날아와 지구에 떨어진(隕) 돌(石)'입니다.

빠질 함(陷)자에 들어 있는 함정 함(臽)자는 함정(臼)에 사람(人)이 빠지는 모습입니다. 절구 구(臼)자는 절구나 함정의 상형입니다. 나중에 뜻을 분명히 하기 위해 언덕 부(阝)자가 추가되었습니다. 사람들이 언덕 사이의 갈라진 틈에 잘 빠지기 때문입니다. 아첨할 함(諂)자에도 함정 함(臽)자가 들어가는데, '아첨(阿諂)은 말(言)로 파놓은 함정(臽)이다'는 뜻으로, 아첨(阿諂)에 걸려들면 패가망신할 수 있다는 의미로 만든 글자입니다.

### 언덕으로 올라가는 계단

**階** (언덕의) 섬돌 계 ⓒ 阶
언덕 부(阝) + [다 개(皆)→계]

**除** (언덕에서) 덜/섬돌 제 ⓒ 除
언덕 부(阝) + [나 여(余)→제]

섬돌 계(階)자에서 섬돌은 높은 곳을 오르내리는 돌계단(階段)입니다. 언덕과 같이 높은 곳을 올라가기 위해 섬돌을 만들었기 때문에 언덕 부(阝)자가 들어갑니다.

제거(除去), 삭제(削除), 해제(解除) 등에 들어 있는 덜 제(除)자는 원래 언덕으로 올라가는 계단을 의미하는 글자입니다. 이런 계단으로 올라가면 힘이 적게 들어, '덜다'라는 뜻이 생겼습니다. 이후 '계단→(힘을) 덜다→없애다→제외(除外)하다→면제(免除)하다→나누다→나눗셈' 등의 뜻이 생겼습니다. 조립제법(組立除法)은 '숫자를 조립(組立)하여 틀에 넣은 다음 나누기(除)를 하는 방법(法)'으로, 고차방정식을 풀 때에 인수분해를 하는 방법의 하나입니다.

### 언덕의 그늘과 볕

**陰** (언덕의) 그늘 음 ⓒ 阴 ⓨ 隂
언덕 부(阝) +
[이제 금(今)→음] + 이를 운(云)

**陽** (언덕의) 볕 양 ⓒ 阳
언덕 부(阝) + [빛날 양(昜)]

그늘 음(陰)자와 볕 양(陽)자에 언덕 부(阜/阝)자가 들어가는 이유는 언덕의 앞쪽에는 볕이 비치고 뒤쪽에는 그늘이 지기 때문입니다.

그늘 음(陰)자에 들어 있는 이를 운(云)자는 구름이 떠 있는 모습으로, 구름 운(雲)자의 고어입니다. 즉 '해가 구름(云)에 가려져 그늘이 진다'는 뜻으로 들어가 있습니다.

볕 양(陽)자에 들어 있는 빛날 양(昜)자는 해(日)에서 햇살이 비치는 모습을 본떠 만든 글자입니다. 음덕양보(陰德陽報)는 '그늘(陰)에 덕(德)이 양지(陽)에서 보답(報)한다'는 뜻으로, '남 모르게 덕을 쌓은 사람은 반드시 뒤에 복을 받는다'는 의미입니다.

### 기타

**隣** (언덕 위의) 이웃/가까울 린
ⓒ 邻
언덕 부(阝) +
[도깨비불 린(粦)]

**院** (언덕으로 둘러싸인) 집 원
ⓒ 院
언덕 부(阝) +
[완전할 완(完)→원]

이웃 린(隣)자는 원래 다섯 집으로 이루어진 주민의 조직을 뜻하였습니다. 고대 중국에서 집들이 홍수를 피해 언덕(阝) 위에 위치해 있었고, 이러한 조직에서 이웃이란 뜻이 생겼으며, 다시 인근(隣近)이나 인접(隣接)에서와 같이 '가깝다'라는 뜻도 생겼습니다. 사대교린주의(事大交隣主義)는 '큰(大) 나라는 섬기고(事) 이웃(隣) 나라와는 사귀는(交) 주의(主義)'입니다. 조선 전기의 외교 정책으로, 사대(事大)는 명나라에 대한 외교책이며, 교린(交隣)은 일본과 여진족에 대한 외교정책입니다. 일 사(事)자는 '섬기다'는 뜻도 있습니다.

병원(病院), 학원(學院) 등에 들어가는 집 원(院)자는 원래 '언덕(阝)처럼 튼튼한 담장'을 뜻했으나, 나중에 담장으로 둘러싸인 집을 의미하게 되었습니다.

**附** (언덕에) 붙을 부 ㊥ 附
언덕 부(阝) +
[줄/의지할 부(付)]

**隱** (언덕에) 숨을 은 ㊥ 隐 ㊎ 隠
언덕 부(阝) + [숨길 은(㥯)]

**際** 사이 제 ㊥ 际
언덕 부(阝) + [제사 제(祭)]

**歸** 돌아갈 귀 ㊥ 归
그칠 지(止) + 언덕 부(阜) +
빗자루 추(帚)

**陶** 질그릇 도 ㊥ 陶
언덕 부(阝) + [질그릇 도(匋)]

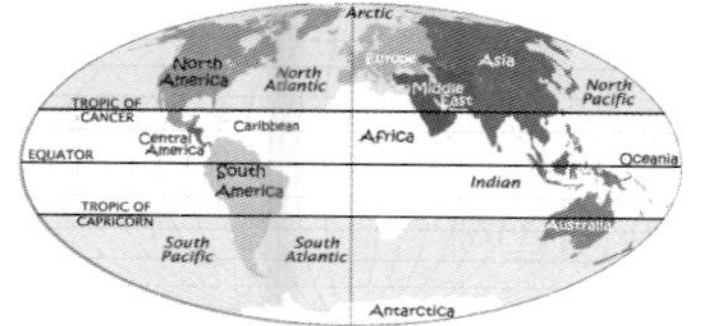


북회귀선(Tropic of Cancer)과
남회귀선(Tropic of Capricorn)

첨부(添附), 부록(附錄), 부가(附加) 등에 나오는 붙을 부(附)자는 '언덕(阝)에 의지하여(付) 붙어 있다'는 뜻입니다. 교과서 중에 사회과부도(社會科附圖)는 '사회(社會) 과목(科)의 부록(附)으로 있는 지도(圖)'라는 뜻입니다.

은밀(隱密), 은둔자(隱遁者), 은어(隱語) 등에 사용되는 숨을 은(隱)자는 '언덕(阝) 뒤에 숨다'는 뜻입니다. 은유법(隱喩法)은 '비유(喩)를 숨겨서(隱) 하는 방법(法)'입니다. 예를 들어 '그 여자는 공주 같다'는 문장을 보면, '같다'란 단어 때문에 '그 사람'을 '공주'에 비유한 것을 알 수 있습니다. 하지만 '그 여자는 공주다'라고 말한다면 그 여자가 진짜 공주인지, 비유한 것인지 알 수 없습니다. 이와 같이 비유를 숨기는 방법을 은유법이라고 합니다.

사이 제(際)자는 원래 '춘추 시대의 제후들이 하늘에 있는 신에게 제사(祭)를 지내기 위해 높은 언덕(阝) 위에 모이다'는 뜻입니다. 이후 '모이다→만난다→사귀다→사이' 등의 뜻이 생겼습니다. 지금은 제사를 지내기 위해 제후들이 만나지는 않지만, 국제(國際) 회의를 하기 위해 나라 간에 만납니다. 이성 교제(異性交際)는 '다른(異) 성(性)별을 사귀어(交) 만나다(際)'는 뜻이니다.

귀항(歸港), 귀국(歸國), 귀로(歸路)에 들어가는 돌아갈 귀(歸)자는 원래 '고향 언덕(阜)의 흙덩어리와 빗자루(帚)를 들고 시집간다(止)'는 뜻입니다. 옛 중국에서는 고향 언덕의 흙덩어리와 빗자루를 들고 시집을 갔습니다. 남의 부인(婦=女+帚)이 되려면 빗자루(帚)가 필요했습니다. 그칠 지(止)자는 발의 상형인데, '그치다'는 의미와 함께 '가다'는 의미도 동시에 지니고 있습니다. 나중에 시집은 '여자가 돌아가야 할 집'이라는 의미에서 '돌아가다'는 의미가 생겼습니다. 북회귀선(北回歸線)은 '적도에서 북(北)쪽으로 올라간 해가 돌아서(回) 적도로 되돌아가는(歸) 경계가 되는 선(線)'입니다. 또한 1934년 미국의 작가 헨리밀러가 발표한 자전적인 내용의 소설 이름이기도 합니다. 파격적이고 적나라한 성묘사 때문에 오랫동안 판매금지를 당했지만, 문단에 일대 파문을 불러일으키면서 헨리 밀러의 입지를 굳히게 만들어주었습니다.

질그릇 도(陶)자에 들어가는 질그릇 도(匋)자는 '질그릇(缶)을 둘러싸고(勹) 있는 가마에서 질그릇을 굽다'는 뜻입니다. 나중에 가마의 뜻을 분명히 하기 위해 언덕 부(阜/阝)자를 추가해서 질그릇 도(陶)자가 되었습니다. 보통 가마는 언덕을 따라 비스듬히 길게 만들기 때문입니다. 도요지(陶窯址)는 '질그릇(陶)을 굽는 가마(窯)가 있던 터(址)'를 말합니다.

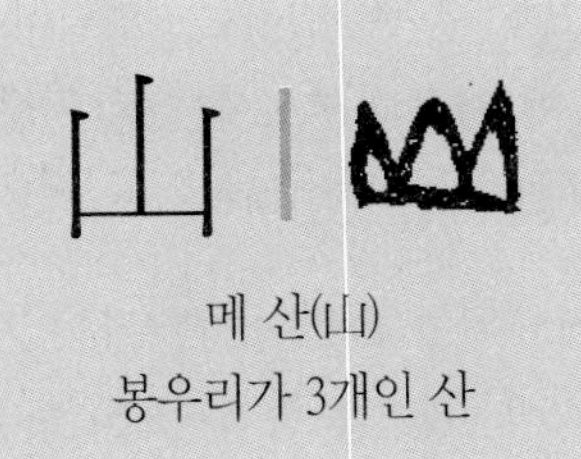

메 산(山)
봉우리가 3개인 산

중국에는 사람들 입에 자주 오르는 5개의 산이 있습니다. 고대 중국 문명이 발달한 하남성을 중심으로 동서남북으로 있는 5개의 산을 오악(五岳)이라 부릅니다.

1. 중악(中嶽) 숭산(嵩山) : 해발 1,440m로 하남성(河南省)에 위치. 하나라와 은나라의 유물이 발견되기도 하고, 잘 알려진 소림사가 있습니다.
2. 동악(東嶽) 태산(泰山) : 해발 1,532m로 산동성(山東省)에 위치. 우리나라 서해안으로 돌출되어 있는 산동(山東)반도에 있는 산입니다. "태산이 높다하되 하늘 아래 뫼이로다..." 로 우리에게도 잘 알려져 있는 산입니다.
3. 서악(西嶽) 화산(華山) : 해발 2,040m로 섬서성(陜西省)에 위치. 주, 진, 한, 당나라의 수도였던 서안(西安)이 근처에 있습니다. 진시황제의 병마총이 발굴되기도 하였습니다.
4. 남악(南嶽) 형산(衡山) : 해발 1,290m로 호남성(湖南省)에 위치.
5. 북악(北嶽) 항산(恒山) : 해발 2,017m로 산서성(山西省)에 위치. 우공이산(愚公移山)이라는 고사성어로 유명한 산입니다.

이외에도 중국 하남성(河南省) 낙양(洛陽)의 북쪽에 있는 북망산(北邙山)이 있습니다. 이곳은 왕이나 유명한 사람들의 무덤이 2만5천 개가 있습니다. 중국 산동(山東)에 있는 영산(靈山)인 아미산(峨嵋山)도 유명합니다. 또한 중국 고대의 전설상의 성산(聖山)인 곤륜산(崑崙山)도 있습니다.

메 산(山)자가 들어가는 글자로는 산 이름이 있습니다. 위에 등장하는 숭산(嵩山)의 숭(嵩), 아미산(峨嵋山)의 아(峨)와 미(嵋), 곤륜산(崑崙山)의 곤(崑)과 륜(崙) 등이 그러한 예입니다. 모두 형성문자인데, 일반적으로 잘 사용하지 않는 글자입니다.

### 기타

**岳** 큰산 악 ❸ 岳
메 산(山) + 언덕 구(丘)

**岸** (산의) 언덕 안 ❸ 岸
메 산(山) + 기슭 엄(厂) + [방패/마를 간(干)→안]

큰산 악(岳)자에 들어 있는 메 산(山)자가 봉우리가 3개인 산인 반면, 언덕 구(丘)자의 상형문자를 보면 봉우리가 2개 있는 산으로 표시되어 있습니다. 따라서 큰산 악(岳)자는 '언덕(丘)과 산(山)이 있는 곳이 큰 산(岳)이다'는 뜻입니다. 산악기후(山岳氣候)는 '산악(山岳) 지방 특유의 기후(氣候)'로, 기온과 기압이 낮고 일사량은 많으며 기후의 국지적 차가 심합니다.

큰산 악(岳)

언덕 안(岸)자는 '산(山)에 있는 기슭(厂)이 언덕이다'는 뜻입니다. 침수해안

嶺 (산의) 고개 령 ⓢ 岭
메 산(山) + [옷깃/목 령(領)]

峽 (산의) 골짜기 협 ⓢ 峡 ⓨ 峡
메 산(山) + [낄 협(夾)]

峰 (산의) 봉우리 봉 ⓢ 峰
메 산(山) + [만날/이끌 봉(夆)]

(沈水海岸)은 '산이 물(水)에 잠겨서(沈) 만들어진 해안(海岸)'으로, 복잡한 해안선이 생기고 많은 산봉우리들은 섬이 됩니다.

고개 령(嶺)자는 '산(山)의 목(領) 부분이 고개다'는 뜻입니다. 우리나라 지역은 주로 산맥으로 구분되어 있는데, 이러한 지역을 넘나들 때 반드시 고개를 넘어야 했습니다. 그래서 우리나라 지명에는 고개 령(嶺)자가 많이 들어갑니다. 영남(嶺南)은 '소백산맥에 있는 죽령(竹嶺), 조령(鳥嶺), 혹은 추풍령(秋風嶺)의 남(南)쪽 지방'으로, 지금의 경상도 지방을 일컫습니다. 영동(嶺東)은 '대관령(大關嶺)의 동(東)쪽 지방'이라는 의미입니다. 관동(關東)도 '대관령(關)의 동(東)쪽 지방'으로, 영동과 같은 말입니다. 문경에 있는 조령(鳥嶺)은 '나는 새 (鳥)도 힘들어 쉬어 가는 고개(嶺)'입니다. '문경새재'라고도 하는데, 조(鳥)는 우리말로 '새'이고, 령(嶺)은 우리말로 '재(고개)'입니다.

골짜기 협(峽)자는 '양쪽으로 산(山)을 끼고(夾) 있는 곳이 골짜기(峽)이다'는 의미로, 골짜기를 협곡(峽谷)이라고도 합니다. 골 곡(谷)자는 물이 흐르는 계곡(溪谷)을 정면에서 본떠 만든 글자입니다.

봉우리 봉(峰)자는 메 산(山)자가 위로 올라간 봉(峯)자와 같은 글자입니다. 봉우리는 산의 맨 꼭대기이기 때문에 위로 올라간 것 같습니다. 설악산에는 대청봉(大青峯)이 있고, 지리산에는 천왕봉(天王峯)이 있습니다.

### 산이 높음

崔 (산이) 높을 최 ⓢ 崔
메 산(山) + [새 추(隹)→최]

崇 (산이) 높을 숭 ⓢ 崇
메 산(山) + [마루 종(宗)→숭]

높다는 의미의 글자에도 메 산(山)자가 들어갑니다.

높을 최(崔)자는 '산(山)이 높고, 새(隹)가 높이 난다'는 뜻입니다. 우리나라 성씨로 사용됩니다.

높을 숭(崇)자는 메 산(山)자와 마루 종(宗)자가 합쳐진 글자입니다. 여기에서 마루는 대청마루의 마루가 아니라, 산마루, 고갯마루에서 보듯이 '꼭대기'나 '높다'를 의미하는 순우리말입니다. 따라서 높은 산(山)과 높은 마루(宗)가 합쳐진 글자가 높을 숭(崇)자입니다. 우리나라 남대문의 본래 이름은 숭례문(崇禮門)으로, '예(禮)를 숭상(崇尙)하는 문(門)'입니다. '숭고한 희생'의 숭고(崇高)는 '높고(崇) 높다(高)'는 뜻입니다.

## 섬

**島** 섬 도 중 岛
메 산(山) + [새 조(鳥)→도]

**嶼** 작은섬 서 중 屿
메 산(山) + [더불 여(與)→서]

바다 위의 섬은 화산 폭발이나 땅이 융기(隆起)하면서 생기기도 하지만, 육지가 침강(沈降)하여 생기기도 합니다. 고대 중국인들은 바다의 섬은 육지가 침강하여 바닷물에 잠기지 않은 높은 산이 섬이라고 생각했습니다. 섬 도(島)자는 '새(鳥)가 날아서 갈 수 있는 바다 위의 산(山)'이라는 의미로 만들었습니다.

작은섬 서(嶼)자도 마찬가지로 메 산(山)자가 들어 있습니다. 도서지방(島嶼地方)은 '책들(圖書)이 있는 지방(地方)'이 아니라, '섬들(島嶼)이 있는 지방(地方)'입니다.

## 산에 있는 광물

**巖** (산의) 바위 암 중 岩 약 岩
메 산(山) + [엄할 엄(嚴)→암]

**炭** (산의) 숯 탄 중 炭
메 산(山) + 재 회(灰)

바위 암(巖)자의 간체자나 약자를 보면 메 산(山)자에 돌 석(石)자가 합쳐진 암(岩)자를 쓰는데, '산(山)에 있는 돌(石)이 바위(岩)이다'는 뜻입니다. 우리나라에서도 복잡한 암(巖)자보다는 간단한(岩)자를 더 많이 사용합니다. 용암(熔岩)은 '불(火)에 녹은(熔) 암석(岩)'입니다.

숯 탄(炭)자는 '산(山)속에 묻혀 있는 재(灰)가 석탄(石炭)'이란 뜻입니다. 탄수화물(炭水化物)은 '탄소(炭)와 물(水)이 화합한(化) 물질(物)'이란 뜻으로, 탄소(C) 분자와 물($H_2O$) 분자가 합쳐진 $CH_2O$입니다.

## 기타

**仙** (산에 사는) 신선 선 중 仙
사람 인(亻) + 메 산(山)

**密** (산이) 빽빽할 밀 중 密
메 산(山) + [편안할 밀(宓)]

**崩** (산이) 무너질 붕 중 崩
메 산(山) + [벗 붕(朋)]

신선 선(仙)자는 '산(山)에 사는 사람(亻)이 신선(神仙)이다'는 뜻입니다. 선녀(仙女)는 '산(山)에 사는 여자(女)'가 아니고, '하늘에 사는 여자(女) 신선(神仙)'입니다.

빽빽할 밀(密)자는 '산(山)이 빽빽하다'는 뜻입니다. 이후 '빽빽하다→은밀(隱密)하다→숨기다→비밀(祕密)→몰래' 등의 뜻이 생겼습니다. 밀도(密度)는 '빽빽한(密) 정도(度)'를 말하고, 밀림(密林)은 '나무가 빽빽한(密) 숲(林)'을 말합니다. 밀수(密輸)는 '몰래 은밀하게 숨겨서(密) 보내다(輸)'는 뜻입니다. 메 산(山)자 대신 벌레 충(虫)자가 들어가면 꿀 밀(蜜)자가 됩니다.

큰 비나 지진이 오면 산허리가 종종 붕괴(崩壞)됩니다. 무너질 붕(崩)자는 '산(山)이 무너지다'는 뜻입니다. 방사선붕괴(放射線崩壞)는 '원소가 방사선(放射線)을 내어 놓으면서 붕괴(崩壞)되는 현상'으로, 원자량이 매우 큰 원소(예: 우라늄, 플루토늄 등)들은 핵이 너무 무겁기 때문에 상태가 불안정해서 스스로 붕괴를 일으키며 질량이 작은 다른 원소로 변화하는 현상입니다.

# 자연 2-5 광물

쇠 금(金) | 구슬 옥(玉) | 돌 석(石)

金 | 金

쇠 금(金) 간체자: 钅

거푸집

청동으로 만든 솥

한자를 만들었던 BC 1300년경의 은(殷)나라는 청동기 시대입니다. 그 당시에는 철이 없었기 때문에 무기나 생활 도구를 만드는 데 청동을 사용하였습니다. 또 청동은 매우 귀해 청동으로 만든 솥은 왕이나 귀족들만 사용할 수 있었습니다. 따라서 한자를 처음 만들 당시 쇠 금(金)자는 쇠가 아닌 청동이나 금속을 의미하였습니다.

철은 옛 서아시아의 히타이트 제국에서 발달하여, BC 4세기 초인 전국 시대(戰國時代, BC 403~221년)에 중국에 들어왔고, 전한 시대(前漢時代, BC 202~25년)에 널리 보급된 것으로 추측됩니다. 한(漢)나라 때부터 금속을 만드는 기술이 발전하면서 철(鐵)이나 금(金), 은(銀), 동(銅), 아연(亞鉛)과 같은 용어로 금속을 구분하기 시작하였습니다. 또 이때부터 쇠 금(金)자가 금속 중에 가장 값어치가 높은 금을 의미하게 되었습니다.

쇠 금(金)자는 쇳물이 뚝뚝 떨어지고 있는 거푸집 모양을 본떠 만든 글자입니다. 거푸집은 금속을 녹여 부어서 뭔가를 만들 때 사용하는 모형으로, 쇠에 녹지 않는 가는 모래나 흙으로 만듭니다. 쇠 금(金)자는 금속의 종류나 금속으로 만든 물건을 의미하는 글자에 들어갑니다.

### 쇠와 관련한 글자

鐵 쇠 철 ⓒ铁 ⓨ鉄
쇠 금(金) + [큰창 질(戴)→철]

鋼 강철 강 ⓒ钢
쇠 금(金) + [언덕 강(岡)]

鑛 쇳돌 광 ⓒ矿 ⓨ鉱
쇠 금(金) + [넓을 광(廣)]

쇠 철(鐵)자는 '큰 창(戴)을 만드는 금속(金)이 쇠다'는 뜻입니다. 강철 강(鋼)자는 '언덕(岡)에서 캐내는 금속(金)이 강철이다'는 뜻으로 만든 글자입니다. 철강(鐵鋼) 혹은 강철(鋼鐵)이란 말에 나오는 철(鐵)과 강(鋼)은 둘 다 쇠를 가리키는 말이지만, 정확히 말하면 조금 다릅니다. 철(鐵)은 영어로 아이언(iron)이라고 하며, 과학 시간에 배우는 원소 중 하나입니다. 반면 강(鋼)은 철(鐵)과 탄소의 합금으로, 영어로는 스틸(steel)이라고 합니다. 철(鐵)은 탄소 함량이 높을수록 강해지지만 깨지기도 쉽습니다. 우리가 사용하는 대부분의 쇠 제품은 적정한 탄소가 포함된 강(鋼)으로 만듭니다.

쇳돌 광(鑛)의 쇳돌은 '쇠붙이 성분이 들어 있는 돌'로, 광산(鑛山)에서 광부(鑛夫)들이 캐낸 광석(鑛石)입니다. 광석(鑛石)을 용광로에 넣고 녹여서 함유한 철이나 금속을 분리하는 것을 제련(製鍊)이라고 합니다.

### 쇠의 제조와 관련한 글자

鑄 (쇠를) 부어만들 주 ⓖ 铸
쇠 금(金) + [목숨 수(壽)→주]

鍛 (쇠를) 단련할 단 ⓖ 锻
쇠 금(金) + [층계 단(段)]

鍊 (쇠를) 단련할 련 ⓖ 炼
쇠 금(金) + [가릴 간(柬)→련]

부어만들 주(鑄)자에는 목숨 수(壽)자가 들어 있는데, 쇠(金)를 부어 물건을 만드는 것이 '쇠(金)에 목숨(壽)을 주다'와 같다고 보고 만든 글자로 짐작됩니다. 주물(鑄物)은 쇠를 녹여서 거푸집에 부어 만든 물건입니다.

단련할 단(鍛)자와 단련할 련(鍊)을 합친 단련(鍛鍊)은 '쇠를 불에 달구어 두드려서 단단하게 하는 것'으로, 순우리말로는 '쇠를 불린다'고 합니다. 나중에는 '몸이나 정신을 강하게 되도록 수련(修練)한다'는 뜻도 갖게 되었습니다. 훈련도감(訓鍊都監)은 '군사를 가르치고(訓) 단련하는(鍊) 우두머리(都) 관청(監)'이란 뜻으로, 조선시대에 수도의 수비를 맡아보던 군영입니다. 볼 감(監)자는 '백성을 살펴보는 관청'이란 뜻을 가지고 있습니다.

### 금속과 관련한 글자

銀 은 은 ⓖ 银
쇠 금(金) +
[괘이름 간(艮)→은]

銅 구리 동 ⓖ 铜
쇠 금(金) + [같을 동(同)]

錫 주석 석 ⓖ 锡
쇠 금(金) + [바꿀 역(易)→석]

鉛 납 연 ⓖ 铅
쇠 금(金) + [산속늪 연(㕣)]

금속을 이르는 글자에도 모두 쇠 금(金)자가 들어갑니다. 은 은(銀), 구리 동(銅), 주석 석(錫), 납 연(鉛)자 등이 그런 예입니다.

수은(水銀)은 '물(水)처럼 생긴 은(銀)'이란 뜻으로, 보통 온도에서 유일하게 액체 상태로 있는 은백색의 금속입니다. 중국 청나라 때 만들어진 은행(銀行)은 '은(銀)이 오고가는(行) 집'이란 뜻으로, 청나라 때 은(銀)이 화폐의 주류를 이루면서 생긴 말입니다.

청동(靑銅)은 '푸른색(靑)의 구리(銅)'라는 뜻으로, 구리에 주석(朱錫)이나 아연(亞鉛) 등을 조금씩 섞어 구리를 단단하게 만든 금속입니다.

주석(朱錫)은 은백색의 고체 금속으로, 녹슬지 않아 도금에 많이 사용되고, 영어로 틴(tin)이라고 합니다. 우리가 일상생활에 사용하는 양철이나 깡통은 주석으로 도금을 하기 때문에, 양철이나 깡통을 틴(tin)이라고 합니다. 또 주석은 청동을 만드는 데 사용되는데, 주석 석(錫)자에 바꿀 역(易)자가 들어 있는 이유는 구리에 주석을 합하면 둘의 성질이 바뀌어서(易) 청동이 되기 때문입니다.

아연은 납처럼 무겁고 무릅니다. 그래서 아연(亞鉛)은 '납(鉛)에 버금(亞)가는 금속'이란 뜻의 이름이 붙었습니다. 흑연(黑鉛)은 '검은색(黑)의 납(鉛)'이란 뜻으로, 순수한 탄소로 이루어진 광물입니다. 검은색 금속광택이 나고, 납처럼 전기가 잘 통하여 '검은색의 납'이란 이름이 붙었습니다. 흑연으로 심을 만드는 연필(鉛筆)은 '흑연(鉛)으로 만든 붓(筆)'입니다.

### 쇠로 만든 물건

**鑑** (쇠로 만든) 거울 감 ㊥ 鉴
쇠 금(金) + [볼 감(監)]

**鏡** (쇠로 만든) 거울 경 ㊥ 镜
쇠 금(金) + [마침내 경(竟)]

**鐘** (쇠로 만든) 쇠북 종 ㊥ 钟
쇠 금(金) + [아이 동(童)→종]

**鍾** (쇠로 만든) 쇠북 종 ㊥ 钟
쇠 금(金) +
[무거울 중(重)→종]

**錐** (쇠로 만든) 송곳 추 ㊥ 锥
쇠 금(金) + [새 추(隹)]

**針** (쇠로 만든) 바늘 침 ㊥ 针
쇠 금(金) + [열 십(十)→침]

**鎖** 쇠사슬/자물쇠 쇄 ㊥ 锁
쇠 금(金) + [작을 소(小)→쇄] +
조개 패(貝)

**銃** (쇠로 만든) 총 총 ㊥ 铳
쇠 금(金) + [채울 충(充)→총]

**錢** (쇠로 만든) 돈 전 ㊥ 钱 ㊞ 銭
쇠 금(金) + [적을 전(戔)]

**釜** (쇠로 만든) 가마 부 ㊥ 釜
쇠 금(金) + [아버지 부(父)]

볼 감(監)

거울 감(鑑)자에 들어 있는 볼 감(監)자는 사람(人)이 눈(臣)으로 그릇(皿) 속의 물에 자신의 얼굴을 비추어 보는 모습으로, 원래 '거울'이라는 뜻을 가졌습니다. 이후 '(거울을) 보다'는 뜻으로 사용되자, 원래의 뜻을 살리기 위해 쇠 금(金)자가 추가되어 거울 감(鑑)자가 되었습니다. 유리가 없었던 옛날에는 금속면을 매끈하게 갈아서 거울을 만들었기 때문입니다. 《동의보감(東醫寶鑑)》이나 《명심보감(明心寶鑑)》처럼 책 이름에 거울 감(鑑)자가 들어가는데, 이때는 '본보기'라는 뜻으로 사용됩니다. 따라서 보감(寶鑑)은 '다른 사람이나 후세에 본보기(鑑)가 될 만한 귀중한(寶) 것을 적은 책'이란 뜻이 됩니다.

거울 경(鏡)자가 들어가는 사자성어로 명경지수(明鏡止水)가 있습니다. '맑은(明) 거울(鏡)과 고요한(止) 물(水)'이란 뜻으로, 마음이 맑고 깨끗함을 일컫습니다.

쇠북 종(鐘)의 쇠북은 종(鐘)의 옛말입니다. 쇠북 종(鐘)자와 같은 뜻의 글자인 쇠북 종(鍾)자는 '무거운(重) 쇠(金)로 만든 것이 쇠북이다'는 뜻입니다. 서울 종로(鍾路)는 '종(鍾)이 있는 길(路)'이고, 종로에 있는 종각(鐘閣)은 '종(鐘)이 있는 누각(閣)'입니다. 종각의 종(鐘)은 조선 시대에 시간을 알려주는 시계 역할을 하였습니다.

송곳 추(錐)자는 '쇠(金)가 새(隹) 부리처럼 뾰족한 것이 송곳이다'는 뜻입니다. 행사장이나 영화관 등에 사람이 많이 모인 모습을 '입추(立錐)의 여지(餘地)가 없다'고 하는데, 이때 입추(立錐)는 '송곳(錐)을 세우다(立)'는 뜻이고, 여지(餘地)는 '남은(餘) 땅(地)'이란 뜻입니다. 즉 '송곳을 세울만한 땅도 없다'는 뜻입니다. 낭중지추(囊中之錐)는 '주머니(囊) 속(中)의(之) 송곳(錐)'이란 뜻으로, 송곳이 주머니 속에 들어 있어도 그 날카로운 끝이 드러나는 것처럼, 재능이 뛰어난 사람은 세상을 피해 있어도 자연히 사람들에게 알려짐을 비유하는 말로, 사마천의 《사기(史記)》에 나오는 이야기입니다.

바늘 침(針)자에 들어 있는 열 십(十)자의 옛 글자는 1자(丨)처럼 생겼습니다. 즉, '1자(丨)처럼 생긴 쇠(金)가 바늘이다'는 뜻입니다. 침엽수(針葉樹)는 소나무나 잣나무처럼 '잎(葉)이 바늘(針)처럼 생긴 나무(樹)'입니다.

쇠사슬 쇄(鎖)자는 쇠 금(金)자에 작을 소(小)자와 조개 패(貝)자가 합쳐진 글자입니다. 옛날에는 작은 조개(혹은 동전)를 쇠사슬에 꿰어 다녀서 생긴 글자입니다. 나중에 자물쇠라는 의미도 생겼습니다. 연쇄반응(連鎖反應)은 '쇠사슬(鎖)의 고리처럼 계속 이어져(連) 일어나는 반응(反應)'이란 뜻입니다. 쇄국정책(鎖國政策)은 '나라(國)를 자물쇠(鎖)로 잠그는 정책(政策)'이란 뜻으로, 조선 후기 흥선 대원군이 청(淸)나라를 제외한 다른 외국과의 통상 및 교류를 금지한 정책입니다.

요즘 총은 총알이 발사되면 다음 총알이 자동으로 장전되지만, 예전에는 화약과 탄알을 다시 채워야 했습니다. 총 총(銃)자는 '화약을 다시 채우도록(充) 만든 쇠가 총(金)이다'는 뜻입니다.

가마솥 모양의 해시계
앙부일구

갑골문자를 만들었던 중국 은나라는 조개를 화폐로 사용하였습니다. 금속으로 만든 화폐는 춘추 시대에 유통되기 시작하여 전국 시대에 보편화되었습니다. 돈 전(錢)자는 '쇠(金)로 만든 작은(戔) 물건이 돈이다'는 뜻입니다. 당백전(當百錢)은 '상평통보(常平通寶)의 백(百) 배에 해당(當)하는 돈(錢)'으로, 흥선 대원군 정권이 경복궁을 중건하고 군비를 증강하기 위해, 1866년(고종 3년)에 발행한 화폐입니다. 요즘 말로 하면 고액권(高額券)입니다. 당백전의 발행으로 인플레이션이 일어나 물가가 크게 오르는 등 혼란을 빚었습니다.

연가칠년명금동여래입상

가마 부(釜)자는 아버지 부(父)자와 쇠 금(金)자가 합체한 글자입니다. 도끼 부(斧)자와 마찬가지로 '무거운 가마솥(釜)과 도끼(斧)는 아버지만 들 수 있다'는 뜻에서 아버지 부(父)자가 들어갑니다. 1481년에 편찬된 《동국여지승람》을 보면, "부산(釜山)은 산(山) 모양이 가마솥(釜)과 같이 생겨서 지어진 이름이다"고 되어 있습니다. 앙부일구(仰釜日晷)는 '해(日)를 우러러(仰) 보는 가마솥(釜)의 그림자(晷)'라는 뜻으로, 조선 세종 때 만든 해시계입니다.

### 쇠에 글자를 새겨 기록함

**銘** (쇠에) 새길 명 ⓩ 铭
쇠 금(金) + [이름 명(名)]

**錄** (쇠에) 기록할 록 ⓩ 录
쇠 금(金) + [새길 록(彔)]

한자를 만들었던 은(殷)나라에서는 갑골(甲骨)에 글을 새겨 남겼지만, 이후 주(周)나라 때에는 쇠(金)로 만든 청동 그릇이나 종(鐘)에 글을 새겼습니다. 이러한 글자를 금석문자(金石文字)라고 합니다.

새길 명(銘)자는 '쇠(金)에다 이름(名)을 새기다'는 뜻입니다. 고구려 불상으로 경남 의령군에서 발견된 연가칠년명금동여래입상(延嘉七年銘金銅如來立像)은 '서기 537년인 연가(延嘉) 7년(七年)에 글을 새긴(銘) 금동(金銅)으로 만들어진 여래(如來)의 서(立) 있는 상(像)'입니다.

기록할 록(錄)자는 '쇠(金)에 글을 새겨(彔) 기록하다'는 뜻입니다. 녹음(錄音)은 '소리(音)를 기록한다(錄)'는 뜻이고, 녹화(錄畫)는 '그림(畫)을 기록한다(錄)'는 뜻입니다. 《조선왕조실록(朝鮮王朝實錄)》은 '조선(朝鮮) 왕조(王朝)의 역사적 사실(實)을 기록(錄)한 책'입니다.

## 기타

**銳** (쇠가) 날카로울 예 ⓩ 锐
쇠 금(金) + [날카로울 예(兌)]

**鈍** (쇠가) 무딜 둔 ⓩ 钝
쇠 금(金) + [진칠 둔(屯)]

**錯** (쇠가) 섞일 착 ⓩ 错
쇠 금(金) + [옛 석(昔)→착]

**鎭** 진압할 진 ⓩ 镇
쇠 금(金) + [참 진(眞)]

**錦** 비단 금 ⓩ 锦
비단 백(帛) + [쇠 금(金)]

예리(銳利), 예민(銳敏), 첨예(尖銳) 등에 사용되는 날카로울 예(銳)자는 '쇠(金)로 만든 칼이 날카롭다(兌)'는 뜻입니다. 예각(銳角)은 0°보다 크고 90°보다 작은 각(角)을 말하고, 예각삼각형(銳角三角形)은 3개의 내각(內角)이 모두 예각인 삼각형입니다.

무딜 둔(鈍)자는 '쇠(金)로 만든 칼이 무디다'는 뜻입니다. 둔각(鈍角)은 90°보다 크고 180°보다 작은 각(角)을 말하고, 둔각삼각형鈍角三角形)은 3개의 내각(內角) 중 하나가 둔각인 삼각형입니다. 우둔(愚鈍)은 '바보(愚)처럼 무디다(鈍)'는 뜻입니다.

섞일 착(錯)자는 원래 '쇠(金)를 도금하여 꾸미다'는 뜻입니다. 이후 '도금하다→꾸미다→(도금하기 위해 쇠를) 섞다→(섞여서) 어긋나다→잘못되다→틀렸다'는 뜻이 생겼습니다. 착각(錯覺), 착란(錯亂), 착오(錯誤)는 모두 '잘못하거나 틀렸다'는 뜻을 갖고 있습니다.

진압할 진(鎭)자는 원래 '무거운 쇠(金)로 누르다'는 뜻을 가졌으나, 나중에 눌러 진압(鎭壓)한다는 뜻이 생겼습니다. 진정(鎭靜)은 '흥분되거나 어지러운 상태를 눌러(鎭) 조용하게(靜) 가라앉히는 것'을 말하며, 진통제(鎭痛劑)는 '아픈 통증(痛症)을 진정(鎭靜)시키는 약(劑)'입니다.

비단 금(錦)자는 쇠 금(金)자가 소리로 사용되는 희귀한 경우입니다. 금의환향(錦衣還鄕)은 '비단옷(錦衣)을 입고 고향(鄕)에 돌아온다(還)'는 뜻으로, 출세하여 고향에 돌아옴을 이르는 말입니다.

玉 | 𤣩

구슬 옥(玉/王)
실에 꿰인 3개의 구슬

옥으로 만든 그릇

옥으로 만든 목걸이

중국 학회의 주장에 따르면 중국의 신석기 시대는 기원전 8,000년부터 시작한다고 합니다. 중국 신석기 문화의 큰 특징은 옥(玉)으로 만든 옥기가 많이 발견된다는 점입니다. 특히 중국 동북 지역의 홍산문화(紅山文化)의 유적지에서는 수많은 옥기들이 발견되었습니다. 재미있는 사실은 중국의 옥은 푸른색의 우리나라의 옥과는 달리 황색(黃色)이라는 사실입니다. 아마도 황토(黃土) 때문이 아닐까 생각합니다.

중국에서는 신석기 시대인 기원전 6,000년부터 옥(玉)을 사용했습니다. 따라서 중국에서 출토되는 모든 유적지에는 옥으로 만든 공예품이 빠질 수가 없습니다. 고대 중국인들은 옥을 반지, 귀걸이, 목걸이, 허리띠와 같은 장신구, 노리개, 그릇, 제사를 지내는 제기, 조각품 등 다양한 물건을 만드는 데 사용하였습니다.

구슬 옥(玉/王)자는 실에 옥으로 만든 구슬 3개를 꿰어 놓은 모습을 본떠 만든 글자입니다. 三은 구슬을, ㅣ은 실을 나타내고, 임금 왕(王)자와 구분하기 위해 점을 하나 더해 놓았습니다. 하지만 다른 글자를 만나 사용될 때, 공 구(球), 나타날 현(現)자에서와 같이 임금 왕(王)자로 표기합니다. 진주(珍珠)나 호박(琥珀)과 같은 보석(寶石)이나 장신구(環, 珥), 노리개(珠, 球)를 의미하는 글자에 들어갑니다.

## 옥으로 만든 물건

**珍** (옥으로 만든) 보배 진 ⓒ珍 ⓨ珎
구슬 옥(玉/王) + [숱많을 진(㐱)]

**珠** (옥으로 만든) 구슬 주 ⓒ珠
구슬 옥(玉/王) + [붉을 주(朱)]

**球** (옥으로 만든) 공 구 ⓒ球
구슬 옥(玉/王) + [구할 구(求)]

**環** (옥으로 만든) 고리/반지 환 ⓒ环
구슬 옥(玉/王) + [둥근옥 환(睘)]

옛 중국 사람들은 옥을 귀하게 여겼습니다. 그래서 진귀(珍貴), 진주(珍珠)에 들어가는 보배 진(珍)자에 옥(玉/王)자가 들어가 있습니다. 산해진미(山海珍味)는 '산(山)과 바다(海)의 진귀한(珍) 맛(味)'이란 뜻으로, 온갖 귀한 재료로 만든 좋은 음식을 말합니다.

진주(珍珠), 주옥(珠玉) 등에 들어가는 구슬 주(珠)자는 '옥(玉/王)으로 만든 구슬'이란 뜻에서 만든 글자입니다. 계산기가 없던 시절에 사용했던 주산(珠算)은 '구슬(珠)로 셈하다(算)'는 뜻으로, 예전에는 주산 알이 구슬처럼 생겼기 때문입니다.

농구(籠球), 배구(排球), 야구(野球), 전구(電球), 지구(地球)에 들어가는 공 구(球)자는 원래 '옥(玉/王)으로 만든 공'을 뜻하는 말입니다. 백혈구(白血球)는 '핏(血)속에 흰(白)색의 공(球)처럼 생긴 작은 덩어리'로, 주로 골수, 지라, 림프샘에서 만들어집니다. 쓸모없는 세포나 세균을 먹어치우는 식세포 작용, 외부에

**珥** (옥으로 만든) 귀고리 이 ㊥ 珥
구슬 옥(玉/王) + [귀 이(耳)]

금반지처럼 생긴
금환일식

서 침범한 병균과 싸우는 면역 작용 따위의 기능이 있습니다.

고리 환(環)자는 원래 '옥(玉)으로 만든 둥근(睘) 반지'를 일컫는 말이었으나, 나중에 반지와 같은 고리라는 뜻이 생겼습니다. 금환일식(金環日蝕)은 '금(金) 반지(環)처럼 생긴 일식(日蝕)'이란 뜻으로, 달이 태양을 완전히 가리지 못하고 중간만을 가려서 가장자리 부분이 금반지 모양으로 보이는 일식(日蝕)을 말합니다. 환태평양(環太平洋)은 '태평양(太平洋) 주변을 둥근 고리 (環)처럼 둘러싼 지역'으로, 이곳에 화산이나 지진이 많아 환태평양화산대 혹은 환태평양지진대라고 부릅니다.

귀고리 이(珥)자는 '귀(耳)에 달린 옥(玉/王)이 귀고리이다'는 뜻입니다.

## 옥처럼 귀한 보배

**珊** 산호 산 ㊥ 珊
구슬 옥(玉) + [책 책(冊)→산]

**瑚** 산호 호 ㊥ 瑚
구슬 옥(玉) + [오랑캐 호(胡)]

**琥** 호박 호 ㊥ 琥
구슬 옥(玉) + [범 호(虎)]

**珀** 호박 박 ㊥ 珀
구슬 옥(玉) + [흰 백(白)→박]

산호(珊瑚)와 호박(琥珀)에 나오는 네 글자는 일상에서 거의 사용하지 않는 글자이므로 굳이 암기할 필요는 없지만, 구슬 옥(玉/王)자의 쓰임새를 보여주기 위해 실었습니다.

산호 산(珊)자는 '부채처럼 펼쳐진 산호의 모습이 죽간(竹簡)으로 만든 책(冊)처럼 생겼다'는 뜻입니다.

호박(琥珀)은 우리가 먹는 호박(胡朴)이 아니고, 장식품으로 쓰이는 호박(琥珀)입니다. 송진과 같은 나무의 진이 땅속에 묻혀서 탄소, 수소, 산소 따위와 화합하여 굳어진 누런색의 광물입니다. 영화 〈쥬라기 공원(Jurassic Park)〉을 보면, 호박 속에 갇힌 모기의 피에서 공룡의 DNA를 채취해, 개구리의 유전자와 결합시키는 방법으로 6천 5백만 년 전의 공룡을 재현시킵니다.

## 옥을 가지고 놀기

**玩** (옥을) 희롱할 완 ㊥ 玩
구슬 옥(玉/王) +
[으뜸 원(元)→완]

**弄** (옥을) 희롱할 롱 ㊥ 弄
손맞잡을 공(廾) +
구슬 옥(玉/王)

옥은 예나 지금이나 장식물로 사용되고, 또 아이들은 이 예쁜 장식물을 가지고 놀기도 하였습니다. 희롱할 완(玩)자는 '옥(玉/王)을 가지고 논다'는 뜻입니다. 완구(玩具)는 '노는(玩) 도구(道具)'로, 아이들이 가지고 노는 장난감을 말합니다.

희롱할 롱(弄)자는 원래 '두 손(廾)으로 옥(玉/王)을 가지고 놀다'는 뜻입니다. 희롱(戱弄)은 실없이 놀리는 것을 의미하는 말이고, 농담(弄談)은 '놀리거나(弄) 장난으로 하는 말(談)'입니다.

## 기타

**現** (옥에서 빛이) 나타날 현 ⓢ 现
구슬 옥(玉/王) + [뵈올 현(見)]

**理** (옥의 결을) 다스릴 리 ⓢ 理
구슬 옥(玉/王) + [마을 리(里)]

**寶** (옥이) 보배 보 ⓢ 宝 ⓨ 宝
집 면(宀) + 구슬 옥(玉/王) + [장군 부(缶)→보] + 조개 패(貝)

**班** (옥을) 나눌 반 ⓢ 班
칼 도(刀/刂) + 쌍옥 각(玨)

**斑** (옥의) 얼룩 반 ⓢ 斑
글월 문(文) + 쌍옥 각(玨)

기둥 모양의 주상절리

현실(現實), 현재(現在) 등에 포함된 나타날 현(現)자는 '옥(玉/王)을 보면(見) 빛이 나타나다'는 뜻입니다. 소리 부분인 뵈올 현(見)자는 볼 견(見)자로 더 잘 알려져 있습니다.

다스릴 리(理)자는 원래 옥에 있는 무늿결을 말합니다. '이러한 무늿결을 잘 다루어야 원하는 형상을 만들어 낼 수 있다'는 데에서 '다스리다'는 의미가 생겼습니다. 또, 다스리려면 이치에 맞게 다스려야하기 때문에 '이치'라는 뜻도 생겼습니다. 과학시간에 지층이나 암석과 관련되는 용어와 함께 사용할 때는 모두 무늿결이라는 의미로 사용됩니다. 층리(層理)는 '퇴적암에서 층(層)을 따라 생기는 무늿결(理)'이고, 편리(片理)는 '조각(片)으로 쪼개지는 무늿결(理)'이며, 엽리(葉理)는 '나뭇잎(葉)처럼 쪼개지는 무늿결(理)'입니다. 또, 주상절리(柱狀節理)는 '기둥(柱) 모양(狀)의 마디(節)나 무늿결(理)'입니다.

국무총리(國務總理)는 '나라(國)의 일(務)을 모두(總) 다스리는(理) 사람'으로, 대통령 바로 아래에서 행정부를 총괄하는 사람입니다. 이성(理性)은 '자신의 의지로 다스릴(理) 수 있는 성품(性)'으로, 자신의 의지는 상관없이 생기는 감정(感情)과는 반대말입니다. 사리(事理)는 '일(事)의 이치(理)'이고, 도리(道理)는 '자연이 흘러가는 길(道)의 이치(理)'입니다.

보배 보(寶)자는 '집(宀) 안에 있는 옥(玉/王)과 돈(貝)이 보배이다'는 뜻입니다. 상평통보(常平通寶)는 '항상(常) 고르게(平) 통용되는(通) 보배(寶)'라는 뜻으로, 조선 시대의 화폐입니다.

1학년 1반(一班), 2반(二班), 반장(班長) 등에 나오는 나눌 반(班)자는 '칼(刂)로 옥(玉) 덩어리를 두 조각으로 나누다'는 뜻입니다. 고려 시대와 조선 시대에 임금이 대궐에서 신하를 모을 때 임금을 중심으로 동쪽에는 문신(文臣)들이 서쪽에는 무반(武臣)들이 섰는데, 동쪽의 문신들을 문반(文班) 혹은 동반(東班)이라 불렀고 서쪽의 무신들을 무반(武班) 혹은 서반(西班)이라 불렀습니다. 또 이 양쪽 모두 합쳐 양반(兩班)이라고 불렀습니다. 이러한 양반은 점차 가족이나 후손까지 포함하여 이르게 되어, 고려 시대와 조선 시대의 지배층을 이루던 신분을 뜻하게 되었습니다.

얼룩 반(斑)자는 '옥(玨)에 있는 무늬(文)가 얼룩이다'는 뜻입니다. 글월 문(文)자는 '사람(大)의 가슴에 문신(文身)을 한 모습'에서, 원래 무늬나 문신이란 뜻을 가진 글자입니다. 반점(斑點)은 '얼룩얼룩한(斑) 점(點)'이고, 몽고반점(蒙

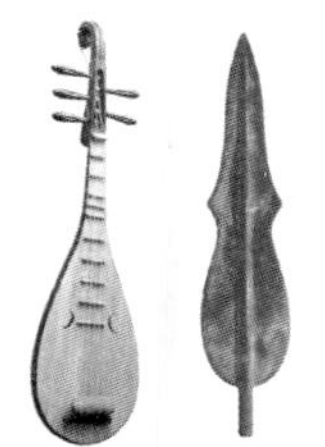
비파와 비파형동검

古斑點)은 '몽고(蒙古)계 아기의 엉덩이에 있는 청색 반점(斑點)'으로, 몽골계 인종이 지닌 특징의 하나라는 데서 붙여진 이름입니다. 몽고반(蒙古斑) 혹은 몽고점(蒙古點)이라고도 합니다. 황반(黃斑)은 '누른(黃) 얼룩(斑)'으로, 망막의 가운데 부분에 있는 누른 반점입니다. 이곳은 시세포 중 하나인 원추세포(圓錐細胞)가 밀집되어 있어 빛을 가장 선명하고 정확하게 받아들입니다.

## 옥과는 관련 없는 글자

琴 거문고 금 ⓙ 琴
구슬 옥(玉/王) X 2 + [이제 금(今)]

瑟 거문고/비파 슬 ⓙ 瑟
구슬 옥(玉/王) X 2 + [반드시 필(必)→슬]

琵 비파 비 ⓙ 琵
구슬 옥(玉/王) X 2 + [견줄 비(比)]

琶 비파 파 ⓙ 琶
구슬 옥(玉/王) X 2 + [땅이름 파(巴)]

구슬 옥(玉/王)자가 두 개 들어가지만 옥과는 상관이 없는 글자도 있습니다. 거문고 금(琴)자에는 옥(玉→王)자 두 개가 겹쳐져 들어가 있는데, 상형문자를 보면 옥(玉)과는 상관없이 현악기 줄을 나타냅니다. 하지만 부수가 구슬 옥(玉) 부입니다. 이외에도 거문고/비파 슬(瑟), 비파 비(琵), 비파 파(琶)자에는 옥(玉)자가 두 개 겹쳐져 들어가 있는데, 상형문자를 보면 옥(玉)과는 상관없이 현악기 줄을 나타냅니다.

금슬(琴瑟)은 '거문고(琴)와 비파(瑟)의 음이 서로 잘 어울리는 악기'에서 유래해 '부부 사이의 사랑'을 의미합니다.

비파(琵琶)는 현악기의 일종으로 길이가 60~90cm이며, 중국에서 한국과 일본으로 전래되었습니다. 비파형동검(琵琶形銅劍)은 '비파(琵琶) 모양(形)의 청동 검(銅劍)'으로, 우리나라 북쪽 지방을 중심으로 한반도와 만주 지방에서 많이 발굴됩니다.

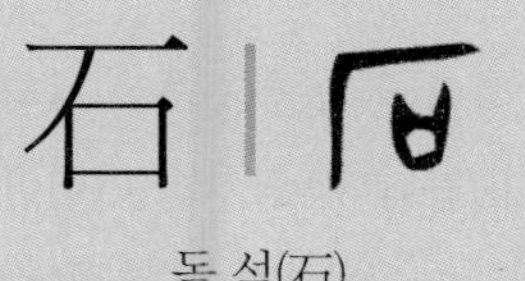

돌 석(石)
절벽 아래에 있는 바위

돌 석(石)자는 절벽이나 산기슭 아래에 있는 바위(口) 모습을 본떠 만든 글자입니다. 돌로 만든 물건이나, 돌과 관련된 글자에 돌 석(石)자가 들어갑니다.

옛날에는 금속을 제외한 광물질이 모두 돌로 이루어져 있다고 생각했기 때문에 광물질 이름에는 모두 돌 석(石)자가 들어갑니다. 유황 류(硫), 규소 규(硅), 붕산 붕(硼), 비소 비(砒)자가 그러한 예입니다.

## 돌로 된 물건

碑 (돌로 만든) 비석 비 ⓙ 碑
돌 석(石) + [낮을 비(卑)]

돌로 된 물건에 돌 석(石)자가 들어가는 것은 당연하겠죠?

묘비(墓碑), 비문(碑文), 비석(碑石)에 사용되는 비석 비(碑)자는 돌로 만들므로 돌 석(石)자가 들어갑니다. 구비문학(口碑文學)은 '말(口)로 된 비석(碑)과

**礎** (돌로 만든) 주춧돌 초 ⓖ 础
돌 석(石) + [초나라 초(楚)]

**礫** 자갈 력 ⓖ 砾
돌 석(石) +
[즐거울 락(樂)→력]

**磁** 자석 자 ⓖ 磁
돌 석(石) + [검을 자(玆)]

**砲** 대포 포 ⓖ 砲
돌 석(石) + [쌀 포(包)]

같이 오랫동안 전해 내려오는 문학(文學)'이란 뜻으로, '입(口)으로 전(傳)해 내려오는 문학(文學)'이란 뜻의 구전문학(口傳文學)과 같은 뜻입니다.

기초(基礎)라는 말에 들어가는 주춧돌 초(礎)자의 주춧돌은 건축물의 기둥을 받쳐주는 돌을 말합니다. 주춧돌을 초석(礎石)이라고도 합니다.

자갈 력(礫)자는 '자갈은 두드리거나 밟으면 악기(樂器)처럼 소리가 나는 돌(石)이다'는 뜻입니다. 역암(礫岩)은 자갈(礫)이 퇴적되어 만들어진 암석(岩石)입니다. 반면 사암(沙岩)은 모래(沙)가 퇴적되어 만들어진 암석(岩石)입니다. 사력(沙礫)댐은 '모래(沙)와 자갈(礫)로 만든 댐(dam)'입니다.

자석(磁石)을 일컫는 자(磁)자에도 돌 석(石)자가 들어가는데, 옛 중국에서는 자성(磁性)을 띤 광물을 돌의 일종으로 알았기 때문입니다. 자석을 지남철이라고도 하는데, 지남철(指南鐵)은' 남쪽(南)을 가리키는(指) 철(鐵)'이란 뜻입니다.

탄알 구멍이 여섯 개 있는 육혈포

옛 중국의 대포는 화약 대신 지렛대의 원리를 이용하여 돌을 발사하였습니다. 대포 포(砲)자는 원래 '지렛대로 돌(石)을 발사하는 포'이지만, 지금은 화약으로 발사합니다. 육혈포(六穴砲)는 '탄알을 재는 구멍(穴)이 여섯(六) 개 있는 포(砲)'라는 뜻으로, 권총의 옛 이름입니다.

## 돌의 성질

**硬** (돌이) 굳을 경 ⓖ 硬
돌 석(石) + [고칠 경(更)]

**確** (돌처럼) 굳을 확 ⓖ 确
돌 석(石) +
[새높이나를 확(隺)]

돌이 단단하게 굳어 있으니까, 강경(强硬), 경직(硬直) 등에 들어가는 굳을 경(硬)자와 확인(確認), 정확(正確) 등에 들어가는 굳을 확(確)자에 돌 석(石)자가 들어갑니다.

경도(硬度)는 '굳은(硬) 정도(度)'라는 뜻으로, 암석의 굳기를 숫자로 나타낸 것입니다. 가장 무른 것이 1이고 가장 단단한 것이 10입니다. 금강석(다이아몬드)은 경도가 10으로 지구상에서 가장 단단한 물질입니다. 열경화성(熱硬化性)은 '열(熱)을 가하면 굳게(硬) 변화하는(化) 성질(性)'로, 열을 가할수록 단단하게 굳어지는 성질입니다. 페놀 수지, 요소 수지, 멜라민 수지 등이 열경화성 물질입니다.

확률(確率)은 '확실(確)한 비율(率)'이란 뜻으로, 어떤 사건이 확실(確實)히 일어날 수 있는 비율(比率)을 말합니다. 일기예보에서 다음 날 비 올 확률이 50%라고 하면, 다음 날 비가 확실하게 올 비율이 50%라는 뜻입니다.

### 돌을 갈거나 깨뜨림

**研** (돌을) 갈 연 ⓢ 研
돌 석(石) +
[편편할 견(幵)→연]

**磨** (돌을) 갈 마 ⓢ 磨
돌 석(石) + [삼 마(麻)]

**破** (돌을) 깨뜨릴 파 ⓢ 破
돌 석(石) + [가죽 피(皮)→파]

선종(禪宗)을
창시한 달마대사

돌을 갈거나 깨뜨리는 글자에도 돌 석(石)자가 들어갑니다.

갈 연(研)자는 '돌(石)을 편편하게(幵) 갈다'는 뜻입니다. 또 돌을 갈려면 오랜 시간 동안 계속 반복적인 작업을 해야 하기 때문에, '연구(研究)하다'는 뜻도 생겼습니다. 연구(研究)를 글자 그대로 해석하면 '구멍(穴)의 끝(究)에 도달할 때까지 계속 갈다(研)'는 뜻입니다. 궁구할 구(究)자는 원래 '굴이나 구멍(穴)이 더 나아갈 곳이 없는 곳까지 손(九)으로 파고 들어가다'는 뜻입니다.

갈 마(磨)자는 '거칠거칠한 삼베(麻)의 표면이 흡사 돌(石)을 갈아 만든 면과 비슷하다'는 뜻입니다. 연마(研磨)는 '갈고(研) 간다(磨)'는 뜻으로, 학문이나 기술을 갈고 닦는다는 의미입니다. 달마대사(達磨大師)는 '통달하기(達) 위해 연마하는(磨) 큰(大) 스승(師)'이란 뜻으로, 중국 남북조 시대에 중국 선종(禪宗)을 창시한 사람입니다. 남인도(일설에는 페르시아) 향지국(香至國)의 셋째 왕자로 태어나, 520년경 중국에 들어와 하남성 소림사에서 9년간 벽을 바라보며 좌선(坐禪)하였고, 소림 무술을 만들기도 하였습니다.

파격(破格), 완파(完破), 대파(大破), 난파(難破)에 들어가는 깨뜨릴 파(破)자는 '돌(石)을 깨뜨리다'는 뜻입니다. 파렴치(破廉恥)는 '염치(廉恥)를 깨뜨리다(破)'는 뜻으로, 염치(廉恥)를 모르고 뻔뻔스럽다는 의미입니다.

### 기타

**碧** (돌이) 푸를 벽 ⓢ 碧
돌 석(石) + 구슬 옥(玉/王) +
[흰 백(白)→벽]

**拓** 넓힐/(돌을) 주울 척 ⓢ 拓
손 수(扌) + [돌 석(石)→척]

**碩** 클 석 ⓢ 硕
[돌 석(石)] + 머리 혈(頁)

중국 옥은 대부분 누런색이지만 푸른색 옥도 있습니다. 푸를 벽(碧)자는 원래 '푸른 옥(玉/王) 돌(石)'을 가리키는 글자였으나, '푸르다'는 뜻이 생겼습니다.

'벽안의 외국인'에서 벽안(碧眼)은 '눈(眼)동자가 파란(碧) 외국인'이란 뜻이고, 벽오동(碧梧桐)은 '푸른색(碧)의 오동(梧桐)나무'입니다. 상전벽해(桑田碧海)는 '뽕나무(桑) 밭(田)이 푸른(碧) 바다(海)가 되다'는 뜻으로, 세상일이 덧없이 바뀜을 이릅니다.

황무지를 개척하여 농사를 지으려면 가장 먼저 해야 하는 일이 땅에 있는 돌을 주워 내는 일입니다. 그래서 개척(開拓)에 들어가는 척(拓)자는 '손(扌)으로 돌(石)을 줍다'는 의미입니다. 또 땅을 개척하면 농사지을 땅을 넓힐 수 있기 때문에, '넓히다'는 의미도 있습니다. 바다를 메워 땅을 만드는 간척(干拓)은 '(개펄을) 마르게(干) 하여 땅을 넓히는(拓) 일'을 의미합니다.

클 석(碩)자는 원래 '머리(頁)가 돌(石)처럼 단단하다'는 뜻입니다. 이후 '단단하다→(머릿속이) 차다→충실하다→(머리가) 크다' 등의 뜻이 생겼습니다. 석사(碩士)는 '머리가 큰(碩) 선비(士)'라는 뜻으로 대학원을 마치면 주는 학위입니다. 학식이 많고 깊은 사람을 석학(碩學)이라고 합니다. 돌 석(石)자가 소리로 사용되는 희귀한 경우입니다.

**금(金)씨가 김(金)씨가 된 사연**

금(金)자는 김(金)씨 성으로 우리에게 잘 알려져 있습니다. 원래 금(金)씨인 성을 김(金)씨라고 부르는 이유는 고려 왕조를 무너뜨리고 조선왕조를 수립한 이성계가"쇠는 나무를 이긴다(金克木)"라는 음양오행설에 따라, 금(金)씨가 이(李=木+子)씨를 이겨 금(金)씨 왕조를 설립할 것을 두려워한 나머지 금(金)자를 김(金)으로 바꾸어 부르도록 한 것입니다.

**왕(王)씨가 옥(玉)씨가 된 사연**

고려를 세운 이가 왕건(王建)이라는 사실은 누구나 압니다. 고려가 멸망한 후 왕(王)씨들은 지방으로 흩어져 숨어 살았는데, 일부는 성을 옥(玉)씨로 바꾸어 살았다고 합니다. 왕(王)자에 점만 하나 추가한 것입니다. 옥(玉)씨들이 가장 많이 살고 있는 곳 중에 하나가 경상남도 거제도입니다. 임진왜란 때 이순신 장군이 첫승을 거둔 곳이 옥포(玉浦)해전인데, 이 옥포가 바로 거제도에 있습니다. 아마도 옥포(玉浦)가'옥(玉)씨들이 많이 사는 포구(浦)'라는 뜻에서 지은 것 같습니다.

**대(大)씨가 태(太)씨가 된 사연**

왕족인 왕(王)씨가 옥(玉)씨가 된 사연과 비슷한 사연이 또 있습니다. 우리나라 성씨 중에 태(太)씨는 발해를 건국한 대조영(大祚榮)의 후손입니다. 원래 성이 대(大)씨인 이들은 발해가 멸망한 후, 일부는 성을 태(太)씨로 바꾸어 살았다고 합니다. 대(大)자에 점만 하나 추가한 것입니다. 태(太)씨 성을 가진 사람으로는 배우 태현실 씨와 가수 태진아 등이 있습니다만, 태진아 씨는 본명이 아닙니다.

# 자연 2-6 물과 강

물 수(水) | 내 천(川)

水 | 氵

물 수(水/氺/氵)
물이 흘러가는 강

세계 최초로 쌀을 재배했던 중국에서 물은 농사와 직결된 생명 그 자체였습니다. 따라서 물이 풍부한 강가에서 농사를 지었고, 물을 나타내는 글자를 만들었습니다. 우리가 잘 알고 있는 물 수(水/氺/氵)자는 물이 흐르는 강의 모습을 본떠 만든 글자입니다. 강의 모습을 본떠 만든 글자로는 내 천(川)자가 있는데, 갑골문자에서는 두 글자의 구분이 없었습니다.

우리나라에서는 한강, 낙동강, 압록강, 두만강 등 강 이름에 강(江)자가 붙지만, 중국에서는 하(河), 강(江), 한(漢), 제(濟), 회(淮), 위(渭), 낙(洛)같이 강 이름에 물 수(氵)자가 붙습니다. 또 중국에서는 강 이름 뒤에 물 수(水)자를 붙이기도 합니다. 한수(漢水), 제수(濟水), 회수(淮水), 위수(渭水), 낙수(洛水) 등이 그런 예입니다.

옷 칠(漆), 클 태(泰), 기장 서(黍)자의 아래에 있는 수(氺)자는 물 수(水)자의 옛 모습입니다. 하지만 물 수(水)자가 다른 글자와 만나면 대부분 삼수 변(氵)으로 사용합니다.

## 강과 관련한 글자

河 물 하 중 河
물 수(氵) + [옳을 가(可)→하]

江 강 강 중 江
물 수(氵) + [장인 공(工)→강]

漢 한수 한 중 汉
물 수(氵) + [진흙 근(堇)→한]

溪 시내 계 중 溪
물 수(氵) + [어찌 해(奚)→계]

중국에는 큰 강이 두개 있는데, 북쪽의 황하강(黃河江)과 남쪽의 양자강(揚子江)이 그것입니다.

물 하(河)자는 원래 황하강(黃河江)을 지칭하는 고유명사입니다. 나중에 황하강 상류에서 쓸려오는 황토로 인해 물 색깔이 항상 누른색이라, 누른 황(黃)자를 붙여 황하(黃河)라고 불렀습니다. 아무리 바라고 기다려도 실현될 가능성이 없음을 이르는 백년하청(百年河淸)은 '황하(黃河)가 항상 흐리기 때문에 백년(百年)이 지나도 맑지(淸) 않는다'는 데서 나온 말입니다. 또 성(省) 이름에 하(河)자가 들어가는 하북성(河北省)은 황하강 중류 북쪽에, 하남성(河南省)은 황하강 남쪽에 위치해 있습니다. 황하강 중류에 있는 하남성(河南省)에서 상류로 500Km정도 올라가면 섬서성(陝西省)이 나옵니다.

하남성을 중심으로 화북평야(華北平野)가 있고, 섬서성을 중심으로 황토고원(黃土高原)이 있습니다. 하남성과 섬서성을 중심으로 중국문명이 탄생한 이후 수천 년 동안 20여 개 왕조가 이곳에 도읍지를 정하면서 중국의 정치, 문화, 경제의 근간이 되었습니다. 중국 역사나 무협소설에 자주 등장하는 중원(中原)이 바로 하남성을 중심으로 하는 화북평야를 일컫습니다. 이 지역에는 현재도 중국 인구의 약 1/3이 살고 있습니다.

강 강(江)자는 원래 양자강(揚子江)을 지칭하는 고유명사로, '강남(江南) 갔던 제비'를 말할 때 강남(江南)은 양자강 남쪽을 일컫습니다. 양자강은 길이가 약 6,300Km로 아시아에서 가장 큰 강으로, 중국 사람들은 장강(長江)이라고 부릅니다. 성(省) 이름에 강(江)자가 들어가는 강소성(江蘇省), 강서성(江西省), 절강성(浙江省) 등이 모두 양자강 하류에 위치해 있습니다.

한강(漢江), 한문(漢文), 한자(漢字) 등에 사용되는 한수 한(漢)자는 한나라의 수도였던 장안(長安: 지금의 서안) 남서쪽에 위치하는 양자강의 지류입니다. 한(漢)자는 '한나라 한(漢)'자로도 사용됩니다. 한자(漢字)는 '한(漢)나라에서 만든 문자(字)'라는 뜻입니다. 한자의 전신인 갑골문자는 중국 은나라에서 만들었지만, 지금 우리가 쓰는 한자는 한(漢)나라 때 완성되었습니다.

우리나라 서울을 중국 사람들은 한성(漢城)이라고 했는데, '한강(漢)에 있는 성(城)'이란 뜻입니다. 중국에서는 한성(漢城) 대신 간체자인 한성(汉城)이라고 써야 알아봅니다.

시내 계(溪)자는 황진이의 시조 〈청산리 벽계수야〉에 나오는데, 벽계수(碧溪水)는 '푸른(碧) 시내(溪) 물(水)'이란 뜻도 되지만, 벽계수(碧溪守)라는 사람을 지칭하기도 합니다. 두 벽계수의 한자가 다름에 유의해야 합니다.

### 바다와 관련한 글자

海 바다 해 ㊥海
물 수(氵) + [매양 매(每)→해]

洋 큰바다 양 ㊥洋
물 수(氵) + [양 양(羊)]

바다 해(海)자에 들어가는 매양 매(每)자는 원래 '머리에 비녀를 꽂은 어머니(母)'의 모습으로, '바다(海)는 물(氵)의 어머니(每)'라는 뜻으로 만들었습니다.

큰바다 양(洋)자는 서양(西洋)의 줄임말로 더 많이 사용됩니다. 옛날에는 서양인들이 모두 배를 타고 바다를 건너왔기 때문입니다. 양식(洋食), 양복(洋服), 양장(洋裝), 양주(洋酒), 양춤, 양배추, 양송이, 양파 등은 모두 서양에서 들어온 것들입니다. 또 우리가 신는 양말(洋襪)은 '서양(洋) 버선(襪)'이고, 알루미늄으로 만든 그릇인 양재기는 원래 양자기(洋磁器), 즉 '서양(西洋)에서 들어온 자기(磁器)'입니다.

## 호수와 늪

湖 호수 호 중 湖
물 수(氵) + [오랑캐 호(胡)]

池 못 지 중 池
물 수(氵) + [이것 이(也)→지]

澤 못 택 중 泽 약 沢
물 수(氵) + [엿볼 역(睪)→택]

沼 늪 소 중 沼
물 수(氵) + [부를 소(召)]

초승달 모양의 우각호

호수나 못, 늪 등에도 물이 있기 때문에, 모두 물 수(氵)자가 들어갑니다. 호수 호(湖), 못 지(池), 못 택(澤), 늪 소(沼)자 등이 그러한 예입니다.

지리 시간에 배우는 우각호(牛角湖)는 '소(牛) 뿔(角) 모양으로 휘어진 호수(湖)'로, '초승달호'라고도 합니다. 조선 성종 때 편찬한 우리나라의 지리서인 《동국여지승람》에 금강(錦江: 전라도와 충청도를 경계를 이루는 강)을 호강(湖江)이라고 기록하고 있습니다. 호남(湖南)은 '호강(湖江)의 남(南)쪽 지방'으로 전라도 지방을 일컫습니다.

못 지(池)자의 소리로 사용되는 이것 이(也)자는 어조사 야(也)자로 더 많이 알려져 있습니다. 이것 이(也)자에 흙 토(土)자가 붙으면 땅 지(地)자가 됩니다. 백두산 천지(天池)는 '하늘(天)에 맞닿은 못(池)'이란 뜻입니다. 축전지(蓄電池)는 '전기(電)가 저장되어(蓄) 있는 못(池)'이란 뜻입니다.

못 택(澤)자는 원래 못이나 늪을 말하는 글자이지만, 이후 '못→늪→축축하다→젖다→(축축하게 젖어) 빛나다→윤택(潤澤)→덕택(德澤)' 등의 뜻이 생겼습니다. 우로지택(雨露之澤)은 '비(雨)와 이슬(露)의(之) 큰 덕택(澤)'이란 뜻으로, 임금의 넓고 큰 은혜를 일컫는 말입니다. 소택지(沼澤地)는 '늪(沼)이나 연못(澤)이 있는 땅(地)'이란 뜻으로, 연못, 늪, 하천 등으로 둘러싸인 낮고 습한 땅입니다.

## 물이 넘침

益 (물을) 더할 익 중 益
그릇 명(皿) + 물 수(水)

溢 (물이) 넘칠 일 중 溢
물 수(氵) + [더할 익(益)→일]

濫 (물이) 넘칠 람 중 滥 약 滥
물 수(氵) + [볼 감(監)→람]

添 (물을) 더할 첨 중 添
물 수(氵) + [부끄러울 첨(忝)]

그릇에 '물을 더하여 넘치다'는 뜻의 글자에도 물 수(水/氺/氵)자가 들어갑니다.

이익(利益), 수익(收益) 등에 들어가는 더할 익(益)자는 원래 그릇(皿)에 물(水/氺)을 부어 넘치는 모습을 본떠 만든 글자입니다. 글자 윗부분이 물 수(水/氺)자를 90도 회전한 것입니다. 이후 '(물이) 넘치다→(물을) 더하다→돕다→이롭다' 등이 뜻이 생기면서, 원래 뜻을 살리기 위해 물 수(氵)자가 추가되어 넘칠 일(溢)자가 되었습니다. 해일(海溢)은 '바닷물(海)이 넘치다(溢)'는 뜻입니다.

넘칠 람(濫)자에도 그릇 명(皿)자와 물 수(氵)자가 들어갑니다. 범람원(氾濫原)은 '물이 넘쳐서(氾濫) 만들어진 벌판(原)'으로, 홍수 때 강물이 범람하여 만들어지며 토지가 비옥하여 농경지로 이용되기도 합니다. 이집트 나일강 하류가 대표적인 범람원입니다.

첨가(添加), 첨부(添附), 별첨(別添) 등에 들어가는 더할 첨(添)자도 '물(氵)

을 더하다'는 뜻입니다. 화사첨족(畵蛇添足)은 '뱀(蛇)을 그리는데(畵) 발(足)을 덧붙였다(添)'란 뜻으로, '안 해도 될 쓸데없는 일을 덧붙여 하다가 도리어 일을 그르치다'는 뜻입니다. 간단하게 사족(蛇足)이라고도 합니다.

## 물이 깊고 얕음

深 (물이) 깊을 심 ㊥ 深
물 수(氵) + [깊을 심(罙)]

淺 (물이) 얕을 천 ㊥ 浅 ㊀ 浅
물 수(氵) + [작을 전(戔)→천]

물이 깊고 얕음을 나타내는 글자에도 물 수(水/氵)자가 들어갑니다.

깊을 심(罙)자의 상형문자는 굴(穴) 안에 사람(大→木)이 서 있는 형상으로, '굴 안 깊이 들어왔다'에서 '깊다'라는 의미가 생겼습니다. 나중에 뜻을 분명히 하기 위해 '깊은 물'이라는 의미로 물 수(氵)자가 추가되어 깊을 심(深)자가 되었습니다. 심화학습(深化學習), 심해(深海), 심야(深夜) 등에 사용됩니다.

얕을 천(淺)자는 '물(氵)의 깊이가 작다(戔)'는 뜻입니다. 천발지진(淺發地震)은 '땅속 얕은(淺) 곳에서 발생(發)하는 지진(地震)'이고, 심발지진(深發地震)은 '땅속 깊은(深) 곳에서 발생(發)하는 지진(地震)'입니다.

## 물에 젖거나 질편함

濕 (물에) 젖을 습 ㊥ 湿 ㊀ 湿
물 수(氵) +
[드러날 현(㬎)→습]

潤 윤택할/(물에) 젖을 윤 ㊥ 润
물 수(氵) + [윤달 윤(閏)]

漫 물질편할 만 ㊥ 漫
물 수(氵) + [길게 끌 만(曼)]

淫 음란할/(물이) 질편할 음 ㊥ 淫
물 수(氵) + 손톱 조(爪) +
[천간 임(壬)→음]

습기(濕氣), 습도(濕度), 습지(濕地) 등에 사용되는 젖을 습(濕)자는 '물(氵)에 젖다'는 뜻입니다. 고온다습(高溫多濕)은 '기온(溫)이 높고(高) 습기(濕)가 많다(多)'는 뜻입니다. 우리나라의 여름 날씨나 열대 지방의 날씨가 고온다습합니다.

윤택할/젖을 윤(潤)자도 원래 '물(氵)에 젖다'는 뜻입니다. 이후 '젖다→(물에 젖어) 미끄럽다→(물에 젖어) 윤이 나다→윤택(潤澤)하다'는 의미도 생겼습니다. 습윤(濕潤)은 '젖고(濕) 젖다(潤)'는 뜻으로 습기가 많은 것을 일컬으며, 윤활유(潤滑油)는 '윤이 나고(潤) 미끄럽게(滑) 해주는 기름(油)'입니다.

물질편할 만(漫)자는 쓰임새가 적지만, 물결 랑(浪)자와 합쳐지면 낭만(浪漫)이란 낱말이 됩니다. 낭만(浪漫)은 일본인들이 로망(Roman)을 소리대로 적은 것입니다. 로망(Roman)은 로마(Roma)의 형용사형으로, '로마의, 로마사람의'라는 뜻을 가지고 있습니다. 고대 로마는 당시 세계 제일의 제국이었고 물질적 풍요 속에서 살았습니다. 이 시기에 문화와 예술이 번영하던 시기였는데, 주로 꿈이나 공상, 모험, 감정 등의 주제들이 많았습니다. 그래서 '로마스러운'이란 뜻으로 로망(Roman)이란 말이 만들어졌고, 일본인이 한자로 옮기면서 낭만(浪漫)이란 이름이 붙었습니다.

간음(姦淫), 음탕(淫蕩), 음란물(淫亂物)에 들어 있는 음란할 음(淫)자는 원래 '물(氵)에 축축하게 적시다'는 뜻으로 만들었습니다만, 나중에 '질펀하다, 음란하다'는 뜻이 생겼습니다.

## 물에 빠지거나 잠김

**沒** (물에) 빠질 몰 ⓖ 没
물 수(氵) + [빠질 몰(㱝)]

**溺** (물에) 빠질 닉 ⓖ 溺
물 수(氵) + [약할 약(弱)→닉]

**潛** (물에) 잠길 잠 ⓖ 潜
물 수(氵) + [일찍 참(朁)→잠]

**浸** (물에) 잠길 침 ⓖ 浸
물 수(氵) + [침범할 침(㑴)]

**沈** (물에) 잠길 침, 성 심
ⓖ 沈 ⓨ 沉
물 수(氵) +
[베개 음(冘)→침, 심]

빠질 몰(沒)자에 들어 있는 빠질 몰(㱝)자는 소용돌이치는 물(回/回→⺆)속에 손(又)이 있는 모습으로, 물에 빠진 사람을 나타내었습니다. 나중에 뜻을 분명히 하기 위해 물 수(氵)자가 추가되어 빠질 몰(沒)자가 되었습니다. 침몰(沈沒), 몰락(沒落), 몰입(沒入) 등에 사용됩니다. 간체자인 경우 모양이 조금 다름에 주의해야 합니다.

빠질 닉(溺)자는 '헤엄을 치다 힘이 약해(弱) 물(氵)에 빠지다'는 뜻입니다. 익사(溺死)는 '물에 빠져(溺) 죽다(死)'는 뜻이고, 탐닉(耽溺)은 '어떤 일을 몹시 즐겨서(耽) 거기에 빠지다(溺)'는 뜻입니다.

잠수(潛水), 잠재력(潛在力) 등에 들어가는 잠길 잠(潛)자는 '물(氵)에 잠기다'는 뜻입니다. 이후 '잠기다→가라앉다→감추다→숨다' 등의 뜻이 생겼습니다. 잠열(潛熱)은 '숨은(潛) 열(熱)'이란 뜻으로, 물체가 기체, 고체, 액체 사이를 변화할 때 흡수 또는 발생하는 열입니다. 잠복기(潛伏期)는 '숨어서(潛) 엎드려(伏) 있는 기간(期)'으로, 병원체가 몸 안에 들어가서 증상을 나타내기까지의 숨어 있는 기간입니다.

침수(浸水), 침투(浸透) 등에 사용되는 잠길 침(浸)자는 '물(氵)이 침범하여(㑴) 잠기다'는 뜻입니다. 침식(浸蝕)은 '물에 잠기고(浸) 물이 갉아먹다(蝕)'는 뜻으로, 땅이 빗물, 강물, 바닷물 등 물에 의해 깎이는 현상입니다. 하지만 물이 아닌 빙하나 바람에 의해 땅이 깎이는 것도 침식(浸蝕)이라고 합니다. 침례교(浸禮敎)는 '물에 잠기는(浸) 예식(禮)을 하는 기독교(敎)의 한 교파'입니다. 신도가 된 것을 증명하기 위하여 온몸을 물에 잠기게 하는데, 죄를 씻고 깨끗한 몸으로 다시 살아나는 것을 상징합니다.

잠길 침(沈)

침몰(沈沒), 침수(沈水) 등에 들어가는 잠길 침(沈)자는 원래 물 수(水/氵)자에 소 우(牛)자가 합쳐진 글자였으나, 나중에 소리를 나타내는 베개 음(冘)자로 바뀌었습니다. 아마 제사를 지낸 후 소를 물속에 제물로 바치는 모습으로 추정됩니다. '소가 물에 빠지다'고 해서 '잠긴다'는 의미가 생겼습니다. 사람의 성씨로도 사용되는데, 이 때에는 성 심(沈)자로 읽습니다. 《심청전》에 나오는 심청(沈淸)은 '맑은(淸) 물에 빠지다(沈)'라는 뜻으로, 공양미 삼백 석에 팔려간 심청이 인당수에 빠진다는 의미를 담고 있습니다.

### 물이 깨끗하고 맑음

**淨** (물이) 깨끗할 정 ⓢ 净
물 수(氵) + [다툴 쟁(爭)→정]

**潔** (물이) 깨끗할 결 ⓢ 洁
물 수(氵) + [맺을 계(契)→결]

**淡** (물이) 맑을 담 ⓢ 淡
물 수(氵) + [아름다울 담(炎)]

**淸** (물이) 맑을 청 ⓢ 清
물 수(氵) + [푸를 청(靑)]

**淑** (물이) 맑을 숙 ⓢ 淑
물 수(氵) + [아재비 숙(叔)]

깨끗할 정(淨)자는 청정(淸淨), 정결(淨潔), 정수기(淨水器), 정화(淨化) 등에 사용됩니다. 서방정토(西方淨土)는 '서쪽(西) 방향(方)에 있는 깨끗한(淨) 땅(土)'이란 뜻으로, 불교도들의 이상향이며 극락(極樂)이라고도 합니다.

깨끗할 결(潔)자는 순결(純潔), 불결(不潔), 결백(潔白), 청결(淸潔), 정결(淨潔) 등에 사용됩니다. 간결체(簡潔體)는 '간단(簡)하고 깨끗한(潔) 문체(體)'로, 김동인과 황순원의 소설이 대표적인 간결체입니다.

맑을 담(淡)자는 '맑은 물(氵)이 아름답다(炎)'는 뜻을 담고 있습니다. 아름다울 담(炎)자는 불꽃 염(炎)자로 더 잘 알려져 있습니다. 담수(淡水)는 '바닷물처럼 소금이 들어가지 않은 맑은(淡) 물(水)'로, 민물을 말합니다. 담채화(淡彩畵)는 '맑게(淡) 채색(彩)한 그림(畵)'이란 뜻으로, 물감을 엷게 써서 담백(淡白)하게 그린 그림입니다.

청소(淸掃), 청결(淸潔), 청렴(淸廉) 등에 들어가는 맑을 청(淸)자는 '맑은 물(氵)은 색이 푸르다(靑)'는 뜻으로 만들었습니다. 혈청(血淸)은 '피(血)에서 맑은(淸) 부분'이란 뜻으로, 피가 엉기어 굳을 때에 검붉은 핏덩어리와 맑고 투명한 액체로 분리되는데, 맑고 투명한 액체를 혈청이라고 합니다. 혈청에는 노폐물이나 영양분이 들어 있으며, 외부에서 침입한 세균을 물리치는 면역 항체도 들어 있습니다.

맑을 숙(淑)자는 주로 여자 이름에 많이 사용됩니다. 정숙(貞淑), 영숙(英淑), 현숙(賢淑), 숙희(淑姬) 등이 그러한 예입니다.

### 물이 더러움

**濁** (물이) 흐릴 탁 ⓢ 浊
물 수(氵) + [나라이름 촉(蜀)→탁]

중국은 우리나라와 달리 산이 많지 않아 물 흐르는 속도가 매우 느립니다. 물 흐르는 속도가 느리면 물이 맑지 못하고 탁합니다. 더우기 황하강의 물은 황토로 인해 항상 흐립니다. 흐릴 탁(濁)자는 '물(氵)이 흐리고 탁하다'는 뜻입니다. 일어탁수(一魚濁水)는 '한(一) 마리 물고기(魚)가 물(水)을 흐린다(濁)'라는 뜻

汚 (물이) 더러울 오 ㊥ 污
물 수(氵)+
[어조사 우(亐)→오]

으로, 한 사람의 잘못으로 여러 사람이 피해를 입게 됨을 뜻하는 말입니다. 탁주(濁酒)는 '흐린(濁) 술(酒)'이란 뜻으로, 막걸리를 말합니다. 탁류(濁流)는 '흐린(濁) 물의 흐름(流)'으로, 채만식이 쓴 장편소설의 이름이기도 합니다. 모함과 사기, 살인 등 부조리로 얽힌 1930년대의 혼탁(混濁)한 사회상을 풍자와 냉소로 엮은 작자의 대표작입니다.

더러울 오(汚)자도 '물(氵)이 오염(汚染)되었다'는 뜻으로 만든 글자입니다. 탐관오리(貪官汚吏)는 '탐욕(貪)스러운 관리(官)와 오염(汚)된 관리(吏)'로 백성의 재물을 탐(貪)내어 빼앗는, 행실이 깨끗하지 못한 관리(官吏)입니다.

## 몸에서 분비되는 물

汗 땀 한 ㊥ 汗
물 수(氵)+
[방패/마를 간(干)→한]

淚 눈물 루 ㊥ 泪
물 수(氵)+
[어그러질 려(戾)→루]

泣 울 읍 ㊥ 泣
물 수(氵)+[설 립(立)→읍]

尿 오줌 뇨 ㊥ 尿
주검 시(尸)+물 수(水)

땀 한(汗)자는 '피부에서 마르는(干) 물(氵)이 땀이다'는 뜻입니다. 한증탕(汗蒸湯)은 '땀(汗)을 내도록 증기(蒸)가 있는 탕(湯)'이란 뜻입니다. 삼전도한비(三田渡汗碑)는 '삼전도(三田渡)에 있는, 땀(汗)이 나는 비석(碑)'이란 뜻으로, 병자호란 때 청나라 태종이 항복을 받고 자기의 공덕을 자랑하기 위해 세운 전승비입니다. 비석을 받치고 있는 돌거북이 물방울이 맺힌다고 해서 땀 한(汗)자가 들어갔습니다만, 지금은 삼전도비(三田渡碑)로 불립니다. 밀양 표충사에 있는 비석도 나라에 큰일이 있으면 물방울이 맺혀 한비(汗碑)라고 부릅니다.

눈물 루(淚)자는 '문(戶)에 있는 사나운 개(犬)가 무서워 눈물(氵)을 흘리다'는 뜻입니다. 최루탄(催淚彈)은 '눈물(淚)을 재촉하는(催) 가스를 넣은 탄환(彈)'입니다.

울 읍(泣)자는 '서 있는(立) 사람이 눈물(氵)을 흘리며 울다'는 뜻입니다. 읍참마속(泣斬馬謖)은 '울면서(泣) 마속(馬謖)의 목을 벤다(斬)'는 뜻으로, 큰 목적을 위하여 자기가 아끼는 사람을 버림을 이르는 말입니다. 《삼국지》에 나오는 말로, 제갈공명이 명령을 어기어 싸움에서 패한 마속을 눈물을 머금고 목을 벤 데서 유래합니다.

오줌 뇨(尿)자는 엉거주춤 서 있는 사람(尸)의 엉덩이 부분에서 오줌(水)이 나오는 모습입니다. 당뇨병(糖尿病)은 '오줌(尿)에 당 (糖)이 들어 있는 병(病)'으로, 핏속에 있는 혈당의 양을 조절하지 못하고 혈당을 소변으로 배출하는 병입니다.

### 배를 대는 항구

港 항구 항 ⓒ港
물 수(氵) + [거리 항(巷)]

浦 물가 포 ⓒ浦
물 수(氵) + [클 보(甫)→포]

涯 물가 애 ⓒ涯
물 수(氵) + [언덕 애(厓)]

泊 배댈 박 ⓒ泊
물 수(氵) + [흰 백(白)→박]

항구 항(港)자는 '물길(氵)이 닿아 있는 거리(巷)가 항구(港口)이다'는 뜻입니다. 공항(空港)은 '항공기(航空機)가 드나드는 항구(港)'입니다.

물가 포(浦)자가 들어가는 포구(浦口)는 배가 드나드는 바닷가 어귀입니다. 포항(浦港)은 '포구(浦)와 항구(港)'를 아울러 이르는 말인 동시에, 경상북도 동해안에 있는 항구 도시입니다.

물가 애(涯)자는 '물(氵)가에 있는 언덕(厓)'이란 뜻으로 만든 글자입니다. 이러한 언덕은 육지의 끝에 있다고 해서, 끝이란 뜻으로 더 많이 사용됩니다. 생애(生涯)는 '태어날(生) 때부터 끝(涯)까지'란 뜻으로, 살아 있는 한평생 동안을 말합니다. 천애고아(天涯孤兒)의 천애(天涯)는 '하늘(天) 끝(涯)'이란 뜻으로, 아주 멀리 떨어짐을 말합니다.

배댈 박(泊)자는 '물(氵)가에 배를 대다'는 뜻입니다. 이후 '배를 대다→머무르다→묵다'는 뜻이 파생되었습니다. 숙박(宿泊)은 '자면서(宿) 머무르다(泊)'는 뜻입니다. 1박2일(一泊二日)은 '하룻(一)밤 숙박(宿泊)하면서 2일(二日)을 지내다'는 뜻입니다.

### 물을 건너감

涉 (물을) 건널 섭 ⓒ涉
물 수(氵) + 걸음 보(步)

渡 (물을) 건널 도 ⓒ渡
물 수(氵) + [법도/정도 도(度)]

濟 (물을) 건널 제 ⓒ济 ⓓ済
물 수(氵) + [가지런할 제(齊)]

제중원으로 사용한 개화파 홍영식의 서울 종로구 재동집

건널 섭(涉)자는 '물(氵)을 걸어서(步) 건너다'는 뜻입니다. 이후 '(물을) 건너다→(물 건너) 이르다→미치다→간섭(干涉)하다→교섭(交涉)하다' 등의 뜻이 생겼습니다. 섭외(涉外)는 '외부(外)와 교섭(涉)한다'는 뜻입니다.

건널 도(渡)자는 '물(氵)을 건너가는 나루'라는 뜻도 있습니다. 벽란도(碧瀾渡)는 '푸른(碧) 파도(瀾)가 치는 나루(渡)'라는 뜻으로, 고려 시대 예성강 하구의 무역항이자 요충지입니다. 개경에서 30리 떨어진 황해안에 위치한 벽란도는 원래 예성항으로 불렀으나, 그곳에 있던 벽란정(碧瀾亭: 푸른 파도가 있는 정자)의 이름을 따서 벽란도라는 이름을 붙였습니다. 도하(渡河)나 도강(渡江)은 '강(河/江)을 건너다(渡)'는 뜻입니다. 〈공무도하가(公無渡河歌)〉는 '공(公)은 강물(河)을 건너지(渡) 말라(無)는 노래(歌)'로, 고조선 때에 곽리자고의 아내 여옥이 지었다고 전하는 노래입니다.

건널 제(濟)자도 '물(氵)을 건너다'는 뜻입니다. 이후 '건너다→(건너는) 나루→(건너도록) 돕다→구제(求濟)하다' 등의 뜻이 생겼습니다. 제중원(濟衆院)은 '중생(衆)들을 구제하는(濟) 집(院)'으로, 조선 말에 나라에서 설립한 근대식 병원입니다. 제주(濟州)는 '나루(濟)가 있는 고을(州)'이고, 거제도(巨濟島)는 '큰(巨) 나루(濟)가 있는 섬(島)'이란 뜻입니다. 인천의 옛 이름인 제물포(濟物浦)는 '물건(物)을 건네주는(濟) 포구(浦)'라는 뜻으로, 무역항을 뜻합니다.

## 물로 씻음

**洗** (물에) 씻을 세 ⓩ 洗
물 수(氵) + [먼저 선(先)→세]

**濯** (물에) 씻을 탁 ⓩ 濯
물 수(氵) + [꿩 적(翟)→탁]

**沐** (물에) 목욕할 목 ⓩ 沐
물 수(氵) + [나무 목(木)]

**浴** (물에) 목욕할 욕 ⓩ 浴
물 수(氵) + [골 곡(谷)→욕]

씻을 세(洗)자는 '물(氵)로 발(先)을 씻다'는 뜻입니다. 먼저 선(先=止+儿)자는 발(止)을 강조한 사람(儿)의 모습입니다. 세수(洗手)는 원래 '손(手)을 씻는다(洗)'는 뜻이지만, 얼굴도 씻습니다. 세례(洗禮)는 '씻는(洗) 예식(禮)'이란 뜻으로, 기독교에 입교하는 사람에게 죄악을 씻는 표시로 행하는 예식입니다.

씻을 탁(濯)자에 들어가는 꿩 적(翟)자는 '긴 꼬리 깃털(羽)을 강조한 새(隹)'의 모습입니다. '빛나는 깃털을 가진 꿩(翟)이 흡사 물(氵)로 깨끗하게 씻은 모습을 가졌다'는 뜻으로 만든 글자입니다. 세탁(洗濯)은 '씻고(洗) 씻는다(濯)'는 뜻입니다.

목욕(沐浴)에 들어가는 목욕할 목(沐)자는 원래 '나무(木)에 물(氵)을 뿌리다'는 뜻입니다. 이후 '물을 뿌리다→적시다→씻다→목욕'이란 뜻이 생겼습니다. 목욕할 욕(浴)자는 '계곡(谷)에서 물(氵)로 씻는다'는 뜻을 가졌습니다. 해수욕(海水浴)은 '바닷(海)물(水)로 목욕(浴)을 하다'는 뜻입니다.

## 물결이나 파도

**波** 물결 파 ⓩ 波
물 수(氵) + [가죽 피(皮)→파]

**浪** 물결 랑 ⓩ 浪
물 수(氵) + [어질 량(良)→랑]

파장(波長), 파동(波動) 등에 사용되는 물결 파(波)자는, 물결이 물의 표면에 생기기 때문에 '물(氵)의 껍질(皮)'이란 뜻으로 만들었습니다. 일파만파(一波萬波)는 '하나(一)의 물결(波)이 만(萬) 개의 물결(波)을 만들다'뜻으로, 한 사건이 잇달아 많은 사건으로 번지는 것을 비유하는 말입니다. 평지풍파(平地風波)는 '평화로운(平) 땅(地)에 바람(風)과 물결(波)을 일으킨다'는 뜻으로, 공연한 일을 만들어서 어렵고 시끄럽게 만든다는 뜻입니다.

물결 랑(浪)자는 '물결→(물결과 같이) 떠돌아다니다→마구, 함부로 (물결이 일다)' 등의 뜻이 새로 생겼습니다. 유랑(流浪)은 '흘러서(流) 떠돌아다니다(浪)', 낭설(浪說)은 '떠돌아다니는(浪) 이야기(說)', 낭비(浪費)는 '마구(浪) 쓰다(費)', 파랑(波浪)은 '물결(波)과 물결(浪)'이란 뜻입니다.

## 물의 흐름

**流** (물이) 흐를 류 ⓩ 流
물 수(氵) + [흐를 류(㐬)]

**激** (물이) 부딪칠 격 ⓩ 激
물 수(氵) +
[두드릴 교(敫)→격]

**決** (물이) 결단할 결 ⓩ 决
물 수(氵) + [정할 쾌(夬)→결]

**演** 펼 연 ⓩ 演
물 수(氵) + [범 인(寅)→연]

**沿** 물따라내려갈 연 ⓩ 沿
물 수(氵) + [산속늪 연(㕣)]

**滯** (물이) 막힐 체 ⓩ 滞
물 수(氵) + [띠 대(帶)→체]

**派** 물갈래 파 ⓩ 派
물 수(氵) + [물갈래 파(𠂢)]

정체전선

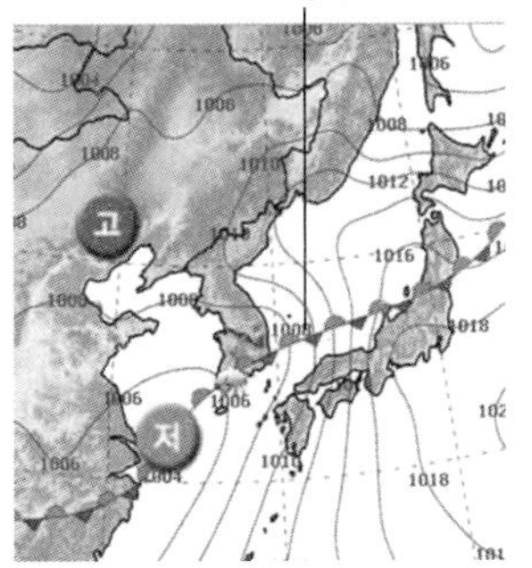


대표적인 정체전선인
우리나라 여름철의 장마전선

흐를 류(流)자에 들어가는 흐를 류(㐬)자는 어머니 뱃속에서 머리를 아래로 하고 나오는 아기(𠫓 : 子를 180도 회전한 모습)가 양수가 흘러나오는(川) 모습입니다. 나중에 흐른다는 의미를 분명하게 하기 위해 물 수(氵)자가 추가되었습니다. 유속(流速)은 '유체(流體)가 흐르는 속도(速度)'입니다. 유음(流音)은 '흐름(流)소리(音)'입니다. 혀끝을 잇몸에 가볍게 대었다가 떼거나, 잇몸에 댄 채 공기를 그 양옆으로 흘려보내면서 내는 소리로, 'ㄹ'이 대표적인 유음입니다.

부딪칠 격(激)자는 '물(氵)이 바위를 두드리면서(敫) 격렬하게 흐르다'는 뜻입니다. 격음(激音)은 'ㅋ, ㅌ, ㅍ, ㅊ'처럼 격(激)한 소리가 나는 음(音)입니다. 또 격음화현상(激音化現象)은 'ㅎ' 다음에 평음(平音) 'ㄱ, ㄷ, ㅂ, ㅈ'이 오면 격음(激音)인 'ㅋ, ㅌ, ㅍ, ㅊ'으로 소리나는 현상입니다.

결단할 결(決)자는 원래 '물꼬(氵)를 트다'는 뜻입니다. 물꼬를 트면 물이 흐르듯이 결정(決定)을 하면 일이 진행되므로, 물꼬를 트는 행위에서 '결정(決定)하다, 결단(決斷)하다'는 의미가 생겼습니다. '민족자결주의'의 자결(自決)은 '스스로(自) 결정(決)한다'는 뜻이지만, '스스로 목숨을 끊다'는 의미도 있습니다.

펼 연(演)자는 원래 '물(氵)이 멀리 흐르다'는 뜻을 가졌지만, '물이 멀리 흐르듯이 강연(講演)이나 연극(演劇) 등이 펼쳐지다'고 해서 '펴다'라는 뜻이 생겼습니다.

물따라내려갈 연(沿)자는 '물(氵)따라 내려가는 주변이나 가장자리'라는 뜻도 있습니다. 연안(沿岸)은 강, 호수 또는 바닷가를 따라서 잇닿아 있는 땅을 말하며, 연변(沿邊)은 국경, 강, 철도, 도로 따위를 끼고 따라가는 언저리 일대를 말합니다. 중국에 동포들이 사는 연변(延邊, 옌볜)과는 한자가 다릅니다.

먹은 음식이 잘 소화되지 아니하고 뱃속이 답답하게 막힌 것을 '체했다'고 하는데, 이때 '체'자가 한자로 막힐 체(滯)자입니다. 막힐 체(滯)자는 '물(氵)을 띠(帶)로 막다'는 뜻으로, 여기서 띠는 긴 제방을 말합니다. 출퇴근 시간에 도로에 자동차가 몰려 움직이지 않고 서있는 것을 교통 정체(停滯)라고 합니다. 정체전선(停滯前線)은 '찬 기단과 따뜻한 기단의 경계면이 한곳에 머물러 정체(停滯)되어 있는 전선(前線)'으로, 한곳에 머물러 오랫동안 비를 내리는 장마전선은 정체전선의 일종입니다.

물갈래 파(派)자의 오른쪽에 있는 글자는 강물이나 냇물이 갈라지는 모습을 본떠 만든 글자입니다. 나중에 뜻을 분명히 하기 위해 물 수(氵)자가 더해져 물갈래 파(派)자가 되었습니다. 주전파(主戰派)는 '전쟁(戰)을 주장(主)하는 파(派)'로 '매파'라고도 하며, 주화파(主和派)는 '화해(和)을 주장(主)하는 파(派)'로 '비둘기파'라고도 합니다.

### 물과 땅(흙)

**畓** (물이 있는) 논 답 ❸ 畓
밭 전(田) + 물 수(水)

**洞** (물이 있는) 골 동 ❸ 洞
물 수(氵) + [같을 동(同)]

**沙** (물가에 있는) 모래 사 ❸ 沙
물 수(氵) + [적을 소(少)→사]

**漠** (물이 없는) 사막 막 ❸ 漠
물 수(氵) + [없을 막(莫)]

**泥** (물이 있는) 진흙 니 ❸ 泥
물 수(氵) + [여승 니(尼)]

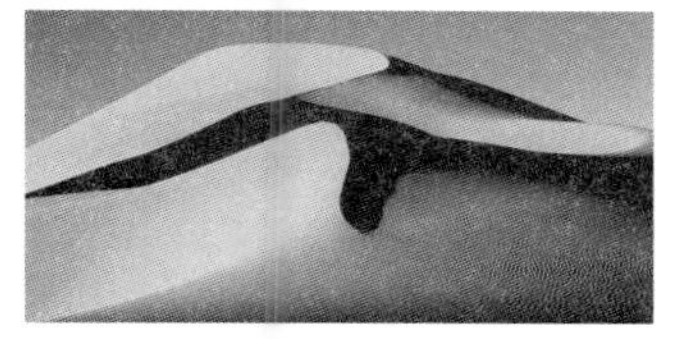
사막의 사구

논 답(畓)자는 '물(水)을 댄 밭(田)이 논이다'는 뜻입니다. 문전옥답(門前沃畓)은 '문(門) 앞(前)의 기름진(沃) 논(畓)'이란 뜻으로, 많은 재산을 일컫는 말입니다. 천수답(天水畓)은 '하늘(天)의 물(水)인 비로 농사를 짓는 논(畓)'이란 뜻으로, 빗물에 의하여서만 벼를 심어 재배할 수 있는 논입니다. 순우리말로 천둥지기입니다.

골 동(洞)자의 골은 '골짜기'나 '고을'의 줄임말입니다. 골 동(洞)자는 '골짜기'나 '고을'이란 두 가지 뜻을 모두 가지고 있습니다만, '고을, 마을, 동네'라는 뜻으로 많이 사용됩니다. 옛부터 사람이 사는 고을이나 마을에는 강이 지나가므로, 골 동(洞)자에는 물 수(氵)자가 들어갑니다. 동민(洞民), 동사무소(洞事務所) 등에 사용됩니다. '동구 밖 과수원 길~♬'의 동구(洞口)는 '동네(洞)의 입구(口)'입니다.

모래 사(沙)자는 '물(氵)가에 있는 모래'라는 뜻입니다. 물 수(氵)자 대신 돌 석(石)자가 들어가도 모래 사(砂)자가 됩니다. 사구(沙丘)는 '해안이나 사막에서 바람에 의하여 운반, 퇴적되어 이루어진 모래(沙) 언덕(丘)'입니다. 사포(沙布/砂布)는 '모래(沙/砂)를 바른 천(布)'이란 뜻으로, 유리 가루나 규석(硅石) 따위의 보드라운 가루를 발라 붙인 천이나 종이입니다. 쇠붙이의 녹을 닦거나 물체의 거죽을 반들반들하게 문지르는 데에 씁니다.

사막 막(漠)자는 '물(水)이 없는(莫) 땅'이란 뜻입니다. 이후 '사막→넓다→쓸쓸하다→막막(漠漠)하다' 등의 뜻이 생겼습니다. 사막(沙漠)은 글자 그대로 해석하면 '모래(沙)만 있고, 물이 없는 땅(漠)'입니다.

진흙 니(泥)자는 '흙에 물(氵)이 들어가면 진흙이 된다'는 뜻입니다. 이암(泥岩), 사암(沙岩), 역암(礫岩)은 각각, '진흙(泥), 모래(沙), 자갈(礫)이 퇴적되어 만들어진 암석(岩石)'입니다.

### 물의 상태

**汽** 증기 기 ㊥汽
물 수(氵) + [기운 기(气)]

**氷** 얼음 빙 ㊥氷
물 수(水) + 점 주(丶)

**滴** 물방울 적 ㊥滴
물 수(氵) + [꼭지 적(啇)]

국보 제74호인 청자연적

증기 기(汽)자에 들어가는 기운 기(气)자는 아지랑이나 안개, 수증기 등이 옆으로 깔려 있는 모습을 본떠 만든 글자입니다. 나중에 기운이라는 뜻이 생기자, 원래 뜻을 살리기 위해 물 수(氵)자를 추가하여 증기 기(汽)자를 만들었습니다. 기차(汽車)는 '증기(汽)의 힘으로 가는 차(車)'라는 뜻이지만, 중국에서는 자동차를 기차(汽車)라고 합니다.

얼음 빙(氷)자는 원래 물 수(水)자 앞에 두 점(冫)을 찍은 형상(冰)이었는데, 다시 두 점이 생략되고 얼음 빙(氷)자가 되었습니다. 빙하(氷河)는 '얼음(氷)의 강물(河)'이란 뜻으로, 눈으로 다져진 얼음이 높은 산에서 골짜기를 따라 강처럼 미끄러져 내려오는 것입니다. 하루에 몇 mm에서 몇 cm 정도 천천히 미끄러져 내려옵니다. 간빙기(間氷期)는 '빙하기(氷河期)의 사이(間)에 있는 기간(期)'이란 뜻으로, 빙하기와 빙하기 사이의 따뜻한 시기가 비교적으로 오래 계속되는 기간입니다.

물방울 적(滴)자는 '물(氵)의 작은 꼭지(啇)가 물방울이다'는 뜻입니다. 연적(硯滴)은 '벼루(硯)에 물방울(滴)을 떨어뜨리기 위한 그릇'으로, 벼루에 먹을 갈 때 쓸 물을 담아 두는 그릇입니다.

### 물에 뜨거나 헤엄침

**浮** (물에) 뜰 부 ㊥浮
물 수(氵) +
[미쁠/부화할 부(孚)]

**漂** (물에) 뜰 표 ㊥漂
물 수(氵) + [쪽지 표(票)]

**永** 길 영 ㊥永
물 수(水) + 점 주(丶)

**泳** (물에서) 헤엄칠 영 ㊥泳
물 수(氵) + [길 영(永)]

뜰 부(浮)자에 들어 있는 부화할 부(孚)자는 손(爪)으로 아이(子)를 들고 있는 모습에서 '부화하다'는 뜻이 생겼습니다. 부력(浮力)은 '배 등이 물 위에 뜨려고(浮) 하는 힘(力)'입니다.

뜰 표(漂)자는 '물(氵)에 뜨다'는 뜻입니다. 이후 '뜨다→떠다니다→나부끼다→빨래하다'는 뜻도 생겼습니다. 표류(漂流)는 '물 위에 떠다니며(漂) 정처 없이 흘러간다(流)'는 뜻이고, 표백제(漂白劑)는 '빨래(漂)하듯이 희게(白) 만드는 약(劑)'이란 뜻으로, 실이나 천, 식품 등에 있는 색상을 화학 작용으로 없애서 제품을 희게 만드는 약입니다.

길 영(永)자는 물(水)에서 헤엄치는 사람의 모습입니다. 영(永)자가 '길다'라는 뜻으로 사용되자, 본래의 의미를 살리기 위해 물 수(氵)자가 추가되어 헤엄칠 영(泳)자가 만들어 졌습니다. 영업전(永業田)은 '영원히(永) 일(業)을 할 수 있는 밭(田)'이란 뜻으로, 밭을 가진 사람이 죽으면 국가에 반환하지 않고 세습이 가능한 토지입니다. 접영(蝶泳)은 '팔을 나비(蝶)처럼 움직이는 헤엄(泳)'이고, 배영(背泳)은 '등(背) 헤엄(泳)' 즉, 누워서 하는 헤엄입니다.

### 물과 같은 액체

**酒** 술 주 ⓙ 酒
물 수(氵) + [닭 유(酉)→주]

**液** 진액 액 ⓙ 液
물 수(氵) + [밤 야(夜)→액]

**油** 기름 유 ⓙ 油
물 수(氵) + [말미암을 유(由)]

**漆** 옻칠할 칠 ⓙ 漆 ⓨ 柒
물 수(氵) + [옻나무 칠(桼)]

술 주(酒)자에 들어 있는 닭 유(酉)자는 술을 빚어 담은 술병의 모습으로, 원래 술이란 의미를 가졌는데 나중에 뜻을 분명히 하기 위해 물 수(氵)자가 추가되었습니다. 소주(燒酒)는 '곡물을 발효시켜 불(燒)로 증류하여 만든 술(酒)'이고, 탁주(濁酒)는 '흐린(濁) 술(酒)'이고, 맥주(麥酒)는 '보리(麥)싹을 틔워 만든 맥아(麥芽)로 만든 술(酒)'이고, 양주(洋酒)는 '서양(洋)에서 온 술(酒)'입니다.

진액 액(液)의 진액은 생물의 몸안에서 생겨나는 액체(液體)입니다. 혈액(血液)이 대표적이 진액입니다.

기름 유(油)자는 '기름도 물(氵)과 같은 액체이다'는 뜻입니다. 석유(石油)는 '돌(石)에서 나오는 기름(油)'이란 뜻이고, 주유소(注油所)는 '기름(油)을 주입(注)하는 곳(所)'이고, 유전(油田)은 '기름(油)이 나는 밭(田)'입니다.

옻은 옻나무의 껍질에 상처를 내어 뽑은 수액으로, 옻칠의 원료가 됩니다. 페인트(paint)가 없던 예전에는 그릇이나 가구에 옻을 칠했습니다. 옻나무 칠(桼)자는 '나무(木)에 새겨 놓은 칼자국(八)에서 떨어지는 수액(水/氺)'이라는 의미입니다. 나중에 뜻을 분명히 하기 위해 물 수(氵)자를 추가하여 옻칠할 칠(漆)자가 되었습니다. 교실에 있는 칠판(漆板)은 '검은 칠(漆)을 한 판(板)'이고, 칠기(漆器)는 '옷칠한(漆) 그릇이나 기물(器)'입니다.

### 바다의 밀물과 썰물

**潮** (바다의) 조수 조 ⓙ 潮
물 수(氵) + [아침 조(朝)]

**汐** (바다의) 조수 석 ⓙ 汐
물 수(氵) + [저녁 석(夕)]

**滿** (물이) 찰 만 ⓙ 満
물 수(氵) + [평평할 만(㒼)]

조수 조(潮)자는 '아침(朝)에 육지로 밀려오는 밀물(氵)', 조수 석(汐)자는 '저녁(夕)에 바다로 돌아가는 썰물(氵)'을 말하는 글자입니다만, 실제로는 밀물과 썰물이 아침에 들어오고 저녁에 나가는 것은 아니고 날마다 시간이 조금씩 바뀝니다. 정확한 조석 주기는 12시간 25분입니다.(12월 25일인 크리스마스날로 암기하면 편리합니다.) 조수(潮水)와 조석(潮汐)은 둘 다 '밀물(潮)과 썰물(汐)'을 말합니다. 녹조현상(綠潮現象)은 '녹색(綠)으로 조류(潮)가 변하는 현상(現象)'이란 뜻으로, 녹조류(綠藻類: 녹색 수초류)가 크게 늘어나 물빛이 녹색이 되는 현상입니다. 녹조류가 증가하면→녹조류의 산소 소비량이 증가→물속의 산소 부족→물속의 동식물이 다량으로 폐사→수질 오염이 됩니다.

찰 만(滿)자가 들어가는 만조(滿潮)는 '조수(潮)가 차다(滿)'는 뜻으로, 밀물을 말합니다. 간조(干潮)는 '조수(潮)가 마르다(干)'는 뜻으로, 썰물을 말합니다. 둘을 합쳐 간만(干滿)이라고 합니다.

## 물이 넓음

**洪** (물이) 넓을 홍 ⓒ 洪
물 수(氵) + [함께 공(共)→홍]

**浩** (물이) 넓을 호 ⓒ 浩
물 수(氵) + [고할 고(告)→호]

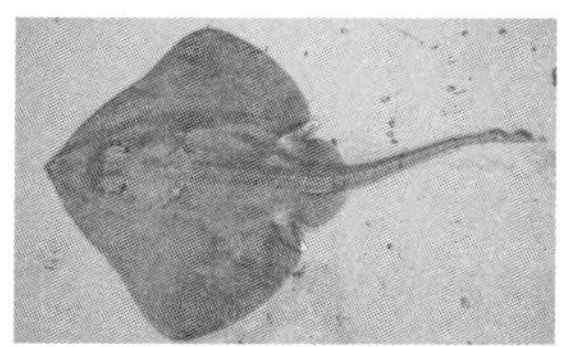

몸통이 넓은 홍어

황하강이나 양자강은 바다와 같이 넓습니다. 그래서 넓다는 뜻의 글자에 물 수(氵)자가 들어갑니다.

넓을 홍(洪)자는 원래 홍수(洪水)를 나타내는 말이었으나, '넓다, 크다'는 뜻이 생겼습니다. 전라도 지방에서 즐겨 먹는 홍어(洪魚)는 '몸통이 넓은(洪) 물고기(魚)'라는 뜻입니다. 홍적세(洪積世)는 '넓은(洪) 범위의 퇴적층(積)이 만들어진 세대(世)'라는 뜻으로, 지질시대의 마지막인 신생대 4기에서 전반의 기간입니다. 화산활동이 뚜렷하게 나타나고 인류의 조상이 나타난 시기입니다.

넓을 호(浩)자도 원래는 '넓게 물(氵)이 흐르다'는 뜻이었으나, 나중에 '넓다, 크다'는 뜻이 생겼습니다. 호연지기(浩然之氣)는 '넓고 큰(浩然) 기운(氣)'이란 뜻으로, 거침없이 넓고 큰 기개를 말합니다. 넓을 호(浩)자는 사람이름이 많이 사용됩니다.

## 물에 잠기고 사라짐

**滅** (물로) 멸망할 멸 ⓒ 灭
물 수(氵) + 위엄 위(威)

**消** (물이) 사라질 소 ⓒ 消
물 수(氵) + [쇠약할 소(肖)]

중국에서는 홍수가 나면 황하강의 지류가 바뀌고, 마을이 사라지고, 사람들이 많이 죽었습니다. 따라서 물에 잠겨 사라지거나 멸망한다는 뜻의 글자에도 물 수(氵)자가 들어갑니다.

멸망할 멸(滅)자는 '물(氵)의 위협(威)으로 마을이나 사람들이 멸망(滅亡)하다'는 뜻입니다. 멸만흥한(滅滿興漢)은 '만주족(滿)을 멸망(滅)시키고, 한족(漢)이 일어나다(興)'는 뜻으로, 중국에서 태평천국운동 이래 한족이 주창한 표어입니다. '만주족이 지배하는 청나라를 무너뜨리고 한족의 주체성을 회복하자'는 뜻입니다. 부청멸양(扶清滅洋)은 '청(淸)나라를 돕고(扶) 외국(洋)을 멸망시키자(滅)'는 뜻으로, 1898년 의화단운동에서 주장한 구호입니다.

사라질 소(消)자에 들어 있는 쇠할 소(肖)자는 고기 육(肉/月)자와 작을 소(小)자가 합쳐진 글자로, '살(肉/月)이 빠져(小) 기운이 쇠하다'는 뜻입니다. 사라질 소(消)자는 '물(氵)을 그냥 두면 증발하여 점점 작아져(肖) 사라진다'는 뜻입니다. 소화(消化)는 '몸속에 들어온 음식물이 변화(化)하여 사라진다(消)'는 뜻입니다. 소화기(消火器)는 '불(火)을 사라지게(消) 하는 기구(器具)'입니다. 연립방정식을 푸는 방법 중 하나인 가감소거법(加減消去法)은 '방정식을 더하거나(加) 빼서(減) 미지수를 하나씩 사라지게(消) 제거하는(去) 방법(法)'입니다. 가감법(加減法)이라고도 합니다.

### 기타(1)

**漏** (물이) 샐 루 ⓢ 漏
물 수(氵) + [샐 루(扇)]

**減** (물을) 덜 감 ⓢ 减
물 수(氵) + [다 함(咸)→감]

**混** (물을) 섞을 혼 ⓢ 混
물 수(氵) + [맏 곤(昆)→혼]

**注** 물댈 주 ⓢ 注
물 수(氵) + [주인 주(主)]

**漁** (물에서) 고기잡을 어 ⓢ 渔
물 수(氵) + [물고기 어(魚)]

**湯** (물이) 끓을 탕 ⓢ 汤
물 수(氵) + [빛날 양(昜)→탕]

**溫** (물이) 따뜻할 온 ⓢ 温
물 수(氵) + [따뜻할 온(昷)]

**渴** (물이 없어) 목마를 갈 ⓢ 渴
물 수(氵) + [어찌 갈(曷)]

**活** (물이 있어) 살 활 ⓢ 活
물 수(氵) +
[물소리 괄(𠯑→舌)→활]

샐 루(漏)자에 들어가는 샐 루(扇)자는 '집(尸)에 '비(雨)가 새다'는 뜻입니다. 주검 시(尸)자는 집의 상형이기도 합니다. 나중에 뜻을 분명히 하기 위해 물 수(氵)자가 추가되었습니다. 누수(漏水), 누출(漏出), 누전(漏電) 등에 사용됩니다. 누전(漏電)은 '전기(電)가 새다(漏)'는 뜻입니다.

덜 감(減)자는 '물(氵)을 덜어내다'는 뜻으로, 감속(減速), 감세(減稅), 감량(減量), 가감(加減) 등에 사용됩니다. 섞을 혼(混)자는 '물(氵)을 섞다'는 뜻으로, 혼동(混同), 혼란(混亂), 혼용(混用), 혼잡(混雜), 혼합(混合), 혼혈(混血) 등에 사용됩니다. 혼혈족(混血族)은 '피(血)가 섞인(混) 종족(族)'으로, 서로 다른 혈통이 섞여서 이루어진 종족이나 민족을 말합니다.

물댈 주(注)자는 '논밭에 물(氵)을 넣다'는 뜻으로, 주사기(注射器), 주유소(注油所) 등에 사용됩니다. 주입식(注入式) 교육은 '머릿속에 주입(注入)하는 방식(式)의 교육'이란 뜻으로, 스스로 생각하고 궁리하는 토론식 수업이 아닌, 암기를 주로 하여 가르치는 방식입니다.

고기잡을 어(漁)자는 '물(氵)에서 고기(魚)를 잡다'는 뜻으로, 어부(漁夫), 어선(漁船), 어망(漁網) 등에 사용됩니다. 어장(漁場)은 '고기가 많이 잡히는(漁) 장소(場所)'로, 주로 한류와 난류가 만나는 곳에 있습니다. 이런 곳은 수온이 알맞아서 물고기의 먹이가 되는 플랑크톤이 많습니다.

끓을 탕(湯)자는 물을 끓이는 목욕탕(沐浴湯), 삼계탕(蔘鷄湯), 쌍화탕(雙和湯) 등에 사용됩니다.

따뜻할 온(溫)자에 들어 있는 따뜻할 온(昷)자는 큰 그릇(皿)에서 사람(人)이 더운 물을 덮어쓰며(口) 목욕하는 모습을 본떠 만든 글자입니다. 나중에 뜻을 분명히 하기 위해 물 수(氵)자가 추가되었습니다. 고온다습(高溫多濕)은 '온도(溫)가 높고(高) 습기(濕)가 많다(多)'는 뜻입니다.

목마를 갈(渴)자는 갈망(渴望), 갈증(渴症) 등에 사용되며, 갈수기(渴水期)는 '물(水)이 마르는(渴) 시기(期)'로, 우리나라의 겨울철과 봄철이 갈수기입니다.

살 활(活)

살 활(活)자는 '물(氵)이 있어야 살 수 있다'는 뜻입니다. 글자 오른족 부분의 혀 설(舌)자는 물소리 괄(𠯑→舌)자는 변한 것입니다. 생활(生活), 활기(活氣), 활동(活動), 활력(活力) 등에 사용됩니다. 활유법(活喩法)은 '살아(活) 있는 것에 비유(喩)하는 방법(法)'으로, 이육사의 시 '광야'에서 '(광야가) 바다를 연모해 휘달릴 때도' 등이 그러한 예입니다. 의인법(擬人法)은 무생물이나 동식물을 사람(人)에 비유하는 반면, 활유법은 무생물을 생물화하거나 식물을 동물화하는(나무가 웃고 있다) 등 살아 있는 것에 비유하는 것입니다.

### 기타(3)

治 (물을) 다스릴 치 ⓩ治
물 수(氵) + [기쁠 이(台)→치]

測 (물 깊이를) 헤아릴 측 ⓩ测
물 수(氵) + [법칙 칙(則)→측]

法 법 법 ⓩ法
물 수(氵) + [갈 거(去)→법]

準 법도 준 ⓩ准
물 수(氵) + [송골매 준(隼)]

況 하물며 황 ⓩ况
물 수(氵) + [하물며 황(兄)]

汝 너 여 ⓩ汝
물 수(氵) + [여자 녀(女)→여]

측우기

고대 중국에서는 황하강에 홍수가 생기지 않도록 물을 다스리는 치수(治水)가 왕의 중요한 임무였습니다. 하(夏)나라 우(禹)가 황하강의 홍수를 성공적으로 다스려 왕위를 물려받았다는 것만 보더라도 치수(治水)가 얼마나 중요했는가를 알 수 있습니다. 다스릴 치(治)자는 '홍수를 막기 위해 물(氵)을 다스린다'는 뜻입니다. 이열치열(以熱治熱)은 '열(熱)로써(以) 열(熱)을 다스리다(治)'는 뜻으로, 더울 때 뜨거운 음식을 먹어 더위를 물리치거나, 힘은 힘으로 물리침을 이르는 말로 사용됩니다.

측량(測量), 측정(測程) 등에 들어가는 헤아릴 측(測)자는 '홍수를 예측하기 위해 황하강의 수량(氵)을 헤아리다'는 뜻입니다. 측우기(測雨器)는 '비(雨)가 오는 양을 측정하는(測) 도구(器)'입니다.

법 법(法)자는 '법은 물(氵) 흘러가듯이(去) 자연의 법칙을 따라야 한다'는 뜻으로 만든 글자입니다. 법치국가(法治國家)는 '법(法)에 따라 다스리는(治) 국가(國家)'입니다. 법도 준(準)자는 원래 '물(氵)의 수면이 평평하다'는 뜻입니다. 이후 '평평하다→고르다→바로잡다→기준(基準)→표준(標準)→법도→반드시' 등의 뜻이 생겼습니다. 표준(標準)은 '표시한(標) 기준(準)'이란 뜻으로, 일을 처리할 때 따르는 기준입니다.

하물며 황(況)자의 소리로 사용되는 황(兄)자는 맏 형(兄)자로 더 잘 알려져 있습니다. '하물며'라는 뜻이 생긴 이유에 대해서는 분명하지 않습니다. 하물며 황(況)자는 상황(狀況)이나 현황(現況)이란 의미도 가지고 있습니다. 경기가 좋을 때를 호황(好況), 경기가 나쁜 때를 불황(不況)이라고 합니다.

너 여(汝)자는 원래 중국 하남성 남부에 있는 강 이름이므로 물 수(氵)자가 들어갑니다. 아마도 여자(女子)들이 많이 와서 목욕을 했기 때문에 이런 이름이 붙지 않았을까요? 나중에 가차되어 2인칭대명사로 사용되었습니다. 천지지지여지아지(天知地知汝知我知)는 '하늘이 알고(天知), 땅이 알고(地知), 네가 알고(汝知), 내가 안다(我知)'는 뜻으로, 세상에 비밀이 없음을 이르는 말입니다.

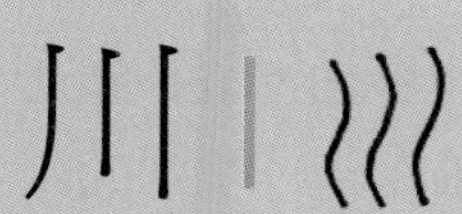

내 천(巛/川)
물이 흘러가는 강

내 천(巛/川)자는 물이 흘러가는 강의 모양을 본떠 만든 글자입니다. 초기의 갑골문자를 보면 내 천(川)자는 물 수(水)자와 같은 의미의 글자로 출발하였습니다. 내 천(川)자는 '강물'이나 '흘러가다'는 뜻으로 사용됩니다.

'사천짜장', '사천짬뽕', '사천탕수육' 등 중국 음식 이름에 사천(四川)이 들어가는 음식이 있는데, 사천(四川, 쓰촨)이란 이름은 '4(四)개의 강(川)이 만나는 곳'이란 뜻으로, 중국 내륙 지방에 위치합니다. 《삼국지》에서 유비가 세운 촉나라가 위치하는 곳으로 유명합니다. 보통 중국 사람들은 매운 맛을 싫어하지만, 이곳 사람들은 매운 음식을 좋아하여 매운 음식이 많습니다. 따라서 음식 이름에 사천이 붙으면 맛이 맵다고 생각하면 됩니다.

### 강과 섬

**州** 고을 주 ⓩ 州
내 천(川) + [점 주(丶)] X 3

**洲** 물가/섬 주 ⓩ 洲
물 수(氵) + [고을 주(州)]

고을 주(州)자는 강(川)이 흘러가는 사이에 있는 섬(川자 사이의 점)을 형상화한 글자입니다. 농사를 짓는 중국의 마을들은 대부분 양자강이나 황하강의 지류 위에 있는 삼각주에 위치하고 있습니다. 이런 이유로 주(州)자는 지역이나 마을, 나아가 행정 단위가 되었습니다. 항주(杭州), 소주(蘇州), 광주(廣州), 귀주(貴州) 등 중국 도시의 이름에 주(州)가 많이 들어가는 이유가 여기에 있습니다.

이후 주(州)자가 고을이란 의미로 사용되자 본래의 뜻을 분명히 하기 위해 물 수(氵)자가 붙어 섬 주(洲)자가 되었습니다. 또 섬은 물가에 있으므로, '물가'라는 뜻도 생겼습니다. 삼각주(三角洲)는 '삼각(三角)모양의 섬(洲)'이란 뜻입니다. 삼각주는 영어로 델타(delta)라는 하는데, 삼각형 모양의 그리스 문자 델타(Δ)에서 유래합니다. 지구에는 오대양(五大洋) 육대주(六大洲)가 있는데, 육대주(六大洲)는 '6(六)개의 큰(大) 섬(洲)'이란 뜻으로, 6대륙을 말합니다.

### 기타

**順** 순할 순 ⓩ 顺
머리 혈(頁) + [내 천(川)→순]

**訓** 가르칠 훈 ⓩ 训
말씀 언(言) + [내 천(川)→훈]

순할 순(順)자는 '머리(頁)가 물(川)이 흘러가듯이 따라가니 순하다'는 뜻입니다. 순종(順從)은 '순순히(順) 따르다(從)'는 뜻입니다.

가르칠 훈(訓)자는 '말(言)을 물 흐르듯이(川) 하며 가르치다'는 뜻입니다. 훈장(訓長)은 서당에서 글을 가르치는 분이고, 훈민정음(訓民正音)은 '백성(民)에게 가르치는(訓) 바른(正) 소리(音)'라는 뜻으로, 1443년에 세종대왕이 창제한 한글을 말합니다.

巡 돌/순행할 순 ㊥巡
갈 착(辶) + 내 천(巛)

災 재앙 재 ㊥灾 ㊣灾
불 화(火) + 내 천(巛)

순찰(巡察), 순시(巡視) 등에 들어가는 돌 순(巡)자는 '냇물이 흐르듯이(巛) 돌아가다(辶)'는 의미입니다. 진흥왕순수비(眞興王巡狩碑)는 '진흥왕(眞興王)이 순수(巡狩)하면서 세운 비석(碑)'입니다. 순수(巡狩)는 '돌아다니며(巡) 사냥한다(狩)'는 뜻이지만, 옛날에 임금이 나라 안을 두루 살피며 돌아다니던 일을 일컫습니다.

황하강의 중하류는 넓은 평야로 되어 있어서, 홍수는 수많은 세월 동안 끊임없이 있어 왔습니다. 재앙 재(災)자는 '홍수(巛)와 화재(火)가 재앙(災殃)이다'는 뜻입니다. 삼재(三災)는 '세(三) 가지 재앙(災)'이란 뜻으로, 대삼재와 소삼재가 있습니다. 대삼재(大三災)는 자연에 닥치는 재앙으로, 화재(火災), 수재(水災), 풍재(風災)를 이르며, 소삼재(小三災)는 사람에게 닥치는 재앙으로, 도액재(盜厄災: 도둑), 질병재(疾病災: 질병), 기근재(饑饉災: 굶주림)를 일컫습니다. 옛 사람들은 이러한 삼재가 9년마다 돌아오고 3년간 머문다고 믿어, 삼재가 드는 해에 부적을 만들어 몸에 지니거나 행동을 조심하였습니다.

# 자연 2-7 날씨

비 우(雨) | 얼음 빙(冫)

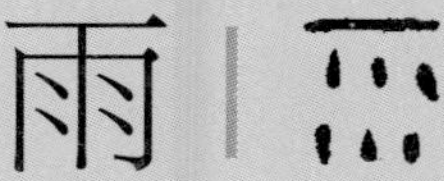

비 우(雨)
하늘에서 내리는 비

날씨가 인간생활에 미치는 영향은 상당히 큽니다. 농업 국가였던 고대 중국에서 비는 생명을 좌지우지(左之右之)하는 존재입니다. 비가 너무 많이 오면 강이 범람하여 홍수가 생기고, 비가 적게 오면 가뭄으로 논밭이 말라 사람의 목숨을 앗아갔습니다. 이런 일은 수천 년이 지난 지금도 변함이 없습니다. 이런 이유로 날씨와 관련된 대부분의 글자에는 비 우(雨)자가 들어갑니다. 실제로 구름, 이슬, 벼락, 전기, 노을, 눈, 무지개, 안개 등이 비와 관련이 있습니다. 비 우(雨)자는 하늘에서 내리는 비의 모습을 본떠 만든 글자입니다.

## 날씨

**雪** 눈 설 ⓒ雪
비 우(雨) +
빗자루 혜(彗→ヨ)

**霜** 서리 상 ⓒ霜
비 우(雨) + [서로 상(相)]

**霧** 안개 무 ⓒ雾
비 우(雨) + [힘쓸 무(務)]

**雰** 안개 분 ⓒ雰
비 우(雨) + [나눌 분(分)]

**露** 이슬/드러낼 로 ⓒ露
비 우(雨) + [길 로(路)]

혜성

눈 설(雪)자는 원래 '눈이 내리면 빗자루(彗)로 쓴다'는 뜻으로 만든 글자입니다. 빗자루 혜(彗)자는 풀로 만든 빗자루(丰丰)를 손(ヨ)으로 들고 있는 형상입니다. 나중에, 빗자루 혜(彗)자가 간략화되어 손(ヨ)만 남았습니다. 혜성(彗星)은 '빗자루(彗)처럼 생긴 꼬리 달린 별(星)'입니다.

서리 상(霜)자는 '자세히 살펴보지(相) 않으면 보이지 않는 것이 서리이다'는 뜻입니다. 서로 상(相)자는 원래 '살피다'는 뜻을 가진 글자입니다. 설상가상(雪上加霜)은 '눈(雪) 위(上)에 서리(霜)가 더해지다(加)'는 뜻으로, '어려움이 점점 커져 가다'는 뜻입니다. 우리말로 '엎친 데 덮친 격'입니다. 〈이상곡(履霜曲)〉은 '서리(霜)를 밟는(履) 노래(曲)'라는 뜻으로, 〈서경별곡(西京別曲)〉, 〈쌍화점(雙花店)〉등과 아울러 남녀상열지사(男女相悅之詞)를 노래한 고려가요입니다.

안개 무(霧)자는 '업신여겨도(務) 될 정도의 비(雨)가 안개이다'라는 뜻입니다. 힘쓸 무(務)자는 '업신여기다'는 뜻도 있습니다. 분무기(噴霧器)는 '안개(霧)를 분사하는(噴) 기구(器)'라는 뜻입니다. 오리무중(五里霧中)은 '5리(五里)에 걸쳐 안개(霧) 속(中)'이라는 뜻으로, 갈피 잡기 어려움을 일컫습니다.

안개 분(雰)자는 '빗방울(雨)이 잘게 나누어져(分) 공기 중에 떠다니는 것이 안개이다'는 뜻으로 만들었습니다. 분위기(雰圍氣)는 '안개(雰)처럼 주위(圍)에 감도는 느낌이나 기운(氣)'입니다.

"참 진(眞) 이슬 로(露)"라는 이름으로 애주가들에게 잘 알려져 있는 이슬 로

(露)자는 '밤에 집 밖의 길(路)에 나와 있으면 이슬을 맞는다'는 뜻인데, 길 밖에 있으니 '다 드러나다'는 뜻도 추가되었습니다. 24절기 중 하나인 백로(白露)는 '하얀(白) 이슬(露)이 내린다'는 뜻으로, 양력 9월 8일경입니다. 이때부터 기러기가 날아오며, 제비는 강남으로 날아갑니다. 노출(露出)은 '다 드러(露)내다(出)'는 뜻이고, 노숙자(露宿者)는 '노출된(露) 장소에서 자는(宿) 사람(者)'입니다.

## 구름과 벼락

雲 구름 운 ⓢ云
비 우(雨) + [이를 운(云)]

電 번개 전 ⓢ电
비 우(雨) + 납 신(申)

雷 우레 뢰 ⓢ雷
비 우(雨) + 납 신(申)

震 벼락/진동할 진 ⓢ震
비 우(雨) + [별 진(辰)]

비는 구름에서 오기 때문에 구름을 나타내는 글자에도 비 우(雨)자가 들어갑니다.

구름 운(雲)자에 들어 있는 이를 운(云)자는 원래 구름의 모습을 본떠 만든 글자입니다. 운(云)자가 '이르다/도달하다'는 의미가 생기자 구름이란 의미를 분명히 하기 위해 비 우(雨)자가 추가되었습니다. 하지만 지금 중국 간체자에서는 옛 글자인 운(云)을 사용하고 있습니다. 간체자 중에서는 이와 같이 간단한 옛 글자를 사용하는 경우가 많습니다.

구름이 많으면 천둥 번개가 칠 가능성이 높기 때문에, 천둥 번개를 나타내는 글자에도 비 우(雨)자가 들어갑니다. 번개를 우레나 벼락이라고도 하는데, 벼락은 벽력(霹靂)이란 낱말의 소리가 변한 것입니다. 청천벽력(靑天霹靂)은 '푸른(靑) 하늘(天)의 벼락(霹靂)'이란 뜻으로, '마른 하늘에 날벼락'이라는 속담으로 사용됩니다. 벽(霹)자와 력(靂)자는 모두 벼락이란 뜻을 가지고 있습니다. 천둥은 번개가 칠 때 나는 소리로, 천동(天動)이란 낱말의 소리가 변한 것입니다. 천둥이 치면 큰소리가 나고 하늘 전체가 울리는데, 이를 옛 사람들은 '하늘(天)이 흔들리다(動)'는 뜻의 천동(天動)으로 표기하였습니다.

납 신(申)

번개 전(電)자와 우레 뢰(雷)자의 아래에 들어가는 글자는 납 신(申)자가 변한 모습입니다. 납 신(申)자의 '납'은 원숭이의 옛말입니다. 하지만 이 글자는 원숭이 모습과 전혀 상관없이 번개의 모습을 본떠 만든 글자입니다. 신(申)자가 십이간지에 들어가면서 12마리의 동물 중 원숭이와 짝을 이루어 납 신(申)자가 되었을 뿐입니다.

현대에 와서 전기(電氣)를 사용하면서 번개 전(電)자는 전등(電燈), 전동(電動), 전차(電車), 전화(電話) 등 가장 많은 새로운 낱말에 사용됩니다.

반면 , 우레 뢰(雷)자는 지뢰(地雷), 어뢰(魚雷), 뇌관(雷管) 등 무기 관련 낱말에 사용됩니다. 피뢰침(避雷針)은 '떨어지는 낙뢰(落雷)를 피하기 위한 뾰족한 침(針)'이란 뜻입니다.

벼락 진(震)자는 '진동하다'는 뜻도 있는데, 벼락이 치면 산천초목이 떨리므로 생겨난 뜻입니다. 진동(震動), 지진(地震) 등이 그러한 예입니다.

### 기타

**零** (비가) 떨어질/영 령 중 零
비 우(雨) + [하여금 령(令)]

**漏** (비나 물이) 샐 루 중 漏
물 수(氵) + [샐 루(屚)]

**靈** 신령/영묘할 령 중 灵 약 灵
비 우(雨) + 입 구(口) X 3 + 무당 무(巫)

**需** 구할 수 중 需
비 우(雨) + 말이을 이(而)

**儒** 선비 유 중 儒
사람 인(亻) + [구할 수(需)→유]

자격루

떨어질 령(零)자는 원래 '하늘의 명령(令)으로 비(雨)가 내리다'는 뜻입니다. 이후 '비가 내리다→떨어지다→(떨어지고) 없다→영(0)' 등의 뜻이 생겼습니다. 영점(零點)은 '시험 점수가 0(零)점(點)'이고, 영하(零下)는 '0(零)도 아래(下)로 떨어진 기온'입니다.

샐 루(漏)자에 들어가는 샐 루(屚)자는 '집(尸)에 '비(雨)가 새다'는 뜻입니다. 주검 시(尸)자는 집의 상형이기도 합니다. 나중에 뜻을 분명히 하기 위해 물 수(氵)자가 추가되었습니다. 누수(漏水)는 '물(漏)이 누출(漏出)되다'는 뜻입니다. 자격루(自擊漏)는 '자동으로(自) 종을 쳐서(擊) 소리를 내며 물이 새는(漏) 시계'라는 뜻으로, 1434년 세종대왕 때 장영실(蔣英實)이 만든 물시계입니다. 여기서 자격(自擊)은 '자동(自動)으로 친다(擊)'는 의미로 즉 시간이 되면 자동으로 종소리를 낸다는 뜻입니다. 샐 루(漏)자는 '물이 새듯이 흘러나와 시간을 재다'는 의미로 붙여졌습니다.

산신령(山神靈), 유령(幽靈), 영혼(靈魂), 영감(靈感), 영험(靈驗) 등에 사용되는 신령/영묘할 령(靈)자는 많은 사람이 입(口×3)으로 주문을 외며 비(雨)가 오기를 기원하는 모습으로, 나중에 뜻을 분명히 하기 위해 무당 무(巫)자가 추가되었습니다. 비가 오기를 기원하는 사람이 무당이기 때문입니다. 또 이러한 일은 영묘(靈妙)하다고 해서 '영묘하다'는 뜻이 생겼습니다. 신령(神靈)은 '신통(神通)하고 영묘(靈妙)하다'는 뜻입니다.

비 우(雨)자가 들어가도 비와 상관없는 글자도 있습니다. 수요(需要), 군수품(軍需品), 내수(內需) 등에 사용되는 구할 수(需)자는 제사를 지내려고 목욕을 마친 사람(제관)의 모습을 본떠 만든 글자입니다. 몸에서 물이 뚝뚝 떨어지고 있는 사람이 제사를 지내기 위해 '제물을 구하려고 한다'고 해서 '구하다'는 뜻이 생겼습니다. 하지만 나중에는 글자 모양이 변해, 비 우(雨)자 아래에 사람(大→而)이 서 있는 모습이 되었습니다. 즉, 비가 오도록 하기(구하기) 위해 기우제를 지내는 모습으로 추측됩니다. 나중에는 제사를 지내는 사람이란 의미로 사람 인(人)자가 추가되어 선비 유(儒)자가 되었습니다. 선비들이 하는 일 중 가장 중요한 것이 제사를 지내는 일이기 때문입니다.

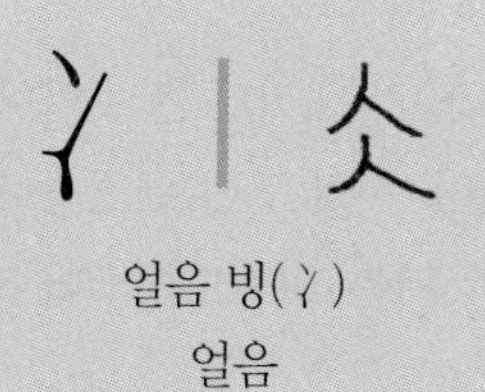

얼음 빙(冫)
얼음

일반적인 날씨와 관련되는 글자에는 대부분 비 우(雨)자가 들어가지만, 차가운 날씨와 관련되는 글자에는 얼음 빙(冫)자가 들어갑니다. 얼음 빙(冫)자의 원래 모습은 사람 인(人)자를 아래위로 2개 겹친 얼음 빙(仌)자입니다. 이 글자는 사람의 모습이 아니라 얼음의 결정을 표시한 모습입니다. 사람 인(人)자를 2개 겹친 글자로는 좇을 종(从)자가 있는데, 한 사람이 다른 사람을 쫓아가는 모습입니다. 지금은 발(止)과 길(彳)이 추가되어 좇을 종(從)자가 되었습니다만, 중국 간체자에서는 종(从)자를 씁니다.

어쨌든 이후 얼음 빙(仌)자는 간단하게 두 점(冫)으로 표시하였습니다. 얼음이나 차가운 의미의 글자에 들어갑니다.

### 겨울과 얼음

**氷** 얼음 빙 중 冰
물 수(水) + 점 주(丶)

**冬** (얼음이 어는) 겨울 동 중 冬
얼음 빙(冫) +
천천히걸을 쇠(夂)

**凍** (얼음이) 얼 동 중 冻
얼음 빙(冫) + [동녘 동(東)]

**凝** (얼음처럼) 엉길 응 중 凝
얼음 빙(冫) +
[의심할 의(疑)→응]

얼음 빙(氷)자는 원래 '물(水)이 얼면 얼음(冫)이 되다'는 뜻의 얼음 빙(冰)자였으나, 나중에 두 점이 생략되고 지금의 얼음 빙(氷)자가 되었습니다. 자전에서 얼음 빙(氷)자는 물 수(水) 부에 있습니다. 빙초산(氷醋酸)은 '얼음(氷)처럼 굳어있는 초산(醋酸)'으로, 어는점이 높아 실온에서 얼음처럼 응고되기 때문에 빙초산이란 이름이 붙었습니다. 영어로 아세트산(acetic acid)이라고 합니다.

겨울 동(冬)

겨울 동(冬)자는 걸을 쇠(夂)자와 얼음 빙(冫)자가 합쳐진 글자인데, 상형문자를 보면 나뭇가지에 잎이 두 개 달린 모습입니다. 발의 상형인 걸을 쇠(夂)자와는 상관없습니다. 겨울의 의미를 분명히 하기 위해 글자 아래 얼음 빙(冫)자가 들어갔습니다. 동지(冬至)는 '겨울(冬)에 도달했다(至)'는 뜻으로, 일 년 중 밤이 가장 긴 날입니다.

얼 동(凍)자는 '얼음(冫)이 얼다'는 뜻입니다. 동토(凍土)는 '얼어붙은(凍) 땅(土)'이란 뜻으로, 한대(寒帶) 지방의 땅을 이르는 말입니다. 동상(凍傷)은 '추위 때문에 살갗이 얼어서(凍) 상(傷)한다'는 뜻입니다.

엉길 응(凝)자의 '엉기다'는 얼음(冫)처럼 액체가 고체가 되는 것을 말합니다. 응고(凝固)는 '엉기어(凝) 굳어지다(固)'는 뜻으로, 액체가 고체가 되는 것입니다. 응고점(凝固點)은 '응고(凝固)되는 점(點)'이란 뜻으로, 액체가 고체로 변하는 온도입니다. 응고열(凝固熱)은 '응고(凝固)되면서 나오는 열(熱)'로, 액체가 고체가 되면서 발생하는 열입니다. 고체가 액체로 되면서 필요한 융해열과 크기가 같습니다. 응결(凝結)은 '엉기어(凝) 이슬이 맺히다(結)'는 뜻으로, 기체가 액체가 되는 것입니다.

### 차거나 서늘함

**寒** (얼음처럼) 찰 한 ⓢ 寒
집 면(宀) + 볏짚 +
사람 인(人) + 얼음 빙(冫)

**冷** (얼음처럼) 찰 랭 ⓢ 冷
얼음 빙(冫) +
[하여금 령(令)→랭]

**凉** (얼음처럼) 서늘할 량 ⓢ 凉
얼음 빙(冫) +
[서울 경(京)→량]

찰 한(寒)

찰 한(寒)자의 상형문자를 보면 집(宀) 안에서 볏짚으로 둘러싸인 사람(人)이 추위에 떨고 있는 모습으로, 나중에 얼음 빙(冫)자가 추가되었습니다. 동빙한설(凍氷寒雪)은 '얼어붙은(凍) 얼음(氷)과 차가운(寒) 눈(雪)'이라는 뜻입니다.

찰 랭(冷)자는 '높은 사람의 명령(令)이 얼음(冫)처럼 차다'는 뜻입니다. 냉장고(冷藏庫)는 '찬(冷) 것을 저장(貯藏)하는 창고(庫)'라는 뜻입니다. 또 냉장고에 들어가는 냉매(冷媒)는 '차게(冷) 해주는 매개체(媒)'라는 뜻으로, 냉장고나 에어컨에서 안쪽의 열을 받아서 바깥쪽으로 전달하는 매개 역할을 하는 물질입니다.

서늘할 량(凉)자는 '높은 건물(京) 위는 여름에도 얼음(冫)처럼 시원하다'는 뜻입니다. 더운 여름이 되면 TV에서 납량특집(納凉特輯) 프로그램을 종종 보여주는데, '서늘함(凉)에 들어가도록(納) 특별히(特) 편집한(輯) 프로그램'이란 뜻으로, 주로 귀신이 등장하는 공포물입니다. 청량음료(淸凉飮料)는 '맑고(淸) 서늘한(凉) 음료수(飮料水)'라는 뜻으로, 사이다나 콜라와 같은 탄산음료를 일컫는 말입니다.

# 자연 2-8 짐승

개 견(犬) | 돼지 시(豕) | 코끼리 상(象) | 소 우(牛)
양 양(羊) | 말 마(馬) | 사슴 록(鹿)

犬 | 犭

개 견(犬/犭)
개의 옆모습

십이지(十二支) 중
토끼와 용

가축과 짐승의 모습을 본떠 만든 글자는 개 견(犬), 양 양(羊), 돼지 시(豕), 소 우(牛), 말 마(馬), 사슴 록(鹿), 범 호(虎), 쥐 서(鼠), 거북 귀(龜), 용 용(龍), 토끼 토(兎), 코끼리 상(象)자 등입니다. 이중 쥐 서(鼠), 거북 귀(龜), 용 용(龍)자는 부수자이지만, 다른 글자와 만나 사용되는 예가 거의 없습니다. 또 토끼 토(兎)자와 코끼리 상(象)자는 부수자가 되는 영광을 얻지 못했습니다.

나머지 짐승들은 모두 개 견(犬)자를 넣어 만들었습니다. 사자 사(獅), 여우 호(狐), 고양이 묘(猫), 원숭이 원(猿), 이리 랑(狼), 멧돼지 저(猪)자 등이 그러한 예입니다.

이외에도 쥐(子), 소(丑), 범(寅), 토끼(卯), 용(辰), 뱀(巳), 말(午), 양(未), 원숭이(申), 닭(酉), 개(戌), 돼지(亥) 등 십이지(十二支)에 들어가는 12 동물을 지칭하는 글자가 있으나, 이런 글자들은 해당 동물의 모습과는 전혀 상관이 없습니다. 예를 들어 자(子)는 아기의 모습, 축(丑)은 손, 묘(卯)는 둘로 나눈 물건, 사(巳)는 태아, 유(酉)는 술병, 술(戌)은 창, 해(亥)는 목이 잘린 짐승의 모습을 본떠 만든 글자입니다. 이 글자에 12마리의 동물을 십이지(十二支)와 연관시켜 사용한 것은, 갑골문자가 탄생되고 1,000년이 지난 전국시대(戰國時代, 기원전 403~221년)입니다.

개 견(犬/犭)자는 개의 옆모습을 90도 회전시켜 놓은 것으로, 위가 머리, 왼쪽이 다리, 아래가 꼬리를 본떠 만든 글자입니다. 개 견(犬)자는 일반적인 짐승과 짐승의 성격을 나타내는 글자에 들어갑니다.

고대 중국인에게 있어서 개는 야생의 이리를 식용으로 사육하기 위해 길들인 가축이었습니다. 따라서 개는 그냥 짐승 중의 하나에 불과했고, 개를 특별히 다른 짐승과 분리해서 생각하지는 않았습니다. 이런 이유로, 애완용으로 개를 기르는 서양 사람들은 개를 먹는 동양인들의 문화를 이해하지 못합니다. 개를 다른 짐승과 구분하지 않기 때문에 개 견(犬)자는 일반적인 짐승을 지칭하는 글자에 대부분 들어갑니다. 재미있는 사실은, 동물을 빌려 교훈을 주는 이솝 우화처럼 사자성어에도 동물들이 많이 등장한다는 것입니다.

### 짐승의 종류

**狗** 개 구 ⓢ 狗
개 견(犭) + [글귀 구(句)]

**猫** 고양이 묘 ⓢ 猫
개 견(犭) + [싹 묘(苗)]

**狐** 여우 호 ⓢ 狐
개 견(犭) +[오이 과(瓜)→호]

**猿** 원숭이 원 ⓢ 猿
개 견(犭) + [옷/성씨 원(袁)]

**猶** 원숭이/머뭇거릴 유 ⓢ 犹
개 견(犭) +
[술익을/두목 추(酋)→유]

**獅** 사자 사 ⓢ 狮
개 견(犭) + [스승 사(師)]

흑묘백묘론으로
중국을 개방한 등소평

우리나라에서는 개를 한자로 견(犬)이라고 쓰지만, 중국에서는 개 견(犬)자를 잘 사용하지 않고 개 구(狗)자를 주로 씁니다. 당구풍월(堂狗風月)은 '서당(堂) 개(狗) 삼 년에 풍월(風月)한다'는 뜻으로, 어떤 방면에 아는 것이 없는 사람도 그 방면에 오래 있으면 어느 정도 익히게 된다는 의미입니다. 이전투구(泥田鬪狗)는 '진흙(泥) 밭(田)에서 싸우는(鬪) 개(狗)'라는 뜻으로, 볼썽사납게 서로 헐뜯거나 다투는 모양을 일컫는 말입니다.

고양이 묘(猫)자에 들어 있는 싹 묘(苗)자는 밭(田)에 풀(艹)이 난 모습에서 '싹'이란 뜻이 생겼습니다. 흑묘백묘(黑猫白猫)는 '검은(黑) 고양이(猫)든 흰(白) 고양이(猫)든 쥐만 잘 잡으면 된다'는 뜻으로, 1970년대 말 중국의 개혁과 개방을 이끈 등소평(鄧小平)이 취한 중국의 경제정책입니다. 즉 자본주의든 공산주의든 상관없이 중국 인민을 잘 살게 하면 그것이 제일이라는 뜻입니다. 묘두현령(猫頭懸鈴)은 '고양이(猫) 머리(頭)에 방울(鈴) 달기(懸)'로, 《순오지(旬五志)》에 실려 있는 이야기입니다.

여우 호(狐)자에서 개 견(犭)자를 아들 자(子)자로 바꾸면 외로울 고(孤)자가 됩니다. 중국 최대의 포털 사이트 중 하나인 수호(搜狐, 소후)는 '여우(狐) 찾기(搜)'라는 뜻으로, 검색 사이트의 의미를 가지고 있습니다. 호가호위(狐假虎威)는 '여우(狐)가 범(虎)의 위세(威)를 빌려(假) 호기를 부리다' 뜻으로, 남의 권세에 의지하여 위세를 부림을 이르는 말입니다.

원숭이 원(猿)자가 들어가는 사자성어로는 견원지간(犬猿之間)이 있습니다. '개(犬)와 원숭이(猿)의(之) 사이(間)'라는 뜻으로, 사이가 나쁜 두 사람의 관계를 비유하여 일컫는 말입니다. 유인원(類人猿)은 '사람(人)과 유사한(類) 원숭이(猿)'로, 긴팔원숭이류, 고릴라, 침팬지, 오랑우탄 등이 있습니다.

머뭇거거릴 유(猶)자는 원래 원숭이라는 뜻으로 사용되었습니다. 원숭이는 사람이 오라고 하면 머뭇거리기 때문에 '머뭇거리다'는 뜻도 생겼고, 나중에는 '오히려'라는 뜻도 생겼습니다. 과유불급(過猶不及)은 '정도가 지나친(過) 것은 오히려(猶) 미치지(及) 못한(不) 것과 같다'는 뜻입니다.

사자 사(獅)자는 '짐승(犭) 중의 우두머리(師)'라는 뜻으로 만들었습니다. 스승 사(師)자는 원래 군대의 장수나 우두머리를 지칭하는 말이었습니다. 사자후(獅子吼)는 '사자(獅子)의 울부짖음(吼)'이란 뜻으로, 크게 열변을 토하는 것을 이르는 말입니다. 또 석가모니의 목소리를 비유하는 말로 사용되는데, 사자가 소리쳐 울 때 작은 사자는 용기를 내고 다른 짐승은 도망쳐 숨어버리는 것과 같이 석가모니의 설법을 들을 때 보살은 정진하고 도를 벗어난 악마들은 숨어버린다는 뜻입니다

## 짐승과 사냥

**獸** 짐승 수 ㊥兽 ㊀獣
개 견(犬) + [짐승 수(嘼)]

**獲** 사로잡을 획 ㊥获
개 견(犭) + [붙잡을 확(蒦)→획]

**狩** 사냥 수 ㊥狩
개 견(犭) + [지킬 수(守)]

**獵** 사냥할 렵 ㊥猎 ㊀猟
개 견(犭) + [쥐털 렵(巤)]

고구려 벽화 중 수렵도

사냥에 관련되는 글자에도 개 견(犭)자가 들어갑니다. 이때 '개(犭)가 사냥을 하다'는 뜻이 아니라, '짐승(犭)을 사냥하다'는 뜻으로 개 견(犭)자가 들어갑니다.

짐승 수(獸)자에는 홑 단(單)의 변형자인 짐승 수(嘼)자가 들어 있는데, 홑 단(單)자는 줄의 양끝에 돌을 매어 던져 짐승을 산채로 잡는 무기의 모습으로 추정하고 있습니다. 따라서 짐승 수(獸)자는 사냥으로 잡는 짐승이란 뜻입니다. 맹수(猛獸)는 '사나운(猛) 짐승(獸)'이고, 야수(野獸)는 '들(野) 짐승(獸)'이란 뜻으로, 포악하고 잔인한 사람을 비유하는 말입니다. 수의사(獸醫師)는 '짐승 (獸)을 치료하는 의사(醫師)'입니다.

사로잡을 획(獲)자에 들어 있는 붙잡을 확(蒦)자는 '풀(艹) 속의 새(隹)를 손(又)으로 잡다'는 뜻의 글자였으나, 나중에 뜻을 분명히 하기 위해 짐승을 의미하는 개 견(犭)자가 추가되었습니다. 포획(捕獲), 획득(獲得) 등에 들어갑니다.

신석기 시대의 인류는 채집(採集)과 수렵(狩獵) 생활을 하였는데, 이때 수렵(狩獵)의 수(狩)자와 렵(獵)자는 모두 '사냥을 하다'는 뜻입니다. 수(狩)자에 들어가는 지킬 수(守)자는 '집(宀)을 손(寸)으로 지키다'는 뜻입니다. 따라서 사냥 수(狩)자는 '짐승(犭)으로부터 집을 지키기(守) 위해 사냥을 하다'는 뜻이 됩니다. 사냥할 렵(獵)자가 들어가는 엽총(獵銃)은 '사냥(獵) 총(銃)'이고, 밀렵(密獵)은 '불법으로 비밀리(密) 하는 사냥(獵)'입니다.

## 짐승의 특성

**狂** 미칠 광 ㊥狂
개 견(犭) + [임금 왕(王)→광]

개 견(犬/犭)자는 짐승의 종류뿐만 아니라 짐승의 특성에 관련되는 글자에도 들어갑니다.

미칠 광(狂)자는 '사람이 볼 때 짐승(犭)들은 정상적인 이성을 가지지 않고 미친 것 같다'는 뜻으로 만들어진 글자입니다. 〈광화사(狂畵師)〉는 '미친(狂) 화가(畵師)'란 뜻으로, 소설가 김동인(金東仁)이 1930년에 지은 단편소설 제목입니다. 이 소설은 신라 때의 화가 솔거를 주인공으로 한 작품입니다. 광견병(狂

**獨** 홀로 독 ㊥独 ㊣独
개 견(犭) + [나라이름 촉(蜀)→독]

**猛** 사나울 맹 ㊥猛
개 견(犭) + [맏 맹(孟)]

**突** 갑자기 돌 ㊥突
구멍 혈(穴) + 개 견(犬)

**默** 잠잠할 묵 ㊥默
[검을 흑(黑)→묵] + 개 견(犬)

**犯** 범할 범 ㊥犯
개 견(犭) + [병부 절(卩)→범]

犬病)은 '미친(狂) 개(犬)에 의해 발병되는 병(病)'으로, 보통 개에게 물려 감염되는 전염병입니다.

독학(獨學), 독자(獨子), 독립(獨立), 독도(獨島) 등에 들어가는 홀로 독(獨)자는 '짐승(犭)들이 사람들처럼 사회를 이루고 살지 않고 홀로 산다'는 뜻으로 만든 글자입니다.

사나울 맹(猛)자는 맹렬(猛烈), 맹수(猛獸), 맹타(猛打), 맹호(猛虎), 용맹(勇猛) 등에 사용됩니다.

돌출(突出), 돌진 (突進) 등에 들어가는 갑자기 돌(突)자는 '개(犬)가 구멍(穴)에서 갑자기(突) 튀어나오다'는 뜻입니다. 돌기(突起)는 뾰족하게 내민 부분을 말합니다.

잠잠할 묵(默)자는 '개(犬)는 말을 할 줄 몰라 침묵(沈默)하다'는 뜻으로 만든 글자입니다. 묵비권(默秘權)은 '침묵(沈默)하며 숨길(秘) 수 있는 권리(權)'입니다.

범할 범(犯)자는 짐승(犭) 앞에 쪼그리고 있는 사람(卩)의 모습으로, '짐승이 사람을 침범(侵犯)하다'는 뜻입니다. 병부 절(卩)자는 쪼그리고 있는 사람의 모습입니다. 범죄(犯罪)는 '죄(罪)를 범한다(犯)'는 뜻이고, 범인(犯人)은 '범죄(犯罪)를 지은 사람(人)'입니다.

## 기타(1)

**狄** 오랑캐 적 ㊥狄
개 견(犭) + [또 역(亦→火)→적]

**獻** 바칠 헌 ㊥献 ㊣献
개 견(犬) + [솥 권(鬳)→헌]

중국에서 오랑캐를 일컫는 말은 여러 가지가 있는데, 동서남북별로 동이(東夷), 서융(西戎), 남만(南蠻), 북적(北狄)이라 불렀습니다. 이중 북쪽 오랑캐인 적(狄)자는 '오랑캐는 짐승(犭)과 같다'는 뜻으로 만들었습니다. 소리를 나타내는 부분이 원래 또 역(亦)자였으나, 나중에 불 화(火)자로 변했습니다. 우리나라 평안북도에 있는 적유령산맥(狄踰嶺山脈)은 '오랑캐(狄)가 넘어오는(踰) 고개(嶺)가 있는 산맥(山脈)'입니다.

바칠 헌(獻)자에 들어 있는 솥 권(鬳)자는 솥 력(鬲)자와 호랑이 호(虍)자가 합쳐진 글자로, 호랑이(虍)가 새겨진 솥(鬲)을 의미합니다. 따라서 바칠 헌(獻)자는'개(犬)를 솥(鬳)에서 삶아 조상신에게 바치다'는 뜻입니다. 이후 '바치다→올리다→나타내다→표현하다' 등의 뜻이 생겼습니다. 문헌(文獻)은 '글(文)로 표현한(獻) 책이나 문서'를 의미합니다.

기타(2)

**淚** 눈물 루 ⓒ 泪
물 수(氵) + [어그러질 려(戾)→루]

**狀** 모양 상, 문서 장 ⓒ 状 ⓨ 状
개 견(犬) + [나무조각 장(爿)]

**臭** 냄새 취 ⓒ 臭
스스로 자(自) + 개 견(犬)

**伏** 엎드릴 복 ⓒ 伏
사람 인(亻) + 개 견(犬)

**獄** 옥 옥 ⓒ 狱
개가싸울 은(犾) + 말씀 언(言)

**哭** 울 곡 ⓒ 哭
개 견(犬) + 입 구(口) X 2

**器** 그릇/도구 기 ⓒ 器
개 견(犬) + 입 구(口) X 4

눈물 루(淚)자는 '문(戶)에 있는 사나운 개(犬)가 무서워 눈물(氵)을 흘리다'는 뜻입니다. 누관(淚管)은 '눈물(淚)이 눈에서 코로 흐르는 관(管)'입니다. 울면 콧물이 나는 이유가 눈물이 누관을 통해 코로 흘러 들어가기 때문입니다. 따라서 코에서 나오는 것은 콧물이 아니라 눈물입니다.

모양 상(狀)자는 '개(犬)의 모양'이란 뜻입니다. 문서 장(狀)자로도 사용됩니다. 형상(形狀)은 '모양(形)과 모양(狀)'이란 뜻으로, 형상(形象)과 같은 말입니다. 상장(賞狀)은 '상(賞)을 줄 때 함께 주는 문서(狀)'입니다. '영장을 받고 입대했다'의 영장(令狀)은 '명령(令)을 기록한 문서(狀)'입니다. 형사 소송법에서 영장(令狀)은 사람 또는 물건에 대하여 강제 처분을 명령하는, 법원 또는 법관이 발부하는 서류입니다.

냄새 취(臭)자는 '개(犬)의 코(自)'를 뜻하는 글자로, 개가 냄새를 잘 맡는 데에서 유래한 글자입니다. 스스로 자(自)자는 사람 코의 앞모습을 본떠 만든 글자입니다. 악취(惡臭)는 '나쁜(惡) 냄새(臭)'입니다. 구상유취(口尙乳臭)는 '입(口)에서 아직(尙) 젖(乳) 냄새(臭)가 난다'는 뜻으로, 말과 하는 짓이 아직 유치함을 일컫는 말입니다.

엎드릴 복(伏)자는 '개(犬)가 사람 앞(亻)에 엎드린다(伏)'는 뜻입니다. 복지부동(伏地不動)은 '땅(地)에 엎드려(伏) 움직이지(動) 않는다(不)'는 뜻으로, 주어진 일을 처리하는 데 몸을 사림을 비유적으로 이르는 말입니다. 복선(伏線)은 '원래의 줄 아래 엎드려(伏) 숨겨져 있는 줄(線)'이란 뜻으로, 소설이나 희곡 따위에서 앞으로 일어날 사건에 대하여 미리 독자에게 넌지시 암시하는 부분을 복선이라고 합니다.

옥 옥(獄)자에 들어 있는 개가싸울 은(犾)자는 '개 두 마리(犭, 犬)가 서로 싸우다'는 뜻을 가지고 있습니다. 여기에 말씀 언(言)자가 추가되어, '말싸움→송사(訟事)→판결(判決)→감옥(監獄)'이란 뜻이 생겼습니다. 문자(文字)의 옥(獄)은 '문자(文字)를 감옥(獄)에 가두다'는 뜻으로, 중국을 지배하던 청나라의 만주인이 한족들의 글을 탄압한 사건입니다.

울 곡(哭)자는 '개(犬) 여러 마리가 입(口, 口)으로 소리내어 울다'는 뜻입니다. 대성통곡(大聲痛哭)은 '큰(大) 소리(聲)로 심하게(痛) 울다(哭)'는 뜻입니다. 아플 통(痛)자는 '심하다'는 뜻도 있습니다. 시일야방성대곡(是日也放聲大哭)은 '이(是) 날에(日也) 소리(聲) 놓아(放) 크게(大) 울다(哭)'는 뜻으로, 1905년 11월

20일 《황성신문》에 실린 장지연의 논설 제목입니다. 내용은 일본 이등박문(伊藤博文, 이토 히로부미)가 강제로 을사조약을 체결하자, 조약의 부당성을 주장하고, 매국노 이완용을 비롯한 을사오적을 비난한 내용입니다.

악기(樂器), 용기(容器), 식기(食器), 변기(便器), 흉기(凶器), 총기(銃器), 무기(武器), 기구(器具), 계기(計器) 등에 들어가는 그릇/도구 기(器)자는 개고기를 네 개의 그릇(여러 사람의 그릇)에 나누어 덜어 먹는 모습에서 그릇이라는 뜻이 생겼습니다. 대기만성(大器晩成)은 '큰(大) 그릇(器)을 이루려면(成) 늦어진다(晩)'는 뜻으로, 크게 될 사람은 늦게 이루어짐을 말합니다.

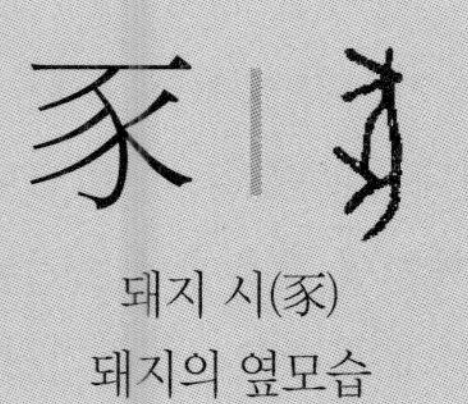

돼지 시(豕)
돼지의 옆모습

돼지는 고대 중국인이 가축(家畜)으로 가장 많이 길렀고, 또한 중국 요리에 빠지지 않는 것이 돼지고기입니다. 돼지고기의 지방 중 불포화지방산은 폐에 쌓인 탄산가스 등의 공해물질을 중화시켜 주기 때문에, 먼지가 많은 탄광이나 건설 현장에서 일하는 사람들이 많이 먹습니다. 황사나 황토 먼지가 많은 중국에서 예로부터 돼지고기를 즐겨 먹는 이유가 이러한 사실과 무관하지 않습니다.

돼지 시(豕)자는 돼지의 옆모습을 90도 회전시켜 놓은 것으로, 왼쪽은 4개의 다리, 오른쪽 아래는 꼬리를 본떠 만든 글자입니다.

### 돼지와 관련한 글자

家 (돼지가 있는) 집 가 ⓩ 家
집 면(宀) + 돼지 시(豕)

豚 돼지 돈 ⓩ 豚
고기 육(肉/月) + 돼지 시(豕)

逐 (돼지를) 쫓을 축 ⓩ 逐
갈 착(辶) + 돼지 시(豕)

豪 (멧돼지 같은) 호걸 호 ⓩ 豪
돼지 시(豕) +
[높을 고(高)→호]

집 가(家)자는 집(宀)안에 돼지(豕)가 있는 모습을 본떠 만든 글자입니다. 돼지는 가축(家畜)들 중에서 최초로 집안에서 길러서 생긴 글자입니다. 옛날에는 돼지를 집안에서 길렀고, 사람들의 분뇨와 음식 찌꺼기를 먹으며 자랐습니다. 이후 '집→집안→학파→학자→전문가(專門家)' 등의 뜻이 생겼습니다. 제자백가(諸子百家)는 공자(孔子), 노자(老子), 한비자(韓非子) 등의 제자(諸子: 모든 스승)와 유가(儒家), 도가(道家), 법가(法家) 등의 백가(百家: 백가지 학자나 학파)를 일컫는 말입니다. 아들 자(子)자는 스승이란 뜻도 있습니다.

돼지 돈(豚)자는 돼지 시(豕)자에 고기 육(肉/月)자를 추가하여, '고기를 먹기 위해 기르는 돼지'라는 뜻을 강조하였습니다. 양돈(養豚)은 '돼지(豚)를 기르다(養)'는 뜻입니다. 장지연의 논설 '시일야방성대곡'에 을사오적을 비난하는 말로 돈견불약(豚犬不若)이 나오는데, '개(犬)나 돼지(豚)만도 못하다(不若)'는 뜻입니다.

쫓을 축(逐)자는 '돼지(豕)를 쫓아간다(辶)'는 뜻입니다. 축출(逐出)은 '쫓아(逐)내다(出)'는 의미입니다.

호걸 호(豪)자는 원래 고슴도치처럼 털이 빳빳한 멧돼지를 나타내는 글자입니다. 나중에 이러한 멧돼지처럼 용맹스러운 호걸(豪傑)을 의미하는 뜻이 생겼습니다. 호족(豪族)은 지방에서 재산이나 세력이 많은 사람을 일컫는 말입니다. 중앙집권적인 국가에서는 중앙에서 파견된 지방관이 중앙의 명령을 받아 지방을 관리하고 운영하였으나, 지방관의 영향이 미치지 않는 곳에서는 호족이 그 지방을 다스리기도 하였습니다.

코끼리 상(象)
코끼리의 옆모습
(부수가 아님)

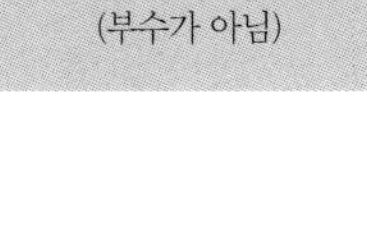

청동 코끼리 모습

기후 학자들에 의하면 고대 중국의 황하강 주변은 고온다습(高溫多濕)하였다고 합니다. 고대의 기후를 알 수 있는 방법들은 여러 가지가 있는데, 지층에서 발견된 동식물의 종류와 함께 동위원소 측정으로 연대를 추정할 수 있습니다. BC 5000년부터 갑골문자가 만들어졌던 BC 1000년까지의 지층에서 발견된 동물의 25~30%는 코끼리나 코뿔소, 원숭이와 같은 열대 동물들이었습니다. 당시의 유적지에서 코끼리나 코뿔소의 기물들이 발견되었고, 은나라에서 만들었던 갑골문자에도 코끼리 상(象)자나 무소 서(犀)자와 같은 글자가 있습니다. 이후 날씨가 점점 추워져 코끼리나 코뿔소, 원숭이와 같은 동물들은 황하강 주변에서 사라졌습니다.

코끼리 상(象)자는 부수가 돼지 시(豕)자이지만, 돼지와는 관련이 없고 코끼리 옆모습을 90도 회전시켜 놓은 모습입니다. 글자 맨 위에 긴 코가 있고, 왼쪽에 4개의 다리가 있습니다.

춘추전국시대에 와서 날씨가 추워지자 코끼리가 사라졌습니다. 《한비자》의 〈해로편(解老篇)〉을 보면 "사람이 살아있는 코끼리를 보기 힘들어 죽은 코끼리의 뼈로부터 살아있을 때의 형상을 상상하여 모습을 그린다(人希見生象也, 而得死象之骨, 案其圖以想其生也)"라고 하였습니다. 여기에서 상상(想象: 코끼리를 생각한다)이란 말이 나왔고, 이후 상상(想象)이 '(사라진 코끼리) 모양을 생각한다'는 뜻으로 사용되면서 '모양, 형상' 등의 뜻도 생겼습니다. 구상화(具象畫)는 '모양(象)을 구체적(具)으로 상세하게 그린 그림(畵)'이고, 추상화(抽象畫)는 '물체의 형상(象)에서 특성을 뽑아내어(抽) 그린 그림(畵)'입니다.

### 코끼리와 관련한 글자

**像** (사람의) 형상 상 ㊥像
사람 인(亻) + [코끼리 상(象)]

**豫** 미리 예 ㊥预 ㊣予
코끼리 상(象) + [나 여(予)→예]

**爲** 할 위 ㊥为 ㊣為
손톱 조(爪) + 코끼리 상(象)

**僞** 거짓 위 ㊥伪 ㊣偽
사람 인(亻) + [할 위(爲)]

형상 상(像)자는 '사람(亻)의 모양(象)' 이란 뜻인데, 코끼리 상(象)자와 혼용되어 사용됩니다. 상상(想象, 想像), 형상(形象, 形像)이나 현상(現象, 現像) 등이 그러한 예입니다.

코끼리는 의심이 많은 동물이어서 행동 전에 미리 생각을 해본다고 해서, 미리 예(豫)자에는 코끼리 상(象)자가 들어갑니다. 또 '바로 행동하지 않고 생각하며 머뭇거리다'는 뜻도 있습니다. 예언(豫言), 예감(豫感), 예상(豫想), 예산(豫算) 등에 사용되는 예(豫)자는 '미리'라는 뜻이고, 유예(猶豫)는 '머뭇거리고(猶) 머뭇거린다(豫)'는 뜻입니다. 집행유예(執行猶豫)는 '형의 집행(執行)를 유예(猶豫)한다'는 뜻으로, 3년 이하의 징역 또는 금고의 형이 선고된 범죄자에게 정상을 참작하여 일정한 기간 동안 형의 집행을 유예하는 일로, 그 기간을 사고 없이 넘기면 형의 선고 효력이 없어집니다.

할 위(爲)

할 위(爲)자는 '손(爪)으로 코끼리(象)를 잡고 있는 모습에서, 코끼리에게 일을 하게 한다'는 뜻으로 만든 글자입니다. 노자와 장자의 도가사상에서 이상적인 상태를 이야기하는 무위자연(無爲自然)의 무위(無爲)란 '아무 일도 하지 않는다'는 의미가 아니라, '자연을 거스르는 인위적(人爲的)인 일을 하지 말라'는 의미입니다. 무위(無爲)는 인위적(人爲的)이지 않은 것, 즉 자연적인 것을 말합니다. 또 인위적(人爲的)이라는 말에서 거짓 위(僞)자가 생겼습니다. 사람(亻)들이 하는 행위(爲)는 자연적이 아니라 인위적(人爲的)이며, 자연적인 것이 참된 것이며, 인위적인 것은 거짓이란 뜻입니다. 즉, '비자연적(非自然的)=인위적(人爲的)=거짓(僞)'이라는 공식이 성립됩니다.

**牛**

소 우(牛)
소의 뿔과 머리 모습

고대 중국에서 소는 매우 요긴한 가축이었습니다. 밭을 갈고 수레를 끄는 데 이용했을 뿐만 아니라, 가죽을 공급해 주어 옷도 만들어 입었고, 먹을 수 있는 고기(肉)도 되어 주었습니다. 갑골(甲骨)문자를 새기는 데 거북 배 껍질(甲)과 소 어깨 뼈(骨)가 사용되었던 것을 보면 소는 중국인에게 특별한 의미가 있었던 것 같습니다. 또 제사를 지낼 때 제물로 소를 사용하였는데, 이러한 소를 희생(犧牲)이라고 불렀습니다.

이후 수많은 전쟁으로 부족한 노동력을 메우기 위해 소의 도살 금지령이 있던 적도 있었습니다. 이런 이유로 중국의 소는 근육질로 뭉쳐져 별로 맛이 없어졌고, 중국요리에 돼지나 양이 많이 사용하게 된 계기가 되었습니다. 특히 도교에서는 소를 신성시하기도 하고, 인도의 영향을 받은 불교에서 소 먹는 것을 금기시한 영향도 있습니다. 이런 이유로 중국요리 이름에 고기 육(肉)자가 들어간 요리는 대부분 돼지고기 요리를 의미합니다. 예를 들어 우리나라의 중국집에서 먹을 수 있는 탕수육(糖醋肉: 달고 신맛이 나게 요리한 고기)이나 오향장육(五香醬肉: 5가지 향기가 나는 간장으로 요리한 고기)은 모두 돼지고기 요리입니다.

소 우(牛)자의 갑골문자를 보면, 머리에 뿔이 2개 나 있는 소머리의 모습(半과 유사)이었으나 기호화하면서 하나만 남았습니다.

### 소를 분해함

半 (소의) 절반 반 ㊥半
여덟 팔(八) + 소 우(牛)

解 (소를) 풀 해 ㊥解 ㊣鮮
뿔 각(角) + 칼 도(刀) + 소 우(牛)

件 사건 건 ㊥件
사람 인(亻) + 소 우(牛)

制 (소가죽을) 마를 제 ㊥制
소 우(牛) + 수건 건(巾) + 칼 도(刂)

製 (옷을) 지을 제 ㊥制
옷 의(衣) + [마를 제(制)]

절반 반(半)자는 '소(牛)를 반으로 나누다(八)'는 의미로 만든 글자입니다. 여덟 팔(八)자는 나눌 분(分)자에서 보듯이 원래 둘로 나누어진 모습을 나타냅니다. 한반도, 그리스 반도, 이탈리아 반도 등에 나오는 반도(半島)는 '반(半)이 섬(島)인 지역'이란 뜻으로, 4면이 모두 바다로 둘러싸이면 섬인데 한쪽이 육지와 이어져 섬이 되다가 말았다는 뜻입니다. 사람 인(亻)자가 추가되면 '자신의 나머지 반쪽(半)인 사람(亻)'이란 뜻의 짝 반(伴)자가 됩니다.

풀 해(解)자는 원래 '소(牛)에서 칼(刀)로 뿔(角)을 자르다'는 뜻입니다. 이후 '자르다→분할(分割)하다→분해(分解)하다→풀다→풀이하다' 등의 뜻이 생겼습니다. 가수분해(加水分解)는 '물(水)을 더하면(加) 분해(分解)되는 반응'으로, 사람의 소화기 내에서 음식이 소화되는 과정(녹말→포도당)이 대표적인 예입니다.

건수(件數), 물건(物件), 사건(事件) 등에 들어가는 사건 건(件)자는 '사람(人)이 칼로 소(牛)를 분해하다'는 뜻에서, '구분하다→세는 단위→물건(物件)→사건(事件)' 등의 뜻이 생겼습니다. '사사건건 간섭이다'나 '사사건건 말썽이다'의 사사건건(事事件件)은 '해당되는 모든 일마다'라는 뜻입니다.

마를 제(制)자는 '옷을 만들기 위해 소(牛) 가죽으로 만든 베(巾)를 칼(刂)로 자르다(마르다)'는 의미입니다. 이후 '마르다→(옷을) 짓다→제작(制作)하다→(칼로 자르듯이) 절제(節制)하다→억제(抑制)하다→제도(制度)' 등의 뜻이 생기면서, 원래의 뜻을 살리기 위해 옷 의(衣)자를 추가하여 (옷을) 지을 제(製)자를 만들었습니다. 지을 제(製)자는 제조(製造), 제작(製作), 제품(製品) 등에 사용합니다.

## 제물로 바치는 소

犧 희생 희 ⓢ 牺
소 우(牛) + [복희 희(羲)]

牲 희생 생 ⓢ 牲
소 우(牛) + [날 생(生)]

特 특별할 특 ⓢ 特
소 우(牛) + 모실 시(寺)

物 물건 물 ⓢ 物
소 우(牛) + [말 물(勿)]

告 고할 고, 청할 곡 ⓢ 告
입 구(口) + 소 우(牛)

은(殷)나라의 고분을 발굴해 보면 산 사람을 죽은 사람과 함께 묻는 순장(殉葬)이 유행했음을 알 수 있습니다. 장례뿐만 아니라 조상에게 제사를 올릴 때도 포로를 죽여 제물(祭物)로 사용하였다는 기록이 나옵니다. 제물로는 몇 명에서 몇 백 명까지 이용되었습니다. 나중에는 사람 대신 소가 바쳐졌습니다. 이런 이유로 소 우(牛)자가 들어가는 글자 중에는 제사나 제물(祭物)과 관련되는 글자가 많습니다. 희생 희(犧)자와 희생 생(牲)자는 '소가 제사상의 제물로 희생(犧牲)되다'는 뜻에서 유래하는 글자입니다. '남을 위해 희생한다'는 의미의 희생(犧牲)이란 낱말도 여기에서 유래합니다.

특별할 특(特)자는 원래 '희생(犧牲)으로 사용하기 위해 특별히 모시는(寺) 소(牛)'를 뜻합니다. 이러한 소는 수소를 쓰기 때문에 특(特)자는 '희생(犧牲)→수소→특별(特別)하다→뛰어나다' 등의 뜻이 생겼습니다.

물건 물(物)자는 원래 '희생(犧牲)으로 사용하는, 부정한 것이 없는(勿) 깨끗한 소(牛)'를 뜻합니다. 나중에 물건(物件: 이 두 글자에 모두 소 우(牛)자가 들어갑니다)이란 의미가 생겼습니다. 제물(祭物)은 '제사(祭祀)에 소용되는 음식물(飮食物)'입니다.

고할 고(告)자는 '소(牛)를 제물로 바친 후 조상에게 입(口)으로 고(告)하다'는 뜻입니다. 또 '제사를 지내면서 조상을 뵙고 소원이 이루어지도록 요청하다'는 뜻에서 청할 곡(告)자도 됩니다. '고사를 지내다'에서 고사(告祀)는 액운을 없애고 행운이 오도록 집안에서 섬기는 신령(조상신, 터주신, 성주신, 조왕신, 삼신신, 잡신)에게 음식을 차려 놓고 비는 제사입니다. 남자가 지내는 제사와 달리, 고사는 주부(主婦)가 지냅니다. 광고(廣告)는 '널리(廣) 알리다(告)'는 뜻이고, 고별(告別)은 '이별(離別)을 알리다(告)'는 뜻입니다.

## 기타

牧 (소를) 칠 목 ⓢ 牧
소 우(牛) + [칠 복(攵)→목]

牢 (소의) 우리 뢰 ⓢ 牢
집 면(宀) + 소 우(牛)

칠 목(牧)자의 '치다'는 '가축을 기르다'는 뜻입니다. 따라서 칠 목(牧)자는 '말을 듣지 않는 소(牛)나 짐승을 때려서(攵) 기르다, 다스리다'는 뜻입니다. 목장(牧場)은 '소를 기르는(牧) 장소(場)'입니다. 《목민심서(牧民心書)》는 '백성(民)을 다스리는(牧) 데 중심(心)이 되는 글(書)'이란 뜻으로, 다산 정약용이 조선시대 지방관이 지켜야 할 준칙을 서술한 책입니다.

우리 뢰(牢)자는 '소(牛)가 들어가 있는 '집(宀)이 우리다'는 뜻입니다. 망양

牽 (소가) 끌 견 ⓢ 牵
소 우(牛) + 덮을 멱(冖) + [검을 현(玄)→견]

보리(亡羊補牢)는 '양(羊)을 잃고(亡) 우리(牢)를 고친다(補)'는 뜻으로 '소 잃고 외양간 고치기'와 같은 의미입니다.

견인차(牽引車)에 들어가는 끌 견(牽)자는 '밧줄(玄)로 코뚜레(冖)를 한 소(牛)를 끌고 가다'는 뜻입니다. 검을 현(玄)자는 실이나 밧줄의 상형인 사(糸)자를 거꾸로 뒤집어 놓은 모습입니다. 견제(牽制)는 '끌고(牽) 억제(制)한다'란 뜻으로, 상대편이 마음대로 하거나 자유롭게 행동하지 못하게 억누르는 행동이나 작용입니다.

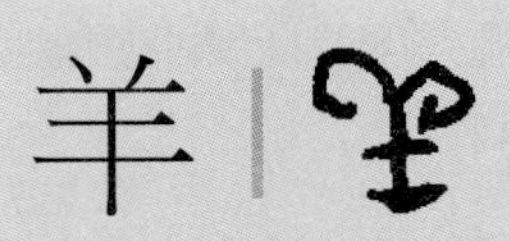

양 양(羊)
양의 뿔과 털(毛)이 난 모습

양은 고대 중국에서 좋은 동물로 여겼습니다. 고기와 젖을 제공하고, 털과 가죽으로 옷감을 제공하며, 성질이 순해서 사람을 해치지 않았기 때문입니다. 그래서 양(羊)은 아름다울 미(美), 착할 선(善), 옳을 의(義), 상스러울 상(祥)이나 고울 선(鮮)과 같은 좋은 의미의 글자에 등장합니다. 또한 제사의 제물로 소(牛) 대신 사용되어 희생양(犧牲羊)이라는 단어도 생겼습니다.

'양(羊)의 머리(頭)를 내걸어 놓고 실제로는 개(狗)의 고기(肉)를 판다'는 뜻의 고사성어인 양두구육(羊頭狗肉)은 중국 춘추 시대(春秋時代)의 이야기인데, 당시에 양이 가장 비싼 고기였던 것 같습니다. 지금도 중국에서는 양고기를 가장 많이 먹고 돼지고기나 소고기보다 비쌉니다.

양 양(羊)자는 털(毛)이 부숭부숭 나있는 머리에 뿔이 난 모습을 본떠 만들었습니다. 양(羊)자는 뜻글자보다는 소리글자로 더 많이 사용됩니다. 큰바다 양(洋), 기를 양(養), 모양 양(樣), 자세할 상(詳), 상서로울 상(祥), 고울 선(鮮), 성 강(姜)자가 그러한 예입니다.

### 양과 관련한 글자

美 아름다울 미 ⓢ 美
양 양(羊) + 큰 대(大)

善 착할 선 ⓢ 善
양 양(羊) + [말씀 언(言)→선]

아름다울 미(美)자를 '살찐(大) 양(羊)이 아름답다(美)'고 풀이하는 사람들이 있는데, 상형문자를 보면 큰 사람(大)이 머리에 양(羊) 가죽을 쓰고 있는 모습입니다. 즉, '이렇게 장식한 모습이 아름답다'는 뜻으로 만든 글자입니다. 미학(美學)은 '아름다움(美)에 대해 연구하는 학문(學)'입니다. 미학에서는 어떤 사물이 아름답다고 할 때, 이렇게 아름답다고 말할 수 있는 것은 경험에 의한 것인지, 아니면 태어날 때부터 알고 있는 것인지, 또 사람마다 아름다움에 대한 기준이 다른 이유가 무엇인지 등등을 연구합니다.

**義** 옳을 의 중 义
양 양(羊) + 나 아(我)

**儀** 거동 의 중 仪
사람 인(亻) + [옳을 의(義)]

**群** 무리 군 중 群
양 양(羊) + [임금 군(君)]

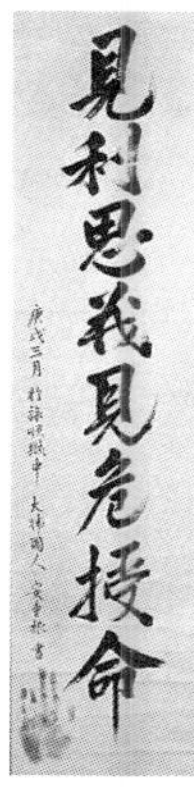

안중근 의사의
견리사의

착할 선(善)자는 뜻을 나타내는 양 양(羊)자와 소리를 나타내는 말씀 언(言)의 변형 자가 합쳐진 글자로, '양(羊)이 착하다'는 뜻입니다. 권선징악(勸善懲惡)은 '선(善)을 권하고(勸) 악(惡)을 징계한다(懲)'는 뜻입니다. 흥부전과 같은 고대소설의 주제는 대부분 권선징악입니다.

옳을 의(義)자의 상형문자는 도끼날이 달린 창(我)에 장식용 양의 머리(羊)가 달려있는 모습입니다. 즉 의장용으로 사용하던 창의 모습입니다. 의장(儀仗)은 나라 의식(儀式)에 쓰는 무기나 깃발 등을 말합니다. 이후 '의장(儀仗)→의식(儀式)→예절(禮節)→거동(擧動)' 등의 뜻이 생겼습니다. 또 옳은 의식이나 예절이란 의미에서 '옳다'는 뜻으로 사용되자, 원래의 뜻을 보존하기 위해 사람 인(亻)자를 붙여 거동 의(儀)자가 생겼습니다. 견리사의(見利思義)는 '이익(利)을 보면(見) 의리(義)에 합당한가를 먼저 생각해야(思) 한다'는 뜻입니다.

무리 군(群)자는 양(羊)이 무리를 지어 다니는 특성을 나타내는 글자입니다. 군집(群集)은 '사람들이나 동식물들이 무리(群)를 지어 모이다(集)'는 뜻입니다. 남양군도(南洋群島)의 군도(群島)는 '무리(群)를 이룬 섬(島)'이고, 일본열도의 열도(列島)는 '일렬(一列)로 길게 줄지어 있는 섬(島)'입니다

**馬**

말 마(馬) | 간체자: 马
말의 옆모습

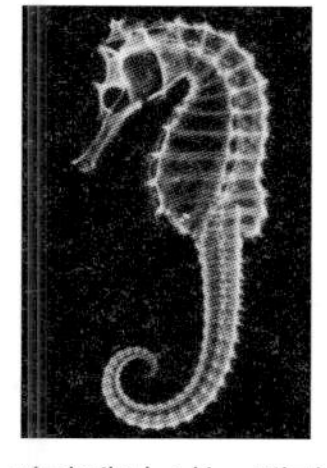
바다에서 사는 해마

말을 처음 가축으로 이용한 곳은 BC 2000년 무렵 흑해 북부의 우크라이나 지방이었습니다. BC 1500년경인 상나라 때에 북방 민족에 의해 중국으로 말이 유입되었고, BC 1300년경에는 마차를 만들어 전쟁에 사용하였습니다. 고대 중국에서는 소가 농사를 짓는데 사용되었고 말은 주로 전쟁에 사용되었습니다.

말 마(馬)자는 말의 옆모습으로, 글자의 윗부분은 말머리의 갈기를, 아래쪽에 있는 4개의 점은 네 다리의 모습을 본떠 만든 글자입니다. 말 마(馬)자는 말과 관련되는 모든 글자에 들어갑니다.

해마(海馬)는 '바다(海)에서 사는 말(馬)'이고, 하마(河馬)는 '강(河)에 사는 말(馬)'입니다. 마력(馬力)은 '말(馬)의 힘(力)'이란 뜻으로, 일률을 측정하는 단위입니다. 말 1마리가 75kg의 사람을 싣고 1분(60초) 동안에 60m를 가는 크기의 일이 1마력입니다. 승용차가 보통 100~200마력이니까, 말 100~200마리가 끄는 마차와 비슷합니다.

### 말 타기와 관련한 글자

騰 (말에) 오를 등 중 腾
말 마(馬) + [밀어올릴 등(朕)]

騎 말탈 기 중 骑
말 마(馬) + [기이할 기(奇)]

驅 (말을) 몰 구 중 驱 약 駆
말 마(馬) + [나눌 구(區)]

驛 역마/역 역 중 驿 약 駅
말 마(馬) + [엿볼 역(睪)]

駐 (말이) 머무를 주 중 驻
말 마(馬) + [주인 주(主)]

오를 등(騰)자는 '말(馬)에 밀어 올려(朕) 올라타다'는 뜻입니다. 폭등(暴騰)은 '물가나 주가가 폭발적(暴)으로 오르다(騰)'는 뜻이고, 등락(騰落)은 '오르락(騰)내리락(落)한다'는 뜻입니다. 또 비등(沸騰)은 '끓어(沸)오르다(騰)'는 뜻으로, 액체가 어느 온도 이상으로 가열되어 그 증기압이 주위의 압력보다 커져서 액체의 표면뿐만 아니라 내부에서도 기화(氣化)하는 현상을 이릅니다.

말탈 기(騎)자는 '말(馬)에 의지하여(奇) 타다'는 뜻입니다. 기이할 기(奇)자는 '의지(依支)하다'는 뜻도 있습니다. 기호지세(騎虎之勢)는 '범(虎)을 타고(騎) 달리는 형세(勢)'라는 뜻으로, 시작한 것을 중도에서 그만 둘 수 없음을 이릅니다. 일기당천(一騎當千)은 '한(一) 명의 말 탄(騎) 사람이 천(千) 사람을 당(當)한다'는 뜻으로, 무예가 매우 뛰어남을 일컫는 말입니다.

몰 구(驅)자는 '말(馬)을 타고 몰다'는 뜻입니다. 이후 '몰다→빨리 달리다→내쫓다→몰아내다' 등의 뜻이 생겼습니다. 구동장치(驅動裝置)는 '동력(動)으로 기계를 빨리 달리게(驅) 하는 장치(裝置)'입니다. 군대에서 사용하는 용어 중 구보(驅步)는 '빨리 달리는(驅) 걸음(步)'입니다. 구축함(驅逐艦)은 '어뢰로 적의 배나 잠수함을 몰아내거나(驅) 쫓는(逐) 배(艦)'입니다.

옛날의 역(驛)은 말을 갈아타기 위해 쉬어가는 곳이었습니다. 또 갈아타는 말을 역마(驛馬)라고 불렀습니다. 역 역(驛)자는 역마(驛馬)라는 뜻도 함께 가지고 있습니다. 우리나라의 역마제도(驛馬制度)는 삼국시대부터 있었지만, 가장 잘 활용한 나라는 징기스칸의 몽골제국입니다. 당시 몽골군은 하루 150~250킬로미터를 달려 왕의 명령이나 지방의 소식을 전했다고 합니다. 몽골제국이 건설한 원(元)나라를 여행했던 마르코 폴로의 《동방견문록》을 보면 원나라 전역에 역(驛)이 1만개, 역마(驛馬)가 24만 필이 있었다고 합니다.

머무를 주(駐)자는 '달리는 말(馬)을 쉬게 하며, 주인(主)처럼 머무르다'는 뜻입니다. 주둔(駐屯)은 '군사가 머무르면서(駐) 진을 치다(屯)'는 뜻입니다.

### 기타

驚 (말이) 놀랄 경 중 惊
말 마(馬) + [공경할 경(敬)]

말이 다른 동물에 비해 자주 놀라기 때문에 놀랄 경(驚)자에는 말 마(馬)자가 들어갑니다. 경천동지(驚天動地)는 '하늘(天)이 놀라고(驚) 땅(地)이 움직이다(動)'는 뜻으로, 세상을 몹시 놀라게 함을 비유적으로 이르는 말입니다. 24절기의 하나인 경칩(驚蟄)은 '숨어서(蟄) 겨울잠을 자던 개구리가 놀라서(驚) 뛰어 나온다'는 뜻으로, 양력 3월 6일 경입니다.

騷 (말이) 시끄러울 소 중 骚
말 마(馬) + [벼룩 조(蚤)→소]

驗 (말을) 시험 험 중 验 약 験
말 마(馬) + [다 첨(僉)→험]

篤 도타울 독 중 笃
대 죽(竹) + 말 마(馬)

시끄러울 소(騷)자에 들어가는 벼룩 조(蚤)자는 손(又) 위에 조그마한 점(丶)이 벼룩이란 뜻입니다. 또 글자 아래에 벌레 충(虫)자를 추가하여 벼룩이라는 뜻을 강조하였습니다. 따라서 시끄러울 소(騷)자는 '말(馬)의 몸에 벼룩(蚤)이 있으며 말이 날뛰고 소동(騷動)을 피우며 시끄럽다'는 뜻입니다. 소음(騷音), 소란(騷亂) 등에 사용됩니다.

시험 험(驗)자는 원래 '말(馬)의 종류'를 나타내는 글자였으나, 나중에 '좋은 말(馬)인지 시험(試驗)해 보다'는 뜻이 생겼습니다. 이후 '시험하다→검사하다→효과(를 검사하다)→경험(經驗)하다' 등의 뜻도 생겼습니다. 효험(效驗)은 약 따위의 효과를 말합니다. 경험론(經驗論)은 '인식은 경험(經驗)으로 만들어진다는 이론(論)'으로, 경험을 해보지 않은 것은 인식할 수 없다는 것입니다. 경험론은 인식이나 지식의 근원을 이성에서 찾는 이성론과 대립됩니다.

대말(竹馬)을 타고 함께 놀던 친구를 죽마고우(竹馬故友)라고 부릅니다. 도타울 독(篤)자는 죽마(竹馬)를 함께 타고 놀던 도타운 친구라는 뜻입니다.

이외에도, 거의 사용하지 않는 글자이지만, 낙타(駱駝)도 말처럼 타고 다니니까 말 마(馬)자가 들어갑니다.

鹿

사슴 록(鹿)
사슴의 옆모습

사슴 록(鹿)자는 머리에 뿔이 있는 사슴의 모습을 본떠 만든 글자입니다. 사슴뿔은 녹용(鹿茸)이라고 해서 비싼 한약재로 사용됩니다만, 녹용 용(茸)자를 보면 귀(耳)에 풀(艸/艹)이 난 모습입니다. 한라산 백록담(白鹿潭)은 '흰(白) 사슴 (鹿)이 사는 못(潭)'이란 뜻입니다. 흰 사슴도 있을까라는 의구심이 들겠지만 실제로 있습니다. 예로부터 중국에서는 사슴(특히 흰 사슴)과 기린을 길한 짐승으로 여겨왔습니다. 이런 이유로 경사스러운 경(慶)자나 빛날 려(麗)자 등에 사슴 록(鹿)자가 들어갑니다.

### 사슴과 관련한 글자

慶 경사 경 중 庆
마음 심(心) + 사슴 록(鹿) + 천천히걸을 쇠(夊)

옛 중국에서는 결혼식과 같은 경사(慶事)에 사슴가죽을 선물로 가지고 갔습니다. 경사 경(慶)자는 '축하하는 마음(心)으로 경사로운 일에 가는데(夊), 사슴(鹿)을 선물로 가지고 가다'는 뜻입니다. 경복궁에 있는 경회루(慶會樓)는 '경사(慶)스러운 날 모이는(會) 누각(樓)'으로, 나라에 크고 작은 경사(慶事)가 있을 때마다 잔치를 베풀던 곳입니다.

**麗** 고울 려 ⓩ 丽
사슴 록(鹿) + 뿔의 모습(丽)

**塵** 티끌 진 ⓩ 尘
흙 토(土) + 사슴 록(鹿)

**麒** 기린 기 ⓩ 麒
사슴 록(鹿) + [그 기(其)]

**麟** 기린 린 ⓩ 麟
사슴 록(鹿) +
[도깨비불 린(粦)]

경복궁의 경회루

고구려(高句麗), 화려강산(華麗江山)에 들어가는 고울 려(麗)자는 사슴(鹿) 머리에 큰 뿔이 달린 모습(丽)을 본떠 만든 글자입니다. 이 모습에서 '곱다, 빛나다'라는 의미가 생겼습니다. 한려수도(閑麗水道)는 '한산도(閑)에서 여수(麗)까지의 물(水) 길(道)'이란 뜻입니다.

티끌 진(塵)자는 '사슴(鹿)이 떼지어 달릴 때 흙(土) 먼지나 티끌이 일어나다'는 뜻입니다. 진폐증(塵肺症)은 '폐(肺)에 먼지(塵)가 쌓여 생기는 직업병(症)'입니다.

목이 긴 기린(麒麟)은 원래 고대 중국의 전설에 나오는 상상 속의 동물입니다. 몸이 사슴 같고 꼬리는 소와 같으며, 발굽과 갈기는 말과 같으며, 빛깔은 5색이라고 합니다. 또 이것이 출현하면 세상에 성왕(聖王)이 나올 길조라고 여겼습니다. 옛 사람은 기린이 상스러운 사슴의 일종으로 알고 있으므로, 기린 기(麒)자와 기린 린(麟)자에는 사슴 록(鹿)자가 들어갑니다. 기린 기(麒)자는 수컷, 기린 린(麟)자는 암컷 기린입니다.

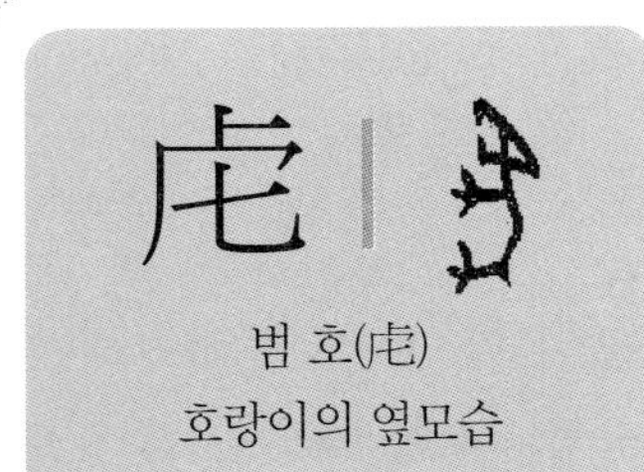

범 호(虍)
호랑이의 옆모습

옛 중국에서는 왕을 중심으로 사냥을 많이 다녔습니다. 사냥은 식량을 얻는 목적도 있었지만, 군사 훈련도 할 수 있었기 때문입니다. 은나라의 갑골문을 보면 "호랑이 1마리, 노루 40마리, 여우 264마리, 고라니 159마리를 잡았다"는 기록도 있습니다. 당시에도 호랑이는 잡기 힘든 짐승이었던 것 같습니다. 그래서 은나라에서는 호랑이와 싸우는 것을 가장 용감하고 자랑스럽게 여겼습니다. 또 호랑이와 싸우는 장면이 나오는 옛 중국의 연극에서는 실제 호랑이와 싸우기도 하였습니다. 재미있는 사실은 중국에서 호랑이는 농사의 신이었습니다. 아마도 농작물을 훔쳐 먹는 사슴이나 토끼들을 잡아먹기 때문에 그런 것 같습니다.

중국인은 호랑이를 털을 가진 동물 중에서 가장 신령스럽고 위엄을 갖춘 동물로 여겼고, 용(龍)을 비늘을 가진 동물 중에서 가장 힘세고 신령스러운 동물로 여겼습니다. 용은 임금을 뜻하는 동시에 중국의 상징이기도 합니다. 그래서 임금의 얼굴을 용안(龍顔)이라 하고, 임금이 앉는 평상을 용상(龍床)이라고 합니다.

범 호(虎)자는 호랑이 모습을 본떠 만든 글자입니다. 하지만 부수로 사용되는 범 호(虍)자는 범의 머리 부분에 해당합니다. 범 호(虎)자는 뜻보다도 소리로 사용되는 경우가 많은데, 이름 호(號), 호박 호(琥), 빌 허(虛), 검을 로(盧) 등이 그러한 예입니다.

### 범과 관련한 글자

**獻** 바칠 헌 중 献 약 献
개 견(犬) + [솥 권(鬳)→헌]

**虐** 사나울 학 중 虐
범 호(虍) + 돼지머리 계(彐)

**劇** 심할 극 중 剧
칼 도(刂) +
[큰돼지 거(豦)→극]

**據** 의지할 거 중 据 약 拠
손 수(扌) + [큰돼지 거(豦)]

**號** 이름/부르짖을 호
중 号 약 号
부르짖을 호(号) + [범 호(虎)]

바칠 헌(獻)자에 들어 있는 솥 권(鬳)자는 솥 력(鬲)자와 호랑이 호(虍)자가 합쳐진 글자로, 호랑이(虍)가 새겨진 솥(鬲)을 의미합니다. 따라서 바칠 헌(獻)자는'개(犬)를 솥(鬳)에서 삶아 조상신에게 바치다'는 뜻으로 만들었습니다. 〈헌화가(獻花歌)〉는 '꽃(花)을 바치는(獻) 노래(歌)'로, 신라 성덕왕(702~737년) 때의 향가입니다. 순정공이 강릉 태수로 부임할 적에, 순정공의 부인 수로가 절벽에 피어 있는 철쭉꽃을 보고 꽃을 꺾어다가 줄 사람을 찾자 아무도 나서지 못하자, 소를 몰고 지나가던 노인이 수로 부인에게 꽃을 꺾어 바칠 때 부른 노래입니다.

사나울 학(虐)자는 '호랑이(虍)의 손(彐)이 사납다'는 뜻입니다. 나중에 손(彐)의 방향이 바뀌었습니다. 학대(虐待)는 '사납게(虐) 대하다(待)'는 뜻이고, 학살(虐殺)은 '사납게(虐) 죽이다(殺)'는 뜻입니다.

큰돼지 거(豦)자는 '호랑이(虍)처럼 큰 산돼지(豕)'를 의미합니다. 이 글자는 단독으로 사용되지는 않고, 다른 글자 내에 들어가 사용됩니다. 심할 극(劇)자는 연극에서 호랑이(虍)와 산돼지(豕) 가면을 쓴 사람이 서로 칼(刂)을 들고 싸우는 모습에서 연극(演劇)이라는 뜻이 생겼습니다. 또 이러한 모습이 극적(劇的)이라고 해서 '심하다'라는 뜻이 생겼습니다. 극약(劇藥)은 '매우 심한(劇) 약(藥)'이란 뜻으로, 독약을 일컫습니다.

의지할 거(據)자는 원래 '손(扌)으로 큰 돼지(豦)를 막아 지키다'는 뜻으로 만들었습니다만, 나중에 '막아 지키다→누르다→의지하다→근거(根據)→증거(證據)'라는 뜻이 파생되었습니다.

이름 호(號)자에 들어 있는 부르짖을 호(号)자는 '입(口)으로 부르짖다'는 뜻입니다. 나중에 '부르짖다'는 뜻을 분명히 하기 위해 범 호(虎)자를 추가하였고, 이후 부르는 '이름'이라는 뜻이 추가되었습니다. 예전에는 이름을 소중히 여겨 함부로 부르지 않았던 관습이 있었습니다. 시집을 온 색시를 안성댁, 울산댁 등 고향 이름으로 부른 것도 그런 이유입니다. 이름은 부모나 스승이 그 아들이나 제자를 부를 때 사용하였고, 자신보다 높은 위치에 있는 사람의 이름을 부르는 것을 금기시하였습니다. 이런 관습 때문에 많은 사람들은 본래의 이름 이외에 호(號)를 지어 불렀습니다. 김정식(金廷湜), 박영종(朴泳鍾), 이백(李白)이란 이름은 잘 모르지만, 이 사람들의 호(號)인 김소월(金素月), 박목월(朴木月), 이태백(李太白)은 잘 알려져 있는 것만 봐도 알 수 있습니다.

# 자연 2-9 조류

새 조(鳥) | 새 추(隹) | 깃 우(羽)

새 조(鳥)
새의 모습

새 조(鳥)자는 새의 모습을 본떠 만든 글자로, 윗부분이 부리이고, 아래의 4개의 점이 깃털입니다. 새의 모습을 본떠 만든 상형문자는 새 조(鳥)자 외에 새 추(隹), 제비 연(燕), 날 비(飛)자가 있습니다. 이중 제비 연(燕)자만 부수가 아닙니다.

새를 나타내는 새 조(鳥)자는 우리에게 잘 알려져 있습니다만, 다른 글자 내에서의 사용 빈도를 보면 새 추(隹)자가 압도적으로 많습니다. 새 조(鳥)자는 주로 새의 이름을 지칭하는 글자에 들어가는데 가령, 앵무(鸚鵡), 원앙(鴛鴦), 봉황(鳳凰) 등이 그러한 예입니다. 또 홍곡(鴻鵠)은 '기러기(鴻)와 고니(鵠)'라는 뜻으로, 포부가 원대하고 큰 인물을 이르는 말입니다.

개나 소와 같은 가축을 나타내는 글자는 가축의 모습을 본떠 만든 상형문자지만, 닭이나 오리는 상형문자가 없고 닭 계(鷄)자나 오리 압(鴨)자와 같이 형성문자만 있습니다. 이것으로 보아 갑골문자를 만들었던 은나라에서는 닭이나 오리를 기르지 않았을 것으로 짐작할 수 있습니다. 닭은 실제로 동남아 지역의 야생 닭을 BC 400년경인 전국 시대에 중국으로 들여와 집에서 길렀다고 전해집니다. 계란유골(鷄卵有骨)은 '계란(鷄卵)에 뼈(骨)가 있다(有)'라는 뜻으로, 마음먹고 도와줘도 일이 안 되는 경우를 일컫는 말입니압록강다. 세종대왕 때, 가난한 황희 정승에게 준 달걀이 부화가 되어 먹을 수 없었던 이야기에서 유래합니다.

압구정(鴨鷗亭)은 조선 세조 때의 권신 한명회의 호이자 그가 지었다는 정자이름이다. '오리(鴨)와 갈매기(鷗)가 날아드는 정자(亭)라고 해석해야 할까요? 하지만 동 이름으로서의 압구정동(狎鷗亭洞)은 익숙할 압(狎)를 씁니다.

학 학(鶴)자는 '높이 나르는(隺) 새가 학(鳥)이다'는 뜻입니다. 군계일학(群鷄一鶴)은 '무리(群)의 닭(鷄) 중에 한(一) 마리의 학(鶴)'이라는 뜻으로, 평범한 사람 중에 홀로 뛰어난 사람을 일컫는 말입니다. 학수고대(鶴首苦待)는 '학(鶴)의 머리(首)처럼 목을 길게 늘여 애쓰며(苦) 기다린다(待)'는 뜻으로, 몹시 기다림을 일컫는 말입니다. 학익진(鶴翼陣)은 '학(鶴) 날개(翼)처럼 펼친 진(陣)'이란 뜻으로, 학이 날개처럼 활짝 편 상태로 있다가 적이 오면 학의 날개를 접듯이 적

### 새의 종류

**鷄** 닭 계 ㊥ 鸡
새 조(鳥) + [어찌 해(奚)→계]

**鴨** 오리 압 ㊥ 鸭
새 조(鳥) + [갑옷 갑(甲)→압]

**鶴** 학 학 ㊥ 鹤
새 조(鳥) + [새높이나를 확(隺)→학]

군을 에워싸 포위하는 진형입니다. 새 조(鳥)자 대신 돌 석(石)자가 붙으면, 확인(確認)과 확실(確實)에 들어가는 굳을 확(確)자가 됩니다.

## 기타

**島** 섬 도 중 岛
메 산(山) + [새 조(鳥)→도]

**鳴** 울 명 중 鸣
입 구(口) + 새 조(鳥)

**烏** 까마귀 오 중 乌
까마귀 모습

**焉** 어조사/어찌 언 중 焉
새 조(鳥) + 바를 정(正)

섬 도(島)자는 '새(鳥)가 날아서 갈 수 있는 바다 위의 산(山)'이라는 의미로 만들었습니다.

울 명(鳴)자는 '새(鳥)가 입(口)으로 지저귀며 운다'는 뜻입니다. 계명구도(鷄鳴狗盜)는 '닭(鷄) 울음(鳴) 소리로 사람을 속이고 개(鳴)처럼 잠입하여 물건을 훔치는 도둑(盜)'이란 뜻으로, 천박한 꾀를 써서 남을 속이는 사람을 이르는 말입니다. 사마천이 지은 《사기(史記)》의 〈맹상군전〉에서 중국 춘추 시대에 맹상군(孟嘗君)의 식객(食客)들이 닭 울음소리와 좀도둑질로 맹상군을 위기에서 구했다는 이야기에서 유래합니다.

까마귀 오(烏)자는 새 조(鳥)자에서 눈동자의 형상(ㅡ)을 뺀 모습입니다. 즉 까마귀는 검은 눈동자가 구분이 되지 않아 흡사 눈이 없는 새처럼 보인다고 해서 만들어진 글자입니다. 부수는 새 조(鳥)가 아니라 불 화(火/灬)자임에 유의하세요. 오비이락(烏飛梨落)은 '까마귀(烏) 날자(飛) 배(梨) 떨어진다(落)'는 우리나라의 속담입니다. 칠월칠석(七月七夕)에 견우와 직녀가 만나는 오작교(烏鵲橋)는 '까마귀(烏)와 까치(鵲)가 만든 다리(橋)'입니다.

어조사 언(焉)자는 새 조(鳥)의 변형자에 바를 정(正)자가 합쳐진 글자로, 원래 새의 종류를 가리키는 글자였으나 나중에 '어찌'라는 어조사로 가차되었습니다. 언감생심(焉敢生心)은 '어찌(焉) 감히(敢) 그런 마음(心)이 생(生)기느냐?'는 뜻으로, 감히 그런 마음을 품을 수 없음을 뜻합니다.

**隹**

새 추(隹)
새의 모습

새 추(隹)자는 새 조(鳥)자와 마찬가지로 새의 모습을 본떠 만든 글자입니다. 자전에서는 두 글자를 꼬리긴새 조(鳥), 꼬리짧은새 추(隹)자로 구분하나 실제 사용되는 글자를 보면 꼬리 길이와는 상관이 없습니다. 꼬리가 매우 긴 꿩(雉)에도 새 추(隹)자가 들어갑니다. 새 조(鳥)자는 홀로도 사용되지만, 새 추(隹)자는 반드시 다른 글자와 함께 사용됩니다. 또 새 이름에 많이 사용되는 새 조(鳥)자와는 달리, 새 추(隹)자는 훨씬 다양한 용도로 사용됩니다. 특히 새 추(隹)자는 소리로 사용되는 경우도 많습니다. 송곳 추(錐), 밀 추(推), 어릴 치(稚), 벼리/오직 유(維), 생각할 유(惟), 오직 유(唯)자 등이 그러한 예입니다.

### 새의 종류

**雀** 참새 작 ⓒ雀
새 추(隹) + 작을 소(小)

**雉** 꿩 치 ⓒ雉
새 추(隹) + [화살 시(矢)→치]

**雁** 기러기 안 ⓒ雁
새 추(隹) + 사람 인(亻) + [기슭 한(厂)→안]

참새 작(雀)자는 '작은(小) 새(隹)가 참새(雀)다'는 뜻입니다. 연작(燕雀)이란 '제비(燕)와 참새(雀)'라는 뜻으로 옹졸한 사람을 비유하여 이르는 말입니다. 연작안지홍곡지지(燕雀安知鴻鵠之志)는 '제비와 참새(燕雀)가 기러기와 고니(鴻鵠)의(之) 뜻(志)을 어찌(安) 알겠느냐(知)?'는 뜻으로, '평범한 사람이 영웅의 큰 뜻을 알리가 없다'는 뜻입니다. 작설차(雀舌茶)는 '참새(雀)의 혀(舌)처럼 작은 잎으로 끓인 차(茶)'뜻으로, 갓 눈이 튼 차나무 새싹을 따서 만든 차입니다.

꿩 치(雉)자는 '화살(矢)처럼 날아가는 새(隹)' 혹은 '화살(矢)처럼 긴 꼬리를 가진 새(隹)'라는 뜻을 가졌습니다. 강원도 원주의 치악산(雉岳山)은 '꿩(雉)이 많이 사는 산악(山岳)'이란 뜻이며, 1908년에 이인직이 발표한 신소설의 이름이기도 합니다.

기러기 안(雁)자는 '사람(亻)의 덕성을 갖춘 새(隹)가 기러기이다'는 뜻입니다. 그래서 기러기는 결혼의 상징물로 쓰기도 했습니다. 전안례(奠雁禮)는 '기러기(雁)로 제사(奠)를 지내는 예식(禮)'으로, 전통혼례에서 결혼 당일 신랑이 신부 집에 갈 때 기러기를 가지고 가서 상 위에 놓고 절을 하는 절차입니다. 평사낙안(平沙落雁)은 '평평한(平) 모래(沙)톱에 기러기(雁)가 내려(落)앉다'는 뜻으로, 글씨를 예쁘게 잘 쓰거나 아름다운 여인의 맵시를 비유하는 말입니다.

깃털이 돋보이는 꿩

### 원래 새의 종류인 글자

**雇** 품팔 고 ⓒ雇
새 추(隹) +[지게문 호(戶)→고]

**雅** 맑을/바를 아 ⓒ雅
새 추(隹) + [어금니 아(牙)]

**難** 어려울 난 ⓒ难
새 추(隹) + [진흙 근(堇)→난]

원래는 새의 종류를 가리키는 글자이지만, 나중에 다른 뜻이 생긴 글자도 있습니다.

품팔 고(雇)자의 원래 의미는 뻐꾸기입니다. 봄철에 뻐꾸기가 울면 농사일을 시작하기 때문에 '농사일을 위해 품(일하는 데에 드는 힘이나 수고)을 판다'는 의미가 생겼습니다. 해고(解雇)는 '고용(雇用)한 사람을 내보내다'는 뜻입니다.

고아(高雅), 단아(端雅), 아담(雅淡), 우아(優雅) 등에 사용되는 맑을 아(雅)자는 원래 의미는 띠까마귀입니다. 띠까마귀는 무리 중에 나쁜 놈이 있으면 죽임을 당한다고 합니다. 이런 특성으로 인해 '맑다, 바르다'는 뜻이 생겼고, 또 그 모습에서 '우아하다, 아담하다' 등의 의미가 추가되었습니다. 아악(雅樂)은 '고상하고 기품이 있는 우아(優雅)한 음악(樂)'이란 뜻으로, 고려와 조선 시대에 궁중 의식에서 연주된 전통음악입니다.

재난(災難), 수난(受難), 난해(難解), 고난(苦難) 등에 쓰이는 어려울 난(難)

자는 원래 새의 종류를 가리키는 글자였으나, '어렵다'라는 의미로 가차되었습니다. 난형난제(難兄難弟)는 '형(兄)이라 하기도 어렵고(難), 동생(弟)이라 하기도 어렵다(難)'는 뜻으로, '우열(優劣)을 가리기 어렵다'는 의미입니다.

### 새의 암컷과 수컷

雌 암컷 자 ⓖ 雌
새 추(隹) + [이 차(此)→자]

雄 수컷 웅 ⓖ 雄
새 추(隹) + [팔꿈치 굉(厷)→웅]

암컷 자(雌)자와 수컷 웅(雄)자는 원래 새의 암컷과 수컷을 이르는 말이었지만, 그냥 수컷과 암컷을 뜻하는 글자가 되었습니다. 그러나 '자웅을 가리다'고 할 때의 자웅(雌雄)은 '암컷(雌)과 수컷(雄)'이란 뜻이 아니고, 강약(強弱)이나 우열(優劣)을 말합니다. 자웅동체(雌雄同體)는 '암수(雌雄)가 같은(同) 몸(體)'이란 뜻으로, 한 개체에 암수 두 생식기를 모두 갖춘 동물을 말합니다. 지렁이, 달팽이, 기생충 등이 자웅동체 동물입니다. 반대로 자웅이체(雌雄異體)는 '암수(雌雄)가 다른(異) 몸(體)'이란 뜻으로, 대부분의 동물들이 여기에 해당합니다. 자웅동주(雌雄同株)는 '암수(雌雄)가 같은(同) 그루(株)'이란 뜻으로, 수술만을 가진 수꽃과 암술만을 가진 암꽃이 같은 그루에 생기는 식물을 말합니다. 호박, 오이, 삼나무, 소나무 등이 자웅동주 식물입니다. 반대는 자웅이주(雌雄異株)로, 시금치, 은행나무, 뽕나무 등이 있습니다.

수컷 웅(雄)자는 '수컷→씩씩하다→용감하다→이기다→뛰어나다→웅장하다'의 뜻이 파생되었습니다. 영웅(英雄)은 '뛰어나고(英) 씩씩한(雄) 사람'입니다. 대웅전(大雄殿)은 '크고(大) 웅장한(雄) 집(殿)'이란 뜻으로, 절에서 가장 크고 중심이 되는 법당이며, 본존불상(本尊佛像)을 모시고 있습니다. '금(金)색의 본존불상을 모시는 집(堂)'이란 뜻으로 금당(金堂)이라고도 합니다.

### 새와 관련한 글자

進 나아갈 진 ⓖ 进
갈 착(辶) + 새 추(隹)

焦 탈 초 ⓖ 焦
불 화(灬) + [새 추(隹)→초]

나아갈 진(進)

나아갈 진(進)자는, '새(隹)는 앞으로만 날아가거나 걸어갈(辶) 수 있다'는 뜻으로 만든 글자입니다. 새는 뒤로 걸어갈 수 없을 뿐더러, 뒤로 날아갈 수도 없습니다. 진퇴양난(進退兩難)은 앞으로 나아가거나(進) 뒤로 물러나는(退) 것이 양(兩)쪽 모두 어렵다(難)'는 뜻으로 이러지도 저러지도 못함을 일컫습니다.

탈 초(焦)자는 불(灬) 위에 새(隹)를 굽는 모습을 본떠 만든 글자로, 굽는 동안 혹시 새가 다 타지나 않을까 초조(焦燥)해 한다고 해서 '초조하다'라는 의미도 생겼습니다. 노심초사(勞心焦思)는 '마음(心)이 수고롭고(勞), 생각(思)이 타다(焦)'는 뜻으로, 애를 쓰고 속을 태움을 일컫는 말입니다.

崔 높을 최 ㊥崔
메 산(山) + [새 추(隹)→최]

離 떠날 리 ㊥离
새 추(隹) + [떠날 리(离)]

높을 최(崔)자는 '산(山)이 높고, 새(隹)가 높이 날다'는 뜻으로 만든 글자입니다. 우리나라의 성씨로 사용됩니다.

떠날 리(離)자에 들어 있는 떠날 리(离)자는 새를 잡는 그물의 모습으로, 원래는 '잡다'는 뜻이었습니다. 하지만 '그물에 걸린 새가 도망간다'고 해서 '떠나다'는 뜻도 생겼습니다. 이후 떠날 리(离)자의 뜻을 분명히 하기 위해 새(隹)자가 들어갔습니다. 이별(離別), 이혼(離婚), 이탈(離脫), 분리(分離) 등에 사용됩니다. 이산가족(離散家族)은 '떠나서(離) 흩어진(散) 가족(家族)'이란 뜻입니다.

## 손과 나무 위의 새

隻 (새 한 마리가) 외짝 척 ㊥只
또 우(又) + 새 추(隹)

雙 (새 두 마리가) 쌍 쌍
㊥双 ㊐双
또 우(又) + 새 추(隹) X 2

集 (새 세 마리가) 모일 집 ㊥集
나무 목(木) + 새 추(隹)

외짝 척(隻)자는 손(又) 위에 새(隹)가 한 마리 있는 모습으로, 원래는 새 한 마리를 일컫는 글자였습니다. 지금은 배 한 척(隻), 두 척(隻)과 같이 헤아리는 단위로 쓰입니다.

쌍 쌍(雙)자는 손(又) 위에 새가 두 마리 있는 모습으로, 암수 한 쌍(雙), 두 쌍(雙)과 같이 헤아리는 단위로 쓰입니다. 〈쌍화점(雙花店)〉은 '쌍화(雙花)를 파는 상점(店)'이란 뜻으로, 고려가요의 이름입니다. 쌍화(雙花)는 고려에 들어온 원나라 사람들이 만들어 팔던 만두입니다. 아마도 만두 위에 꽃모습을 한 장식이 2개 달린 모습을 하고 있어서 쌍화라는 이름이 붙은 것으로 추측됩니다.

모일 집(集)자는 원래 나무 목(木)자 위에 새 추(隹)자가 3개나 있는 모습(雧)으로, '나무(木) 위에 많은 새(集)가 모이다(雧)'라는 뜻으로 만들었습니다. 나중에 간략화되어 지금의 모습이 되었습니다. 집기병(集氣甁)은 '기체(氣)를 모으는(集) 병(甁)'입니다.

## 기타

觀 볼 관 ㊥观 ㊐観
볼 견(見) + [황새 관(雚)]

獲 사로잡을 획 ㊥获
개 견(犭) +
[붙잡을 확(蒦)→획]

볼 관(觀)자에 들어 있는 황새 관(雚)자는 새(隹) 머리 부분에 두리번거리는 두 눈(吅)과 머리 위의 깃털 모습(艹)을 가진 황새의 모습을 본떠 만든 글자입니다. 관찰사(觀察使)는 '백성들을 보고(觀) 살피기(察) 위해 임금이 보낸 사신(使)'이란 뜻으로, 조선 시대 각 도(道)의 으뜸 벼슬로 오늘날의 도지사에 해당합니다. 관찰사는 감사(監司)라고도 합니다. 감사(監司)도 '보살피는(監) 것을 맡다(司)'란 뜻입니다. 우리나라 속담에 '평양(평안) 감사도 저 싫으면 그만이다'라는 말이 있는데, 이때 평양 감사는 평양에 거주하는 평안도 관찰사입니다.

사로잡을 획(獲)자에 들어 있는 붙잡을 확(蒦)자는 '풀(艹)속의 새(隹)를 손(

**奮** 떨칠 분 중 奋
밭 전(田) +
[날개휘두를 분(奞)]

**奪** 빼앗을 탈 중 夺
마디 촌(寸) +
날개휘두를 분(奞)

**雜** 섞일 잡 중 杂 약 雑
군사 졸(卒) +
[모일 집(集)→잡]

又)으로 잡다'는 뜻입니다. 나중에 의미를 분명히 하기 위해 확(蒦)자에 짐승을 의미하는 개 견(犭)자가 추가되었습니다. 포획(捕獲), 획득(獲得) 등에 들어갑니다. 개 견(犭)자 대신 벼 화(禾)자가 붙으면 '벼(禾)를 베어 수확(收穫)한다'는 의미의 거둘 확(穫)자가 됩니다.

떨칠 분(奮)자에 들어있는 날개휘두를 분(奞)자는 새(隹)가 날개(大)를 휘두르고 있는 모습입니다. 여기서 큰 대(大)자는 새가 날개를 벌린 모습입니다. 따라서 떨칠 분(奮)자는 '밭(田)에서 새(隹)가 날개(大)를 휘두르며 위로 날아올라가려고 분발(奮發)하거나 분투(奮鬪)한다'는 뜻입니다. 이후 '휘두르다→힘쓰다→명성 등을 널리 드날리다→떨치다' 등의 뜻이 파생되었습니다. 고군분투(孤軍奮鬪)는 '외롭게(孤) 떨어진 군사(軍)가 힘써(奮) 싸우다(鬪)'는 뜻으로, 남의 도움을 받지 않고 힘에 벅찬 일을 잘해 나감을 이르는 말입니다.

빼앗을 탈(奪)자는 날개(大) 휘두르며 있는 새(隹)를 손(寸)으로 잡고 있는 모습을 본떠 만든 글자입니다. 강탈(强奪)은 '강제로(强) 빼앗다(奪)'는 뜻입니다.

섞일 잡(雜)자는 옷 의(衣→卒)의 변형 자와 모일 집(集→木隹)의 변형 자가 합쳐진 글자로서, '여러 가지 옷(衣)이 모여서(集) 섞여 있다'는 뜻입니다. 잡채(雜菜)는 '섞은(雜) 채소(菜)'라는 뜻으로, 여러 가지 채소와 고기를 잘게 썰어 볶은 것에 삶은 당면을 넣고 버무린 음식을 말합니다. 잡탕(雜湯)은 '여러 가지 재료를 섞어(雜) 끓인 탕(湯)'이란 뜻인데, 난잡(亂雜)스러운 물건이나 모양을 말하기도 합니다.

# 羽 | 羽

깃 우(羽)
새의 깃털이나 날개

깃 우(羽)자는 새의 깃털의 모습을 본떠 만들었다는 설과 새나 곤충의 양 날개를 나란히 편 모습이라는 두 가지 설이 있습니다. 실제로 깃 우(羽)자는 날개라는 뜻도 함께 가지고 있습니다. 우화(羽化)는 '날개(羽) 있는 벌레로 변화하다(化)'란 뜻으로, 애벌레나 번데기가 날개가 있는 성충(成蟲: 자란 벌레)으로 변화하는 것을 말합니다.

## 깃털과 관련한 글자

翟 꿩 적 중 翟
깃 우(羽) + 새 추(隹)

翼 날개 익 중 翼
깃 우(羽) + [다를 이(異)→익]

扇 부채 선 중 扇
지게문 호(戶) + 깃 우(羽)

習 익힐 습 중 习
깃 우(羽) + 흰 백(白)

翁 늙은이 옹 중 翁
깃 우(羽) +
[공평할 공(公)→옹]

부채 모양의 선상지

꿩 적(翟)자는 '깃털(羽)이 돋보이는 새(隹)'라는 뜻입니다. 이 글자는 홀로 사용되는 경우는 거의 없고 다른 글자 내에서 많이 사용됩니다. 뛸 약(躍), 빛날 요(曜), 씻을 탁(濯) 등이 그러한 예입니다.

날개 익(翼)자와 날개 상(翔)자는 모두 깃 우(羽)자가 들어갑니다. 우익(右翼)과 좌익(左翼)이란 말의 원래 의미는 오른쪽 날개(right wing)와 왼쪽 날개(left wing)란 뜻입니다. 익룡(翼龍)은 '날개(翼)가 달린 공룡(龍)'으로, 중생대 쥐라기 초에 출현하여 백악기 말에 거의 사라졌습니다.

부채 선(扇)자에 들어있는 지게문 호(戶)자의 지게는 외짝문을 일컫는 순우리말입니다. 부채 선(扇)자는 '날개(羽)나 문짝(戶)처럼 넓게 펼쳐 만든 것이 부채이다'는 뜻입니다. 또 새 날개(羽)와 문짝(戶)은 부채(扇)처럼 앞뒤로 움직이는 공통점이 있습니다. 지리 시간에 배우는 선상지(扇狀地)는 '부채(扇) 모양(狀)의 땅(地)'으로, 산에서 내려온 강물이 평지를 만나면 부채꼴 모양으로 흩어지면서 퇴적물이 쌓여 이루어지는 지형입니다.

학습(學習), 예습(豫習), 복습(復習) 등에 들어가는 익힐 습(習)자는 '태어나서 날지 못하는 새끼 새가 날개(羽)를 퍼덕이며 나는 법을 익히고, 아기가 말(白)을 여러 번 반복하며 익히다'는 뜻으로 만든 글자입니다. 흰 백(白)자로 알려진 백(白)자는 '사실대로 말하다'는 의미의 고백(告白)이나, '혼자서 말하다'는 의미의 독백(獨白)을 보면 알 수 있듯이 '말하다'라는 뜻도 가지고 있습니다.

늙은이 옹(翁)자는 원래 '새의 목덜미의 털'을 뜻하는 글자인데, '늙은이의 목에 털(수염)이 있다'는 의미로 늙은이라는 뜻도 생겼습니다. 새옹지마(塞翁之馬)는 '변방(塞)의 늙은이(翁)의(之) 말(馬)'이란 뜻으로, 인생의 길흉화복은 항상 바뀌어 미리 헤아릴 수가 없음을 일컫는 말입니다. 《회남자》의 〈인간훈(人間訓)〉에 나오는 이야기로, 옛날에 북방의 한 늙은이가 기르던 말이 달아났다가(

나쁜 일) 다른 말을 한 마리 데려왔는데(좋은 일), 그의 아들이 그 말을 타다가 다리가 부러져(나쁜 일) 전쟁에 나가지 않게 되어 목숨을 구했다(좋은 일)는 이야기에서 유래합니다.

### 새와 날개

**非** 아닐 비 ⓩ 非
좌우로 편 두 날개

**飛** 날 비 ⓩ 飞
날개를 편 새

**燕** 제비 연 ⓩ 燕
날개를 편 제비

새의 양 날개를 편 모습의 글자는 아닐 비(非), 날 비(飛), 제비 연(燕)자 등이 있습니다.

아닐 비(非)

비행(非行), 비상(非常), 비리(非理) 등에 들어가는 아닐 비(非)자는 좌우 양쪽으로 펼친 새의 날개를 본떠 만든 글자입니다. 좌우 양 날개가 서로 반대 방향을 향해 있다고 해서 '아니다'라는 뜻이 생겼습니다. 아닐 비(非)자는 부수이기는 하지만 다른 글자와 만나 소리로 사용됩니다. 슬플 비(悲), 비단 비(緋) 등이 그런 예입니다. '시비를 가리다'고 할 때의 시비(是非)는 '옳음(是)과 그름(非)'이란 뜻이고, '사소한 시비 끝에 사람을 죽였다'고 할 때의 시비(是非)는 '옳고(是) 그름(非)을 따지는 말다툼'입니다.

날 비(飛)

비행(飛行), 비상(飛上) 등에 들어가는 날 비(飛)자는 날개를 벌리고 날아가는 새의 모습을 본떠 만든 글자입니다. 이 글자도 부수이지만 다른 글자와 함께 사용되는 경우는 거의 없습니다. 비전(飛錢)은 '날아다닐(飛) 정도로 가벼운 돈(錢)'이란 뜻으로, 중국 당나라 때 상인들 사이에 쓰던 중국 최초의 종이 화폐입니다.

제비 연(燕)

제비 연(燕)자는 양 날개를 활짝 펴고 있는 제비의 모습을 본떠 만든 글자입니다. 글자 맨 위에 머리, 중앙(口)에 몸통, 양쪽(北)으로 날개, 맨 아래(灬)에 꼬리가 있는 모습입니다. 〈연행가(燕行歌)〉는 '연경(燕)을 다녀온(行) 내용을 담은 노래(歌)'로, 조선 고종 때 홍순학이 사신으로 청나라 연경(燕京)을 갔다 와서 만든 총 3,924구의 장편가사입니다. 연경(燕京)은 '연(燕)나라의 서울(京)'이란 뜻으로, 지금의 북경(北京, 베이징)입니다. 연나라는 중국 춘추전국 시대에 있었던 나라로, 전국칠웅(全國七雄) 가운데 하나입니다. 기원전 222년에 진(秦)에 멸망당했습니다. 《흥부전》에 나오는 흥부의 이름이 연흥부인데, 연흥부(燕興夫)는 '제비(燕) 다리를 고쳐주고 흥한(興) 사내(夫)'라는 뜻입니다.

# 자연 2-10 어패류

물고기 어(魚) | 조개 패(貝) | 별 진(辰)

魚 | 

물고기 어(魚)
물고기의 옆모습

물고기 어(魚)자는, 위는 물고기 머리, 중간(田)은 비늘이 있는 물고기 몸통을, 아래의 4개 점(灬)은 지느러미의 모습을 본떠 만든 글자입니다. 주로 물고기나 물고기 이름에 관련되는 글자에 들어갑니다.

물속에 사는 물고기나 동물들을 나타내는 글자에는 모두 고기 어(魚)자가 들어갑니다. 청어 청(鯖), 미꾸라지 추(鰍), 고래 경(鯨), 뱀장어 만(鰻), 전복 복(鰒), 새우 하(鰕) 등이 그러한 예입니다. 이런 글자들은 소리 부분을 나타내는 글자들이 뜻도 함께 가지고 있습니다. 예를 들어 청어 청(鯖)자는 '등이 푸른(靑) 물고기(魚)'란 뜻이고, 미꾸라지 추(鰍)자는 '가을(秋)에 많이 잡히는 물고기(魚)'라는 뜻입니다. 하지만 물고기 이름들은 별로 사용되지 않으므로 암기할 필요는 없습니다.

## 물고기와 관련한 글자

鯨 고래 경 ㊥ 鲸
물고기 어(魚) + [서울 경(京)]

魯 노나라 노 ㊥ 鲁
물고기 어(魚) +
달/맛있을 감(甘→曰)

鮮 고울 선 ㊥ 鲜]
물고기 어(魚) +
[양 양(羊)→선]

蘇 되살아날/차조기 소 ㊥ 苏
풀 초(艹) + 물고기 어(魚) +
벼 화(禾)

漁 고기잡을 어 ㊥ 渔
물 수(氵) + [물고기 어(魚)]

고래도 물에 사니까, 물고기 어(魚)자가 들어갑니다. 서울 경(京)자는 높은 건물의 상형이므로, 고래 경(鯨)자는 '큰 집(京)같은 고기(魚)'라는 뜻입니다. 포경(捕鯨)은 '고래(鯨)를 잡다(捕)'는 뜻입니다. 포경수술의 포경(包莖)은 '남자 줄기(莖)의 끝이 껍질에 싸여(包) 있는 것'을 말합니다. 두 낱말의 발음이 같아서, 포경수술 하는 것을 은어(隱語)로 '고래 잡으러 간다'고 합니다. 백경(白鯨)은 '흰(白) 고래(鯨)'로, 미국의 소설가 멜빌이 1851년에 지은 장편소설의 제목이기도 합니다. 원제목은《모비 딕(Moby Dick)》으로, 모비 딕이라는 흰 고래에게 한쪽 다리를 잃은 포경선 선장인 에이햅(Ahab)이 바다를 모두 뒤져 백경을 찾아 작살을 명중시켰으나 결국 고래에게 끌려 바다 밑으로 빠져들어 가고 배도 함께 침몰한다는 이야기입니다.

공자가 살았던 나라 이름이 노(魯)나라입니다. 노나라 노(魯)는 중국 동쪽 해안에 위치하여 '맛있는(甘→曰) 물고기(魚)가 많이 잡히다'는 뜻으로 만든 글자입니다.

고울 선(鮮)자는 원래는 물고기의 이름이었으나, '물고기 이름→생선→날것→싱싱하다→깨끗하다→곱다' 등의 의미가 파생되었습니다. 생선(生鮮)은 '살아

**鮑** 절인어물 포 ⓢ 鮑
물고기 어(魚) + [쌀 포(包)]

소엽(蘇葉)이라고도 부르는 차조기 풀

(生) 있는 물고기(鮮)'이고, 선도(鮮度)는 '싱싱한(鮮) 정도(度)'이고, 선명(鮮明)은 '깨끗하고(鮮) 밝다(明)'는 뜻입니다. 삼선자장면(三鮮煮醬麵)은 '고기, 해물, 채소 등 세(三) 가지 신선한(鮮) 재료로 만든 자장면(煮醬麵)'입니다.

되살아날 소(蘇)자는 원래 '차조기'라는 풀을 의미하는 글자입니다. 차조기는 생선을 먹고 식중독에 걸렸을 때 해독제나 약용으로 사용되는 풀입니다. 따라서 되살아날 소(蘇)자는 '생선(魚)을 먹고 식중독에 걸렸을 때 차조기 풀(艹)을 먹고 병을 치료하고, 쌀밥(禾)을 먹고 기운을 차려 회복하다'는 뜻에서, '되살아나다'는 의미가 생겼습니다. 심폐소생술(心肺蘇生術)은 '심장(心)과 폐(肺)를 소생(蘇生)시키는 기술(術)'로, 심장과 폐의 활동이 갑자기 멈추었을 때 사용하는 응급처치입니다.

고기잡을 어(漁)자는 '물(氵)에서 고기(魚)를 잡다'는 뜻입니다. 고기 잡는 사람을 어부(漁父)라고 부르는데, 물고기 어(魚)자 대신 고기잡을 어(漁)자가 사용됩니다. 어부지리(漁父之利)는 '어부(漁父)의(之) 이익(利)'이란 뜻으로, 두 사람이 이해관계로 다투는 사이에 엉뚱한 사람이 이익을 보는 것을 일컫습니다. 도요새와 조개가 싸우고 있는 사이에 어부가 쉽게 둘을 다 잡았다는 이야기에서 유래하는 고사성어입니다.

절인어물 포(鮑)자의 '절인 어물(魚物)'은 소금에 절여 말린 물고기를 말합니다. 육포(肉脯)나 오징어포(脯)처럼 소금에 절이지 않고 그대로 말린 고기는, 고기 육(肉/月)자에 소리를 나타내는 클 보(甫)자를 합쳐서 만든 포 포(脯)자를 사용합니다. 포(鮑)자는 거의 사용되지 않는 글자인데, 암기를 해야 하는 유일한 이유는 관포지교(管鮑之交)라는 사자성어 때문입니다. 관포지교(管鮑之交)는 '관중(管)과 포숙아(鮑)의(之) 사귐(交)'이란 뜻으로, 우정이 아주 돈독한 친구 관계를 이르는 말입니다. 중국 춘추 시대에 관중(管仲)과 포숙아(鮑叔牙)는 어려서부터 둘도 없는 친구 사이였는데, 관중이 잘못하더라도 포숙아는 항상 이해해 주었는데, 나중에 관중이 제나라의 재상이 되었을 때 이렇게 말했습니다. "나를 낳아준 이는 부모이지만 나를 진정으로 알아준 사람을 포숙아다."

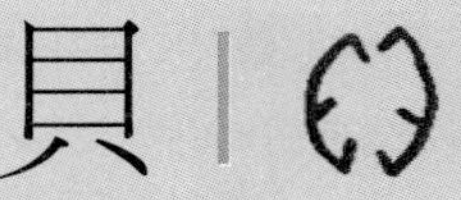

조개 패(貝) 간체자: 贝
마노조개

상형문자를 만들었던 중국의 은(殷)나라는 초기에 상(商)나라라고 불렀습니다. 장사 상(商)자는 원래 높을 고(高)자와 마찬가지로 높은 건물을 본떠 만든 글자입니다. 문명이 발달한 상(商)나라에 높은 건물이 많아 상(商)나라로 불렀고, 상나라 사람이 최초로 장사를 해서 장사라는 의미도 생겼습니다. 따라서 상인(商人)이란 '상나라(商) 사람(人)'이란 뜻과 함께 '장사(商)를 하는 사람'(人)이라는 뜻을 가지게 되었습니다.

상인(商人)들은 장사를 하기 위해 화폐를 사용하였는데, 처음에는 금속으로 만든 화폐 대신 조개를 화폐로 사용하였습니다. 화폐에 사용된 조개는 마노(瑪瑙)조개인데, 일반 조개와는 달리 모양이 특이하고, 매우 단단하며 광택이 매우 예쁘며, 지름이 1~2㎝정도로 크기는 작은 편입니다. 마노조개는 중국 남부 해안이나 인도양에서 나는데, 당시 황하강 중류에 살았던 중국인들에게는 먼 바다에서 나는 마노조개를 매우 귀하게 여겼으리라 짐작됩니다.

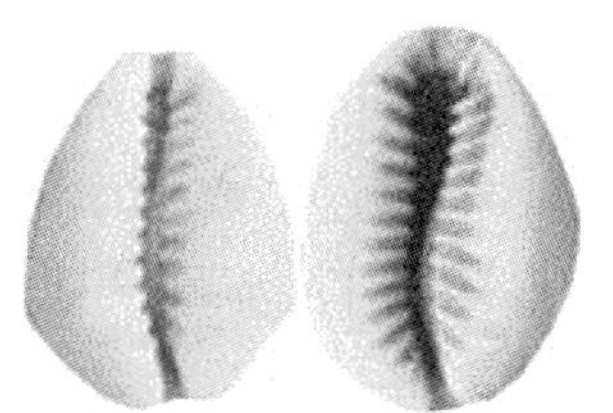

은나라에서 화폐로 사용했던 마노조개

조개 패(貝)자는 마노(瑪瑙)조개의 모습을 본떠 만든 글자입니다. 조개 패(貝)자가 단독으로는 조개를 의미하지만, 다른 글자와 함께 사용될 때에는 돈이나 재물이란 의미로 사용됩니다. 또한 무역(貿易), 매매(賣買), 임대(賃貸), 전세(專貰), 저축(貯蓄), 배상(賠償) 등 경제 관련 용어에도 대부분 들어갑니다.

솥 정(鼎)자가 다른 글자와 만나면 간략화되어 조개 패(貝)자처럼 쓰기 때문에 두 글자를 잘 구분해야 합니다. 둥글 원(員), 법칙 칙(則), 곧을 정(貞), 갖출 구(具)자에 들어가는 패(貝)자는 모두 솥 정(鼎)자가 변한 모습입니다.

### 재물과 재화

**財** 재물 재 ⓢ 财
조개 패(貝) + [재주/바탕 재(才)]

**資** 재물 자 ⓢ 资
조개 패(貝) + [버금 차(次)→자]

**貨** 재화 화 ⓢ 货
조개 패(貝) + [될 화(化)]

재물(財物), 재단(財團), 재산(財産) 등에 들어가는 재물 재(財)자는 '바탕(才)이 되는 돈(貝)이 재물이다'는 뜻입니다.

재물 자(資)자는 자본(資本), 자산(資産), 자원(資源), 투자(投資), 물자(物資), 자료(資料) 등에 사용됩니다.

재화 화(貨)자는 원래 돈이라는 뜻을 가졌으나, '돈→재물→상품(商品)' 등의 뜻으로 파생되었습니다. 상품(商品)은 상(賞)을 탈 때 받는 상품(賞品)과는 달리, 장사하는 물품(物品)을 말합니다. 재화 화(貨)자에는 될 화(化)자가 들어 있는데, '돈은 상품(商品)으로, 상품은 다시 돈으로 서로 변화(變化)가 가능하다'는 뜻으로 만든 글자입니다. 화폐(貨幣), 통화(通貨), 金貨(금화)에서는 '돈'이란 의미로 사용되지만, 화물(貨物), 백화점(百貨店)에서는 '상품(商品)'이란 의미로 사용됩니다. 백화점(百貨店)은 '백(百)가지 상품(貨)을 파는 상점(店)'이란 뜻이고, 금은보화(金銀寶貨)는 '금(金)과 은(銀)과 보물(寶)과 돈(貨)'이란 뜻입니다.

### 물건을 사고 팜

**販** (돈을 받고) 팔 판 ⓢ 贩
조개 패(貝) + [돌이킬 반(反)→판]

**購** (돈으로) 살 구 ⓢ 购
조개 패(貝) + [쌓을 구(冓)]

**買** (돈으로) 살 매 ⓢ 买
조개 패(貝) + 그물 망(网/罒)

**賣** (돈을 받고) 팔 매 ⓢ 卖 ⓨ 売
날 출(出→士) +
[살 매(買)→매]

**貿** (돈으로) 무역할 무 ⓢ 贸
조개 패(貝) +
[토끼 묘(卯)→무]

**賈** 장사 고, 성 가 ⓢ 贾
조개 패(貝) +
[덮을 아(襾)→고, 가]

**價** 값 가 ⓢ 价 ⓨ 価
사람 인(亻) + [성 가(賈)]

물건을 사고파는데, 돈이 필요하다는 것은 말할 필요가 없습니다. 판매(販賣)에 들어가는 팔 판(販)자는, '돈으로 산 물건을 팔면, 돈(貝)을 되돌려(反) 받는다'는 뜻으로, '장사'라는 뜻도 있습니다.

살 구(購)자가 들어가는 글자로는 구매(購買), 구입(購入), 구독(購讀), 구판장(購販場) 등이 있습니다.

살 매(買)자는 '그물(罒)로 조개(貝)를 잡는 모습입니다. '그물(罒)로 돈(貝)을 끌어 모아 물건을 사다'는 해석과 '그물(罒)로 조개(貝)를 끌어 모으듯이 물건을 사모으다'라는 해석도 있습니다.

팔 매(賣)자는 '사온(買) 물건을 팔면, 물건이 나간다(出→士)'는 뜻입니다. 매매(賣買)는 '팔고(賣) 사다(買)'는 뜻이고, 매국노(賣國奴)는 '나라(國)를 팔아먹는(賣) 놈(奴)'이란 뜻입니다. 전매제(專賣制)는 '오로지(專) 혼자 독점하여 판매(賣)하는 제도(制)'라는 뜻입니다.

무역할 무(貿)자는 무역(貿易)이란 단어에만 사용됩니다. 무역풍(貿易風)은 '무역(貿易)을 하는 배에 불어주는 바람(風)'이란 뜻으로, 아열대지방(난대지방)에 부는 바람으로, 옛 사람들이 이 바람을 타고 무역선을 항해했기 때문에 붙여진 이름입니다.

장사 고(賈)자는 성씨 가(賈)로 쓰였는데, 아마도 가(賈)씨 집안은 장사를 하던 집임이 분명합니다. 가(賈)씨 성으로 가장 유명한 사람은 중국의 가도(賈島)가 있습니다. 이 사람은 당나라의 시인이자 스님이었는데, '글을 여러 번 고침'을 이르는 말인 퇴고(推敲)라는 단어를 만든 장본인입니다.

가격(價格), 물가(物價), 원가(原價), 유가(油價)에 들어가는 값 가(價)자는 '장사(賈)할 때 사람(亻)이 값을 매기다'는 뜻으로 만든 글자입니다. 동가홍상(同價紅裳)은 '같은(同) 값(價)이면 다홍(紅)치마(裳)'라는 뜻으로, 같은 값이면 좋은 물건을 가짐을 이르는 말입니다.

### 돈을 주거나 바침

賜 (돈을) 줄 사 ㊥ 赐
조개 패(貝) +
[쉬울 이(易)→사]

贈 (돈을) 줄 증 ㊥ 赠
조개 패(貝) +
[일찍/거듭 증(曾)]

貢 (돈을) 바칠 공 ㊥ 贡
조개 패(貝) + [장인 공(工)]

賀 (돈으로) 하례할 하 ㊥ 贺
조개 패(貝) +
[더할 가(加)→하]

賞 (돈으로) 상줄 상 ㊥ 赏
조개 패(貝) + [오히려 상(尙)]

償 (돈을) 갚을 상 ㊥ 偿
사람 인(亻) + [상줄 상(賞)]

줄 사(賜)자는 '아랫사람에게 돈(貝)을 주다'는 뜻입니다. 하사(下賜)는 '왕이 아래(下) 사람에게 금품을 주다(賜)'는 뜻입니다. 조선 시대에 과거에 급제한 사람은 임금이 하사(下賜)한 종이꽃을 머리에 꽂고 고향으로 돌아갔습니다. 이러한 꽃을 어사화(御賜花)라고 하며, '임금(御)이 주는(賜) 꽃(花)'이란 뜻입니다.

줄 증(贈)자는 '돈(貝)을 거듭하여(曾) 주다'는 뜻입니다. 기증(寄贈), 증여(贈與)에 들어갑니다.

중국 주나라 때 있었던 봉건제도는 왕이 공신이나 친척들에게 땅을 주고 그 땅을 다스리게 하는 대신, 공물(貢物)을 바치게 한 제도였습니다. 원래는 공물로 지방의 특산물을 바쳤으나, 나중에 돈으로 바뀌었습니다. 이런 이유로 바칠 공 (貢)자에는 조개 패(貝)자가 들어갑니다. 우리나라에서도 고종 31년(1894년)에는 공물을 돈으로 바치게 하는 대동법(大同法)을 실시하였습니다.

하례(賀禮)는 '축하(祝賀)하여 예(禮)를 차리다'는 뜻입니다. 중국인들은(우리나라도 마찬가지로) 예로부터 결혼이나 기쁜 일을 축하(祝賀)할 때 돈을 주는 풍습이 있었습니다. 이런 이유로 하례할 하(賀)자에는 조개 패(貝)자가 들어갑니다.

금상(金賞), 대상(大賞), 상금(賞金), 상품(賞品), 입상(入賞) 등에 들어가는 상줄 상(賞)자는 '공을 세운 사람에게 재물(貝)을 주다'는 뜻입니다. 이후 '상주다→(상을 주며) 칭찬하다→(상을 받아) 즐기다'는 뜻이 파생되었습니다. 관상식물(觀賞植物)은 '보고(觀) 즐기는(賞) 식물(植物)'이라는 뜻이고, 〈상춘곡(賞春曲)〉은 '봄(春)을 즐기는(賞) 노래(曲)'라는 뜻으로, 조선 성종 때 정극인이 만든 한국 최초의 가사(歌辭)입니다. 조선시대에 단종이 왕위를 빼앗기자 벼슬을 버리고 고향인 전라북도 태인에 은거한 정극인이 그곳의 봄 경치를 읊은 것입니다.

상줄 상(賞)자에 사람 인(亻)자를 붙이면 갚을 상(償)자가 됩니다. '사람(亻)이 상(賞)을 받은 은혜를 갚다'는 뜻입니다. 배상(賠償), 변상(辨償), 보상(報償), 상환(償還) 등에 사용됩니다.

### 돈을 내고 물건을 빌림

賃 (돈을 받고) 품팔이 임 ㊥ 赁
조개 패(貝) + [맡을 임(任)]

품팔이는 품삯을 받고 남의 일을 해주는 것을 말합니다. 품팔이 임(賃)자는 '남의 일을 맡아(任) 해주고 돈(貝)을 받는 것이 품팔이다'는 뜻입니다. 이후 '품팔이→(돈을 주고 남의 힘을) 빌다→세내다'는 뜻이 파생되었습니다. 임금(賃金)

貸 (돈으로) 빌릴 대 ㊥贷
조개 패(貝) + [대신할 대(代)]

貰 (돈으로) 세낼 세 ㊥贳
조개 패(貝) + [세상 세(世)]

은 '품팔이(賃)하고 받는 돈(金)'이고, 임대인(賃貸人)은 '세를 받고(賃) 빌려주는(貸) 사람(人)'이고, 임차인(賃借人)은 '세를 내고(賃) 빌리는(借) 사람(人)'입니다.

빌릴 대(貸)자는 '돈(貝)을 내고 대신(代) 물건을 빌리다'는 뜻입니다. 대여(貸與)는 '빌려(貸) 주다(與)'는 뜻입니다. 은대지제도(恩貸地制度)는 '은혜로이(恩)를 땅(地)을 임대(貸)해주는 제도(制度)'로, 중세 유럽 봉건제에서 영주가 신하나 기사들에게 땅을 주는 대가로 군역 따위의 봉사 의무를 요구한 제도입니다.

세낼 세(貰)자는 전세(傳貰), 월세(月貰), 방세(房貰) 등에 사용됩니다.

### 빚과 관련한 글자

負 (빚을) 질 부 ㊥负
조개 패(貝) + 사람 인(人)

責 (돈을 갚지 않아) 꾸짖을 책 ㊥责
조개 패(貝) +
[가시나무 자(朿)→책]

債 (돈으로 진) 빚 채 ㊥债
사람 인(亻) +
[꾸짖을 책(責)→채]

質 바탕 질 ㊥质 ㊀貭
조개 패(貝) + 도끼 근(斤) X 2

질 부(負)자는 원래 '사람(人)이 갚아야 할 돈(貝)', 즉 빚을 뜻하는 글자였습니다. 이후 '빚→빚을 지다→부담을 지다→짐을 지다'는 뜻이 파생되었습니다. 부채(負債)는 '다른 사람에게 진(負) 빚(債)'이고, 부담(負擔)은 '짐을 지고(負) 메다(擔)'는 뜻입니다.

꾸짖을 책(責)자는 '빌려준 돈(貝)을 제때 갚지 않아 가시나무 채찍(朿)으로 때리면서 재촉하거나 꾸짖다'는 뜻입니다. 이후 '빚→빚을 재촉하다→꾸짖다→책임(責任)을 지우다'는 뜻이 파생되었습니다. 책망(責望)은 '꾸짖으며(責) 원망(望)하다'는 뜻입니다. 면책특권(免責特權)은 '책임(責)을 면하는(免) 특별한(特) 권리(權)'로, 국회의원이나 외교관에게 주어지는 특권입니다.

빚 채(債)자는 꾸짖을 책(責)자의 원래 뜻을 보존하기 위해 사람 인(亻)자를 붙여 만든 글자입니다. 채무자(債務者)는 '빚(債)을 갚을 의무(務)가 있는 사람(者)'이고, 채권자(債權者)는 '빚(債)을 받을(權) 권리가 있는 사람(者)'입니다. 국채보상운동(國債報償運動)은 '국가(國)의 빚(債)을 갚는(報償) 운동(運動)'으로, 1907년 우리 정부가 일본에 진 빚 1,300만 원을 국민이 돈을 모아 갚자는 운동입니다.

바탕 질(質)자는 원래 '돈(貝)을 빌리기 위해 도끼(斤)를 저당물로 잡히다'에서 '저당물'이란 뜻을 가졌습니다. 이후 '저당물→(저당물의) 품질(品質)→본성→바탕'이란 뜻이 파생되었습니다. 물건을 저당 잡힐 때 저당물의 품질(品質)이 중요했기 때문에 품질이란 뜻이 생겼습니다. 질권(質權)은 '저당(質) 잡을 권리(權)'로, 채무자가 돈을 갚을 때까지 채권자가 저당물을 간직할 수 있고, 채무자가 돈을 갚지 아니할 때는 그것으로 우선 변제를 받을 수 있는 권리입니다. 물질(物質)은 '물건(物)의 본바탕(質)'을 뜻합니다.

### 돈이 없음

**貧** (돈이 없어) 가난할 빈 ㊥贫
조개 패(貝) +
[나눌 분(分)→빈]

**賤** (돈이 없어) 천할 천
㊥贱 ㊣賎
조개 패(貝) +
[적을 전(戔)→천]

**貪** (돈을) 탐할 탐 ㊥贪
조개 패(貝) +
[이제 금(今)→탐]

**賊** (돈을 훔친) 도둑 적 ㊥贼
조개 패(貝) + 오랑캐 융(戎)

빈곤(貧困)에 들어가는 가난할 빈(貧)자는 '돈(貝)을 여러 사람이 나누어(分) 가져 가난하다'는 뜻입니다. 〈빈처(貧妻)〉는 '가난한(貧) 아내(妻)'라는 뜻으로, 1921년 《개벽(開闢)》지에 발표한 현진건의 단편소설로, 가난한 무명작가와 양순하고 어진 아내의 이야기를 그린 작품입니다. 빈혈(貧血)은 '피(血)가 부족하다(貧)'는 뜻으로, 혈액 속의 적혈구가 정상값 이하로 감소한 상태입니다.

천시(賤視), 천민(賤民), 천대(賤待) 등에 들어가는 천할 천(賤)자는 '돈(貝)이 적어(戔) 가난한 사람은 천(賤)하다'는 뜻으로 만들어졌습니다. 고대 중국에서 돈이 있고 없음에 따라 귀천(貴賤)이 정해진 것을 볼 수 있는 글자입니다. 일천즉천(一賤則賤)은 '부모 중 한(一)쪽이 천민(賤)이면 자식도 곧(則) 천민(賤)이다'는 뜻입니다.

탐할 탐(貪)자는 '돈(貝)을 탐하다'는 뜻입니다. 소탐대실(小貪大失)은 '작은(小) 것을 탐하다(貪)가 큰(大) 것을 잃다(失)'는 뜻입니다.

도적 적(賊)자는 '창(戈)을 든 오랑캐(戎)가 돈(貝)을 도적(盜賊)질을 하다'는 뜻입니다. 〈우적가(遇賊歌)〉는 '도적(賊)을 만난(遇) 노래(歌)'라는 뜻으로, 신라의 화랑이며 승려인 영재(永才)가 지은 향가이고 《삼국유사(三國遺事)》에 실려 있습니다.

### 돈을 실에 꿿

**貫** (돈을) 꿸 관 ㊥贯
조개 패(貝) + [꿸 관(毌)]

**實** 열매 실 ㊥实 ㊣実
집 면(宀) + 꿸 관(貫)

**鎖** 쇠사슬 쇄 ㊥锁
쇠 금(金) + [작을 소(小)→쇄] +
조개 패(貝)

**串** (돈을) 꿸 관 ㊥串
뚫을 곤(丨) + 입 구(口) X 2

**朋** 벗 붕 ㊥朋
꿸 관(串→月) X 2

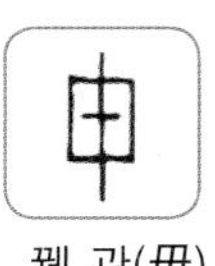
꿸 관(毌)

꿸 관(毌)자는 어떤 물건을 꼬챙이로 꿴 모습입니다. 나중에 뜻을 분명히 하기 위해 조개 패(貝)자가 다시 추가되어 꿸 관(貫)자가 되었습니다. 고대 중국에서는 화폐로 사용한 조개를 줄에 꿰어 다녔던 풍습에서 나온 글자입니다. 관통(貫通)은 '꿰뚫어(貫) 통(通)하다'는 뜻입니다. 시종일관(始終一貫)은 '시작(始)과 끝(終)이 하나(一)로 꿰어져 있다(貫)'는 뜻으로, 처음부터 끝까지 한결같음을 이르는 말입니다.

열매 실(實)자는 원래 '집(宀)안에 있는 돈 꾸러미(貫)'라고 해서 재물이란 뜻을 가졌습니다. 이후 '재물→열매→곡식이 익다→튼튼하다→참으로→실제로' 등의 뜻이 생겼습니다. 옛날에는 곡식이나 열매가 재물이었습니다.

쇠사슬 쇄(鎖)자는 쇠 금(金)자에 작을 소(小)자와 조개 패(貝)자가 합쳐진 글자입니다. 옛날에는 작은 조개(혹은 동전)를 쇠사슬처럼 꿰어 다닌다고 생긴 글자입니다. 나중에 자물쇠라는 의미도 생겼습니다. 연쇄반응(連鎖反應), 쇄국정책(鎖國政策)에 사용됩니다.

조개를 실로 꿴 모습의 글자로는 꿸 관(串)자도 있습니다. 글자에는 실(丨)에 조개가 두 개(口, 口) 꿰어 있는 모습이지만, 원래 조개 다섯 개를 뜻하는 글자입니다.

벗 붕(朋)

벗 붕(朋)자는 꿸 관(串)자 두 개가 나란히 있는 모습으로, 원래 조개 열 개을 뜻하는 글자입니다. 이후 여러 조개들의 모습에서, 무리나 벗이라는 뜻이 생겼습니다. 삼강오륜의 하나인 붕우유신(朋友有信)은 '친구(朋)와 친구(友) 사이에 믿음(信)이 있어야(有) 한다'는 뜻입니다. 붕당정치(朋黨政治)는 '친구(朋)나 무리(黨)들이 모여 하는 정치(政治)'라는 뜻으로, 조선 시대에 같은 지방이나 서원 출신의 친구나 무리들이 서로 파벌을 이루어 정권을 다투던 일입니다.

### 기타(1)

**得** (돈을) 얻을 득 ㊥ 得
걸을 척(彳) +
조개 패(貝→旦) + 마디 촌(寸)

**賢** (돈을 주니) 어질 현 ㊥ 贤
조개 패(貝) + [어질 현(臤)]

**寶** (돈 같은) 보배 보 ㊥ 宝 ㊕ 宝
집 면(宀) + 구슬 옥(玉) +
[장군 부(缶)→보] + 조개 패(貝)

**貴** (돈이) 귀할 귀 ㊥ 贵
조개 패(貝) + 두 손과 물건

얻을 득(得)

얻을 득(得)자는 '길(彳)에서 손(寸)으로 돈(貝→旦)을 줍다'는 뜻입니다. 인터넷 게임에서 득(得)템은 '아이템(item)을 얻다(得)'는 뜻의 속어입니다. 일거양득(一擧兩得)은 '손을 한(一) 번 들어(擧) 두(兩) 개를 얻다(得)'는 뜻으로, '한 가지 일로써 두 가지의 이익을 얻는다'는 의미입니다. 같은 말로 일석이조(一石二鳥)가 있습니다.

어질 현(賢)자는 '돈(貝)이 많아 여러 사람에게 나누어 주니 어질다'는 뜻입니다. 집현전(集賢殿)은 '현명(賢明)한 사람, 즉 학자들이 집합(集合)한 궁전(宮殿)'으로, 고려에서 조선 초기까지 궁중에 설치한 학문 연구기관입니다. 훈민정음은 집현전의 학자들이 만들었습니다.

보석(寶石), 보물(寶物), 국보(國寶) 등에 들어가는 보배 보(寶)자는 '집(宀) 안에 있는 옥(玉/王)과 돈(貝)이 보배'라는 의미입니다.

귀할 귀(貴)

귀할 귀(貴)자의 윗부분은 두 손(臼)으로 뭔가 귀한 것을 들어 올리는 모습입니다. 두 손으로 들어올리는 것으로 보아 귀중품(貴重品)으로 추측됩니다. '귀하다'는 의미를 분명히 하기 위해 돈을 뜻하는 조개 패(貝)자가 들어갔습니다. '배추가 품귀 현상을 빚고 있다'에서 품귀(品貴)는 '상품(品)이 귀하다(貴)'는 뜻으로, 물건 구하기 어려움을 말합니다.

## 기타(2)

**費** (돈을) 쓸 비 ⓖ 费
조개 패(貝) + [아니 불(弗)→비]

**贊** (돈으로) 도울 찬 ⓖ 赞
조개 패(貝) + 먼저 선(先) X 2

**賴** (돈 주고) 의뢰할 뢰 ⓖ 赖
조개 패(貝) +
[어그러질 랄(剌)→뢰]

**賦** 구실 부 ⓖ 赋
조개 패(貝) + [굳셀 무(武)→부]

**賻** (돈으로) 부의 부 ⓖ 赙
조개 패(貝) + [펼 부(尃)]

**賓** 손님 빈 ⓖ 宾
집 면(宀) + 그칠 지(止) +
조개 패(貝)

**貯** (돈을) 쌓을 저 ⓖ 贮
조개 패(貝) + [쌓을 저(宁)]

**敗** 패할 패 ⓖ 败
칠 복(攵) + [조개 패(貝)]

소비(消費), 식비(食費), 학비(學費), 비용(費用) 등에 들어가는 쓸 비(費)자는 '돈(貝)을 쓰면 없어지다(弗)'는 뜻을 가지고 있습니다.

찬조금(贊助金)에 들어가는 도울 찬(贊)자는 '돈(貝)을 들고나가(先先) 도와주다'는 뜻입니다. 야구선수 박찬호(朴贊浩)처럼 남자 이름에 많이 쓰입니다.

의뢰할 뢰(賴)자는 '돈(貝)을 주고 일을 의뢰(依賴)한다'는 뜻입니다.

구실 부(賦)자의 구실은 핑계를 뜻하는 말이 아니고, 온갖 세금을 통틀어 이르는 말입니다. 부(賦)자는 원래 '군대(武)에서 사용하는 돈(貝)', 즉 군비(軍費)를 뜻하는 글자입니다. 이후 군비→(군비를) 거두다→(군비를) 주다→세금'의 뜻이 파생되었습니다. 부역(賦役)은 '세금(賦)처럼 부과하는 노역(役)'으로 옛날에 성을 짓거나 길을 내기 위해 백성에게 의무적으로 시키는 노역입니다. 천부인권사상(天賦人權思想)은 '인권(人權)은 하늘(天)이 부여(賦)하였다는 사상(思想)'으로, 18세기 말에 루소와 같은 학자가 주장하였습니다.

부의 부(賻)자의 부의(賻儀)는 초상난 집에 도우려고 보내는 돈이나 물건을 의미합니다. 보통 돈으로 부의를 하므로, 조개 패(貝)자가 들어갑니다.

손님 빈(賓)

손님 빈(賓)자는 '집(宀)에 재물(貝)을 가지고 들어오는(止) 사람'이란 뜻입니다. 그칠 지(止)자는 발의 상형으로 '가다'는 뜻이 있고, 여기에서는 거꾸로 쓰여 있습니다. 내빈(來賓)은 '온(來) 손님(賓)'이고, 국빈(國賓)은 '국가적인(國) 손님(賓)'입니다.

저금(貯金), 저축(貯蓄)에 사용되는 쌓을 저(貯)자는 '재물(貝)을 모아 쌓아 두다(宁)'는 뜻입니다. 저수지(貯水池)는 '물(水)을 모아 쌓아 두는(貯) 못(池)'이란 뜻입니다.

패할 패(敗)

패할 패(敗)자는 '조개(貝)를 손에 든 막대기(攵)로 깨뜨리다'는 뜻입니다. 이후 '깨뜨리다→부수다→해치다→썩다→패하다' 등의 뜻이 파생되었습니다. 부패(腐敗), 패배(敗北) 등에 사용됩니다. 패가망신(敗家亡身)은 '집(家)을 부수고 (敗) 몸(身)을 망치다(亡)'는 뜻으로, '집안의 재산을 탕진하고 몸을 망친다'는 의미입이다. 패혈증(敗血症)은 '피(血)가 썩는(敗) 증세(症)'로, 상처나 종기 따위에서 생긴 세균이 혈액 속에 들어가 번식하는 증세입니다.

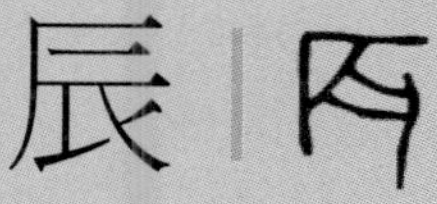

별 진(辰), 때 신(辰)
조개의 모습

별 진(辰)자는 입을 벌리고 있는 조개의 모습을 본떠 만든 글자입니다. 여기에서 조개는 백합(白蛤) 또는 대합(大蛤)이라고 부르는 무명조개로, 길이가 9cm 정도의 큰 조개입니다. 이런 큰 조개로 옛 중국 사람들은 땅을 파거나 곡식을 수확할 때 농기구로 사용하였습니다. 하지만 나중에 별을 의미하는 글자로 가차되었습니다. 이후 진(辰)자는 십이지(十二支)에 속하면서 12마리 동물 중 5번째인 용(龍)과 짝을 이루었습니다. 임진왜란(壬辰倭亂)은 '임진(壬辰)년에 왜(倭)가 일으킨 난(亂)'입니다.

별 진(辰)자는 때나 시간, 일(日)을 뜻하는 글자로도 사용되는데, 이때에는 때 신(辰)자가 됩니다. 석가탄신일(釋迦誕辰日)은 '석가(釋迦)가 탄생한(誕) 날(辰, 日)'로, 음력 4월 8일입니다. 사월 초파일이라고도 하는데, 초파일은 초팔일(初八日)을 말합니다. 한 달에 8일이 3번(8일, 18일, 28일)이 있는데, 이중 '처음(初) 나오는 팔일(八日)'이란 뜻입니다.

별 진(辰)자는 부수이지만, 다른 글자와 만나 소리로 사용되기도 합니다. 이때, '떨리거나 움직이다'는 뜻을 가집니다. 진동(振動)이라는 글자에 들어가는 떨칠 진(振)자, 지진(地震)이라는 글자에 들어가는 벼락 진(震)자, 뱃속의 아기가 움직이는 아이밸 신(娠)자 등이 그런 예입니다.

### 조개와 관련한 글자

**蜃** 무명조개 신 ㊥ 蜃
벌레 충(虫) + [때 신(辰)]

**脣** 입술 순 ㊥ 唇
고기 육(肉/月) +
[때 신(辰)→순]

**農** 농사 농 ㊥ 农
별 진(辰) + 수풀 림(林→曲)

**辱** 욕될 욕 ㊥ 辱
마디 촌(寸) + 별 진(辰)

무명조개 신(蜃)에 들어있는 때 신(辰)자는 조개의 모습이지만, 다른 뜻으로 사용되면서 원래의 뜻을 살리기 위해 벌레 충(虫)자가 추가되었습니다. 신(蜃)자는 '이무기'라는 뜻도 가지고 있습니다. 사막이나 바다에서 볼 수 있는 현상인 신기루(蜃氣樓)는, '이무기(蜃)가 숨을 쉴(氣) 때 보이는 누각(樓)'이라고 옛 중국 전설에 나옵니다. 기운 기(氣)자는 '숨을 쉬다'는 뜻도 있습니다.

입술 순(脣)자는 '입술을 벌리고 닫는 모습이 조개와 비슷하다'고 해서 조개의 상형인 신(辰)자가 들어갔습니다. 순망치한(脣亡齒寒)은 '입술(脣)이 없으면(亡) 이(齒)가 차다(寒)'는 뜻으로, '이웃이 망하면 자신도 위험하다'는 의미입니다. 양순음(兩脣音)은 '양(兩) 입술(脣) 사이에서 나는 소리(音)'라는 뜻으로, 'ㅁ, ㅂ, ㅃ, ㅍ'이 여기에 해당합니다. 아마도 한글을 만들 때, 미음(ㅁ)자를 입술 모양인 입 구(口)자에서 따오지 않았을까요? 입술소리 혹은 순음(脣音)이라고도 합니다.

농사 농(農)자는 상형문자를 보면 수풀 림(林)자가 변형된 글자(曲) 아래에 조개를 의미하는 진(辰)자로 이루어져 있습니다. 도구가 발달하지 않았던 고대 중국에서는 조개를 땅을 파거나 곡식을 수확하는 농기구로 사용하였습니다. 따라서 농사 농(農)자는 '수풀(林→曲)에서 조개(辰)로 땅을 일구어 농사를 짓다'는 뜻으로 만든 글자입니다. 소작농(小作農)은 '남의 땅을 빌려 작게(小) 짓는(作) 농사(農)'라는 뜻입니다.

욕될 욕(辱)자는 손(寸)으로 조개(辰)를 줍거나, 손(寸)으로 조개(辰)를 들고 농사를 짓는 모습입니다. '욕되다, 수치스럽다'는 의미가 생긴 유래는 정확하지 않으나, 아마 잡혀온 적으로 하여금 조개를 줍거나 농사를 짓는 노예로 만들어 '수치스럽게 하다'는 뜻이 생겼을 것으로 추측됩니다. 욕설(辱說)은 '욕보이는(辱) 말(說)'로, 남의 인격을 무시하는 모욕적(侮辱的)인 말입니다.

# 자연 2-11 벌레

벌레 충/훼(虫)

虫 | 

벌레 충/훼(虫)
뱀의 모습

벌레라는 뜻을 가진 한자를 머리에 떠올리면 대부분 사람들이 벌레 충(虫)자를 떠올립니다. 하지만 벌레 충(虫)자는 우리가 흔히 생각하는 곤충의 모습이 아니라 뱀의 모습을 본떠 만든 글자입니다. 과학이 발달하지 못했던, 고대 중국인은 파충류(뱀, 개구리, 자라 등), 갑각류(새우 등), 연체동물(조개, 달팽이)을 모두 벌레로 보았습니다. 따라서 앞에서 나왔던 짐승과 물고기와 새를 제외한 모든 동물을 지칭하는 글자에 벌레 충(虫)자가 들어갑니다.

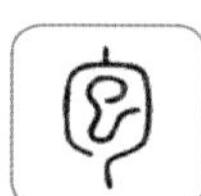

뱃(勹)속에 있는 태아(巳)의 모습을 그린 쌀 포(包)

뱀 사(巳)자를 뱀의 모습으로 오인하는 사람들도 있습니다. 사(巳)자는 어머니 뱃속에 있는 태아의 모습으로 갑골문자가 처음 만들어졌을 때부터 날짜를 기록하기 위한 십이지(十二支)에 사용되었던 글자입니다. 뱀이란 뜻은 갑골문자가 나오고 1,000년이나 지난 전국 시대에 열두 동물을 십이지(十二支)와 연관시키면서, 여섯 번째 동물인 '뱀'과 짝을 이루면서 붙은 훈일 뿐 뱀의 모습과 전혀 상관이 없습니다.

## 곤충

**蟲** 벌레 충 ❸ 虫 ❹ 虫
벌레 충(虫) X 3

**蝕** 벌레먹을 식 ❸ 蚀
벌레 충(虫) + [먹을 식(食)]

**螢** 반딧불 형 ❸ 萤 ❹ 蛍
벌레 충(虫) + [등불 형(熒)]

**蠶** 누에 잠 ❸ 蚕 ❹ 蚕
벌레 충(虫) X 2 + [일찍 참(朁)→잠]

벌레 충(蟲)자는 벌레(虫)가 여러 마리(蟲) 있는 모습을 본떠 만든 글자입니다. 벌레들은 보통 여러 마리가 군집 생활을 하는 경우가 많기 때문입니다.

벌레먹을 식(蝕)자는 글자 그대로 '벌레(虫)가 나뭇잎을 갉아먹다(食)'는 뜻입니다. 월식(月蝕), 일식(日蝕), 침식(浸蝕), 해식(海蝕) 등에 사용됩니다. 월식(月蝕)은 지구의 그림자가 달을 가려 '달(月)을 갉아먹다(蝕)'는 뜻이고, 일식(日蝕)은 달이 해를 가려 '해(日)를 갉아먹다(蝕)'는 뜻입니다.

반딧불 형(螢)자는 '등불(熒)처럼 밝은 벌레(虫)가 반딧불이다'는 뜻입니다. 형설지공(螢雪之功)은 '반딧불(螢)과 눈(雪)의(之) 공(功)'이란 뜻으로, 고생을 이기고 공부하여 성공함을 일컫는 말입니다. 중국 진(晉)나라의 손강(孫康)은 겨울밤 창가에서 눈에 반사된 빛으로 공부하고, 차윤(車胤)은 여름밤에 반딧불을 잡아 그 빛으로 공부하여 벼슬에 올랐다는 이야기에서 유래합니다. 형광등(螢光燈)은 '반딧불(螢) 빛(光)이 나는 등잔(燈)'입니다.

蜀 나라이름/해바라기벌레 촉 ㊥ 蜀
눈 목(目/罒) + 쌀 포(勹) + 벌레 충(虫)

蜂 벌 봉 ㊥ 蜂
벌레 충(虫) + [만날/이끌 봉(夆)]

蜜 꿀 밀 ㊥ 蜜
벌레 충(虫) + [편안할 밀(宓)]

누에 잠(蠶)자에는 벌레 충(虫)자가 2개 들어가 있습니다. 누에는 떼로 기르기 때문에 '많다'는 것을 나타내기 위함입니다. 서울의 잠실운동장, 잠실대교, 잠실역 등이 있는 잠실(蠶室)은 예전에 뽕밭이 많아 누에를 많이 길렀습니다. 잠실(蠶室)은 '누에(蠶)를 치는 방(室)'이라는 뜻입니다. 양잠(養蠶)은 '누에(蠶)를 기르다(養)'는 뜻입니다. 또, '국내 시장을 잠식하고 있다'의 잠식(蠶食)은 '누에(蠶)가 뽕잎을 먹듯이(食) 점차 조금씩 먹어 들어가다'는 뜻입니다. 누에 잠(蠶)자에서 벌레(虫)자를 빼고 물 수(氵)자를 넣으면, 잠길 잠(潛)자가 됩니다. 옛 중국의 황하강 유역에 홍수가 날 때, 물의 수위가 천천히 올라가며 마을을 잠식(蠶食)하기 때문입니다.

해바라기 벌레는 누에처럼 생긴 벌레의 모습입니다. 해바라기벌레 촉(蜀)자는 몸의 모양(勹)에 머리를 상징하는 눈(目→罒)이 붙어 있는 모습이었으나, 나중에 벌레라는 의미를 분명히 하기 위해 벌레 충(虫)자를 추가하였습니다. 《삼국지》에서 유비(劉備)가 세운 촉(蜀)나라로 잘 알려져 있는 글자입니다.

해바라기벌레 촉(蜀)

벌 봉(蜂)자와 꿀 밀(蜜)자에는 모두 벌레 충(虫)자가 들어 있습니다. 양봉(養蜂)은 '벌(蜂)을 기르다(蜂)'는 뜻이고, 농민봉기의 봉기(蜂起)는 '벌(蜂)떼처럼 일어나다(起)'는 뜻입니다. 결혼한 부부의 신혼여행을 밀월여행이라고 하는데, 이때 밀월(蜜月)은 영어 허니문(honey-moon)을 한자로 옮긴 것입니다. 구밀복검(口蜜腹劍)은 '입(口)으로는 꿀(蜜)처럼 달콤한 이야기를 하고, 뱃(腹)속에는 칼(劍)을 지녔다'는 뜻으로, 말과 뜻이 다름을 일컫는 말입니다.

## 연체동물

蛤 대합조개 합 ㊥ 蛤
벌레 충(虫) + [합할 합(合)]

螺 소라 라 ㊥ 螺
벌레 충(虫) + [여러 루(累)→라]

연체동물(軟體動物)은 '연한(軟) 몸(體)을 가진 동물(動物)'이란 뜻으로, 조개, 달팽이, 소라, 굴, 오징어, 문어 등과 같이 몸속에 뼈가 없고 살만 있는 동물입니다. 연체동물 중 대합조개 합(蛤)자와 소라 라(螺)자에는 벌레 충(虫)자가 들어갑니다. 하지만, 오징어 오(鰞)와 문어 문(魰)자는 물고기 어(魚)자가 들어갑니다.

대합조개는 껍질이 두 개인 조개입니다. 대합조개 합(蛤)자는 '두 개의 조개껍질이 합쳐지다(合)'는 뜻이 포함되어 있습니다. 대합(大蛤)은 '큰(大) 조개(蛤)'라는 뜻이고, 홍합(紅蛤)은 '속살이 붉은(紅) 조개(蛤)'라는 뜻으로, 경상도에서는 담치라고 합니다.

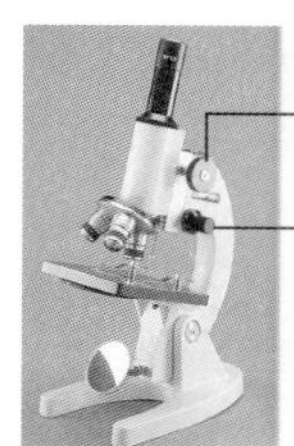

현미경

소라 라(螺)자는 '여러(累) 겹으로 둘둘 말려 있는 벌레(虫)라는 뜻입니다. 나사(螺絲)는 '소라(螺)처럼 돌아가는 실(絲)'이란 뜻으로, 물건을 고정시키기 위해 사용하는 나사못을 말합니다. 현미경의 미동나사(微動螺絲)는 '미세하게(微) 움직이도록(動) 하는 나사(螺絲)'이고, 조동나사(躁動螺絲)는 '조급하게(躁) 움직이도록(動) 하는 나사(螺絲)'입니다.

## 갑각류

**蝦** 새우 하 ⓒ 虾
벌레 충(虫) +
[빌릴 가(叚)→하]

**蟹** 게 해 ⓒ 蟹
벌레 충(虫) + [풀 해(解)]

어해도

갑각류(甲殼類)는 가재, 게, 새우 등과 같이 '갑옷(甲)처럼 딱딱한 껍질(殼)을 가진 동물의 종류(類)'입니다. 새우 하(蝦)자와 게 해(蟹)자에도 벌레 충(虫)자가 들어갑니다.

가을철에 서해안에 가면 소금에 구운 '대하구이'가 별미인데, 대하(大蝦)는 '큰(大) 새우(蝦)'라는 뜻입니다. 또 전라도 지방의 토하젓은 흰 쌀밥에 비벼 먹기 정말 좋은데, 토하(土蝦)는 '논이나 저수지 바닥의 진흙(土)에서 잡히는 민물 새우(蝦)'입니다. 새우 하(蝦)자는 벌레 충(虫)자 대신 물고기 어(魚)자를 넣어(鰕) 사용하기도 합니다. 또, 바닷가재를 중국에서는 '용(龍)처럼 생긴 새우(蝦)'라는 뜻의 용하(龍蝦: 간체자로 龙虾)라고 합니다. 중국으로 여행갈 때 우리나라에서는 비싸서 먹기 힘든 바닷가재를 싸게 먹어 보려면 꼭 알아둡시다. 어해도(魚蟹圖)는 '물고기(魚)와 게(蟹) 등을 소재로 그린 그림(圖)'으로, 조선 시대 말 민화에 많이 등장합니다.

## 환형동물

**蚓** 지렁이 인 ⓒ 蚓
벌레 충(虫) + [끌 인(引)]

**蛔** 회충 회 ⓒ 蛔
벌레 충(虫) + [돌 회(回)]

환형동물(環形動物)은 지렁이, 거머리, 회충 등과 같이 몸의 단면이 '둥근 고리(環) 모양(形)의 동물(動物)'입니다.

지렁이 인(蚓)자에 들어 있는 끌 인(引)자는 '활(弓)을 끌어당기다'는 뜻입니다. 지렁이 인(蚓)자는 '기어갈 때 몸을 길게 늘였다가 당기면서(引) 나아가는 벌레(虫)가 지렁이다'는 뜻입니다.

회충(蛔蟲)은 사람 몸속에서 기생하여 사는 기생충(寄生蟲)의 한 종류입니다. 지금은 거의 사라졌지만, 1960년대와 1970년대에는 학교에서 회충약을 나누어줄 정도로 많았습니다. 회충 회(蛔)자는 '뱀처럼 빙빙 돌아(回) 말린 모습의 벌레(虫)가 회충이다'는 뜻입니다. 돌 회(回)자는 원래 동그라미 2개를 그려 빙빙 도는 모습을 그려놓았습니다.

### 파충류

**蛇** 뱀 사 ⓐ蛇
벌레 충(虫) + [뱀 사(它)]

**蛋** 새알 단 ⓐ蛋
벌레 충(虫) +
[낳을 탄(誕→疋)→단]

**雖** 비록 수 ⓐ虽
벌레 충(虫) +
[오직 유(唯)→수]

**龜** 거북 귀, 땅이름 구, 터질 균
ⓐ龟 ⓨ亀
거북이 모습

가뭄으로 균열)이
생긴 저수지 바닥

부산 구포의 낙동강
건너 김해 구지동의
구지봉에 있는
귀두처럼 생긴 돌

파충류(爬蟲類)는 '(배나 손으로) 땅을 긁고(爬) 기어다니고, 벌레(蟲)와 같이 털이 없고 껍질이 단단한 동물의 종류(類)'로, 뱀, 악어, 거북 등이 있습니다.

뱀 사(蛇)자에 들어가는 뱀 사(它)자는 뱀의 상형이지만, 뜻을 강조하기 위해 나중에 다시 벌레 충(虫)자가 들어갔습니다. 용두사미(龍頭蛇尾)는 '용(龍)의 머리(頭)와 뱀(蛇)의 꼬리(尾)'라는 뜻으로, 처음 출발은 용의 머리처럼 크게 시작하였으나, 끝은 뱀의 꼬리처럼 보잘 것 없이 되는 것을 일컫는 말입니다.

새알 단(蛋)자는 원래 '뱀(虫)이 낳은(誕→疋) 알(蛋)'이란 뜻입니다. 단백질(蛋白質)은 '새알(蛋)의 흰자위(白)에 있는 물질(質)'이라는 뜻입니다. 우리나라에서는 닭의 알을 계란(鷄卵)이라고 하지만, 중국에서는 계단(鷄蛋: 간체자로 鸡蛋)이라고 하고, 계란 흰자위를 단백(蛋白)이라고 합니다. 비록 수(雖)자는 원래 큰 도마뱀의 일종을 뜻하는 글자입니다. 가차되어 '비록'이란 뜻으로 사용됩니다.

거북 귀(龜)

거북은 파충류임에도 불구하고, 거북의 모습을 본떠 만든 거북 귀(龜)자가 별도로 있으며, 이 글자는 부수자입니다. 거북 귀(龜)자는 16획으로 매우 복잡한 글자이지만, 거북의 모습을 머리에 떠올리면 쉽게 암기할 수 있습니다. 글자 위가 머리, 아래가 꼬리, 글자의 왼쪽은 앞발(彐)과 뒷발(彐)의 발가락 모습, 오른쪽은 등을 나타냅니다. 등껍질이 갈라져 터진 모습을 X자로 표현하였습니다.

거북 귀(龜)자는 거북 등껍질의 무늬처럼 갈라 터진다고 해서 터질 균(龜)자도 되고, 거북처럼 넙적하게 생긴 땅 모습에서 땅이름 구(龜)자도 됩니다. 균열(龜裂)은 '거북 등껍질 무늬처럼 갈라 터지고(龜) 찢어지다(裂)'는 뜻이고, 부산의 구포(龜浦)나 경상북도의 구미(龜尾)는 땅이름이며, 귀토지설(龜兎之說)은 '거북(龜)과 토끼(兎)의(之) 이야기(說)'로, 《삼국사기》의 〈김유신전〉에 나오는 토끼의 간을 빼가려는 거북의 이야기입니다. 조선 시대에 와서 《별주부전(鼈主簿傳)》이란 이름의 고대소설이 되었습니다. 또 귀두(龜頭)는 '거북(龜)의 머리(頭)'처럼 생긴 남근(男根)의 끝부분을 이르는 말입니다.

'거북아, 거북아, 머리를 내놓아라, 만약에 내놓지 않으면, 구워 먹으리'라는 삼국 시대 노래의 이름을 구지가 혹은 귀지가라고 하는데, '구지봉(龜旨峰)에서 만든 노래(歌)'라면 구지가(龜旨歌)가 되고, '거북이(龜)가 맛있다(旨)는 노래(歌)'라면 귀지가(龜旨歌)가 됩니다.

### 양서류

蟾 두꺼비 섬 ㊥ 蟾
벌레 충(虫) +
[이를 첨(詹)→섬]

蛙 개구리 와 ㊥ 蛙
벌레 충(虫) + [홀 규(圭)→와]

양서류(兩棲類)는 '물과 땅 양(兩)쪽에서 서식(棲)하는 동물의 종류(類)'로, 두꺼비와 개구리, 맹꽁이처럼 어릴 때에는 물속에서, 커서는 육지에서 사는 동물입니다. 두꺼비 섬(蟾)자와 개구리 와(蛙)자에도 벌레 충(虫)자가 들어갑니다.

계섬월(桂蟾月)은 '계수나무(桂)와 두꺼비(蟾)가 사는 달(月)'이란 뜻으로, 조선 숙종 때 문인 김만중이 지은 소설《구운몽(九雲夢)》에 나오는 8선녀 중의 한 명입니다. '항아(姮娥)가 달에 가서 두꺼비로 변했다'는 중국의 전설에서 유래합니다. 정저지와(井底之蛙)는 '우물(井) 바닥(底)의(之) 개구리(蛙)'이고, 〈조와(弔蛙)〉는 '개구리(蛙)를 추도한다(弔)'는 뜻으로, 혹독한 일제 치하에서 살아남은 조선을 개구리에 비유하여 쓴 김교신(1901~1945년)의 글입니다.

맹꽁이는 양서류임에도 불구하고 맹꽁이의 모습을 본떠 만든 맹꽁이 맹(黽)자가 별도로 있으며, 이 글자는 부수자입니다.

### 기타

風 바람 풍 ㊥ 风
벌레 충(虫) +
[무릇 범(凡)→풍]

蟄 숨을 칩 ㊥ 蛰
벌레 충(虫) +
[잡을 집(執)→칩]

強 강할 강 ㊥ 强
벌레 충(虫) + [클 홍(弘)→강]

옛 사람들은 눈에 보이지 않는 바람을 어떻게 표현하였을까요? 바람 풍(風)자는 '벌레(虫)가 바람에 날려 다니며, 돛(凡)도 바람을 받아 움직이다'는 뜻으로 만들어진 글자입니다. 무릇 범(凡)자는 배의 돛을 본떠 만든 글자입니다. 바람 풍(風)자는 '경치'라는 뜻도 가지고 있습니다. 풍경(風景)이나 풍광(風光)이 그런 예입니다. 소풍(逍風)은 '거닐면서(逍) 경치(風)를 즐기다'는 뜻입니다.

잡을 집(執)

숨을 칩(蟄)자는 벌레 충(虫)자와 죄수가 수갑을 차고 있는 모습인 잡을 집(執)자가 합쳐진 글자입니다. 벌레(虫)들이 겨울철에 동면(冬眠)하기 위해 잡혀 있는 것처럼 숨어 있는 것에서 유래한 글자입니다. 칩거(蟄居)는 '숨어서(蟄) 살다(居)'는 뜻으로, 나가서 활동하지 않고 집에 틀어박혀 있음을 일컫는 말입니다. 24절기의 하나인 경칩(驚蟄)은 '숨어서(蟄) 겨울잠을 자던 개구리가 놀라서(驚) 뛰어 나온다'는 뜻으로, 양력 3월 6일 경입니다.

강할 강(强)자의 본래 글자는 강(強=弘+虫)자로, 원래 껍질이 단단한 딱정벌레의 일종인 바구미를 뜻하는 글자였습니다. 이후 껍질이 단단한 벌레(虫)에서 '단단하다→굳세다→강하다'는 뜻이 생겼습니다.

# 자연 2-12 식물(1) 나무 목(木)

나무 목(木)
나무의 모습

갑골문자를 만들었던 당시의 황하강 주변은 1년 내내 고온다습한 기후로, 지금의 열대기후나 아열대기후였습니다. 따라서 황토고원에는 지금과는 달리 나무나 풀들이 많이 자랐습니다. 농사를 짓기 시작하면서, 열매를 맺는 야생의 나무도 마을에 있는 밭에 심었으리라 추측됩니다. 지금은 나무를 심고 기르는 것이 그리 어려운 일이 아니지만, 당시로서는 그리 쉬운 일은 아니었던 것 같습니다. 모든 일이 그러하듯이 처음에는 모두 시행착오를 거듭해야 하니까요.

심을 예(埶)

사람이 땅에 나무를 심는 모습을 본떠 만든 글자로 심을 예(埶)자가 있는데, 이 글자는 이후 모양과 뜻이 조금 변해 재주 예(藝)자가 되었습니다. 나무를 심고 기르는 것이 재주라는 뜻입니다. 하지만 여전히 '심다'는 뜻을 가지고 있습니다. 원예농업(園藝農業)은 '뜰(園)에 나무를 심는(藝) 농업(農業)'이란 뜻으로, 채소, 과일, 화초 따위를 집약적으로 재배하는 농업입니다. 예술(藝術)이란 낱말에 들어 있는 술(術)자도 '재주' 혹은 '기술'이라는 뜻을 가지고 있습니다. 예술(藝術)이란 낱말이 좀 거창하게 들리지만, 글자대로 풀이하면 '재주(藝)와 기술(術)'입니다.

예술은 영어로 아트(art)이고, 'State of the art(예술의 상태/경지)'는 최첨단 기술을 이르는 말 입니다. 지금은 반도체나 인터넷 등이 최첨단 기술이지만, 갑골문을 만들었던 당시에는 자연에서 자라는 나무를 인공적으로 심어 기르는 것이 최첨단 기술이었습니다. 이렇게 보면 아트(art)라는 단어를 만든 사람과 예(藝)자를 만든 사람의 생각이 비슷하다는 생각이 듭니다.

한자가 만들어졌던 은주(殷周) 시대에 금속을 가공하는 기술은 청동으로 솥이나 칼을 만드는 정도였습니다. 그래서 지금은 쇠로 만드는 물건들을 당시에는 모두 나무로 만들었습니다. 베를 짜는 베틀이 대표적인 예입니다. 나무 목(木)자는 나무의 모습을 본떠 만든 글자로, 나무에 관련된 글자, 나무의 이름, 나무로 만든 물건을 지칭하는 글자에 들어갑니다. 목석(木石)은 '나무와 돌'이란 뜻이지만, 감정이 없는 사람을 비유하는 말입니다. 산천초목(山川草木)은 '산(山)과 물(川)과 풀(草)과 나무(木)'라는 뜻으로, 자연(自然)을 일컫는 말입니다.

### 나무

**樹** 나무 수 중 树
나무 목(木) +
[세울 주(尌)→수]

**林** 수풀 림 중 林
나무 목(木) X 2

**森** 빽빽할 삼 중 森
나무 목(木) X 3

가로수(街路樹), 침엽수(針葉樹), 활엽수(闊葉樹) 등에 사용되는 나무 수(樹)자는 '나무(木)를 세우다(尌), 즉 나무를 심다'는 뜻에서, 나무라는 뜻이 생겼습니다. 수지(樹脂)는 '나무(樹)에서 나온 기름(脂)'이란 뜻으로, 소나무의 송진과 같이 나무에서 나오는 물질입니다. 수지는 기름처럼 불이 잘 붙기 때문에, 예전에는 횃불 등을 만드는 데 사용하였습니다. 합성수지(合成樹脂)는 '유기화합물을 합성(合成)하여 만든 수지(樹脂)'라는 뜻으로, 플라스틱(Plastic)이 대표적인 합성수지입니다.

수풀 림(林)자는 '나무(木)와 나무(木)가 많으니 수풀(林)을 이루다'는 뜻입니다. 열대우림(熱帶雨林)은 '열대(熱帶) 지방에서 비(雨)가 많이 와서 만들어진 수풀(林)'입니다.

빽빽할 삼(森)자는 '나무(木)가 많으니 빽빽하다'는 의미입니다. 삼림(森林)은 '나무가 빽빽한(森) 수풀(林)'이란 뜻입니다.

### 나무를 심고 키움

**相** 서로 상 중 相
나무 목(木) + 눈 목(目)

**親** 친할 친 중 亲
나무 목(木) + 볼 견(見) +
[매울 신(辛)→친]

**村** 마을 촌 중 村
나무 목(木) + [마디 촌(寸)]

**植** 심을 식 중 植
나무 목(木) +
[곧을 직(直)→식]

**栽** 심을 재 중 栽
나무 목(木) + [해할 재(𢦏)]

서로 상(相)자는 원래 '어린 나무(木)가 잘 자라는지 눈(目)으로 살펴보다'는 뜻입니다. 갑골문자를 만들었을 당시에 야생에 있는 나무를 집에서 키우는 것이 매우 어려웠을 것으로 짐작됩니다. 이후 '살펴보다→모양, 형상(을 살펴보다)', '살펴보다→(살펴보면서) 시중드는 사람→정승', '살펴보다→(살펴볼) 상대→서로' 등의 여러 가지 뜻이 생겼습니다. 관상(觀相)은 '얼굴의 모양(相)을 보고(觀) 그 사람의 운명, 성격, 수명 따위를 판단하는 일'이고, 수상(手相)은 '손(手)금의 모양(相)을 보고 판단하는 일'입니다. 재상(宰相)과 수상(首相)의 상(相)은 '왕의 시중을 드는 사람' 혹은 '정승'이란 뜻입니다. 상호(相互), 상대(相對), 상반(相反), 상이(相異) 등은 '상대' 혹은 '서로'라는 뜻으로 사용되는 예입니다.

친할 친(親)자는 '나무(木)를 가까이서 살펴보다(見)'는 뜻입니다. 이후 '(가까이서) 살펴보다→가깝다→친하다→친척→부모'라는 뜻이 파생되었습니다.' 어버이(親)가 외출한 자식이 돌아오는지 보기 위해, 나무(木) 위에 서서(立) 멀리 내다보다(見)'는 해석은 속설일 뿐입니다. 친구(親舊)는 '오래(舊) 두고 가깝게(親) 사귄 벗'이란 뜻이고, 부친(父親)은 아버지를 이르는 말이며, 선친(先親)은 '먼저(先) 돌아가신 아버지(親)'입니다. 부자유친(父子有親)은 '아버지(父)와 아들(子)은 친함(親)이 있어야(有) 한다'는 뜻입니다.

분재

마을 촌(村)자는 '손(寸)으로 나무(木)를 심어 놓은 곳이 마을'이라는 뜻입니다. 무의촌(無醫村)은 '의원(醫)이나 의료 시설이 없는(無) 마을(村)'입니다.

식목(植木), 식물(植物) 등에 들어가는 심을 식(植)자는 '나무(木)를 수직으로 곧게(直) 심다'는 뜻입니다. 식민지(植民地)는 '백성(民)을 심어(植) 놓은 땅(地)'이란 뜻으로, 백성을 새로운 곳으로 이주시켜 건설한 지역을 의미합니다. 나중에는 외국에 점령되어 외국으로부터 착취를 당하는 지역이란 뜻으로 바뀌었습니다.

재배(栽培), 분재(盆栽)에 들어가는 심을 재(栽)자는 '나무(木)를 심다'는 뜻입니다. 분재(盆栽)는 '화초나 나무 등을 화분(盆)에 심어서(栽) 줄기나 가지를 보기 좋게 가꾸는 것'입니다.

### 나무 목(木)자에 한 획 추가

本 근본 본 ⓖ 本
나무 목(木) + 한 일(一)

末 끝 말 ⓖ 末
나무 목(木) + 한 일(一)

未 아닐 미 ⓖ 未
나무 목(木) + 한 일(一)

朱 붉을 주 ⓖ 朱
나무(木)의 줄기를 표시한 모습

株 (나무의) 그루 주 ⓖ 株
나무 목(木) + [붉을 주(朱)]

근본 본(本), 끝 말(末), 아닐 미(未)자는 모두 나무 목(木)자에 한 일(一)이 추가되어 만들어진 글자이지만 뜻은 모두 다릅니다.

근본 본(本)자는 나무(木)의 뿌리(一)를 표시한 글자로, 원래는 뿌리라는 뜻을 가지고 있었습니다. 이후 '뿌리→근본(根本)→바탕→시조(始祖)가 난 곳' 등의 뜻이 파생되었습니다. 성씨를 물을 때 "본(本)이 어디냐?"고 물으면, "경주 이가", "밀양 박가", "안동 권가"라고 대답하는데, 이때 '경주', '밀양', '안동' 등이 모두 시조(始祖)가 난 곳입니다. 근대 유럽의 르네상스 운동의 기본 사상인 인본주의(人本主義)는 '인간(人)이 근본(本)이라고 생각하는 주의(主義)'입니다. 오랜 중세 유럽은 기독교 신(神)이 세상의 중심에 있었고, 인간은 이러한 신을 위해서만 존재하였습니다. 14세기 유럽의 르네상스 시대에 그리스와 로마의 고전 문화에 대한 연구를 통하여 신 중심에서 인간 중심의 세계관으로 옮아간 사상이나 경향입니다.

끝 말(末)자는 나무(木)의 끝(一)을 표시한 글자입니다. 말음법칙(末音法則)은 '끝(末) 소리(音), 즉 종성이 변하는 법칙(法則)'으로, 종성이 원래대로 소리나지 않고 변화하는 형상입니다. '낮', '낯', '낫', '났~'이 '낟'으로, '부엌'이 '부억'으로 소리나는 것이 말음법칙의 예입니다.

아닐 미(未)자는 '나무 목(木)자 위에 나뭇가지를 하나(一) 덧붙인 모습으로, 원래는 '가지가 무성한 나무에서 열린 과일이 맛있다'는 데에서 '맛있다'는 의미를 가졌으나, 나중에 가차되어 '아니다'라는 뜻이 생겼습니다. 이후 본래의 뜻을 살리기 위해 입 구(口)자를 추가하여 맛 미(味)자를 만들었습니다. '폐를 끼쳐 미안하다'고 할 때 미안(未安)은 '(마음이) 편안(安)하지 않다(未)'는 뜻이고, '이상, 이하, 미만'의 미만(未滿)은 '가득 차지(滿) 않았다(未)'는 뜻입니다.

아닐 미(未)

붉을 주(朱)자의 상형문자를 보면 나무의 줄기에 점을 하나 찍은 모습으로, 원래의 뜻은 '줄기' 혹은 줄기 아랫부분을 뜻하는 '그루, 그루터기'입니다. 나중에 이 글자가 '붉다'는 뜻으로 가차되어 사용되자, 원래의 뜻을 살리기 위해 나무 목(木)자가 추가되어 그루 주(株)자가 되었습니다. 주황색(朱黃色)은 '붉은색(朱)과 노란색(黃)을 합친 색(色)'입니다. 수주대토(守株待兎)는 '나무 그루터기(株)를 지키며(守) 토끼(兎)를 기다리다(待)'라는 뜻으로, 융통성이 없는 행동을 이르는 말입니다. 《한비자(韓非子)》의 〈오두편〉에 나오는 말로, 중국 송나라의 한 농부가 나무뿌리에 걸려 죽은 토끼를 보고 다시 토끼가 걸리기를 마냥 기다렸다는 이야기에서 유래합니다.

붉을 주(朱)

### 나무 위에 무엇이 있는 모습

果 열매 과 ㊥ 果
나무 목(木) + 과일 모습

集 모일 집 ㊥ 集
나무 목(木) + 새 추(隹)

巢 새집 소 ㊥ 巢
나무 목(木) + 밭 전(田) + 내 천(巛)

某 아무 모 ㊥ 某
나무 목(木) + 달 감(甘)

采 캘 채 ㊥ 采
나무 목(木) + 손톱 조(爪)

열매 과(果)자는 나무(木) 위에 열매(田)가 달려 있는 모습입니다. 밭 전(田)자는 나무에 달려 있는 과일을 나타냅니다. 하지만 중앙에 있는 수직 획(丨)은 한 번에 써야 합니다. 열매는 농사를 짓고 난 결과로 얻어지는 수확물이라서, 열매 과(果)자는 결과(結果)라는 뜻도 가지고 있습니다. 과수원(果樹園)은 '과일(果) 나무(樹)를 심은 동산(園)'입니다.

모일 집(集)자는 원래 나무(木) 위에 새(隹)가 세 마리가 있는 모습(雧)으로, 나무(木) 위에 새(隹)들이 모여 있는 모습입니다. 집합(集合)은 '합쳐서(合) 한 곳으로 모으다(集)'는 뜻입니다.

새집 소(巢)자는 나무(木) 위에 새 둥지(田)가 있고 새 둥지 속에 새끼 새 세 마리(巛)가 어미를 기다리는 모습입니다. 귀소본능(歸巢本能)은 '새집(巢)으로 돌아오는(歸) 본능(本能)'으로, 비둘기, 제비, 꿀벌, 개미 등과 같은 동물이 자기 서식처나 집으로 되돌아오는 성질이나 능력을 말합니다. 정소(精巢)는 '정자(精)가 들어 있는 집(巢)'이란 뜻이고, 난소(卵巢)는 '알(卵)이 들어 있는 집(巢)'이란 뜻입니다. 2008년 베이징올림픽 때, 둥지처럼 생긴 올림픽 경기장을 조소

**桑** 뽕나무 상 중 桑 약 桒
나무 목(木) + 또 우(又) X 3

**喪** 잃을 상 중 丧
[뽕나무 상(桑)] + 바구니

베이징올림픽 경기장인 조소(鳥巢, 냐오차오)

(鳥巢, 냐오차오)라고 하는데, '새(鳥) 둥지(巢)'라는 뜻입니다. 북경의 옛 이름이 제비 연(燕)자가 들어가는 연경(燕京)이라, 제비 둥지의 모습을 본떠 만든 것으로 생각합니다.

아무 모(某)자는 나무(木)에 맛있는(甘) 매실이 열려 있는 모습입니다. 따라서 원래의 의미는 매화나무입니다. 가차되어 '아무'라는 뜻이 생겼습니다. 모씨(某氏)란 아무개라는 의미입니다. 신문기사에서 사람의 이름을 밝히는 것이 곤란한 경우 아무개 혹은 모씨(某氏)라고 표현합니다.

캘 채(采)자는 나무(木)에서 손(爪)으로 과일을 따는 모습입니다. 나중에 뜻을 분명히 하기 위해 손 수(扌)자를 붙여 캘 채(採)자가 되었습니다. 채석장(採石場)은 '돌(石)을 캐는(採) 장소(場)'이고, 곤충채집(昆蟲採集)은 '곤충(昆蟲)을 캐서(採) 모으는(集) 일'이란 뜻으로, 생태를 관찰하거나 표본 따위를 만들기 위하여 곤충을 잡아 모으는 일입니다. 캘 채(采)자 위에 풀 초(艹)자를 붙이면 나물 채(菜)자가 됩니다. 채소(菜蔬), 야채(野菜) 등에 사용됩니다.

뽕나무 상(桑)

뽕나무 상(桑)자의 갑골문자는 나무에 가지가 뻗어나간 모습이었습니다. 나중에 나무(木) 위에 여러 명의 손(叒)이 뽕잎을 따고 있는 모습으로 바뀌었습니다. 고대 중국에서 비단은 중국의 특산물이었고, 비단을 만드는 누에를 기르기 위해 뽕나무를 키웠습니다. 상전벽해(桑田碧海)는 '뽕나무(桑) 밭(田)이 푸른(碧) 바다(海)가 되었다'는 뜻으로, 세상일이 덧없이 바뀜을 이르는 말입니다. 세포분열에서 상실기(桑實期)는 '뽕나무(桑) 열매(實)처럼 생긴 시기(期)'입니다. 수정란(受精卵)의 세포는 분열하면서 2개, 4개, 8개, 16개 등으로 늘어납니다. 이후 계속 분열되면 포도송이 모양이 되는데, 이런 모습이 흡사 뽕나무 열매인 오디와 비슷하게 생겼다고 해서 상실기라고 합니다.

잃을 상(喪)

잃을 상(喪)자의 갑골문자를 문자를 보면 뽕나무 상(桑)자에 바구니가 여러 개 있는 모습입니다. 즉, '뽕나무에서 뽕잎을 모두 따서, 잎을 잃어버리다'는 뜻으로 만든 글자로 추측됩니다. 이후 '잃어버리다→망하다→죽다→초상(初喪)' 등의 뜻이 생겼습니다. 상심(喪心)은 '마음(心)을 잃어버리다(喪)'는 뜻으로, 근심 걱정으로 마음이 산란하고 맥이 빠짐을 일컫는 말입니다. 상여(喪輿)는 '죽은(喪) 사람을 싣고 가는 수레(輿)'입니다.

### 나무의 부분

**根** 뿌리 근 중 根
나무 목(木) +
[괘이름 간(艮)→근]

**核** 씨 핵 중 核
나무 목(木) +
[돼지 해(亥)→핵]

**枝** 가지 지 중 枝
나무 목(木) +
[지탱할/가를 지(支)]

**條** 조목/가지 조 중 条 약 条
나무 목(木) + [바 유(攸)→조]

**葉** 잎 엽 중 叶
풀 초(艹) + [잎 엽(枼)]

아인슈타인의 핵 분열시
감소되는 질량(M)이
에너지(E)로 변화하는 공식

나뭇잎처럼
생긴 삼엽충

나무 목(木)자는 나무의 뿌리, 가지, 열매의 씨와 같이 나무의 부분을 나타내는 글자에도 들어갑니다.

뿌리 근(根)자에 들어가는 괘이름 간(艮)자는 사람(人)이 눈(目)을 뒤로 향한 모습으로 원래 '외면(外面)하다, 배신하다, 거스르다'는 뜻입니다. 따라서 뿌리 근(根)자는 '위로 나무(木)가 자라는 방향에 거스르며(艮) 자라는 것이 뿌리이다'는 뜻입니다. 이후 '뿌리→근본(根本)→근원(根源)→생식기(生殖器)'란 뜻도 파생되었습니다. 수학에서는 방정식을 만족하는 값을 근(根)이라 합니다. 근간(根幹)은 '뿌리(根)와 줄기(幹)'라는 뜻으로, 어떤 사물의 바탕이나 가장 중심 되는 부분을 말합니다. 여근곡(女根谷)은 '여자(女)의 생식기(根)처럼 생긴 계곡(谷)'으로, 경주 건천의 오봉산에 있는 계곡입니다. 《삼국유사》에서 선덕여왕이 이곳에 백제 군이 숨어 있는 것을 예언하고, 모두 섬멸하여 유명해진 곳입니다.

핵폭탄(核爆彈), 핵잠수함(核潛水艦), 핵발전소(核發電所)에 나오는 핵(核)자의 뜻을 모르는 사람이 의외로 많습니다. 씨 핵(核)자는 나무 열매의 씨를 말합니다. 씨는 열매의 중앙에 위치하며, 가장 중요한 부분입니다. 원자핵(原子核)은 원자의 중심에 있는 부분을 말합니다. 이 원자핵이 분열되거나 융합될 때 질량이 감소하면, 감소하는 질량은 엄청난 에너지로 변화합니다. 이 에너지를 이용해 폭탄을 만들거나 발전을 하는 것이 핵폭탄과 핵발전소입니다. 지구의 내핵(內核)은 지구의 가장 중심부를 일컫습니다. 핵심(核心)은 '열매의 씨(核)와 사람의 심장(心)'이란 뜻으로, '사물의 가장 중심이 되는 부분'을 말합니다.

가지 지(枝)자는 '나무(木)가 갈라진(支) 것이 가지'라는 의미입니다. 일지매(一枝梅)는 '매화나무(梅) 한(一) 가지(枝)'라는 뜻입니다.

조목 조(條)자는 원래 나무의 가지를 뜻하는 글자였습니다만, 이후 '나뭇가지→막대→줄→조목(條目)'이란 뜻이 파생되었습니다. 성조기(星條旗)는 '별(星)과 줄(條)이 그려진 깃발(旗)'이란 뜻으로 미국 국기(Stars and Stripes)를 일컫는 말입니다.

잎 엽(葉)자에 들어 있는 잎 엽(枼)자는 나무(木) 위에 나뭇잎(世)이 달려 있는 형상입니다. 세상 세(世)자가 여기에서는 나뭇잎의 모양으로 사용되었습니다. 풀에도 잎이 있기 때문에 풀 초(艹)가 나중에 추가되었습니다. 낙엽(落葉)은 '떨어진(落) 잎(葉)'이고, 고생대 바다에 살았던 삼엽충(三葉蟲)은 '좌, 우, 중앙의 세(三) 부분이 나뭇잎(葉)처럼 생긴 벌레(蟲)'입니다.

### 과일 나무 이름

**棗** 대추나무 조 중 枣
가시나무 자(朿) X 2

**栗** 밤 률 중 栗
나무 목(木) + 밤 모습

**柿** 감나무 시 중 柿
나무 목(木) + [저자 시(市)]

**梨** 배 리 중 梨
나무 목(木) + [이로울 리(利)]

**桃** 복숭아 도 중 桃
나무 목(木) +
[조짐 조(兆)→도]

〈몽유도원도〉

조율시이(棗栗柿梨)는 '대추(棗), 밤(栗), 감(柿), 배(梨)'라는 뜻으로, 제사상의 맨 앞줄의 오른쪽으로부터 차례대로 놓는 과일입니다. 집안에 따라 조율이시(棗栗梨柿) 순으로 놓기도 합니다. 이러한 과일 나무에도 모두 나무 목(木)자가 들어갑니다.

대추나무에는 가시가 있습니다. 그래서 대추나무 조(棗)자는 가시나무 자(朿)자가 2개 들어 있습니다. 가시나무 자(朿)자는 나무(木)에 가시가 달린 모습입니다.

가시나무 자(朿)

밤 률(栗)자는 나무(木) 위에 밤송이(覀)가 달려있는 모습입니다. 율곡(栗谷)은 '밤나무(栗) 골(谷)'이란 뜻으로, 조선 중기의 유학자 이이(李珥)의 호입니다. 당시에는 자신이 살던 지역의 이름을 따서 호를 짓는 것이 유행했습니다. 퇴계 이황의 퇴계(退溪)는 '쇠퇴한(退) 시냇물(溪)'이고, 화담 서경덕의 화담(花潭)은 '꽃(花)이 피는 못(潭)'입니다.

밤 률(栗)

홍시(紅柿)는 '붉은(紅) 감(柿)'으로, '연한(軟) 감(柿)'이란 뜻의 연시(軟柿)라고도 합니다. 건시(乾柿)는 '마른(乾) 감(柿)'으로, 곶감을 일컫습니다.

배는 가래와 기침을 없애고, 감기, 해소, 천식 등에 좋으며, 배변과 이뇨작용을 돕습니다. 또 배가 차고 아프거나 술을 먹어 머리가 아플 때, 종기를 치료하는 데도 좋습니다. 배 리(梨)자는 '배는 약의 재료로 사용되어 사람에게 이로운(利) 나무(木)다'는 뜻으로 만들었습니다. 이화(梨花)여자대학은, '배(梨)꽃(花) 여자대학'입니다. 아마도 대학이 있었던 자리에 배나무 밭이 있었으리라 짐작합니다.

예로부터 우리나라에서는 복숭아나무가 귀신을 쫓는다고 해서 제사를 모시는 집안에는 복숭아나무를 심지 않았고, 제사상에도 올리지 않습니다. 복숭아 도(桃)자에 들어 있는 조짐 조(兆)자는 점 복(卜)자와 마찬가지로 점을 쳤을 때 거북 껍질이 갈라지는 모습을 본떠 만든 글자입니다. 점괘(占卦)나 조짐(兆朕)이란 뜻 외에도 '달아나다, 피하다'는 뜻도 가지고 있습니다. 따라서 복숭아 도(桃)자는 '귀신이 피하는(兆) 나무(木)'라는 뜻이 됩니다. 무릉도원(武陵桃源)은 '중국 무릉(武陵)에 복숭아(桃)꽃이 떠내려온 근원(源)'이란 뜻입니다. 도연명의 〈도화원기(桃花源記)〉에 나오는 별천지로, 사람들이 행복하게 살 수 있는 이상향을 의미합니다.

### 나무의 이름

**楊** 버들 양 중 杨
나무 목(木) + [빛날 양(昜)]

**柳** 버들 류 중 柳
나무 목(木) + [토끼 묘(卯)→류]

**檀** 박달나무 단 중 檀
나무 목(木) + [믿음 단(亶)]

**楓** 단풍나무 풍 중 枫
나무 목(木) + [바람 풍(風)]

**桂** 계수나무 계 중 桂
나무 목(木) + [홀 규(圭)→계]

**梅** 매화 매 중 梅
나무 목(木) + [매양 매(每)]

**松** 소나무 송 중 松
나무 목(木) + [공평할 공(公)→송]

**李** 오얏나무/성 리 중 李
나무 목(木) + 아들 자(子)

《계원필경》을 지은 최치원

버들 양(楊)자와 버들 류(柳)자는 주로 성씨로 사용됩니다. 양귀비(楊貴妃)와 유관순(柳寬順) 열사가 그러한 예입니다.

박달나무는 아주 단단하여 건축이나 가구를 만드는 재료로 많이 쓰입니다. 박달나무 단(檀)자는 단군왕검, 단군조선, 단국신화의 단군(檀君)이라는 단어 외에는 거의 사용되지 않습니다. 단국대학교의 단국(檀國)은 '단군(檀)이 세운 나라(國)', 즉 우리나라를 일컫는 말입니다.

단풍나무 풍(楓)자는 '가을에 찬바람(風)이 불어오면 나뭇잎이 붉은색으로 물이 드는 나무(木)'라는 뜻입니다. 단풍(丹楓)의 단(丹)자도 '붉다'는 뜻을 가지고 있습니다. 풍악산(楓嶽山)은 '단풍(楓)이 물든 큰 산(嶽山)'이란 뜻으로, 가을의 금강산(金剛山)을 부르는 이름입니다.

계수나무 계(桂)자의 계수나무는 토끼와 함께 달에 있다는 전설이 있는 나무입니다. 주로 우리나라의 냇가나 양지바른 곳에 모여 삽니다. 《계원필경(桂苑筆耕)》은 '계수나무(桂) 동산(苑)에서 붓(筆)으로 밭을 갈다(耕)'는 뜻으로, 신라 때의 최치원이 중국에 유학을 다녀온 885년에 헌강왕에게 만들어 바친 시문집(詩文集: 시와 글을 모은 책)입니다. 계피(桂皮)는 '육계(肉桂)나무 껍질(皮)'로, 향료나 약재로 사용됩니다.

매실(梅實)은 '매화나무(梅) 열매(實)'입니다. 중국 명나라 때의 장편소설로, 중국 사대기서(中國四大奇書)의 하나인 《금병매(金甁梅)》는 주인공 서문경(西門慶)의 첩인 반금련(潘金蓮)과 이병아(李甁兒), 그리고 반금련의 시녀 춘매(春梅)에서 한 글자씩 땄습니다.

소나무 송(松)자는 '잎의 색깔이 항상 변치 않고 공평한(公) 나무(木)가 소나무이다'는 뜻입니다. 우리나라는 예로부터 소나무가 많았는데, 그러한 사실이 지명이나 이름에 드러나 있습니다. 송도(松島)는 '소나무(松)가 많은 섬(島)', 송정(松亭)은 '소나무(松) 숲에 있는 정자(亭)', 송악(松嶽)은 '소나무(松)가 많은 큰 산(嶽)', 송강(松江)은 '소나무(松) 숲을 흐르는 강(江)' 이란 뜻입니다. 송강(松江)은 〈관동별곡(關東別曲)〉을 지은 조선 시대의 시인인 정철의 호(號)이기도 합니다.

오얏나무는 자두나무를 이르는 말입니다. 오얏나무 리(李)자는 나무 아래에서 아이(子)들이 오얏(자두)을 따려고 서 있는 모습입니다. 이(李)자는 성씨로서 우리에게 더 잘 알려져 있습니다.

### 나무로 만든 물건(1)

**機** 베틀 기 ㉠ 机
나무 목(木) + [몇/기미 기(幾)]

**械** 기계 계 ㉠ 械
나무 목(木) + [경계할 계(戒)]

**橋** 다리 교 ㉠ 桥
나무 목(木) + [높을 교(喬)]

**架** 시렁 가 ㉠ 架
나무 목(木) + [더할 가(加)]

**案** 책상 안 ㉠ 案
나무 목(木) + [편안할 안(安)]

**板** 널빤지 판 ㉠ 板
나무 목(木) + [돌이킬 반(反)→판]

**材** 재목 재 ㉠ 材
나무 목(木) + [재주/바탕 재(才)]

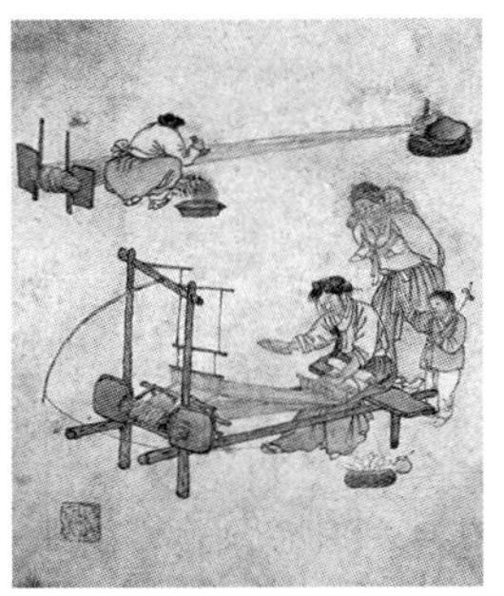
김홍도의 〈베짜는 여인〉

한자가 만들어졌던 은주(殷周) 시대에 금속을 가공하는 기술은 청동으로 솥이나 칼을 만드는 정도였습니다. 그래서 지금은 쇠로 만드는 기계(機械)를 당시에는 나무로 만들었습니다. 기계(機械)라는 글자에 들어가는 기(機)자는 원래 베틀을 의미하고, 계(械)자는 원래 형틀을 의미하는 글자로, 모두 나무로 만들었기 때문에 나무 목(木)자가 들어갑니다.

높을 교(喬)

다리 교(橋)자에 들어가는 높을 교(喬)자는 높을 고(高)자와 마찬가지로 높은 집의 상형입니다. 이 글자가 들어가는 글자는 대부분 '높다'는 뜻을 가지고 있습니다. 높이 솟아 있는 다리 교(橋)자, 지위가 높아 교만할 교(驕)자, 미모가 높아 아리따울 교(嬌)자 등이 그런 예 입니다. 노구교사건(蘆溝橋事件)은 '1937년 7월7일, 북경의 노구교(갈대(蘆)가 있는 도랑(溝)의 다리(橋))에서 일본군이 청나라 군대를 습격하여 일어킨 사건(事件)'으로, 중일전쟁의 발단이 된 사건입니다.

시렁은 물건을 얹어 놓기 위하여 벽에 두 개의 긴 나무를 가로질러 선반처럼 만든 것입니다. 방에 물건을 추가(追加)하여 더 놓을 수 있도록 만든 것이 시렁이라는 뜻으로, 시렁 가(架)자에는 더할 가(加)자가 들어있습니다. 고가도로(高架道路)는 '땅 위로 높이(高) 시렁(架)처럼 설치한 도로(道路)'입니다.

책상 안(案)자는 '편안하게(安) 앉아 책을 읽을 수 있도록 나무(木)로 만든 물건이 책상이다'는 뜻입니다. 이후 '책상→책상에 앉아 만든 문서→안건(案件)→(새로운 안에 따라) 인도하다'는 뜻이 생겼습니다. 방안(方案), 법안(法案), 안건(案件), 안내(案內) 등에 사용됩니다.

널빤지 판(板)자에서 널빤지는 넓고 판판한 나뭇조각으로, 판자(板子)라고도 합니다. 판각본(板刻本)은 '널빤지(板)에 글을 새겨(刻) 찍은 책(本)'이며, 필사본(筆寫本)은 '붓(筆)으로 베낀(寫) 책(本)'입니다. 근본 본(本)자는 책이란 뜻도 있습니다.

재목 재(材)자는 '물건을 만드는 바탕(才)이 되는 나무(木)'라는 뜻입니다. 대학 홍보 광고를 보면 '우리는 21세기의 인재(人材)를 키웁니다'는 문구가 나오는데, 이때 인재(人材)는 '사람(人) 재목(材)'이라는 뜻입니다. 재목(材木)은 '건축물이나 가구를 만드는 데 쓰는 나무'라는 뜻에서, '어떤 일을 할 수 있는 능력을 가진 사람'이란 뜻이 파생되었습니다.

### 나무로 만든 물건(2)

**枕** 베개 침 중 枕
나무 목(木) +
[베개 음(冘)→침]

**床** 평상 상 중 床
집 엄(广) + 나무 목(木)

**杯** 잔 배 중 杯
나무 목(木) +
[아니 부(不)→배]

**樓** 다락 루 중 楼 약 楼
나무 목(木) + [포갤 루(婁)]

**梁** 대들보 량 중 梁
나무 목(木) + 물 수(氵) +
[다칠 창(刅)→량]

**欄** 난간 란 중 栏
나무 목(木) +
[가로막을 란(闌)]

**柱** 기둥 주 중 柱
나무 목(木) +
[주인/주요할 주(主)]

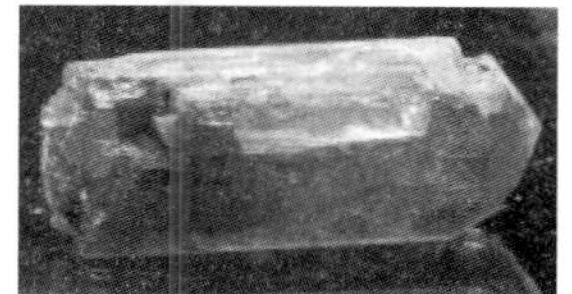

4각기둥 모양의 결정을 가진 주석

베개 침(枕)자에 들어가는 베개 음(冘)자는 사람(人)이 베개(冖)를 베고 있는 모습입니다. 나중에 나무로 만든 베개라는 뜻을 분명히 하기 위해 나무 목(木)자가 추가되었습니다. 목침(木枕)은 '나무(木) 베개(枕)'라는 뜻입니다.

평상 상(床)자는 '집(广)안에 나무(木)로 만든 것이 평상(平床)이다'는 뜻입니다. 암상(岩床)은 '바위(岩)의 평상(床)'이란 뜻으로, 용암이 지층면 사이에 지층과 평행하게 들어가서 평상 모양으로 굳은 것입니다.

잔 배(杯)자는 '옛날에 나무(木)로 만든 잔'을 뜻합니다. 그릇 명(皿)자가 들어간 잔 배(盃)자와 같습니다. 독배(毒杯)는 '독(毒)이 든 잔(杯)'이고, 건배(乾杯)는'잔(杯)을 마르게(乾) 한다', 즉 잔을 비운다는 뜻이고, 고배(苦杯)는 '쓴(苦) 즙을 담은 잔(杯)'로, 쓰라린 경험을 뜻하는 말입니다.

다락은 부엌 위에 이층처럼 만들어서 물건을 넣어 두는 곳입니다. 다락 루(樓)자는 '이층으로 포개져(婁) 있는 집'이란 뜻입니다. 이후 '다락→여러 층으로 지어진 집→누각(樓閣)→높이 지은 망루(望樓)'라는 뜻이 파생되었습니다. 사상누각(沙上樓閣)은 '모래(沙) 위(上)에 지은 누각(樓閣)'이라는 뜻으로, 기초가 견고하지 못하여 오래 견디지 못함을 일컫는 말입니다.

대들보 량(梁)자는 원래 '물(氵)을 건너기 위한 나무(木) 다리'라는 뜻을 가졌습니다. 나중에 기둥 위를 가로지르는 나무(木)인 대들보라는 뜻이 추가되었습니다. 소리 역할을 하는 다칠 창(刅)자에는 칼 도(刀)자가 들어 있습니다. 양상군자(梁上君子)는 '대들보(梁) 위(上)에 있는 군자(君子)'라는 뜻으로, 도둑을 점잖게 이르는 말입니다. 《후한서》의 〈진식전〉에 나오는 말에서 유래합니다.

난간 란(欄)자는 '층계나 다리, 마루 등의 가장자리를 가로막는(闌) 나무(木)가 난간(欄干/欄杆)이다'는 뜻입니다.

기둥 주(柱)자는 '건물에서 가장 주요(主要)한 나무(木)가 기둥이다'는 뜻에서, 주인 주(主)자가 들어갑니다. 석주(石柱)는 '돌(石) 기둥(柱)'이란 뜻으로, 석회동굴 내에서 종유석과 석순이 자라 서로 붙어서 기둥이 만들어진 것입니다. 주석(柱石)은 '4각기둥(柱) 모양의 결정을 가진 돌(石)'로, 나트륨, 칼슘, 알루미늄을 함유한 규산염 광물입니다. 무색, 회색, 자색, 흑색 따위를 나타내며 유리 광택이 있습니다.

### 나무와 관련한 글자

休 쉴 휴 ⓖ 休
사람 인(亻) + 나무 목(木)

析 가를 석 ⓖ 析
나무 목(木) + 도끼 근(斤)

新 새로울 신 ⓖ 新
가를 석(析) + [매울 신(辛)]

樂 즐거울 락, 노래 악, 좋아할 요 ⓖ 乐
나무 목(木) + 작을요(幺) X 2 + [흰 백(白)→락]

染 물들일 염 ⓖ 染
나무 목(木) + 물 수(氵) + 아홉 구(九)

쉴 휴(休)자는 '사람(亻)이 나무(木) 아래에서 휴식(休息)을 취하다'는 뜻입니다. 휴면기(休眠期)는 '쉬면서(休) 잠자는(眠) 기간(期)'이란 뜻으로, 곤충이 성충이 되기 전에 한동안 생장을 멈추는 시기입니다.

가를 석(析)자는 '도끼(斤)로 나무(木)를 쪼개다'는 뜻입니다. 분석(分析)은 '나누고(分) 가르다(析)'는 뜻으로, 복합된 사물을 그 요소나 성질에 따라서 가르는 일입니다. 투석(透析)은 '투과시켜(透) 가르다(析)'는 뜻으로, 필터나 반투막(半透膜)을 사용하여 불순물이나 특정 물질을 걸러내는 것입니다.

새로울 신(新)자는 '도끼(斤)로 나무(木)를 쪼갠 자리가 깨끗하고 새롭다'는 뜻입니다. 신도가(新都歌)는 '새로운(新) 도읍지(都)인 한양을 찬양하는 노래(歌)'로, 조선의 개국공신인 정도전이 지은 악장(樂章)입니다. 처용가(處容歌), 청산별곡(青山別曲), 쌍화점(雙花店) 등과 함께 《악장가사(樂章歌詞)》에 실려 있습니다. 금오신화(金鰲新話)는 '금오산(金鰲山)에서 쓴 새로운(新) 이야기(話)'라는 뜻으로, 조선시대 매월당(梅月堂) 김시습(金時習:1435~1493년)이 지은 한문 소설로, 최초의 전기소설(傳奇小說: 기이한 이야기를 전하는 소설)이며, 중국의 전등신화(剪燈新話)를 영향을 받아 쓴 소설입니다. 생육신(生六臣)의 한 사람인 김시습은 수양대군의 왕위 찬탈에 통분하여 경주 금오산(금(金)거북이(鰲)의 형상의 산(山)이란 뜻)에 은거할 때 지었는데, 그래서 이름이 금오신화(金鰲新話)가 되었습니다.

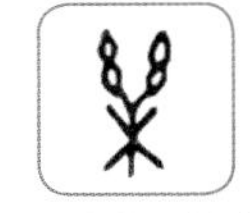
즐거울 락(樂)

즐거울 락(樂)자는 원래 나무(木) 위에 실(幺幺)을 매어 만든 현악기의 모습을 본떠 만든 글자입니다. 나중에 소리를 나타내는 백(白)자가 중간에 끼어들었습니다. 이후 '악기→노래→즐겁다→좋아하다' 등의 뜻으로 파생되었습니다. 소리도 오락(娛樂)의 즐거울 락(樂), 음악(音樂)의 노래 악(樂), 요산요수(樂山樂水)의 즐거울 요(樂) 등 모두 3가지가 있습니다. 요산요수(樂山樂水)는 '산(山)을 즐기고(樂) 물 (水)을 즐기다(樂)'는 뜻으로, 자연을 사랑함을 일컫는 말입니다.

물들일 염(染)자는 '나무(木)에서 나온 즙(氵)인 물감에 아홉(九) 번 담그어 염색(染色)을 하다'는 뜻입니다. 세포의 염색체(染色體)는 '염색(染色) 잘 되는 물체(體)'라는 뜻으로, 세포핵 속에 있는 구조물로 유전물질을 담고 있습니다. 전염병(傳染病)은 '다른 사람에게 전달되어(傳) 물들이는(染) 병(病)'이란 뜻입니다.

### 다른 뜻이 파생된 글자(1)

**校** 학교 교 ⓖ 校
나무 목(木) + [사귈 교(交)]

**閑** 한가할 한 ⓖ 闲
나무 목(木) + 문 문(門)

**橫** 가로 횡 ⓖ 横
나무 목(木) +
[누를 황(黃)→횡]

**權** 권세 권 ⓖ 权 ⓨ 权
나무 목(木) +
[황새 관(雚)→권]

**極** 다할 극 ⓖ 极
나무 목(木) + [다할 극(亟)]

**朴** 성/순박할 박 ⓖ 朴
나무 목(木) + [점 복(卜)→박]

죄인의 손발에 끼우는 차꼬

나무 목(木)자가 들어가는 글자 중에는, 원래의 뜻은 나무와 관련되는 글자였으나, 가차되거나 다른 뜻이 파생되어 나무와 전혀 상관이 없는 뜻을 가진 글자들이 많습니다.

학교 교(校)자는 원래 '죄인의 손발에 끼우는 나무인 차꼬나 형구(刑具)'를 뜻하는 글자입니다. 이후 '형구→(죄인을) 조사하다→(죄인을) 가르치다→학교(學校)' 등의 뜻이 파생되었습니다. 사귈 교(交)자가 들어가 있기 때문에, '나무(木)로 지은 집으로, 친구를 사귀는(交) 곳이 학교이다'라고 암기하면 쉽겠지요?

한가할 한(閑)자는 원래 '말이나 소가 도망가지 못하게 문(門)에 가로지른 나무(木)인 목책(木柵)'을 뜻합니다. 이후 '목책→가로막다→닫다→등한시(等閑視)하다→한가(閑暇)하다' 등의 뜻이 생겼습니다.

가로 횡(橫)자는 원래 '나무(木)로 만든 빗장'을 뜻하는 글자인데, '빗장처럼 가로지르다'에서 가로라는 뜻이 생겼습니다. 종횡무진(縱橫無盡)은 '가로(橫) 세로(縱)로 다함(盡)이 없다(無)'는 뜻으로, 행동이 마음 내키는 대로 자유자재임을 일컫는 말입니다.

권세 권(權)자는 원래 '나무(木)로 만든 저울'을 뜻합니다. 이후 '저울→저울질하다→(저울의 한쪽이) 유리한 형세(形勢)→권세(權勢)' 등의 뜻이 추가되었습니다. 또 때와 형편에 따라 저울질하는 데에서 '꾀하다'는 뜻도 생겼습니다. 목적 달성을 위하여 수단과 방법을 가리지 않는 온갖 모략이나 술책을 권모술책이라고 하는데, 권모술책(權謀術策)에 나오는 네 글자는 모두 '꾀'라는 뜻을 가지고 있습니다.

다할 극(極)자는 원래 '나무(木)로 만든 대들보'의 상형이라고 합니다만, 상형문자를 봐도 정확한 뜻을 알 수 없습니다. 자전을 보면 서른 가지 정도의 뜻을 가지고 있는데, '다하다'는 뜻이 생긴 이유도 명확하지 않습니다. 극락(極樂)은 '지극하게(極) 즐거운(樂) 곳'이란 뜻으로, 아미타불(阿彌陀佛)이 살고 있는 정토(淨土)를 말하고, 불교도들의 이상향입니다. 인간 세계에서 서쪽으로 10만억 불토(佛土)를 지난 곳에 있습니다.

성 박(朴)자는 원래 '후박나무'를 뜻하는 글자입니다. 신라를 건국한 박혁거세가 박에서 태어났다고 해서 성씨로도 사용됩니다. 소리만 같을 뿐 뜻은 전혀 상관없습니다. 나중에 '순박(淳朴)하다, 소박(素朴)하다'는 의미도 생겼습니다.

### 다른 뜻이 파생된 글자(2)

**概** 대개 개 중 概
나무 목(木) + [이미 기(旣)→개]

**檢** 검사할 검 중 检 약 検
나무 목(木) + [다 첨(僉)→검]

**査** 조사할 사 중 査
나무 목(木) + [또 차(且)→사]

**格** 격식 격 중 格
나무 목(木) + [각각 각(各)→격]

**模** 법/본보기 모 중 模
나무 목(木) + [없을 막(莫)→모]

**樣** 모양 양 중 样
나무 목(木) + 길 영(永) + [양 양(羊)]

평미레

대개 개(槪)자는 원래 곡식을 되로 잴 때, 그 위를 밀어서 고르게 하는 원기둥 모양의 나무 방망이인 '평미레'를 뜻하는 글자입니다. 이후 '평미레→고르게 하다→대개' 등의 뜻이 생겼습니다. 개요(槪要)는 '대강(槪) 간결하게 추려 낸 주요(要) 내용'을 뜻합니다.

검사할 검(檢)자는 원래 '옛 중국의 조정에서 문서를 나무(木) 상자에 넣고 표시를 해두는 것'을 뜻하는 글자입니다. 이후 '제대로 표시해 두었는지를 보다'는 데에서 '검사(檢査)하다'는 뜻이 생겼습니다. 검찰(檢察)은 '범죄를 검사하고(檢) 살피는(察) 일을 하는 곳'이고, 검사(檢事)는 '검사하는(檢) 일(事)을 하는 사람'이란 뜻으로, 범죄를 수사하고 재판을 청구하는 일을 합니다. 따라서 검사는 형사 재판의 원고가 됩니다. 검사(檢士)나 검사(檢師)로 잘못 쓰지 않도록 주의합시다.

조사할 사(査)자은 원래 '나무(木)로 만든 뗏목'을 뜻하는 글자입니다. 나중에 '조사하다'는 뜻으로 가차되었습니다. 범죄 수사(搜査)는 '찾아서(搜) 조사하다(査)'는 뜻이고, 감사(監査)는 '감시하고(監) 조사하다(査)'는 뜻으로, 회사나 국가에서 재산 상태 및 업무 수행을 제대로 하는지 등을 살펴보거나 조사하는 일이나 사람을 의미합니다.

격식 격(格)자는 원래 '나무(木)로 만든 책시렁(선반)이나 나무의 가지'를 뜻하는 글자입니다. 나중에 격식(格式)이라는 의미가 생겼습니다. 격식(格式)은 '격(格)에 맞는 일정한 방식(式)'입니다.

법 모(模)자는 원래 '나무(木)를 깎아 실제 모습을 똑같이 본뜨다'는 뜻의 글자입니다. 이후 '본뜨다→본보기→(본보기가 되는) 법'이란 뜻이 생겼습니다. 모형(模型), 모방(模倣), 모조품(模造品)은 '본뜨다'는 뜻으로 사용되었고, 모범(模範)은 본보기라는 뜻으로 사용되었습니다. 모의(模擬)는 '모방(模倣)하여 흉내 내다(擬)'는 뜻입니다. 모의시험이나 모의고사는 실제의 시험에 대비하여 그것을 흉내 내어 쳐보는 시험입니다. 모의재판은 실제의 재판을 흉내 내어 해보는 재판입니다.

모양 양(樣)자는 원래 '상수리나무'를 일컫는 글자입니다. 나중에 모양(模樣)이라는 뜻이 생겼습니다. 이양선(異樣船)은 '다른(異) 모양(樣)의 배(船)'라는 뜻으로, 나무로 배를 만들었던 조선 시대에 쇠로 만든 외국의 철선(鐵船)을 이르는 말입니다.

## 기타(1)

**榮** 영화 영 중 荣 약 栄
나무 목(木) +
[등불 형(熒)→영]

**枯** (나무가) 마를 고 중 枯
나무 목(木) + [예 고(古)]

**標** (나무에) 표할 표 중 标
나무 목(木) + [쪽지 표(票)]

**構** (나무를) 얽을 구 중 构
나무 목(木) + [쌓을 구(冓)]

**築** (나무를) 쌓을 축 중 筑
나무 목(木) +
[악기이름 축(筑)]

**乘** (나무에) 탈 승 중 乘 약 乗
삐침 별(丿) + 나무 목(木) +
북녘 북(北)

영화 영(榮)자는 원래 '나무(木) 위에 불(熒)처럼 활활 타는 듯한 꽃'을 나타내는 글자입니다. 또 나무(木)에 꽃이 많이 피는 것을 영(榮)이라 하고, 풀(艹)에 피는 것을 화(華)라고 합니다. 이후 '꽃→피다→무성하다→영화(榮華)'라는 뜻이 파생되었습니다. 대동아공영권(大東亞共榮圈)은 '큰(大) 동쪽(東) 아시아(亞)의 함께(共) 번영하는(榮) 권역(圈)'이란 뜻으로, 일본을 중심으로 함께 번영할 동아시아와 동남아시아 지역을 말합니다. 태평양 전쟁 당시 일본이 아시아 대륙에 대한 침략을 합리화하기 위하여 내건 정치 표어입니다.

마를 고(枯)자는 '나무(木)가 오래되고 늙어(古) 마른 나무가 되었다'는 뜻입니다. 고목(古木)은 '오래된(古) 나무(木)'지만, 고목(枯木)은 '말라(枯) 죽은 나무(枯)'입니다.

표할 표(標)자는 종이가 없던 시절 '나무에 칼로 그림이나 글자를 새겨 표(票)를 하다'는 뜻입니다. 좌표(座標)는 '자리(座)를 표시하다(標)'라는 뜻으로, 평면이나 공간에서 점의 위치를 나타내는 수의 짝(x, y, z)을 가리킵니다.

쌓을 구(冓)

얽을 구(構)자에 들어 있는 쌓을 구(冓)자는 나무를 쌓아올린 더미의 옆모습을 본떠 만든 글자입니다. 나중에 뜻을 명확히 하기 위해, 나무 목(木)자가 추가되어 얽을 구(構)자가 되었습니다. 구성(構成)은 '부분이나 요소가 얽혀져서(構) 전체를 이루다(成)'는 뜻으로, 문학에서 여러 요소들을 유기적으로 배열하거나 서술하는 일을 말합니다. 구조(構造)도 같은 의미입니다. 구조물(構造物)은 '부분이나 요소가 얽혀져서(構) 만들어진(成) 물건(物)'으로, 건물, 다리, 축대, 터널 등이 있습니다.

쌓을 축(築)자는 얽을 구(構)자와 비슷한 의미를 지니고 있습니다. 건축물(建築物)이나 축조물(築造物)은 구조물(構造物)과 같은 뜻이고, 구축(構築)은 '얽어서(構) 쌓다(築)'는 뜻으로, 어떤 시설물이나 시스템을 쌓아올려 만드는 것을 이릅니다.

탈 승(乘)

탈 승(乘)자는 나무(木) 위에 발을 강조한 사람(大)이 올라가 있는 모습을 본떠 만든 글자입니다. 승차(乘車)는 '차(車)에 타다(乘)'는 뜻입니다. 대승불교(大乘佛敎)는 '(많은 사람들이) 큰(大) 수레를 타는(乘) 불교(佛敎)'라는 뜻으로, 깨달음을 얻으면, 깨달음을 얻은 사람뿐만 아니라 다른 사람들도 깨우쳐, 모두 함께 큰 수레를 타고 모두 구원에 도달한다는 의미입니다. 반면 소승불교(小乘佛敎)는 깨달음을 얻은 사람만 구원에 도달합니다.

## 기타(2)

柔 (나무가) 부드러울 유 ⓗ 柔
나무 목(木) + 창 모(矛)

束 묶을 속 ⓗ 束
나무 목(木) + 입 구(口)

東 동녘 동 ⓗ 东
나무 목(木) + 날 일(日)

重 무거울 중 ⓗ 重
사람 인(亻) +
[동녘 동(東)→중]

부드러울 유(柔)자는 '창(矛) 자루로 사용하는 나무(木)는 부드럽고 유연(柔軟)해야 한다'는 뜻입니다. 우유부단(優柔不斷)은 '마음이 부드럽고(優) 부드러워(柔) 끊지(斷) 못하다(不)'는 뜻으로, 망설이기만 하고 결단(決斷)을 내리지 못함을 이르는 말입니다. 우유체(優柔體)는 '부드럽고(優) 부드러운(柔) 문체(體)'입니다.

묶을 속(束)자와 동녘 동(東)자는 부수가 나무 목(木)자이지만, 나무와 상관없는 글자입니다.

묶을 속(束)

동녘 동(東)

무거울 중(重)

속박(束縛), 결속(結束), 단속(團束), 약속(約束)등에 사용되는 묶을 속(束)자는 글자 중간에 있는 자루의 모습(口)을 아래 위로 꼭 묶어 놓은 형상에서, '묶다'는 뜻이 생겼습니다.

동녘 동(東)자도 묶을 속(束)자와 마찬가지로 아래위를 꼭 묶어 놓은 자루의 모습입니다. 이런 모습은 무거울 중(重)자를 보면 더 확실하게 알 수 있습니다. 무거울 중(重)자는 사람(亻)이 무거운 자루(東)를 지고 있는 모습에서, '무겁다'는 뜻이 생겼습니다. 나중에 가차되어 '동녘'이란 뜻이 생겼습니다.

묶을 속(束)자는 나무(木) 중간이 끈(口)으로 묶여 있는 모습이고, 동녘 동(東)자는 나무(木) 사이로 해(日)가 떠오르는 곳이 동쪽이라고 하는 사람이 있는데, 암기가 목적이라면 훨씬 좋은 해석입니다.

# 자연 2-13 식물(2)

풀 초(艸) | 성씨 씨(氏)

艸 | ΨΨ

풀 초(艸/艹)
풀 두 포기

풀 초(艸/艹)자는 풀 두 포기를 본떠 만든 글자입니다. 과학이 발달하지 못했던 고대 중국에서는 버섯, 곰팡이, 세균(菌), 이끼(苔), 해조류(藻) 등의 균조식물(菌藻植物)을 모두 풀로 분류하였습니다. 또 칡, 등(藤)나무, 포도(葡萄)나무와 같은 덩굴식물도 풀로 간주하였습니다. 따라서 풀 초(艸/艹)자는 땅에 뿌리를 박고 수직으로 서 있는 나무를 제외한 모든 식물과 관련되는 글자에 들어갑니다.

풀 초(艹)자의 획수는 4획인데, 글로 쓸 때에는 가로 획을 한 번에 쓰기 때문에 3번에 씁니다. 우리나라에서는 4획이지만 중국에서는 3획입니다.

## 풀의 종류

**蘭** 난초 란 중 兰
풀 초(艹) + [난간 란(闌)]

**菊** 국화 국 중 菊
풀 초(艹) + [움켜쥘 국(匊)]

**蓮** 연꽃 련 중 莲
풀 초(艹) + [이을 련(連)]

**荷** 연꽃 하 중 荷
풀 초(艹) + [어찌 하(何)]

**藍** 쪽 람 중 蓝 약 蓝
풀 초(艹) + [볼 감(監)→람]

**茶** 차 다, 차 차 중 茶
풀 초(艹) + [나 여(余)→다, 차]

난초 란(蘭)자는 '잎이 난간(闌)처럼 길게 생긴 풀(艹)이다'는 뜻입니다. 난학(蘭學)은 '화란(蘭)에서 들어온 학문(學)'으로, 화란(和蘭)은 네덜란드(Netherlands)를 한자로 나타낸 말입니다. 네덜란드는 튤립으로 유명한데, 튤립이 난초(蘭草)와 비슷하게 생겨 화란이란 이름이 붙은 것으로 추측됩니다. 일본은 에도 시대(江戶時代)에 네덜란드를 통해 서양의 과학 지식이 들어왔는데, 이것을 난학(蘭學)이라 합니다.

국화 국(菊)자에 들어가는 움켜쥘 국(匊)자는 손으로 쌀(米)을 한 움큼 쥐고 있는 모습에서, '움켜지다, 움큼'이란 뜻이 생겼습니다. 국화는 '꽃 모양이 흡사 쌀을 손으로 움켜진(匊) 모습의 풀(艹)이다'는 뜻입니다. 매란국죽(梅蘭菊竹)은 '매화(梅), 난초(蘭), 국화(菊), 대나무(竹)'를 말하는데, 이를 사군자라고 합니다.

연꽃 련(蓮)자는 '뿌리가 마디로 이어진(連) 풀(艹)이다'는 뜻입니다. 반찬으로 먹는 연근조림의 연근(蓮根)은 '연(蓮)뿌리(根)'라는 뜻이지만, 사실은 연의 줄기입니다. 목련(木蓮)은 '나무(木)에서 피는 연꽃(蓮)'이란 뜻입니다. 목련꽃은 연꽃처럼 크기도 클뿐더러 모양도 비슷하기 때문에 붙여진 이름입니다. 고대소설 《장화홍련전》에 주인공으로 나오는 두 자매 장화(薔花)는 '장미(薔) 꽃(花)', 홍련(紅蓮)은 '붉은(紅) 연꽃(蓮)'이란 의미입니다.

국화

마디로 이어진 연근

연꽃 하(荷)자에도 풀 초(艹)자가 들어 있습니다. 나중에 어찌 하(何)자의 본뜻인 '메다, 짊어지다, 짐, 화물(貨物)' 등의 뜻이 생겼습니다. 하중(荷重)은 '짐(荷)의 무게(重)'라는 뜻으로, 물체에 작용하는 외부의 힘이나 무게를 뜻하는 용어입니다.

쪽 람(藍)자에서, 쪽은 남(藍)색 물감을 만드는 데 사용하는 한해살이풀입니다. 청출어람(青出於藍)은 '푸른색(青)은 쪽(藍)에서(於) 나왔다(出)'라는 뜻으로, 제자가 스승보다 더 나아짐을 일컫는 말입니다. 《순자(荀子)》에 나오는 "청출어람 청어람(青出於藍 青於藍)", 즉 '푸른색(青)은 쪽(藍)에서(於) 나왔으나(出) 쪽(藍)보다(於) 더 푸르다(青)'에서 유래합니다.

차 다(茶) 혹은 차 차(茶)자는 풀 초(艹)자와 소리를 나타내는 나 여(余)의 변형자가 합쳐진 글자입니다. 하지만 '사람(人)이 풀(艹)이나 나무(木)의 잎을 다려 먹는 음료'라고 해석하기도 합니다. 녹차(綠茶)는 '푸른(綠) 빛이 그대로 나도록 말린 찻잎이나 그 찻잎으로 만든 차(茶)'이고, 다방(茶房)은 '차(茶)를 팔고 마시는 집(房)'입니다.

### 풀과 관련한 글자

**草** 풀 초 ⓢ 草
풀 초(艹) +
[이를/새벽 조(早)→초]

**葉** 잎 엽 ⓢ 叶
풀 초(艹) + [잎 엽(枼)]

**菜** 나물 채 ⓢ 菜
풀 초(艹) + [캘 채(采)]

**蔬** 나물 소 ⓢ 蔬
풀 초(艹) +
[소통할/트일 소(疏)]

풀 초(草)자는 '이른 새벽(早)에 태어난 풀(艹)'이란 뜻입니다. 이후 '풀→초서(草書)→초고(草稿)→초고를 쓰다'는 뜻이 파생되었습니다. 초서(草書)는 '글자의 모양이 풀(草)잎처럼 흘려 쓴 서체(書)'이고, 초고(草稿)는 초벌로 쓴 원고인데, 정자로 쓰지 않고 초서(草書)로 쓴 것 같다고 해서 초고(草稿)라는 이름이 붙었습니다. 초록색(草綠色)은 '풀(草)과 같이 푸른(綠)색(色)'입니다.

잎 엽(葉)자에 들어 있는 잎 엽(枼)자는 나무(木) 위에 나뭇잎(世)이 달려 있는 형상입니다. 세상 세(世)자가 여기에서는 나뭇잎의 모양으로 사용되었습니다. 나중에 풀처럼 생긴 나뭇잎의 뜻을 명확하게 하기 위해 풀 초(艹)가 추가되어 잎 엽(葉)자가 되었습니다. 엽차(葉茶)는 '잎(葉)을 달이거나 우려낸 차(茶)'입니다.

채소(菜蔬)에 들어 있는 채(菜)자와 소(蔬)자는 모두 나물(사람이 먹을 수 있는 풀)을 의미하는 글자입니다. 야채(野菜)는 '들(野)에서 자라는 채소(菜)'이고, 배추는 '줄기가 흰(白) 채소(菜)'라는 뜻의 백채(白菜)가 변한 말입니다. 김치는 '소금물에 절인(沈) 채소(菜)'라는 뜻의 침채(沈菜)가 변한 말입니다.

**芽** 싹 아 중 芽
풀 초(艹) + [어금니 아(牙)]

**苗** 싹 묘 중 苗
풀 초(艹) + 밭 전(田)

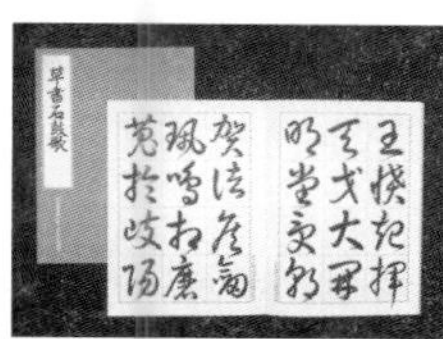
초서로 쓴 글

싹 아(芽)자는 '어금니(牙)처럼 조그마한 풀(艹)이 싹이다'는 뜻입니다. 맥아당(麥芽糖)은 '보리(麥)의 싹(芽)에서 나오는 당분(糖)'으로, 엿당이라고도 합니다. 두 개의 포도당이 결합되어 이루어진 이당류입니다.

싹 묘(苗)자는 '밭(田)에 나있는 풀(艹)이 싹이다'는 뜻입니다. 청묘법(靑苗法)은 '푸른(靑) 싹(苗)을 담보로 돈을 빌려 주던 법(法)'이란 뜻으로, 중국 북송(北宋) 때 왕안석이 제안했습니다. 농작물의 싹이 나면 이를 담보로 백성에게 돈과 곡식을 싼 이자로 꾸어 주던 제도입니다.

## 풀의 성질

**茂** (풀이) 무성할 무 중 茂
풀 초(艹) + [천간 무(戊)]

**蒼** (풀이) 푸를 창 중 苍
풀 초(艹) + [곳집 창(倉)]

**荒** (풀이) 거칠 황 중 荒
풀 초(艹) + [망할 황(巟)]

**蒙** (풀이) 어릴 몽 중 蒙
풀 초(艹) + [덮어쓸 몽(冡)]

**薄** (풀잎이) 얇을 박 중 薄
풀 초(艹) + [펼 부(溥)→박]

**落** (풀잎이) 떨어질 락 중 落
풀 초(艹) + [강이름 락(洛)]

무성할 무(茂)자는 '풀(艹)이 무성(茂盛)하다'는 뜻입니다.

창공(蒼空), 창백(蒼白), 창파(蒼波: 푸른 파도)에 사용되는 푸를 창(蒼)자는 '풀(艹)이 푸르다'는 뜻입니다.

황폐(荒廢), 황무지(荒蕪地)자의 거칠 황(荒)자는 '풀(艹)이 없어질(巟) 정도로 땅이 황폐해지다'는 뜻입니다. 이후 '거칠다→폐기하다→흉년(凶年)이 들다→어둡다→허황하다' 등의 뜻이 생겼습니다. 파천황(破天荒)은 '하늘(天)의 어둠(荒)을 깨다(破)'는 뜻으로, 이전에 아무도 하지 못한 일을 처음으로 해냄을 이르는 말입니다. 황당(荒唐)은 '허황하고(荒) 황당하다(唐)'는 뜻입니다.

어릴 몽(蒙)자는 원래 한약재로 쓰이는 풀(艹)의 일종입니다. 이후 '(풀이) 작다→어리다→어리석다→속이다'는 뜻이 생겼습니다. 계몽주의(啓蒙主義)는 '어리석음(蒙)을 일깨우는(啓) 주의(主義)'로, 유럽 중세를 지배해온 기독교와 신앙의 맹신에서 벗어나 인간의 이성의 힘을 빌려 자연과 인간, 사회, 정치를 관찰하고 이해하려는 사상입니다. 중앙아시아에 있는 몽고(蒙古)는 '어리석고(蒙), 새롭지 못한 옛(古) 나라'라는 뜻으로, 원래 이름은 '용감하다'는 뜻의 몽골입니다. 몽고(蒙古)라는 이름은, 중국이 몽골을 북쪽의 오랑캐로 업신여기며 지은 이름입니다.

얇을 박(薄)자는 '풀(艹)잎이 얇다'는 뜻으로 만든 글자입니다. 이후 '얇다→적다'는 뜻이 파생되었습니다. 미인박명(美人薄命)은 '아름다운(美) 여자(人)는 수명(命)이 적다(薄)'는 뜻입니다. 박리다매(薄利多賣)는 '이익(利)은 적지만(薄), 많이(多) 팔아(賣) 이문을 올리다'는 뜻입니다.

낙엽(落葉), 낙하(落下), 낙제(落第), 하락(下落)에 들어가는 떨어질 락(落)자는 '가을이면 풀잎(艹)이 떨어지다'는 뜻입니다. 낙엽(落葉)은 '떨어지는(落) 잎(葉)'입니다. 낙성대(落星垈)는 '별(星)이 떨어진(落) 터(垈)'라는 뜻으로, 서울대학교 후문 쪽에 있는 고려 시대의 강감찬 장군이 태어난 터입니다. 장군이 태어나던 날 하늘에서 큰 별이 떨어졌다는 전설에 따라 지어진 이름입니다.

### 풀이 세 포기 이상인 글자

**卉** 풀 훼 ⓙ卉
풀이 세 포기 나 있는 모습

**奔** 달릴 분 ⓙ奔
큰 대(大) + 풀 훼(卉)

**莫** 없을 막 ⓙ莫
풀 초(艹) + 날 일(日) + 풀 초(艹→大)

**葬** 장사지낼 장 ⓙ葬
풀 초(艹) + 죽을 사(死) + 풀 초(艹→廾)

풀 초(艸/艹)자는 풀이 두 포기를 나타내는 글자입니다만, 세 포기 이상이 들어간 글자도 있습니다. 풀 훼(卉)자는 풀(艹)이 세 포기 나온 모양을 본떠 만든 글자입니다. 화훼박람회, 화훼산업 등에 쓰는 화훼(花卉)는 '꽃(花)이 피는 풀(卉)'을 의미합니다.

달릴 분(奔) 없을 막(莫) 장사지낼 장(葬)

달릴 분(奔)자는 풀 밭(卉) 위로 사람(大)이 분주하게 달려가는 모습을 본떠 만든 글자입니다. '분주하다'의 분주(奔走)는 '달리고(奔) 달리다(走)'는 뜻입니다. 또 독일 차 벤츠(Benz)는 중국에서 분치(奔馳: 번츠)라고 하는데, 이 또한 '달리고(奔) 달리다(馳)'는 뜻입니다.

없을 막(莫)자의 상형문자를 보면 날 일(日)자 위와 아래에 풀 초(艹)자가 그려져 있습니다. 즉 '해(日)가 풀(艹)숲 사이로 저물다'는 뜻으로 만들어진 글자입니다. 막무가내(莫無可奈)는 '어찌(奈) 할 수(可) 없고(莫) 없다(無)'는 뜻입니다.

장례(葬禮), 장사(葬事), 화장(火葬) 등에 들어가는 장사지낼 장(葬)자의 상형문자를 보면 풀(艹)이 무성한 수풀에서 죽은 사람(死)을 장사지내고 있는 모습입니다. 부장품(副葬品)은 '장사 지낼(葬) 때 부수적으로(副) 함께 묻는 물건(品)'입니다.

### 풀로 덮거나 숨김

**蓋** (풀로) 덮을 개 ⓙ盖 ⓐ盖
풀 초(艹) + [갈 거(去)→개] + 그릇 명(皿)

빈 땅이 있으면 금방 풀이 자라 땅을 덮어 가립니다. 따라서 '덮거나 숨기다'는 뜻의 글자에 풀 초(艹)자가 들어갑니다.

덮을 개(蓋)자는 '그릇(皿)의 뚜껑을 덮다'는 뜻으로 만든 글자에, 풀 초(艹)자를 나중에 추가하였습니다. 발산개세(拔山蓋世)는 역발산기개세(力拔山氣蓋

蔽 (풀로) 덮을 폐 중 蔽
풀 초(艹) + [해질 폐(敝)]

藏 (풀로) 감출 장 중 藏
풀 초(艹) + [숨길 장(臧)]

世)의 준말로 '힘(力)은 산(山)을 뽑고(拔) 기개(氣)는 세상(世)을 덮는다(蓋)'는 뜻입니다. 초나라 왕 항우의 빼어난 힘과 기개를 표현한 말입니다.

덮을 폐(蔽)자는 '풀(艹)로 덮어서 숨기다'는 뜻으로, 은폐(隱蔽)나 차폐(遮蔽)에 사용됩니다.

감출 장(藏)자에 들어 있는 숨길 장(臧)자는 창(戈)을 피해 숨어 있는 노예(臣)의 모습입니다. 나중에 '숨다'는 뜻을 강조하기 위해 풀 초(艹)자를 추가하여 감출 장(藏)자가 만들어졌습니다. 장정기(藏精器)는 '정자(精)를 저장하는(藏) 기관(器)'이란 뜻으로, 고사리식물이나 이끼식물 등에서 정자(精子)를 만들고 저장(貯藏)하여 두는 기관(器官)입니다.

## 꽃과 관련한 글자

花 꽃 화 중 花
풀 초(艹) + [될 화(化)]

芳 꽃다울 방 중 芳
풀 초(艹) + [모 방(方)]

英 꽃부리 영 중 英
풀 초(艹) +
[가운데 앙(央)→영]

華 (꽃처럼) 빛날 화 중 华
풀 초(艹) + 화려한 꽃 모습

꽃은 나무에도 피지만 풀에도 피므로 풀 초(艹)자가 들어갑니다.

될 화(化)자는 바로 서 있는 사람(亻)과 거꾸로 서 있는 사람(匕)을 본떠 만든 상형문자입니다. 여기에서 거꾸로 서 있는 사람은 죽은 사람을 의미합니다. 즉, '산 사람과 죽은 사람이 서로 윤회하여 다른 형태로 변화(變化)한다'는 의미로 만들었습니다. 꽃 화(花)자도 꽃이 씨가 되고, 씨가 자라 풀이 되고, 풀에서 다시 꽃이 생기는 변화의 과정을 거친다는 의미입니다.

꽃다울 방(芳)자는 원래 '향기가 나는 풀(艹)의 이름'입니다. 이후 '향초(香草)→향기(香氣)→(향기가) 나다→꽃답다→아름답다→청춘'이라는 뜻이 파생되었습니다. 방향족화합물(芳香族化合物)은 '꽃다운(芳) 향기(香)가 나는 족속(族)의 화합물(化合物)'로, 분자 속에 벤젠 고리를 가지는 유기화합물을 통틀어 이르는 말입니다. 향기로운 냄새가 나서 방향족이라는 이름이 붙었습니다. 방년(芳年)은 '20세 전후 여자의 꽃다운(芳) 나이(年)'입니다. 방명록(芳名錄)은 '꽃다운(芳) 이름(名)을 기록(錄)하는 책'으로, 결혼식이나 장례식과 같이 특별한 자리에 참석한 사람의 이름을 기록하는 책입니다.

꽃부리 영(英)자의 꽃부리는 꽃잎 전체를 이르는 말로, 화관(花冠)이라고도 합니다. 하지만 영웅(英雄)이나 영재(英才)처럼 '재주가 뛰어나다'는 뜻으로 더 많이 사용됩니다. 잉글랜드(England)의 첫 글자를 한자로 음역한 영국(英國)은 '재주가 뛰어난(英) 나라(國)'라는 뜻입니다. 영국은 1840년 아편전쟁으로 청나라를 굴복시키고 홍콩을 차지하였는데, 아마도 영국을 전쟁 재주가 뛰어난 나라로 보았을 겁니다.

빛날 화(華)자는 꽃 모양의 상형문자 위에 풀 초(艹)자가 합쳐진 글자입니다. 꽃이 화려(華麗)하다고 해서 '빛나다'는 의미가 생겼습니다. 화려체(華麗體)는 '빛나고(華) 아름다운(麗) 문체(文體)'입니다. 나도향의 〈그믐달〉, 이효석의 〈메밀꽃 필 무렵〉 등이 대표적인 화려체 소설입니다.

### 덩굴 식물

**葡** 포도 포 ⓩ 蒲
풀 초(艹) + [길 포(匍)]

**萄** 포도 도 ⓩ 萄
풀 초(艹) + [질그릇 도(匋)]

**葛** 칡 갈 ⓩ 葛
풀 초(艹) + [어찌 갈(曷)]

**藤** 등나무 등 ⓩ 藤
풀 초(艹) +
[밀어올릴 등(朕)] + 물 수(氺)

고대 중국 사람들은 칡, 등나무, 포도나무와 같은 덩굴식물도 풀로 여겼기 때문에, 이런 글자에도 초(艹)자가 들어갑니다. 포도 포(葡)자는 '덩굴처럼 기어가는(匍) 풀(艹)이 포도(葡萄)나무이다'는 뜻입니다.

포도 도(萄)자는 '포도 알이 질그릇(匋)처럼 둥글고 껍질에 윤이 난다'는 뜻입니다. 포도당(葡萄糖)은 '포도(葡萄) 속의 당분(糖)'으로, 우리 몸의 뇌나 근육에 있는 세포로 가서 분해되어 에너지로 변합니다. 병원에 가보면 음식을 먹지 못하는 환자들이 링거 주사를 맞고 있는데, 이때 맞는 주사가 포도당액입니다.

칡 갈(葛)자의 칡은 다년생 덩굴식물로서 겨울에도 얼어 죽지 않고 대부분의 줄기가 살아남습니다. 줄기는 매년 굵어지기 때문에 나무로 분류됩니다. 하지만 중국 사람들은 풀로 여겼습니다. 갈근(葛根)은 '칡(葛) 뿌리(根)'로, 해열제 등의 약재로 씁니다. 갈분(葛粉)은 '칡(葛) 뿌리에서 나온 녹말가루(粉)'로, 국수나 냉면의 원료로 사용합니다.

등나무 등(藤)자는 '밀어 올려(朕) 솟구치는 물(氺)처럼 여러 갈래로 위를 향해 자라나는 풀(艹)이 등나무이다'는 뜻입니다. 갈등(葛藤)은 '칡(葛)과 등나무(藤)'라는 뜻으로, 칡과 등나무가 서로 얽히는 것과 같이, 목표나 이해관계가 달라 서로 적대시하거나 불화를 일으키는 상태를 말합니다.

### 균조식물

**菌** 버섯 균 ⓩ 菌
풀 초(艹) +
둘러싸일 위(囗) + 벼 화(禾)

**藻** 바닷말 조 ⓩ 藻
풀 초(艹) + 물 수(氵) +
[새떼로울 조(喿)]

균조식물(菌藻植物)은 꽃이 피지 않는 식물로, 균류(菌類)와 조류(藻類)를 함께 이르는 말입니다.

이중 균류(菌類)는 버섯이나 곰팡이처럼 광합성을 하지 않고 사는 식물입니다. 버섯이나 곰팡이를 뜻하는 균(菌)자는 '벼(禾)를 밀폐된 창고(囗)에 넣어두면 풀(艹)의 일종인 곰팡이나 버섯(菌)이 생기다'는 뜻입니다. 옛 중국 사람들은 버섯이나 곰팡이를 풀로 여겼습니다. 포도상구균(葡萄狀球菌)은 '포도(葡萄)송이 모양(狀)을 한, 공(球)처럼 둥근 균(菌)'이란 뜻으로, 종기에 고름이 생기게 하는 병원균(病原菌)입니다.

포도송이 모양의
포도상구균

조류(藻類) 혹은 해조류(海藻類)는 미역, 김, 다시마와 같이 물속에 살면서 엽록소로 동화 작용을 하는 하등 식물로, 뿌리, 줄기, 잎이 구별되지 않고 포자에 의하여 번식하며 꽃이 피지 않습니다. 바닷말 조(藻)자는 '물(氵)속에서 자라는 풀(艹)'이란 뜻으로 만든 글자입니다.

## 새로운 뜻이 파생된 글자

**苦** 괴로울 고 ㊥苦
풀 초(艹) + [예 고(古)]

**藝** 재주 예 ㊥艺 ㊧芸
풀 초(艹) + [심을 예(埶)] + 이를 운(云)

**薦** 천거할 천 ㊥荐
풀 초(艹) + [해태 치(廌)→천]

**蘇** 되살아날/차조기 소 ㊥苏
풀 초(艹) + 물고기 어(魚) + 벼 화(禾)

**莊** 장엄할 장 ㊥庄 ㊧荘
풀 초(艹) + [씩씩할 장(壯)]

**著** 나타날 저, 붙을 착 ㊥著
풀 초(艹) + [사람 자(者)→저]

고통(苦痛), 고민(苦悶)에 들어가는 쓸 고(苦)자는 원래 풀의 일종인 씀바귀를 의미하는 글자였습니다. 씀바귀는 맛이 써, 쓴나물이라고도 합니다. 이후 '씀바귀→쓰다→괴롭다'는 의미가 생겼습니다. 고진감래(苦盡甘來)는 '쓴(苦)맛이 다하면(盡) 단(甘)맛이 온다(來)'는 뜻으로, '고통 뒤에 낙이 온다'는 의미입니다.

재주 예(藝)자에 들어가는 심을 예(埶)자는 땅(土) 위에 나무(圥)를 심는 사람(丸)의 모습입니다. 나중에 풀도 심는다는 의미에서 풀 초(艹)자가 추가되고, 꿇어앉아 있는 사람의 다리가 운(云)자로 변했습니다. '나무나 풀을 심어 키우는 사람이 재주가 있다'는 의미로 재주라는 뜻이 생겼습니다.

천거할 천(薦)자는 원래 '상스러운 해태(廌)에게 공호풀(艹)을 드리다'는 뜻입니다. 나중에 해태에게 풀을 올리듯이, 높은 사람에게 인재를 소개하여 쓰게 하는 천거(薦擧)라는 의미가 추가되었습니다. 해태(獬豸)는 옳고 그름을 판단하여 안다는 전설적인 짐승으로, 사슴처럼 길한 짐승으로 여겨져 궁궐에 석상을 만들어 세웠으며, 지금의 경복궁 앞 광화문 지킴이로 잘 알려져 있습니다.

되살아날 소(蘇)자는 원래 '차조기'라는 풀을 의미하는 글자입니다. 차조기는 생선을 먹고 식중독에 걸렸을 때 해독제나 약용으로 사용되는 풀입니다. 따라서 되살아날 소(蘇)자는 '생선(魚)을 먹고 식중독에 걸렸을 때 차조기 풀(艹)을 먹고 병을 치료하고, 쌀밥(禾)을 먹고 기운을 차려 회복하다'는 뜻에서, '되살아나다'는 의미가 생겼습니다. 소생(蘇生)은 다시 되살아(蘇)난다(生)'는 뜻입니다.

장엄(莊嚴), 장중(莊重)에 들어 있는 장엄할 장(莊)자는 '풀(艹)이 씩씩하게(壯) 자라 무성하다'는 뜻입니다. 이후 '무성하다→씩씩하다→장중하다'는 뜻도 생겼습니다.

옛 광화문 앞 해태상
출처: 문화재청

나타날 저(著)자는 원래 '사람(者)이 풀(艹)로 만든 옷을 입다'는 뜻입니다. 이후 '입다→(옷이 몸에 착 달라) 붙다→(옷을) 짓다→(옷을 입어 눈에 잘 띄어) 나타나다'는 뜻도 생겼습니다. 붙을 착(著)자는 모양이 조금 변해 붙을/입을 착(着)

자로도 씁니다. 교착어(膠着語)는 '(글자에 조사나 어미를) 아교(膠)로 붙인(着) 말(語)'이란 뜻으로, 한글처럼 글자의 문법적인 기능을 나타내기 위해 조사나 어미가 붙는 언어입니다. 한자와 같이 조사나 어미가 없는 글자를 고립어(孤立語)라 합니다. 착복(着服)은 '옷(服)을 입다(着)'는 뜻인 동시에, '남의 금품(金品)을 부당하게 자기 것으로 한다'는 뜻도 있습니다. 저서(著書)는 '지은(著) 책(書)'이고, 저작권(著作權)은 '짓고(著) 만든(作) 작품에 대한 권리(權)'입니다.

### 기타

**藥** (풀로 만든) 약 약
중 药 약 薬
풀 초(艹) + [즐거울 락(樂)→약]

**蓄** (풀을) 쌓을 축 중 蓄
풀 초(艹) + [가축 축(畜)]

**蒸** (풀을) 찔 증 중 蒸
풀 초(艹) +
[김오를 증(烝)→증]

한약방에 가보면 수많은 약재들이 있는데, 웅담이나 녹용과 같이 동물에서 나온 약제도 있지만, 대부분이 풀로 만든 약재입니다. 약 약(藥)자는 '풀(艹)로 만든 약을 지어먹어 병이 나으면 즐겁다(樂)'는 뜻에서 즐거울 락(樂)자가 들어간 것으로 추정됩니다. 약지을 제(劑)자를 보면 칼 도(刂)자가 들어가는데, '풀을 작두칼(刂)로 잘라 약을 짓다'는 뜻입니다.

쌓을 축(蓄)자에 들어가는 가축 축(畜)자는 소의 식도(玄)와 소의 위(田)를 본떠 만든 글자로, 검을 현(玄)이나 밭 전(田)과는 상관없습니다. '식도(玄)를 통해 위(田)에 먹은 풀이 쌓인다'고 해서, '쌓이다, 모이다'는 뜻을 가지고 있었습니다. 나중에 가축(家畜)이란 뜻으로 사용되면서, 원래의 뜻을 살리기 위해 풀 초(艹)자가 추가되어, 가축에게 먹일 풀을 쌓을 축(蓄)자가 되었습니다. 저축(貯蓄), 축적(蓄積) 등에 사용됩니다.

증기(蒸氣), 증발(蒸發) 등에 들어 있는 찔 증(蒸)자는 김이 올라오는 곳(烝)에 풀(艹)을 올려놓고 찌는 모습을 본떠 만든 글자입니다. 김오를 증(烝)자는 불(灬) 위에 놓인 그릇(U→ 一) 안에 담긴 물(水)을 끓이는 모습입니다. 증산작용(蒸散作用)은 '물을 증발(蒸)시켜 흩어지게(散) 하는 작용(作用)'으로, 식물체 안의 수분이 수증기가 되어 공기 중으로 나오는 작용입니다.

### 풀과 관련 없는 글자

**若** 같을 약 중 若
머리 손질하는 여자 모습

같을 약(若)

글자에 풀 초(艹)자가 들어가고, 부수가 풀 초(艹)자임에도 불구하고, 풀과 전혀 상관없는 글자가 있습니다. 같은 약(若)자는 여자(女)가 두 손으로 머리카락을 잡고 있는 모습입니다. 아마도 머리를 손질하는 모습 같습니다. '같다'는 의미가 어떻게 나왔는지는 명확하지 않습니다. 명약관화(明若觀火)는 '불(火)을 보는(觀) 것 같이(若) 밝다(明)'는 뜻으로, 불을 보듯이 명백함을 일컫는 말입니다.

**萬** 일만 만 ⓩ 万 ⓨ 万
전갈 모습

**苟** 진실로 구 ⓩ 苟
풀 초(艹) + [글귀 구(句)]

일만 만(萬)

일만 만(萬)자는 전갈의 모양을 본떠 만든 글자입니다. 글자를 풀어보면 전갈의 머리(艹), 몸통(田), 뒷다리(冂), 꼬리(厶)로 이루어져 있습니다. 하지만 숫자 10,000을 일컫는 말과 소리가 같아서 일만이란 뜻이 가차되었습니다. 이후 '일만→많은→매우(많은)' 등의 뜻이 생겼습니다. 만국기(萬國旗)는 '많은(萬) 나라(國)의 깃발(旗)'이고, 만약(萬若)과 만일(萬一)은 '만(萬)에 하나(一)라도 같다면(若)'이라는 뜻입니다.

진실로 구(苟)

진실로 구(苟)자는 공손하게 서 있는 사람의 모습으로 추측되는 글자입니다. '진실로'라는 뜻이 생긴 이유에 대해서는 알려지지 않았습니다.

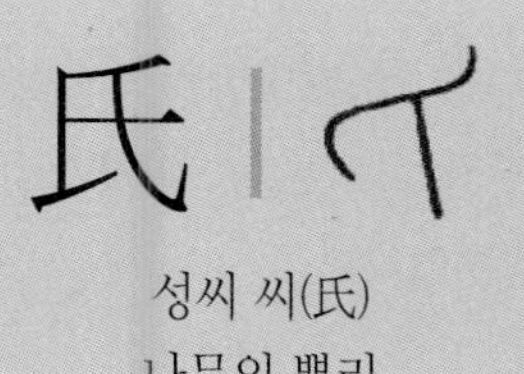
성씨 씨(氏)
나무의 뿌리

성씨 씨(氏)자는 여러 갈래로 갈라진 나무의 뿌리를 본떠 만든 글자입니다. 뿌리라는 뜻에서 성(姓)이란 뜻이 파생되었습니다. 성(姓)을 부를 때 김씨(金氏), 이씨(李氏)처럼 씨(氏)를 붙이는데, 성(姓=女+生)은 원래 모계사회에서 어머니의 성을 일컫는 글자이고, 씨(氏)는 부계사회로 옮아오면서 아버지 성을 일컫는 글자입니다. 지금은 둘을 합쳐서 성씨(姓氏)라고 합니다.

### 씨(氏)자가 들어가는 글자

**昏** 저물 혼 ⓩ 昏
날 일(日) + 성씨 씨(氏)

**婚** 혼인할 혼 ⓩ 婚
여자 녀(女) + [저물 혼(昏)]

**派** 물갈래 파 ⓩ 派
물 수(氵) + [물갈래 파(𠂢)]

**脈** 맥 맥 ⓩ 脈 ⓨ 脉
고기 육(肉/月) + [물갈래 파(𠂢)]

저물 혼(昏)자는 '해(日)가 나무뿌리(氏)처럼 땅속으로 들어가, 날이 저물다'는 뜻입니다. 또 옛 중국에서는 결혼(結婚)을 어두운 저녁에 했기 때문에 혼인할 혼(婚)자에도 저물 혼(昏)자가 들어갑니다.

물갈래 파(派)자의 오른쪽에 있는 글자는 나무의 뿌리처럼 강물이나 냇물이 갈라지는 모습을 본떠 만든 글자입니다. 나중에 뜻을 분명히 하기 위해 물 수(氵)자가 더해져 물갈래 파(派)자가 되었습니다. 주전파(主戰派)는 '전쟁(戰)을 주장(主)하는 파(派)'이고, 주화파(主和派)는 '화해(和)를 주장(主)하는 파(派)'입니다.

물 수(氵)자 대신 고기 육(肉/月)자를 대입하면, 맥 맥(脈)자가 됩니다. 맥 맥(脈)자는 원래 물갈래처럼 갈라져 있는 혈관을 의미하는 글자입니다. 이후 '혈관(血管)→맥박(脈搏)→기운이나 힘' 등의 뜻이 생겼습니다. '맥(脈)이 없다' 혹은 '맥(脈)이 풀리다'의 맥(脈)은 '기운이나 힘'을 말합니다. 맥박(脈搏)은 '혈관

氐 밑 저 ⓙ 氐
성씨 씨(氏) + 한 일(一)

底 밑 저 ⓙ 底
집 엄(广) + [밑 저(氐)]

低 낮을 저 ⓙ 低
사람 인(亻) + [밑 저(氐)]

紙 종이 지 ⓙ 纸
실 사(糸) + [성씨 씨(氏)→지]

(脈)을 두드리다(搏)'는 뜻으로, 심장의 박동으로 생기는 주기적인 파동입니다. 동맥(動脈)은 '움직이는(動) 혈관(脈)'이고, 정맥(靜脈)은 '고요한(靜) 혈관(脈)'입니다. 혈관이 터지면, 정맥은 저절로 멈추지만, 동맥은 멈추지 않고 피가 계속 흘러 나와 생명이 위험할 수 있습니다. 또, 동맥은 피부속 깊숙이 숨어 있어 혈관이 움직이는 것을 느낄 수 없습니다. 피부에 가장 가까운 동맥은 손목 부위의 맥박(脈搏)을 재는 곳에 있습니다.

밑 저(氐)자는 뿌리(氏) 아래에 줄(一)을 그어 '밑, 낮다'는 뜻을 나타내는 지사문자입니다. 밑 저(氐)자에 집 엄(广)자가 추가되면 '집(广)의 밑(氐)이나 바닥'이란 뜻의 밑 저(底)자가 되고, 사람 인(亻)자가 추가되면 '사람(亻)의 신분이 낮다(氐)'는 뜻의 낮을 저(低)자가 됩니다. 저인망어선의 저인망(底引網)은 '바다의 밑바닥(底)으로 끄는(引) 그물(網)'이고, 저기압(低氣壓)은 '기압(氣壓)이 낮다(低)'는 뜻입니다.

후한의 채륜(蔡倫)이 오늘날과 같이 나무로 만든 종이를 발명하기 전에는 실로 짠 천을 종이처럼 사용하였기 때문에, 종이 지(紙)자에는 실 사(糸)자가 들어갑니다. 뿌리 씨(氏)자가 소리로 사용되는 희귀한 경우입니다.

# 셋째 마당

## 인간과 관련한 부수한자

사람, 머리와 얼굴, 입과 혀, 말과 소리, 손,
도구 든 손, 발, 고기, 뼈, 털, 가죽, 병과 죽음, 마음

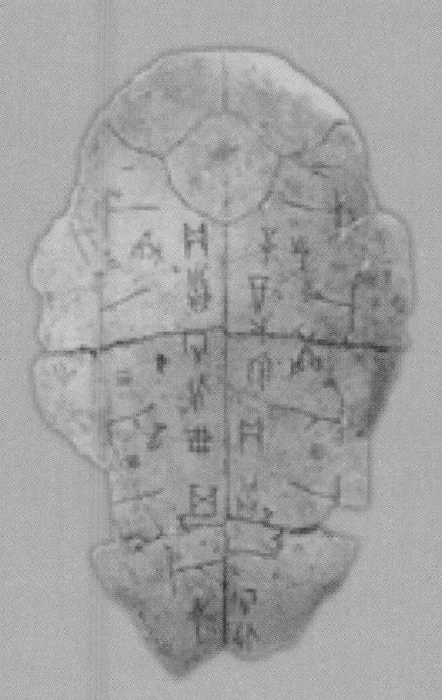

# 사람 3-1 사람(1)

사람 인(人)

人 | 亻
사람 인(人/亻)
사람의 옆모습

사람 인(人)

사람 인(人/亻)자가 두 사람이 서로 기대고 서 있는 모습인 것처럼, 사람들은 항상 서로 의지하면서 살아야한다고 이야기하는 사람들이 많습니다. 하지만 갑골문자를 보면 사람 인(人)자는 팔을 약간 앞으로 내밀고 서 있는 사람의 옆모습을 본떠 만든 글자입니다.

이러한 사람 인(人)자가 다른 글자와 만나면 갑골문자와 비슷한 모습(亻)이 됩니다. 사람 인(人/亻)자는 다음과 같이 사람과 관련되는 모든 글자에 들어갑니다.

## 사람의 신분이나 직업

**儒** 선비 유 ㉧ 儒
사람 인(亻) + [구할 수(需)→유]

**佛** 부처 불 ㉧ 佛 ㉨ 仏
사람 인(亻) + [아니 불(弗)]

**仙** 신선 선 ㉧ 仙
사람 인(亻) + 메 산(山)

**僧** 중 승 ㉧ 僧
사람 인(亻) + [일찍 증(曾)→승]

**俊** 준걸 준 ㉧ 俊
사람 인(亻) + [갈 준(夋)]

**優** 넉넉할/광대 우 ㉧ 优
사람 인(亻) + [근심 우(憂)]

사람 인(人/亻)자는 사람의 신분이나 직업을 나타내는 글자에 모두 들어갑니다. 선비 유(儒), 부처 불(佛), 신선 선(仙)자가 이러한 글자입니다. 유불선(儒佛仙)은 '유교(儒教), 불교(佛教), 선교(仙教)'를 아울러 이르는 말로, 한국 전통 종교의 근간입니다. 여기서 선교(仙教)는 도교(道教)를 말합니다. 도교의 기본 사상이 세속을 떠나 산이나 농촌에서 자연을 벗하면서 사는 것을 이상으로 보기 때문에, '산(山)에서 사는 사람(亻)의 종교(教)'라는 뜻의 선교(仙教)라고 합니다. 불교와 도교는 세속을 등지고 산다는 면은 똑 같지만, 불교는 '삶의 고통을 없애기 위해 욕망과 집착을 버리라'고 하고, 도교는 '자연의 순리에 따라 살아가라'고 가르칩니다.

중 승(僧)자는 승려(僧侶), 고승(高僧) 등에 사용됩니다. 《해동고승전(海東高僧傳)》은 '바다(海) 동쪽(東) 나라(우리나라)의 덕이 높은(高) 중(僧)에 관한 전기(傳)'로, 고려의 고승 각훈(覺訓)이 1215년(고종 2년)에 지은 책입니다. 고구려에 불교가 전래된 이후부터 이 책을 지을 때까지의 우리나라 고승들에 대한 전기(傳記)입니다.

준걸 준(俊)자의 준걸(俊傑)은 '뛰어난(傑) 호걸(俊)'이란 뜻입니다. '준수(俊秀)하다'는 낱말 외에는 거의 사용되지 않지만, 남자 이름에는 많이 사용됩니다.

넉넉할 우(優)자는 원래 '가면 쓴 사람(亻)', 즉 광대를 뜻하는 말입니다. 이후 '광대→(재주가) 뛰어나다→부드럽다→넉넉하다' 등의 뜻이 생겼습니다. 배우(俳優)는 '광대(俳)와 광대(優)'라는 뜻이고, 여우(女優)는 '여자(女) 광대(優)'입니다. 우수(優秀)는 '뛰어나고(優) 빼어나다(秀)'는 뜻이고, 우등생(優等生)은 '뛰어난(優) 등급(等)의 학생(生)'입니다. 우유부단(優柔不斷)은 '마음이 부드럽고(優) 부드러워(柔) 끊지(斷) 못하다(不)'는 뜻으로, 망설이기만 하고 결단(決斷)을 내리지 못함을 이르는 말입니다.

## 형제

**伯** 맏 백 ⓒ 伯
사람 인(亻) + [흰 백(白)]

**仲** 버금 중 ⓒ 仲
사람 인(亻) + [가운데 중(中)]

형제(兄弟)를 나타내는 한자로는 백중숙계(伯仲叔季)가 있습니다. 맏 백(伯)자는 맏이를 일컫고, 버금 중(仲)자는 둘째를 일컫는 말입니다. 아재비 숙(叔)자는 아래 동생을 뜻하고, 막내 계(季)자는 막내를 뜻합니다. 아버지의 형제를 일컫는 말로 큰아버지를 백부(伯父)라고 하며, 작은아버지를 숙부(叔父)라고 합니다. 백중지세(伯仲之勢)는 '맏이(伯)와 둘째(仲)의(之) 형세(勢)'로, 서로 우열을 가리기 어려운 형세를 뜻하며, '어려운(難) 형(兄)과 어려운(難) 동생(弟)'이란 뜻의 난형난제(難兄難弟)와 같은 말입니다.

버금 중(仲)자에는 '가운데, 중간'이라는 뜻도 있습니다. 중개(仲介)는 '어떤 일을 중간(仲)에 끼어서(介) 주선하는 일'이고, 중매(仲媒)는 '혼인이 이루어지게 중간(仲)에서 매개(媒介)하는 일'입니다.

## 짝이나 곁의 사람

**伴** 짝 반 ⓒ 伴
사람 인(亻) + [절반 반(半)]

**偶** 짝 우 ⓒ 偶
사람 인(亻) + [원숭이 우(禺)]

**僚** 동료 료 ⓒ 僚
사람 인(亻) + [밝을 료(尞)]

**俱** 함께 구 ⓒ 俱
사람 인(亻) + [갖출 구(具)]

**傍** 곁 방 ⓒ 旁
사람 인(亻) + [두루 방(旁)]

짝 반(伴)자는 '자신의 나머지 반쪽(半)인 사람(亻)'이란 뜻입니다. 이후 '짝, 반려자(伴侶者)→동반자(同伴者)→따르다' 등의 뜻도 파생되었습니다. 반주(伴奏)는 '노래를 부를 때, 따라서(伴) 악기를 연주하는(奏) 것'입니다.

짝 우(偶)자에 들어가는 원숭이 우(禺)자는 긴꼬리원숭이의 모습을 본떠 만든 글자입니다. 짝 우(偶)자는 사람의 모습을 흉내 낸 허수아비나 인형을 뜻하기도 합니다. 배우자(配偶者)에서는 짝이란 의미로 사용되지만, 흙으로 만든 인형인 토우(土偶)에서는 인형이란 뜻으로 사용됩니다. 또 가차되어 우연(偶然)이란 뜻으로도 사용됩니다.

원숭이 우(禺)

동료 료(僚)자는 동료(同僚)라는 뜻보다는 '벼슬하는 관리'라는 뜻으로 더 많이 사용됩니다. 각료(閣僚), 관료(官僚), 막료(幕僚) 등이 그런 예입니다. 관료전(官僚田)은 '벼슬(官)을 가진 관리(僚)에게 지급하는 밭(田)'으로 통일 신라 시대에 관료에게 월급 대신에 주던 토지 또는 토지 제도입니다.

側 곁 측 ㊥ 側
사람 인(亻) + [법칙 칙(則)→측]

他 다를 타 ㊥ 他
사람 인(亻) + [어조사 야(也)→타]

함께 구(俱)자는 함께하는 대상이 사람이므로 사람 인(亻)자가 들어갑니다. 구락부(俱樂部)는 '함께(俱) 즐기는(樂) 집단(部)'이라는 뜻인데, 일본인이 영어 클럽(club)을 음역한 낱말입니다.

곁 방(傍)자는 방관(傍觀), 방청(傍聽) 등에 사용됩니다. 방송국의 방청객(傍聽客)은 '곁(傍)에서 듣는(聽) 손님(客)'이란 뜻입니다. 수수방관(袖手傍觀)은 '손을 소매에 넣고, 즉 팔짱을 끼고 곁에서 본다'는 뜻으로, 어떤 일을 당(當)하여 옆에서 보고만 있는 것을 말합니다. 방심(傍心)은 '마음(心)을 곁(傍)에 두다'는 뜻으로, 주의(注意)를 하지 않음을 일컫는 말입니다.

곁 측(側)자는 양측(兩側), 측근(側近), 측면(側面) 등에 사용됩니다. 설측음(舌側音)은 '혀(舌)옆(側)소리(音)'로, 혀끝을 윗잇몸에 아주 붙이고 혀 양쪽의 트인 데로 날숨을 흘려 내는 소리를 설측음이라고 하며, '쌀', '길' 등의 'ㄹ' 음입니다.

다를 타(他)자는 자타(自他), 타인(他人), 타지(他地) 등에 사용됩니다. 영어의 자동사(自動詞)는 '주어 스스로(自)에게 영향을 주는 동사(動詞)'이고, 타동사(他動詞)는 '주어가 아닌 다른(他) 것에 영향을 주는 동사(動詞)'입니다. 이때 영향을 받는 대상을 목적어라고 합니다.

## 건강과 아름다움

健 건강할 건 ㊥ 健
사람 인(亻) + [세울 건(建)]

傷 상할 상 ㊥ 伤
사람 인(亻) + 화살 시(矢→人) + [빛날 양(昜)→상]

佳 아름다울 가 ㊥ 佳
사람 인(亻) + [홀 규(圭)→가]

사람의 건강이나 아름다움에 관련된 글자에도 사람 인(人/亻)자가 들어갑니다.

건강할 건(健)자는 '튼튼하게 세워져(建) 있는 사람(亻)이 건강하다'는 뜻입니다. 강건체(剛健體)는 '굳세고(剛) 건강한(健) 문체(文體)'로, 힘 있고 활기찬 문체입니다. 우유체(優柔體)의 반대입니다.

상처(傷處), 부상(負傷), 손상(損傷), 중상(重傷) 등에 들어가는 상할 상(傷)자는 '사람(亻)이 화살(矢→人)에 맞아 다쳤다'는 뜻입니다. 상심(傷心)은 '마음(心)을 다쳤다(傷)'는 뜻으로, 마음이 아프다는 의미입니다.

아름다울 가(佳)자는 '사람(亻)이 아름답다'는 뜻입니다. 절세가인(絕世佳人)은 '세상(世)에 비할 바 없는(絕) 아름다운(佳) 사람(人)'으로, 절세미인(絕世美人)과 같은 말입니다. 점입가경(漸入佳境)은 '점점(漸) 아름다운(佳) 지경(境)에 들어가다(入)'는 뜻으로, '갈수록 더욱 좋거나 재미있는 경지로 들어가다'는 뜻입니다.

## 사람의 성격이나 품성

**仁** 어질 인 ⓢ 仁
사람 인(亻) + [두 이(二)→인]

**儉** 검소할 검 ⓢ 俭 ⓨ 倹
사람 인(亻) + [다 첨(僉)→검]

**傑** 뛰어날 걸 ⓢ 杰
사람 인(亻) + [이름 걸(桀)]

**偉** 클 위 ⓢ 伟
사람 인(亻) +
[가죽/둘러쌀 위(韋)]

**侮** 업신여길 모 ⓢ 侮
사람 인(亻) +
[매양 매(每)→모]

**偏** 치우칠 편 ⓢ 偏
사람 인(亻) + [넓적할 편(扁)]

**傲** 거만할 오 ⓢ 傲
사람 인(亻) + [거만할 오(敖)]

영화 《오만과 편견》의 포스터

사람의 성격이나 품성에 관련되는 글자에도 사람 인(亻)자가 들어갑니다. 유교 사상에서 최고의 덕으로 여기는 어질 인(仁)자가 그런 예입니다. 인자무적(仁者無敵)은 '어진(仁) 사람(者)은 적(敵)이 없다(無)'는 뜻으로 《맹자》에 나오는 말입니다. 살신성인(殺身成仁)은 '자신의 몸(身)을 죽여(殺) 인(仁)을 이룬다(成)'는 뜻으로, 《논어》에 나오는 말입니다.

검소할 검(儉)자는 '사람(亻)이 검소(儉素)하다'는 뜻입니다. 근검절약(勤儉節約)은 '부지런하고(勤), 검소하고(儉), 절약하고(節), 아끼다(約)'는 뜻입니다.

뛰어날 걸(傑)자는 '뛰어난 사람(亻)'을 뜻합니다. 보통 사람보다 뛰어난 사람을 일컫는 영웅호걸(英雄豪傑)에 들어가는 네 글자는 모두 '뛰어나다'는 뜻을 가지고 있습니다. 걸작(傑作)은 '뛰어난(傑) 작품(作品)'입니다.

위인(偉人), 위대(偉大), 위력(偉力) 등에 사용되는 클 위(偉)자는 '여러 사람에게 둘러싸여(韋) 다니는 사람(亻)은 위대(偉大)하다, 훌륭하다, 크다'는 뜻입니다. 높은 지위의 사람은 항상 둘레에서 호위(護衛)를 받습니다.

업신여길 모(侮)자는 '사람(亻)이 여자(每)를 업신여기다'는 뜻입니다. 매양 매(每)자는 머리에 장식을 한 여자의 상형입니다. 모멸(侮蔑), 모욕(侮辱) 등에 사용됩니다.

치우칠 편(偏)자는 '사람(亻)이 한쪽으로 치우치다'는 뜻입니다. 편견(偏見)은 '한쪽으로 치우쳐(偏) 보다(見)'는 뜻이고, 편각(偏角)은 '치우쳐진(偏) 각도(角)'로, 정북(正北) 방향과 나침반의 바늘이 가리키는 방향의 차이입니다. 편서풍(偏西風)은 '서(西)쪽으로 치우치는(偏) 바람(風)'입니다. 저기압, 고기압, 전선 등이 상층의 편서풍에 의해 이동하므로, 편서풍은 일기예보 분석에 중요합니다.

거만할 오(傲)자에 들어가는 거만할 오(敖)자는 놓아줄 방(放)자와 나갈 출(出→土)자가 합쳐진 글자로, 원래 뜻은 '방출(放出)하다, 내쫓다'는 뜻입니다. 이후 '내쫓다→나가 놀다→시끄럽다→거만하다' 등의 뜻이 생겼습니다. 나중에 뜻을 분명히 하기 위해 사람 인(亻)자가 추가되어 거만할 오(傲)자가 되었습니다. 《오만(傲慢)과 편견(偏見)》은 영국의 소설가 오스틴(Austen)이 지은 장편소설로, 시골의 지주 베네트가의 딸 엘리자베스가 그녀에게 구혼해 오는 한 청년신사의 오만(傲慢)에 대한 그녀의 편견(偏見)이 점차 해소되어 결국 결혼하게 된다는 내용입니다.

## 사람의 풍속이나 법식

**例** 법식 례 ⓒ例
사람 인(亻) + [벌릴 렬(列)→례]

**倫** 인륜 륜 ⓒ伦
사람 인(亻) + [둥글 륜(侖)]

**俗** 풍속 속 ⓒ俗
사람 인(亻) + [골 곡(谷)→속]

**儀** 거동 의 ⓒ仪
사람 인(亻) + [옳을 의(義)]

사람의 풍속이나 법식, 인륜 등에 관련되는 글자에 들어간 사람 인(人/亻)자를 보겠습니다.

법식(法式)은 사람이 따르는 법도(法度)와 양식(樣式)을 의미합니다. 법식 례(例)자는 '사람(亻)이 만들고 따르는 법식'을 뜻합니다. 이후 '법식→규칙→본보기→예(例), 보기→선례(先例)' 등의 뜻이 생겼습니다. 예문(例文)은 '예(例)로 드는 문장(文章)'이고, 예시(例示)는 '보기(例)를 보여주다(示)'는 뜻입니다. 판례법(判例法)은 '앞서 판결(判決)한 선례(先例)로 성립하는 법(法)'으로, 문서(文書)의 형식을 갖추지 않은 불문법(不文法)의 일종입니다.

인륜 륜(倫)자의 인륜(人倫)은 사람이 지켜야 할 도리입니다. 삼강오륜의 오륜(五倫)은 '사람(人)이 지켜야할 5가지 인륜(倫)'입니다.

풍속 속(俗)자는 '사람(亻)이 풍속을 만들고 따르다'는 뜻입니다. 이후 '풍속(風俗)→관습→대중적이다→통속적(通俗的)이다→저속(低俗)하다→속(俗)되다' 등의 뜻이 생겼습니다. 속요(俗謠)는 '속된(俗) 노래(謠)'로, 고려 시대 민간에 널리 떠도는 고려가요를 말합니다. 주로 남녀 간의 사랑을 다루는 남녀상열지사(男女相悅之詞)를 내용으로 하고 있습니다.

거동 의(儀)자는 '사람(亻)의 옳은(義) 거동이나 의식(儀式), 예절(禮節)'을 뜻합니다. 국민의례(國民儀禮)는 공식적인 행사에서 '국민(國民)으로서 마땅히 갖추어야 할 의식(儀式)과 예절(禮節)'로, 국기에 대한 경례, 애국가 제창, 순국선열에 대한 묵념 따위입니다.

## 벼슬이나 상하 관계

**仕** 벼슬할 사 ⓒ仕
사람 인(亻) + [선비 사(士)]

**任** 맡을 임 ⓒ任
사람 인(亻) + [천간 임(壬)]

벼슬할 사(仕)자는 '선비(士)인 사람(亻)이 벼슬을 하다'는 뜻입니다. 또 '벼슬을 하여 임금을 섬기다'는 뜻도 있습니다. 봉사(奉仕)는 '받들어(奉) 섬기다(仕)'는 뜻입니다.

임무(任務), 임기(任期), 임명(任命) 등에 들어가는 맡을 임(任)자는 '사람(亻)이 일을 맡다'는 뜻입니다. 단임제(單任制)는 '한(單) 번만 맡는(任) 제도(制度)'로, 어떤 직책에 한 번 임명되면 두 번 다시 그 직책을 맡을 수 없는 제도입니다. 우리나라의 대법원장 직이 현재 단임제입니다. 임의동행(任意同行)은 '당사자의 뜻(意)에 맡겨(任) 함께(同) 가는(行) 것'으로, 수사기관이 피의자나 참고인 등을 조사하기 위하여 그 당사자의 승낙을 얻어서 검찰청이나 경찰서로 데리고 가는 일

低 낮을 저 ㊥ 低
사람 인(亻) + [밑 저(氐)]

侍 모실 시 ㊥ 侍
사람 인(亻) + [모실 시(寺)]

仰 우러를 앙 ㊥ 仰
사람 인(亻) + [오를 앙(卬)]

佐 도울 좌 ㊥ 佐
사람 인(亻) + [왼 좌(左)]

使 하여금 사 ㊥ 使
사람 인(亻) + 관리 리(吏)

입니다. 피의자가 임의동행을 거부하면 수사기관은 동행을 강요할 수 없습니다.

저하(低下), 저질(低質), 저속(低俗) 등에 사용되는 낮을 저(低)자는 '밑(氐)에 있는 사람(亻)의 신분이 낮다'는 뜻입니다. 저장액(低張液)은 '당기는(張) 힘이 낮은(低) 쪽의 용액(液)'으로, 삼투압이 다른 두 용액 가운데 삼투압이 낮은 쪽의 용액입니다. 반대는 고장액(高張液)입니다.

모실 시(侍)자에 들어가는 모실 시(寺)자가 절 사(寺)자로 사용되면서, 원래의 의미를 분명히 하기위해, 사람 인(亻)자가 붙었습니다. 시중(侍中)은 '중앙(中)의 왕을 모시다(侍)'는 뜻으로, 중국 한(漢)나라 때 천자의 좌우에서 여러 가지 일을 받들었던 벼슬입니다. 우리나라에서도 왕의 명령을 받는 문하성(門下省)이나 문하부(門下府)의 으뜸 벼슬을 시중이라고 했습니다. 문하시중(門下侍中)은 '왕의 문(門) 아래에(下) 있는 시중(侍中)'으로, 고려 시대에 문하성(門下省)의 으뜸 벼슬입니다.

우러를 앙(仰)자에 들어 있는 오를 앙(卬)자의 상형문자를 보면 오른쪽에 꿇어앉아 있는 사람(卩)이 왼쪽에 서 있는 사람(亻)을 올려 보고 있는 모습에서 원래 '우러러보다'는 뜻이었으나, 나중에 원래의 뜻을 분명히 하기 위해 사람 인(亻)자를 더하여 우러를 앙(仰)자가 되었습니다. 신앙(信仰)은 '초자연적인 절대자, 창조자, 종교 대상 등을 믿고(信) 우러러(仰) 보는 일'입니다.

오를 앙(卬)

도울 좌(佐)자에 들어가는 왼 좌(左)자는 '손(屮)에 연장(工)을 들고 남의 일을 돕다'는 뜻입니다. 이후 왼쪽이란 의미로 사용되자, 원래의 의미를 명확하게 하기 위해 사람 인(亻)자가 붙어 도울 좌(佐)자가 되었습니다. 보좌(補佐)는 '높은 사람을 돕고(補) 돕다(佐)'는 뜻입니다.

하여금 사(使)자는 원래 '관리(吏)는 왕이 부리는 하인(亻)이다'는 뜻입니다. 이후 '하인→심부름꾼→사신(使臣)→부리다→하여금' 등의 뜻이 생겼습니다. 사도행전(使徒行傳)은 '예수의 사신(使) 무리(徒)의 행적(行跡)을 담은 전기(傳記)'로, 신약 성경의 한 부분입니다. 예수가 죽은 후 사도(예수의 제자)들이 널리 복음을 전한 행적과 초대 교회의 발달 과정을 기록하였습니다. 관찰사(觀察使)는 '백성들을 보고(觀) 살피기(察) 위해 임금이 보낸 사신(使)'으로, 조선 시대 각 도(道)의 으뜸 벼슬이며, 오늘날의 도지사에 해당합니다.

### 쉬거나 거주함

休 쉴 휴 ㊥休
사람 인(亻) + 나무 목(木)

住 살 주 ㊥住
사람 인(亻) + [주인 주(主)]

停 머무를 정 ㊥停
사람 인(亻) + [정자 정(亭)]

位 자리 위 ㊥位
사람 인(亻) + 설 립(立)

쉴 휴(休)자는 '사람(亻)이 나무(木) 아래에서 쉬다'는 뜻입니다. 휴면기(休眠期)는 '쉬면서(休) 잠자는(眠) 기간(期)'으로, 곤충이 성충이 되기 전에 한동안 생장을 멈추는 시기입니다. 또, 특정 미생물이 생활환경이 좋지 못할 때에 세포분열을 멈추는 것도 휴면기라고 합니다.

살 주(住)자는 '주인(主人)이 집에 머무르며 살다'는 뜻입니다. 이주민(移住民)은 '사는(住) 곳을 옮긴(移) 사람(民)'입니다.

정지(停止), 정전(停電), 정체(停滯) 등에 사용되는 머무를 정(停)자는 '사람(人)이 정자(亭)에 머무르다'는 뜻입니다. 정체전선(停滯前線)은 '막혀서(滯) 머물러(停) 있는 전선(前線)'으로, 한곳에 머물면서 오랫동안 비를 내리는 장마전선처럼 찬 기단과 따뜻한 기단의 경계면이 바로 정체(停滯)되어 있는 전선입니다.

위치(位置), 지위(地位), 품위(品位) 등에 들어가는 자리 위(位)자는 '사람(亻)이 서(立) 있는 곳이 자리다'는 뜻입니다. 동위원소(同位元素)는 '양성자의 수가 같아 원소주기율표에서 같은(同) 자리(位)에 있는 원소(元素)'이지만, 중성자의 수가 달라 질량수가 서로 다른 원소입니다. 예를 들어 보통 수소(水素)는 중성자가 1개이고, 중수소(重水素)는 2개이며, 삼중수소(三重水素)는 3개입니다. 이러한 수소, 중수소, 삼중수소는 모두 동위원소입니다.

### 믿음과 거짓

信 믿을 신 ㊥信
사람 인(亻) + 말씀 언(言)

僞 거짓 위 ㊥伪 ㊀偽
사람 인(亻) + [할 위(爲)]

假 거짓 가 ㊥假 ㊀仮
사람 인(亻) + [빌릴 가(叚)]

믿을 신(信)자는 '사람(亻)이 하는 말(言)은 믿음이 있어야 한다'는 뜻입니다.

반대로 거짓 위(僞)자는 '사람(亻)들이 하는(爲) 일은 모두 거짓이다'는 의미입니다. 중국의 노자(老子)가 쓴 글에 나오는 무위자연(無爲自然)에서 무위(無爲)란 '자연을 거스르는 인위적(人爲的)인 일을 하지 말라'는 뜻입니다. 아메바와 유공충(有孔蟲) 등에 있는 위족(僞足)은 '거짓(僞) 발(足)'이란 뜻으로, 세포 표면에 형성되는 돌기이며 다리는 아니지만 다리처럼 이동하는 데 사용한다고 해서 위족이라는 이름이 붙었습니다.

거짓 가(假)자에 들어 있는 빌릴 가(叚)자는 손(又)에 든 연장으로 절벽(厂)에 붙어 있는 광물을 캐는 모습으로 원래 '절벽에서 광물을 캐다'는 뜻이였지만, 나중에 '빌리다'는 뜻으로 변했습니다. '땅에서 캐낸 광물은 인간이 자연에서 일시적으로 빌려 쓴다'고 생각했기 때문입니다. 거짓 가(假)자는 '자연에 있는 것은 참이고, 사람이 자연에서 빌린(叚) 것은 거짓이다'는 뜻입니다. 가정(假定), 가설(假說), 가상(假想), 가식(假飾) 등에 사용됩니다.

### 사람의 행동(1)

**依** 의지할 의 ⓞ依
사람 인(亻) + [옷 의(衣)]

**介** 낄 개 ⓞ介
사람 인(人) + 갑옷

**企** 꾀할 기 ⓞ企
사람 인(人) + [그칠 지(止)→기]

**供** 이바지할 공 ⓞ供
사람 인(亻) + [함께 공(共)]

**代** 대신할 대 ⓞ代
사람 인(亻) + 주살 익(弋)

**促** 재촉할 촉 ⓞ促
사람 인(亻) + [발 족(足)→촉]

**催** 재촉할 최 ⓞ催
사람 인(亻) + [높을 최(崔)]

의존(依存), 의지(依支) 등에 사용되는 의지할 의(依)자는 '옷(衣)이 사람(亻)에게 달라붙듯이 의지(依支)한다'는 뜻입니다. 무의탁노인(無依託老人)은 '의지하거나(依) 부탁할(託) 데가 없는(無) 노인(老人)'입니다.

낄 개(介)

낄 개(介)자의 상형문자를 보면 사람(人)이 갑옷을 입고 있는 모습이나, 나중에 사람(人)이 입고 있던 갑옷이 아래로 내려가 치마처럼 되고 말았습니다. '갑옷에 사람의 몸이 끼어 있다'는 뜻으로 만든 글자입니다. 개입(介入)은 '끼어(介) 들다(入)'는 뜻입니다.

꾀할 기(企)

꾀할 기(企)자는 원래 '사람(人)이 발(止)돋음하다'는 뜻이었으나, 이후 '발돋움하다→바라다→꾀하다'는 뜻이 생겼습니다. 그칠 지(止)자는 사람 발의 상형입니다. 기획(企劃)은 '일을 꾀하여(企) 계획하다(劃)'는 뜻입니다.

이바지할 공(供)자에 들어가는 함께 공(共)자는 두 손으로 물건을 들고 있는 모습이며, '바치다, 올리다'는 뜻을 가지고 있습니다. 나중에 '함께'라는 뜻이 생기면서, 원래의 뜻을 살리기 위해 사람 인(亻)자를 추가하여 바칠 공(供)자가 만들어졌습니다. 이후 '바치다→주다→받들다→이바지하다' 등의 뜻이 생겼습니다. 공급(供給), 제공(提供) 등에서는 '주다', 공양(供養)에서는 '받들다', 공여(供與)에서는 '이바지하다'는 뜻으로 사용됩니다. 공양미 300석에 팔려간 심청의 이야기에 나오는 공양미(供養米)는 '부처님을 받들어(供) 봉양하기(養) 위한 쌀(米)'입니다.

대신할 대(代)자는 명확한 어원 해석이 없습니다. 다만 '사람(亻)의 한 세대(世代)'라는 뜻으로 만들어진 글자로 짐작됩니다. 이후 '세대(世代)→일생(一生)→시대(時代)→(세대나 시대가) 교체하다→대신하다' 등의 뜻이 생겼습니다. 대유법(代喩法)은 '다른 것으로 대신하여(代) 비유(喩)하는 방법(方法)'입니다. 우리 민족을 '흰옷'으로, 간호사를 '백의(白衣)의 천사'로 비유하는 방법이 대유법의 예입니다.

재촉할 촉(促)자는 '사람(亻)의 발(足)걸음을 재촉하다'는 뜻입니다. 촉진(促進), 촉박(促迫), 촉구(促求), 독촉(督促) 등에 사용됩니다.

재촉할 최(催)자는 '사람(亻)이 높이(崔) 올라가도록 재촉하다'는 뜻입니다. 최고(催告)는 '재촉하는(催) 뜻을 알림(告)'이란 뜻으로, 상대편에게 어떤 일을 하도록 독촉하는 통지를 하는 법률 행위상의 용어입니다. 최면(催眠)은 '인위적으로 재촉하는(催) 수면(眠)'입니다.

## 사람의 행동(2)

保 지킬 보 ⓒ保
사람 인(亻) + [지킬 보(呆)]

侵 침노할 침 ⓒ侵
사람 인(亻) + [침범할 침(㑴)]

備 갖출 비 ⓒ备
사람 인(亻) + 갖출 비(葡)

傳 전할 전 ⓒ传 ⓙ伝
사람 인(亻) + [오로지 전(專)]

倣 본받을 방 ⓒ仿
사람 인(亻) + [놓을 방(放)]

借 빌릴 차 ⓒ借
사람 인(亻) + [옛 석(昔)→차]

지킬 보(保)자에 들어가는 지킬 보(呆)자는 팔과 다리를 벌리고 있는 아이의 모습을 본떠 만든 글자입니다. 이런 아이의 모습에서, '아이를 지키다, 보호하다'는 의미가 생겼습니다. 나중에 뜻을 분명히 하기 위해 사람 인(亻)자가 추가되어 지킬 보(保)자가 되었습니다. 보수정당(保守政黨)은 '기존의 전통이나 관습, 사회 등을 지키고(保) 지키는(守) 정당(政黨)'이며, 변화시키려는 정당은 진보정당(進步政黨)이라 합니다.

침노(侵擄)는 '침략((侵略)하여 노략(擄略)질하다'는 뜻입니다. 침노할 침(侵)자에 들어가는 침범할 침(㑴)자의 상형문자는 빗자루 추(帚)자 아래에 손(又)이 있는 모습입니다. 원래 '손(又)에 빗자루(帚)를 들고 쓸면서 조금씩 앞으로 나아가다'는 뜻입니다. 이후 '조금씩 나아가다→범하다→침범하다→침노하다'의 뜻이 생겼습니다. 나중에 뜻을 분명히 하기 위해 사람 인(亻)자가 추가되어 침노할 침(侵)자가 되었습니다. 침입(侵入), 침범(侵犯), 침해(侵害), 침략(侵略) 등에 사용됩니다.

갖출 비(備)자에 들어가는 갖출 비(葡)자는 활통(用)에 화살을 넣어둔 모습으로, '싸움에 대비하여 미리 화살을 갖추어 두다'는 뜻입니다. 나중에 뜻을 분명히 하기 위해 사람 인(亻)자가 추가되었습니다. 준비(準備)는 '반드시(準) 갖추다(備)'는 뜻이고, 유비무환(有備無患)은 '준비(備)가 되어 있으면(有), 근심(患)이 없다(無)'는 뜻입니다.

전할 전(傳)자는 '사람(亻)이 사람에게 전하다'는 뜻입니다. 또 사람의 일생(一生)을 전하는 전기(傳記)라는 뜻도 있습니다. 예를 들어 《흥부전(興夫傳)》이나 《허생전(許生傳)》은 흥부나 허생의 일대기를 적은 전기(傳記)입니다. 전설(傳說)은 '예로부터 전해져(傳) 오는 이야기(說)'입니다.

본받을 방(倣)자는 '다른 사람(亻)을 본받다'는 뜻입니다. 모방(模倣)이란 낱말 외에는 거의 사용되지 않는 글자입니다.

빌릴 차(借)자는 '다른 사람(亻)에게 물건 등을 빌리다'는 뜻입니다. 임차(賃借), 차용(借用) 등에 사용됩니다. 차명통장(借名通帳)은 '남의 이름(名)을 빌려서(借) 만든 통장(通帳)'으로, 세금 회피나 불법 거래용으로 만드는 통장입니다.

## 사람의 행동(3)

**伸** 펼 신 중 伸
사람 인(亻) + [납 신(申)]

**作** 지을 작 중 作
사람 인(亻) + [지을 작(乍)]

**付** 줄 부 중 付
사람 인(亻) + 마디 촌(寸)

펼 신(伸)자는 원래 '사람(亻)이 기지개를 켜다'는 뜻으로 만든 글자입니다. 이후 '기지개를 켜다→(기지개를 켤 때 몸을 쭉) 뻗다→펴다→(몸을 펴) 늘어나다'라는 뜻이 생겼습니다. 신축성(伸縮性)은 '늘어나고(伸) 줄어드는(縮) 성질(性)'입니다.

작문(作文), 작품(作品), 작업(作業), 공작(工作) 등의 지을 작(作)자에 들어가는 지을 작(乍)자의 상형문자는 칼붙이로 나무 따위를 패어 V자 모양의 자국을 내는 모습입니다. 또 다른 해석으로는 옷깃의 상형이라고도 합니다. 어쨌든 '만들다', '짓다'는 뜻이 생겼고, 나중에 뜻을 분명히 하기 위해 사람 인(亻)자가 추가되어 지을 작(作)자가 되었습니다. 장난은 '어지러움(亂)을 만들다(作)'는 뜻의 작난(作亂)이 변한 말입니다.

줄 부(付)자는 '손(寸)으로 사람(亻)에게 주다'는 뜻입니다. 마디 촌(寸)자는 손의 상형입니다. 이후 '주다→맡기다→부탁(付託)하다→의지하다→붙이다' 등의 뜻이 생겼습니다.

## 기타

**便** 똥오줌 변, 편할 편 중 便
사람 인(亻) + 고칠 경(更)

**倍** 갑절 배 중 倍
사람 인(亻) + [침 부(咅)→배]

**個** 낱 개 중 个
사람 인(亻) + [굳을 고(固)→개]

**僅** 겨우 근 중 仅
사람 인(亻) + [진흙 근(堇)]

**値** 값 치 중 值
사람 인(亻) + [값 치(直)]

편안(便安), 불편(不便) 등에 사용되는 편할 편(便)자는 '사람(亻)이 무엇인가 불편해서 그 점을 고치고(更) 난 뒤에 편안해졌다'라는 뜻입니다. 또 똥이나 오줌을 누고 나면 편안하기 때문에 똥오줌 변(便)자도 됩니다. 변비(便祕)는 '똥오줌(便)이 숨기다(祕)'는 뜻으로, 대변(大便)이 대장 속에 숨어 나오지 않는 병입니다.

갑절 배(倍)자는 원래 '사람(亻)에게 침(咅)을 뱉고 배반하다'는 뜻입니다. 이후 '배반하다→위배되다→(위배한 것에) 배상하다→(배상을) 배가(倍加)하다→갑절' 등의 뜻이 생겼습니다. 배율(倍率), 배수(倍數), 공배수(公倍數) 등에 사용됩니다.

낱 개(個)자는 사람(亻)을 하나, 둘 세는 단위로 '사람, 명, 개, 하나, 낱낱' 등의 뜻이 생겼습니다. 개체(個體)는 '낱개(個)의 몸(體)'으로, 주위의 환경과 독립된 하나의 생물체란 뜻이고, 개인(個人)은 '한(個) 사람(人)'이란 뜻입니다.

겨우 근(僅)자는 '힘이나 재주가 적은 사람(亻)'이란 뜻에서 '겨우, 적다'라는 뜻이 생겼습니다. '근근이 살아가다'의 근근(僅僅)은 '겨우(僅) 겨우(僅)'라는 뜻이고, '근소한 차이'의 근소(僅少)는 '적고(僅) 적다(少)'는 뜻입니다.

값 치(値)자는 '사람(亻)이 곧고(直) 바르게 값을 매기다'는 뜻입니다. 마찬가지 이유로 가치(價値)라는 낱말에 들어가는 값 가(價)자에도 사람 인(亻)자가 들어갑니다. 등치선(等値線)은 '지도상에서 같은(等) 값(値)을 가진 점들을 연결한 선(線)'으로, 높이가 같은 등고선(等高線), 온도가 같은 등온선(等溫線), 압력이 같은 등압선(等壓線) 따위를 통틀어 이르는 말입니다.

## 가차된 글자

何 어찌 하 ㊥ 何
사람 인(亻) + [옳을 가(可)→하]

以 써 이 ㊥ 以
나 사(厶) + 사람 인(人)

似 같을 사 ㊥ 似
사람 인(亻) + 써 이(以)

億 억 억 ㊥ 亿
사람 인(亻) + [뜻 의(意)→억]

但 다만 단 ㊥ 但
사람 인(亻) + [아침 단(旦)]

어찌 하(何)자는 원래 사람(亻)이 어깨에 짐(可)을 메고 있는 모습인데, 가차되어 '어찌'라는 뜻이 생겼습니다. 한문의 의문문에 주로 사용됩니다.

어찌 하(何)

써 이(以)자의 상형문자는 사람(人)이 쟁기(厶)를 들고 있는 모습입니다. 가차되어 '~(로)써'라는 뜻이 생겼습니다. 써 이(以)자는 영어의 전치사처럼 문장에서 많은 역할을 하는데, '~써, ~를 가지고,~에 따라, ~때문에, ~로 인하여, ~에서, ~부터, ~하여, ~하기 위하여, ~을, ~에게' 등의 뜻이 있습니다. 이심전심(以心傳心)은 '마음(心)에서(以) 마음으로(心) 뜻을 전하다(傳)'라는 뜻으로, '서로 마음이 통한다'는 의미입니다. 이열치열(以熱治熱)은 '열(熱)로써(以) 열(熱)을 다스리다(治)'라는 뜻으로, 열은 열로 물리치고, 힘은 힘으로 물리친다는 뜻으로 쓰는 말입니다.

써 이(以)

같을 사(似)자의 어원은 명확하지 않는데, 가차되어 '닮다, 비슷하다, 같다'라는 뜻으로 사용됩니다. 비몽사몽(非夢似夢)은 '꿈이 아니면서 꿈과 같다'는 뜻으로, 꿈속 같기도 하고 꿈을 깬 상태 같기도 한 어렴풋한 상태를 일컫습니다. '사이비 종교'의 사이비(似而非)는 '같지만(似) 다르다(非)'는 뜻입니다.

억 억(億)자는 원래 '사람(亻)이 뜻(意)대로 하니 편안하다'는 뜻입니다. 이후 가차되어 숫자 억을 뜻하는 글자가 되었습니다. '억장이 무너지다'의 억장(億丈)은 말 그대로 '억(億: 숫자 일억) 장(丈: 길이의 단위)'으로, 매우 높은 높이를 말합니다. 따라서 이런 높이가 무너질 정도로 '몹시 가슴이 아프고 괴롭다'는 뜻입니다.

다만 단(但)자는 '아침 해(旦)가 드러나듯이, 사람(亻)의 상반신을 드러내다'는 뜻으로, 원래 '윗도리를 벗다'는 뜻이었으나 가차되어 '다만'이란 뜻이 생겼습니다. 단지(但只)는 '다만(但) 오직(只)'이란 뜻입니다.

다른 글자 위에 올라가는 인(人)

負 짐 질 부 중 负
사람 인(人) + 조개 패(貝)

臽 함정 함 중 臽
절구 구(臼) + 사람 인(人)

陷 (언덕 사이에) 빠질 함 중 陷
언덕 부(阜/阝) +
[함정 함(臽)]

及 미칠 급 중 及
사람 인(人) + 또 우(又)

久 오랠 구 중 久
사람 인(人) + 삐침 별(丿)

灸 뜸 구 중 灸
불 화(火) + 오랠 구(久)

危 위태할 위 중 危
사람 인(人) + 기슭 엄(厂) +
병부 절(卩)

사람 인(人)자는 보통 다른 글자의 왼쪽에 들어가지만, 다른 글자의 위에 올라가는 경우도 있습니다. 이때에는 글자 모양이 조금 변합니다.

짐 질 부(負)자는 원래 '사람(人)이 갚아야 할 돈(貝)', 즉 빚을 뜻하는 글자였습니다. 이후 '빚→빚을 지다→부담을 지다→짐을 지다'는 뜻이 파생되었습니다. 보부상(褓負商)은 '포대기(褓)를 지고(負) 다니며 장사(商)하는 사람'으로, 봇짐장수를 말합니다. 우리나라에서는 신라 때부터 있었지만 조선 시대부터 활발한 활동을 하였으며, 전쟁 때에는 식량을 조달하는 따위의 나랏일에도 동원되었습니다.

함정 함(臽)자는 함정(臼)에 사람(人)이 빠지는 모습입니다. 절구 구(臼)자는 절구나 함정의 상형입니다. 나중에 언덕 부(阝)자가 추가되어 빠질 함(陷)자가 되었습니다. 언덕 사이의 틈에 함정에 빠지는 것처럼 빠질 수 있기 때문입니다.

미칠 급(及)

미칠 급(及)자는 '앞에서 도망가는 사람(人)을 손(又)으로 잡다'는 뜻입니다. 즉 '(손이) 닿다→이르다→미치다→함께→~와' 등의 뜻이 생겼습니다. 과거 급제의 급제(及第)는 '합격(第)에 이르다(及)'는 뜻입니다. 차례 제(第)자는 '합격하다'는 뜻도 있습니다.

오랠 구(久)자의 상형문자를 보면 사람(人)의 등이나 엉덩이에 뜸을 뜨는 모습으로, 원래는 '뜸'이란 의미로 사용되었습니다. 하지만 이렇게 해서 생긴 상처가 오래 간다고 해서 '오래 간다'라는 의미가 생겼고, 원래의 의미를 보존하기 위해 불 화(火)자를 붙여 뜸 구(灸)자가 만들어졌습니다. 침구(鍼灸)는 '침(鍼)질과 뜸(灸)질'을 의미합니다.

위태할 위(危)자는 절벽(厂) 위에 사람(人)이 서 있어 위태(危殆)한 모습입니다. 거안사위(居安思危)는 '평안(安)하게 살(居) 때 위험(危)을 생각하라(思)'는 뜻입니다. 평안(平安)할 때에도 위험(危險)과 곤란(困難)이 닥칠 것을 생각하며 잊지말고 미리 대비해야 한다는 뜻입니다.

# 인간 3-2 사람(2)

비수 비(匕) | 어진사람 인(儿) | 큰 대(大)

匕 | 

비수 비(匕)
오른쪽으로 향한
사람의 모습

비수 비(匕)자의 훈인 '비수'는 옷 안에 숨겨서 다닐 수 있는 아주 작은 칼을 의미합니다. 비수 비(匕)자를 뒤집어 돌려 보면 칼 도(刀)자와 닮아서 비수라는 훈이 붙었습니다. 하지만 비수 비(匕)자는 원래 숟가락의 모습을 본떠 만든 글자입니다. 그래서 숟가락 시(匙)자를 보면 비수 비(匕)자가 들어가 있습니다.

하지만 갑골문자에 나오는 사람 인(人)자가 시간이 지남에 따라 비(匕)자로 변화한 경우도 많습니다. 사람 인(亻)자가 왼쪽을 향하고 있는 사람의 모습이라면 비수 비(匕)자는 오른쪽을 향한 사람의 모습입니다. 서 있는 사람의 모습도 있지만 글자에 따라 앉아 있거나 꿇어앉아 있는 사람의 모습도 있습니다.

### 사람의 모습

**比** 견줄 비 중 比
나란히 서 있는 두 사람

**化** 될 화 중 化
사람 인(亻) + 비수 비(匕)

**北** 북녘 북, 달아날 배 중 北
등진 두 사람의 모습

**背** 등 배 중 背
고기 육(肉/月) + [달아날 배(北)]

**此** 이 차 중 此
그칠 지(止) + 비수 비(匕)

**死** 죽을 사 중 死
부서진뼈 알(歹) + 비수 비(匕)

견줄 비(比)자는 두 사람이 같은 방향을 보고 있는 형상의 상형문자입니다. 두 사람이 무언가 겨루기 위해 출발선에 서 있는 모습에서, '견주다, 경쟁하다'는 뜻이 생겼습니다. 견줄 비(比)자는 5획이 아니라 4획임에 유의해야 합니다. 비교(比較), 대비(對比), 비례(比例), 비중(比重) 등에 사용됩니다.

견줄 비(比)

될 화(化)

북녘 북(北)

될 화(化)자는 바로 서 있는 사람 인(亻)과 거꾸로 서 있는 사람(匕)을 본떠 만들었습니다. 여기에서 거꾸로 서 있는 사람은 죽은 사람을 의미합니다. 즉 산 사람과 죽은 사람이 서로 윤회하여 변화(變化)한다는 의미로 만들었습니다. 될 화(化)자에 풀 초(艹)자를 합친 꽃 화(花)자도 꽃에서 씨가 나고, 씨에서 다시 꽃이 피는 윤회를 의미합니다.

북녘 북(北)자는 두 사람(匕,匕)이 서로 등을 대고 앉아 있는 모습에서, '등→등지다→(등지고) 달아나다→패배(敗北)' 등의 뜻이 생겼습니다. 패배(敗北)는 '싸움에 패하여(敗) 달아나다(北)'는 뜻입니다. 또 옛날에 집이나 궁전에서 높은 사람이 앉을 때 남쪽을 향해 앉았기 때문에 자연적으로 등이 북쪽을 향하는 데에서 북녘이란 뜻이 생겼습니다. 나중에, 등이라는 원래의 뜻을 살리기 위해 고기 육(肉/月)자를 추가하여 등 배(背)자를 만들었습니다. 배반(背反)은 '등지고(背) 되돌아(反) 가다'는 뜻이고, 배경(背景)은 '등(背) 뒤에 있는 경치(景)'입니다. 배산임수(背山臨水)는 '산(山)을 등지고(背) 물(水)에 임하다(臨)'는 뜻으로, 뒤로는 산을 등지고 앞으로는 물에 면하여 풍수적으로 살기 좋은 입지를 말합니다.

이 차(此)자는 '사람(匕)이 서 있는(止) 곳이 이곳이다'는 뜻입니다. 차일피일(此日彼日)은 '이(此) 날(日), 저(彼) 날(日)' 하고 자꾸 기한을 미루는 모양입니다.

죽을 사(死)자는 죽은 사람(歹) 옆에 다른 사람(匕)이 앉아 있는 모습입니다. 부서진뼈 알(歹)자는 죽음이나 죽은 사람을 뜻합니다. 사해(死海)는 '죽은(死) 바다(海)'로, 이스라엘과 요르단에 걸쳐 있는, 바다처럼 넓은 호수입니다. 호숫물 속에 소금이 너무 많아 물고기나 해초류 등의 생물들이 거의 살지 않습니다. 그래서 사해(死海, Dead Sea)라는 이름이 되었습니다.

비수 비(匕)자는 사람 인(人)자의 모습이 변해서 생긴 글자이기도 하지만, 숟가락의 모습을 본떠 만든 글자이기도 합니다. 여기서는 숟가락이란 의미로 사용되는 경우를 살펴보겠습니다.

### 숟가락인 경우(1)

**匙** 숟가락 시 ㊥匙
비수 비(匕) + [옳을 시(是)]

**頃** 잠깐 경 ㊥顷
비수 비(匕) + 머리 혈(頁)

**旨** 뜻 지 ㊥旨
비수 비(匕) + 달 감(甘→日)

**眞** 참 진 ㊥真
비수 비(匕) + 솥 정(鼎→貝)

**司** 맡을 사 ㊥司
입 구(口) + 비수 비(匕)

숟가락 시(匙)자는 뜻을 나타내는 숟가락 비(匕)자와 소리를 나타내는 바를 시(是)자가 합쳐진 글자입니다. 시저(匙箸)는 '숟가락(匙)과 젓가락(箸)'으로, 수저의 원래 말입니다. 십시일반(十匙一飯)은 '열(十) 숟가락(匙)이면 한(一) 그릇의 밥(飯)이 되다'는 뜻으로, '여러 사람이 조금씩만 도우면 한 사람을 충분히 도울 수 있다'는 뜻입니다.

잠깐 경(頃)자는 머리(頁) 앞에 숟가락(匕)이 있는 형상입니다. 숟가락에 있는 밥을 먹기 위해 머리를 기울이는 데에서 '기울이다'는 의미가 생겼습니다. 나중에 머리를 기울일 정도의 짧은 시간이라는 의미가 생기면서, 원래의 뜻을 보존하기 위해 사람 인(亻)자가 추가되어 기울 경(傾)자가 되었습니다. 경각(頃刻)은 '짧은(頃) 시간(刻)'이고, 경사(傾斜)는 '기울어지고(傾) 기울어지다(斜)'는 뜻입니다.

뜻 지(旨)자는 숟가락의 상형인 비수 비(匕)자와 달 감(甘→日)자가 합쳐진 글자입니다. 따라서 '숟가락(匕)으로 단(甘→日) 음식을 먹으니 맛있다'는 뜻입

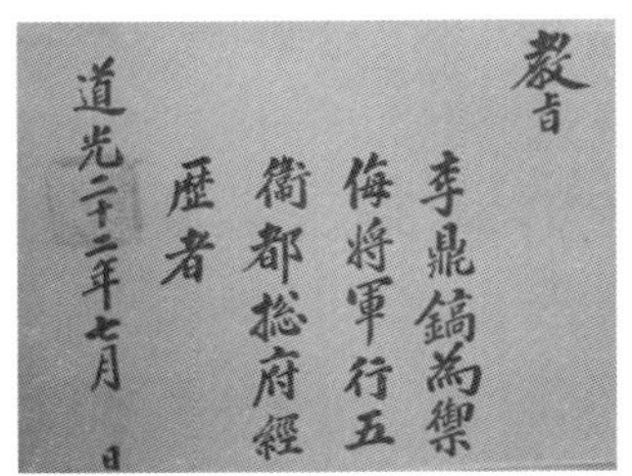
敎旨
李鼎鎬爲禦侮將軍行五衛都摠府經歷者
道光二十二年七月 日

조선 시대의 교지

니다. 달 감(甘)자는 맛있어 혀를 빼내어 물고 있는 입의 상형입니다. 나중에 가차되어 '뜻'이란 의미가 생겼습니다. 취지(趣旨), 요지(要旨), 논지(論旨) 등에 사용되는 지(旨)자는 '뜻'을 의미합니다. 또 교지(敎旨)는 '왕이 가르치는(敎) 뜻(旨)'으로, 조선 시대 왕이 내리는 각종 문서입니다. 도승지(都承旨)는 '왕의 뜻(旨)을 받드는(承) 우두머리(都)'로, 조선시대 왕의 명령을 출납하던 승정원(承政院)의 우두머리입니다. 오늘날의 대통령 비서실장에 해당합니다.

참 진(眞)자는 원래 숟가락(匕)과 솥(鼎→貝)이 합쳐진 모습이었는데, 이후 모습이 변해 지금의 글자가 되었습니다. 숟가락(匕)으로 솥(鼎→貝)의 음식을 떠먹는 모습에서 '참, 진실, 사실' 등의 뜻이 생긴 이유는 명확하지 않습니다. 진선미(眞善美)는 '참됨(眞)과 착함(善)과 아름다움(美)'입니다.

맡을 사(司)

맡을 사(司)자는 원래 '숟가락(匕)으로 노인이나, 병자, 아기의 입(口)에 밥을 먹이다'는 뜻입니다. 숟가락을 뜻하는 비수 비(匕)자가 거꾸로 들어가 있습니다. '나중에 이런 일을 맡다'는 뜻이 생기자, 원래의 뜻을 살리기 위해 먹을 식(食)자를 추가하여 먹일 사(飼)자가 되었습니다. 사서(司書)는 '책(書)을 맡은(司) 사람'으로 도서관에서 일하는 사람이고, 사제(司祭)는 '(하느님에 대한) 제사(祭)를 맡은(司) 사람', 즉 천주교의 신부를 이르는 말입니다.

### 숟가락인 경우(2)

울창주 창 ⓩ 鬯
입 벌릴 감(凵) + 쌀 미(米) + 비수 비(匕)

鬱 답답할/울창할 울
ⓩ 郁 ⓨ 欝
수풀 림(林) + [울금향 울(鬱)]

울창주 창(鬯)

울창주(鬱鬯酒)는 검은 기장에 울금향(鬱金香)을 넣어 빚은 향기 나는 술입니다. 제사를 지낼 때, 땅에 술을 부어 그 향기로 신(神)을 부르는 강신(降神)에 사용하는 술입니다. 울창주 창(鬯)자는 원래 울금향이 나는 울금초의 모습을 본떠 만든 글자로 추정되지만, 이후 '그릇(凵)에 담긴 쌀(米)로 만든 술을 국자(匕)로 퍼는 모습'으로 변해 버렸습니다. 이 글자는 부수글자로 사용되지만, 실제 사용되는 글자는 답답할/울창할 울(鬱)자밖에 없습니다.

답답할 울창할 울(鬱)

침울(沈鬱), 울창(鬱蒼), 울분(鬱憤), 우울(憂鬱), 억울(抑鬱), 암울(暗鬱), 울적(鬱寂) 등에 사용되는 답답할/울창할 울(鬱)자의 상형문자를 보면, 울창한 숲(林)으로 가로막혀 있는 사람(人)의 모습입니다. 처음에는 간단했던 글자가 나중에 소리를 나타내는 글자(鬱)가 추가되어 지금의 모습이 되었습니다. 이후 '울창(鬱蒼)

하다→답답하다→우울(憂鬱)하다→울적(鬱寂)하다'는 뜻이 생겼습니다. 울릉도(鬱陵島)는 '울창(鬱)한 언덕(陵)이 있는 섬(島)'입니다. 울(鬱)자는 29획으로, 일상적으로 사용하는 한자 중에 획수가 가장 많습니다.

儿 | 𠤎

어진사람 인(儿)
아래에 들어가는 사람

갑골문자를 보면 사람의 모습이 많이 나옵니다. 사람 인(亻)자는 주로 다른 글자의 왼쪽에 들어갑니다. 하지만, 다른 글자의 아래나 위에 들어가는 사람 인(人)자도 있습니다. 으뜸 원(元), 맏 형(兄), 볼 견(見)자 등을 보면 사람이 글자 아래에 들어가 있습니다. 또 빛 색(色), 위험할 위(危), 짐질 부(負)자를 보면 사람이 글자 위에 들어가 있습니다.

이중에서 다른 글자 아래에 들어가 있는 글자를 어진사람 인(儿)자라고 합니다. 어진사람 인(儿)자는 사람 인(人)자처럼 독자적으로 사용되지 않고, 윗부분에 다른 글자를 붙여 새로운 글자를 만드는데 사용됩니다.

### 머리나 얼굴이 있는 글자

**見** 볼 견, 뵈올 현 ㊥ 见
눈 목(目) + 어진사람 인(儿)

**兄** 맏 형 ㊥ 兄
입 구(口) + 어진사람 인(儿)

**祝** 빌 축 ㊥ 祝
보일 시(示) + 맏 형(兄)

**元** 으뜸 원 ㊥ 元
사람 머리 모습(二) + 어진사람 인(儿)

**兒** 아이 아 ㊥ 儿 ㊕ 児
절구 구(臼) + 어진사람 인(儿)

볼 견(見)자는 눈(目)을 강조한 사람(儿)의 모습에서 '보다'는 뜻이 생겼습니다. 뵈올 현(見)자로도 사용되는데, 알현(謁見)은 '아뢰며(謁) 뵙다(見)'는 뜻으로, 왕이나 높고 귀한 사람을 찾아가 뵙는 것을 말합니다. 견학(見學)은 '보면서(見) 배우다(學)'는 뜻입니다.

볼 견(見)

맏 형(兄)자는 입(口)을 강조한 사람(儿)으로, '제사를 지내면서 입(口)으로 조상신에게 고하는 사람(儿)이 맏이'라는 뜻입니다. 나중에 이 글자에는 제사상의 상형인 보일 시(示)자가 붙어 빌 축(祝)자가 되었습니다. 축원(祝願)은 '원하는(願) 것을 빌다(祝)'는 뜻입니다.

빌 축(祝)

으뜸 원(元)자는 머리(二)를 강조한 사람(儿)의 모습으로, 사람의 몸에서 머리가 으뜸이라는 데에서 으뜸이라는 의미가 생겼습니다. 이후 '으뜸→시초→우두머리→근원'이란 뜻이 생겼습니다. 일원론(一元論)은 '근원(元)이 하나(一)인 이론(論)'으로, 하나의 원리나 원인으로 사물이나 우주를 설명하려는 이론입니다. 예를 들면, 그리스의 철학자 탈레스가 말한 "만물의 근원은 물이다"나, 헤라클레이토스가 말한 "만물의 근원은 불이다" 등은 모두 일원론입니다. 이원론(二

元論)은 '근원(元)이 두(二) 개인 이론(論)'으로, 세상을 선과 악, 주관과 객관, 음과 양 등 두 가지 근원으로 설명하는 것입니다.

아동(兒童), 육아(育兒) 등에 들어가는 아이 아(兒)자는 머리를 뿔처럼 둘로 묶은 아이의 모습이라고도 하고, 젖먹이의 머리뼈가 아직 굳지 않은 모습이라고도 설명하기도 합니다.

아이 아(兒)

## 기타(1)

先 먼저 선 ⓗ 先
그칠 지(止) + 어진사람 인(儿)

免 면할 면 ⓗ 免
사람 인(人) + 구멍 혈(穴) + 어진사람 인(儿)

娩 해산할 만 ⓗ 娩
여자 녀(女) + [면할 면(免)→만]

充 채울 충 ⓗ 充
어진사람 인(儿) + 아이돌아나올 돌(𠫓)

光 빛 광 ⓗ 光
불 화(火) + 어진사람 인(儿)

불을 머리 위로 들고 있는 등잔의 모습

먼저 선(先)자는 발(止)을 강조한 사람(儿)의 모습으로, 먼저 간(止) 사람(儿)을 말하고 여기에서 '먼저'라는 뜻이 생겼습니다. 그칠 지(止)자는 발의 상형입니다. 선생(先生)은 원래 '먼저(先) 태어난(生) 사람'이란 뜻입니다.

면할 면(免)자의 갑골문자를 보면 다리를 벌리고 사람이 아이를 낳는 모습입니다. 나중에는 글자 모양이 변해 글자 맨 위에 사람(人)이 있고, 아래에도 사람(儿)이 있는 형상입니다. 아기가 빠져 나오는 모양에서, '어떤 상태를 면하다'는 뜻이 생겼습니다. 나중에 원래 뜻을 분명히 하기 위해 여자 녀(女)자를 붙여 해산할 만(娩)자가 되었습니다. 면책특권(免責特權)은 '책임(責)을 면하는(免) 특별한(特) 권리(權)'로, 국회의원이 국회에서 직무상 행한 발언과 표결에 대하여 국회 밖에서 책임을 지지 않는 특권이나, 외교 대사가 현행범이 아니면 주재국의 법을 적용받지 않는 특권 등을 말합니다.

면할 면(免)

충분(充分), 충실(充實), 충전(充電), 충족(充足) 등의 채울 충(充)자에 들어있는 아이돌아나올 돌(𠫓)자는 뱃속에서 머리를 아래로 하고 나오려는 아기(子자를 180도 회전)의 모습입니다. 이런 만삭으로 배가 가득 차 있는 모습에서 '채우다'는 뜻이 생겼습니다. 충혈(充血)은 '피(血)로 채워지다(充)'는 뜻으로, 눈의 흰자위가 붉게 변하거나, 모기에게 물려 긁으면 그 자리가 붉게 변하는 것과 같이 몸의 일정한 부분에 피가 비정상적으로 모이는 것을 충혈이라고 합니다

빛 광(光)자는 불(火)이 타는 화로를 머리 위에 이고 있는 모습을 한 사람(노예)의 모습을 본떠 만든 글자입니다. 광합성작용(光合成作用)은 '빛(光) 에너지로 물질을 합성(合成)하는 작용(作用)'입니다. 식물이 빛 에너지를 이용하여 이산화탄소와 물로부터 탄수화물과 산소를 만들어 내는 작용입니다.

빛 광(光)

### 기타(2)

**克** 이길 극 ㊥ 克
열 십(十) + 입 구(口) +
어진사람 인(儿)

**竟** 마침내 경 ㊥ 竟
소리 음(音) +
어진사람 인(儿)

**競** 다툴 경 ㊥ 竞
[마침내 경(竟)] X 2

이길 극(克)자는 사람(儿)의 머리(口) 위에 무거운 것(十)을 이고 있는 사람(노예)의 형상입니다. 극기복례(克己復禮)는 '자신(己)을 이기고(克) 예(禮)로 돌아오다(復)'는 뜻으로, 과도한 욕망을 누르고 예(禮)를 따름을 일컫는 말입니다. 중국에서는 무게의 단위인 그램(g)을 극(克)이라고 합니다.

마침내 경(竟)

마침내 경(竟)자에 들어 있는 소리 음(音)자는 입에 피리를 물고 소리를 내는 모습을 본떠 만든 글자입니다. 따라서 경(竟)자는 입에 피리를 물고(音) 부는 사람(儿)의 모습입니다. '피리 불기를 마치다'에서 '마치다, 마침내'라는 뜻이 나왔습니다.

다툴 경(競)

쟁(競爭), 경연(競演), 경기(競技) 등에 들어가는 다툴 경(競)자는 두 사람이 피리를 누가 잘 부는지 겨루고 있는 모습입니다. 경시대회(競試大會)는 '시험(試)으로 다투는(競) 큰(大) 모임(會)'으로, 지식이나 문제 해결 능력 등을 시험으로써 겨루는 대회입니다. 경매(競賣)는 '사는 사람들을 다투게(競) 하여 판다(賣)'는 뜻으로, 사려는 사람이 많은 경우에 값을 제일 많이 부르는 사람에게 물건을 파는 일입니다. 영어로 옥션(auction)입니다.

大 | 大

큰 대(大)
팔다리를 벌리고
서 있는 사람의 모습

큰 대(大)자는 양팔과 다리를 벌리고 서 있는 사람의 모습을 본떠 만든 글자입니다. 사람의 모습을 본떠 만든 글자로는 사람 인(人)자가 있지만, 키가 큰 어른을 뜻하는 의미로 큰 대(大)자가 만들어졌습니다. 대부(大夫)는 '큰(大) 사내(夫)'라는 뜻으로, 고대 중국의 벼슬 이름입니다. 이후 선비 사(士)자와 합쳐진 사대부(士大夫)는 문벌이 높은 집안의 사람이란 의미가 되었습니다.

큰 대(大)자는 다른 글자 안에서 '크다, 사람, 어른' 등을 뜻하는 글자로 사용됩니다.

### 머리 위에 무엇이 있는 사람

**美** 아름다울 미 ㊥ 美
양 양(羊) + 큰 대(大)

아름다울 미(美)

아름다울 미(美)자를 '살찐(大) 양(羊)이 아름답다(美)'고 해석하는 사람들이 있는데, 상형문자를 보면 큰 사람(大)이 머리에 양(羊) 가죽을 쓰고 있는 모습입니다. 즉, '이렇게 장식한 모습이 아름답다'는 뜻으로 만든 글자입니다. '아름다운(美) 나라(國)'라는 뜻의 미국(美國)은 아메리카(America)를 음역한 아미리가

夫 남편/사내 부 ⓒ 夫
큰 대(大) + 비녀(一)

天 하늘 천 ⓒ 天
큰 대(大) + 하늘(一)

奚 어찌/종 해 ⓒ 奚
손톱 조(爪) + 작을 요(幺) + 큰 대(大)

(亞美里加), 미리가(美理哥), 미리견(美利堅) 등의 미(美)자를 따서 미국(美國)이라고 불렀습니다. 일본에서는 '쌀(米)이 많이 나는 나라'라는 뜻으로 미국(米國)이라고 합니다.

옛 중국에서는 남자나 여자 모두 나이가 차서 결혼을 하면 머리에 비녀를 꽂는데, 사내 부(夫)자는 어른(大)이 된 사람이 머리에 비녀(一)를 한 모습입니다.

하늘 천(天)자는 '어른(大)의 머리 위에 하늘(一)이 있다'는 뜻입니다. 개천절(開天節)은 '하늘(天)이 열린(開) 날을 기념하는 명절(節)'로, 기원전 2333년 10월 3일에 단군이 우리나라를 건국한 것을 기념하는 명절입니다.

어찌 해(奚)자는 사람(大)의 목에 매여 있는 밧줄(幺)을 손(爪)으로 잡고 있는 모습입니다. 포로로 잡힌 이런 사람들이 종(노예)이 되기 때문에 종을 의미하는 글자가 되었습니다. 나중에 가차되어 '어찌'라는 의미가 생겼습니다. 이 글자는 소리로 사용되는데, 새 조(鳥)자가 합쳐지면 닭 계(鷄)자가 되고, 물 수(氵)자가 합쳐지면 시내 계(溪)자가 됩니다.

## 사람

走 달릴 주 ⓒ 走
큰 대(大→土) + 그칠 지(止)

奔 달릴 분 ⓒ 奔
큰 대(大) + 풀 훼(卉)

爽 시원할 상 ⓒ 爽
큰 대(大) + 점괘 효(爻) X 2

因 인할 인 ⓒ 因
둘러싸일 위(口) + 큰 대(大)

央 가운데 앙 ⓒ 央
큰 대(大) + 베개 모습

交 사귈 교 ⓒ 交
다리를 교차한 사람 모습

亦 또 역 ⓒ 亦
겨드랑이를 강조한 사람 모습

달릴 주(走)

달릴 주(走)자는 발(止)을 강조한 사람(大→土)의 모습에서 '달리다'는 뜻이 생겼습니다. 400m 계주(繼走)는 '400m를 이어(繼)달리기(走)'입니다. 주마가편(走馬加鞭)은 '달리는(走) 말(馬)에 채찍(鞭)을 더하다(加)'는 뜻으로, 잘하는 사람을 더욱 장려함을 이르는 말입니다.

달릴 분(奔)

달릴 분(奔)자는 풀 밭(卉) 위로 사람(大)이 분주하게 달려가는 모습을 본떠 만든 글자입니다. '분주하다'의 분주(奔走)는 '달리고(奔) 달리다(走)'는 뜻입니다.

시원할 상(爽)자는 큰 사람(大)이 성긴 올의 옷(爻爻)을 두르고 있는 모습에서 '시원하다, 상쾌(爽快)하다'는 의미가 생겼습니다.

인할 인(因)자는 돗자리(囗) 위에 사람이 큰 대(大)자로 누워 있는 모습으로, 원래는 '돗자리'를 의미하였습니다. 이후 '돗자리→(돗자리에) 의지하다→친하게 지내다→인연(因緣)→인하다→까닭→원인(原因)' 등의 뜻이 생겼습니다. 인과관계(因果關係)는 '원인(因)과 결과(果)의 관계(關係)'로 어떤 행위로 인해 발생한 사실과의 사이에 원인과 결과의 관계가 있음을 일컫는 말입니다.

가운데 앙(央)

가운데 앙(央)자는 양팔을 벌리고 누운 사람(大)이 머리에 베개를 베고 있는 모습을 본떠 만든 글자입니다. 베개는 가운데를 베기 때문에 가운데라는 뜻이 생겼습니다. 중앙(中央)은 '가운데(中)와 가운데(央)'라는 뜻입니다.

사귈 교(交)자는 다리를 꼬고 서 있는 사람(大)을 본떠 만든 글자입니다. '양다리가 교차되어 있다'고 해서 원래 '교차하다'는 뜻을 가졌습니다. 이후 '교차하다→주고받다→오고가다→사귀다'등의 뜻이 생겼습니다. 주고받는 교류(交流), 오고가는 교통(交通), 사귀는 교제(交際) 등에 사용됩니다.

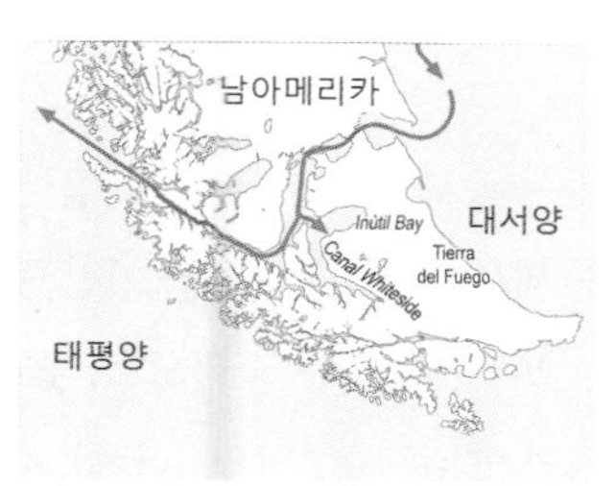

대서양과 태평양을 잇는 마젤란 항로

또 역(亦)자는 원래 사람(大→六) 겨드랑이 부분에 두 개의 점을 찍어 겨드랑이를 뜻하는 글자입니다. 나중에 '또, 역시(亦是)'라는 뜻으로 가차되었습니다.

### 크다는 의미로 쓰임

太 큰 태 ㊥太
큰 대(大) + 점 주(丶)

尖 뾰족할 첨 ㊥尖
큰 대(大) + 작을 소(小)

奇 기이할 기 ㊥奇
큰 대(大) + [옳을 가(可)→기]

奬 장려할 장 ㊥奖 ㊀奨
큰 대(大) + [장수 장(將)]

클 태(太)자는 큰 대(大)자에 점을 하나 찍어 '크다'는 의미를 강조한 지사문자입니다. 태학(太學)은 '큰(太) 학교(學)'로, 372년 고구려의 소수림왕이 설립한 대학교입니다. 소수점을 좋아하는 소수림왕이 대학(大學)을 만들고 나서, 큰 대(大)자에 소수점을 하나 찍어 태학(太學)이 되었다고 암기하면 쉽습니다. 태평양(太平洋)은 '크게(太) 평화로운(平) 바다(洋)'라는 뜻으로, 1520년 마젤란이 세계 일주 항해를 할 때 대서양을 건너 남아메리카 끝의 해협(마젤란 해협)을 빠져나오자 거친 바다가 씻은 듯이 조용해지고 평온한 바다가 나타나자 '평화로운 바다(Pacific Ocean)'라고 이름 지었습니다. 나중에 중국 사람들이 한자로 옮기면서 태평양이라는 이름을 붙였습니다.

뾰족할 첨(尖)자는 '위가 작고(小), 아래가 크니(大) 뾰족하다'는 뜻입니다. 첨탑(尖塔)은 '꼭대기가 뾰족한(尖) 탑(塔)'입니다. '첨예한 대립'에서 첨예(尖銳)는 '뾰족하고(尖) 날카롭다(銳)'는 뜻입니다.

교회의 첨탑

기이할 기(奇)자는 '사람이 너무 커(大) 기이하다'는 뜻입니다. 기이(奇異)는 '기이하고(奇) 다르다(異)'는 뜻입니다. 전기소설(傳奇小說)은 '전해(傳) 내려오는 기이한(奇) 이야기를 담은 소설(小說)'로, 중국 당(唐)나라 중기(7~9세기)에 발생한 소설의 명칭입니다. 조선 초기의 문인인 김시습의 《금오신화(金鰲新話)》도 우리나라의 대표적인 전기소설입니다. 중국 사대기서(中國四大奇書)는 '중국에서 만든 4(四)개의 큰(大) 기이한(奇) 책(書)'으로, 《삼국지연의(三國志演義)》, 《수호지(水滸志)》, 《서유기(西遊記)》, 《금병매(金瓶梅)》 등을 말합니다.

장려할 장(奬)자는 '크게(大) 도와서(將) 장려하다'는 뜻입니다. 장수 장(將)자는 원래 '(왕을) 돕는다'는 뜻을 가지고 있습니다. 장려상(奬勵賞)은 '장려하고(奬) 힘쓰라(勵)고 주는 상(賞)'입니다.

### 땅 위에 서 있는 큰 사람(立)

立 설 립 ⓢ立
큰 대(大) + 땅(一)

竝 나란히할 병 ⓢ并
설 립(立) X 2

位 자리 위 ⓢ位
사람 인(亻) + 설 립(立)

端 끝/바를 단 ⓢ端
설 립(立) + [시초 단(耑)]

설 립(立)자는 두 팔을 벌린 사람(大→六)이 땅(一)을 딛고 서 있는 모습을 본떠 만든 글자입니다. 입법부(立法府)는 '법(法)을 세우는(立) 관청(府)'이란 뜻으로, 법을 만드는 국회(國會)를 이르는 말입니다. 설 립(立)자는 소리도 사용되는 경우가 있는데, 낟알 립(粒), 삿갓 립(笠)자가 그런 예입니다. 아이 동(童), 글 장(章), 첩 첩(妾)자에 들어 있는 설 립(立)자는 매울 신(辛)자가 간략화된 글자인데, 이 글자들은 매울 신(辛)자에서 자세히 살펴보겠습니다.

나란히할 병(竝)자는 두 사람이 나란히 서 있는 모습을 본떠 만든 글자입니다. 병렬(竝列)은 '나란히(竝) 늘어서(列) 있다'는 뜻입니다.

위치(位置), 지위(地位), 품위(品位) 등에 들어가는 자리 위(位)자는 '사람(亻)이 서(立) 있는 곳이 자리다'는 뜻입니다.

끝 단(端)자에 들어가는 시초 단(耑)자는 땅 위에 갓 돋아난 어린 싹의 모습에서, '시초'와 '물건의 뾰족한 끝'이란 뜻이 생겼습니다. 이후 뜻을 분명히 하기 위해 설 립(立)자가 추가되어 끝 단(端)자가 되었습니다. 서 있는 싹의 끝이란 뜻입니다. 첨단(尖端)은 '뾰족한(尖) 끝(端)'이란 뜻으로, 학문, 기술, 유행 등에 있어서 맨 앞장 서는 것을 의미합니다. 또 '끝을 바르게 하다', '단정(端正)하게 하다'는 뜻에서, '바르다'는 의미도 생겼습니다. 사단(四端)은 '사람의 4(四) 가지 바른(端) 마음'으로, 인의예지(仁義禮智)를 일컫는 말입니다.

### 거꾸로 서 있는 사람(屰)

逆 거스를 역 ⓢ逆
갈 착(辶) + [거스를 역(屰)]

朔 초하루 삭 ⓢ朔
달 월(月) +
[거스를 역(屰)→삭]

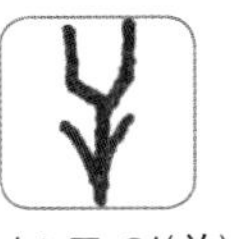
거스를 역(屰)

갑골문자를 보면 큰 대(大)자를 거꾸로 세워 놓은 글자가 있습니다. 이 글자가 거스를 역(屰)자입니다. '사람이 거꾸로 거슬러 가다'는 의미로 만들었습니다. 나중에 뜻을 분명히 하기 위해 갈 착(辶)자를 붙여 거스를 역(逆)자가 되었습니다. 역행(逆行)은 '거꾸로 거슬러(逆) 가다(行)'는 뜻입니다.

초하루 삭(朔)자는 '한 달(月)이 다 지나가고, 다시 거슬러(屰) 올라가면 초하루가 되다'는 뜻입니다. 삭망(朔望)은 '음력 초하루(朔)와 보름(望)'을 의미합니

遡 거스를 소 ⓩ溯
갈 착(辶) +
[초하루 삭(朔)→소]

厥 그 궐 ⓩ厥
기슭 엄(厂) + [숨찰 궐(欮)]

다. 초하루 삭(朔)자는 토우 소(塑)자와 거스를 소(遡)자의 소리로도 사용됩니다.

거스를 소(遡)자는 '한 달(月)이 다 지나가고 다시 거슬러(屰) 초하루(朔)가 되듯이, 거슬러 가다(辶)'는 뜻입니다. 소급(遡及)은 '지나간 일에까지 거슬러(遡) 올라가서 미치게(及) 하는 것'입니다. 법률불소급(法律不遡及)의 원칙은 '모든 법률은 행위 시의 법률을 적용하고, 나중에 만든 법률(法律)로 소급(遡及)해서 적용할 수 없다(不)는 원칙'입니다.

그 궐(厥)자는 원래 '언덕(厂)에서 거꾸로 떨어진 사람(屰)이 숨이 차서(欮) 기절하다'는 뜻입니다. 숨찰 궐(欮)자는 거꾸로 선 사람(屰)이 숨쉬기가 힘들어 입을 크게 벌리고(欠) 숨을 쉬는 모습입니다. 나중에 가차되어 지시대명사인 '그'라는 뜻이 생겼습니다. 궐(厥)자는, 6세기 중엽 알타이산맥 부근에서 몽골과 중앙아시아에 대제국을 건설한 돌궐(突厥)이란 낱말 외에는 거의 사용되지 않습니다. 숨찰 궐(欮)자는 집/대궐 궐(闕)자의 소리로도 사용됩니다.

# 사람 3-3 사람(3)

아들 자(子) | 여자 녀(女) | 늙을 로(老)

子 | 子

아들 자(子)
조그마한 아기가 팔을 벌리고 있는 모습

십이지수 중 쥐와 소

아들 자(子)자는 조그마한 아기가 팔을 벌리고 있는 모습을 본떠 만든 글자입니다. 아들이란 뜻을 가졌지만, 원래는 남자든 여자든 상관없이 아기나 아이를 나타냅니다.

그러나 아들 자(子)자는 여러 가지 의미로 사용됩니다. 자녀(子女), 자손(子孫)에서는 아들, 자식(子息)은 아들과 딸, 남자(男子), 여자(女子)에서는 사람, 공자(孔子), 맹자(孟子)에서는 스승을 의미합니다. 분자(分子), 원자(原子), 소립자(素粒子), 입자(粒子) 등에서는 아주 작은 것을 나타내는 접미어로 사용됩니다.

또 아들 자(子)자는 십이지(十二支)의 첫 번째로, 쥐를 뜻합니다. 자정(子正)은 하루를 12시로 나눈 첫 번째인 자시(子時)의 정 가운데로 밤 12시를 말합니다. 반대로 낮 12시는 정오(正午)로, 십이지의 일곱 번째인 오시(午時)의 정 가운데라는 뜻입니다. 자오선(子午線)은 천구(天球)의 정북쪽과 정남쪽을 연결하는 선입니다. 십이지의 각각은 열두 방향도 나타내는데, 자(子)는 정북쪽을 , 오(午)는 정남쪽을 가리킵니다.

### 갓난아기

- 孚 부화할 부 ⓢ 孚 — 아들 자(子) + 손톱 조(爪)
- 孵 부화할 부 ⓢ 孵 — 알 란(卵) + [부화할 부(孚)]
- 浮 뜰 부 ⓢ 浮 — 물 수(氵) + [부화할 부(孚)]
- 乳 젖 유 ⓢ 乳 — 손톱 조(爪) + 아들 자(子) + 새 을(乙)

부화할 부(孚)

부화할 부(孚)자는 손(爪)으로 알에서 나온 새끼(子)를 꺼내는 모습입니다. 나중에 뜻을 강조하기 위해 알 란(卵)자를 붙여 부화할 부(孵)자를 만들었습니다. 알 란(卵)자는 알이 두 개 있는 모습(⦿⦿)입니다. 부화(孵化)는 부란(孵卵)이라고도 합니다.

부력(浮力), 부상(浮上) 등에 들어가는 뜰 부(浮)자는 '물(氵) 위로 뜨다'는 뜻과 '손(爪)으로 새끼(子)를 위로 들어올리다'는 뜻이 합쳐진 글자입니다. 부동표(浮動票)는 '떠서(浮) 움직이는(動) 표(票)'라는 뜻으로, 지지하는 후보나 정당이 확실하지 않아 변화할 가능성이 많은 표입니다.

젖 유(乳)자는 손(爪)으로 아들(子)을 잡고 젖(乙)을 먹이는 모습을 본떠 만든 글자입니다. 여기에서 새 을(乙)자는 사람의 몸통이 변한 모습입니다. 포유류(哺乳類)는 '젖(乳)을 먹이는(哺) 동물의 종류(類)'입니다. 종유석(鍾乳石)은 '종(鍾)

孔 구멍 공 중 孔
아들 자(子) + 새 을(乙)

고드름처럼 자라는 종유석

이나 젖(乳) 모양으로 볼록하게 생긴 돌(石)'입니다. 석회동굴의 천정에서 물이 떨어지면서, 물속의 석회질이 굳어 고드름처럼 조금씩 자라 종처럼 된 돌입니다.

구멍 공(孔)자는 젖(乙)을 먹고 있는 아들(子)의 모습을 본떠 만든 글자로, 젖이 나오는 구멍이란 뜻입니다. 동공(瞳孔)은 '눈동자(瞳)에 있는 구멍(孔)'으로, 카메라의 조리개처럼 밝은 곳에서는 구멍이 작아져서 빛을 적게 들어오게 하고, 어두운 곳에서는 구멍이 커져서 빛이 많이 들어오게 합니다. 기공(氣孔)은 잎의 뒷면에 있는 '공기(氣)의 구멍(孔)'으로, 두 개의 공변세포(孔邊細胞)에 의해 열리고 닫힙니다. 공변세포(孔邊細胞)는 '구멍(孔)의 변두리(邊)에 있는 세포(細胞)'입니다.

구멍 공(孔)

## 아이와 관련 있는 글자(1)

好 좋을 호 중 好
여자 녀(女) + 아들 자(子)

孤 외로울 고 중 孤
아들 자(子) +
[오이 과(瓜)→고]

孟 맏 맹 중 孟
아들 자(子) +
[그릇 명(皿)→맹]

孫 손자 손 중 孙
아들 자(子) + 이어맬 계(系)

좋을 호(好)자는 '여자(女)가 아기(子)를 안고 있으니 좋다'는 의미입니다. 호사다마(好事多魔)는 '좋은(好) 일(事)에는 마귀(魔)가 많다(多)'는 뜻입니다.

외로울 고(孤)자는 원래 '부모가 없는 아이(子)' 즉, 고아(孤兒)를 일컬었습니다. 고아는 외롭기 때문에 '외롭다'는 뜻이 생겼습니다. 고립어(孤立語)는 '글자 하나하나가 고립(孤立)된 말(語)'로, 중국의 한자처럼 조사나 어미가 없는 글자입니다. 예를 들어 '나는, 나를, 나의' 등을 모두 조사 없이 '아(我)'로 씁니다. 또 '가다, 가니, 가고' 등도 어미가 없이 '거(去)'로 씁니다. 조사가 없는 고립어에서는, 글자의 문법적인 기능은 주로 말의 순서로 파악합니다.

《묵자(墨子)》나 《열자(列子)》와 같은 중국 고전을 보면, 옛 중국에는 맏아들을 잡아먹는 풍습이 있는 지역이 있었다고 합니다. 약탈혼이 성행했던 옛 중국에서 맏아들은 자기 자식이 아닐 수도 있다는 이유로 잡아먹은 것이라고 합니다. 맏 맹(孟)자는 '그릇(皿)에 담긴 아들(子)'로 이런 풍습에서 생긴 글자입니다. 맹모단기(孟母斷機)는 '맹자(孟)의 어머니(母)가 베틀(機)에 있는 베를 끊다(斷)'는 뜻입니다. 맹자가 수학(修學) 도중에 돌아왔을 때, 어머니가 칼로 짜고 있던 베틀의 실을 끊으며, '학문을 중도에 그만두는 것도 이와 같다'고 훈계한 데서 생긴 고사성어입니다.

손자(孫子), 손녀(孫女), 자손(子孫) 등에 들어가는 손자 손(孫)자는 '아들(子)의 대를 이어가는(系) 사람이 손자다'는 뜻입니다. 이을 계(系)자는 '실(糸)을 잇다'라는 뜻으로 만든 글자입니다. 집안의 족보(族譜)를 계보(系譜)라고도 합니다.

### 아이와 관련 있는 글자(2)

存 있을 존 ⓩ存
아들 자(子) +
있을 재(在→才)

李 오얏나무/성 리 ⓩ李
나무 목(木) + 아들 자(子)

孝 효도 효 ⓩ孝
늙을 로(耂) + 아들 자(子)

字 글자 자 ⓩ字
집 면(宀) + [아들 자(子)]

教 가르칠 교 ⓩ教
점괘 효(爻) + 아들 자(子) +
칠 복(攵)

學 배울 학 ⓩ学 ⓨ学
절구 구(臼) + 점괘 효(爻) +
집 면(宀→冖) + 아들 자(子)

존재(存在), 존폐(存廢), 존망(存亡) 등에 들어 있는 있을 존(存)자는 '아이(子)가 살아있다(在→才)'는 뜻입니다. 용존산소(溶存酸素)는 '물에 녹아(溶) 있는(存) 산소(酸素)'입니다. 용존산소가 부족해지면 물속의 동식물이 폐사(斃死)하게 되고, 폐사한 것들이 부패하여 수질이 오염됩니다.

오얏나무 리(李)자는 나무(木) 아래에서 아이(子)들이 오얏(자두)을 따려고 서 있는 모습입니다. 이(李)자는 성씨로서 우리에게 잘 알려져 있습니다. 이하부정관(李下不整冠)은 '오얏나무(李) 아래(下)에서 관(冠)을 고쳐 쓰지(整) 말라(不)'는 뜻입니다. 관을 고쳐 쓰기 위해 손을 올리면 흡사 오얏을 따는 것으로 보이기 때문에, 남에게 의심받을 행동은 하지 말라는 것을 비유한 말입니다. 효자(孝子), 효녀(孝女), 효심(孝心) 등에 들어가는 효도 효(孝)자는 '아들(子)이 늙은(老) 어버이를 업고 있는 모습'으로, 효도하다는 뜻입니다.

글자 자(字)자는 원래 '집(宀)에서 아이(子)를 낳아 기르다'라는 뜻이었으나, 가차되어 글자나 문자(文字)라는 뜻이 생겼습니다. 자전(字典)은 '글자(字)를 풀이해 놓은 책(典)'입니다. 사전(辭典)은 영어나 한글처럼 여러 개의 글자로 이루어진 낱말의 뜻을 풀이한 책이지만, 자전(字典)은 한자와 같이 한 글자로 된 글자의 뜻을 풀이한 책입니다.

가르칠 교(教)자는 '산가지(爻)를 들고 있는 아이(子)들을 때려가며(攵) 숫자를 가르치다'는 뜻입니다. 산가지는 대나무를 잘라 젓가락처럼 만들어, 숫자를 표시하거나 점을 치는데 사용하였습니다.

집(宀 → 冖)에서 아들(子)이 두 손(臼)으로 산가지(爻)를 들고 숫자를 배우는 모습은 배울 학(學)자입니다. 화학(化學)은 '물질이 변화(化)하는 이치를 배우는 학문(學)'입니다.

배울 학(學)

### 거꾸로 있는 아기

育 기를 육 ⓩ育
아이돌아나올 돌(𠫓) +
[고기 육(肉/月)]

기를 육(育)자의 윗부분에 있는 글자는 아들 자(子)자를 180도 뒤집어 놓은 글자로, '아이를 낳을 때 머리가 아래를 향해 돌아 나올 돌(𠫓)'자입니다. 즉 어머니 뱃속에서 나올 때, 머리를 아래로 하고 나오는 아기의 모습을 본떠 만든 글자입니다. 이 글자는 아기의 모습을 본떠 만든 아들 자(子)자와 같은 뜻으로 사용됩니다. 중국에서는 아직도 사용하지만, 우리나라에서는 거의 사용하지 않는 글자에 기를 육(毓)자가 있습니다. 이 글자의 왼쪽에 있는 매(每)자는 머리장

流 흐를 류 ⓩ流
물 수(氵) + [흐를 류(㐬)]

充 채울 충 ⓩ充
아이돌아나올 돌(𠫓) +
어진사람 인(儿)

棄 버릴 기 ⓩ弃 ⓨ弃
아이돌아나올 돌(𠫓) +
[그 기(其)]

기를 육(毓)

식을 한 어머니(毋)의 모습이고, 오른쪽에 있는 흐를 류(㐬)자는 어머니 뱃속에서 머리를 아래로 하고 나오는 아기(𠫓)와 어머니 뱃속의 물이 함께 흘러나오는(川) 모습입니다. 어머니가 아이를 낳는 모습으로 낳은 아기를 '기르다'는 뜻입니다. 이 글자는 나중에 간단하게 변하여, 기를 육(育)자가 되었습니다.

상류(上流), 하류(下流), 유체(流體) 등에 들어가는 흐를 류(流)자는 흐를 류(㐬)자에 '흐르다'는 의미를 분명하게 하기 위해 물 수(氵)자가 추가되었습니다. 유성(流星)은 '흐르는(流) 별(星)'로, 지구의 대기권 안으로 들어와 빛을 내며 떨어지는 작은 별입니다. 순우리말로는 '별똥' 또는 '별똥별'이라고 합니다.

충분(充分), 충실(充實), 충전(充電), 충족(充足) 등에 들어가는 채울 충(充)자는 뱃속에 있는 아이(𠫓)의 모습을 강조한 사람(儿)의 모습으로, 만삭이 되어 배가 가득 차 있는 모습에서 '채우다'는 뜻이 생겼습니다.

버릴 기(棄)

입 엽(葉)자와 비슷하게 생긴 버릴 기(棄)자의 상형문자를 보면 어린 아기(𠫓)를 키(其)에 담아 두 손으로 들고 있는 모습입니다. 즉, 죽은 아이를 버리려고 하는 모습에서, '버리다'는 뜻이 생겼습니다. 지금은 의학의 발달로 영아사망률이 낮지만 당시에는 많은 아기들이 죽은 데에서 이런 글자가 생겼습니다. 기권(棄權)은 '권리(權)를 버리다(棄)'는 뜻이고, 포기(抛棄)는 '던져(抛) 버리다(棄)'는 뜻입니다.

女 | (상형문자)

여자 녀(女)
여자가 다소곳이
앉아 있는 모습

여자 녀(女)자는 여자가 다소곳이 앉아 있는 모습을 본떠 만든 글자로, 여자와 관련되는 글자에 들어갑니다. 예쁘거나 아리땁다는 뜻의 여자의 이름에 많이 사용되는데, 예쁠 연(娟), 고울 연(姸), 아리따울 아(娥), 아리따운 교(嬌), 미녀 원(媛)자가 그러한 예입니다.

BC 3세기 무렵에 쓰인《여씨춘추(呂氏春秋)》에는 "태고의 백성은 어미는 알아도 아비는 몰랐다"는 구절이 있습니다. 신석기 시대인 앙소(仰韶) 문화의 유적지를 보면 공동분묘가 발견되는데, 여자를 중심으로 묻혀 있습니다. 당시 남자들은 사냥이나 물고기를 잡으러 다닌 반면, 여자들은 농업과 가사를 담당하였고, 따라서 여자들이 한군데 정착하게 되면서 여자를 중심으로 하는 모계 씨족 부락이 만들어졌기 때문입니다.

### 모계사회와 여자

**姓** 성씨 성 ⓖ 姓
여자 녀(女) + [날 생(生)→성]

**始** 처음 시 ⓖ 始
여자 녀(女) +
[기쁠 이(台)→시]

한자에는 모계사회의 흔적이 많이 남아 있습니다. 성씨 성(姓)자는 여자(女)가 낳은(生) 아이에게 자신의 성(姓)을 따르게 한 모계사회에서 유래하는 글자이고, 뿌리의 모습을 본떠 만든 뿌리 씨(氏)자는 아버지 성을 일컫는 글자로 부계사회에서 유래하는 글자입니다. 지금은 둘을 합쳐서 성씨(姓氏)라고도 합니다.

처음 시(始)자는 여자가 낳은 새 생명이 만물의 시초(始初)나 시작(始作)이라고 생각했기 때문에, 여자 녀(女)자가 들어갑니다. 시생대(始生代)는 '생명(生)이 처음(始) 태어난 시대(代)'로, 약 46억~25억 년 전의 기간입니다. 원생대(原生代)는 '단세포 동물과 같은 원시(原) 생물(生)이 살았던 시대(代)'이고, 고생대(古生代)는 '삼엽충과 같은 옛(古) 생물(生)이 살았던 시대(代)'이며, 중생대(中生代)는 '공룡과 같은 중간(中) 생물(生)이 살았던 시대(代)'이고, 신생대(新生代)는 '포유류와 같은 새로운(新) 생물(生)이 살았던 시대(代)'입니다.

### 여자를 지칭하는 글자

**姑** 시어미 고 ⓖ 姑
여자 녀(女) + [예 고(古)]

**姨** 이모 이 ⓖ 姨
여자 녀(女) + [오랑캐 이(夷)]

**姉** 맏누이 자 ⓖ 姉
여자 녀(女) + [나아갈 자(市)]

**妹** 아랫누이 매 ⓖ 妹
여자 녀(女) +
[아닐 미(未)→매]

**姪** 조카 질 ⓖ 侄
여자 녀(女) +
[이를 지(至)→질]

가족이나 친척의 관계나 호칭을 나타내는 글자에도 모계사회의 흔적이 남아 있습니다. 여자 녀(女)자가 들어가는 글자는 많아도 남자 남(男)자가 들어가는 글자는 없습니다.

시어미 고(姑)자는 '오래된 옛날(古) 여자(女)가 시어머니다'는 뜻입니다. 고(姑)자는 고모(姑母)라는 뜻도 가지고 있습니다. 고모부(姑母夫)는 고모(姑母)의 남편이고, 고종사촌(姑從四寸)은 고모(姑母)의 아들딸입니다.

이모 이(姨)자는 이모부(姨母夫), 이종(姨從) 등에 씁니다. 이모부(姨母夫)는 이모(姨母)의 남편이고, 이종사촌(姨從四寸)은 이모(姨母)의 아들딸입니다.

여형제를 뜻하는 자매(姉妹)는 맏누이 자(姉)자와 아랫누이 매(妹)자가 합쳐진 글자입니다. 자형(姉兄)이나 매형(妹兄)은 손윗누이의 남편이고, 매제(妹弟)는 아랫누이의 남편입니다.

조카 질(姪)자는 원래는 '모계사회에서 여자(女)인 언니나 여동생의 아들딸'을 이르는 글자였으나, 지금은 여자나 남자 형제의 아들딸을 이르는 글자가 되었습니다. 숙질(叔姪)은 '아저씨(叔)와 조카(姪)'입니다. 질녀(姪女)는 '여자(女) 조카(姪)'라는 뜻으로, 조카딸을 말합니다. 질부(姪婦)는 '조카(姪)며느리(婦)'라는 뜻으로, 조카의 아내를 말합니다. 질서(姪壻)는 '조카(姪)사위(壻)'라는 뜻으로, 조카딸의 남편을 말합니다.

妃 왕비 비 ⓢ 妃
여자 녀(女) + [몸 기(己)→비]

婦 아내/며느리 부 ⓢ 妇
여자 녀(女) + 빗자루 추(帚)

왕비 비(妃)자는 원래 '남자 앞에 꿇어앉아 있는(己) 여자(女)가 아내이다'는 뜻입니다. 이후 왕의 아내인 왕비(王妃)라는 뜻이 생겼습니다. 대비(大妃)는 왕의 어머니이고, 대왕대비(大王大妃)는 왕의 할머니입니다. 참고로 아버지의 누이는 고모(姑母)이고, 할아버지의 누이는 대고모(大姑母) 또는 왕고모(王姑母)라고 합니다. 따라서 대왕대비(大王大妃)의 대(大)와 왕(王)은 할머니를 가르키는 말입니다.

빗자루 추(帚)

옛날에는 집안일을 부인(婦人)이 했습니다. 아내 부(婦)자는 '빗자루(帚)를 들고 집안을 청소하는 여자(女)가 아내이다'는 뜻입니다. 간체자인 부(妇)자는 '손(彐)으로 집안일을 하는 여자(女)가 아내이다'는 뜻으로 만들었습니다. 부부(夫婦)는 '남편(夫)과 아내(婦)'이고, 부인(婦人)은 '빗자루(帚)를 들고 시집간 여인(女人)'라는 뜻으로 '결혼한 여자'를 이르고, 부인(夫人)은 '다른 사내(夫)의 사람(人)'이란 뜻으로 '남의 부인'을 이르는 말입니다. TV에서 사극을 보면 '궁녀와 내명부들을 모두 불러 모아라'는 이야기가 종종 나오는데, 이때 내명부(內命婦)는 '궁중 안(內)에서 왕의 명령(命)을 받는 부인(婦)'이란 뜻으로 조선 시대에 궁중에서 벼슬을 받은 여인을 통틀어 이르는 말입니다. 빈(嬪), 귀인(貴人), 상궁(尙宮) 등이 그 예입니다.

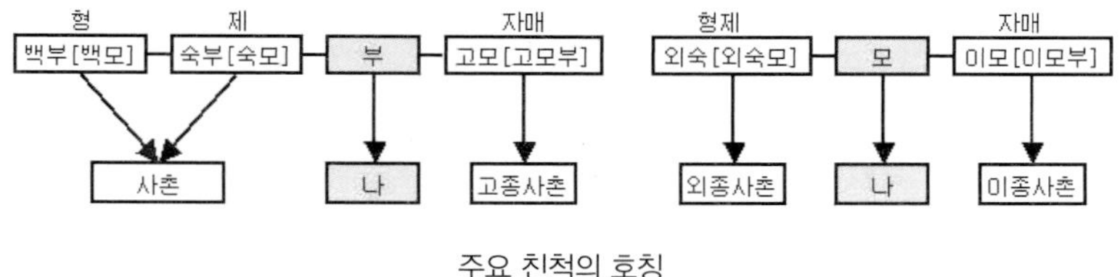

주요 친척의 호칭

## 혼인에 관련되는 글자

婚 혼인할 혼 ⓢ 婚
여자 녀(女) + [저물 혼(昏)]

姻 혼인할 인 ⓢ 姻
여자 녀(女) + [인할 인(因)]

嫁 시집갈 가 ⓢ 嫁
여자 녀(女) + [집 가(家)]

혼인(婚姻)은 혼자서 하는 것이 아니라 여자(女)가 있어야 합니다. 따라서 혼인에 관련되는 글자에 모두 여자 녀(女)자가 들어갑니다.

옛 중국에서는 저녁에 혼인을 하였습니다. 혼인(婚姻)에 들어가는 혼인할 혼(婚)자는 '여자(女)가 해가 저문(昏) 뒤 혼인하다'는 뜻입니다. 또 혼인할 인(姻)자는 '여자(女)와 인연(因緣)을 맺는 것이 혼인이다'는 뜻입니다.

시집갈 가(嫁)자는 '시집은 여자(女)가 살아야 할 집(家)이다'는 뜻입니다. 출가(出嫁)는 '시집(嫁)을 가다(出)', 출가(出家)는 '집(家)을 나와(出) 스님이나 수도사가 되다', 가출(家出)은 '가정을 버리고 집(家)을 나가다(出)'는 뜻입니다.

妻 아내 처 ⓗ 妻
여자 녀(女) + 열 십(十) +
고슴도치머리 계(彐)

媒 중매 매 ⓗ 媒
여자 녀(女) +
[아무 모(某)→매]

출가외인(出嫁外人)은 '시집(嫁)을 간(出) 딸은 친정 사람이 아니고, 남(外人)이나 마찬가지다'는 뜻입니다.

아내 처(妻)자는 다른 사람(여종)이 손(彐)으로 여자(女)의 머리(十)를 다듬는 모습을 본떠 만든 글자입니다. 처남(妻男)은 '아내(妻)의 남자(男) 형제', 처형(妻兄)은 '아내(妻)의 언니(兄)', 처제(妻弟)는 '아내(妻)의 여자 동생(弟)'입니다.

아내 처(妻)

중매 매(媒)자는 '여자(女)를 혼인시키기 위해 모의하는(謨→某) 것이 중매이다'는 뜻입니다. 모의(謀議)는 '일을 계획하고(謀) 의논한다(議)'는 뜻입니다. 매파(媒婆)는 '결혼을 중매(仲媒)하는 노파(老婆)'입니다. 용매(溶媒)는 '잘 녹도록 (溶) 중매(媒)하는 물질'입니다. 설탕이 물에 들어가면 녹는데, 이때 물은 용매 (溶媒)이고, 설탕은 용질(溶質: 녹는 물질)이라고 합니다.

## 여자와 종

奴 종 노 ⓗ 奴
여자 녀(女) + 또 우(又)

妥 평온할 타 ⓗ 妥
여자 녀(女) + 손톱 조(爪)

婢 계집종 비 ⓗ 婢
여자 녀(女) + [낮을 비(卑)]

妾 첩 첩 ⓗ 妾
여자 녀(女) +
매울 신(辛→立)

신석기시대 말기부터는 남자들이 농업 생산을 시작하면서 노동력의 향상으로 잉여생산물이 생기고, 이러한 잉여생산물이 축척되면서 사유재산 제도가 생기게 되었습니다. 사유재산 제도가 정착되면서 전반적인 남자들의 지위는 급격히 상승하게 되었고, 여자는 점차 남자의 사유재산화되어 갔습니다.

노비(奴婢), 노예(奴隸) 등에 사용되는 종 노(奴)자는 '손(又)으로 잡아온 여자(女)가 종이다'는 뜻입니다. 솔거노비(率居奴婢)는 '주인이 거느리며(率) 주인집에서 거주(居)하는 노비(奴婢)'이고, 외거노비(外居奴婢)는 '주인집에 거주하지 않고 바깥(外)에서 거주(居)하는 노비(奴婢)'입니다.

평온할 타(妥)자는 '약한 여자(女)는 남자의 손(爪)안에 있는 것이 평온하다'는 뜻입니다. 손(又)으로 생포한 여자(女)가 종(奴)이라는 종 노(奴)자와 비교되는 글자입니다. 타협(妥協)은 '평온해지도록(妥) 서로 협력하다(協)'는 뜻입니다.

계집종 비(婢)자는 '낮은(卑) 계급의 여자(女)가 여자종이다'는 뜻입니다. 노비종모법(奴婢從母法)은 '노비(奴婢)인 어머니(母)를 따라가는(從) 법(法)'으로, 어머니가 노비면 자식도 노비가 되는 법입니다. 고려 시대에는 부모 중 한 명이라도 노비이면 자식도 노비가 되었으나, 평민과 노비가 결혼하면서 노비의 수가 많아지고 군역 부담자의 수가 줄어들자, 조선 시대에는 노비종모법(奴婢從母法)

과 노비종부법(奴婢從父法)을 번갈아 시행했습니다.

첩 첩(妾)자에 들어가는 매울 신(辛→立)자는 죄인이나 노예라는 표시를 위해 얼굴에 문신을 새기던 침의 모습을 본떠 만든 글자입니다. 고대 중국에서는 잡혀온 여자의 얼굴에 문신을 새겨 첩으로 삼았습니다.

### 부정적 의미의 여자

**姦** 간사할 간 ⓢ 奸
여자 녀(女) X 3

**妖** 요망할 요 ⓢ 妖
여자 녀(女) + [일찍죽을 요(夭)]

**妄** 망령될 망 ⓢ 妄
여자 녀(女) + [망할 망(亡)]

**妨** 방해할 방 ⓢ 妨
여자 녀(女) + [모 방(方)]

**嫌** 싫어할 혐 ⓢ 嫌
여자 녀(女) + [겸할 겸(兼)→혐]

남자의 지위가 올라감에 따라 남자가 중심이 되어 여자를 평가하는 남존여비(男尊女卑) 사상이 자리를 잡게 되었고, 이러한 영향으로 부정적인 의미의 글자에 계집 녀(女)가 들어가는 글자가 많아졌습니다. 간사할 간(姦), 시기할 질(嫉), 질투할 투(妬), 요망할 요(妖), 방해할 방(妨) 등이 모두 그런 예입니다.

우리나라에서는 '여자가 셋이 모이면 그릇이 깨진다'는 속담이 있는데, 한자에서 여자가 셋이 모이면, 간사할 간(姦)자가 됩니다. 이 글자는 간통(姦通)이나 간음(姦淫)이란 뜻도 가지고 있습니다.

요망할 요(妖)자는 '교태를 부리는 젊은(夭) 여자(女)는 요망하다'는 뜻입니다. 일찍죽을 요(夭)자는 머리를 갸우뚱하게 하고 요염하게 교태를 부리고 있는 젊은 여자의 모양을 본떠 만든 글자로, 원래 '어리다, 젊다'는 뜻을 가지고 있습니다. 요술(妖術)은 '사람의 눈을 어리게 하는 요망한(妖)한 재주(術)'이고, 요괴(妖怪)는 '요망한(妖) 괴물(怪物)'입니다. 요염(妖艶)은 '요망할(妖) 정도로 곱다(艶)'는 뜻으로, 사람을 호릴 만큼 아리따움을 말합니다.

망령될 망(妄)자는 요망(妖妄), 망령(妄靈), 허망(虛妄), 망언(妄言), 망상(妄想) 등에 사용됩니다. 경거망동(輕擧妄動)은 '가볍게(輕) 들고(擧), 망령되게(妄) 움직이다(動)'는 뜻으로 경솔하게 함부로 행동함을 일컫는 말입니다.

방해할 방(妨)자는 '남자가 일하는데 여자(女)는 방해(妨害)만 된다'는 뜻입니다. '내 방에서 놀아도 무방하다'의 무방(無妨)은 '방해(妨)가 되지 않다(無)'는 뜻입니다.

혐오(嫌惡), 혐의(嫌疑) 등에 들어가는 싫어할 혐(嫌)자는 '여자(女)는 남을 잘 의심하고, 미워하고, 싫어하다'는 세 가지 뜻을 모두 가지고 있습니다. 혐기성균(嫌氣性菌)은 '공기(氣)를 싫어하는(嫌) 성질(性)의 세균(菌)'으로, 산소가 없는 곳에서 자라는 파상풍균(破傷風菌)이 그러한 예입니다.

## 기타(1)

好 (여자가) 좋을 호 중 好
여자 녀(女) + 아들 자(子)

娛 (여자가 있어) 즐거워할/놀 오 중 娱
여자 녀(女) + [나라이름/큰소리칠 오(吳)]

安 (여자가 있어) 편안할 안 중 安
집 면(宀) + 여자 녀(女)

宴 잔치 연 중 宴
집 면(宀) + [편안할/늦을 안(晏)→연]

妙 (여자가) 묘할 묘 중 妙
여자 녀(女) + [적을 소(少)→묘]

姿 (여자의) 맵시 자 중 姿
여자 녀(女) + [버금 차(次)→자]

要 중요할/구할 요 중 要
덮을 아(襾) + 여자 녀(女)

좋을 호(好)자는 '여자(女)가 아기(子)를 안고 있으니 좋다'는 뜻입니다. 호기성균(好氣性菌)은 '공기(氣)를 좋아하는(嫌) 성질(性)의 세균(菌)'으로, 산소가 있는 곳에서 잘 자라는 세균(細菌)입니다.

오락(娛樂)에 들어가는 즐거워할/놀 오(娛)자는 '여자(女)들이 큰소리(吳)로 즐거워하며 논다'는 뜻입니다. 또 '큰소리(吳)로 즐겁게 노는 자리에는 여자(女)가 있어야 한다'는 뜻으로 해석하기도 합니다. 오락실(娛樂室)은 '놀고(娛) 즐기는(樂) 집(室)'입니다.

편안할 안(安)자는 '집(宀)에 여자(女)가 있으면 편안(便安)하다' 혹은 '여자(女)가 집(宀)안에 있으면 안전(安全)하다'는 두 가지 뜻이 있습니다. 안산암(安山岩)은 '안정된(安) 산(山)의 암석(岩)'으로, 단단하고 견디는 힘이 강하여 건축이나 토목에 많이 사용합니다.

잔치 연(宴)자는 '집(宀)에서 잔치를 하다'는 뜻입니다. 편안할/늦을 안(晏)자는 '여자(女)가 해(日)가 중천에 오를 때까지 자고 늦게 일어나니 편하다'는 뜻으로 추측됩니다. 연례악(宴禮樂)은 '잔치(宴)에서 예절(禮)을 갖추기 위해 연주하는 음악(樂)'으로, 조선 시대 궁중의 조회(朝會) 및 연회(宴會) 때 연주되던 음악입니다.

묘할 묘(妙)자는 '여자(女)가 작아(少) 젊다'는 뜻입니다. 이후 '젊다→아름답다→훌륭하다→오묘(奧妙)하다→미묘(微妙)하다'등의 뜻이 생겼습니다. '묘령의 여인'에서 묘령(妙齡)은 '아름다운(妙)여자의 나이(齡)'라는 뜻으로, 스물 안팎의 꽃다운 나이를 말합니다. 자태(姿態), 자세(姿勢)에 들어가는 맵시 자(姿)자는 '여자(女)는 맵시가 있다'는 뜻입니다.

중요할/구할 요(要)자의 상형문자를 보면 허리에 두 손(臼)을 올리고 있는 여자(女)의 모습입니다. 나중에 글자의 모양이 변하여 지금의 모양이 되었습니다. 원래의 의미는 허리였으나, '허리는 사람 몸의 중앙에 있기 때문에 중요하다'는 뜻으로 사용되자, 원래의 뜻을 살리기 위해 고기 육(肉/月)자가 추가되어 허리 요(腰)자가 되었습니다. 이후 '중요(重要)하다→(중요한 것을) 원하다→요구(要求)하다→구하다' 등의 뜻이 생겼습니다. 훈요십조(訓要十條)는 '훈계(訓)하는 중요한(要) 열(十) 가지 조항(條)'으로, 943년 고려 태조가 그의 후손들에게 남긴 열 가지 유훈(遺訓)입니다.

### 기타(2)

如 같을 여 ⓗ 如
[여자 녀(女)→여] + 입 구(口)

汝 너 여 ⓗ 汝
물 수(氵) + [여자 녀(女)→여]

같을 여(如)자는 원래 '여자(女)가 주인의 말(口)에 따르다, 순종하다'는 뜻입니다. 나중에 가차되어 '~같이, 만약'이란 뜻으로 사용됩니다. 일일여삼추(一日如三秋)는 '하루(一日)가 세 번의 가을(三秋: 3년)과 같다(如)'는 뜻이고, 백문불여일견(百聞不如一見)은 '백(百) 번 듣는(聞) 것이 한(一) 번 보는(見) 것만 같지(如) 않다(不)'는 뜻입니다.

너 여(汝)자는 원래 중국 하남성 남부에 있는 강 이름이기 때문에, 물 수(氵)자가 들어갑니다. 나중에 가차되어 2인칭대명사로 사용되었습니다. 오심즉여심(吾心卽汝心)은 '내(吾) 마음(心)이 곧(卽) 네(汝) 마음(心)'이라는 뜻으로, 천도교의 교조 최제우가 한울님과의 대화에서 인간은 근본에서 같다고 한 말입니다.

### 결혼한 여자

毋 말 무 ⓗ 毋
가슴이 있는 여자 모습

母 어머니 모 ⓗ 母
가슴이 있는 여자 모습

每 매양 매 ⓗ 每
머리를 장식한 여자 모습

毒 독 독 ⓗ 毒
머리를 많이 장식한 여자 모습

말 무(毋)
어미 모(母)

말 무(毋)자의 갑골문자를 보면, 여자 녀(女)자의 가슴 부분에 젖꼭지를 의미하는 두 점을 찍어 만든 어미 모(母)자와 똑같이 생겼습니다. 하지만 이후 모양이 변해서 지금의 형태가 되었습니다. 아마도 '아이를 가진 어머니는 함부로 해치거나 범하지 말라'고 해서 '말라'라는 의미가 생긴 듯합니다. 자전에도 어미 모(母)자의 부수는 말 무(毋)자이고, 두 글자의 발음도 비슷합니다. 말 무(毋)자를 부수로 하는 글자는 이외에도 매양 매(每)자와 독 독(毒)자가 있습니다. 모성유전(母性遺傳)은 '어머니(母)의 성질(性)을 따르는 유전(遺傳)'으로, 어머니만 가지고 있는 난(卵)세포의 세포질을 통해 유전물질이 자손에게 전해지는 유전현상입니다. 누에 알의 빛깔이 대표적인 모성유전입니다.

매양 매(每)

매일(每日), 매월((每月), 매회(每回), 매사(每事) 등에 들어가는 매양 매(每)자는 어미 모(母)자 위에 머리 장식을 추가한 모습으로, 원래는 아이를 낳은 여자를 의미하였습니다. 하지만 나중에 '매양'이라는 의미로 가차되어 사용되었습니다. 매양 매(每)자에 물 수(氵)자가 붙으면 바다 해(海)자가 됩니다. 바다는 '물(氵)의 어머니(每)와 같다'는 뜻에서 만든 글자입니다.

매(每)자보다 머리의 장식을 더 많이 한 여자의 모습으로 독 독(毒)자가 있습니다. 머리 장식이나 화장을 많이 한 여자는 남자를 파멸로 이끄는 독(毒)과 같은 여자라는 의미가 담겨 있습니다. 옛날에는 화장을 하거나 꾸미는 여자는 정숙하지 못하다고 생각하였기 때문입니다. '정말 지독하다'의 지독(至毒)은 '지극히(至) 독(毒)하다'는 뜻입니다.

# 老 | 𠤕

늙을 로(老/耂)
지팡이를 든 노인의 모습

늙을 로(老)자의 상형문자를 살펴보면 위쪽(耂)은 긴 머리카락을, 아래쪽에 있는 비(匕)자는 사람의 모습입니다. 즉 머리카락이 긴 늙은 노인의 모습을 본떠 만든 글자입니다. 늙을 로(老)자와 아주 비슷한 상형문자로는 길 장(長)자가 있습니다. 늙을 로(老)자에는 지팡이가 없고, 길 장(長)자는 지팡이가 있을 뿐입니다. '길다'는 의미는 노인의 머리카락이 길기 때문입니다. 조상신을 모시는 중국에서는 부모님이 주신 몸을 훼손할 수 없기에 머리를 깍지 않아 노인이 되면 머리가 길어질 수밖에 없습니다. 또 노인의 모습에서 '어른, 우두머리'라는 뜻도 생겼습니다. 교장(校長), 회장(會長) 등이 그런한 예입니다. 장로(長老)는 '나이가 많은 늙은(老) 우두머리(長)'라는 뜻입니다.

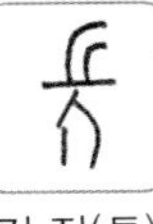
길 장(長)

## 로(老/耂)자가 들어가는 글자

**孝** 효도 효 ⓢ孝
늙을 로(耂) + 아들 자(子)

**考** 생각할 고 ⓢ考
늙을 로(耂) + [교묘할 교(丂)→고]

**耆** 늙을 기 ⓢ耆
늙을 로(耂) + [뜻/맛있을 지(旨)→기]

**嗜** 즐길 기 ⓢ嗜
입 구(口) + [늙을 기(耆)]

**者** 사람 자 ⓢ者
늙을 로(耂) + 흰 백(白)

**煮** 삶을 자 ⓢ煮
불 화(灬) + [사람 자(者)]

효자(孝子), 효녀(孝女), 효심(孝心) 등에 들어가는 효도 효(孝)자는 '아들(子)이 늙은(老) 어버이를 업고 있는 모습'으로, '효도하다'는 뜻입니다.

고려(考慮), 사고(思考), 고안(考案) 등에 들어가는 생각할 고(考)자는 '노인(耂)은 생각을 교묘하게(丂) 잘한다'는 뜻입니다. 고증학(考證學)은 '증거(證)를 생각하는(考) 학문(學)'이란 뜻으로, 헛된 이론이나 토론에 의하지 않고, 옛 문헌이나 증거 등 사실에 근거를 두고 옳고 그름을 판단하려는 과학적인 학문을 말합니다. 중국 명나라 말기에 일어나 청나라 때에 발전하였습니다.

늙을 기(耆)자는 원래 '늙은 사람(耂)이 맛있는(旨) 음식을 즐기다'는 뜻입니다. 이후 '늙다'는 뜻으로 사용되자, 원래의 뜻을 살리기 위해 입 구(口)자가 추가되어 즐길 기(嗜)자가 되었습니다. 기호식품(嗜好食品)은 '즐기고(嗜) 좋아하는(好) 식품(食品)'이란 뜻으로, 향기나 맛을 즐기기 위한 술, 담배, 차, 커피 등의 식품입니다.

사람 자(者)자에는 늙을 로(耂)자가 들어가지만, 늙을 로(耂)자와 상관없이 솥에 콩을 넣고 삶는 모습을 본떠 만든 글자입니다. 나중에 가차되어 사람이란 뜻으로 사용되자, 원래의 뜻을 살리기 위해 불 화(灬)자가 추가되어 삶을 자(煮)자가 만들어졌습니다. 자두연기(煮豆燃萁)는 '콩깍지(萁)를 태워(燃) 콩(豆)을 삶는다(煮)'는 뜻으로, 형제가 서로 싸우고 시기함을 이르는 말입니다. 《삼국지》 조조(曹操)의 두 아들의 이야기에서 나온 고사성어입니다.

사람 자(者)

# 사람 3-4 사람(4)

주검 시(尸) | 몸 기(己) | 병부 절(卩)

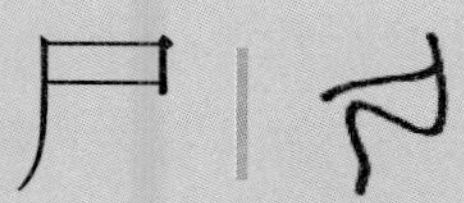

주검 시(尸)
쪼그리고 누워 있는 사람

중국 춘추전국 시대의 주나라에서는 시체를 묻을 때, 흡사 어머니 뱃속에 있는 아기처럼 팔과 다리를 꺾어 구부린 상태로 묻었습니다. 이러한 장례법을 굴장(屈葬)이라고 하는데, 굴장을 하여 태아의 모양을 흉내 냄으로써 내세에서 다시 태어나기를 기원하였다고 합니다. 이런 매장법은 우리나라나 일본의 신석기 시대에도 있었습니다. 주검 시(尸)자는 이와 같이 구부려 있는 시체의 모습을 본떠 만든 글자입니다. 하지만 엉거주춤하게 서 있거나 앉아 있는 사람의 모습을 나타내기도 합니다.

## 죽은 사람

**屍** 주검 시 ⓢ尸
[주검 시(尸)] + 죽을 사(死)

**屛** 병풍 병 ⓢ屏
주검 시(尸) + [아우를 병(幷)]

**刷** 인쇄할 쇄 ⓢ刷
칼 도(刂) + [닦을 쇄(㕞)]

시체(屍體), 시신(屍身)에 들어가는 주검 시(屍)자는 주검 시(尸)자의 뜻을 분명히 하기 위해 죽을 사(死)자를 추가한 글자입니다. 부관참시(剖棺斬屍)는 '관(棺)을 쪼개어(剖) 꺼낸 시신(屍)을 베다(斬)'는 뜻으로, 옛날에 죽은 뒤에라도 큰 죄가 드러난 사람에게 내리던 형벌입니다.

병풍 병(屛)자는 원래 '죽은 시신(尸)을 가리다'는 뜻인데, 이후 '가리다→숨기다→(가리는) 병풍'이란 뜻이 생겼습니다. 병풍(屛風)의 원래 뜻은 '바람(風)을 가리다(屛)'는 뜻입니다. 금일월병(金日月屛)은 '금(金)으로 해(日)와 달(月)을 그린 병풍(屛)'으로, 임금님이 앉는 자리에 친 병풍입니다.

인쇄할 쇄(刷)자에 들어가는 닦을 쇄(㕞)자는 '손(又)에 수건(巾)을 들고 시신(尸)을 깨끗이 닦다'는 뜻입니다. 따라서 인쇄할 쇄(刷)자는 원래 '대나무 죽간에 칼(刂)로 글을 새긴 자리를 깨끗이 닦다'는 뜻으로, 이후 '인쇄(印刷)하다'는 뜻이 파생되었습니다. 쇄신(刷新)은 '새로워지게(新) 닦다(刷)'는 뜻으로, '나쁜 폐단이나 묵은 것을 없애고 새롭게 하다'는 뜻입니다.

## 산 사람

**尾** 꼬리 미 ⓢ尾
주검 시(尸) + 털 모(毛)

꼬리 미(尾)자는 엉거주춤 서 있는 사람(尸)의 엉덩이 부분에 털(毛)이 나있는 모습입니다. 토템(totem, 동식물 숭배 사상)은 원시 사회 공통의 풍습으로 고대 중국에도 있었습니다. 이런 풍습으로 동물에게만 있고 인간에게는 없는 꼬리를 털로 만들어 달고 다녔습니다. 남의 뒤를 밟는 미행(尾行)은 '꼬리(尾)

尿 오줌 뇨 ❸尿
주검 시(尸) + 물 수(水)

尺 자 척 ❸尺
주검 시(尸) + 삐침 별(丿)

尉 벼슬이름 위 ❸尉
주검 시(尸) + 두 이(二) + 작을 소(小) + 마디 촌(寸)

履 밟을 리 ❸履
주검 시(尸) + 돌아올 복(復)

展 펼 전 ❸展
주검 시(尸) + 옷 의(衣)

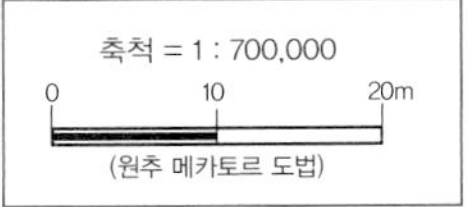

지도의 축척

를 따라 가다(行)'는 뜻입니다. 어미(語尾)는 '말(語)의 꼬리(尾)'로, 어간(語幹)에 붙어 변하는 부분입니다. '먹다, 먹니, 먹고'에서 '먹'~은 어간이고, '~다, ~니, ~고' 등이 어미입니다.

오줌 뇨(尿)자는 엉거주춤 서 있는 사람(尸)의 엉덩이 부분에서 오줌(水)이 나오는 모습입니다. 분뇨(糞尿)는 '똥(糞)과 오줌(尿)'입니다. 거의 사용하지 않는 글자이지만, 오줌 뇨(尿)자와 비슷한 똥 시(屎)자는 엉거주춤 서 있는 사람(尸)의 엉덩이 부분에서 똥(米)이 나오는 모습입니다. '쌀(米)이 똥으로 변하다'는 뜻에서 똥을 쌀 미(米)자로 표현하였습니다.

자 척(尺)자는 사람(尸)의 무릎 부분을 표시(마지막 획)하여, 종아리의 길이를 나타내었습니다. 이후 길이를 재는 자라는 뜻도 생겼습니다. 1척은 약 30cm로, 1자라고 부릅니다. 축척(縮尺)은 '축소한(縮) 자(尺)'라는 뜻으로, 지도의 한쪽 구석에 그려 놓은 조그마한 자로, 지도상의 실제 거리를 표시한 자입니다. '무척 보고 싶다'의 무척(無尺)은 '자(尺)로 잴 수 없을(無) 정도로 크다'는 뜻입니다.

벼슬이름 위(尉)자는 사람(尸)에게 불(火→小)로 달군 연장(二)을 손(寸)으로 잡고, 사람 몸에 난 종기를 지지는 모습입니다. 종기를 치료해 주고 위로해 준다고 해서 원래 의미는 '위로(慰勞)하다'는 뜻이었으나, 벼슬 이름으로 사용되자 나중에 의미를 분명히 하기 위해 마음 심(心)자를 붙여 위로할 위(慰)자가 되었습니다. 대위(大尉), 중위(中尉), 소위(小尉)는 군대의 벼슬 이름입니다.

밟을 리(履)자는 글자의 모양이 여러 번 바뀌었는데, 최종 '사람(尸)이 땅을 밟으며 돌아오다(復)'는 뜻으로 만들었습니다. 이후 '밟다→신→(신을) 신다' 등의 뜻이 생겼습니다. 여리박빙(如履薄氷)은 '얇은(薄) 얼음(氷)을 밟는(履) 것과 같이(如) 하라'이란 뜻으로, 처세에 극히 조심함을 이르는 말입니다. 과전불납리(瓜田不納履)는 '참외(瓜) 밭(田)에 신(履)을 들여놓지(納) 말라(不)'는 뜻으로, 참외 밭에서 신을 고쳐 신으면 혹시 남이 볼 때 참외를 도둑질하는 것으로 오해하니, '오해받기 쉬운 행동은 삼가하라'는 뜻입니다.

펼 전(展)자는 '누운 사람(尸) 옆에 옷(衣)이 펼쳐져 있다'는 뜻입니다. 아마 잠을 자기 위해 옷을 벗어 놓은 듯합니다. 전개도(展開圖)는 '열어서(開) 펼친(展) 그림(圖)'이고, 전성(展性)은 '누르면 펼쳐지는(展) 성질(性)'로, 두드리거나 누르면 얇게 퍼지는 금속의 성질입니다. 전성은 금, 은, 동이 뛰어납니다. 참고로 '끌어당기면 늘어나는(延) 성질(性)'은 연성(延性)이라고 합니다.

### 집으로 사용되는 경우

**屋** 집 옥 ㊥ 屋
주검 시(尸) + 이를 지(至)

**層** 층 층 ㊥ 层
주검 시(尸) + [거듭 증(曾)→층]

**屢** 여러 루 ㊥ 屡
주검 시(尸) + [포갤 루(婁)]

**居** 살 거 ㊥ 居
주검 시(尸) + [예 고(古)→거]

**屈** 굽힐 굴 ㊥ 屈
주검 시(尸) + [날 출(出)→굴]

**漏** 샐 루 ㊥ 漏
물 수(氵) + [샐 루(屚)]

**局** 판 국 ㊥ 局
주검 시(尸) + 글귀 구(句)

황토고원 절벽에 여러 층(層)으로 만들어진 동굴집과 층계

집 엄(广)자와 비슷하게 생긴 주검 시(尸)자는 사람이 사는 집의 모습을 뜻하기도 하는데, 집 옥(屋), (집에) 살 거(居), (집의) 층 층(層), (집이) 샐 루(漏) 등이 그러한 예입니다. 주검 시(尸)자가 집의 뜻으로 사용되는 글자에 대해 알아봅시다.

집 옥(屋)자는 '어디를 가더라도 마지막에 이르는(至) 곳이 집(尸)이다'는 뜻입니다. 또 지붕이라는 뜻도 가지고 있습니다. 옥외(屋外)는 '집(屋)의 바깥(外)'이지만, 옥상(屋上)은 '지붕(屋) 위(上)'입니다.

옛 중국 사람들은 황토고원 절벽에 동굴을 만들어 계단을 타고 올라가 살았습니다. 층 층(層)자는 '집(尸)이 거듭하여(曾) 겹쳐져 있는 것이 층(層)이다'는 뜻입니다. 또 '여러 층(層)의 집에 들어갈 때는 계단을 올라가야 한다'고 해서 계단(階段)이나 층계(層階)라는 뜻도 생겼습니다. 성층권(成層圈)은 '층(層)을 이루는(成) 지구 둘레(圈)'로, 대류권에서는 높이 올라갈수록 온도가 낮아지고 대류권이 끝나는 고도 약 10~15km부터는 온도가 올라가기 시작하는데, 온도가 달라지면서 대기가 층을 이루고 있다는 뜻으로 성층권이라고 부릅니다. 이곳에는 오존이 자외선을 흡수하는 오존층이 있습니다.

여러 루(屢)자는 '집(尸)이 여러 개 포개어져(婁) 있다'는 뜻입니다. 누차(屢次)는 '여러(屢) 차례(次)'입니다.

살 거(居)자는 '집(尸)에 오래(古) 동안 살다'는 뜻입니다. 거주(居住), 주거(住居), 별거(別居), 동거(同居) 등에 사용됩니다.

옛날의 동굴이나 움막집은 입구가 좁았습니다. 굽힐 굴(屈)자는 '이런 집(尸)에서 나올(出) 때 몸을 굽히다'는 뜻입니다. 백절불굴(百折不屈)은 '백(百) 번 꺾여도(折) 굽히지(屈) 않는다(不)'는 뜻입니다.

샐 루(漏)자에 들어가는 샐 루(屚)자는 '집(尸)에 '비(雨)가 새다'는 뜻입니다. 나중에 뜻을 분명히 하기 위해 물 수(氵)자가 추가되었습니다. 누수(漏水), 누전(漏電) 등에 사용됩니다.

판 국(局)자는 정확한 어원이 알려지지 않은 글자인데, (장기나 바둑의) 판, 마을이나 관청, 방, 구분(區分), 구획(區劃) 등 여러 가지 뜻을 가지고 있습니다. 결국(結局), 국면(局面), 국부(局部), 국장(局長), 당국(當局), 대국(對局), 약국(藥局), 종국(終局) 등에 사용합니다.

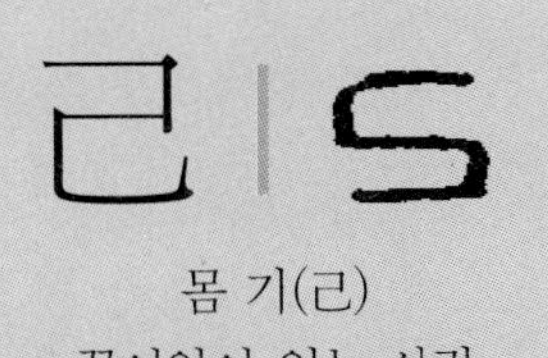

몸 기(己)
꿇어앉아 있는 사람

몸 기(己)자가 어떤 모습을 본떠 만든 글자인지에 대해서는 학자들 간에도 의견이 분분합니다. 가장 쉽게 상상할 수 있는 모습은 상체를 구부리고 꿇어앉아 있는 사람의 모습입니다. 하지만 사람을 나타내는 글자인 인(儿), 비(匕), 대(大), 립(立), 시(尸), 절(卩), 자(子), 여(女), 노(老/耂) 등의 상형문자를 보면 공통적으로 들어가는 것이 사람의 팔입니다. 하지만 몸 기(己)자에는 사람의 팔이 보이지 않습니다. 따라서 사람의 모습은 아닌 것으로 추측됩니다.

가장 설득력이 있는 설명은 기(己)자가 끈이나 새끼줄을 꼬아 놓은 모습이라는 것입니다. 문자가 탄생되기 전에는 끈이나 새끼줄에 매듭을 만들어 문자를 대신하였습니다. 이와 같은 문자를 '끈(繩)을 묶어(結) 만든 문자(文字)'라는 뜻으로 결승문자(結繩文字)라고 하며, 고대 중국과 남아메리카 지방에서 사용되었습니다. 중국의 결승이 어떤 것인지는 오늘날에 와서는 알 수 없으나, 고대 남아메리카의 결승문자는 아직도 남아 있고, 페루의 키푸(quipu)가 대표적입니다. 기(己)자에 실 사(糸)자를 더하면 벼리 기(紀)자가 되는데, 벼리 기(紀)자는 '적다, 기록하다'는 뜻이 있습니다. 또 말씀 언(言)자를 추가하면 '말(言)을 기록하다'는 뜻의 기록할 기(記)자가 됩니다. 이런 글자로 미루어 보면, 기(己)자가 결승(結繩)을 위한 끈이나 새끼줄의 상형이라는 설이 설득력이 있습니다.

페루의 결승문자인
키푸(quipu)

어쨌든 나중에는 몸 기(己)자가 꿇어앉아 있는 사람의 몸이란 뜻을 가지게 됩니다. 더 나아가 자기(自己)라는 뜻도 가지게 됩니다. 이기주의(利己主義)는 '자기(己) 자신의 이익(利)만을 추구하는 주의(主義)'로, 남을 위하는 이타주의(利他主義)의 반대입니다. 극기복례(克己復禮)는 '자기(己)의 욕심을 이기고(克) 예(禮)로 되돌아온다(復)'는 뜻으로, 자기의 욕심을 누르고 예의범절을 따른다는 의미로, 공자의 논어(論語)에 나오는 이야기입니다.

몸 기(己)자는 10개의 천간(天干) 중 6번째 천간으로도 사용됩니다. 기해박해(己亥迫害)는 '기해(己亥)년에 일어난 박해(迫害)'로, 1839년(헌종 5년)에 일어난 제2차 천주교 박해사건입니다.(1차 박해는 1801년 신유박해(辛酉迫害)입니다.) 기묘사화(己卯士禍)는 '기묘(己卯)년에 일어난 선비(士)들의 재앙(禍)'으로, 조선 중종 14년(1519년)인 기묘(己卯)년에 일어난 사화(士禍)입니다.

몸 기(己)자는 소리글자로도 사용되는데, 기록할 기(記), 벼리 기(紀), 꺼릴 기(忌), 일어날 기(起), 고칠 개(改) 등이 그러한 예입니다. 여기에서는 사람이란 뜻으로 사용되는 글자를 살펴보겠습니다.

## 꿇어앉아 있는 사람

改 고칠 개 ⓖ 改
칠 복(攵) + [몸 기(己)→개]

起 일어날 기 ⓖ 起
달릴 주(走) + [몸 기(己)]

配 짝 배 ⓖ 配
닭 유(酉) + [몸 기(己)→배]

妃 왕비 비 ⓖ 妃
여자 녀(女) + [몸 기(己)→비]

選 가릴 선 ⓖ 选
갈 착(辶) +
[괘이름/뽑을 손(巽)→선]

고칠 개(改)자는 '꿇어앉아 있는 사람(己)을 매로 때려서(攵) 잘못된 것을 고치다'는 뜻입니다. 개정(改正)은 '고쳐서(改) 바르게(正) 하다'는 뜻입니다.

일어날 기(起)자는 '꿇어앉아 있는 사람(己)이 가기(走) 위해 일어나다'는 뜻입니다. 기중도설(起重圖說)은 '무거운(重) 물건을 일으켜(起) 세우는 방법을 그림(圖)으로 설명한(說) 책'으로, 조선 시대의 실학자 정약용이 1792년에 지은 책입니다. 기중도설에는 정약용이 만든 거중기(擧重機)의 그림이 실려 있습니다.

짝 배(配)자는 술(酉) 옆에 사람이 꿇어앉아 있는 사람(己)의 모습입니다. 닭 유(酉)자는 술병의 상형으로, 술을 뜻하는 글자입니다. 옛날에 결혼식을 할 때 술(酉)을 나누어 마시면서 짝을 맞이하는 데에서 '(술을) 나누다, 짝짓다'라는 뜻이 생겼습니다. 분배(分配), 배정(配定)에서는 '나누다', 배우자(配偶者), 배필(配匹)에서는 '짝짓다'라는 뜻으로 사용되었습니다.

왕비 비(妃)자는 원래 '남자 앞에 꿇어앉아 있는(己) 여자(女)가 아내이다'는 뜻입니다. 이후 왕의 아내인 왕비(王妃)라는 뜻이 생겼습니다. 비빈(妃嬪)은 '왕비(妃)와 궁녀(嬪)'입니다.

가릴 선(選)자에 들어가는 뽑을 손(巽)자는 제단(共) 위에 제물로 바쳐지기 위해 뽑혀진 두 명의 사람이 꿇어앉아 있는 모습(巳巳)을 본떠 만든 글자입니다. 나중에 뜻을 분명히 하기 위해 '뽑혀서 제단으로 가다'는 뜻으로 갈 착(辶)자가 추가되어 가릴 선(選)자가 되었습니다. 선별(選別), 선택(選擇), 선출(選出) 등에 사용됩니다.

뱀 사(巳)

## 몸 기(己)자와 닮은 글자

巳 뱀 사 ⓖ 巳
뱃속에 있는 태아의 모습

已 이미 이 ⓖ 已
알 수 없음

巴 땅이름/꼬리 파 ⓖ 巴
방울뱀의 모습

부수가 몸 기(己)자이면서 몸 기(己)자와 비슷하게 생긴 글자들을 살펴봅시다.

뱀 사(巳)자는 뱃속에 있는 태아의 모습을 본떠 만든 글자입니다. 뱀 사(巳)자는 간지(干支)로 사용되면서 열두 동물의 하나인 뱀과 짝이 되어 뱀 사(巳)자가 되었을 뿐, 뱀의 모습과는 전혀 상관없습니다. 뱀 사(巳)자가 들어가는 쌀 포(包)자는 불룩한 배(勹) 속에 싸여있는 아기(巳)가 있는 모습에서, '싸다'는 뜻이 생겼습니다.

이미 이(已)자는 몸 기(己)나 뱀 사(巳)자를 조금 변형하여 '이미'라는 추상적인 뜻을 가진 글자로 만들었다고 짐작됩니다. '이왕에 만났으니~'의 이왕(已往)은 '이미(已) 가버리다(往)'는 뜻으로, 지금보다 이전을 말합니다.

땅이름/꼬리 파(巴)자는 방울뱀의 모습을 본떠 만든 글자로, 뱀이나 꼬리라는 뜻을 가졌습니다. 하지만 다른 글자의 안에서는 꿇어앉아 있는 사람의 모습으로 사용됩니다. 아래에 나오는 글자는 그러한 예입니다.

### 땅이름 파(巴)자가 들어감

**色** 빛 색 ⓢ 色
사람 인(人) + 땅이름 파(巴)

**艶** 고울 염 ⓢ 艳
빛 색(色) + 풍년 풍(豊)

**邑** 고을 읍 ⓢ 邑
둘러싸일 위(口) + 꼬리 파(巴)

빛 색(色)

빛 색(色)자는 쪼그리고 있는 사람(巴) 위에 한 사람(人)이 올라탄 형상입니다. 색정(色情), 색마(色馬), 색골(色骨), 색욕(色慾)이란 단어를 연상해보면 무엇을 하고 있는지 알 수 있습니다. 빛 색(色)자는 원래 '색정(色情)으로 흥분하여 변한 안색(顔色: 얼굴빛)'이란 뜻을 가졌습니다. 이후 '색정(色情)→안색(顔色)→기색(氣色)→색채(色彩)→화장(化粧)하다→미색(美色)' 등의 뜻이 생겼습니다. 호색한(好色漢)은 '색(好)을 좋아하는(好) 놈(漢)'입니다. 색목인(色目人)은 '눈(目)동자에 색(色)이 있는 사람(人)'으로, 중국 원나라 때에 유럽이나 서아시아, 중부아시아 등지에서 온 외국인을 통틀어 이르던 말입니다. 외국인들의 눈동자 색이 동양인과 다르기 때문에 붙여진 이름입니다. 경국지색(傾國之色)은 '나라(國)를 기울일(傾) 만한 미색(美色)'이란 뜻으로, 나라를 위태롭게 할 만큼 매우 아름다운 여자를 일컫는 말입니다.

색(色)자는 부수자인데, 부수로 사용된 글자로는 고울 염(艶)자가 있습니다. '얼굴에 색기(色氣)가 풍부(豊富)하면 곱다'는 뜻으로 만든 글자로 짐작됩니다. 요염(妖艶)은 '요사하고(妖) 곱다(艶)'는 뜻으로, 요즘 말로 '섹시(sexy)하다'는 뜻입니다. 염문(艶聞)은 '고운(艶) 소문(聞)'이란 뜻이지만, 실제로는 연애나 정사(情事)에 관한 소문을 말합니다.

고을 읍(邑)

고을 읍(邑)자는 지역을 나타내는 동그라미(○)나 네모(口) 아래에 꿇어앉아 있는 사람의 상형인 꼬리 파(巴)자가 들어 있습니다. '울타리로(口) 둘러싸인 곳에 사람(巴)들이 살고 있다'는 뜻입니다. 〈정읍사(井邑詞)〉는 '우물(井)이 있는 고을(邑)의 노래(詞)'라는 뜻으로, 통일신라 경덕왕 이후 현재까지 노래가사가 전해지는 유일한 백제 가요입니다. 전라도 정읍(井邑)에 살고 있는 한 여인이 행상을 떠나 늦게까지 돌아오지 않는 남편이 있는 곳을 바라보며, 달이 높이 솟아 남편의 머리 위를 비춰주어 진창에 빠지지 않기를 기원하는 내용입니다.

병부 절(卩/ )
꿇어앉아 있는 사람

병부 절(卩)자의 '병부'의 뜻에 대해 궁금해 하시는 분이 많습니다. 병부(兵符)는 '병사(兵)를 동원하는 부적(符)'이란 뜻으로, 지름 7cm, 두께 1cm 가량의 둥글납작하고 곱게 다듬은 마패처럼 생긴 나무쪽입니다. 이 나무쪽에는 글자를 쓴 후 한가운데를 쪼개어, 반쪽의 오른쪽은 지방관이 왼쪽은 왕이 보관하였다가, 군대를 동원해야 할 경우, 왕의 편지와 함께 병부를 지방에 보내면 지방관이 두 쪽을 맞추어 보고 맞으면 군대를 동원하였습니다. 쪼개진 병부(兵符)를 합(合)쳐서 보는 것을 부합(符合)이라고 합니다. '이론과 현실이 부합하다' 혹은 '교육 이념에 부합하다'고 할 때의 부합이 바로 여기에서 나온 말입니다.

그런데 병부 절(卩)자는 이러한 병부와는 전혀 상관없이 꿇어앉아 있는 사람의 모습을 본떠 만든 글자입니다. 다만 글자의 모양이 병부의 반쪽 모습처럼 생겼다고 해서 병부라는 말이 생겼습니다. 병부 절(卩)자는 액(厄)자 아래에 있는 글자와 같이 쓰기도 합니다.

## 꿇어앉아 있는 사람(1)

**令** 하여금 령 ⓩ 令
모을 집(亼)+ 병부 절(卩)

**命** 목숨/명령할 명 ⓩ 命
모을 집(亼) + 입 구(口) +
병부 절(卩)

**却** 물리칠 각 ⓩ 却
[갈 거(去)→각] + 병부 절(卩)

하여금 령(令)

하여금 령(令)자는 지붕(亼) 아래에서 무릎을 꿇어앉아 있는 사람(卩)의 모습을 본떠 만든 글자입니다. 즉 누군가의 명령(命令)을 듣고 있는 모습입니다. 이후 '명령하다→부리다→하여금→(명령하는) 우두머리→벼슬→법령(法令)' 등의 뜻이 생겼습니다. 조령모개(朝令暮改)는 '아침(朝)에 명령(令)을 내렸다가, 저녁(暮)에 다시 고치다(改)'는 뜻으로, 법령을 자꾸 고쳐서 갈피 잡기가 어려움을 이르는 말입니다.

목숨 명(命)

하여금 령(令)자와 비슷한 글자로 목숨 명(命)자가 있습니다. 목숨 명(命)자는 '지붕(亼) 아래에서 꿇어앉아 있는 사람(卩)에게 누군가가 입(口)으로 명령(命令)하다'는 뜻입니다. 옛날에는 명령을 하는 사람이 명령의 받는 사람의 목숨을 마음대로 할 수 있었기 때문에 '목숨'이라는 뜻이 생겼습니다. 지천명(知天命)은 '하늘(天)의 명령(命)을 아는(知) 나이'로, 쉰 살을 이르는 말입니다.

옛날에 높은 사람 앞에서 물러 날 때에는 등을 보이지 않고, 항상 뒷걸음으로 물러났습니다. 물리칠 각(却)자는 원래 '꿇어앉은(卩) 채로 뒷걸음질로 물러가다(去)'는 뜻입니다. 이후 '물러나다→피하다→물리치다' 등의 뜻이 생겼습니다. 기각(棄却)은 '물리쳐(却) 버리다(棄)'는 뜻으로, 법원이 소송 이유가 없거나 적법하지 않다고 판단하여 무효를 선고하는 일입니다.

### 꿇어앉아 있는 사람(2)

**報** 알릴/갚을 보 ㊥ 报
다행 행(幸) + 병부 절(卩) + 또 우(又)

**服** 옷/복종할 복 ㊥ 服
[무릇 범(凡→月)→복] + 병부 절(卩) + 또 우(又)

**仰** 우러를 앙 ㊥ 仰
사람 인(亻) + [오를 앙(卬)]

**印** 도장 인 ㊥ 印
고슴도치머리 계(크) + 병부 절(卩)

**卷** 책 권 ㊥ 卷
쌀 미(米) + 손맞잡을 공(廾) + 병부 절(卩)

알릴/갚을 보(報)

알릴/갚을 보(報)자의 상형문자를 보면 꿇어앉아 있는 사람(卩)에게 수갑(幸)을 채우는 손(又)의 모습입니다. 아마도 재판을 받는 모습으로 추측됩니다. 이후 '재판하다→(재판 결과를) 알리다→(벌로 죄를) 갚다'는 뜻이 파생되었습니다. 홍보(弘報)는 '널리(弘) 알리다(報)'는 뜻이고, 음덕양보(陰德陽報)는 '그늘(陰)에서 쌓은 덕(德)을 밝은 볕(陽)에서 갚다(報)'는 뜻으로, 남 모르게 덕을 쌓은 사람은 반드시 뒤에 복을 받는다는 뜻입니다.

옷/복종할 복(服)

옷/복종할 복(服)자는 원래 '손(又)으로 사람을 꿇어앉혀(卩) 복종시키다'는 뜻입니다. 이후 '복종하다→(멍에를) 매다→(몸에) 매달다→입다→옷' 등의 뜻이 파생되었습니다. 의복(衣服), 교복(校服), 군복(軍服), 양복(洋服)에서는 옷이라는 뜻으로 사용되었고, 복종(服從), 굴복(屈服), 복역(服役)에서는 '복종하다'는 뜻으로 사용되었습니다.

우러를 앙(仰)자에 들어가는 오를 앙(卬)자의 상형문자를 보면 오른 쪽에 꿇어앉아 있는 사람(卩)이 왼쪽에 서 있는 사람(亻)을 올려 보고 있는 모습으로 '우러러보다'는 뜻입니다. 나중에 원래의 뜻을 분명히 하기 위해 사람 인(亻)자를 더하여 우러를 앙(仰)자가 생겼습니다. 앙각(仰角)은 '우러러(仰) 올려 보는 각(角)'으로, 낮은 곳에서 높은 곳에 있는 목표물을 올려다 볼 때, 시선과 지평선이 이루는 각도입니다. 대포를 위로 향하였을 때에, 포신(砲身)과 수평면이 이루는 각도도 앙각이라고 합니다.

도장 인(印)

도장 인(印)자의 상형문자를 보면, 손(크를 뒤집은 모양)으로 꿇어앉아 있는 사람(卩)의 머리를 누르고 있는 모습입니다. 이후 '누르다→찍다→(머리에 찍힌) 인상(印象)→(종이에 찍은) 도장'이란 뜻이 생겼습니다. 인상파(印象派)는 '형상(象)에 대하여 머리에 찍히는(印) 느낌을 그대로 표현하는 파(派)'로, 19세기 후반 프랑스에서 활동한 미술 유파입니다. 인상파는 대상에게서 받은 인상을 그대로 표현하였습니다. 가령, 인상파 이전에는 바다를 항상 파랗게 표현하였지만, 인상파에서는 해가 떨어지는 바다는 붉은색으로, 안개가 끼면 회색으로 표현하였습니다.

책 권(卷)자의 윗부분은 '두 손(廾)으로 밥(米)을 둥글게 말다'는 뜻이고, 아랫부분은 무릎을 굽히고 앉아 있는 사람의 모양에서 '굽히다, 말다'라는 뜻이 나

책 권(卷)

왔습니다. 이후 '말다→두루마리→책'이란 뜻이 생겼습니다. 고대 중국에서 책은 대나무 죽간(竹簡)으로 만들어 두루마리처럼 말았기 때문입니다. 나중에 '말다'는 원래의 뜻을 살리기 위해 손 수(扌)자가 붙어 말 권(捲)자가 되었습니다.

### 꿇어앉아 있는 사람(3)

**犯** 범할 범 중 犯
개 견(犭) + [병부 절(卩)→범]

**御** 어거할/임금 어 중 御
걸을 척(彳) + [낮 오(午)→어] + 그칠 지(止) + 병부 절(卩)

**卽** 곧 즉 중 即
향내날 형(皀) + 병부 절(卩)

**厄** 재앙 액 중 厄
기슭 엄(厂) + 병부 절(卩)

**危** 위태할 위 중 危
사람 인(人) + 기슭 엄(厂) + 병부 절(卩)

범죄(犯罪), 범인(犯人) 등에 들어가는 범할 범(犯)자는 짐승(犭) 앞에 쪼그리고 있는 사람(卩)의 모습으로, '짐승(犭)이 사람(卩)을 침범(侵犯)하다'는 뜻입니다. 범칙금(犯則金)은 '규칙(則)을 범하는(犯) 사람에게 물리는 돈(金)'으로, 쓰레기 방치, 자연 훼손, 담배꽁초 버리기, 도로 무단횡단 등의 경범죄를 지은 사람에게 물리는 벌금입니다.

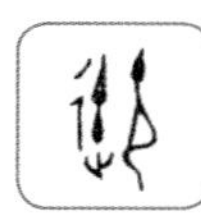
어거할 어(御)

어거할 어(御)자에서 어거(馭車)는 '말이나 수레를 바른 길로 나아가게 제어(制御)하다'는 뜻입니다. 어(御)자의 상형문자를 보면 '수레에 쪼그리고 앉은 마부(卩)가 말을 부리며 길(彳)을 가다(止)'는 뜻입니다. 이후 '마부→어거하다→(임금이) 나들이하다→다스리다→거느리다' 등의 뜻이 생겼습니다. 〈용비어천가(龍飛御天歌)〉는 '용(龍)이 날아서(飛) 하늘(天)로 나들이하는(御) 내용의 노래(歌)'라는 뜻으로, 조선 세종 때 정인지 등이 지은 노래의 하나이며, 훈민정음으로 쓴 최초의 작품입니다. '임금(龍)이 뛰어나(飛) 천하(天)를 다스리다(御)'는 뜻도 됩니다.

곧 즉(卽)

즉각(卽刻), 즉결(卽決), 즉석(卽席), 즉심(卽審) 등에 들어가는 곧 즉(卽)자는 꿇어앉은 사람(卩)이 밥(皀)을 곧 먹으려 하는 모습에서 '곧'이란 뜻이 생겼습니다. 향내날 형(皀)자는 밥그릇의 상형인 먹을 식(食)자에서 뚜껑을 열어 놓은 모습니다.

재앙 액(厄)이란 글자는 절벽(厂)에서 굴러 떨어져 다쳐서 쪼그리고 있는 사람(卩)의 모습입니다. 한 마디로 재앙입니다.

우리가 사용하지 않는 글자 중에서, 절벽(厂) 위에 사람(人)이 서 있는 모습의 '첨(产)'자가 있습니다. 이 글자는 '(절벽 위에 서 있는 사람이) 위태하다'와 '(절벽 위에 서 있는 사람을) 우러러보다'는 두 가지 뜻이 있습니다. 두 가지 뜻을 구분하기 위해 위태할 위(危)자가 생겼는데, 첨(产)자에 재앙 액(厄)자처럼 절벽 아래로 굴러 떨어진 사람(卩)의 모습을 추가하였습니다.

## 사람 3-5 머리와 얼굴

스스로 자(自) | 머리 혈(頁) | 귀 이(耳)
눈 목(目) | 볼 견(見) | 신하 신(臣)

스스로 자(自)
코의 앞모습

'스스로' 혹은 '자기 자신'이란 의미를 가진 자(自)자는 코의 앞모습을 본떠 만든 글자입니다. 예를 들어, 냄새 취(臭)자는 개 견(犬)자와 스스로 자(自)자가 합쳐진 글자인데, 개(犬)의 코(自)가 냄새를 잘 맡기 때문에 만들어진 글자입니다. 이외에도 코 비(鼻)자나 숨쉴 식(息)자에도 스스로 자(自)자가 들어갑니다.

코가 왜 '자기 자신'을 일컫는지에 대해서는 여러 가지 주장이 있습니다. 그 중 하나는 사람의 중심은 머리이고, 머리에서 가장 중앙에 코가 위치하고 있기 때문이라고 합니다. 머리나 얼굴을 지칭하는 머리 혈(頁), 머리 수(首), 얼굴 면(面)자의 상형문자를 보면 공통적으로 자(自)가 들어가는 것이 이런 주장을 뒷받침합니다.

머리 혈(頁)

머리 수(首)

얼굴 면(面)

또 다른 주장은, 중국인들이 자신을 가리킬 때 손가락으로 코를 가리켜서, 코가 '자기 자신'이란 의미를 가지게 되었다고 말합니다. 자신을 가리킬 때 손가락으로 코를 가리키는 것은 우리나라도 마찬가지입니다.

어쨌든, 자(自)자는 이후 '코→자신→스스로→저절로'라는 뜻이 파생되었습니다.

자기(自己)는 '자신(自)의 몸(己)'이란 뜻이고, 자동차(自動車)는 '저절로(自) 움직이는(動) 수레(車)'라는 뜻입니다. 스스로 자(自)자는 영어의 'from~'처럼 '~로부터'라는 뜻으로도 사용됩니다. 자초지종(自初至終)은 '처음(初)부터(自) 끝(終)까지(至)'라는 뜻입니다. 등고자비(登高自卑)는 '높은(高) 곳에 오르려면(登) 낮은(卑) 곳에서부터(自) 출발해야 한다'는 뜻으로, 모든 일에는 순서가 있다는 말입니다. 《중용(中庸)》에 나오는 이 말은, 나중에 '높은(高) 자리에 오를수록(登) 자신(自)을 낮추어야(卑) 한다'는 뜻도 생겼습니다.

하지만, 자(自)자가 다른 글자 내에서 사용될 때에는 본래의 뜻인 '코'라는 뜻을 가집니다.

## 코가 들어가는 머리

頁 머리 혈 ❸ 页
머리카락(一) + 스스로 자(自) + 사람 인(人)

首 머리 수 ❸ 首
머리카락(⺌) + 스스로 자(自)

道 길 도 ❸ 道
갈 착(辶) + 머리 수(首)

縣 고을 현 ❸ 县 ❹ 県
머리 수(首→県) + 한 일(一) + 실 사(糸)

懸 매달 현 ❸ 悬
마음 심(心) + [고을 현(縣)]

面 얼굴 면 ❸ 面
머리카락(一) + 스스로 자(自) + 뺨(口) X 2

머리 혈(頁)자는 '머리카락(一)과 코(自)가 있는 사람(人)'의 모습입니다. 머리를 나타내는 글자 중 머리 혈(頁)자는 다른 글자 안에 많이 사용되기 때문에 다음 장에서 자세하게 이야기할 예정입니다.

머리 수(首)자는' 머리카락(一)과 코(自)가 있는 머리'의 모습입니다. 머리 수(首)자는 머리 혈(頁)자보다 훨씬 많이 알려졌음에도 불구하고, 다른 글자와 만나서 만들어내는 글자는 길 도(道)자와 고을 현(縣)자 정도입니다.

길 도(道)자는 '사람(首)이 가는(辶) 곳이 길이다'는 뜻입니다. 여기서 머리 수(首)자는 사람을 의미합니다. 길 도(道)자는 일반적인 길뿐만 아니라 사람이 마땅히 따라가야 할 바른 길도 뜻합니다. 도리(道理)나 도덕(道德)이 그런 예입니다. 또, 우주 만물이나 자연이 따라가는 길을 뜻하기도 합니다. 도가(道家), 도술(道術), 도사(道士)가 그런 예입니다.

고을 현(縣)자는 나무(一)에 줄(糸)을 매어 거꾸로 된 머리(首→県)를 매단 모습으로, 원래의 뜻은 죄인의 목을 잘라 높이 '매달다'입니다. 전시효과를 극대화하기 위해 주로 고을의 성문 앞에 달았고, 이후 고을을 의미하게 되었습니다. 나중에 원래의 뜻을 살리기 위해 마음 심(心)자가 추가되어 매달 현(懸)자가 생겼습니다. 마음 심(心)자가 붙은 이유는 알 수 없지만, 오랫동안 마음에 남아 있는 것이 '마음에 매달려 있다'고도 합니다. 주현(主縣)은 '주(主)가 되는 현(縣)'으로, 고려 시대 지방관이 파견된 현(縣)입니다. 주현(主縣)에 속한 속현(屬縣)과 구별됩니다. 현수막(懸垂幕)은 '매달려(懸) 드리워진(垂) 장막(帳幕)'입니다.

얼굴 면(面)자는 '머리카락(一)과 코(自)와 양 뺨(口, 口)이 있는 얼굴'의 모습입니다. 얼굴 면(面)자는 부수이지만 다른 글자와 사용되는 경우는 거의 없습니다. 국수 면(麵)자에서 소리로 사용되는 정도입니다.

## 코와 관련되는 글자

鼻 코 비 ❸ 鼻
스스로 자(自) + [줄 비(畀)]

臭 냄새 취 ❸ 臭
스스로 자(自) + 개 견(犬)

코 비(鼻)자는 뜻을 나타내는 스스로 자(自)자와 소리를 나타내는 비(畀)자가 합쳐진 글자입니다. 비염(鼻炎)은 '콧속(鼻)의 점막에 생기는 염증(炎)'이고, 비음(鼻音)은 '코(鼻)에서 나는 소리(音)'로, ㄴ, ㅁ, ㅇ 등이 있습니다.

냄새 취(臭)자는 '개(犬) 코(自)는 냄새를 잘 맡는다'는 데에서 유래한 글자입니다. 악취(惡臭)는 '나쁜(惡) 냄새(臭)'이고, 구상유취(口尙乳臭)는 '입(口)에서 아직(尙) 젖(乳) 냄새(臭)가 난다'는 뜻으로, 말과 하는 짓이 아직 유치하다는 의미입니다.

嗅 냄새맡을 후 ⓒ 嗅
입 구(口) + 냄새 취(臭)

息 숨쉴 식 ⓒ 息
스스로 자(自) + 마음 심(心)

憩 쉴 게 ⓒ 憩
혀 설(舌) + 숨쉴 식(息)

냄새 맡을 후(嗅)자는 '입(口)으로 먹는 음식의 냄새(臭)를 맡다'는 뜻입니다. 후각(嗅覺)은 '냄새(嗅)를 맡는 감각(感覺)기관'입니다.

숨쉴 식(息)자는 '공기가 코(自)에서 (허파를 거쳐) 심장(心)으로 가다'는 뜻입니다. 이후, '숨쉬다→(숨을 쉬면서) 쉬다→(숨 쉬며) 살다→번식하다→자식(子息)' 등의 뜻도 생겼습니다. 휴식(休息)은 '쉬고(休) 쉬다(息)'는 뜻이고, 자강불식(自强不息)은 '스스로(自) 강해지기(强) 위해 쉬지(息) 않고(不) 최선을 다하다'는 뜻입니다.

개의 몸에는 땀구멍이 없습니다. 따라서 개는 더울 때 혀를 길게 내밀어 열을 발산합니다. 쉴 게(憩)자는 '달려온 개가 혀(舌)를 내밀고 숨을 쉬며(息) 쉬고 있다'는 뜻입니다. 휴게실(休憩室)은 '쉬고(休) 쉬는(憩) 방(室)'입니다.

## 頁 | 頁

머리 혈(頁)
몸이 있는 머리

머리 혈(頁)자는 '머리카락(一)과 코(自)가 있는 사람(人)'의 모습입니다. 혈(頁)자는 단독으로는 거의 사용되지 않지만, 다른 글자 안에서는 많이 사용됩니다. 이때 머리뿐만 아니라, 우두머리라는 의미로도 사용됩니다.

### 머리의 부분

頭 머리 두 ⓒ 头
머리 혈(頁) + [콩 두(豆)]

頂 (머리의) 정수리 정 ⓒ 顶
머리 혈(頁) + [장정 정(丁)]

顔 (머리의) 얼굴 안 ⓒ 颜
머리 혈(頁) +
[선비 언(彦)→안]

額 (머리의) 이마 액 ⓒ 额
머리 혈(頁) +
[손님 객(客)→액]

콩 두(豆)

머리 두(頭)자에 들어가는 콩 두(豆)자는 제사에 쓰는 받침대가 있는 그릇의 모습입니다. 아마도 목이 있는 사람의 머리 모양과 비슷하여 머리 두(頭)자에도 들어갔을 것으로 짐작됩니다. 두족류(頭足類)는 오징어, 낙지 등과 같이 '머리(頭)에 다리(足)가 있는 무리(類)'입니다. 우리가 오징어 머리라고 알고 있는 세모 부분은 사실 오징어의 지느러미이고, 눈과 입이 있는 머리 부분은 몸통과 다리 사이에 있습니다. 중국 간체자인 머리 두(头)자는 큰 사람(大)의 머리 부분에 두점을 찍어 머리털을 그려 넣은 모습입니다.

정수리 정(頂)자는 머리 꼭대기에 정수리가 있기 때문에 꼭대기라는 뜻도 있습니다. 정상(頂上), 산정(山頂)이 그런 예입니다. 정문일침(頂門一針/鍼)은 '정수리(頂)의 문(門)에 하나(一)의 침(針/鍼)을 맞다'는 뜻으로, 약점을 찔러 따끔하게 훈계나 충고를 한다는 의미입니다.

얼굴 안(顔)자는 안면(顔面), 안색(顔色) 등에 사용됩니다. 안료(顔料)는 '얼굴(顔)에 바르는 재료(料)'로 원래 얼굴에 바르는 화장품을 뜻하는 말이었으나, 페인트나 착색제처럼 물건에 색을 입히는 재료를 말합니다.

**題** 제목/(머리의) 이마 제 ⊜ 题
머리 혈(頁) +
[옳을 시(是)→제]

**須** 모름지기/(머리의) 수염 수 ⊜ 须
머리 혈(頁) + 터럭 삼(彡)

제사에 쓰는 그릇 두(豆). 흡사 목이 있는 사람의 머리 모양처럼 생겼다

이마 액(額)자는 '머리(頁)의 이마'를 일컫는 말입니다. 이후 '이마→머릿수→수효→수량(數量)→액수(額數)' 등의 뜻이 생겼습니다. 금액(金額), 차액(差額), 총액(總額) 등이 액수(額數)로 사용된 예입니다. 이외에도 집의 이마에 걸어두는 현판(懸板)이란 뜻도 생겼습니다. 집의 벽에 걸어두는 액자(額子)가 그러한 예입니다. 액자소설(額子小說)은 '이야기 속에 또 하나의 이야기가 액자(額子)처럼 끼어들어 있는 소설(小說)'로, 김만중의 《구운몽》, 김동리의 《무녀도》와 《등신불》 등이 대표적인 액자소설입니다.

제목 제(題)자는 원래 '머리(頁)의 이마'를 일컫는 말입니다. 나중에 책의 제일 앞에 나와 있는 부분이, 사람의 이마와 같다고 해서 제목(題目)이란 뜻이 생겼습니다. 학교 숙제(宿題)는 '집에서 하루 자고(宿) 오면서 풀어야할 문제(問題)'입니다.

모름지기/수염 수(須)자는 '머리(頁)에 난 털(彡)이 수염(鬚髯)이다'는 뜻입니다. 또 '남자는 모름지기 수염이 있어야 한다'고 해서 '모름지기'라는 뜻이 생겼습니다.

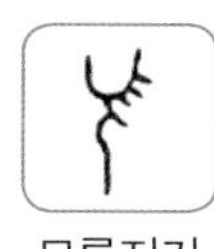
모름지기 수(須)

## 머리와 관련한 글자(1)

**順** (머리가) 순할 순 ⊜ 顺
머리 혈(頁) +
[내 천(川)→순]

**煩** (머리가) 번거로울 번 ⊜ 烦
불 화(火) + 머리 혈(頁)

**憂** (머리의) 근심 우 ⊜ 忧
머리 혈(頁) + 마음 심(心) + 천천히걸을 쇠(夊)

**碩** (머리가) 클 석 ⊜ 硕
[돌 석(石)] + 머리 혈(頁)

순할 순(順)자는 '물(川)이 위에서부터 아래로 흐르듯이 머리(頁)가 순리에 따르다'는 뜻입니다. 이후 '따르다→순서→순응하다→순하다' 등의 뜻이 생겼습니다. 순열(順列)은 '순서(順)대로 늘어선 열(列)'이란 뜻으로, 수학에서는 주어진 물건을 어떤 순서로 나열하는 일입니다. a, b, c의 순열은 a→b→c, a→c→b, b→a→c, b→c→a, c→a→b, c→b→a 등 6개가 있습니다.

번거로울 번(煩)자는 '머리(頁)에 열(火)이 있어 괴롭다'는 뜻입니다. 이후 '괴롭다→번민(煩悶)한다→성가시다→번거롭다' 등의 뜻이 생겼습니다.

근심 우(憂)자는 '머리(頁)와 마음(心)으로 근심하다'는 뜻입니다. 기우(杞憂)는 '기(杞)나라 사람의 근심(憂)'입니다. 하늘이 무너질까 걱정한 기(杞)나라 사람의 이야기에서 나온 고사성어로 쓸데없는 걱정을 이르는 말입니다.

클 석(碩)자는 원래 '머리(頁)가 돌(石)처럼 단단하다'는 뜻입니다. 이후 '단단하다→(머릿속이) 차다→충실하다→(머리가) 크다' 등의 뜻이 생겼습니다. 석사(碩士)는 '머리가 큰(碩) 선비(士)'라는 뜻으로 대학원을 마치면 주는 학위입니다. 학식이 많고 깊은 사람을 석학(碩學)이라고 합니다.

### 머리와 관련한 글자(2)

**項** (머리에 있는) 목 항 ⓒ 项
머리 혈(頁) + [장인 공(工)→항]

**領** (목의) 옷깃/다스릴 령 ⓒ 领
머리 혈(頁) + [하여금 령(令)]

**願** (머리로) 원할 원 ⓒ 愿
머리 혈(頁) + [언덕/근원 원(原)]

**頌** (머리로) 기릴 송 ⓒ 颂
머리 혈(頁) + [공평할 공(公)→송]

목과 관련한 글자에도 머리 혈(頁)자가 들어갑니다. 목 항(項)자는 '머리(頁)가 목에 달려 있다'는 뜻입니다. 이후 항목(項目)이란 뜻으로 사용됩니다. 수학에서 다항식(多項式)은 '많은(多) 항(項)이 있는 식(式)'이고, '이항정리'의 이항(二項)은 '항(項)이 두(二) 개 있는 것'이고, 방정식을 풀 때 이항(移項)은 '등식이나 부등식의 한 변에 있는 항(項)을 그 부호를 바꿔 다른 변으로 옮기는(移) 일'입니다.

옷깃 령(領)자는 원래 옛날 죄수를 가두어 둘 때 목에 채우던 칼을 의미하는 글자입니다. 그래서 '칼→목→(목의) 옷깃→중요한 부분→우두머리→다스리다→(다스림을) 받다→(다스려) 거느리다' 등의 뜻이 파생되었습니다. '옷깃은 옷에서 가장 중요하다'는 의미로, 우두머리란 뜻이 생겼습니다. 대통령(大統領), 소령(少領), 중령(中領), 대령(大領)에서는 '우두머리', 영주(領主), 영토(領土), 영해(領海)에서는 '다스리다', 수령(受領)이나 영수증(領收證)에서는 '받다'로 사용됩니다.

소원(所願), 기원(祈願) 등에 들어가는 원할 원(願)자는 '머리(頁)로 원하다'는 뜻입니다. 입학 원서(願書)는 '입학을 원하는(願) 의사를 표시한 서류(書類)'입니다. 청원권(請願權)은 '국민이 원(願)하는 것을 요청(請)할 수 있는 권리(權)'로, 국민이 국가기관에 대하여 문서(文書)로써 어떤 희망사항을 요청할 수 있는 국민의 기본권입니다.

기릴 송(頌)자는 '일 처리에 공평(公)하고 얼굴(頁)도 잘 생겨 칭송(稱頌)하거나 기리다'는 뜻입니다. 송덕비(頌德碑)는 '공덕(德)을 기리기(頌) 위하여 세운 비석(碑)'입니다. 찬송가(讚頌歌)는 '하느님을 찬송하고(讚) 기리기(頌) 위한 노래(歌)'입니다.

### 머리의 움직임

**頃** (머리를 기울일) 잠깐 경 ⓒ 顷
비수 비(匕) + 머리 혈(頁)

**傾** (머리가) 기울 경 ⓒ 倾
사람 인(亻) + [잠깐 경(頃)]

잠깐 경(頃)자는 원래 '숟가락(匕)에 있는 밥을 먹기 위해 머리(頁)를 기울이다'는 뜻입니다. 나중에 머리를 기울일 정도의 '짧은 시간'이라는 의미가 생기면서, 원래의 뜻을 보존하기 위해 사람 인(亻)자가 추가되어 기울 경(傾)자가 되었습니다.

돌아볼 고(顧)자는 원래 '머리(頁)를 돌려보다'는 뜻입니다. 이후 '돌려보다→돌아보다→지난날을 생각하다'는 뜻이 생겼습니다. 백화점의 고객(顧客)은 '백화점 물건을 항상 돌아보는(顧) 손님(客)'이란 뜻으로, 단골손님을 말합니다.

**顧** (머리로) 돌아볼 고 ⓒ 顾
머리 혈(頁) + [품팔 고(雇)]

**頗** 자못/비뚤어질 파 ⓒ 颇
머리 혈(頁) +
[가죽 피(皮)→파]

자못/비뚤어질 파(頗)자는 원래 '머리(頁)가 기울다'라는 뜻입니다. 이후 '기울다→삐뚤어지다→편파적(偏頗的)이다→생각보다 많이 (비뚤어지다)→자못' 등의 뜻이 생겼습니다. 자못은 '생각보다 매우'라는 뜻입니다. 편파(偏頗)는 '기울고(偏) 비뚤어지다(頗)'는 뜻이고, '소문이 파다하다'의 파다(頗多)는 '자못(頗) 많다(多)'는 뜻입니다.

## 기타

**寡** (머리가) 적을 과 ⓒ 寡
집 면(宀) + 머리 혈(頁) +
나눌 분(分)

**類** (머리가 같은) 무리 류 ⓒ 类
쌀 미(米) + 개 견(犬) +
머리 혈(頁)

**顯** 나타날 현 ⓒ 显 ⓨ 顕
[드러날 현(㬎)] +
볼 견(見→頁)

**頻** 자주 빈 ⓒ 频
머리 혈(頁) + 걸음 보(步)

적을 과(寡)자는 집(宀)에 사람(頁)이 혼자 있는 모습으로, '사람이 적다'는 뜻입니다. 나중에 '적다'는 뜻을 강조하기 위해 나눌 분(分)자가 추가되었습니다. 남편이 죽고 혼자 사는 과부(寡婦)라는 의미로도 사용됩니다. 중과부적(衆寡不敵)은 '무리(衆)와 적은(寡) 수는 적(敵)이 되지 않는다(不)'는 뜻으로, 적은 수효로 많은 수효를 겨루지 못함을 일컫는 말입니다.

무리 류(類)자는 원래 '쌀알(米)들이 모두 비슷비슷하고, 개(犬)들의 머리(頁)가 모두 비슷비슷하다'는 뜻입니다. 이후 '비슷비슷하다→(비슷한 것끼리) 분류하다→(비슷비슷한) 무리' 등의 뜻이 생겼습니다. 종류(種類), 어류(魚類), 인류(人類) 등에 사용됩니다. 유유상종(類類相從)은 '비슷한(類) 무리(類)끼리 서로(相) 모이다(從)'는 뜻입니다. '유사품에 속지 마시오'에서 유사품(類似品)은 '비슷하고(類) 비슷한(似) 물건(品)'입니다.

나타날 현(顯)

나타날 현(顯)자에 들어가는 드러날 현(㬎)자는 '밝은 해(日) 아래에서 가는 실(絲)의 모습을 나타내다, 드러내다'는 뜻입니다. 나중에 뜻을 분명히 하기 위해 볼 견(見)자가 추가되어 나타날 현(顯)자가 되었습니다. 이후 볼 견(見)자가 머리 혈(頁)자로 바뀌어 지금의 글자가 되었습니다. 현미경(顯微鏡)은 '아주 작은(微) 것을 나타나(顯) 보이게 하는 안경(鏡)'이고, 현충일(顯忠日)은 '나라를 위하여 싸우다 숨진 순국선열의 충성(忠)을 드러내는(顯) 날(日)'입니다.

빈도(頻度), 빈발(頻發), 빈번(頻繁) 등에 들어가는 자주 빈(頻)자는 '물을 건너지 못해 물(氵)가를 왔다갔다(步)하며 얼굴을(頁) 찡그린 모습'을 그린 물가 빈(瀕)자와 원래 같은 글자로, '물가→(왔다갔다하며, 마음이) 급하다→(마음이 급해 얼굴을) 찡그리다→자주 (왔다갔다하다)' 등의 뜻이 생겼습니다. 빈도(頻度)는 '자주(頻) 되풀이되는 정도(度)'입니다.

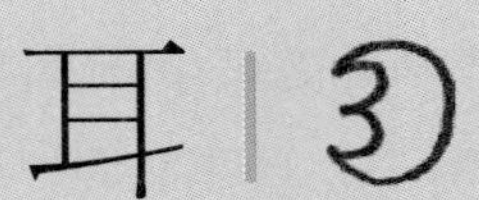

귀 이(耳)
귀의 옆모습

일본 교토의 이총

귀 이(耳)자는 귀의 옆모습을 본떠 만든 글자입니다. 주로 소리에 관련되거나, 듣는데 관련되는 글자에 들어갑니다.

엽기적인 이야기지만, 옛날에는 전쟁에서 자신이 죽인 사람의 귀나 코를 잘라오면 그 숫자에 따라 공과를 정했습니다. 이 이야기는 먼 옛날 중국의 이야기만은 아닙니다. 임진왜란 때 이순신 장군이 쓴《난중일기》에도 "(왜군의) 왼쪽 귀를 잘라, 소금에 절이고, 상자에 넣어, 조정으로 보냈다(割左耳 沈鹽 入櫝 上送)"는 이야기가 여러 번 나옵니다. 또 임진왜란을 일으킨 일본의 도요토미 히데요시도 조선 사람의 귀와 코를 베어 오라고 명령하였습니다. 지금도 일본 교토에 가면 임진왜란 때 베어간 12만여 명의 조선 병사와 백성의 귀와 코를 묻어 둔 이총(耳塚: 귀무덤)이 주택가 한가운데 서 있습니다.

귀 이(耳)자가 들어가는 글자 중에는 이런 역사적 사실을 반영하여 만들어진 것도 있습니다. 먼저 이런 글자부터 살펴보겠습니다.

## 귀를 가져옴

**取** 가질 취 ⓢ 取
귀 이(耳) + 또 우(又)

**娶** 장가들 취 ⓢ 娶
여자 녀(女) + [가질 취(取)]

**最** 가장 최 ⓢ 最
무릅쓸 모(冒→曰) +
[가질 취(取)→최]

**聯** 연이을 련 ⓢ 联 ⓨ 联
귀 이(耳) + 실 사(絲→䜌)

**攝** 끌어잡을 섭 ⓢ 摄 ⓨ 摂
손 수(扌) +
[소근거릴/잡을 섭(聶)]

가질 취(取)자는 '적군의 귀(耳)를 잘라서 손(耳)으로 가지다'는 뜻입니다. 취사선택(取捨選擇)은 '가질 것은 가지고(取), 버릴 것은 버려서(捨) 선택(選擇)한다'는 뜻입니다.

장가들 취(娶)자는 '여자(女)를 가져와(取) 장가를 들다'는 뜻으로, 결혼이 약탈의 일부였던 옛 풍습을 보여주는 단어입니다. 형사취수(兄死娶嫂)는 '형(兄)이 죽으면(死) 동생이 형수(嫂)에게 장가를 들다(娶)'는 뜻으로, 형이 죽으면 형수를 부양하던 부여의 풍습입니다.

최고(最高), 최대(最大), 최소(最小), 최선(最善)에 들어가는 가장 최(最)자는 '위험을 무릅쓰고(冒→曰) 귀를 잘라 가져오는(取) 사람이 가장 최고(最高)다'는 의미입니다.

연상(聯想), 연관(聯關), 관련(關聯) 등에 들어가는 연이을 련(聯)자는 '귀(耳)를 잘라 실(絲)에 꿰어 잇다'는 뜻입니다. 국제연합의 연합(聯合)은 '잇고(聯) 합치다(合)'는 뜻으로, 둘 이상의 조직이 어떤 목적으로 모이는 것을 말합니다.

끌어잡을 섭(攝)자는 '손(扌)에 귀(耳) 여러 개를 끌어 잡다'는 뜻입니다. 섭취(攝取)는 '양분 따위를 몸속으로 끌어 잡아(攝) 가지다(取)'는 뜻입니다. 섭씨(攝氏)는 '섭리수(攝爾修)씨(氏)'의 줄임말로, 섭씨 단위를 처음 만들었던 스웨

덴 천문학자 셀시우스(Celsius)의 음역인 섭리수(攝爾修)에서 나왔습니다. 화씨(華氏)는 '화륜해특(華倫海特) 씨(氏)'의 줄임말로, 화씨 단위를 처음 만들었던 독일의 물리학자 화렌하이트(Fahrenheit)의 음역인 화륜해특(華倫海特)에서 나왔습니다.

### 소리를 들음

**聲** (귀로 듣는) 소리 성
중 声 약 声
[석경 성(声)] + 창 수(殳) + 귀 이(耳)

**聽** (귀로) 들을 청 중 听 약 聴
귀 이(耳) + [줄기 정(壬)→청] + 큰 덕(悳)

**聞** (귀로) 들을 문 중 闻
귀 이(耳) + [문 문(門)]

**聰** 귀밝을 총 중 聪
귀 이(耳) + [바쁠/급할 총(悤)]

**聾** 귀먹을 롱 중 聋
귀 이(耳) + [용 룡(龍)→롱]

석경. 줄에 매달린 돌의 모습에서 석경 성(声)자가 생겼다

소리 성(聲)자는 '석경(声)을 쳐서(殳) 귀(耳)로 듣는 것이 소리다'는 뜻입니다. 석경(石磬)이란 악기는 돌에 구멍을 뚫어 줄로 매달아 막대기로 쳐서 소리는 내는 타악기입니다. 석경 성(声)자는 '줄(士)에 매달려 있는 돌(尸)'의 모습입니다. 또 창 수(殳)자는 손에 창이나 연장을 들고 있는 모습인데, 여기에서는 석경을 치기 위한 막대기를 손에 들고 있는 모습입니다. 소리 성(聲)자를 중국이나 일본에서는 간단하게 성(声)으로 씁니다.

들을 문(聞)자는 '문(門)을 통해 외부의 말을 듣듯이, 사람의 귀(耳)로 듣다'는 뜻이 담겨 있습니다. 신문(新聞)은 '새로운(新) 것을 듣다(聞)'는 뜻이고, 견문(見聞)은 '보고(見) 듣다(聞)'는 뜻입니다.

들을 청(聽)자는 '귀(耳)를 기울여 크게(悳) 듣다'는 뜻입니다. 청문회(聽聞會)는 '듣고(聽) 듣는(聞) 모임(會)'으로, 주로 국가기관에서 입법 및 행정상의 결정을 내리기에 앞서 관련자의 의견을 듣기 위하여 열립니다. 수렴청정(垂簾聽政)은 '발(簾)을 드리우고(垂) 정사(政)를 듣다(聽)'는 뜻으로, 나이 어린 왕이 즉위했을 때 왕의 어머니나 할머니가 왕의 뒤에서 발을 드리우고 앉아서 정치에 관계되는 모든 이야기를 듣고, 왕에게 어떻게 하라고 지시하였던 일을 말합니다.

귀밝을 총(聰)자는 '귀(耳)가 밝다'는 뜻뿐만 아니라, '귀(耳)가 밝아 들은 것을 잘 기억하다'는 뜻의 '총명(聰明)하다'는 뜻도 가지고 있습니다. 총명탕(聰明湯)은 '머리를 총명(聰明)하게 해주는 탕(湯)'으로, 잊어버리기를 잘하는 것을 치료하는 한약의 일종입니다만, 지금은 공부를 잘하게 하는 약이 되었습니다.

상상 속의 동물인 용(龍)은 귀가 없어서, 뿔로 소리를 듣는다고 합니다. 귀먹을 롱(聾)자는 '용(龍)은 귀(耳)로 듣지 못한다'는 뜻을 가지고 있습니다. 농아(聾啞)는 '귀가 먹은(聾) 벙어리(啞)'로, 청각장애인을 말합니다. 말을 배우기 전에 귀가 멀면 들을 수 없기 때문에 말을 배울 수 없습니다.

기타

恥 부끄러울 치 ⓢ 耻 ⓨ 耻
귀 이(耳) + 마음 심(心)

職 벼슬 직 ⓢ 职
귀 이(耳) + [새길 시(戠)→직]

聖 성스러울 성 ⓢ 圣
귀 이(耳)+ 입 구(口) + [줄기 정(壬)→성]

聘 부를 빙 ⓢ 聘
귀 이(耳) + [부를 병(甹)→빙]

부끄러울 치(恥)자는 '마음(心)이 부끄러우면 귀(耳)가 빨개지다'는 뜻으로 만든 글자입니다. 불치하문(不恥下問)은 '아랫(下)사람에게 묻는(問) 것을 부끄러워(恥)하지 않는다(不)'는 뜻입니다. 경술국치(庚戌國恥)는 '경술(庚戌)년에 일어난 국가(國)의 수치(恥)'라는 뜻으로, 경술년(1910년)에 일본에게 합병(合併)을 당한 한일병합(韓日併合)을 뜻하는 말입니다.

벼슬 직(職)자는 '귀(耳)로 듣고 머리에 새겨(戠) 맡은 일을 하다'는 뜻으로, '벼슬, 직분(職分), 직책(職責), 직무(職務)'란 의미가 생겼습니다.

성경을 보면 모세가 시나이(Sinai)산에서 하느님 말씀을 듣고 십계명을 받아 이스라엘 사람에게 전하였다고 하는데, 한자에도 비슷한 내용의 글자가 있습니다. 성스러울 성(聖)자 아래에 있는 줄기 정(壬)자는 흙(土) 위에 사람(人)이 서 있는 모습을 본떠 만든 글자로, '언덕(土) 위에 사람(人)이 하늘의 말씀을 귀(耳)로 듣고 다른 사람에게 입(口)으로 전하는 사람이 성인(聖人)이다'는 뜻입니다. 성탄절(聖誕節)은 '성인(聖)이 태어난(誕) 명절(節)'입니다.

부를 빙(聘)자에 들어가는 부를 병(甹)자는 대바구니(由)를 매고 있는 사람의 모습을 본떠 만든 글자입니다. '예물이 든 대바구니(由)를 매고 은거하고 있는 사람을 초빙(招聘)한다'는 뜻인데, 나중에 뜻을 강조하기 위해 귀 이(耳)자를 추가하여 부를 빙(聘)자가 되었습니다. 나중에 '장가들다'는 뜻이 추가되어, 장인과 장모를 빙부(聘父)와 빙모(聘母)라고 부릅니다.

눈 목(目/罒)
눈동자가 있는 눈의 모습

눈 목(目)자는 눈속에 눈동자가 있는 형상을 90도 회전한 모습입니다. 한자에는 이렇게 90도로 회전한 글자가 많은데, 폭이 좁은 죽간에 글을 쓰다 보니 폭을 넓게 차지하는 글자들은 모두 90도 회전하여 썼습니다. 하지만 90도 회전하지 않은 눈도 있습니다. 꿈 몽(夢), 법 헌(憲), 덕 덕(德)자에 들어가는 눈 목(罒)자가 그런 예입니다.

눈 목(目)자는 '눈으로 보다'는 뜻 이외에도, 눈으로 보는 안목(眼目), 눈으로 잘 보이게 쓴 제목(題目), 눈으로 구분되는 항목(項目), 눈으로 쉽게 볼 수 있도록 한 목록(目錄), 머리나 눈으로 아래 사람을 명령하고 감시하는 두목(頭目) 등의 뜻을 가지고 있습니다.

### 눈과 눈썹

**眼** 눈 안 ⓢ 眼
눈 목(目) + [괘이름 간(艮)→안]

**眉** 눈썹 미 ⓢ 眉
눈 목(目/罒) + 눈썹 모양

**盲** 소경/눈멀 맹 ⓢ 盲
눈 목(目) + [망할 망(亡)→맹]

괘이름 간(艮)

눈 안(眼)자에 들어 있는 괘이름 간(艮)자의 상형문자를 보면 눈(目)을 강조한 사람(人)의 모습인데, 눈 목(目)자가 추가되어 눈 안(眼)자가 되었습니다. 안하무인(眼下無人)은 '눈(眼) 아래(下)에 사람(人)이 없다(無)'는 뜻으로, 교만하여 남을 업신여김을 이르는 말입니다. 노안(老眼)은 '늙은(老) 사람의 눈(眼)'으로, 늙으면 근육의 탄력이 없어져서 수정체(렌즈 역할)가 두께를 조절하지 못해 가까운 곳이 보이지 않습니다. 또 어두운 곳에서도 동공(조리개 역할)이 커지지 않아 물체가 잘 보이지 않습니다.

눈썹 미(眉)자는 눈(目) 위에 눈썹이 있는 모습을 본떠 만든 글자입니다. 미간(眉間)은 '양 눈썹(眉)의 사이(間)'이고, 백미(白眉)는 '흰(白) 눈썹(眉)'이란 뜻으로, 여럿 가운데에서 가장 뛰어난 사람이나 훌륭한 물건을 비유적으로 이르는 말입니다. 중국 촉한 때 마량의 다섯 형제가 모두 재주가 있었는데 그중에서도 눈썹 속에 흰 털이 난 마량이 가장 뛰어났다는 데서 유래한 말입니다.

맹인(盲人)에 들어가는 소경/눈멀 맹(盲)자는 '눈(目)이 망(亡)하면 소경(시각장애인)이 된다'는 뜻입니다. 야맹증(夜盲症)은 '밤(夜)에 눈이 머는(盲) 증세(症)'로, 비타민 A의 결핍으로 밤에는 사물이 잘 보이지 않는 결핍증입니다. 또 색맹(色盲)은 '색(色)을 구분하지 못하는 맹인(盲人)'이란 뜻입니다.

### 잠과 꿈

**睡** 졸 수 ⓢ 睡
눈 목(目) + [드리울 수(垂)]

**眠** 잠잘 면 ⓢ 眠
눈 목(目) + [백성 민(民)→면]

**夢** 꿈 몽 ⓢ 梦 ⓨ 梦
풀 초(艹) + 눈 목(目/罒) + 덮을 멱(冖) + 저녁 석(夕)

잠과 꿈에 관련되는 글자에도 눈 목(目)자가 들어갑니다. 졸 수(睡)자는 '눈(目)꺼풀이 드리워지면(垂) 졸린 것이다'는 뜻입니다. 수면제(睡眠劑)는 '졸거나(睡) 잠자게(眠) 하는 약(劑)'입니다. 수련(睡蓮)은 '잠자는(睡) 연꽃(蓮)'입니다. 밤에 꽃잎을 닫고 잠을 잔다고 해서 붙은 이름입니다.

잠잘 면(眠)자는 수면(睡眠), 동면(冬眠), 숙면(熟眠), 최면(催眠) 등에 들어갑니다. 최면(催眠)은 '잠(眠)을 재촉하다(催)'는 뜻으로, 인위적으로 만든 수면 상태입니다.

꿈 몽(夢)자는 '저녁(夕)에 침상(冖)에 누워 눈(目/罒)을 감고 꿈을 꾸다'는 뜻입니다. 몽유병(夢遊病)은 '꿈(夢)을 꾸면서 돌아다니는(遊) 병(病)'입니다. 《구운몽(九雲夢)》은 '아홉(九) 개의 구름(雲)같이 허망한 꿈(夢)'이란 뜻으로, 조선 후기 숙종 때 서포 김만중이 지은 소설입니다. 주인공 성진(性眞)과 8명의 선녀(仙女) 등 모두 9명이 꿈에서 만난다는 내용에서 만들어진 이름입니다.

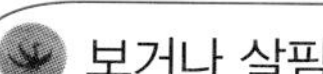

## 보거나 살핌

看 볼 간 [중] 看
눈 목(目) + 손 수(手)

省 살필 성, 덜 생 [중] 省
눈 목(目) + 적을 소(少)

相 서로 상 [중] 相
나무 목(木) + 눈 목(目)

督 감독할 독 [중] 督
눈 목(目) +
[아재비 숙(叔)→독]

볼 간(看)자는 '눈(目) 위에 손(手)을 올려놓고 멀리 살펴보다'는 뜻입니다. 이후 '보다→살피다→관찰하다→감시하다'라는 뜻이 생겼습니다. 주마간산(走馬看山)은 '달리는(走) 말(馬) 위에서 산(山)을 보다(看)'는 뜻으로, 대강 보고 지나치는 것을 일컫는 말입니다. 간호사(看護師)는 '아픈 사람을 보살피고(看) 도와주는(護) 선생님(師)'입니다.

눈이 근시인 사람은 가늘게 눈을 뜨고 보면 잘 보입니다. 근시는 수정체가 너무 두꺼워 상이 망막에 잘 맺히지 않기 때문인데, 눈을 가늘게 뜨면 눈꺼풀이 수정체를 눌러 수정체의 두께를 일시적으로 얇게 만들어주기 때문입니다. 살필 성(省)자는 '눈(目)을 작게(少) 뜨고 살펴보다'는 뜻입니다. 성찰(省察)은 '살피고(省) 살피다(察)'는 뜻으로, 자기의 마음을 반성하고 살핌을 이르는 말입니다. 반성(反省)은 '자신을 돌이켜(反) 살피다(省)'는 뜻이고, 추석에 가는 성묘(省墓)는 '조상님의 묘(墓)를 살피다(省)'는 뜻입니다. 이후 살필 성(省)자는 백성을 살피는 '관청'이란 뜻이 생겼습니다. 삼성(三省)은 고려 시대 최고 의정 기능을 하던 '세(三) 관청(省)'으로, 중서성(中書省), 문하성(門下省), 상서성(尙書省)을 말합니다. 살필 성(省)자는 덜 생(省)자로도 쓰입니다. 생략(省略)은 '덜거나(省) 간략하게(略) 하다'는 뜻입니다.

서로 상(相)자는 원래 '어린 나무(木)가 잘 자라는지 눈(目)으로 살펴보다'는 뜻입니다. 이후 '살펴보다→모양, 형상(을 살펴보다)', '살펴보다→(살펴 보면서) 시중드는 사람→정승', '살펴보다→(살펴볼) 상대→서로' 등의 여러 가지 뜻이 생겼습니다. 관상(觀相)은 '얼굴의 모양(相)을 보고(觀) 그 사람의 운명, 성격, 수명 따위를 판단하는 일'이고, 수상(手相)은 '손(手)금의 모양(相)을 보고 판단하는 일'입니다. 재상(宰相)과 수상(首相)의 상(相)은 '왕의 시중을 드는 사람' 혹은 '정승'이란 뜻입니다. 상호(相互)와 상대(相對)의 상(相)은 '상대' 혹은 '서로'라는 뜻으로 사용되는 예입니다.

총독(總督), 감독(監督) 등에 들어가는 감독할 독(督)자는 원래 '눈(目)으로 살피다'는 뜻입니다. 이후 '살피다→감독(監督)하다→다스리다→우두머리' 등의 뜻이 생겼습니다. 도독부(都督府)는 '우두머리(都) 감독(督) 관청(府)'으로, 중국에서 외지(外地)를 통치하던 기관입니다. 당나라는 고구려와 백제가 멸망한 뒤 그 땅에 각각 9도독부와 5도독부를 두었고, 신라 땅에도 계림 도독부를 두었습니다.

### 기타

盾 방패 순 ⓒ 盾
눈 목(目) + 방패의 모습

冒 무릅쓸 모 ⓒ 冒
눈 목(目) + [쓰게 모(冃)]

睦 화목할 목 ⓒ 睦
눈 목(目) + [뭍 륙(坴)→목]

瞬 눈깜짝할 순 ⓒ 瞬
눈 목(目) + [순임금 순(舜)]

直 곧을 직, 값 치 ⓒ 直
눈 목(目) + 직선 모습

値 값 치 ⓒ 值
사람 인(亻) + [값 치(直)]

悳 큰 덕 ⓒ 德
마음 심(心) + 곧을 직(直)

德 덕 덕 ⓒ 德
걸을 척(彳) + [큰 덕(悳)]

憲 법 헌 ⓒ 宪
해칠 해(害) + 눈 목(目/罒) + 마음 심(心)

방패 순(盾)자는 눈(目)으로 대변되는 얼굴을 가리는 방패 모습을 본떠 만든 글자입니다. 모순(矛盾)은 '창(矛)과 방패(盾)'라는 뜻으로, 앞뒤가 맞지 않음을 일컫는 말입니다. 초나라의 상인이 창과 방패를 팔면서 한 말에서 유래합니다.

모험(冒險), 모독(冒瀆)에 사용되는 무릅쓸 모(冒)자는 '얼굴을 상징하는 사람 눈(目)과 머리카락(二)으로 표시된 머리에 모자(冖)를 쓰다'는 뜻입니다. 이후 '모자→쓰다→덮다→(덮은 것을) 견디다→무릅쓰다' 등의 뜻이 생기면서, 원래의 뜻을 살리기 위해 수건 건(巾)자를 붙여 모자 모(帽)자가 되었습니다.

화목(和睦), 친목(親睦) 등에 들어가는 화목할 목(睦)자는 원래 '눈매(目)가 온화하다'는 뜻입니다. 이후 '온화하다→부드럽다→친하다→화목하다'는 뜻이 생겼습니다.

눈깜짝할 순(瞬)자가 들어가는 순간(瞬間)은 '눈 깜짝할(瞬) 사이(間)'이고, 순식간(瞬息間)은 '눈깜짝하고(瞬) 한 번 숨쉴(息) 사이(間)'입니다.

곧을 직(直)자는 눈 목(目)자 위에 수직선(丨)을 하나 그어, '눈으로 똑바로 보다'는 뜻을 나타내기 위하여 만든 글자이나, 이후 모양이 변형되어 현재의 글자가 되었습니다. 이후 '곧다→바르다→바로' 등의 뜻이 생겼습니다. 직선(直線)에서는 '곧다', 정직(正直)에서는 '바르다', 직접(直接)에서는 '바로'라는 뜻으로 사용되었습니다. 곧을 직(直)자는 값 치(直)자도 되는데, 값을 매기려면 눈으로 바르게 봐야 하기 때문입니다. 나중에 뜻을 분명히 하기 위해 사람 인(亻)자가 추가되어 값 치(値)자가 되었습니다. 사람이 값을 매기니까요.

큰 덕(悳)자는 원래 '바른(直) 마음(心)이 곧 덕이다'는 뜻으로 만든 글자입니다. 이후 '(덕이) 크다'는 뜻으로 사용되었고, 나중에 원래의 뜻을 살리기 위해 걸을 척(彳)자가 추가되어 덕 덕(德)자가 되었습니다. 즉, '바른(直) 마음(心)을 따라가는(彳) 것이 덕이다'는 뜻입니다.

법 헌(憲)자는 죄수나 전쟁 포로의 한쪽 눈(罒)을 해(害)하여 애꾸눈을 만들었던 형벌(刑罰)에서 법(法)이라는 의미가 생겼습니다. 애꾸눈으로 만들어 노동력은 유지하면서 거리감을 없애 반항을 하지 못하도록 하기 위함이었습니다. 나중에 '이런 법을 마음으로 지키다'고 해서 마음 심(心)자가 추가되었습니다. 위헌(違憲)은 '법(憲)에 어긋나다(違)'는 뜻이고, 개헌(改憲)은 '법(憲)을 고치다(改)'는 뜻입니다.

볼 견(見), 뵈올 현(見)
사람 머리에 눈이
붙은 모습

볼 견(見)자는 눈(目)을 강조한 사람(儿)의 모습에서 '보다'는 뜻이 생겼습니다. 뵈올 현(見)자로도 사용되는데, 알현(謁見)은 '아뢰며(謁) 뵙다(見)'는 뜻으로, 왕이나 높고 귀한 사람을 찾아가 뵙는 것을 말합니다. 《동방견문록(東方見聞錄)》은 '동(東)쪽 지방(方)을 여행하면서 보고(見) 들은(聞) 것을 기록(錄)한 책'으로, 이탈리아의 마르코 폴로가 1271년부터 1295년까지 동방을 여행한 체험담을 기록한 여행기입니다. 마르코 폴로는 1275년에 이탈리아를 출발하여 내륙으로 중앙아시아와 중국(원나라)을 여행하였고, 돌아오는 길에는 배를 타고 동남아, 인도, 페르시아 등을 거쳐 1295년 이탈리아로 돌아왔습니다. 중국에서는 얼마 동안 벼슬까지 하였습니다.

## 보는 것과 관련된 글자

**觀** 볼 관 중 观 약 観
볼 견(見) + [황새 관(雚)]

**覽** 볼 람 중 览 약 览
볼 견(見) + [볼 감(監)→람]

**視** 볼 시 중 视
[보일 시(示)] + 볼 견(見)

볼 관(觀)자에 들어가는 황새 관(雚)자는 두 눈(吅)을 강조한 새(隹)의 모습입니다. 따라서 볼 관(觀)자는 '두 눈을 부릅뜬 황새(雚)가 보다(見)'는 뜻입니다. 관념주의(觀念主義)는 '보고(觀) 생각(念)하는 대로 표현하는 주의(主義)'로, 객관적인 대상을 주관적으로 보고 생각하는 대로 표현하는 예술계의 경향입니다.

볼 람(覽)자에 들어가는 볼 감(監)자는 '사람(人)이 눈(臣)으로 그릇(皿) 속의 물에 자신의 얼굴을 비추어 보다'는 뜻입니다. 관람(觀覽)은 '연극, 영화, 운동경기 따위를 보고(觀) 보다(覽)'는 뜻입니다. 유람(遊覽)은 '돌아다니며(遊) 보다(覽)'는 뜻입니다.

볼 시(視)자는 '눈(目)으로 보다'는 뜻의 볼 견(見)자와, '신(神)의 뜻이나 미래를 보다'는 뜻의 보일 시(示)자가 합쳐진 글자입니다. 근시(近視)는 '가까운(近) 것만 잘 보이는(視) 눈'이고, 원시(遠視)는 '먼(遠) 것만 잘 보이는(視) 눈'입니다.

## 기타

**規** 법 규 중 规
남편/사내 부(夫) + 볼 견(見)

**親** 친할 친 중 亲
볼 견(見) + [매울 신(辛)→친] + 나무 목(木)

법규(法規), 규칙(規則), 규약(規約), 규정(規定) 등에 들어가는 법 규(規)자는 '결혼한 성인(夫)이 보는(見) 판단의 기준이 법이다'는 뜻입니다.

친할 친(親)자는 '나무(木)를 가까이서 살펴보다(見)'는 뜻입니다. 이후 '(가까이서) 살펴보다→가깝다→친하다→친척→부모'라는 뜻이 파생되었습니다. 친구(親舊)는 '친하게(親) 오래(舊) 사귄 사람'이고, 친정(親庭)은 '친한(親) 집안(庭)'이란 뜻이며 결혼한 여자의 본집을 일컫는 말입니다.

現 나타날 현 ❸现
구슬 옥(玉/王) +
[뵈올 현(見)]

현실(現實), 현재(現在) 등에 사용되는 나타날 현(現)자는 '옥(玉/王)을 보면(見) 빛이 나타나다'는 뜻입니다.

覺 (보고) 깨달을 각
❸觉 ❹覚
절구 구(臼) + 점괘 효(爻) +
집 면(宀→冖) + 볼 견(見)

깨달을 각(覺)자는 '집(宀→冖)에서 두 손(臼)으로 산가지(爻)를 들고 숫자를 배우는데, 눈으로 보면서(見) 깨닫게(覺) 되다'는 뜻입니다. 사람의 다섯 가지 감각기관은 시각(視覺), 청각(聽覺), 후각(嗅覺), 미각(味覺), 촉각(觸覺)인데, 각각의 글자에 눈(目), 귀(耳), 코(自), 입(口), 뿔(角)을 뜻하는 글자가 들어 있습니다.

覓 찾을 멱 ❸觅 ❹覔
손톱 조(爪) + 볼 견(見)

찾을 멱(覓)자는 '눈으로 보거나(見) 손(爪)으로 더듬어 찾다'는 뜻입니다.

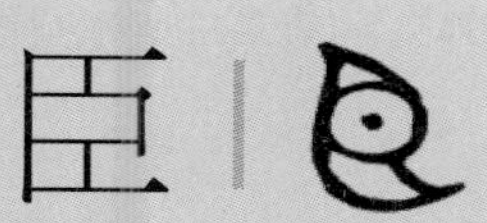
신하 신(臣)
부릅뜬 눈의 모습

신하 신(臣)자는 부릅뜬 눈의 모습으로 주의를 집중하여 위를 올려다보는 모습입니다. 주인이나 임금의 명령을 듣고 있는 종이나 신하(臣下)의 모습에서 '종, 노예, 신하(臣下)'라는 뜻이 생겼습니다. 하지만 다른 글자 내에서는 종, 노예, 신하(臣下)라는 뜻 외에도 눈 목(目)자와 같은 의미로도 사용됩니다. 사육신(死六臣)은 '죽은(死) 여섯(六) 명의 신하(臣)'라는 뜻입니다. 조선 시대에 세조가 단종으로부터 왕위를 빼앗자 이에 반대하여 단종의 복위를 꾀하다 사전에 발각되어 죽은 여섯 명의 신하로, 성삼문(成三問), 박팽년(朴彭年), 하위지(河緯地), 이개(李塏), 유성원(柳誠源), 유응부(兪應孚) 등입니다.

## 신하나 노예의 모습

宦 벼슬/내시 환 ❸宦
집 면(宀) + 신하 신(臣)

벼슬/내시 환(宦)자는 '궁궐(宀)에 있는 신하(臣)가 벼슬을 얻은 사람이다'는 뜻입니다. 또 '궁궐(宀) 안에 사는 신하(臣)가 내시이다'는 뜻도 가지고 있습니다. 내시(內侍)는 '궁궐 안(內)에서 왕을 모시는(侍) 신하'로 환관(宦官)과 같은 말입니다.

藏 풀로) 감출 장 ❸藏
풀 초(艹) + [숨길 장(臧)]

숨길 장(臧)자는 창(戈)을 피해 숨어 있는 노예(臣)의 모습입니다. 나중에 '숨다'는 뜻을 강조하기 위해 풀 초(艹)자를 추가하여, 감출 장(藏)자가 만들어졌습니다. 냉장고(冷藏庫)는 '식품 등을 차게(冷) 저장(貯藏)하는 곳간(庫)'입니다.

堅 굳을 견 ❸坚 ❹坚
흙 토(土) + [굳을 간(臤)→견]

賢 어질 현 ❸贤
조개 패(貝) + [어질 현(臤)]

굳을 간(臤)자는 일을 하는 손(又)을 강조한 노예나 신하(臣)의 모습으로, '노예나 신하가 굳건하다'는 뜻을 표현하였습니다. 나중에 뜻을 분명히 하기 위해 흙 토(土)자를 추가하여 굳을 견(堅)자가 되었습니다. 견고(堅固)는 '굳고(堅) 굳다(固)'는 뜻입니다. 또 '노예나 신하는 어질어야 한다'고 해서, 굳을 간(臤)자는 어질 현(臤)자도 되었습니다. 나중에 뜻을 분명히 하기 위해 조개 패(貝)자를 추가하여 어질 현(賢)자가 되었습니다. '돈(貝)이 많아 여러 사람에게 나누어 주니 어질다'는 뜻입니다. 죽림칠현(竹林七賢)은 '대나무(竹) 숲(林)에서 사는 일곱(七) 명의 어진(賢) 사람'으로, 중국 진(晉)나라 초기에 죽림에 모여 노자와 장자의 무위사상(無爲思想)을 숭상하며 세월을 보낸 일곱 명의 선비입니다.

### 눈의 모습

**臥** 누울 와 ⓢ 卧
신하 신(臣) + 사람 인(人)

**監** 볼 감 ⓢ 监 ⓨ 监
신하 신(臣) + 사람 인(人) + 한 일(一) + 그릇 명(皿)

**鑑** (쇠로 만든) 거울 감 ⓢ 鉴
쇠 금(金) + [볼 감(監)]

**覽** 볼 람 ⓢ 览 ⓨ 览
볼 견(見) + [볼 감(監)→람]

**臨** 임할 림 ⓢ 临
누울 와(臥) + [물건 품(品)→림]

사람이 깨어 있을 때와 누워서 자고 있을 때의 차이는 눈을 뜨거나 감는 것입니다. 누울 와(臥)자는 원래 '사람(人)이 눈(臣)을 감고 누워 자다'는 뜻입니다. 이후 '누워 자다→눕다→엎드리다' 등의 뜻이 생겼습니다. 와룡(臥龍)은 '엎드려(臥) 있는 용(龍)'이란 뜻으로, 초야에 묻혀 있는 큰 인물을 비유적으로 이르는 말입니다. 《삼국지》에 나오는 제갈공명을 높여 부르는 말로도 쓰입니다. 와병(臥病)은 '병(病)으로 자리에 눕다(臥)'는 뜻입니다.

볼 감(監)

볼 감(監)자는 사람(人)이 눈(臣)으로 그릇(皿) 속의 물을 거울처럼 비추어 보는 모습에서 '거울'이라는 뜻으로 만든 글자입니다. 글자에 들어 있는 한 일(一)자는 거울에 비친 그림자를 표현하는 것으로 추측됩니다. 이후 '거울→보다→살피다→(백성을 살펴보는) 관청'이란 뜻이 생겼고, 나중에 원래의 뜻을 살리기 위해 쇠 금(金)자가 추가되어 거울 감(鑑)자가 되었습니다. 옛날에는 금속면을 매끈하게 갈아서 거울을 만들었기 때문입니다.

볼 람(覽)자는 볼 감(監)자의 뜻을 강조하기 위해 볼 견(見)자가 추가되었습니다. 신사유람단(紳士遊覽團)은 '신사(紳士)들이 돌아다니며(遊) 보기(覽) 위한 단체(團)'로, 조선 말, 일본을 돌아다니며 새로운 문물을 구경하기 위해 파견한 시찰단입니다. 시찰단은 모두 60여 명으로 약 4개월간 돌아다녔습니다. 일본에서 돌아온 후 개화 여론을 확대하는 데 큰 역할을 하였습니다.

임할 림(臨)자에서 '임하다'는 '어떤 사태나 일에 직면하다'는 뜻입니다. 이 글자는 원래 '엎드려(臥) 눈(臣)으로 내려다보다'는 뜻입니다. 이후 '눈으로 내려다보다→눈앞에 직면하다→임하다'는 뜻이 생겼습니다. 임계각, 임계압력, 임계온도, 임계점 등에 들어가는 임계(臨界)는 '경계(境界)에 임하다(臨)'는 뜻으로, 어떠한 물리 현상이나 상태가 다르게 나타나기 시작하는 경계를 의미합니다. 예를 들어 기체가 액체로 변화하는 온도를 임계온도(臨界溫度)라고 합니다.

# 사람 3-6 입과 혀

입 구(口) | 가로 왈(曰) | 달 감(甘) | 하품 흠(欠)

입 구(口)
벌린 입의 모습

입 구(口)자는 벌린 입의 모습을 본떠 만든 글자입니다. 입 구(口)자는 입으로 먹는 것과 입으로 내는 소리에 관련된 글자에 들어갑니다.

입 구(口)자는 인구(人口)라는 뜻으로도 사용됩니다. 먹는 것이 생존에 직결되었던 옛 중국에서는 사람 수가 먹는 입의 수와 동일시되었기 때문입니다. '먹는(食) 입(口)'이란 뜻의 식구(食口)가 그런 뜻을 가장 잘 보여주는 낱말입니다. 주택과 인구를 가구(家口)나 호구(戶口)라고 하는데, 이때 구(口)자도 인구(人口)라는 뜻입니다. 또 입 구(口)자는 입구(入口)라는 뜻으로 사용됩니다. 입이 사람의 몸에 들어가는 입구이기 때문입니다.

입 구(口)자가 들어가 파생된 글자는 여러 개 있습니다. 달 감(甘), 가로 왈(曰), 말씀 언(言), 소리 음(音) 등이 그러한 글자입니다. 입 구(口)자가 들어간 이런 글자는 주로 소리와 관련되어 있습니다.

참고로 나라 국(國)자, 가둘 수(囚)자, 둘레 위(圍)자 등의 글자 둘레에 둘러싼 네모는 입 구(口)자가 아니고, 둘러싸일 위(囗)자입니다. 둘러싸일 위(囗)자는 뒤에서 자세하게 이야기할 예정입니다.

## 입으로 말함

**告** 고할 고 ⓗ 告
청할 곡, 입 구(口) + 소 우(牛)

**問** 물을 문 ⓗ 问
입 구(口) + [문 문(門)]

**吟** 읊을 음 ⓗ 吟
입 구(口) + [이제 금(今)→음]

고할 고(告)자는 '소(牛)를 제물로 바친 후 조상에게 입(口)으로 고하다(알리다)'는 뜻입니다. 광고(廣告)는 '널리(廣) 알리다(告)'는 뜻이고, 고별(告別)은 '이별(離別)을 알리다(告)'는 뜻입니다.

물을 문(問)자는 '남의 집(門)을 방문하여 입(口)으로 묻다'는 뜻과 함께 '방문(訪問)하다'는 뜻도 함께 가지고 있습니다. 동문서답(東問西答)은 '동(東)쪽을 묻는데(問) 서(西)쪽을 대답(答)한다'는 뜻으로, 묻는 말에 대하여 엉뚱한 대답을 하는 것을 일컫는 말입니다.

읊을 음(吟)자는 '입(口)으로 시(詩) 등을 읊다'는 뜻입니다. '읊다'는 억양을 넣어 큰소리로 시를 읽거나 외는 것입니다. 음유시인(吟遊詩人)은 '시를 읊으면서(吟) 돌아다니는(遊) 시인(詩人)'으로, 중세 유럽에서 여러 지방을 떠돌아다니면서 시를 읊었던 시인입니다.

### 입으로 부르거나 소리침

召 (입으로) 부를 소 ⓒ 召
입 구(口) + [칼 도(刀)→소]

呼 (입으로) 부를 호 ⓒ 呼
입 구(口) + [어조사 호(乎)]

唱 (입으로) 부를 창 ⓒ 唱
입 구(口) + [창성할 창(昌)]

叫 (입으로) 부르짖을 규 ⓒ 叫
입 구(口) + [얽힐 구(丩)→규]

咸 다 함 ⓒ 咸
입 구(口) + [개 술(戌)→함]

喊 (입으로) 소리칠 함 ⓒ 喊
입 구(口) + [다 함(咸)]

노르웨이의 화가 뭉크의 작품 〈절규〉

부를 소(召)자는 '입(口)으로 사람을 부르다'는 뜻입니다. 칼 도(刀)자가 소리로 사용되었습니다. 국민소환제(國民召還制)는 '잘못하는 정치인을 국민(國民)이 불러서(召) 돌아오게(還) 하는 제도(制)'로, 선거로 선출된 정치인이 잘못된 정치를 하는 경우 임기가 끝나기 전에 국민투표에 의하여 파면시키는 제도입니다.

부를 호(呼)자는 '입(口)으로 사람을 부르다'는 뜻과 함께 '입(口)으로 숨을 내쉬다'는 뜻도 있습니다. 호출(呼出)은 '불러(呼) 내다(出)'는 뜻이지만, 호흡(呼吸)은 '숨을 내쉬고(呼) 들이쉬다(吸)'는 뜻입니다.

부를 창(唱)자는 '입(口)으로 노래를 부르다'는 뜻입니다. 창극(唱劇)은 '노래를 부르는(唱) 우리나라 전통적인 연극(演劇)'입니다. 노래를 부르며 하는 전통 연극으로는 창극 외에도, 판소리가 있습니다. 판소리는 혼자서 노래하고 해설하는 등 모든 내용을 혼자 이끌어 가지만, 창극은 여러 사람이 하는 오페라(opera)와 비슷합니다.

부르짖을 규(叫)자는 '입(口)으로 소리쳐 부르짖다'는 뜻입니다. 절규(絕叫)는 '숨이 끊어지도록(絕) 부르짖다(叫)'는 뜻입니다.

다 함(咸)자는 '도끼날이 붙은 창(戌)으로 목을 내려 칠 때 무서움의 비명을 지르거나 두려움을 이기려고 있는 힘을 다해 입(口)으로 소리를 치다'는 뜻입니다. 이후 '있는 힘을 다해 소리치다'라는 의미에서 '다하다'라는 의미가 생기자, 원래의 뜻을 분명히 하기 위해 입 구(口)자가 다시 추가되어 소리칠 함(喊)자가 되었습니다. 고함(高喊)은 '높게(高) 소리치다(喊)'는 뜻이고, 함성(喊聲)은 '크게 소리치는(喊) 소리(聲)'입니다.

### 입으로 울거나 탄식함

哭 (입으로) 울 곡 ⓒ 哭
입 구(口) X 2 + 개 견(犬)

鳴 (입으로) 울 명 ⓒ 鸣
입 구(口) + 새 조(鳥)

울 곡(哭)자는 '개(犬) 여러 마리가 입(口,口)으로 소리 내어 울다'는 뜻입니다. 통곡(痛哭)은 '아플(痛) 정도로 울다(哭)'는 뜻이고, 귀곡산장(鬼哭山莊)은 '귀신(鬼)이 우는(哭) 소리가 들리는 산(山)의 별장(莊)'입니다.

울 명(鳴)자는 '새(鳥)가 입(口)으로 지저귀며 울다'는 뜻입니다. 자명종(自鳴鐘)은 '스스로(自) 우는(鳴) 종(鐘)'으로, 때가 되면 저절로 울려서 시간을 알리는 시계입니다. 공명(共鳴)은 '함께(共) 울다(鳴)'는 뜻으로, 어떤 물체가 진동하면 진동 에너지가 다른 물체에 흡수되어 다른 물체도 함께 진동하는 것을 말

**嗚** (입으로) 탄식할 오 ⓒ 呜
입 구(口) + [까마귀 오(烏)]

자명종

합니다. 예를 들어 고유 진동수가 같은 소리굽쇠를 접근시켜서 한쪽을 울리면 거기에 따라 다른 쪽 소리굽쇠도 울리기 시작하는데, 이것은 공기를 매체(媒體)로 해서 일어나는 소리굽쇠의 공명현상입니다. 또 울 명(鳴)자는 '소리를 내다'는 뜻도 있습니다. 백가쟁명(百家爭鳴)은 '백(百) 명의 전문가(家)가 다투며(爭) 소리를 내다(鳴)'는 뜻으로, 많은 학자들이 자기의 학설이나 주장을 자유롭게 발표하여 논쟁하고 토론하는 일을 말합니다.

탄식할 오(嗚)자는 원래 '까마귀(烏)가 입(口)으로 우는 소리'입니다. 이후 '새 우는 소리→목메어 울다→슬프다→탄식하다'는 뜻이 생겼다. 오열(嗚咽)은 '목메어(咽) 울다(嗚)'는 뜻입니다.

## 입으로 하는 행위

**吹** (입으로) 불 취 ⓒ 吹
입 구(口) + 하품 흠(欠)

**吐** (입으로) 토할 토 ⓒ 吐
입 구(口) + [흙 토(土)]

**含** (입으로) 머금을 함 ⓒ 含
입 구(口) + [이제 금(今)→함]

**吸** (입으로) 숨들이쉴 흡 ⓒ 吸
입 구(口) + [미칠 급(及)→흡

불 취(吹)자는 '하품(欠) 하듯이 입(口)을 크게 벌리고 불다'는 뜻입니다. 취주악(吹奏樂)은 '악기를 불면서(吹) 연주하는(奏) 노래(樂)'로, 입으로 부는 관악기를 주체로 하고 타악기를 곁들인 합주 음악입니다.

토할 토(吐)자는 '배가 고파 흙(土)을 입(口)으로 먹으면 토한다'는 뜻도 있고, '입(口)을 땅(土) 위에 대고 토하다'는 뜻도 있습니다. 흙 토(土)자가 소리로 사용되었습니다. 구토(嘔吐)는 '토하고(嘔) 토하다(吐)'는 뜻으로, 프랑스의 작가 사르트르의 장편소설 이름이기도 합니다.

포함(包含), 함량(含量) 등에 들어가는 머금을 함(含)자는 '입(口)으로 음식을 삼키지 않고, 머금고 있다'는 뜻입니다. 고인 눈물을 흘리지 않고 있는 것도 '눈물을 머금다'라고 합니다. 함분축원(含憤蓄怨)은 '분함(憤)을 머금고(含) 원한(怨)을 쌓다(蓄)'는 뜻입니다.

숨들이쉴 흡(吸)자는 '입(口)으로 숨을 들이쉬다'는 뜻과 함께,' 입(口)으로 빨아들이다'는 뜻도 있습니다. 흡연(吸煙)은 '연기(煙)를 들이쉬다(吸)'는 뜻이고, 흡수(吸收)는 '빨아서(吸) 거두어(收) 들이다'는 뜻입니다. 흡혈귀(吸血鬼)는 '사람의 피(血)를 빨아먹는(吸) 귀신(鬼)'입니다.

### 기타(1)

味 (입으로 느끼는) 맛 미 ⓖ 味
입 구(口) + [아닐 미(未)]

如 같을 여 ⓖ 如
[여자 녀(女)→여] + 입 구(口)

知 알 지 ⓖ 知
[화살 시(矢)→지] + 입 구(口)

加 더할 가 ⓖ 加
힘 력(力) + 입 구(口)

和 화목할 화 ⓖ 和
[벼 화(禾)] + 입 구(口)

君 임금 군 ⓖ 君
다스릴 윤(尹) + 입 구(口)

名 (입으로 부르는) 이름 명 ⓖ 名
저녁 석(夕) + 입 구(口)

맛 미(味)자에 들어가는 아닐 미(未)자는 '나무 목(木)자 위에 나뭇가지를 하나(一) 덧붙인 모습으로, 원래는 '가지가 무성한 나무에서 열린 과일이 맛있다'는 데에서 '맛있다'는 의미를 가졌고, 나중에 가차되어 '아니다'라는 뜻이 생겼습니다. 이후 본래의 뜻을 살리기 위해 입 구(口)자를 추가하여 맛 미(味)자를 만들었습니다. 미뢰(味蕾)는 '맛(味)을 보는 꽃봉오리(蕾)'란 뜻으로, 혀의 윗면에 맛을 느끼는 감각이 있는 꽃봉오리 모양의 기관입니다.

같을 여(如)자는 원래 '여자(女)가 주인의 말(口)에 따르다, 순종하다'는 뜻입니다. 나중에 가차되어 '~같이, 만약'이란 뜻이 생겼습니다. 만사여의(萬事如意)는 '만(萬) 가지 일(事)이 뜻(意)과 같이(如) 되다'는 뜻이고, 용이 가지고 다니는 여의주(如意珠)는 '뜻(意)과 같이(如), 즉 뜻대로 모든 일을 이룰 수 있는 구슬(珠)'입니다.

알 지(知)자에서 앎(知)이란 것은 화살(矢)이 과녁을 맞히듯이 정확하게 입(口)으로 말할 수 있는 능력을 일컫습니다. 불고지죄(不告知罪)는 '알면서도(知) 신고하지(告) 않아(不) 성립되는 범죄(罪)'로, 우리나라의 국가보안법에서 반국가활동을 한 사람을 신고하지 않으면 처벌하는 규정을 두고 있습니다.

더할 가(加)자는 '쟁기질(力)하는 사람에게 입(口)으로 더 잘하라'고 말하는 데에서 '더하다'는 뜻이 붙었습니다. 가속도(加速度)는 '단위시간당 속도(速)가 증가(增加)하는 정도(程度)'입니다.

화목(和睦), 화해(和解), 평화(平和), 온화(溫和) 등에 들어가는 화목할 화(和)자는 '수확한 벼로 밥(禾)을 지어 여럿이 나누어 먹으니(口) 화목하다'는 뜻입니다. 벼 화(禾)자가 소리로 사용되었습니다. 공화제(共和制)는 '여러 사람이 함께(共) 화목하게(和) 나라를 다스리는 제도(制度)'로, 한 명의 왕이 다스리는 군주제(君主制)의 반대입니다.

임금 군(君)자는 '입(口)으로 다스리는(尹) 사람이 임금이다'는 뜻입니다. 하지만 이후 영주, 군자(君子), 남편, 아내, 부모, 그대, 자네 등의 많은 뜻이 생겼습니다. 군주제(君主制)는 '임금(君)이 주인(主)인 제도(制度)'이고, 그 반대로는 공화제(共和制) 혹은 민주제(民主制)가 있습니다.

이름 명(名)자는 '저녁(夕)이 되어 어두워지면 입(口)으로 이름(名)을 불러 서로를 분간하다'는 뜻에서 이름이란 뜻이 생겼습니다.

## 기타(2)

否 아닐 부, 막힐 비 ⓢ 否
입 구(口) + [부(不)→부, 비]

哲 밝을 철 ⓢ 哲
입 구(口) + [꺾을 절(折)→철]

喜 기쁠 희 ⓢ 喜
입 구(口) + 북 주(壴)

兄 맏 형 ⓢ 兄
입 구(口) + 어진사람 인(儿)

古 예 고 ⓢ 古
입 구(口) + 열 십(十)

可 옳을 가 ⓢ 可
입 구(口) + 장정 정(丁)

司 맡을 사 ⓢ 司
입 구(口) + 비수 비(匕)

吾 나 오 ⓢ 吾
입 구(口) + [다섯 오(五)]

아닐 부(否)자는 '입(口)으로 아니라(不)고 부정(否定)한다'는 의미입니다. 구속적부심사(拘束適否審査)는 '구속(拘束)하는 것이 적합(適)한지 아닌지(否) 법원이 심사(審査)하는 일'로, 의심을 받는 피의자나 변호인이 신청할 수 있습니다.

밝을 철(哲)자는 불이 밝은 것이 아니라, '입(口)으로 말을 잘 하는 사람이 도리나 사리에 밝다'는 뜻입니다. 철인(哲人)은 '학식이 높고 사리에 밝은(哲) 사람(人)'이고, 철학(哲學)은 '인간과 세상에 대한 진리를 밝히는(哲) 학문(學)'입니다.

환희(歡喜), 희비(喜悲), 희극(喜劇) 등에 사용되는 기쁠 희(喜)자는 '북(壴)을 치면서 입(口)으로 노래를 부르니 기쁘다'는 의미입니다. 나중에 뜻을 분명히 하기 위해 마음 심(心)자가 추가되어 기뻐할 희(憙)자가 되었습니다.

맏 형(兄)자는 입(口)을 강조한 사람(儿)으로, '제사를 지내면서 입(口)으로 조상신에게 고하는 사람(儿)이 맏이'라는 뜻입니다.

예 고(古)자는 '옛날 이야기가 부모의 입(口)에서 자식의 입으로 열(十) 번이나 전해 내려와 매우 오래되었다'는 뜻입니다. 동서고금(東西古今)은 '동(東)양과 서(西)양, 옛(古)날과 지금(今)'이란 뜻으로, 모든 때와 모든 지역을 말합니다. 고물 자동차의 고물(古物)은 '오래된(古) 물건(物)'입니다.

옳을 가(可)자의 상형문자를 보면 입 구(口)자 옆에 정(丁)자의 모습이 있습니다. 가(可)자에 대한 해석은 여러 가지 있습니다. 이중 하나는 농사를 짓는 곡괭이(丁)와 농사를 지을 때 입(口)으로 부르는 노래로 보고, 힘든 농사일에 노래를 부르면 쉽게 일을 할 수 있다고 해석합니다. 여기에서 '가능(可能)하다, 옳다' 등의 뜻이 생겼다고 합니다.

맡을 사(司)자는 원래 '숟가락(匕)으로 노인, 병자, 아기의 입(口)에 밥을 먹이다'는 뜻입니다. 숟가락을 뜻하는 비수 비(匕)자가 거꾸로 들어가 있습니다. '나중에 이런 일을 맡다'는 뜻이 생기자, 원래의 뜻을 살리기 위해 먹을 식(食)자를 추가하여 먹일 사(飼)자가 되었습니다. 사령관(司令官)은 '명령(命令)을 맡은(司) 관리(官)'로, 군대의 최고 지휘관입니다. 사간원(司諫院)은 '조선 시대에 임금에게 간하는(諫) 일을 맡은(司) 관아(院)'입니다.

나 오(吾)자는 원래 '입(口)으로 글을 읽는 소리'를 뜻하는 글자였으나, 가차되어 '나'라는 뜻으로 사용됩니다. 〈3 · 1 독립선언서〉의 맨 처음에 '오등은…'으로 시작하는데, 이때 오등(吾等)은 '나(吾)의 무리(等)', 즉 '우리'라는 뜻입니다.

### 입과 혀

舌 혀 설 ⓖ 舌
입 구(口) + 혀의 모습

話 말씀 화 ⓖ 话
말씀 언(言) + 혀 설(舌)

憩 쉴 게 ⓖ 憩
혀 설(舌) + 숨쉴 식(息)

입 구(口)자가 들어가는 글자 중 혀 설(舌)자의 상형문자를 보면 입에서 무언가가 나온 모습입니다. 입에서 나올 수 있는 것이 혀밖에는 없기 때문에 이것을 혀라고 해석합니다. 하지만 끝부분이 Y자로 모양으로 갈라져 있는데, 혀가 갈라진 짐승은 뱀밖에 없습니다. 따라서 이 혀 설(舌)자를 뱀의 입(口)에서 갈라진 혀가 나온 모습으로 보는 사람도 있습니다. 혀 설(舌)자는 부수자이지만, 다른 글자 속에 쓰이는 경우는 말씀 화(話)자와 쉴 게(憩)자 정도입니다.

혀 설(舌)

말씀 화(話)자는 '혀(舌)로 말(言)을 하다'는 뜻으로 만든 글자입니다. 사람은 혀가 없으면 말을 할 수가 없습니다. 신화(神話)는 '신(神)의 이야기(話)'로, 민족 사이에 전승되는 신적 존재와 그 활동에 관한 이야기입니다.

쉴 게(憩)자는 '달려온 개가 혀(舌)를 내밀고 숨을 쉬며(息) 쉬고 있다'는 뜻입니다. 개의 몸에는 땀구멍이 없어 더울 때 혀를 길게 내밀어 열을 발산합니다. 휴게소(休憩所)는 '휴식(休息)을 취하며 쉬는(憩) 곳(所)'입니다.

### 어원을 알 수 없는 글자

句 글귀 구, 글귀 귀 ⓖ 句
쌀 포(勹) + [입 구(口)]

唯 오직 유 ⓖ 唯
입 구(口) + [새 추(隹)→유]

哉 어조사 재 ⓖ 哉
입 구(口) + [해할 재(𢦏)]

只 다만 지 ⓖ 只
입 구(口) + 여덟 팔(八)

입 구(口)자가 들어가는 글자 중에서는 어원을 알 수 없는 글자가 많습니다.

글귀 구(句)자는 입 구(口)자 주위에 무언가 둘러싼 모습의 글자인데, 원래 어떤 의미로 글자를 만들었는지에 대해서는 아직도 의문입니다. 어쨌든 글의 글귀를 뜻하는 말이 되었습니다. 관용구(慣用句)는 '버릇(慣)처럼 사용(用)하는 글귀(句)'로, 두 개 이상의 단어로 이루어져 있으면서 그 단어들의 의미만으로는 전체의 뜻을 알 수 없는 어구(語句)를 관용구라고 합니다. 가령 영어의 관용구인 'It rains cats and dogs'는 '비가 억수같이 쏟아지다'는 뜻입니다.

글귀 구(句)

오직 유(唯)

어조사 재(哉)

오직 유(唯)자는 새(隹)와 입(口)을 그려 놓은 모습인데, 오직이란 뜻이 생긴 이유는 알 수 없습니다. 유물론(唯物論)은 '오직(唯) 물질(物)만이 있다고 주장하는 이론(論)'으로, 물질(자연)을 1차적이고 근본적인 실재로 생각하고, 마음이나 정신을 물질에서 나온 2차적이고 파생적인 것으로 보는 이론(理論)입니다. 반대의 유심론(唯心論)은 물질 현상도 정신적인 것의 현상이라는 이론입니다.

플라톤, 라이프니츠, 헤겔 등이 그 대표적 철학자입니다.

어조사 재(哉)자는 창과 입(口)을 그려 놓은 모습인데, 어조사가 되었습니다.

다만 지(只)자도 어원을 알 수 없으며, 지금(只今), 단지(但只) 등에 사용됩니다. 중국에서는 새를 세는 단위인 마리 척(隻)자의 간체자로도 사용됩니다.

### 입이 세 개(品)인 글자

品 물건 품 ⓒ 品
입 구(口) X 3

區 나눌 구 ⓒ 区 ⓨ 区
감출 혜(匸) + 물건 품(品)

臨 임할 림 ⓒ 临
누울 와(臥) +
[물건 품(品)→림]

喿 새떼로울 조 ⓒ 喿
나무 목(木) + 물건 품(品)

癌 암 암 ⓒ 癌
병 녁(疒) + [바위 암(嵒)]

입 구(口)자 세 개가 들어간 글자들이 있는데, 이 글자들은 입과는 상관없는 글자입니다.

물건 품(品)자는 여러 개의 물건을 쌓아 놓은 모습니다. 물건의 등급(等級)이란 뜻도 있습니다. 골품제도(骨品制度)는 '신라 시대에 신분을 성골(聖骨), 진골(眞骨), 육두품(六頭品)으로 나눈 제도(制度)'이고, 육두품(六頭品)은 '여섯(六) 가지로 나눈 머리(頭)의 등급(品)'입니다. 통일신라 시대의 독서삼품과(讀書三品科)는 '책(書)을 읽을(讀) 수 있는 능력에 따라 세(三) 가지 등급(品)으로 나누는 과거(科擧) 제도'입니다. 옛날에는 글만 읽을 줄 알아도 공무원이 되었습니다.

나눌 구(區)자는 '창고(匸) 속에 물건(品)을 종류에 따라 구분하여 나누어 놓다'는 뜻입니다. 구역(區域)은 '나누어(區) 놓은 지역(域)'이고, 구청(區廳)은 '행정구역인 구(區)를 관장하는 관청(廳)입니다.

임할 림(臨)자에서 '임하다'는 '어떤 사태나 일에 직면하다'는 뜻입니다. 이 글자는 원래 '엎드려(臥) 눈(臣)으로 내려다보다'는 뜻입니다. 이후 '눈으로 내려다보다→눈앞에 직면하다→임하다'는 뜻이 생겼습니다. 신라 화랑들의 세속오계에 나오는 임전무퇴(臨戰無退)는 '전쟁(戰)에 임(臨)해서는 물러남(退)이 없다(無)'는 뜻입니다.

새떼로울 조(喿)자는 나무(木) 위에서 여러 마리의 새 떼가 입들(品)을 벌리며 우는 모습입니다. 이 글자는 독자적으로 사용되지 않고 손 수(扌)자를 만나면 (손으로) 잡을 조(操), 불 화(火)자를 만나면 (불로) 마를 조(燥)자가 됩니다.

암 암(癌)자는 '몸속에 바위(嵒)처럼 딱딱한 종양이 있는 병(疒)이 암(癌)이다'는 뜻으로 만든 글자입니다. 바위 암(嵒)자는 산(山) 위에 있는 바위들(品)의 모습입니다.

가로 왈(曰)
입과 소리의 모습

가로 왈(曰)자의 가로는 '가로와 세로'의 가로가 아니고, '말하다'를 예스럽게 이르는 말로, '가로되', '가라사대'로 사용됩니다. '공자 가라사대...'는 '공자께서 말씀하시기를...'이란 뜻입니다. 가로 왈(曰)자는 '입(口)으로 말하다'는 뜻으로, 말할 때 나는 소리를 표시하기 위해 입(口) 위에 한 일(一)자를 추가하였습니다. 가로 왈(曰)자는 말과 관련되는 글자에 들어갑니다.

### 가로 왈(曰)자가 들어가는 글자

**替** 바꿀 체 ⓒ 替
가로 왈(曰) +
하품 흠(欠→夫) X 2

**昌** 창성할 창 ⓒ 昌
날 일(日) + 가로 왈(曰)

**曷** 어찌 갈 ⓒ 曷]
가로 왈(曰) + 빌 개(匃)

**謁** 뵐/아뢸 알 ⓒ 谒
말씀 언(言) +
[어찌 갈(曷)→알]

바꿀 체(替)자의 상형문자를 보면 입을 크게 벌린 두 명의 사람(欠欠→夫夫) 아래에 가로 왈(曰)자가 합쳐져 있습니다. 두 사람이 큰 소리로 임무를 교대하고 있는 모습에서 '교체(交替)하다, 바꾸다'라는 의미가 생겼습니다.

창원시(昌原市), 평창군(平昌郡), 창녕군(昌寧郡) 등 지명에 많이 사용되는 번창할 창(昌)자의 상형문자를 보면 날 일(日)자가 두 개 모인 것이 아니라, 날 일(日)자와 가로 왈(曰)자가 합쳐져 있는 글자라는 것을 알 수 있습니다. '말(曰)을 햇볕(日)처럼 번창(繁昌)하게 하다'는 뜻입니다.

어찌 갈(曷)자는 '빌듯이(匃) 말하다(曰)'는 뜻에서 '아뢰다'는 의미가 생겼습니다. 나중에 가차되어 '어찌'라는 뜻으로 사용되면서, 원래의 뜻을 살리기 위해 말씀 언(言)자를 붙여 뵐/아뢸 알(謁)자가 만들어졌습니다. 높은 사람을 뵙는 것을 알현(謁見)이라고 합니다.

### 가로 왈(曰)자가 변한 흰 백(白)

**白** 흰 백 ⓒ 白
흰 해골이나 쌀알 모습

**習** 익힐 습 ⓒ 习
깃 우(羽) + 흰 백(白)

**皆** 다 개 ⓒ 皆
견줄 비(比) + 흰 백(白)

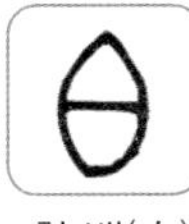
흰 백(白)

정확한 어원을 알 수 없는 흰 백(白)자는 하얀 해골, 쌀알, 도토리, 촛불, 엄지손가락 등등, 여러가지 해석이 있습니다. 하지만 가로 왈(曰)자와 닮아서, 가로 왈(曰)자처럼 '말하다'는 뜻으로 사용되기도 합니다. 고백(告白)은 '마음속의 이야기를 숨김없이 알려주려고(告) 말하다(白)'는 뜻입니다. 또 연극에서 독백(獨白)은 '혼자서(獨) 말하다(白)'는 뜻이고, 방백(傍白)은 '곁(傍)에 있는 방청객(傍聽客)에게 말하다(白)'는 뜻으로, 극중 인물이 상대역과 대화 중에 관객에게는 들리지만 상대역에게는 들리지 않는다는 설정 하에 이야기하는 대사를 말합니다.

중국의 회화체 언어를 백화(白話)라고 부르는데, 이때 백(白)자도 '말하다'는 뜻입니다. 중국에서 백화는 종들의 언어라 하여 멸시했는데, 청나라 말기에는 이러한 백화로 글을 쓰자는 백화운동(白話運動)이 일어났습니다. 4천년간 내

백화운동을
전개한 루쉰

려온 중국의 식인(食人) 풍습을 비판한 노신(魯迅, 루쉰)의 소설 《광인일기(狂人日記)》가 백화소설의 대표작입니다. 화백회의(和白會議)는 '화목(和)하게 말하는(白) 회의(會議)'라는 뜻으로, 국가의 중대한 일을 만장일치로 결정한 신라의 귀족회의입니다. 또 만장일치가 되도록 '화목한 분위기에서 서로가 하고 싶은 말을 다하다'는 뜻으로 화백회의라는 이름이 붙었습니다.

익힐 습(習)자는 '태어나서 날지 못하는 새끼 새가 날개(羽)를 퍼덕이며 나는 법을 익히고, 아기가 말(白)을 여러 번 반복하며 익히다'는 뜻으로 만든 글자입니다. 예습(豫習)은 '앞으로 배울 것을 미리(豫) 익히다(習)'는 뜻이고, 복습(復習)은 '배운 것을 다시(復) 익히다(習)'는 뜻입니다.

다 개(皆)자는 '두 사람(比)이 함께 말하다(白)'는 뜻에서 '함께, 모두, 다'라는 뜻이 생겼습니다. 하루도 빠지지 않고 모두 다 출석할 때 주는 상을 개근상(皆勤賞)이라고 합니다. 국민개병제(國民皆兵制)는 '국민(國民)들이 모두 다(皆) 병역(兵) 의무를 지는 제도(制)'입니다. 개기일식(皆既日蝕)은 '해가 달에 가려 모두 다(皆) 없어지는(旣) 일식(日蝕)'입니다.

달 감(甘)
입과 혀의 모습

달 감(甘)자의 상형문자는 입 구(口)자 중앙에 한 일(一)자가 있는 모습입니다. 한 일(一)자는 맛있는 음식을 느끼는 혀의 모습입니다. 즉 달 감(甘)자는 음식의 맛이 달아 입(口)에서 혀(一)를 빼내어 물고 있는 모습입니다. '달다'는 뜻은 '설탕처럼 달다'는 뜻도 있지만, '맛이 좋다'는 뜻도 있습니다. 달 감(甘)자는 두 가지 뜻을 모두 가지고 있습니다.

### 달 감(甘)자가 들어가는 글자

**某** 아무 모 ⓩ 某
나무 목(木) + 달 감(甘)

**庶** 여러 서 ⓩ 庶
집 엄(广) + 달 감(甘) + 불 화(灬)

아무 모(某)자는 나무(木)에 맛있는(甘) 매실이 열려 있는 모습입니다. 따라서 원래의 의미는 매화나무입니다. 가차되어 '아무'라는 뜻이 생겼습니다. 모씨(某氏)란 아무개라는 의미입니다. 신문기사에서 사람의 이름을 밝히는 것이 곤란한 경우 아무개 혹은 모씨(某氏)라고 표현합니다.

여러 서(庶)자는 돌집 엄(广), 달 감(甘)자의 변형 자, 불 화(灬)자가 합쳐진 글자로, '맛있는(甘) 음식과 따뜻한 불(灬)이 있는 집(广)안에 여러 사람이 모여 있다'는 뜻입니다. 서민(庶民)은 '여러(庶) 백성(民)'이란 뜻으로, 보통 사람을 일컫는 말입니다.

甚 심할 심 ⓖ 甚
달 감(甘) + 짝 필(匹)

柑 감귤 감 ⓖ 柑
나무 목(木) + [달 감(甘)]

사서삼경 중 하나인 《예기(禮記)》에 "음식(飮食)과 남녀(男女)에 인간의 가장 큰 욕망이 존재하나니(飮食男女, 人之大欲存焉)"라는 말이 있습니다. 즉 맛있는 음식(飮食)을 먹는 것과 남녀(男女)가 짝을 찾는 것은 인간의 가장 큰 욕망이라는 뜻입니다. 심할 심(甚)자는 달 감(甘)자와 짝 필(匹)이 합쳐진 글자입니다. 즉 '맛난 것(甘)과 짝(匹)은 심히 즐겁다'라는 데에서 '심하다'는 뜻이 생겼습니다.

달 감(甘)자가 소리로 쓰이는 경우도 있습니다. 나무 목(木)자에 달 감(甘)자가 합해져서 감귤나무 감(柑)자가 되는데, 감귤(柑橘)은 제주도의 특산물입니다.

## 가로 왈(曰)자로 변형된 달 감(甘)

魯 노나라 노 ⓖ 鲁
물고기 어(魚) + 달 감(甘→曰)

厭 싫을 염 ⓖ 厌
[기슭 엄(厂)→염] + 개 견(犬) + 달 감(甘→曰) + 고기 육(肉/月)

旨 뜻/맛있을 지 ⓖ 旨
달 감(甘→曰) + 비수 비(匕)

嘗 맛볼 상 ⓖ 尝 ⓐ 甞
뜻/맛있을 지(旨) + [오히려 상(尙)]

脂 기름 지 ⓖ 脂
고기 육(肉/月) + [뜻/맛있을 지(旨)]

香 향기 향 ⓖ 香
벼 화(禾) + 달 감(甘→曰)

달 감(甘)자의 상형문자를 보면 가로 왈(曰)자와 비슷해서 가로 왈(曰)자로 변형되어 쓰이기도 했습니다. 그런 글자의 예를 살펴보면, 공자가 태어났던 나라가 노(魯)나라입니다. 노(魯)나라는 중국 동쪽 해안에 위치하여 '맛있는(甘→曰) 물고기(魚)가 많이 난다'는 뜻으로 노나라 노(魯)자가 만들어졌습니다.

싫을 염(厭)자는 '개(犬)가 맛있는(甘→曰) 고기(肉/月)를 실컷 먹어 싫증이 나다'는 뜻입니다. 싫증을 염증(厭症)이라고도 합니다. 염세주의(厭世主義)는 '세상(世)을 싫어하는(厭) 주의(主義)'로, 낙관주의(樂觀主義)의 반대입니다.

뜻 지(旨)자는 '숟가락(匕)으로 단(甘→曰) 음식을 먹으니 맛있다'는 뜻입니다. 비수 비(匕)자는 숟가락의 상형입니다. 나중에 가차되어 '뜻'이란 의미가 추가되었습니다. 취지(趣旨), 요지(要旨), 논지(論旨)는 뜻으로 사용된 예입니다.

맛있을 지(旨)자에 소리를 나타내는 오히려 상(尙)자를 추가하면 맛볼 상(嘗)자가 됩니다. 와신상담(臥薪嘗膽)은 중국 춘추 시대 오나라의 왕 부차(夫差)가 아버지의 원수를 갚기 위하여 섶나무(薪) 장작더미 위에서 잠을 자며(臥) 월나라의 왕 구천(句踐)에게 복수할 것을 맹세하였고, 그에게 패배한 월나라의 왕 구천이 쓸개(膽)를 맛보면서(嘗) 복수를 다짐한 데서 유래합니다.

맛있을 지(旨)자에 고기 육(肉/月)자를 합치면 기름 지(脂)자가 됩니다. '고기(肉/月)에서 맛있는(旨) 부분은 기름이다'는 뜻입니다. 탄수화물, 단백질과 함께 3대 영양소 중 하나인 지방(脂肪)은 '기름(脂)과 기름(肪)'이란 뜻입니다.

향기 향(香)자는 '벼(禾)로 밥을 지을 때 나는 달콤한(甘→曰) 냄새가 향기(香氣)다'는 뜻입니다. 고대 중국인들에게 밥 냄새는 달콤한 향기(香氣)였습니다.

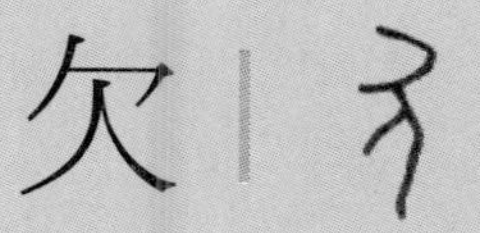

하품 흠(欠)
입을 크게 벌린
사람의 모습

하품 흠(欠)자의 상형문자를 살펴보면 아래쪽은 사람 인(人)자이고, 글자 윗부분이 크게 벌리고 하품하는 입의 모습입니다. 사람이 피곤하면 하품을 하기 때문에, 흠(欠)자는 '하품→부족하다→모자라다→결함→이지러지다' 등의 뜻이 생겼습니다. 물건이나 사람에 결함이 있는 것을 '흠이 있다'고 말하는데, 이때 '흠'이 하품 흠(欠)자입니다. 따라서 하품 흠(欠)자는 '흠(欠)이 있다'는 뜻의 글자에도 들어갑니다.

### 입을 벌리고 하는 행동

**歌** 노래 가 ⓒ 歌
하품 흠(欠) +
[성/소리 가(哥)]

**欺** 속일 기 ⓒ 欺
하품 흠(欠) + [그 기(其)]

**飮** 마실 음 ⓒ 饮
먹을 식(食) +
[하품 흠(欠)→음]

**吹** 불 취 ⓒ 吹
입 구(口) + 하품 흠(欠)

**炊** 불 땔 취 ⓒ 炊
불 화(火) + 하품 흠(欠)

가수(歌手), 국가(國歌), 교가(校歌) 등에 들어가는 노래 가(歌)자는 '하품(欠) 하듯이 입을 크게 벌려 소리(哥)를 지르며 노래를 하다'는 뜻입니다. 가극(歌劇)은 '대사 대신 노래(歌)를 부르는 연극(演劇)'으로, 서양의 오페라(opera)를 말합니다.

사기(詐欺), 기만(欺瞞) 등에 들어가는 속일 기(欺)자는 '하품(欠) 하듯이 입을 크게 벌려 그럴 듯하게 이야기하면서 남을 속이다'는 뜻입니다.

마실 음(飮)자는 '하품(欠) 하듯이 입을 크게 벌리고 먹다(食)'는 뜻입니다. 음복(飮福)은 '복(福)을 마시다(飮)'는 뜻으로, 제사를 지내고 나서 제사 음식(飮飾)을 나누어 먹는 것을 말합니다. 옛날 사람들은 제사 음식에는 복(福)이 깃든다고 생각하였습니다.

불 취(吹)자는 '하품(欠) 하듯이 입(口)을 크게 벌리고 불다'는 뜻입니다. 취타(吹打)는 '나발을 불고(吹) 북을 치다(打)'는 뜻으로, 군대에서 나발, 소라 등을 불고, 징, 북 등을 치는 일이나 그 일을 담당한 군악대를 말합니다. 취송류(吹送流)는 '바람이 불어(吹) 보내는(送) 해류(海流)'입니다.

지금도 농촌 일부 지역에서는 나무로 불을 때어 밥을 하는데, 처음 불을 붙일 때 입으로 세게 불어서 불을 붙입니다. 불땔 취(炊)자는 '하품(欠) 하듯이 입을 크게 벌리고 불어서 불(火)을 때다'는 뜻입니다. 이후 '불을 때다→(입으로) 불다→ (밥을) 짓다' 등의 뜻이 생겼습니다. 자취생(自炊生)은 '스스로(自) 밥을 짓는(炊) 학생(生)'이란 뜻으로, 하숙집이나 기숙사 같은 데에 들지 않고, 자기가 손수 밥을 지어 먹으며 다니는 학생입니다. 군대의 취사병(炊事兵)는 '밥을 짓는(炊) 일(事)을 하는 병사(兵)'입니다.

### 감정의 표현

**歎** 탄식할 탄 중 叹
하품 흠(欠) +
[진흙 근(堇)→탄]

**歡** 기쁠 환 중 欢 약 欢
하품 흠(欠) +
[황새 관(雚)→환]

**欲** 하고자할 욕 중 欲
하품 흠(欠) + [골 곡(谷)→욕]

**慾** 욕심 욕 중 欲
마음 심(心) +
[하고자할 욕(欲)]

탄식(歎息), 감탄(感歎), 한탄(恨歎) 등에 들어가는 탄식할 탄(歎)자는 '하품(欠) 하듯이 입을 크게 벌리고 어려움(堇)을 탄식(歎息)하다'는 뜻입니다. 탄식할 탄(歎)자에 들어 있는 진흙 근(堇)자는 묶인 채로 불에 타고 있는 사람의 모습을 본떠 만든 글자로, '어렵다'는 뜻을 가진 글자입니다.

환영(歡迎), 환호(歡呼), 환희(歡喜) 등에 사용되는 기쁠 환(歡)자는 '하품(欠) 하듯이 입을 크게 벌리고 기뻐하다'는 뜻입니다.

욕심(欲心/慾心)과 욕망(欲望/慾望)에 사용되는 하고자할 욕(欲)자는 '하품(欠) 하듯이 입을 크게 벌리고 욕심(欲心)을 내며 하고자 한다'는 뜻입니다. 나중에 뜻을 분명히 하기 위해 마음 심(心)자가 붙어 욕심 욕(慾)자가 되었습니다. 욕구불만(欲求不滿)은 '하고자 하거나(欲) 구하는(求) 것이 채워지지(滿) 않는다(不)'는 뜻입니다.

### 기타

**欮** 숨찰 궐 중 欮
거스를 역(屰) + 하품 흠(欠)

**軟** 연할 연 중 软
수레 차/거(車) +
[하품 흠(欠)→연]

**次** 버금 차 중 次
하품 흠(欠) + 물 수(氵→冫)

**恣** 방자할 자 중 恣
마음 심(心) +
[버금 차(次)→자]

**盜** 도둑 도 중 盗
그릇 명(皿) + 물 수(氵) +
하품 흠(欠)

숨찰 궐(欮)자는 거꾸로 서있는 사람(屰)이 숨쉬기가 힘들어 입을 크게 벌리고(欠) 숨을 쉬는 모습입니다. 이 글자는 독자적으로는 거의 사용되지 않고 다른 글자 내에서 소리로 사용됩니다. 그 궐(厥)자와 집 궐(闕)자가 그런 예입니다.

연할 연(軟)자는 '수레(車)에 흠(欠)이 있어 이지러지니 연약(軟弱)하다'는 뜻입니다. 이후 '연약(軟弱)하다→연(軟)하다→부드럽다'는 뜻이 생겼습니다. 연금(軟禁)은 '부드러운(軟) 감금(禁)'이란 뜻으로, 일정한 장소 내에서는 신체의 자유를 허락하는, 정도가 비교적 가벼운 감금을 말합니다. 가택연금(家宅軟禁)은 살고 있는 집에 연금시키는 것을 말합니다.

버금 차(次)자는 원래 하품(欠) 하듯이 입을 크게 벌리고 침(氵→冫)을 튀겨가면서 자랑하듯이 이야기를 하는 건방지고 방자한 모습에서 '방자(放恣)하다'는 뜻을 가졌습니다. 이후 가차되어 버금(으뜸의 다음)이란 뜻으로 사용되자 원래의 뜻을 분명히 하기 위해 마음 심(心)자를 붙여 방자할 자(恣)자가 되었습니다. 이후 버금 차(次)자에는 '버금→다음→차례(次例)→줄지어 세우다' 등의 뜻이 생겼습니다. 차세대(次世代)는 '다음(次) 세대(世代)'입니다.

도둑 도(盜)자는 '밥그릇(皿)을 보고 침(氵)을 흘리며 입을 크게 벌리고 서 있는 사람(欠)이 도둑이다'는 뜻입니다. 옛날에는 배가 고파 밥을 훔쳐가는 도둑이 많았습니다. 포도청(捕盜廳)은 '도둑(盜)을 체포(逮捕)하는 관청(廳)'입니다.

# 사람 3-7 말과 소리

말씀 언(言) | 소리 음(音)

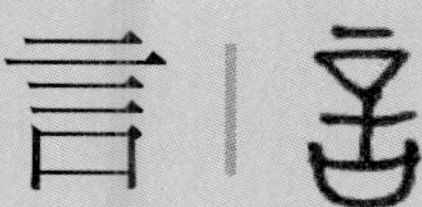

말씀 언(言)
입과 혀와 소리의 모습

말씀 언(言)자의 상형문자를 보면 혀 설(舌)자와 소리 음(音)자의 중간쯤 되는 형태입니다. 따라서 입(口)과 입에서 나온 혀를 본떠 만든 글자라는 설과 함께, 입(口)과 입에 물고 있는 나팔을 본떠 만든 글자라는 설도 있습니다. 혀 설(舌)자의 상형문자를 보면 전자의 의미가, 소리 음(音)의 상형문자를 보면 후자의 의미가 맞는 것 같습니다. 언문일치(言文一致)는 '말(言)과 글(文)이 일치(一致)하다'는 뜻으로, 실제로 쓰는 말과 그 말을 적은 글이 일치하는 것을 일컫습니다. 우리나라에서는 1865년 유길준의 《서유견문(西遊見聞)》의 서문에 언문일치 주장이 처음으로 나타나며, 중국에서는 1917년 1월 중국의 호적(胡適, 후스) 등이 처음으로 주장하였고, 이를 백화운동(白話運動)이라고 불렀습니다.

### 말과 관련되는 글자

**詞** 말 사 ⓒ 词
말씀 언(言) + [맡을 사(司)]

**談** 말씀 담 ⓒ 谈
말씀 언(言) + [아름다울 담(炎)]

**說** 말씀 설, 달랠 세, 기쁠 열 ⓒ 说
말씀 언(言) + [날카로울 예(兌)→열]

**語** 말씀 어 ⓒ 语
말씀 언(言) + [나 오(吾)→어]

**話** 말씀 화 ⓒ 话
말씀 언(言) + 혀 설(舌)

명사(名詞), 동사(動詞), 형용사(形容詞), 부사(副詞) 등에 사용되는 말 사(詞)자는 말이라는 뜻뿐만 아니라 글이나 문장이라는 뜻도 가지고 있습니다. 〈태평사(太平詞)〉는 '태평(太平) 시절을 노래하는 말(詞)'로, 조선 선조 31년(1598년)에, 박인로(朴仁老, 1561~1642년)가 지은 가사(歌辭)입니다.

말씀 담(談)자는 '인간의 말(言)이 아름답다(炎)'는 뜻입니다. 소리로 사용되는 아름다울 담(炎)자는 불꽃 염(炎)자로 더 잘 알려져 있습니다. 담화체(談話體)는 '말하고(談) 말하는(話) 문체(體)'로, 서로 대화(對話)하는 형식으로 된 문체입니다. 대화체(對話體)와 같은 말입니다.

말씀 설(說)자에 들어가는 날카로울 예(兌)자는 바꿀 태(兌)나 기쁠 태(兌)자도 됩니다. 전설(傳說)은 '전해(傳) 내려오는 말(說)'입니다.

말씀 설(說)자는 달랠 세(說)와 기쁠 열(說)자도 됩니다. 달랠 세(說)자는 '말(言)로 상대방 마음을 바꾸도록(兌) 달래거나 설득하다'는 뜻입니다. 선거의 유세(遊說)는 '선거 때 돌아다니며(遊) 유권자들을 설득하는(說) 일'입니다.

기쁠 열(說)자는 '말(言)을 하거나 들을 때 기쁘다(兌)'는 뜻입니다. 학이시습지불역열호(學而時習之不亦說乎)는 '배우고(學而) 때때로(時) 익히면(習之) 또한(亦) 기쁘지(說) 아니한가(不乎)'라는 뜻으로 《논어(論語)》의 처음에 나옵니다.

말씀 어(語)자에 들어 있는 나 오(吾)자는 원래 '입(口)으로 글을 읽는 소리'를 뜻하는 글자입니다. 나중에 '나'라는 뜻으로 가차되어 사용되면서 원래의 뜻을 살리기 위해 말씀 언(言)자가 추가되어 말씀 어(語)자가 되었습니다. 어불성설(語不成說)은 '입으로 하는 말(語)이 말(說)을 이루지(成) 않는다(不)'는 뜻으로, 하는 말이 조금도 사리에 맞지 않음을 일컫는 말입니다.

말씀 화(話)자는 '혀(舌)로 말(言)을 하거나 이야기를 하다'는 뜻입니다. 인간은 혀가 없으면 말을 할 수가 없습니다. 설화(說話)는 '말(說)로 구전되는 이야기(話)'로, 전설(傳說), 신화(神話), 민담(民談) 등이 설화입니다.

### 공부(1)

**訓** 가르칠 훈 ⓩ 训
말씀 언(言) + [내 천(川)→훈]

**講** 익힐 강 ⓩ 讲
말씀 언(言) + [쌓을 구(冓)→강]

**認** 알 인 ⓩ 认
말씀 언(言) + [참을 인(忍)]

**誦** 욀 송 ⓩ 诵
말씀 언(言) + [길 용(甬)→송]

가르칠 훈(訓)자는 '말(言)을 물 흐르듯이(川) 하며 가르치다'는 뜻입니다. 또 '(가르치기 위해) 뜻을 해석하다'는 뜻도 있습니다. 훈련(訓鍊)은 '가르치고(訓) 단련하다(鍊)'는 뜻이고, 한자의 훈음(訓音)은 '한자의 뜻을 해석한(訓) 것과 소리(音)'라는 뜻입니다. 훈고학(訓詁學)은 '옛말(詁)의 뜻을 해석하는(訓) 학문(學)'으로, 중국에서 옛말을 연구하여 문장을 바르게 해석하고 고전(古典) 본래의 사상을 이해하려는 학문입니다.

익힐 강(講)자는 원래 '말(言)로 들은 것을 머릿속에 쌓아(冓) 외우다'는 뜻입니다. 이후 '외우다→익히다→배우다→설명하다→강의(講義)하다'는 뜻도 생겼습니다. 강의(講義), 강습(講習), 강사(講師) 등이 그러한 예입니다. 또 '화해하다'는 뜻도 있음에 주의해야 합니다. 강화조약(講和條約)은 '화해하고(講) 화목하도록(和) 맺는 조약(條約)'입니다.

인식(認識), 확인(確認), 인정(認定), 오인(誤認), 승인(承認) 등에 사용되는 알 인(認)자는 '말(言)을 해서 알다'는 뜻입니다. 이후 '알다→인식(認識)하다→인정(認定)하다' 등의 뜻도 생겼습니다. 공인중계사, 공인기록 등의 공인(公認)은 '국가나 공공단체에서 공식적으로(公) 인정하여(認) 증명한 것'입니다.

욀 송(誦)자는 원래 '입으로 말하다(言)'는 뜻입니다만, 이후 '말하다→읽다→외다' 등의 뜻이 생겼습니다. 옛 사람들은 글을 외우기 위해서는 책을 여러 번 읽었기 때문입니다. 암송(暗誦)은 '어둡게(暗) 하고 외다(誦)'는 뜻으로, 책을 보지 않고 글을 외는 것을 말합니다. 애송시(愛誦詩)는 '사랑하여(愛) 늘 즐겨 외는(誦) 시(詩)'입니다.

공부(2)

試 시험 시 ⓢ 试
말씀 언(言) + [법 식(式)→시]

計 셀 계 ⓢ 计
말씀 언(言) + 열 십(十)

讀 읽을 독, 구두 두
ⓢ 读 ⓙ 読
말씀 언(言) +
[팔고 다닐 독(賣)]

論 논할 론 ⓢ 论
말씀 언(言) +
[둥글 륜(侖)→론]

評 평론할 평 ⓢ 评
말씀 언(言) + [평평할 평(平)]

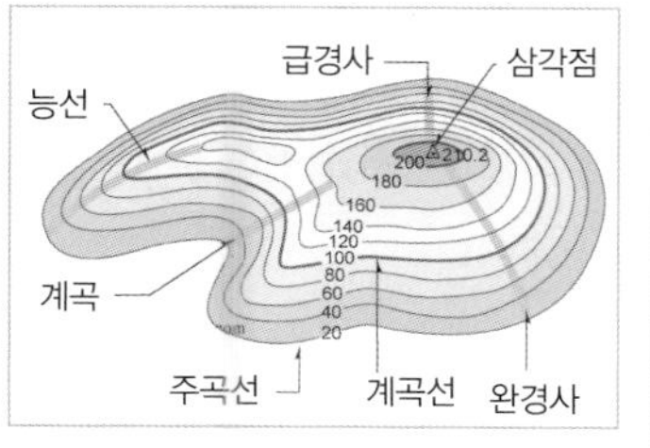


등고선의 개수를 세기 쉽게
그려 놓은 계곡선

지금은 종이에 글을 쓰는 시험(試驗)이 대부분이지만, 예전에는 종이가 귀해 입으로 말하는 시험이 대부분이었습니다. 시험 시(試)자는 '말(言)로 법(式)을 얼마나 아는지 시험을 치르다'는 뜻입니다. 시사회(試寫會), 시운전(試運轉), 시식(試食), 시음(試飮), 시연(試演) 등은 모두 '시험삼아~'라는 뜻을 가지고 있습니다. 시금석(試金石)은 '쇠(金)를 시험하는(試) 돌(石)'이란 뜻으로, 귀금속의 순도를 판정하는 데 쓰이는 암석(岩石)입니다. 역량이나 가치를 판정하는 기준이 되는 기회나 사물을 비유적으로 이르기도 합니다.

셀 계(計)자는 '십(十)까지 말(言)을 할 수 있으니 숫자를 셀 수 있다'는 뜻입니다. 수를 헤아릴 수 있으니 '계산(計算)하다'는 뜻도 있습니다. 계곡선(計曲線)은 '등고선의 개수를 세기(計) 쉽도록 그려놓은 곡선(曲線)'으로, 5개마다 굵은 선으로 표시한 등고선입니다. 수학에 나오는 통계(統計)는 '합쳐서(統) 세다(計)'는 뜻입니다.

독서(讀書)에 들어가는 읽을 독(讀)자는 구두 두(讀)자로도 사용됩니다. 이때 구두(句讀)는 발에 신는 구두가 아니고, 글을 쓸 때 문장을 읽기 쉽게 부호나 말을 쓰는 것을 말합니다. 예를 들어 문장에 사용하는 마침표나 쉼표를 구두점(句讀點)이라고 합니다. 신라 때에 설총이 만든 것으로 추측하는 이두(吏讀)는 '관리(吏)들이 사용한 구두(讀)법'이란 뜻으로, 한자의 음과 뜻을 빌려 우리말을 적은 표기법입니다. 우리말에만 있는 조사(~는, ~를, ~에게)나 어미(~다, ~며, ~고)를 한자를 사용하여 쉽게 읽을 수 있도록 하였습니다.

논할 론(論)자는 '말(言)로 책(侖)에 대해서 논하다'는 뜻입니다. 둥글 륜(侖)자는 모을 집(亼)자와 책 책(冊)자가 합쳐진 글자로, 죽간으로 된 책(冊)을 둥글게 말아 모아 놓은(亼) 모습입니다. 사서삼경 중의 하나인 《논어(論語)》는 '토론(論)과 말씀(語)'이란 뜻으로, 공자(孔子)의 가르침을 전하는 책입니다. 책의 형식이 공자와 그 제자들이 토론(討論)한 내용과 공자가 남긴 말씀이 실려 있습니다. 그래서 책 이름이 '논어'가 되었습니다. '물론 나도 가야지'의 물론(勿論)은 '말할(論) 것도 없다(勿)'는 뜻이로, '누구를 막론하고'의 막론(莫論)은 '말할(論) 것조차 없다(莫)'는 뜻입니다.

평론할 평(評)자는 '말(言)로 공평하게(平) 평론(評論)하다'는 뜻입니다. 비평(批評), 평가(評價), 평판(評判) 등에 사용됩니다.

### 시와 노래

詩 시 시 ⓢ 诗
말씀 언(言) + [모실 시(寺)]

調 고를/가락 조 ⓢ 调
말씀 언(言) + [두루/골고루 주(周)→조]

謠 노래 요 ⓢ 谣
말씀 언(言) + [질그릇 요(䍃)]

詠 읊을 영 ⓢ 咏
말씀 언(言) + [길 영(永)]

요즘의 시(詩)는 주로 눈으로 읽지만, 옛날에는 노래로 부르기 위해 만들었습니다. 시 시(詩)자는 '말(言)로 시를 읊다'는 뜻입니다. 정형시(定型詩)는 '형식(型)이 정해진(定) 시(詩)'로, 우리나라의 시조가 대표적인 정형시입니다.

고를 조(調)자는 원래 '말(言) 소리를 고르게(周)하다'는 뜻입니다. '고르다→조율(調律)하다→(노래나 음악의) 가락'이란 뜻이 생겼습니다. 곡조(曲調)는 '가락(曲)과 가락(調)'이란 뜻이고, 시조(詩調)는 '시(詩)의 가락(調)' 혹은 '가락(調)이 있는 시(詩)'란 뜻입니다.

노래 요(謠)자는 '말(言)로 노래를 부르다'는 뜻입니다. 동요(童謠)는 '아이(童)들의 노래(謠)'이고, 민요(民謠)는 '백성(民)들의 노래(謠)'입니다.

읊을 영(詠)자는 '말(言)로 시 등을 읊다'는 뜻입니다. 영가(詠歌)는 '노래(歌)를 읊다(詠)'는 뜻으로, 갑오개혁 이후에 발생한 근대 음악 형식의 하나입니다. 서양 악곡의 형식을 빌려 지은 간단한 노래로 창가(唱歌)라고도 합니다. 영탄법(詠歎法)은 '읊거나(詠) 탄식하여(歎) 강조하는 방법(法)'으로, 감탄사나 감탄조사 따위를 이용하여 기쁨, 슬픔, 놀라움과 같은 감정을 나타내는 수사법입니다. '아!', '슬프도다!' 등이 그런 예입니다.

### 말을 기록하거나 번역함

記 기록할 기 ⓢ 记
말씀 언(言) + [몸 기(己)]

誌 기록할 지 ⓢ 志
말씀 언(言) + [뜻 지(志)]

譯 번역할 역 ⓢ 译 ⓨ 訳
말씀 언(言) + [엿볼 역(睪)]

기록할 기(記)자는 '사람의 말(言)을 기록(記錄)하다'는 뜻입니다. 일기(日記)는 '날마다(日) 적는 기록(記)'이고, 사서삼경 중 하나인 《예기(禮記)》는 '고대 중국의 관혼상제 등의 예법(禮法)을 기록한(記) 책'입니다.

기록할 지(誌)자는 '사람의 뜻(志)이나 말(言)을 기록하다'는 뜻입니다. 동인지(同人誌)는 '어떤 일에 뜻을 같이하여(同) 모인 사람(人)들이 기록하여(誌) 만든 책'으로, 일반적으로 출판되는 책과 달리 자신의 돈을 들여 출간합니다. 잡지(雜誌)는 '여러가지 기사를 섞어(雜) 기록한(誌) 책'입니다.

번역할 역(譯)자는 '말(言)로 통역(通譯)하거나 번역(飜譯)한다'는 뜻입니다. 역관(譯官)은 '통역이나 번역(譯)을 하는 관리(官)'로, 고려와 조선 시대에 외국어의 번역 및 통역에 관한 일을 맡아보던 관리입니다. 역어체(譯語體)는 '한문을 번역할(譯) 때 쓰는 말(語)의 문체(體)'로, 《훈민정음언해》나 《두시언해》와 같은 것이 대표적인 역어체입니다.

### 재판과 관련한 글자

**訟** 송사할 송 ㊥ 讼
말씀 언(言) +
[공평할 공(公)→송]

**訴** 하소연할 소, 헐뜯을 척 ㊥ 诉
말씀 언(言) + [물리칠 척(斥)]

**辯** 말잘할 변 ㊥ 辩
말씀 언(言) +
[죄인서로송사할 변(辡)]

**獄** 옥 옥 ㊥ 狱
말씀 언(言) +
개가싸울 은(犾)

**證** 증거 증 ㊥ 证 ㊥ 証
말씀 언(言) +
[오를 등(登)→증]

잘잘못을 가리는 재판에서는 말이 오갑니다. 따라서 재판에 관련되는 글자에는 말씀 언(言)자가 들어갑니다.

송사(訟事)는 백성끼리 분쟁이 있을 때 관청에 호소하여 판결을 구하던 재판을 말합니다. 송사할 송(訟)자는 '말(言)로 공평함(公)을 가리다'는 뜻입니다. 소송(訴訟)은 '하소연하고(訴) 송사하다(訟)'는 뜻으로, 재판을 거는 것입니다.

헐뜯을 척(訴)자는 '힘이 아닌 말(言)로 헐뜯어 물리치다(斥)'는 뜻입니다. 나중에 헐뜯으면서 억울함을 하소연할 소(訴)자가 되었습니다. 또, '하소연하다→호소(呼訴)하다→고소(告訴)하다→송사(訟事)' 등의 뜻이 생겼습니다. 민사소송(民事訴訟)은 '백성(民)의 일(事)에 대한 소송(訴訟)'으로, 개인과 개인이 다투는 사건입니다. 예를 들어 돈을 빌려 주었는데 돌려받지 못했거나, 다른 사람에 의해 억울하게 명예를 손상 당하는 사건에 대한 재판 절차입니다. 형사소송(刑事訴訟)은 '형벌(刑)을 줄 일(事)에 대한 소송(訴訟)'으로, 다른 사람을 때리거나 물건을 훔치는 등 형벌 법규를 위반한 사람에게 형벌을 부과하기 위한 재판 절차입니다. 이때 고발을 당하는 범죄자는 피고, 검사가 원고가 됩니다.

말잘할 변(辯)자는 '두 명의 죄인(辛)이 서로 소송하여(辡) 싸울 때 말(言)을 잘해야 이긴다'는 뜻이 포함되어 있습니다. 매울 신(辛)자는 죄인에게 문신을 새기는 침을 본떠 만든 글자로 죄인이란 뜻도 있습니다. 변호사(辯護士)는 '말을 잘해(辯) 도와주는(護) 선비(士)'라는 뜻으로 재판에서 소송을 대행해 주는 사람입니다.

옥 옥(獄)자에 들어 있는 개가싸울 은(犾)자는 '개 두마리(犭, 犬)가 서로 싸우다'는 뜻을 가지고 있습니다. 여기에 말씀 언(言)자가 추가되어, '말싸움→송사(訟事)→판결(判決)→감옥(監獄)'이란 뜻이 차례로 생겨났습니다. 지옥(地獄)은 '땅(地)속의 감옥(獄)'입니다.

증거 증(證)자는 '재판정에 올린(登) 말(言)이 증거(證據)가 되다'는 뜻입니다. 실증주의(實證主義)는 '실제(實)로 증명(證)되는 지식만 인정하는 주의(主義)'로, 19세기 후반 서유럽에서 나타난 철학적 경향입니다. 형이상학적 사변(思辨: 생각으로 판별함)을 배격하고 과학적 증명을 중시하는 주의(主義)입니다.

### 말로 하는 행동(1)

**訣** (말로) 이별할 결 중 决
말씀 언(言) +
[정할 쾌(夬)→결]

**誓** (말로) 맹세할 서 중 誓
말씀 언(言) +
[꺾을 절(折)→서]

**許** (말로) 허락할 허 중 许
말씀 언(言) + [낮 오(午)→허]

**諾** (말로) 허락할 락 중 诺
말씀 언(言) +
[같을 약(若)→락]

**讚** (말로) 기릴 찬 중 赞
말씀 언(言) + [도울 찬(贊)]

경주에서 발견된
자연석 임신서기석

이별할 결(訣)자는 '말(言)로 이별을 고하다'는 뜻입니다. 결별(訣別)은 '이별하고(訣) 나누어지다(別)'란 뜻이고, 영결식(永訣式)은 '영원히(永) 이별하는(訣) 의식(式)'으로, 장례 때 친지가 모여 죽은 이와 이별하는 의식입니다. 이별할 결(訣)자는 비결(秘訣)이나 비방(祕方)이란 뜻도 있는데, 《토정비결(土亭秘訣)》은 '토정(土亭)이 지은 비밀스러운(秘) 비결(訣)'이란 뜻으로, 조선 중엽에 토정 이지함이 지은 책입니다. 연초에 일년 운수를 보는 책입니다.

맹세할 서(誓)자는 '도끼로 자르듯이(折) 말(言)로 맹세(盟誓)하다'는 뜻입니다. 임신서기석(壬申誓記石)은 '임신(壬申)년에 한 맹서(誓)를 기록(記)한 돌(石)'로, 1934년에 경주에서 발견된 비석입니다. 신라의 두 화랑이 학문에 전념할 것과 국가에 충성할 것을 맹세한 내용으로 총 74자의 한자가 새겨져 있는데, 한자 배열이 국어 문장 투로 되어 있습니다.

허가(許可), 허락(許諾), 특허(特許), 면허(免許) 등에 사용되는 허락할 허(許)자는 '말(言)로 허락(許諾)하다'는 뜻입니다. 허(許)자는 우리나라의 성씨로도 사용됩니다. 〈허생전(許生傳)〉은 '허(許)씨 성을 가진 생원(生員)의 전기(傳記)'로, 조선 영·정조 때의 실학자인 연암 박지원(朴趾源, 1737~1805년)의 한문소설이며, 《열하일기(熱河日記)》에 실려 있습니다. 생원(生員)은 조선 시대의 과거 시험 중 하나인 생원과에 합격한 사람으로, 지방에서 하급 벼슬을 하거나 성균관에 입학할 자격을 주었습니다.

허락할/대답할 락(諾)자는 '말(言)로 허락하거나 대답하다'는 뜻입니다. 허락(許諾), 수락(受諾), 승낙(承諾) 등에 사용합니다.

기릴 찬(讚)자에서 '기리다'는 '칭찬하다'는 뜻입니다. 따라서 '말(言)로 칭찬하다'는 뜻으로 만든 글자입니다. 자화자찬(自畵自讚)은 '자기(自) 그림(畵)을 자기(自)가 칭찬하다(讚)'는 뜻으로, 자기가 한 일을 자기 스스로 칭찬함을 일컫는 말입니다. 《우신예찬(愚神禮讚)》은 '어리석은(愚) 여신(神)이 자신을 예찬(禮讚)하다'는 뜻으로, 1511년에 간행된 에라스무스가 쓴 종교 비판서입니다. 우매한 여신의 자기 예찬을 빌려서 종교개혁 시대의 왕후·귀족·사제·교황, 나아가서는 인간 전체에 대한 통렬한 비판과 풍자를 하였습니다. 특히 교회의 부패를 비꼬는 내용이 많습니다. 소박한 신앙심의 부활과 자유로운 인간상의 회복을 꾀하고자 하였습니다. 〈찬기파랑가(讚耆婆郎歌)〉는 '화랑 기파랑(耆婆郎)을 기리는(讚) 노래(歌)'로, 신라 제 35대 경덕왕 때의 승려 충담사가 지은 향가입니다.

## 말로 하는 행동(2)

**譽** (말로) 기릴 예 ㊥誉 ㊐誉
말씀 언(言) + [더불 여(與)→예]

**誇** (말로) 자랑할 과 ㊥夸
말씀 언(言) + [자랑할 과(夸)]

**議** (말로) 의논할 의 ㊥议
말씀 언(言) + [옳을 의(義)]

**謀** (말로) 꾀할 모 ㊥谋
말씀 언(言) + [아무 모(某)]

**訪** (말로) 찾을 방 ㊥访
말씀 언(言) + [모 방(方)]

**課** (말로) 매길 과 ㊥课
말씀 언(言) + [열매 과(果)]

1904년 비밀리에
강제로 체결된 한일의정서

기릴 예(譽)자에 들어 있는 더불 여(與)자는 '기리다, 칭찬하다'는 뜻을 가지고 있습니다. 나중에 뜻을 분명히 하기 위해 말씀 언(言)자가 추가되었습니다. 명예(名譽)는 '이름(名)을 기리다(譽)'는 뜻으로, 세상에서 인정받는 좋은 이름이나 자랑입니다. 명예혁명(名譽革命)은 '명예(名譽)로운 혁명(革命)'으로, 1688년에 영국에서 전제왕정을 입헌군주제로 바꾸는 데 성공한 혁명입니다. 피를 흘리지 않고 평화롭게 성공하였다는 뜻으로 명예혁명이란 이름이 붙었습니다.

자랑할 과(誇)자에 들어 있는 자랑할 과(夸)자는 '크게(大) 자랑하다'는 뜻입니다. 이후 뜻을 강조하기 위해 말씀 언(言)자를 추가하여 자랑할 과(誇)자가 되었습니다. 과장(誇張)은 '자랑하고(誇) 크게 떠벌리다(張)'는 뜻으로, 지나치게 떠벌려 나타내는 것을 말합니다. 베풀 장(張)자는 '활(弓)을 길게(長) 잡아당겨 넓히다→크게 하다→크게 떠벌리다→뽐내다' 등의 뜻이 있습니다.

의논할 의(議)자는 '말(言)로 옳은지(義) 의논(議論)하다'는 뜻입니다. 의정부(議政府)는 '정사(政)를 의논(議)하는 관청(府)'을 말하며, 조선 시대 최고의 행정기관으로 영의정, 좌의정, 우의정 등 3정승(三政丞)이 의정부에 소속되어 있었습니다. 의정서(議定書)는 '의논(議)하여 정(定)한 글(書)'로, 외교적인 회의에서 의논하여 결정한 사항을 기록한 문서입니다.

꾀할 모(謀)자는 원래 '말(言)로 의논하다'는 뜻입니다. 이후 '의논하다→상의하다→(상의하여 방법을) 모색하다→도모(圖謀)하다→꾀' 등의 뜻이 생겼습니다. 무모(無謀)는 '꾀(無)가 없다(謀)'는 뜻이고, 음모(陰謀)는 '그늘(陰)의 꾀(謀)'라는 뜻으로, 남이 모르게 일을 꾸미는 나쁜 꾀입니다. 주모자(主謀者)는 '모략(謀略)이나 음모(陰謀) 등을 꾸밀 때 우두머리(主)가 되는 사람(者)'입니다.

찾을 방(訪)자는 원래 '말(言)로 묻다'는 뜻입니다. 이후 '묻다→(물어서) 조사하다→(묻기 위해) 방문(訪問)하다→(조사하기 위해) 살펴보다→찾다' 등의 뜻이 생겼습니다. 방문객(訪問客)은 '찾아와(訪) 묻는(問) 손님(客)'이란 뜻이지만, 찾아온 손님을 말합니다.

매길 과(課)자는 원래 '농사지은 결과(果)에 대해 말(言)로 세금을 매기다'는 뜻입니다. 이후 '매기다→부과(賦課)하다→세금(稅金)→(세금을 매기기 위해 분류한) 과목(科目)→과정(科程)→부서(部署)'등의 뜻이 파생되었습니다. 과세(課稅)는 '세금(稅)을 매기다(課)'는 뜻입니다. 과외공부(課外工夫)는 '정해진 과정(課) 외(外)에 하는 공부(工夫)'입니다.

## 말로 하는 행동(3)

**誘** (말로) 꾈 유 ⓒ 诱
말씀 언(言) + [빼어날 수(秀)→유]

**詐** (말로) 속일 사 ⓒ 诈
말씀 언(言) + [언뜻 사(乍)]

**謝** (말로) 사례할 사 ⓒ 谢
말씀 언(言) + [쏠 사(射)]

**讓** (말로) 사양할 양 ⓒ 让
말씀 언(言) + [도울 양(襄)]

**謂** (말로) 이를 위 ⓒ 谓
말씀 언(言) + [밥통 위(胃)]

**請** (말로) 청할 청 ⓒ 请
말씀 언(言) + [푸를 청(靑)]

**訂** (말로) 바로잡을 정 ⓒ 订
말씀 언(言) + [장정 정(丁)]

**討** (말로) 칠 토 ⓒ 讨
말씀 언(言) + 마디 촌(寸)

유혹(誘惑), 유괴(誘拐) 등에 있는 꾈 유(誘)자는 '말(言)을 빼어나게(秀) 해서 남을 꾀거나 유혹(誘惑)한다'는 뜻입니다. 유전체(誘電體)는 '전기(電)를 유인(誘引)하는 물질(體)'로, 전기장 내에 놓였을 때 표면에 전하(電荷)가 유인(誘引)되는 물체입니다.

속일 사(詐)자는 '말(言)로 속이다'는 뜻입니다. 사기(詐欺)는 '속이고(詐) 속이다(欺)'는 뜻입니다.

사례할 사(謝)자는 '말(言)로 사례하다'는 뜻입니다. 이후 '사례(謝禮)하다→감사(感謝)하다→(은혜를) 갚다→사양(辭讓)하다→사죄(謝罪)하다→사과(謝過)하다' 등의 뜻이 생겼습니다. 사은회(謝恩會)는 '스승의 은혜(恩)를 감사하기(謝) 위해 학생들이 모인 모임(會)'입니다.

사양(辭讓), 양보(讓步) 등에 사용되는 사양할 양(讓)자는 '말(言)로 사양하다'는 뜻입니다. 이후 '넘겨주다'는 뜻이 생겼습니다. 할양(割讓)은 '나누어(割) 넘겨주다(讓)'는 뜻으로, 국가 사이에 합의가 이루어져 자기 나라 영토의 일부를 다른 나라에 넘겨주는 일을 가리키고, 양위(讓位)는 '자리(位)를 넘겨주다(讓)'는 뜻으로, 임금이 자리를 물려주는 일입니다. 난징조약에서 청나라가 홍콩을 영국에 할양(割讓)하였고, 헤이그밀사 사건으로 고종은 일본의 강압에 못이겨 황위(皇位)를 순종에게 양위(讓位)하였습니다.

이를 위(謂)자는 '말(言)로 이르다, 말하다'는 뜻입니다. 위(謂)자는 낱말에서 사용되지 않고, 문장에서 동사로 사용됩니다. 예를 들어 박애위인(博愛謂仁)은 '두루 넓게(博) 사랑하는(愛) 것을 어짊(仁)이라 이른다(謂)'는 뜻입니다.

청할 청(請)자는 '말(言)로 청하다, 부탁하다'는 뜻입니다. 청구권(請求權)은 '다른 사람에게 요청(要請)하고 요구(要求)할 수 있는 권리(權)'입니다. 예를 들어 매매계약을 맺었으면, 파는 사람은 돈을 받을 권리가 있고, 산 사람은 물건을 넘겨받을 권리가 있습니다. 청원권(請願權)은 '국민이 원(願)하는 것을 요청(要請)할 수 있는 권리(權)'입니다. 예를 들면 법률을 바꾸어 달라거나, 공무원을 파면해 달라 따위의 일을 국회, 관공서, 지방의회 따위에 요청하는 일입니다.

바로잡을 정(訂)자는 '말(言)로 바로잡는다'는 뜻입니다. 정정(訂正)은 '바르게(正) 바로잡는다(訂)'는 뜻이고, 개정(改訂)은 '고쳐서(改) 바로잡는다(訂)'는 뜻입니다. 개정판(改訂版)은 이미 낸 책 내용을 고쳐 다시 출판한 책(冊)입니다.

'토벌(討伐)한다'는 뜻의 칠 토(討)자는 원래 '말(言)과 손(寸)으로 죄인을 문초하거나 꾸짖는다'라는 뜻입니다. 토황소격문(討黃巢檄文)은 '황소(黃巢)를 토벌(討)하기 위한 격문(檄文)'으로, 신라의 최치원이 당나라에 유학 갔을 때 지은 편지 형식의 글입니다. 당나라 말기에 반란을 일으킨 황소(黃巢, ?~884년)에게 항복을 종용하는 내용의 글로, 최치원의 글을 보다가 저도 모르게 침상에서 내려앉았다는 일화가 있을 만큼 명문으로 알려졌습니다. 이 사건으로 중국에서 최치원이 유명해졌습니다.

## 말하는 태도

**謙** 겸손할 겸 ⓢ 谦
말씀 언(言) + [겸할 겸(兼)]

**誠** 정성 성 ⓢ 诚
말씀 언(言) + [이룰 성(成)]

**警** 경계할 경 ⓢ 警
말씀 언(言) + [공경할 경(敬)]

**謹** 삼갈 근 ⓢ 谨
말씀 언(言) + [진흙 근(堇)]

**諒** 살필 량 ⓢ 谅
말씀 언(言) +
[서울 경(京)→량]

**詳** 자세할 상 ⓢ 详
말씀 언(言) + [양 양(羊)→상]

겸손할 겸(謙)자는 '말(言)을 할 때에는 겸손(謙遜)해야 한다'는 뜻입니다. 겸허(謙虛)는 '겸손하고(謙) 자신을 비우다(虛)'는 뜻입니다.

정성 성(誠)자는 '말(言)을 할 때에는 정성(精誠)스럽게 해야 한다'는 뜻입니다. 지성감천(至誠感天)은 '정성(誠)을 다하면(至) 하늘(天)도 감동(感)한다'는 뜻입니다.

경계할 경(警)자는 '말(言)을 할 때에는 조심스럽게 경계(警戒)해야 한다'는 뜻입니다. 경구(警句)는 '경계하는(警) 글귀(句)'라는 뜻으로, 진리나 사상을 간결하고 날카롭게 표현한 속담, 격언, 금언 등입니다. 경구법(警句法)은 글의 효과를 높이기 위하여 속담, 격언, 금언 등의 경구를 이용하여 표현하는 수사법입니다. 야경국가(夜警國家)는 '밤(夜)에 적이나 도둑을 경계하는(警) 국가(國家)'라는 뜻으로, 국방과 치안 유지만을 목적으로 하는 나라입니다.

삼갈 근(謹)자는 '말(言)을 할 때에는 삼가야 한다'는 뜻입니다. 근하신년(謹賀新年)은 삼가(謹) 새해(新年)를 축하(賀)합니다'의 뜻으로, 연하장(年賀狀)에 쓰는 새해 인사말입니다. 근신(謹愼)은 '삼가고(謹) 삼간다(愼)'는 뜻으로, 벌(罰)로 일정 기간 동안 출근이나 등교, 집무 등의 활동을 하지 않고 말이나 행동을 삼가는 것을 말합니다.

양해(諒解)와 양지(諒知)에 사용되는 살필 량(諒)자는 '말(言)을 할 때에는 살펴서 해야 한다'는 뜻입니다. 양해각서(諒解覺書)는 '서로가 양해(諒解)했음을 밝히는(覺) 글(書)'로, 나라나 기업 간에 정식계약 체결에 앞서 만드는 문서입니다. 쌍방의 의견을 미리 조율하고 확인하는 목적이며 법적 책임이나 구속을 가지지 않습니다. 영어로 MOU(Memorandum of Understanding)라고 합니다.

상세(詳細), 상술(詳述) 등에 들어 있는 자세할 상(詳)자는 '말(言)을 할 때 자세하게 하다'는 뜻입니다. 《고금상정예문(古今詳定禮文)》은 '상세하게(詳) 정하여(定) 놓은 옛날(古)과 지금(今)의 예법(禮)을 모아 편찬한 글(文)'로, 고려 인종 때 최윤의(崔允儀)가 고금의 예문을 모아 편찬한 책입니다. 이 책은 고려 때의 문인 이규보가 엮은 《동국이상국집》에 고종 21년(1234년)에 금속활자로 찍어냈다는 기록이 있어, 세계 최초의 금속활자본으로 추정됩니다.

### 기타(1)

**信** (말을) 믿을 신 ⓩ 信
사람 인(亻) + 말씀 언(言)

**誤** (말이) 그릇될 오 ⓩ 误
말씀 언(言) + [성 오(吳)]

**護** (말로) 보호할 호 ⓩ 护
말씀 언(言) + [붙잡을 확(蒦)→호]

**該** 그 해 ⓩ 该
말씀 언(言) + [돼지 해(亥)]

**譜** 족보 보 ⓩ 谱
말씀 언(言) + [넓을 보(普)]

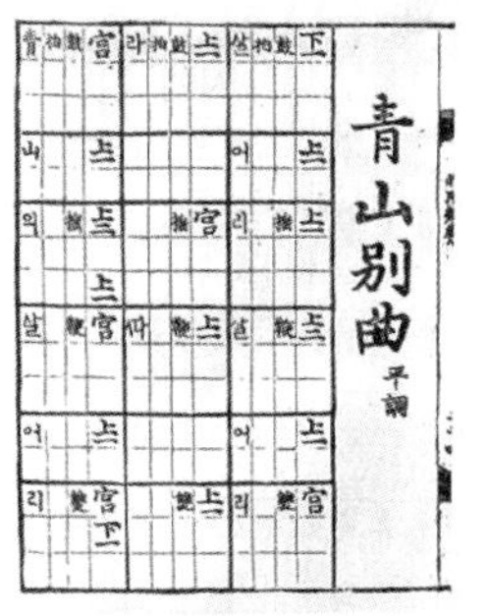

세종대왕이 창안한 정간보

믿을 신(信)자는 '사람(亻)이 하는 말(言)은 믿음이 있어야 한다'는 뜻입니다. 이후 '믿다→신용(信用)→서신(書信)→통신(通信)→정보(情報)→신호(信號)' 등의 뜻이 생겼습니다. 통신(通信)은 '정보나 신호(信)를 통(通)하다'는 뜻으로, 우편이나 전화, 컴퓨터 따위로 정보나 의사를 전달하는 것을 말합니다.

오해(誤解), 오인(誤認) 등에 있는 그릇될 오(誤)자는 '말(言)을 그릇되거나 틀리게 하다'는 뜻입니다. 오답(誤答)은 '틀린(誤) 답(答)'으로, 정답(正答)의 반대입니다. 오차(誤差)는 '틀린(誤) 차이(差)'로, 근사값과 참값의 차이(差異)입니다.

보호할 호(護)자는 '말(言)로 도와주거나 보호(保護)해 주다'는 뜻입니다. 호민관(護民官)은 '평민(民)들을 보호하기(護) 위한 관리(官)'라는 뜻입니다. 고대 로마에서 평민들의 대표로 구성된 평민회(平民會)에서 투표로 뽑았으며, 원로원(元老院)이나 집정관(執政官)의 결정에 대하여 거부권을 가졌고, 평민회의 의장이 되기도 하였습니다. 호국불교(護國佛敎)는 '나라(國)를 보호하는(護) 불교(佛敎)'로, 불교를 굳게 믿으면 국가가 번영하고, 부처님의 힘으로 나라를 지킨다는 사상입니다. 우리나라의 삼국 시대와 고려 시대에 번성하였습니다.

그 해(該)자는 원래 '말(言)이 일치하다, 맞다'는 뜻입니다. 나중에 가차되어 지시대명사인 '그'라는 뜻이 생겼습니다. 그 기(其)자와 같은 뜻입니다. 해인(該人: 그 사람), 해지(該地: 그 땅), 해처(該處: 그 곳) 등이 사용 예입니다. 해당(該當)은 어떤 조건에 들어맞음을 이르는 말입니다.

족보 보(譜)자는 원래 '말(言)로 한 것을 글로 적다'는 뜻입니다. 나중에 족보(族譜), 계보(系譜), 악보(樂譜) 등의 뜻이 생겼습니다. 정간보(井間譜)는 '우물 정(井)자처럼 생긴 칸의 사이(間)에 악보를 표시하는 악보(譜)'로, 조선 시대 세종대왕이 창안한 악보입니다.

## 기타(2)

**設** 베풀 설 중 设
말씀 언(言) + 창 수(殳)

**誰** 누구 수 중 谁
말씀 언(言) + [새 추(隹)→수]

**諸** 모든 제 중 诸
말씀 언(言) +
[사람 자(者)→제]

**診** 볼 진 중 诊
말씀 언(言) + [숱많을 진(㐱)]

**誕** 낳을/거짓 탄 중 诞
말씀 언(言)+[끌 연(延)→탄]

베풀 설(設)자는 원래 '창(殳)이나 무기를 들고, 말(言)로 남에게 명령하여 일을 시키다'는 뜻에서, '만들다→설립(設立)하다→설치(設置)하다→진열(陳列)하다→베풀다' 등의 뜻이 생겼습니다. 설의법(設疑法)은 '의문(疑)을 설정하는(設) 수사법(法)'으로, 쉽게 판단할 수 있는 사실에 대해 의문의 형식으로 표현하여 상대편이 스스로 판단하게 하는 수사법입니다. 예를 들어 "도둑질을 하는 것이 좋다고 생각합니까?" 등이 있습니다.

누구 수(誰)자는 원래 '말(言)로 묻다'는 뜻입니다. 이후 '누구', '무엇' 등의 뜻이 생겼습니다. 수원수구(誰怨誰咎)은 '누구(誰)를 원망하고(怨) 누구(誰)를 꾸짖으랴(咎)?'는 뜻으로, 남을 원망하거나 꾸짖을 것이 없음을 이르는 말입니다.

모든 제(諸)자는 원래 '말(言)을 잘하다'는 뜻입니다만, 가차되어 '모든, 여러, 기타, 딴' 등의 뜻이 생겼습니다. 제자백가(諸子百家)는 '모든(諸) 스승(子)과 백(百) 개의 학파(家)'란 뜻으로, 공자, 맹자, 노자, 장자, 묵자, 한비자 등 중국 전국 시대에 배출된 여러 분야의 사상가를 이르는 말입니다. 아들 자(子)자에는 스승이란 뜻도 있고, 집 가(家)자에는 학자나 학파라는 뜻도 있습니다. 서인도제도(西印度諸島)는 '서(西)쪽 인도(印度)의 모든(諸) 섬(島)'이란 뜻으로, 중앙 아메리카의 카리브해에 있는 여러 섬을 말하며, 섬 수는 1만 2000여 개이고, 암초도 무수히 많습니다. 서인도제도를 발견한 콜럼버스가, 그곳을 인도의 서쪽이라고 오인한 데서 서인도(西印度)라는 이름이 생겼습니다.

볼 진(診)자는 원래 '병을 진찰하여 그 결과를 말(言)한다'는 뜻입니다. 이후 '고(告)하다→진찰(診察)하다→증상(症狀)→맥을 보다→보다' 등의 뜻이 생겼습니다. 진료소(診療所)는 '병을 진찰하고(診) 치료하는(療) 곳(所)'이란 뜻으로, 병원보다 작은 규모의 의료기관을 일컫는 말입니다. 진단서(診斷書)는 '의사가 병을 진찰(診察)하여 병상을 판단(判斷)한 결과를 적은 증명서(證明書)'입니다. 휴학이나 장기 결근, 폭력죄로 상대방을 고소하는 등에 필요합니다.

낳을 탄(誕)자는 원래 '사실을 길게 늘여(延) 과장하여 말(言)한다'고 해서 '거짓, 속이다'는 뜻으로 만든 글자였으나, 나중에는 '(거짓말을) 낳다'는 뜻이 생겼습니다. 성탄절(聖誕節)은 '성스러운(聖) 사람이 탄생(誕生)한 명절(節)'로, 예수님의 탄생을 기념하는 날(크리스마스)입니다.

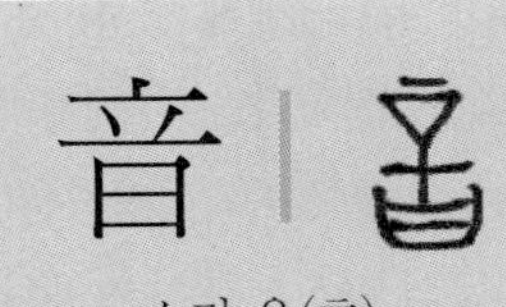

소리 음(音)
입과 나팔의 모습

관음보살이 그려진
캐논(CANON) 카메라 초창기 로고

### 소리 음(音)자가 들어가는 글자

**響** 소리 향 ⓒ 响
소리 음(音) + [시골 향(鄕)]

**韻** 운 운 ⓒ 韵
소리 음(音) + [인원 원(員)→운]

**暗** 어두울 암 ⓒ 暗
날 일(日) + [소리 음(音)→암]

**意** 뜻 의 ⓒ 意
[소리 음(音)→의] + 마음 심(心)

**竟** 마침내 경 ⓒ 竟
소리 음(音) + 어진사람 인(儿)

**競** 다툴 경 ⓒ 竞
[마침내 경(竟)] X 2

소리 음(音)자는 입(口)과 입에 물고 있는 나팔의 모습을 본떠 만든 글자입니다. 상형문자를 보면 말씀 언(言)자와 거의 유사합니다. 둘 다 소리를 내는 공통점이 있기 때문입니다. 상형문자의 맨 위에 있는 '-'가 소리를 나타냅니다. 관음보살(觀音菩薩) 혹은 관세음보살(觀世音菩薩)은 '세상(世)의 모든 소리(音)를 살펴보는(觀) 보살(菩薩)'로, 중생이 고통스러울 때 열심히 이 이름을 외면 도움을 받게 됩니다. 일본에서 가장 유명한 카메라 중의 하나인 캐논(CANON)의 원래 이름은 관음(觀音, 일본에서는 Kwanon으로 발음)입니다. 회사 창업자의 한 명인 '요시다 고로'가 불교를 믿고 있었는데, 관음보살처럼 세상을 모두 살펴보고 그 모습을 담을 수 있는 카메라를 만들려는 생각이 담겨 있는 이름입니다.

소리 향(響)자는 원래 '소리(音)가 울리다'는 뜻입니다. 이후 '울리다→메아리→음향(音響)→소리'라는 뜻이 생겼습니다. 음향(音響)은 '소리(音)의 울림(響)'이란 뜻입니다. 교향곡(交響曲)은 '여러 가지 음향(響)이 서로 섞여(交) 소리를 내는 악곡(曲)'으로, 영어로 심포니(symphony)라고 합니다.

운 운(韻)자의 운은 한자의 음절에서 초성을 제외한 부분 혹은 이를 분류한 것입니다. 예전에는 200여 운이었으나, 뒤에 정리되어 100여 운이 되었습니다. 시(詩)의 각 줄에서 같은 위치에 규칙적으로 쓰인, 소리가 비슷한 글자를 이르기도 합니다. 운율(韻律)은 '운(韻)의 규칙(律)'이란 뜻으로, 리듬(rhythm)을 뜻합니다. 두운(頭韻)은 '머리(頭)에 있는 운(韻)'으로, 각 시행의 첫머리에 같은 음을 되풀이하여 쓰는 방법이며, 요운(腰韻)은 '허리(腰)에 있는 운(韻)'으로, 각 시행의 허리(중간)에 운이 오게 하는 방법이며, 각운(脚韻)은 '다리(脚)에 있는 운(韻)'으로, 각 시행의 마지막에 운이 오게 하는 방법입니다.

뜻 의(意)자는 '사람이 말하는 소리(音)가 곧 마음(心)의 뜻이다'는 뜻입니다. 또 '마음(心)의 소리(音)가 곧 뜻이다'고 해석하기도 합니다. 표의문자(表意文字)는 '뜻(意)을 표현(表現)하는 문자(文字)'로, 중국의 한자가 이에 해당합니다. 반면 표음문자(表音文字)는 '소리(音)를 표현(表現)하는 문자(文字)'로, 한글이나 영어가 이에 해당합니다. 고대 이집트 문자는 기본적으로 표의문자이나, 소리를 나타내는 표음문자로도 사용되었습니다. 표음문자로 사용할 때에는 글자 둘레에 타원을 그려 표시했습니다.

암흑(暗黑), 명암(明暗) 등에 사용되는 어두울 암(暗)자는 '해(日)가 지고 어

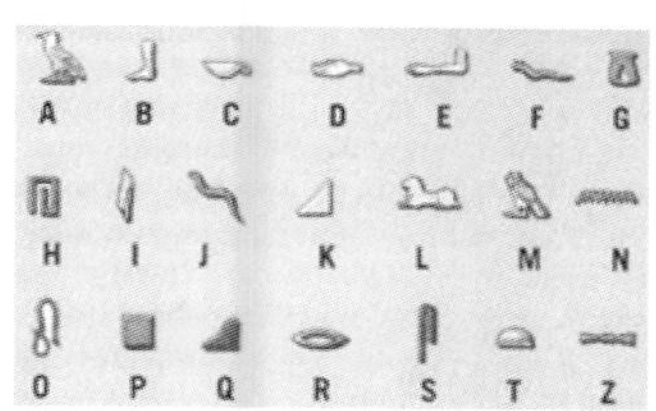


표의문자인 동시에 표음문자인 고대 이집트 문자

두워지면 소리(音)로 상대방을 알아보다'는 뜻이 들어 있습니다. 암행어사의 암행(暗行)은 '어두운(暗) 곳에 남몰래 다니다(行)'는 뜻입니다. 암영대(暗影帶)는 '어두운(暗) 그림자(影)에 숨어 있는 지대(地帶)'라는 뜻으로, 지진이 일어날 때 지진파가 관측되지 않는 지대를 말합니다. 암영대는 지진파가 지구 내부에서 불연속면을 통과하면서 반사하거나 굴절하기 때문에 생깁니다.

마침내 경(竟)자에 입에 피리를 물고(音) 부는 사람(儿)의 모습입니다. '피리 불기를 마치다'에서 '마치다, 마침내'라는 뜻이 나왔습니다.

마침내 경(竟)

경쟁(競爭), 경마(競馬), 경기(競技) 등에 들어가는 다툴 경(競)자는 두 사람이 피리를 누가 잘 부는지 겨루고 있는 모습입니다. 경주(競走)는 '누가 빨리 달리는지(步) 다투는(競) 경기'이고, 경보(競步)는 '누가 빨리 걷는지(步) 다투는(競) 경기'로, 한쪽 발이 땅에 떨어지기 전에 다른 발이 땅에 닿게 하여 빨리 걷는 육상 경기입니다.

## 사람 3-8 손(1)

또 우(又) | 왼손 좌(屮) | 손톱 조(爪) | 돼지머리 계(彐)

또 우(又)
손가락이 세 개인
손의 모습

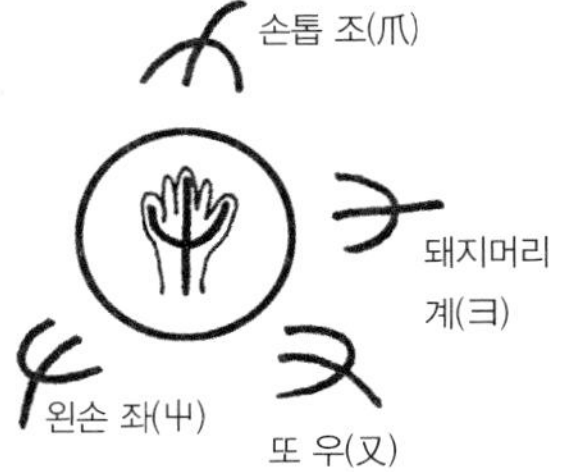


인간의 문명이 손과 가장 밀접하게 관련되어 있기 때문에 손에 관련되는 상형문자도 많습니다. 손을 뜻하는 한자로는 손 수(手)자가 맨 먼저 머리에 떠오르는데, 손 수(手)자는 다섯 개의 손가락이 있는 손의 모습을 본떠 만든 글자입니다. 하지만 손 수(手)자보다 먼저 만들어졌고 더 많이 사용되는 글자로는, 서양에서 사용하는 포크(fork) 모양처럼 손가락을 세 개로 표현한 글자가 있습니다. 또 우(又), 왼손 좌(屮), 손톱 조(爪), 돼지머리 계(彐)자가 그런 글자입니다. 손가락 다섯 개를 모두 그리기가 귀찮으니까, 세 개로 간략화하였습니다. 은나라의 갑골문자에는 손을 세 개의 손가락으로 표현했고, 주나라 이후에 다섯 개의 손가락으로 표현한 손 수(手)자가 나왔습니다. 따라서 갑골문에는 손 수(手)자가 없습니다.

세 개의 손가락으로 표현된 네 글자의 상형문자를 보면 모두 같은 모양입니다. 하지만 글자화되는 과정에서 손의 방향에 따라 네 글자로 변했습니다. 이 네 글자가 제각기 다른 뜻을 가지고 있지만, 다른 글자 속에 들어갈 때에는 모두 손을 의미합니다. 이 네 글자 중 가장 많이 사용되는 글자가 또 우(又)자 입니다. 또 우(又)자는 오른쪽에서 내민 손의 모습이어서 원래 오른손을 의미하였으나, 그냥 손이라는 의미로 사용됩니다.

### 도구를 들고 있는 손

攴 칠 복 ⓢ 攴
또 우(又) + [점 복(卜)]

殳 창 수 ⓢ 殳
손에 창이나 연장을 든 모습

支 지탱할 지 ⓢ 支
손에 나뭇가지를 든 모습

사람이 문명을 탄생시킬 수 있었던 것은 손으로 연장이나 도구를 들고 사용할 수 있었기 때문입니다. 칠 복(攴), 창 수(殳), 지탱할 지(支)자는 손(又)에 나뭇가지나 막대기, 혹은 창과 같은 무기를 들고 있는 모습입니다.

칠 복(攴/攵) 창 수(殳) 지탱할 지(支)

초기 상형문자를 보면 이 세 글자가 거의 구분되지 않지만, 세월이 지나면서 이렇게 세 글자로 분화되었습니다. 이 세 글자는 모두 부수로 사용되기 때문에 뒤에서 자세하게 이야기할 예정입니다.

## 손으로 잡음

**叔** 아재비 숙 ⓒ 叔
[콩 숙(尗)] + 또 우(又)

**菽** 콩 숙 ⓒ 菽
풀 초(艹) + [아재비 숙(叔)]

**奴** 종 노 ⓒ 奴
여자 녀(女) + 또 우(又)

**取** 가질 취 ⓒ 取
귀 이(耳) + 또 우(又)

**及** 미칠 급 ⓒ 及
사람 인(人) + 또 우(又)

아재비는 아저씨의 낮춤말이며 경상도에서는 작은아버지를 뜻하는 말입니다. 아재비 숙(叔)자에 들어 있는 콩 숙(尗)자의 상형문자를 보면 덩굴(上)에 달려 있는 콩(小)의 모습입니다. 나중에 뜻을 더욱 분명히 하기 위해 또 우(又)자를 추가하여 콩 숙(叔)자가 만들어졌습니다. 즉 손(又)으로 콩(尗)을 따는 모습입니다. 이후 가차되어 '아재비'라는 뜻으로 사용되자, 원래 뜻을 살리기 위해 풀 초(艹)자를 붙여 콩 숙(菽)자를 만들었습니다. 콩은 중국에서 가장 먼저 재배되어 서양으로 건너갔습니다. 콩으로 만든 간장을 영어로 소이 소스(soy source)라고 하는데, 이때 소이(soy)는 콩 숙(菽)자의 중국어 발음인 '슈우'가 변해서 만들어진 단어입니다. 어리석은 사람을 일컬어 숙맥이라고 하는데, 숙맥(菽麥)은 '콩(菽)인지 보리(麥)인지를 분별하지(辨) 못하다(不)'라는 뜻의 숙맥불변(菽麥不辨)의 줄임말입니다. 숙부(叔父)는 작은아버지이고, 숙모(叔母)는 작은 어머니입니다.

노비(奴婢), 노예(奴隸) 등에 사용되는 종 노(奴)자는 '손(又)으로 잡아온 여자(女)가 종이다'는 뜻입니다. 경당문노(耕當問奴)는 '밭 가는(耕) 농사일은 마땅히(當) 종(奴)에게 물어야(問) 한다'는 뜻으로, 모든 일은 그 방면의 전문가에게 물어야 한다는 의미입니다.

취득(取得), 채취(採取) 등에 들어가는 가질 취(取)자는 '적군의 귀(耳)를 잘라서 손(耳)으로 가지다'는 뜻입니다. 옛날에는 전쟁에서 자신이 죽인 적의 귀를 가져오면, 귀의 숫자에 따라 상을 주었습니다.

미칠 급(及)

미칠 급(及)자는 '앞에 도망가는 사람(人)을 손(又)으로 잡다'는 뜻입니다. 이후 '(손이) 닿다→이르다→미치다→함께→~와' 등의 뜻이 생겼습니다. 소급(遡及)은 '지나간 일에까지 거슬러(遡) 올라가서 미치게(及) 하는 것'입니다. 법률불소급(法律不遡及)의 원칙은 '모든 법률은 행위 시의 법률을 적용하고, 나중에 만든 법률(法律)로 소급(遡及)해서 적용할 수 없다(不)는 원칙'입니다.

## 손으로 들고 있음

**祭** 제사 제 ⓒ 祭
고기 육(肉/月) + 또 우(又) +
보일 시(示)

제사 제(祭)자는 제사상(示)에 고기(肉/月)를 손(又)으로 올리는 모습을 본떠 만든 글자입니다. 보일 시(示)자는 제사상의 상형입니다. 제망매가(祭亡妹歌)는 '죽은(亡) 여동생(妹)을 제사(祭)지내기 위한 노래(歌)'라는 뜻으로, 신라 제35대 경덕왕 때의 승려 월명사가 지은 향가입니다.

**餐** 먹을 찬 ㊥ 餐
부서진뼈 알(歺) + 또 우(又) + 먹을 식(食)

**隻** 외짝 척 ㊥ 只
새 추(隹) + 또 우(又)

**雙** 쌍 쌍 ㊥ 双 ㊣ 双
새 추(隹) X 2 + 또 우(又)

먹을 찬(餐)자는 '손(又)으로 뼈(歺)를 들고 맛있게 먹다(食)'는 뜻입니다. 아침, 점심, 저녁 식사를 각각 조찬(朝餐), 오찬(午餐), 만찬(晩餐)이라고 합니다.

외짝 척(隻)자는 손(又) 위에 새(隹)가 한 마리 있는 모습으로, 원래는 새 한 마리를 일컫는 글자였습니다. 배 한 척(隻), 두 척(隻)과 같이 헤아리는 단위로 쓰입니다.

쌍 쌍(雙)자는 손(又) 위에 새가 두 마리 있는 모습으로, 암수 한 쌍(雙), 두 쌍(雙)과 같이 헤아리는 단위로 쓰입니다.

## 기타

**皮** 가죽 피 ㊥ 皮
가죽 모습 + 또 우(又)

**反** 돌이킬 반 ㊥ 反
기슭 엄(厂) + 또 우(又)

**蚤** 벼룩 조 ㊥ 蚤
또 우(又) + 점 주(丶) X 2 + 벌레 충(虫)

**騷** 시끄러울 소 ㊥ 骚
말 마(馬) + [벼룩 조(蚤)→소]

가죽 피(皮)

가죽 피(皮)자의 상형문자를 보면 손(又)으로 짐승의 가죽을 벗기는 모습입니다. 이후 껍질이란 뜻이 생겼습니다. 호피(虎皮)는 '호랑이(虎) 가죽(皮)'이고, 대뇌피질, 부신피질, 신장피질의 피질(皮質)은 '껍질(皮)에 있는 물질(質)'입니다. 기관에서 겉의 층과 안쪽 층이 기능이나 구조면에서 서로 다른 경우에 겉의 층을 피질(皮質)이라 하며, 그 안쪽을 수질(髓質)이라 합니다. 대뇌피질(大腦皮質)은 '대뇌(大腦: 큰골)의 껍질(皮)에 있는 물질(質)로, 대뇌의 표면을 덮고 있는 회색질 얇은 층입니다.

돌이킬 반(反)

반대(反對), 반감(反感), 반성(反省) 등에 사용되는 돌이킬 반(反)자는 '손(又)으로 기어서 절벽(厂)을 되돌아 올라가다'는 뜻입니다.

예전에 겨울이 되면 옷을 벗어 손으로 벼룩을 잡던 일이 생각납니다. 벼룩에 물리면 가려워 박박 긁어 상처가 생겼고, 또 이런 상처가 덧나면 종기가 되었습니다. 몇 천 년 전 중국도 마찬가지였을 겁니다. 벼룩 조(蚤)자는 손(又)위에 조그마한 점(丶)이 벼룩이란 뜻입니다. 또 글자 아래에 벌레 충(虫)자를 추가하여 벼룩이라는 뜻을 강조하였습니다. 여기에 손 수(手/扌)자를 추가하면 긁을 소(搔)자가 되고, 병 녁(疒)자를 추가하면 종기 소(瘙)자가 됩니다.

소음(騷音), 소란(騷亂) 등에 사용되는 시끄러울 소(騷)자는 '말(馬)의 몸에 벼룩(蚤)이 있으며 말이 날뛰고 소동(騷動)을 피우며 시끄럽다'는 뜻입니다. 소요(騷擾)는 '시끄럽고(騷) 어지럽다(擾)'는 뜻으로, 법률 용어로는 '여러 사람이 모여 폭행이나 파괴 행위를 함으로써 공공질서를 문란하게 하는 것'을 말합니다.

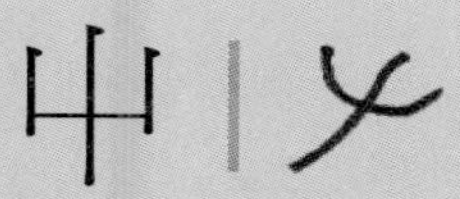

왼손 좌(屮), 싹날 철(屮), 풀 초(屮)
왼쪽에서 내민 손의 모습

또 우(又)자가 오른쪽에서 내민 손의 모습이라면, 왼손 좌(屮)자는 왼쪽에서 내민 손의 모습입니다. 하지만 다른 글자와 함께 사용될 때에는 또 우(又)와 마찬가지로 손이라는 의미로 사용됩니다.

또 왼손 좌(屮)자는 땅에서 싹이 올라오는 모습의 상형으로 싹날 철(屮)자나 풀 초(屮)자가 되기도 합니다. 풀 초(屮)자는 두 개 합쳐져도 풀 초(艸/艹)자가 됩니다. 하지만 손과 풀을 구분하기는 매우 쉽습니다. 왼손 좌(屮)자가 다른 글자와 만나서 사용될 때에는 왼 좌(左)에서 공(工)자를 뺀 모습으로 사용되기 때문입니다.

싹날 철(屮)
풀 초(屮)

### 왼손 좌(屮)가 들어가는 글자

**左** 왼 좌 중 左
왼손 좌(屮) + 장인 공(工)

**佐** 도울 좌 중 佐
사람 인(亻) + [왼 좌(左)]

**右** 오른 우 중 右
왼손 좌(屮) + 입 구(口)

**佑** 도울 우 중 佑
사람 인(亻) + [오른 우(右)]

**友** 벗 우 중 友
왼손 좌(屮) + [또 우(又)]

**有** 있을 유 중 有
왼손 좌(屮) + 고기 육(肉/月)

**布** 베 포 중 布
왼손 좌(屮) + 수건 건(巾)

**灰** 재 회 중 灰
왼손 좌(屮) + 불 화(火)

왼 좌(左)자는 원래 '손(屮)에 공구(工)를 들고 남의 일을 돕다'는 뜻입니다. 나중에 왼쪽이란 뜻으로 사용되자, 원래의 뜻을 살리기 위해 사람 인(亻)자를 추가하여 도울 좌(佐)자가 되었습니다. 좌평(佐平)은 '왕을 돕고(佐), 아래를 다스리는(平) 사람'으로, 백제 때, 지금의 장관에 해당하는 관직입니다. 모두 육좌평(六佐平)이 있었고, 상좌평(上佐平)이 가장 높고 임금 다음가는 대신이었습니다. 평평할 평(平)자는 '다스리다'는 뜻도 있습니다.

왼 좌(左)자와 마찬가지로 오른 우(右)자도 원래 '손(屮)과 입(口)으로 남의 일을 돕다'는 뜻입니다. 이후 오른쪽이란 의미로 사용되자, 원래의 뜻을 살리기 위해 사람 인(亻)자를 추가하여 도울 우(佑)자가 되었습니다. 천우신조(天佑神助)란 '하늘(天)이 돕고(佑) 신(神)이 돕는다(助)'는 뜻입니다.

벗 우(友)자는 두 친구가 왼손(屮)과 오른손(又)을 서로 잡고 우정(友情)을 나누고 있는 모습입니다. 문방사우(文房四友)는 '글(文) 방(房)의 네(四) 가지 벗(友)'이란 뜻으로, 공부를 하는 글방에서 쓰는 붓(筆), 먹(墨), 종이(紙), 벼루(硯) 등의 문방구(文房具)를 일컫습니다. 필묵지연(筆墨紙硯)이라고도 합니다.

있을 유(有)자는 '손(屮)에 고기(肉→月)를 들고 있다'는 뜻입니다. 유공충(有孔蟲)은 '껍데기에 구멍(孔)이 있는(有) 벌레(蟲)'로, 석회질과 규산질의 껍데기가 있고 껍데기에 있는 작은 구멍에서 실 모양의 발을 내밀어 먹이를 취합니다.

베 포(布)자는 손(屮)으로 베(巾)를 만드는 모습입니다. 포목상이나 포목점의 포목(布木)은 '베(布)와 목화(木花)에서 나오는 무명'을 말합니다. 베 포(布)자는 보시 보(布)자로도 사용되는데, 보시(布施)는 불교에서 자비심으로 남에

껍데기에 구멍이 있는 유공충

게 재물이나 불법을 베풂을 의미합니다.

재 회(灰)자는 불(火) 속에서 손(屮)으로 다 타고 남은 재를 골라내고 있는 모습입니다. 석회(石灰)는 '재(灰)처럼 생긴 돌(石)'이란 뜻으로, 석회암을 태워 이산화탄소를 제거하여 얻는 물질을 석회라고 합니다. 석회를 물에 녹이면 석회수(石灰水)가 됩니다.

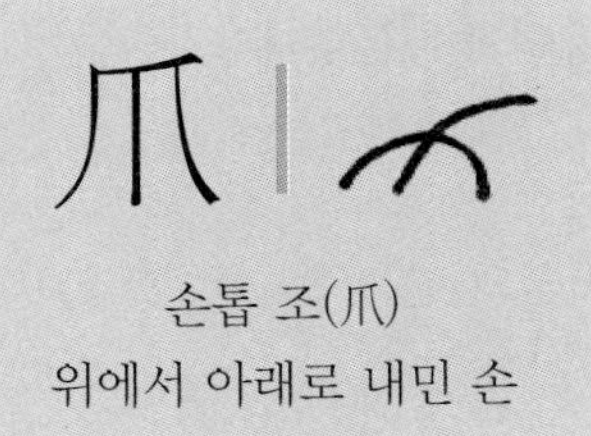
손톱 조(爪)
위에서 아래로 내민 손

손톱 조(爪)자는 위에서 아래로 내민 손의 상형입니다. 독자적으로 손톱이란 뜻을 가지고 있지만, 다른 글자 속에서는 대부분 손이라는 뜻으로 사용됩니다. 파충류(爬蟲類)의 파(爬)자에 손톱 조(爪)자가 들어가는데, '(손톱으로) 긁다, 기어다니다'는 뜻입니다. 파충류는 뱀, 악어, 거북과 같이 손이나 몸으로 땅을 긁으며 기어다는 동물입니다. 조흔(爪痕)은 '손톱(爪)이나 짐승의 발톱으로 할퀸 흔적(痕)'입니다.

### 과일이나 나물을 채집하는 손

**采** (손으로) 캘 채 ㊥ 采
나무 목(木) + 손톱 조(爪)

**採** (손으로) 캘 채 ㊥ 采
손 수(扌) + [캘 채(采)]

**菜** (손으로 캐는) 나물 채 ㊥ 菜
풀 초(艹) + [캘 채(采)]

캘 채(采)자는 나무(木)에서 손(爪)으로 과일을 따는 모습입니다. 나중에 뜻을 분명히 하기 위해 손 수(扌)자를 붙여 캘 채(採)자가 되었습니다. 캘 채(采)자 위에 풀 초(艹)자를 붙이면 나물 채(菜)자가 됩니다. '사람들이 캐서(采) 먹는 풀(艹)이 나물이다'는 뜻입니다. 캘 채(採)자는 채집(採集), 채택(採擇), 채점(採點), 채용(採用) 등에 사용되고, 나물 채(菜)자는 채소(菜蔬), 야채(野菜), 채식(菜食) 등에 사용됩니다. 배추는 '줄기가 흰(白) 채소(菜)'라는 뜻의 백채(白菜)가 변한 말이고, 양배추(洋白菜)는 '서양(洋)에서 들어온 배추(白菜)'입니다.

### 아기를 잡고 있는 손

**孵** 부화할 부 ㊥ 孵
알 란(卵) + [부화할 부(孚)]

**乳** 젖 유 ㊥ 乳
손톱 조(爪) + 아들 자(子) + 새 을(乙)

부화할 부(孚)자는 손(爪)으로 알에서 나온 새끼(子)를 꺼내는 모습입니다. 나중에 뜻을 강조하기 위해 알 란(卵)자를 붙여 부화할 부(孵)자를 만들었습니다. 알 란(卵)자는 알이 2개 있는 모습(⦿⦿)입니다. 부화(孵化)는 부란(孵卵)이라고도 합니다.

부화할 부(孚)

우유(牛乳), 분유(粉乳) 등에 들어가는 젖 유(乳)자는 손(爪)으로 아들(子)을 잡고 젖(乙)을 먹이는 모습을 본떠 만든 글자입니다. 여기에서 새 을(乙)자는 사람의 몸통이 변한 모습입니다. 유방(乳房)은 '젖(乳)이 들어 있는 방(房)'이고, 우유(牛乳)는 '소(牛) 젖(乳)'이고, 분유(粉乳)는 '가루(粉) 우유(乳)'입니다.

### 손이 두 개 이상 들어가는 글

**受** 받을 수 ⓩ 受
손톱 조(爫) + 덮을 멱(冖) + 또 우(又)

**授** 줄 수 ⓩ 授
손 수(扌) + [받을 수(受)]

**亂** 어지러울 란 ⓩ 乱 ⓨ 乱
[다스릴 란(𤔔)] + 새 을(乙)

**辭** 말씀/사양할 사 ⓩ 辞 ⓨ 辞
다스릴 란(𤔔) + 매울 신(辛)

**援** 구원할 원 ⓩ 援
손 수(扌) + [당길 원(爰)]

받을 수(受)자는 '위의 손(爫)과 아래의 손(又)이 어떤 물건(冖)을 주고받다'는 뜻입니다. 여기에 손 수(扌)자를 다시 추가하면 줄 수(授)자가 됩니다. 두 글자의 모양과 뜻이 비슷하여 혼돈될 수 있는데, 줄 수(授)자가 '획수가 많으니 줄 것이 있다'고 암기하세요. 수수(授受)는 '주고(授) 받다(受)'는 뜻입니다.

다스릴 란(𤔔)

어지러울 란(亂)자에 들어 있는 다스릴 란(𤔔)자는 두 손(위의 爫와 아래의 又)으로 실패(冂)에 엉켜 있는 실(幺)을 푸는 모습을 본떠 만든 글자입니다. 오른쪽의 새 을(乙)자는 원래 손을 의미하는 또 우(又)자였는데, 이후 글자 모양이 변해 새 을(乙)자가 되었습니다. 임진왜란(壬辰倭亂)은 '임진(壬辰)년에 왜(倭)의 침입으로 일어난 난(亂)''입니다.

말씀/사양할 사(辭)자에 들어 있는 매울 신(辛)자는 원래 형벌을 주는 기구로 죄나 죄인을 뜻합니다. 따라서 말씀 사(辭)자는 원래 '죄(辛)를 다스리다(𤔔)'는 뜻이었습니다. 이후 '죄를 다스리다→타이르다→말씀→사양(辭讓)한다'는 뜻이 파생되었습니다. 사전(辭典)은 '말(辭)을 풀어 놓은 책(典)'이고, 사표(辭表)는 '자리를 사양하는(辭) 표시(表)'라는 뜻으로, 어떤 직에서 물러나겠다는 뜻을 적은 글입니다.

구원할 원(援)자에 들어가는 당길 원(爰)자는 '위의 손(爫)이 아래의 손(又)에 덩굴 같은 것을 던져주고 잡아당기다'는 뜻입니다. 아마도 구덩이에 빠진 사람을 구원해주는 모습인 것 같습니다. 이후 구원하다는 뜻을 강조하기 위해 손 수(扌)자를 추가하여 구원할 원(援)자를 만들었습니다. 원조(援助)는 '구원해(援) 주고 도와주다(助)'는 뜻입니다.

### 기타

**爲** 할 위 ⓩ 为 ⓨ 為
손톱 조(爫) + 코끼리 상(象)

**妥** 평온할 타 ⓩ 妥
손톱 조(爫) + 여자 녀(女)

**覓** 찾을 멱 ⓩ 觅 ⓨ 覔
손톱 조(爫) + 볼 견(見)

행위(行爲)에 사용되는 할 위(爲)자는 '손(爫)으로 코끼리(象)를 잡고 있는 모습으로, 코끼리에게 일을 하게 한다'는 뜻으로 만든 글자입니다.

평온할 타(妥)자는 '약한 여자(女)는 남자의 손(爫)안에 있는 것이 평온하다'는 뜻입니다. 손(又)으로 생포한 여자(女)가 종(奴)이라는 종 노(奴)자와 대비되는 글자입니다. 타협(妥協)은 '평온해지도록(妥) 서로 협력하다(協)'는 뜻이고, 타결(妥結)은 '평온해지도록(妥) 일을 맺다(結)'는 뜻입니다.

찾을 멱(覓)자는 '눈으로 보거나(見) 손(爫)으로 더듬어 찾다'는 뜻입니다.

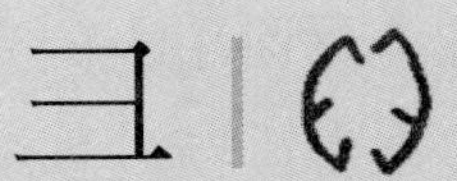

돼지머리 계(크/彑)
오른쪽에서
왼쪽으로 내민 손

돼지머리 계(크/彑)자는 두 개의 글자가 있습니다. 계(彑)자는 돼지나 고슴도치 머리의 모습을 본떠 만든 글자이고, 또 다른 계(크)자는 손의 모습을 본떠 만든 글자입니다. 이 두 글자는 모양도 다르지만 뜻도 완전히 다릅니다. 하지만 무슨 이유인지는 모르겠습니다만, 한 부수로 뭉뚱그려 넣었습니다. 자전에는 '터진가로왈'이란 훈이 붙어 있는데, '가로 왈(曰)자의 왼쪽이 터져 있다'는 뜻입니다. 여기에서는 손을 의미하는 계(크)자에 대해서만 살펴보겠습니다.

### 붓을 든 손

**聿** 붓 율 중 聿
돼지머리 계(크) + 붓

**筆** 붓 필 중 笔
대 죽(竹) + 붓 율(聿)

**書** 글 서 중 书
붓 율(聿) + 벼루 모습(曰)

**畵** 그림 화, 그을 획 중 画
붓 율(聿) + 그림 모습(田+凵)

**畫** 그림 화, 그을 획 중 画
붓 율(聿) + 그림 모습(田+一)

**盡** 다할 진 중 尽 약 尽
돼지머리 계(크) + 솔 + 그릇 명(皿)

붓 율(聿)자는 손(크)으로 붓을 잡고 있는 모습을 본떠 만든 글자입니다. 중앙의 '丨'는 붓대를, 아래의 '二'는 붓 털을 나타냅니다. 나중에 뜻을 분명히 하기 위해 대나무 죽(竹)자가 추가되어 붓 필(筆)자가 되었습니다. 집필(執筆)은 '붓(筆)을 잡다(執)'는 뜻으로, 글을 쓰는 것을 일컫습니다.

글 서(書)자는 붓(聿)과 벼루(曰)의 모습을 본떠 만든 글자입니다. 여기에서 가로 왈(曰)자는 그냥 벼루의 모습일 뿐입니다. 서방(書房)은 '공부하는 글(書) 방(房)'이란 뜻으로 원래 아내가 남편을 부르는 말이었는데, 아내 집안의 손윗사람들이 남편을 부르는 말로 변했습니다. 옛 사람들은 부모가 만들어 준 이름을 다른 사람들이 부르는 것을 꺼려하였기 때문입니다.

그림 화(畵)자 또는 그을 획(畵)자는 붓(聿)으로 그림(田+凵)을 그리는 모습을 본떠 만든 글자입니다. 이후 '그리다→계획하다→꾀하다'라는 뜻이 생겼고, 또 '그림→그리다→(선을) 긋다→(선을 그어) 분할(分割)하다'라는 뜻도 생겼습니다. '분할하다'는 뜻을 더욱 분명하게 하기 위해 칼 도(刂)자를 추가해서 그을 획(劃)자도 생겼습니다. 그림 화(畵)자는 글자 맨 아래를 한 일(一)자로 쓴 화(畫)자로 쓰기도 합니다. 사생화(寫生畵)는 '실물이나 경치를 있는 그대로 생생하게(生) 베낀(寫) 그림(畵)'이고, 정물화(靜物畵)는 '과일, 꽃, 화병 따위의 정지(靜)된 물건(物)을 그린 그림(畵)'입니다.

글 서(書)자나 그림 화(畵)자와 비슷하게 생긴 다할 진(盡)자는 손(크)에 솔을 들고 그릇(皿)을 씻는 모습입니다. 글 중간에 들어가는 4점(灬)은 솔에 붙은 털의 모습입니다. '그릇에 찌꺼기를 남김없이 깨끗하게 씻는다'고 해서 '다하다'는 뜻을 가졌습니다. 무궁무진(無窮無盡)은 '다함(窮)이 없고(無) 다함(盡)이 없다(無)'는 뜻입니다.

### 빗자루를 든 손

**帚** 빗자루 추 ⓢ 帚
돼지머리 계(彐) +
빗자루 모습

**婦** 아내/며느리 부 ⓢ 妇
여자 녀(女) + 빗자루 추(帚)

**歸** 돌아갈 귀 ⓢ 归
언덕 부(阜) + 그칠 지(止) +
빗자루 추(帚)

**掃** 쓸 소 ⓢ 扫
손 수(扌) +
[빗자루 추(帚)→소]

빗자루 추(帚)

빗자루 추(帚)자는 원래 빗자루를 거꾸로 세워 놓은 모습입니다. 상형문자를 보면 윗부분에 빗자루 털이 보입니다. 하지만 나중에 글자의 모양이 바뀌어 윗부분에 손(彐)이 추가되고 아랫부분이 빗자루가 되었습니다. 이 글자는 홀로 사용되는 경우는 거의 없고, 다른 글자 내에서 사용됩니다.

부부(夫婦), 부인(婦人) 등에 들어가는 아내 부(婦)자는 '빗자루(帚)를 들고 집안을 청소하는 여자(女)가 아내이다'는 뜻입니다.

귀항(歸港), 귀국(歸國), 귀로(歸路) 등에 들어가는 돌아갈 귀(歸)자는 원래 '고향 언덕(阜)의 흙덩어리와 빗자루(帚)를 들고 시집가다(止)'는 뜻입니다. 옛 중국에서는 고향 언덕의 흙덩어리와 빗자루를 들고 시집을 갔습니다. 남의 부인(婦=女+帚)이 되려면 빗자루(帚)가 필요했습니다. 그칠 지(止)자는 발의 상형인데, '그치다'는 뜻과 함께 '가다'는 뜻도 동시에 지니고 있습니다. 나중에 시집은 '여자가 돌아가야 할 집'이라는 의미에서 '돌아가다'는 의미가 생겼습니다.

쓸 소(掃)자는 '손(扌)에 빗자루(帚)를 들고 쓸다'는 뜻입니다. 청소(淸掃)는 '깨끗하게(淸) 쓸다(掃)'는 뜻입니다.

### 꼬리를 잡은 손

**隶** 미칠 이 ⓢ 隶
돼지머리 계(彐) +
털달린 꼬리(氺)

**逮** 잡을 체 ⓢ 逮
미칠 이(隶) + 갈 착(辶)

**隷** 종 예 ⓢ 隶
[어찌 내(柰→士+示)→예] +
미칠 이(隶)

미칠 이(隶)자는 '쫓아가서 손(彐)으로 짐승의 꼬리(氺)를 잡다'는 뜻이며, 여기에서 '미치다, 잡다'라는 의미가 생겼습니다. 앞에 가는 사람(人)을 손(又)으로 잡는 미칠 급(及)자와 뜻이 같습니다. 나중에 뜻을 분명히 하기 위해 갈 착(辶)자를 추가하여 잡을 체(逮)자가 되었습니다. 체포(逮捕)는 '잡고(逮) 잡다(捕)'는 뜻입니다.

노예(奴隷)를 의미하는 종 례(隷)자에도 역시 '잡다'는 뜻의 이(隶)자가 들어갑니다. 예속(隷屬)은 '종(隷)처럼 붙어(屬)살다'는 뜻이고, 장예원(掌隷院)은 '종(隷)에 관한 일을 맡은(掌) 집(院)'으로, 조선 시대 노비의 장부와 소송에 관한 일을 관장하던 관청입니다. 손바닥 장(掌)자는 '일을 맡다'는 뜻도 있습니다.

### 막대기를 든 손

**尹** 다스릴 윤 ⓢ 尹
돼지머리 계(彐) +
삐침 별(丿)

**君** 임금 군 ⓢ 君]
다스릴 윤(尹) + 입 구(口)

**爭** 다툴 쟁 ⓢ 争 ⓨ 争
손톱 조(爪) + 돼지머리 계(彐) + 갈고리 궐(亅)

다스릴 윤(尹)자는 '손(彐)에 붓이나 막대기(丿)를 들고 다스리다'라는 뜻입니다. 우리나라의 성씨에 많이 사용됩니다. 판윤(判尹)은 '판결하고(判) 다스리는(尹) 사람'으로, 조선시대 한성(漢城)을 다스리던 사람입니다. 한성은 지금의 서울이니까, 판윤은 지금의 서울 시장입니다.

임금 군(君)자는 '입(口)으로 다스리는(尹) 사람이 임금이다'는 뜻입니다. 하지만 이후 영주, 군자(君子: 학식과 덕행이 높은 사람), 남편, 아내, 부모, 그대, 자네 등의 많은 뜻이 생겼습니다. 군주제(君主制)는 '임금(君)이 주인(主)인 제도(制度)'이고, 그 반대로는 공화제(共和制) 혹은 민주제(民主制)가 있습니다. 화중군자(花中君子)는 '꽃(花) 중(中)의 군자(君子)'라는 뜻으로, 연꽃을 이르는 말입니다. 연꽃은 보통 진흙탕이나 흙탕물에서 자라지만 그 더러움이 물들지 않는데서, 군자에 비유한 말입니다.

다툴 쟁(爭)자는 '위의 손(爪)과 아래의 손(彐)이 어떤 물건(丨)을 쟁취(爭取)하려고 서로 다투다'는 뜻입니다. 전쟁(戰爭), 항쟁(抗爭) 등에 사용됩니다.

### 기타

**秉** 잡을 병 ⓢ 秉
돼지머리 계(彐) + 벼 화(禾)

**兼** 겸할 겸 ⓢ 兼
돼지머리 계(彐) +
벼 화(禾) X 2

**事** 일 사 ⓢ 事
돼지머리 계(彐) + 물건

**妻** 아내 처 ⓢ 妻
열 십(十) + 돼지머리 계(彐) + 여자 녀(女)

잡을 병(秉)자는 '벼(禾)를 손(彐)으로 잡다'는 뜻입니다. 이 글자는 주로 이름에 많이 사용됩니다. 이병철(李秉喆)은 삼성그룹의 창업자입니다.

겸할 겸(兼)자는 벼 두 포기(秝)를 손(彐)으로 잡은 모습으로, '겸하다'는 뜻입니다. 겸임(兼任)은 '두 가지 이상의 임무(任)를 겸하다(兼)'는 뜻입니다. 겸애설(兼愛說)은 '자기와 남을 겸하여(兼) 사랑하라(愛)는 말(說)'로, 노나라의 묵자(墨子)가 주장한 학설입니다. 자기 아버지, 자기 집, 자기 나라를 사랑하듯이, 겸하여 남의 아버지, 남의 집, 남의 나라도 사랑하면 천하가 태평하고 백성이 번영한다고 했습니다. 이는 단순히 세상을 위해서가 아니라 하늘의 뜻이라고 주장하였습니다.

일 사(事)

행사(行事), 사건(事件) 등에 들어가는 일 사(事)자는 '손(彐)에 도구를 들고 일을 하다'는 뜻입니다. 손에 든 것은 붓 혹은 먼지떨이라고 합니다. 중국은 황사가 많아 먼지가 많기 때문입니다. 이후 '일→직업→벼슬→(백성을) 다스리다→(높은 사람을) 섬기다'는 뜻이 파생되었습니다. 사대주의(事大主義)는 '큰(大) 나라를 섬기는(事) 주의(主義)'로, 주체성이 없이 자신보다 강한 국가나 사람을 섬기고 무조건적으로 받아들이려는 주의(主義)를 말합니다. 조선 시대에 중국에 대한 사대주의가 만연하였습니다. 사인여천(事人如天)은 '사람(人)을 하늘(天)같이(如) 섬겨라(事)'는 뜻으로, 천도교의 교리입니다.

아내 처(妻)자는 다른 사람(여종)이 손(彐)으로 여자(女)의 머리(十)를 다듬는 모습을 본떠 만든 글자입니다. 처남(妻男)은 '아내(妻)의 남자(男) 형제'이고, 처형(妻兄)은 '아내(妻)의 언니(兄)'이며, 처제(妻弟)는 '아내(妻)의 여자 동생(弟)'입니다.

아내 처(妻)

### 다른 손의 모습(1)

**虐** 사나울 학 ⓒ 虐
범 호(虍) + 돼지머리 계(彐)

**印** 도장 인 ⓒ 印
돼지머리 계(彐) + 병부 절(卩)

**丑** 소 축 ⓒ 丑
움켜잡는 손의 모습

사나울 학(虐)자는 '호랑이(虍)의 손(彐)이 사납다'는 뜻입니다. 나중에 손(彐)의 방향이 바뀌었습니다. 학대(虐待)는 '사납게(虐) 대하다(待)'는 뜻이고, 학살(虐殺)은 '사납게(虐) 죽이다(殺)'는 뜻입니다.

도장 인(印)자의 상형문자를 보면 손(彐을 뒤집은 모양)으로 꿇어앉아 있는 사람(卩)의 머리를 누르고 있는 모습입니다. 이후 '누르다→찍다→(머리에 찍힌) 인상(印象)→(종이에 찍은) 도장'이란 뜻이 생겼습니다. 도장(圖章)을 인장(印章)이라고도 합니다. 인도(印度)는 영어 인디아(India)의 음역입니다. 서인도(西印度)는 '서쪽(西)의 인도(印度)'라는 뜻으로, 서인도제도를 발견한 콜럼버스가 그곳을 인도의 서쪽이라고 오인한 데서 생긴 이름입니다. 반면 동인도(東印度)는 지금의 인도입니다. 동인도회사(東印度會社)는 '동인도(東印度)에 설립한 회사(會社)'로, 대항해 시대에 영국(1600년), 네덜란드(1602년), 덴마크(1616년), 프랑스(1664년) 등, 유럽 여러 나라에서 아시아의 무역을 독점하기 위해 세운 회사입니다.

도장 인(印)

소 축(丑)자의 상형문자를 보면, 무언가를 움켜잡으려는 듯이 손가락이 굽혀진 손(彐)의 모습입니다. 소 축(丑)자는 간지(干支)로 사용되면서, 십이지(十二支)의 하나인 소와 짝이 되어 소 축(丑)자가 되었을 뿐 소의 모습과는 전혀 상관없습니다. 《계축일기(癸丑日記)》는 '계축(癸丑)년부터 쓴 일기(日記)'로, 계축(癸丑)년인 1613년(광해군 5년)의 광해군이 어린 아우 영창대군을 죽이고 영창대군의 어머니 인목대비를 서궁에 가두었을 때의 사건을 시작으로 하여 일어난 궁중비사를 기록한 일기입니다. 일기에는 인목대비 측근인 나인이 썼다고 되어 있으나, 인목대비 자신이 썼다는 설도 있습니다.

소 축(丑)

## 다른 손의 모습(2)

**鬪** 싸울 투 ㊥ 斗
싸움 투(鬥) + [콩 두(豆)→투] + 마디 촌(寸)

**九** 아홉 구 ㊥ 九
팔이 있는 손의 모습

**丸** 알/둥글 환 ㊥ 丸
기슭 엄(九) + 점 주(丶)

**尤** 더욱 우 ㊥ 尤
절름발이 왕(尢) + 점 주(丶)

싸울 투(鬪)자의 상형문자를 보면 양쪽으로 두 사람(丨 丨)이 서 있고, 각각 손(ヨ→王)을 뻗어 서로 싸우는 형태입니다. 나중에 소리를 나타내는 콩 두(豆)자와 싸우는 손(寸)이 하나 더 추가되어 싸울 투(鬪)자가 되었습니다. 투쟁(鬪爭)이란 낱말에는 모두 다섯 개의 손이 들어 있습니다. 한번 찾아보시기 바랍니다.

싸울 투(鬪)

아홉 구(九)자는 손가락이 세 개인 손(글자의 왼쪽 부분)과 팔의 모습으로, 원래 팔을 뜻하는 글자인데 가차되어 아홉이란 뜻으로 사용됩니다. 포물선(抛物線)에 들어가는 던질 포(抛)자는 '팔(九)의 힘(力)으로 던지다'는 뜻으로 만든 글자에, 뜻을 분명히 하기 위해 나중에 손 수(扌)자가 추가되었습니다. 또 궁구할 구(究)자는 원래 '굴이나 구멍(穴)이 더 나아갈 곳이 없는 곳까지 손(九)으로 파고 들어가다'는 뜻입니다. 이후 '파고들어 깊게 연구(硏究)하다'는 뜻인 '궁구(窮究)하다'는 뜻이 생겼습니다. 〈일야구도하기(一夜九渡河記)〉는 '하룻(一)밤(夜)에 아홉(九) 번 물(河)을 건너면서(渡) 적은 기록(記)'입니다. 조선 정조 4년(1780년)에 박지원이 중국 청나라에 가는 사신을 따라 갈 때 강을 건너면서 느낀 바를 쓴 수필로, 《열하일기(熱河日記)》에 실려 있습니다. 하룻밤 사이에 아홉 번 물을 건너면서 자신의 심리를 면밀히 관찰하고 있습니다.

아홉 구(九)

손이 달려 있는 팔의 상형인 아홉 구(九)자에 점 하나 추가된 알 환(丸)자는 정확한 어원이 알려지지 않은 글자입니다. 손(九)으로 둥근 알약(丶)을 말고 있는 모습 혹은 언덕(厂자가 좌우로 뒤집힌 형상) 경사면에 거꾸로 서 있는 사람(人)이 언덕 아래로 굴러 떨어지는 모습에서 '구르다→둥글다→(둥근) 알'이란 뜻이 차례로 생겼다고 합니다. 하지만 알 환(丸)자의 갑골문자가 없기 때문에 확인은 불가능합니다. 예전에는 둥글게 빚은 약을 환약(丸藥)이라고 했습니다. 환(丸)자가 다른 글자 안에는, 두 손을 앞으로 내밀고 꿇어앉아 있는 사람의 모습으로 사용됩니다. 잡을 집(執)자와 재주 예(藝)자가 그런 예입니다.

알 환(丸)자가 들어 있는 잡을 집(執)

더욱 우(尤)자의 상형문자를 보면 손(又)에서 손가락 하나가 베이고 있는 모습입니다. 이런 모습에서 '허물'이나 '과실(過失)'이란 의미가 생겼났고, 나중에 가차되어 '더욱'이란 뜻이 생겼습니다.

더욱 우(尤)

# 사람 3-9 손(2)

마디 촌(寸) | 손맞잡을 공(廾) | 절구 구(臼)

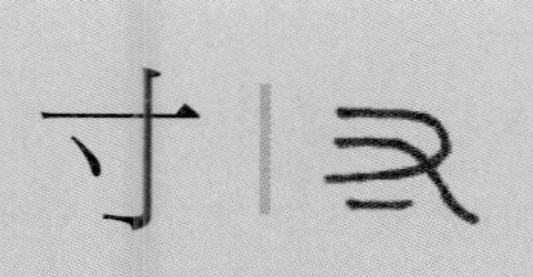

마디 촌(寸)
맥이 있는 오른 손

마디 촌(寸)자는 손가락을 세 개만 표시한 손의 상형인 또 우(又)자에 점이 하나 더 있는 모습니다. 점은 손목에 있는 맥이 뛰는 자리를 표시한다고 합니다만, 다른 글자 내에서는 또 우(又)자와 마찬가지로 손이라는 의미로만 사용됩니다.

마디라는 뜻은 손가락의 마디를 뜻합니다. 이후 '마디→(손가락 한 마디의 길이인) 촌(寸)→조금→작다→헤아리다' 등의 뜻이 생겼습니다. 길이의 단위인 1촌(寸)은 약 3cm로, 손가락 한 마디 길이에 해당하고 '치'라고도 부릅니다.

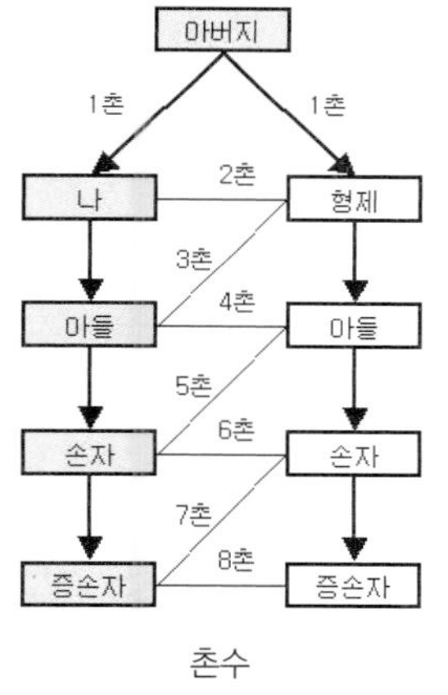


촌수

촌수(寸數)는 '친족 간의 멀고 가까움을 헤아리는(寸) 수(數)'입니다. 부부는 일심동체(一心同體), 즉 '한(一)마음(心)과 같은(同) 몸(體)'이기 때문에 0촌입니다. 부부가 낳은 형제 사이는 2촌, 이 형제가 낳은 자식들 사이는 4촌입니다. 다시 4촌들이 낳은 자식들 사이는 6촌, 그 다음은 8촌이 됩니다. 이와 같이 짝수 관계는 형제 관계입니다. 따라서 사촌 형 혹은 육촌 동생 등으로 부릅니다. 부모와 자식 간은 1촌입니다. 나의 형제와 나의 자식 간의 관계는 3촌이고, 나의 형제의 자식과 나의 손자 간은 5촌입니다. 이와 같이 홀수 관계는 부모와 자식의 관계가 됩니다.

### 촌(寸)자가 들어가는 글자(1)

**將** 장수 장 (중) 将 (약) 将
[나무조각 장(爿)] + 고기 육(肉/月) + 마디 촌(寸)

**寺** 절 사, 모실 시 (중) 寺
[그칠 지(止→土)→시] + 마디 촌(寸)

**侍** 모실 시 (중) 侍
사람 인(亻) + [모실 시(寺)]

장수(將帥), 장군(將軍) 등에 사용되는 장수 장(將)자는 '손(寸)으로 고기(肉)를 들고 제사를 도와주다'는 뜻으로, 원래의 뜻은 '도우다'입니다. 나중에 왕의 싸움을 도와주는 장수(將帥)라는 의미가 추가되었습니다. 군장(郡將)은 '고을(郡)의 장수(將)'라는 뜻으로, 원시 부족 사회의 우두머리입니다.

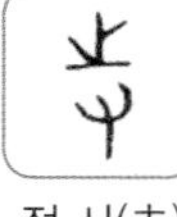

절 사(寺)
모실 시(寺)

절 사(寺)자로 더 널리 알려져 있는 모실 시(寺)자는 손(寸) 위에 발(止→土)을 받들고 있는 모습으로, '높은 사람을 받들어 모시다'는 뜻을 가진 글자입니다. 이후 '모시다→(높은 사람을 모셔야 하는) 관청→(부처님을 모시는) 절' 등의 뜻이 생겼습니다. 이후 본래의 뜻을 보존하기 위해 사람 인(亻)자를 추가하여 모실 시(侍)자가 되었습니다. 시종(侍從)은 '모시고(侍) 따르는(從) 사람'으로 임금을 모시는 사람입니다. 시중(侍中)은 '중앙(中)의 왕을 모시는(侍) 사람'으로, 중국 한(漢)

나라 때의 천자의 좌우에서 여러 가지 일을 받들었던 벼슬입니다. 일본 무사인 사무라이(さむらい)는 한자로 시(侍)인데, 이 또한 쇼군(將軍, しょうーぐん)을 모시며 호위하는 무사라는 뜻입니다.

### 촌(寸)자가 들어가는 글자(2)

**尊** 높을 존 ⓢ尊
[술익을/두목 추(酋)→존] + 마디 촌(寸)

**村** 마을 촌 ⓢ村
나무 목(木) + [마디 촌(寸)]

**封** 봉할 봉 ⓢ封
마디 촌(寸) + 흙 토(土) + 나무 목(木→土)

**奪** 빼앗을 탈 ⓢ夺
날개휘두를 분(奞) + 마디 촌(寸)

경기도 안양시에 있는 삼막사의 마애삼존불

존대(尊待), 존경(尊敬), 존중(尊重)에 들어가는 높을 존(尊)자는 원래 '제사상에 술을 올리기 위해 손(寸)에 들고 있는 술 단지(酋)'를 뜻하는 글인데, 이후 '술 단지→(술 단지를) 소중히 생각하다→공경하다→높이다'등의 뜻이 파생되었습니다. 술익을 추(酋)자는 술이 익어 술병(酉) 위로 냄새가 솔솔 나는(八) 모습입니다. 삼존불(三尊佛)은 '세(三) 명의 높은(尊) 부처(佛)'라는 뜻으로, 절이나 불상(佛像)에 나란히 등장하는 3명의 부처입니다. 중앙에는 아미타불(阿彌陀佛), 오른쪽에는 보현보살(普賢菩薩), 왼쪽에는 문수보살(文殊菩薩)이 있습니다.

마을 촌(村)자는 '손(寸)으로 나무(木)를 심어 놓은 곳이 마을'이라는 뜻입니다. 마디 촌(寸)자가 소리로 사용되는 희귀한 경우입니다. 사하촌(寺下村)은 '절(寺) 아래(下)의 마을(村)'이고, 이촌향도(離村向都)는 '농촌(農村)을 떠나(離) 도시(都市)로 향하다(向)'는 뜻으로, 농민이 다른 산업에 취업할 기회를 갖기 위하여 농촌을 떠나 도시로 이동하는 현상입니다.

봉할 봉(封)

봉할 봉(封)자는 원래 '손(寸)으로 나무(木→土)를 심기 위해 흙(土)을 북돋우다'는 뜻입니다. 이후 '북돋우다→흙더미를 쌓다→(흙을 쌓아) 봉하다→(봉한) 편지' 등의 뜻이 생겼습니다. 봉지(封紙)는 '물건을 넣어 봉하는(封) 종이(紙)'라는 뜻으로, 물건을 넣는 작은 종이 주머니입니다. 봉인(封印)은 '봉하여(封) 붙인 자리에 찍는 도장(印)'입니다. 봉분(封墳)은 '흙을 쌓아올려(封) 만든 무덤(墳)'이고, 봉토(封土)는 '흙(土)을 쌓아올리다(封)'는 뜻과 함께 '제후를 봉하여(封) 내려주는 땅(土)'이란 뜻을 가지고 있습니다.

빼앗을 탈(奪)자에 들어 있는 날개 휘두를 분(奞)자는 새(隹)가 날개(大)를 휘두르고 있는 모습입니다. 여기서 큰 대(大)자는 새가 날개를 벌린 모습입니다. 따라서 빼앗을 탈(奪)자는 날개(大) 휘두르며 있는 새(隹)를 손(寸)으로 잡고 있는 모습을 본떠 만든 글자입니다. 약탈혼(掠奪婚)은 '원시 시대 다른 부족에서 신부를 노략질하고(掠) 빼앗아와(奪) 하는 결혼(婚)'입니다.

### 촌(寸)자가 들어가는 글자(3)

**討** 칠 토 ⓢ 讨
말씀 언(言) + 마디 촌(寸)

**得** 얻을 득 ⓢ 得
걸을 척(彳) + 조개 패(貝) + 마디 촌(寸)

**付** 줄/붙일 부 ⓢ 付
사람 인(亻) + 마디 촌(寸)

**射** 쏠 사 ⓢ 射
활 궁(弓→身) + 마디 촌(寸)

**守** 지킬 수 ⓢ 守
집 면(宀) + 마디 촌(寸)

**耐** 견딜 내 ⓢ 耐
말이을 이(而) + 마디 촌(寸)

'토벌(討伐)한다'는 뜻의 칠 토(討)자는 원래 '말(言)과 손(寸)으로 죄인을 문초하거나 꾸짖다'라는 뜻입니다. 토포영(討捕營)은 '적을 토벌(討)하고 체포(捕)하기 위한 진영(營)'으로, 조선 시대에 적군을 토벌하고 체포하기 위해 각 도의 군사적으로 중요한 지점에 둔 군영(軍營)입니다.

얻을 득(得)

얻을 득(得)자는 '길(彳)에서 손(寸)으로 돈(貝→旦)을 줍다'는 뜻입니다. 가처분소득(可處分所得)은 '처분(處分)이 가능한(可) 소득(所得)'으로, 개인이 자유롭게 처분할 수 있는 소득을 말합니다. 예를 들어 100만원을 번 사람이 20만 원을 세금으로 내었다면 이 사람의 소득은 100만 원이지만, 가처분소득은 80만 원이 됩니다.

줄 부(付)자는 '손(寸)으로 사람(亻)에게 주다'는 뜻입니다. 이후 '주다→맡기다→부탁(付託)하다→의지하다→붙이다' 등의 뜻이 생겼습니다. 발부(發付)는 '증명서 등을 발행(發行)하여 주다(付)'는 뜻이고, 부탁(付託)은 '부탁하고(付) 부탁하다(託)'는 뜻입니다.

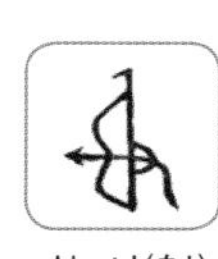
쏠 사(射)

발사(發射), 사격(射擊), 궁사(弓射) 등에 들어가는 쏠 사(射)자의 상형문자는 손(寸)으로 활(弓)을 쏘는 모습입니다. 나중에 활 궁(弓)자가 몸 신(身)자로 모습이 바뀌었는데, 그 이유는 알 수 없습니다. 반사(反射)는 '되돌려(反) 쏘다(射)'는 뜻으로, 빛이나 파(波)가 다른 물체에 부딪혀서 나아가던 방향을 반대로 바꾸는 현상입니다. 복사(輻射)는 '수레의 바퀴살(輻)처럼 사방팔방으로 퍼져나가게 쏘다(射)'는 뜻으로, 물체가 빛이나 열을 방출하는 현상입니다. 방출을 할 때, 수레나 자전거의 바퀴살처럼 사방팔방으로 퍼져나간다고 해서 복사(輻射)라는 이름이 붙었습니다.

지킬 수(守)자는 '손(寸)으로 집(宀) 을 지키다'는 뜻입니다. 수비(守備)는 '지키기(守) 위해 준비하다(備)'는 뜻입니다. 수구(守舊)는 '옛(舊) 것을 지키다(守)'는 뜻으로, 옛 제도나 풍습을 그대로 지키고 따르는 것을 말합니다. 개화(開化)나 진보(進步)의 반대되는 의미로 사용됩니다.

인내(忍耐), 내성(耐性) 등에 들어가는 견딜 내(耐)자는 원래 '손(寸)으로 구레나룻(而)을 깎는 형벌'을 뜻하는 글자입니다. 이후 '구레나룻을 깎는 형벌→구레나룻을 깎다→(깍는 형벌을) 감당하다→견디다' 등의 뜻이 생겼습니다. 내구재(耐久財)는 '오랫동안(久) 견딜(耐) 수 있는 재물(財)'로, 음식이나 의류처럼 사용하면 없어지는 물건이 아니라 집이나 기계처럼 오랫동안 사용할 수 있는 재물입니다. 내성(耐性)은 '견디는(耐) 성질(性)'로, 약물의 반복 사용으로 약효가 떨어지는 현상이나 환경 조건의 변화에 견딜 수 있는 생물의 성질을 말합니다.

### 촌(寸)자가 들어가는 글자(4)

**冠** 갓 관 ㊥冠
덮을 멱(冖) + [으뜸 원(元)→관] + 마디 촌(寸)

**導** 인도할 도 ㊥导
[길 도(道)] + 마디 촌(寸)

**對** 대답할 대 ㊥对 ㊕対
마디 촌(寸) + 도구의 모습

갓 관(冠)자는 사람의 머리(元) 위에 손(寸)으로 갓을 덮어쓰는(冖) 모습을 본떠 만든 글자입니다. 으뜸 원(元)자는 머리(二)를 강조한 사람(儿)의 모습을 본떠 만든 글자입니다. 영어의 관사(冠詞)는 '머리에 쓰는 갓(冠)처럼 다른 단어의 머리에 붙는 낱말(詞)'로, 'the', 'a' 등이 있습니다. 국어의 관형사(冠形詞)는 '머리에 쓰는 갓(冠)처럼 체언의 머리에 붙어 형용하는(形) 낱말(詞)'로, '이~, 그~, 저~, 몇~, 새~' 등이 관형사의 예입니다.

인도할 도(導)자는 '손(寸)으로 길(道)을 가리켜 인도(引導)한다'는 뜻입니다. 전도(傳導)는 '전(傳)하고 인도하다(導)'는 뜻으로, 열이나 전기가 그 물체의 한 부분에서 다른 부분으로 점차 옮아가는 것을 말합니다. 도체(導體)는 '전기나 열이 잘 전도(傳導)되는 물체(體)'로, 금, 은, 구리 따위가 있습니다. 반대로 고무나 플라스틱처럼 전기가 통하지 않는 물체는 부도체(不導體)입니다. 도체와 부도체의 중간 물체를 반도체(半導體)라고 합니다. 반도체로는 실리콘, 게르마늄 따위가 있으며, 컴퓨터의 메모리나 CPU 등을 만드는 재료가 됩니다.

대답할 대(對)

대답할 대(對)자에 대한 여러 가지 해석이 있지만 납득할 만한 해석은 없습니다. 손(寸)에 무엇을 들고 있는 모습인데, 학자에 따라 촛불, 먼지떨이, 타악기, 무당의 도구 등으로 해석합니다. 어쨌든 '마주하다, 대(對)하다, 대답(對答)하다' 등의 뜻이 있습니다. 대각(對角)은 '마주보는(對) 각(角)'이고, 대각선(對角線)은 '마주보는(對) 각(角)을 이은 선(線)'입니다.

손맞잡을 공(廾)
나란히 위로 내민 두 손

손맞잡을 공(廾)자는 두 손을 나란히 위로 내밀고 있는 모습을 본떠 만든 글자입니다. 두 손으로 공손하게 물건을 들고 있는 모습을 나타내는 글자에 들어갑니다. 이 글자는 다른 글자에 들어가면서 모양이 조금 변하기도 하는데, 군사 병(兵), 함께 공(共)자의 아랫부분이 그 예입니다.

손맞잡을 공(廾)자는 열 십(十)자가 두개 모여 만들어진 스물 입(廿)자와 모양은 비슷하나 뜻은 완전히 다른 글자입니다.

### 위로 향한 두 손(1)

**開** 열 개 ㊥ 开
문 문(門)+ 한 일(一) + 손맞잡을 공(廾)

**戒** 경계할 계 ㊥ 戒
창 과(戈) + 손맞잡을 공(廾)

**弄** 희롱할 롱 ㊥ 弄
구슬 옥(玉/王) + 손맞잡을 공(廾)

**算** 셈 산 ㊥ 算
대 죽(竹) + 눈 목(目) + 손맞잡을 공(廾)

**弊** 해질 폐 ㊥ 弊
[해질 폐(敝)] + 손맞잡을 공(廾)

열 개(開)자는 두 손(廾)으로 문(門)의 빗장(一)을 들고 있는 모습에서 '문을 열다'는 뜻이 생겼습니다. 이후 '열다→피다→펴다→개척(開拓)하다→시작하다' 등의 뜻이 생겼습니다. 개국공신(開國功臣)은 '나라(國)를 새로 여는데(開) 공(功)을 세운 신하(臣)'입니다. 개화사상과 개화기, 개화파 등에 나오는 개화(開化)는 '새로운 세상으로 문을 열고(開) 변하다(化)'는 뜻입니다.

경계할 계(戒)자는 '창(戈)을 두 손(廾)으로 들고 경계(警戒)하다'는 뜻입니다. 화왕계(花王戒)는 '꽃(花)의 왕(王)이 하는 훈계(訓戒)'로, 신라 신문왕(神文王) 때 설총이 꽃을 의인화하여 신문왕을 깨우치기 위해 지은 한문 우화소설입니다. 화왕(花王: '꽃의 왕'이란 뜻으로 모란꽃)이 아첨하는 미인(美人: '아름다운 여인'으로, 장미꽃)과 충간을 하는 백두옹(白頭翁: '머리가 흰 늙은이'란 뜻으로, 할미꽃) 사이에서 누구를 택할 것인가 주저하는 것을 보고 백두옹이 화왕을 훈계하는 내용입니다.

희롱할 롱(弄)자는 '두 손(廾)으로 옥(玉/王)을 가지고 놀다'는 뜻입니다. 희롱(戲弄)은 실없이 놀리는 것을 말하고, 농담(弄談)은 '희롱하거나(弄) 장난으로 하는 말(談)'입니다.

셈 산(算)자는 '두 손(廾)으로 대나무(竹)로 만든 산가지를 들고 눈(目)으로 보며 수를 셈하다'는 뜻입니다. 산수(算數)란 '수(數)를 셈(算)한다'는 뜻입니다.

해질 폐(弊)자에 들어 있는 해질 폐(敝)자는 '천(巾)을 먼지가 나게 막대기를 든 손으로 쳐서(攵) 해지다'는 뜻입니다. 나중에 원래 뜻을 분명히 하기 위해, 손맞잡을 공(廾)자가 추가 되었습니다. '두 손(廾)으로 옷을 찢어 해지다'는 뜻입니다. 이후 '찢어지다→나쁘다→폐해(弊害)→폐단(弊端)' 등의 뜻이 생겼습니다.

## 위로 향한 두 손(2)

兵 군사 병 ⓢ兵
도끼 근(斤) +
손맞잡을 공(廾)

典 법 전 ⓢ典
책 책(冊) + 손맞잡을 공(廾)

具 갖출 구 ⓢ具
솥 정(鼎→貝) +
손맞잡을 공(廾)

其 그 기 ⓢ其
키 모습 + 손맞잡을 공(廾)

共 함께 공 ⓢ共
어떤 물건 + 손맞잡을 공(廾)

손맞잡을 공(廾)자의 모습이 조금 변형되어 사용되는 글자들을 살펴보겠습니다.

병사(兵士), 병력(兵力), 졸병(卒兵), 해병(海兵) 등에 사용되는 병사 병(兵)자는 '두 손(廾)에 도끼(斤)를 들고 있는 사람이 병사(兵士)이다'는 뜻입니다. 병장(兵長)은 '병사(兵)들의 우두머리(長)'라는 뜻으로, 이병(二兵), 일병(一兵), 상병(上兵) 위의 계급입니다. 부국강병(富國强兵)은 '나라(國)를 부유하게(富) 만들고 군대(兵)를 강하게(强) 한다'는 뜻입니다.

법 전(典)자는 원래 두 손(廾)으로 공손하게 책(冊)을 들고 있는 모습입니다. 이후 '책→경전(經典)→법전(法典)→법'이란 뜻이 파생되었습니다. 신학대전(神學大典)은 '신학(神學)을 정리한 큰(大) 책(典)'이란 뜻으로, 중세 유럽에 토마스 아퀴나스가 쓴 책입니다. 중세 유럽에서는 인간의 이성보다 신앙을 중시하였지만, 이 책에서는 신앙과 이성을 조화시키려고 하였습니다. 즉 인간의 이성으로 입증되는 자연의 진리(예: 죽은 사람은 살아날 수 없다)를 중시하면서도, 신앙에 의한 초자연적 진리(예: 죽은 사람도 살아난다)를 입증하면서, 이 두가지가 모순되지 않는다는 것을 설파하였습니다. 경국대전(經國大典)은 '나라(國)를 다스리는(經) 큰(大) 법(典)'이란 뜻으로, 조선 시대에 나라를 다스리는 법입니다. 현재 우리나라의 헌법과 같은 것입니다.

갖출 구(具)자는 두 손(廾)으로 솥(鼎→貝)을 들고 있는 모습으로, 집에 '솥을 갖추다'는 뜻입니다. 가구(家具)는 '집(家)에 갖추어야(具) 할 물건'이고, 문방구(文房具)는 '글(文) 방(房)에서 갖추어야(具) 할 물건'입니다.

그 기(其)

그 기(其)자는 곡식을 까불어 쭉정이나 티끌을 골라내는 키를 두 손(廾)으로 잡은 모습을 본떠 만든 글자입니다. 기(其)자가 지시대명사 '그(it)'로 사용되자, 원래의 뜻을 분명히 하기 위해 대나무 죽(竹)을 붙여 키 기(箕)자가 되었습니다.

함께 공(共)

함께 공(共)자는 두 손(廾)으로 함께 어떤 물건을 바치고 있는 모습입니다. 이 모습에서 '함께, 같이, 바치다, 공손하다' 등의 뜻이 생겼습니다. 공동(共同)은 '함께(共) 같이(同)'라는 뜻이고, 공생(共生)은 '서로 도우며 함께(共) 살다(生)'는 뜻으로, 악어와 악어새처럼 종류가 다른 생물이 서로에게 이익을 주며 함께 사는 일입니다.

### 글자 중간에 들어가는 두 손

**奉** 받들 봉 중 奉
[우거질 봉(丰)] + 손맞잡을 공(廾) + 손 수(手/扌)

**秦** 나라이름 진 중 秦
낮 오(午) + 손맞잡을 공(廾) + 벼 화(禾)

**奏** 아뢸 주 중 奏
악기 + 손맞잡을 공(廾)

**泰** 클 태 중 泰
큰 대(大) + 손맞잡을 공(廾) + 물 수(水)

**卷** 책 권 중 卷
쌀 미(米) + 손맞잡을 공(廾) + 병부 절(卩)

**暴** 사나울 폭/포, 드러낼 폭 중 暴
날 일(日) + 날 출(出) + 손맞잡을 공(廾) + 쌀 미(米)

손맞잡을 공(廾)자는 주로 글자의 아래에 들어가지만 글자의 중간에 들어가는 경우도 있습니다. 이때에는 좌우로 벌어져 있는 모습입니다.

받들 봉(奉

받들 봉(奉)자의 상형문자를 보면 두 손(廾)으로 어떤 물건을 받들고 있는 모습입니다. 이후 글자 아래에 손 수(手/扌)자가 추가되어 세 손으로 받드는 모습입니다. 또 어떤 물건은 소리를 나타내는 우거질 봉(丰)자로 변했습니다. 나중에 뜻을 분명히 하기 위해 다시 손 수(手/扌)자를 추가하여 받들 봉(捧)자가 되었습니다. 따라서 받들 봉(捧)자에는 모두 네 개의 손이 들어 있습니다. 봉사(奉仕)는 '받들고(奉) 섬기다(仕)'는 뜻으로, 국가나 남을 위하여 열심히 일하는 것입니다.

나라이름 진(秦)

나라이름 진(秦)자는 두 손(廾)으로 절굿공이(午)를 들고 벼(禾)를 찧고 있는 모습입니다. 낮 오(午)자는 절굿공이의 상형입니다. 진(秦)나라는 황하강 중류의 섬서성(陝西省)에 있었습니다. 이곳은 땅이 비옥하여 쌀이 풍부한 지역으로 알려져 있습니다. 이러한 연유로 나라 이름인 진(秦)에는 벼 화(禾)가 들어갑니다.

아뢸 주(奏)

아뢸 주(奏)자는 원래 '두 손(廾)으로 악기를 들고 연주하다'는 뜻입니다. 이후 '연주(演奏)하다→드리다→아뢰다'는 뜻이 생겼습니다. 변주곡(變奏曲)은 '원래의 가락을 변경하여(變) 연주하는(奏) 곡(曲)'으로, 하나의 가락을 바탕으로, 화성, 리듬, 박자 등을 변형한 곡입니다. 합주(合奏)는 '여러 악기를 합(合)하여 하는 연주(奏)'입니다.

클 태(泰)

클 태(泰)자는 사람(大)이 물(氺)에서 목욕하면서 두 손(廾)으로 씻고 있는 모습에서 '편안하다'는 뜻이 생겼습니다. 이후 '편안하다→너그럽다→교만하다→심하다→크다' 등의 뜻이 생겼습니다. '태산이 높다하되 하늘 아래 뫼이로다'에 나오는 태산(泰山)은 '큰(泰) 산(山)'이란 뜻으로, 중국 산동성에 있는 중국의 5대 명산 중 하나입니다. 태두(泰斗)는 태산북두(泰山北斗)의 줄임말로 중국 제일의 명산인 태산(泰山)과 하늘의 북두칠성(北斗七星)이라는 뜻이며, 어떤 분야에서 첫손에 꼽을 만큼 뛰어난 사람을 말합니다.

책 권(卷)자의 윗부분은 '두 손(廾)으로 밥(米)을 둥글게 말다'는 뜻이고, 아랫부분은 무릎을 굽히고 앉아 있는 사람의 모양에서 '굽히다, 말다'라는 뜻이 나

죽간

말 권(卷)

왔습니다. 이후 '말다→두루마리→책'이란 뜻이 생겼습니다. 고대 중국에서 책은 대나무 죽간(竹簡)으로 만들어 두루마리처럼 말았기 때문입니다. 나중에 '말다'는 원래의 뜻을 살리기 위해 손 수(扌)자가 붙어 말 권(捲)자가 되었습니다.

햇볕으로 너무 더운 것을 폭염(暴炎) 혹은 폭서(暴暑)라 부르는데, 이때 사나울 폭(暴)자는 원래 '해(日)가 나오면(出) 두 손(廾)으로 쌀(米)을 꺼내, 햇볕에 쬐어 말리다'는 뜻입니다. 이후, '햇볕에 말리다→나타내다→드러나다' 등의 뜻이 생겼습니다. 폭로(暴露)는 '드러내고(暴) 드러내다(露)'는 뜻입니다. 또 '햇볕이 사납게 쪼이다'고 해서 '사납다'라는 뜻도 생겼습니다. 사나울 폭(暴)자는 사나울 포(暴)자로도 사용됩니다. 포악(暴惡)이 그런 예입니다.

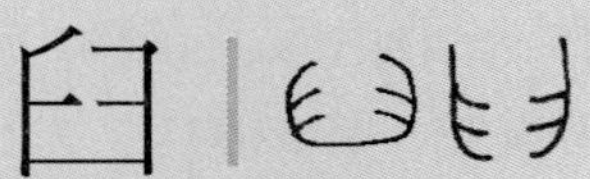
절구 구(臼)
절구의 모습 / 아래로 나란히 내민 두 손

절구 구(臼)자의 상형문자를 보면 완전히 다른 두 가지 모습이 있습니다.

첫 번째 모습은 절구나 함정(陷穽)의 모양을 본떠 만든 글자입니다. 함정 함(陷)자나 꽂을 삽(揷)자가 그런 예입니다. 두 번째 모습은 아래로 나란히 내민 두 손입니다. 손맞잡을 공(廾)자가 아래에서 위로 내민 두 손이라면, 절구 구(臼)자는 주로 땅에 있는 물건을 집어 올리는 모습의 글자에 들어갑니다.

이 두 글자는 어원이 완전히 다르지만, 글자화되는 과정에 하나로 합쳐졌습니다. 여기에서는 두 개를 모두 살펴보겠습니다.

## 아래로 향한 두 손

學 배울 학 중 学 약 学
절구 구(臼) + 점괘 효(爻) + 집 면(宀→冖) + 아들 자(子)

覺 깨달을 각 중 觉 약 覚
절구 구(臼) + 점괘 효(爻) + 집 면(宀→冖) + 볼 견(見)

배울 학(學)

배울 학(學)자는 '집(宀→冖)에서 아들(子)이 두 손(臼)으로 산가지(爻)를 들고 숫자를 배우다'는 뜻입니다. 동학(東學)은 '중국의 동(東)쪽, 즉 한국에서 만든 학문(學)'이란 뜻으로, 1860년에 최제우가 만든 종교입니다. 북학(北學)은 '중국 북(北)쪽, 즉 만주에 살던 여진족이 세운 청나라의 학문(學)'이며, 서학(西學)은 '중국의 서(西)쪽, 즉 서양에서 들어온 과학(科學)이나 기독교'를 말합니다.

깨달을 각(覺)자는 '집(宀→冖)에서 두 손(臼)으로 산가지(爻)를 들고 숫자를 배우는데, 눈으로 보면서(見) 깨닫다(覺)'는 뜻입니다. 각성(覺醒)은 '깨닫고(覺) 깨어나다(醒)'는 뜻으로, 정신을 차리거나 자신의 잘못을 깨달음을 일컫는 말입니다.

### 네 개의 손

**舁** 마주들 여 ⓩ舁
절구 구(臼) +
손맞잡을 공(廾)

**與** 더불/줄 여 ⓩ与 ⓨ与
더불/줄 여(与) +
[마주들 여(舁)]

**擧** 들 거 ⓩ举 ⓨ挙
[더불 여(與)→거] + 손 수(手)

**輿** 수레 여 ⓩ舆
수레 거(車) + [마주들 여(舁)]

**興** 일어날 흥 ⓩ兴 ⓨ兴
같을 동(同) + 마주들 여(舁)

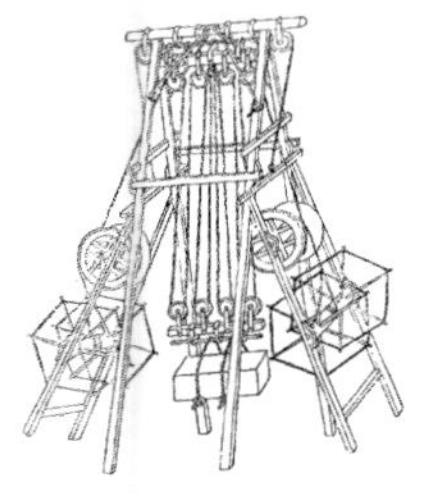
정약용이 고안한 거중기

조선 말기의 상여

마주들 여(舁)자는 '아래로 향한 두 손(臼)과 위로 향한 두 손(廾)이 합쳐져 4개의 손으로 마주 들다'는 뜻입니다. 이 글자는 홀로 사용되는 경우는 거의 없고, 다른 글자 내에서 사용됩니다.

더불 여(與)

더불 여(與)자의 상형문자를 보면, 글자 중앙에 있는 글자가 어금니 아(牙)자의 모습입니다. 즉 '여러 명이 상아(象牙)를 마주 들고(舁) 건네주다'는 뜻입니다. 이후 '주다→(주면서) 돕다→(돕기 위해) 참여(參與)하다→더불다' 등의 뜻이 생겼습니다. 또 글자의 모습도 어금니 아(牙)자가 여(与)자로 변했고, 이후 여(與)자는 간략하게 여(与)자로 사용되었습니다. 중국 간체자나 약자로는 여(与)자가 사용됩니다. '여건이 나쁘다'에서 여건(與件)은 '주어진(與) 조건(件)'이고, 여신(與信)은 '신용(信)을 주다(與)'는 뜻으로, 은행에서 돈을 빌려주는 일입니다. 여당(與黨)은 '정부와 더불어(與) 있는 당(黨)'으로, 현재 정권을 잡고 있는 정당을 말합니다.

들 거(擧)자는 '주기(與) 위해 손(手)으로 들다'는 뜻입니다. 거(擧)자에는 손이 모두 다섯 개 들어 있습니다. 일거양득(一擧兩得)은 '한(一) 번 들어(擧) 두(兩) 개를 얻다(得)'는 뜻으로, 일석이조(一石二鳥)와 같은 말입니다. 거중기(擧重機)는 '무거운(重) 것을 드는(擧) 기계(機)'로, 정약용이 1792년 고안해서 수원 화성을 쌓는데 이용하였습니다.

수레 여(輿)자는 많은 사람이 수레(車)를 마주 드는(舁) 모습입니다. 여기에서 수레란 바퀴가 달린 수레가 아니라, 가마나 상여처럼 사람이 마주 들고 가는 수레를 뜻합니다. 상여(喪輿)는 '죽은(喪) 사람을 싣고 가는 수레(輿)'로, 시체를 장지(葬地)로 운반하는 가마입니다. 10여 명의 상여꾼(동네 청년들이나 죽은 사람의 친구)들이 메고 갑니다.

일어날 흥(興)

일어날 흥(興)자는 '무거운 물건을 여러 사람이 같이(同) 마주 들고(舁) 일어나다'는 뜻입니다. 흥부(興夫)는 '제비 다리 고쳐주고 크게 흥(興)한 사내(夫)'라는 뜻이고, 법흥왕(法興王)은 '법(法)을 흥(興)하게 한 왕(王)'이란 뜻으로, 신라 시대에 처음으로 법률을 반포한 왕입니다. 흥진비래(興盡悲來)는 '흥(興)하는 일, 즉 즐거운 일이 다하면(盡) 슬픈(悲) 일이 온다(來)'는 뜻이고, 흥미진진(興味津津)은 '흥(興)을 느끼는 맛(味), 즉 흥미가 넘치고(津) 넘친다(津)'는 뜻입니다. 나루 진(津)자는 '넘치다'는 뜻도 있습니다.

### 절구로 사용되는 경우

稻 벼 도 ⓢ稻
벼 화(禾) + [벼/찧을 도(舀)]

揷 (손으로) 꽂을 삽 ⓢ插 ⓨ挿
손 수(扌) + [꽂을 삽(臿)]

陷 (언덕 사이에) 빠질 함 ⓢ陷
언덕 부(阝) + [함정 함(臽)]

毁 (쳐서) 헐 훼 ⓢ毁
절구 구(臼) + 흙 토(土→工) + 칠 수(殳)

벼 도(稻)자에 들어 있는 벼/찧을 도(舀)자는 '손(爪)으로 절구(臼)에 있는 벼를 찧다'는 뜻입니다. 나중에 뜻을 분명히 하기 위해 벼 화(禾)자를 추가하여 벼 도(稻)자가 되었습니다. 입도선매(立稻先賣)는 '아직 논에서 서(立) 있는 벼(稻)를 먼저(先) 판다(賣)'는 뜻입니다.

꽂을 삽(揷)자에 들어 있는 꽂을 삽(臿)자는 절구(臼)에 절굿공이(午→千)가 꽂혀있는 모습입니다. 나중에 뜻을 분명히 하기 위해 손 수(扌)자가 추가되어 꽂을 삽(揷)자가 되었습니다. 낮 오(午)자는 절굿공이의 상형입니다. 삽입(揷入), 삽화(揷畵) 등에 사용됩니다.

빠질 함(陷)자에 들어 있는 함정 함(臽)자는 함정(臼)에 사람(人)이 빠지는 모습입니다. 나중에 뜻을 분명히 하기 위해 언덕 부(阝)자가 추가되었습니다. 언덕 사이의 틈에 함정처럼 빠질 수 있기 때문입니다. 함정(陷穽), 함몰(陷沒), 결함(缺陷) 등에 사용됩니다. 헐 훼(毁)자는 '절구(臼)에 담긴 쌀을 흙(土→工)에 쏟아버려 쌀을 훼손했다'는 뜻입니다. 나중에 뜻을 분명히 하기 위해 칠 수(殳)자가 추가되었습니다. 훼손(毁損), 훼방(毁謗), 폄훼(貶毁) 등에 사용됩니다.

### 손도 절구도 아닌 경우

搜 (손으로) 찾을 수 ⓢ搜
손 수(扌) + [찾을 수(叟)]

兒 아이 아 ⓢ儿 ⓨ児
절구 구(臼) + 어진사람 인(儿)

舊 옛 구 ⓢ旧 ⓨ旧
부엉이 환(萑) + [절구 구(臼)]

절구 구(臼)자가 사용되지만 손이나 절구의 모습이 아닌 글자도 있습니다. 찾을 수(搜)자에 들어가는 찾을 수(叟)자는 '손(又)에 횃불(火→臼)을 들고 무언가를 찾다'는 뜻입니다. 나중에 '찾다'는 뜻을 더욱 분명히 하기 위해 손 수(扌)자가 추가되었습니다. 수사(搜査), 수색(搜索) 등에 사용됩니다.

찾을 수(叟)

아동(兒童), 육아(育兒) 등에 들어가는 아이 아(兒)자는 머리를 뿔처럼 둘로 묶은 아이의 모습이라고도 하고, 젖먹이의 머리뼈가 아직 굳지 않은 모양으로 설명하기도 합니다.

아이 아(兒)

옛 구(舊)자에 들어 있는 부엉이 환(萑)자는 새(隹) 머리에 깃털이 볼록 올라와 있는(艹) 부엉이의 모습을 본떠 만든 글자입니다. 나중에 옛날이라는 뜻으로 가차되었습니다. 절구 구(臼)자가 소리로 사용되는 희귀한 경우입니다. 수구파(守舊派)는 '옛(舊) 것을 지키려는(守) 파(派)'로, 진보적인 것을 외면하고 옛 제도나 풍습을 그대로 지키고 따르려는 보수적인 무리입니다.

옛 구(舊)

# 사람 3-10 손(3) 손 수(手)

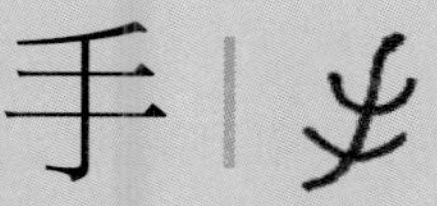

손 수(手/扌)
5개의 손가락을 가진 손

손 수(手/扌)자는 지금까지 보아온 세 개의 손가락이 있는 손과는 달리 다섯 개의 손가락이 있는 손의 모습을 본떠 만든 글자입니다. 갑골문자를 만든 은나라 때에는 세 개의 손가락으로 손을 표현했고, 다섯 손가락의 손 수(手)자는 주나라 이후에 나왔습니다. 손 수(手)자가 다른 글자의 변에 붙을 때에는 수(扌)로 간략하게 쓰이는데, 재주 재(才)자와 비슷하게 생겨 '재방변'이라 부릅니다. 손 수(手)자는 손이나 손으로 하는 행위와 관련되는 글자에 들어갑니다.

인간의 문명은 손과 매우 밀접하게 관련되어 있습니다. 동물과 달리 인간은 손을 자유롭게 사용하면서 문명을 만들어 왔기 때문입니다. 이런 이유로 손 수(手)자는 '사람'을 의미하기도 합니다. 투수(投手), 가수(歌手), 궁수(弓手), 기수(騎手), 조수(助手) 등이 그러한 예입니다. 또한 고수(高手), 선수(選手), 명수(名手) 등에서 보듯 전문가를 지칭하기도 합니다.

### 손과 손의 부분을 나타냄

**拳** 주먹 권 ⓩ 拳
[책/말 권(卷)] + 손 수(手)

**掌** 손바닥 장 ⓩ 掌
[오히려 상(尙)→장] + 손 수(手)

**指** 손가락 지 ⓩ 指
손 수(扌) + [뜻 지(旨)]

주먹 권(拳)자는 '손(手)을 말아(卷) 쥔 것이 주먹이다'는 뜻입니다. 권투(拳鬪)는 '주먹(拳)으로 싸우는(鬪) 경기'이고, 적수공권(赤手空拳)은 '붉은(赤) 손(手), 즉 맨 손과 빈(空) 주먹(拳)'이란 뜻으로, 아무 것도 가진 것이 없다는 뜻입니다.

손바닥 장(掌)자는 '손(手)에 있는 손바닥'이란 뜻입니다. 중국 무협소설에 등장하는 장풍(掌風)은 '손(掌)에서 나오는 바람(風)'입니다. 고장난명(孤掌難鳴)은 '외로운(孤) 손바닥(掌)은 울기(鳴)가 어렵다(難), 즉 한 손바닥으로는 소리가 나지 않는다'는 뜻으로, 혼자서는 싸움이 되지 않음을 이르는 말입니다. 여반장(如反掌)은 '손바닥(掌)을 뒤집는(反) 것 같다(如)'는 뜻으로, 일이 매우 쉬움을 이르는 말입니다.

손가락 지(指)자는 '손(扌)에 손가락이 있다'는 뜻입니다. 이후 '손가락→가리키다→지시(指示)하다' 등의 뜻이 생겼습니다. 십이지장(十二指腸)은 '열두(十二) 개의 손가락(指) 마디 길이의 창자(腸)'로, 위와 작은창자 사이에 있으며 길이는 25~30cm입니다. 지수(指數)는 '거듭제곱 횟수를 가리키는(指) 수(數)'로, 어떤 수나 문자의 오른쪽 위에 덧붙여 씁니다.

## 손으로 잡음

**握** (손으로) 잡을 악 ⓢ 握
손 수(扌) + [집 옥(屋)→악]

**把** (손으로) 잡을 파 ⓢ 把
손 수(扌) + [땅이름 파(巴)]

**捕** (손으로) 잡을 포 ⓢ 捕
손 수(扌) + [클 보(甫)→포]

**捉** (손으로) 잡을 착 ⓢ 捉
손 수(扌) + [발 족(足)→착]

**拘** (손으로) 잡을 구 ⓢ 拘
손 수(扌) + [글귀 구(句)]

**操** (손으로) 잡을 조 ⓢ 操
손 수(扌) + [새때로울 조(喿)]

손이 하는 역할 중 가장 큰 것은 손으로 물건 등을 잡는 것입니다. 따라서 '잡다'는 뜻의 글자에는 모두 손 수(手/扌)자가 들어갑니다.

잡을 악(握)자는 악수(握手), 장악(掌握) 등에 들어갑니다. 악수(握手)는 '손(手)을 잡다(握)'는 뜻이고, 장악(掌握)은 '손바닥(掌)으로 잡다(握)'는 뜻으로, 무엇을 마음대로 할 수 있게 됨을 이르는 말입니다.

잡을 파(把)자는 파악(把握)이란 낱말에 사용됩니다. 파악(把握)은 '잡고(把) 잡다(握)'는 뜻으로, 어떠한 일을 잘 이해하여 확실하게 아는 것입니다.

잡을 포(捕)자는 체포(逮捕), 포획(捕獲), 생포(生捕) 등에 사용됩니다. 포도청(捕盜廳)은 '조선 시대에 도둑(盜)을 잡는(捕) 관청(廳)'이고, 포졸(捕卒)은 '도둑을 잡는(捕) 병졸(卒)'입니다. 포수(捕手)는 '야구에서 투수가 던진 공을 잡는(捕) 사람(手)'입니다.

잡을 착(捉)자는 '손(扌)으로 앞사람의 발(足)을 잡다'는 뜻입니다. 포착(捕捉)은 '잡고(捕) 잡다(捉)'는 뜻으로, 어떤 기회나 정세를 알아차리는 것을 말합니다.

잡을 구(拘)자는 구금(拘禁), 구류(拘留), 구속(拘束) 등에 사용됩니다. 구류(拘留)는 '잡아서(拘) 일시 머무르게(留) 하다'는 뜻으로, 죄인을 1일~30일 미만의 기간 동안 교도소나 경찰서 유치장(留置場)에 가두어 놓는 일이나 형벌입니다. 구속(拘束)은 '잡아서(拘) 묶다(束)'는 뜻으로, 형사소송법상 구인(拘引)과 구금(拘禁)을 포함하는 개념입니다. 구인(拘引)은 '잡아서(拘) 끌고(引) 가다'는 뜻으로, 피고인 또는 피의자를 법원이 신문하기 위하여 법원 기타 일정한 장소에 강제로 끌고 가는 일이고, 구금(拘禁)은 '잡아서(拘) 감금(禁)한다'는 뜻으로, 피고인 또는 피의자를 구치소나 교도소 따위에 가두어 신체의 자유를 구속하는 강제 처분입니다.

잡을 조(操)자는 '손(扌)으로 잡고 부리다, 다루다, 조종(操縱)하다'는 뜻이 있습니다. 불조심의 조심(操心)은 '마음(心)을 잡다(操)'는 뜻으로, 잘못되지 아니하게 마음을 쓰는 일입니다. 조롱(操弄)은 '마음대로 다루면서(操) 데리고 희롱하다(弄)'는 뜻입니다. 체조(體操)는 '몸(體)을 다루는(操) 운동'으로, 신체 각 부분의 고른 발육과 건강의 증진을 위하여 일정한 형식으로 몸을 움직이는 운동입니다. '선비는 지조를 지켜야 한다'에서 지조(志操)는 '남의 영향을 받지 않고 자신의 뜻(志)을 꽉 잡다(操)'는 뜻으로, 원칙과 신념을 굽히지 아니하고 끝까지 지켜 나가는 꿋꿋한 의지를 말합니다.

### 손으로 농사를 지음

**播** (손으로) 뿌릴 파 ⓢ 播
손 수(扌) + [차례 번(番)→파]

**抽** (손으로) 뽑을 추 ⓢ 抽
손 수(扌) +
[말미암을 유(由)→추]

**採** (손으로) 캘 채 ⓢ 采
손 수(扌) + [캘 채(采)]

**摘** (손으로) 딸 적 ⓢ 摘
손 수(扌) + [꼭지 적(啇)]

서울 정동의 러시아 공관

씨를 뿌리거나 과일을 채집하기 위해서는 손이 필요합니다. 농사에 관련된 글자 중 손을 필요로 하는 글자에는 모두 손 수(手/扌)자가 들어갑니다.

뿌릴 파(播)자는 '손(扌)으로 씨를 뿌린다'는 뜻입니다. 이후 '뿌리다→퍼뜨리다→흩뜨리다→버리다→달아나다→옮기다' 등의 뜻이 생겼습니다. 파종(播種)은 '씨(種)를 뿌리다(播)'는 뜻이고, 직파법(直播法)은 '논에 직접(直) 씨를 뿌리는(播) 방법(法)'으로, 묘판에 씨를 뿌려 어느 정도 자라면 논에다 옮겨 심는 이앙법(移秧法)의 반대입니다. 전파(傳播)는 '전하여(傳) 퍼뜨리다(播)'는 뜻이며, 파천(播遷)은 '달아나(播) 옮기다(遷)'는 뜻으로 임금이 궁궐을 떠나 딴 곳으로 피난하는 것을 말합니다. 아관파천(俄館播遷)은 '러시아(俄)의 공관(館)으로 달아나(播) 옮기다(遷)'는 뜻으로, 명성황후가 살해된 을미사변 이후 신변에 위협을 느낀 고종과 왕세자가 1896년 2월 11일부터 약 1년간 왕궁을 버리고 러시아 공관에 옮겨 거처한 사건입니다.

뽑을 추(抽)자는 '밭의 채소를 손(扌)으로 뽑다'는 뜻입니다. 이후 '뽑다→거두다→빼다→당기다' 등의 뜻이 생겼습니다. 추첨(抽籤)은 '제비(籤) 뽑기(抽)'이고, 추출(抽出)은 '뽑아서(抽) 나오게(出) 하다'는 뜻으로 용매를 써서 어떤 물질을 뽑아내는 일입니다. 추상화(抽象畵)는 '물체의 형상(象)에서 특성을 뽑아내어(抽) 그린 그림(畵)'으로, 사물의 실제 모습이 아닌 추상적인 형상을 그린 그림을 말합니다. 점, 선, 면, 색채에 의한 표현을 중시하는 그림입니다. '모양(象)을 구체적(具)이고 상세하게 그린 그림(畵)'인 구상화(具象畵)의 반대입니다.

캘 채(採)자에 들어가는 캘 채(采)자는 '손(爪)으로 나무(木)의 과일을 채집(採集)하다'는 뜻입니다. 나중에 뜻을 더욱 분명히 하기 위해 손 수(扌)자를 붙여 캘 채(採)자가 되었습니다. 채석장(採石場)은 '돌(石)을 캐는(採) 장소(場)'이고, 채혈(採血)은 '피(血)를 캐다(採)'는 뜻으로, 몸에서 피를 뽑는 것을 말합니다. 채점(採點)은 '점수(點)를 캐다(採)'는 뜻으로, 점수를 매기는 것을 말합니다.

딸 적(摘)자는 '손(扌)으로 열매의 꼭지(啇)를 따다'는 뜻입니다. 적출(摘出)은 '따서(摘) 밖으로 꺼내다(出)'는 뜻으로, 수술로 몸속에 들어 있는 것을 끄집어내거나 몸의 일부를 도려내는 것입니다. 적발(摘發)은 '따서(摘) 드러내다(發)'는 뜻으로, 숨겨진 물건을 들추어내는 것입니다.

## 손으로 하는 행동(1)

**據** (손으로) 의지할 거 중 据 약 拠
손 수(扌) + [큰돼지 거(豦)]

**揭** (손으로) 높이들 게 중 揭
손 수(扌) + [어찌 갈(曷)→게]

**揚** (손으로) 날릴/오를 양 중 扬
손 수(扌) + [빛날 양(昜)]

**掛** (손으로) 걸 괘 중 挂
손 수(扌) + [점괘 괘(卦)]

**掘** (손으로) 팔 굴 중 掘
손 수(扌) + [굽힐 굴(屈)]

**抱** (손으로) 안을 포 중 抱
손 수(扌) + [쌀 포(包)]

**擁** (손으로) 안을 옹 중 拥
손 수(扌) + [누구러질/화목할 옹(雍)]

**持** (손으로) 가질 지 중 持
손 수(扌) + [모실 시(寺)→지]

괘종시계

의지할 거(據)자는 원래 '손(扌)으로 큰 돼지(豦)를 막아 지키다'는 뜻으로 만들었고, 나중에 '막아 지키다→누르다→의지하다→근거(根據)→증거(證據)'라는 뜻이 파생되었습니다.

높이들 게(揭)자는 '손(扌)으로 높이 들다, 높이 걸다'는 뜻입니다. 게시판(揭示板)은 원래 '높이 들어(揭) 보여주기(示) 위한 널빤지(板)'라는 뜻입니다.

날릴/오를 양(揚)자는 '손(扌)으로 위로 올리다, 날리다'는 뜻입니다. 국기의 게양대(揭揚臺)는 '깃발을 높이 들어(揭) 날리기(揚) 위해 만들어 놓은 대(臺)'입니다. 양력(揚力)은 '날리는(揚) 힘(力)'으로, 날개 모양의 물체가 유체 속을 운동할 때 운동 방향과 수직 방향으로 작용하는 힘을 이르는 말입니다. 비행기는 날개에서 생기는 양력에 의하여 공중을 날 수 있습니다. 부양(浮揚)은 '물 위로 띄우고(浮) 하늘로 날리다(揚)'는 뜻으로, 가라앉은 것을 떠오르게 하는 것입니다.

걸 괘(掛)자는 '손(扌)으로 물건을 걸다, 매달다'는 뜻입니다. 괘도(掛圖)는 '벽에 걸어(掛) 놓고 보는 학습용 그림(圖)이나 지도(圖)'입니다. 괘종시계(掛鐘時計)는 '종(鐘)이 걸려(掛) 있는 시계(時計)'입니다.

팔 굴(掘)자는 '손(扌)으로 굴(窟→屈)을 파다'는 뜻입니다. 임갈굴정(臨渴掘井)은 '목이 마르는(渴) 데 이르면(臨) 우물(井)을 판다(掘)'는 뜻으로, 일이 급해서야 허둥지둥 서두름을 이르는 말입니다. 굴착기(掘鑿機)는 '땅을 파고(掘) 바위를 뚫는(鑿) 기계(機)'입니다.

안을 포(抱)자는 '손(扌)으로 겉을 싸듯이(包) 안다'는 뜻입니다. 포복절도(抱腹絶倒)는 '너무 우스워 배(腹)를 안고(抱) 기절(氣絶)하며 넘어지다(倒)'는 뜻입니다.

안을 옹(擁)자는 '서로 화목해지도록(雍) 손(扌)으로 안다'는 뜻입니다. 포옹(抱擁)은 '안고(抱) 안다(擁)'는 뜻입니다. 옹립(擁立)은 '안아(擁) 세우다(立)'는 뜻으로, 임금으로 받들어 모시다는 의미입니다.

가질 지(持)자는 원래 '손(扌)으로 쥐다'는 뜻입니다. 이후 '쥐다→지니다→가지다→지키다→버티다' 등의 뜻이 생겼습니다. 지분(持分)은 '가지는(持) 부분(分)'이란 뜻으로, '공유물이나 공유재산 따위에서, 공유자 각자가 소유하는 몫'을 말합니다. 지지(支持)는 '지탱하고(支) 버티다(持)'는 뜻이고, 지구력(持久力)은 '오래(久) 버티는(持) 힘(力)'입니다.

## 손으로 하는 행동(2)

**携** (손으로) 끌/가질 휴 ⓢ 携
손 수(扌) + [살찐고기/땅이름 취(隽)→휴]

**提** (손으로) 끌 제 ⓢ 提
손 수(扌) + [옳을 시(是)→제]

**抛** (손으로) 던질 포 ⓢ 抛
손 수(扌) +
아홉 구(九) + 힘 력(力)

**投** (손으로) 던질 투 ⓢ 投
손 수(扌) + [창 수(殳)→투]

**打** (손으로) 칠 타 ⓢ 打
손 수(扌) + 못 정(釘→丁)

**排** (손으로) 밀어낼/물리칠 배
ⓢ 排
손 수(扌) + [아닐 비(非)→배]

포물선

끌 휴(携)자는 원래 '살찐(乃) 새(隹)를 손(扌)으로 잡아, 가지고 있다'는 뜻입니다. 이에 내(乃)자는 살찐 가슴이나 배 모양을 본뜬 글자입니다. 이후 '가지다→들다→끌다' 등의 뜻이 생겼습니다. 휴대폰(携帶 phone)은 '들거나(携) 허리에 차고(帶) 다니는 전화기(phone)'입니다.

제출(提出), 제의(提議), 제안(提案), 제시(提示) 등에 사용되는 끌 제(提)자는 '손(扌)으로 끌다'는 뜻입니다. 이후 '제시(提示)하다'는 뜻도 생겼습니다. 대제학(大提學)은 '학문(學)을 끌고(提) 가는 큰(大) 사람'으로, 조선 시대 집현전(集賢殿)과 홍문관(弘文館)을 관장한 정2품(지금의 장관)의 고위 관리입니다. 당대 최고의 학자가 대제학을 지냈습니다. 오늘날의 국립연구소장 및 국립도서관장에 해당합니다.

던질 포(抛)자에 들어가는 아홉 구(九)자는 손가락이 세 개인 손과 팔의 모습으로, 원래 팔을 뜻하는 글자인데 가차되어 아홉이란 뜻으로 사용됩니다. 던질 포(抛)자는 '팔(九)의 힘(力)으로 던지다'는 뜻으로 만든 글자에, 뜻을 분명히 하기 위해 손 수(扌)자가 추가되었습니다. 포기(抛棄)는 '던져(抛) 버리다(棄)'는 뜻이고, 포물선(抛物線)은 '공중으로 물건(物)을 던지면(抛) 그려지는 선(線)'입니다.

던질 투(投)자는 '손(扌)으로 창(殳)을 던지다'는 뜻입니다. 창 수(殳)자는 손(又)에 창이나 연장, 막대기 등을 들고 있는 모습입니다. 투수(投手)는 '야구에서 공을 던지는(投) 사람(手)'입니다. 투포환(投砲丸)은 '대포(砲) 알(丸)을 던지는(投) 경기'입니다.

칠 타(打)자는 '손(扌)으로 못(釘→丁)을 박기 위해 치다'는 뜻입니다. 타자(打者)는 '야구에서 공을 치는(打) 사람(手)'이고, 타자(打字)는 '자판(字板) 위의 글자(字)를 치는(打) 일'입니다. 타악기(打樂器)는 '쳐서(打) 연주하는 악기(樂器)'입니다.

밀어낼/물리칠 배(排)자는 '아니라(非)고 손(扌)으로 밀어내거나 물리치다'는 뜻입니다. 배구(排球)는 '손으로 공(球)을 밀어내는(排) 경기'입니다. 배척(排斥)은 '물리치고(排) 물리치다(斥)'는 뜻입니다. 배타주의(排他主義)는 '자신과 다른(他) 것을 밀어내는(排) 주의(主義)'라는 뜻으로, 자기 나라의 고유한 역사나 문화만을 가장 뛰어난 것으로 믿고 다른 나라나 민족을 배척하는 국수주의(國粹主義)와 비슷합니다.

### 손으로 하는 행동(3)

**推** (손으로) 밀 추 ⓖ 推
밀 퇴, 손 수(扌) + [새 추(隹)]

**抑** (손으로) 누를 억 ⓖ 抑
손 수(扌) + [오를 앙(卬)→억]

**押** (손으로) 누를 압 ⓖ 押
손 수(扌) + [갑옷 갑(甲)→압]

**抗** (손으로) 겨룰 항 ⓖ 抗
손 수(扌) + [목 항(亢)]

**抵** (손으로) 막을/거스를 저 ⓖ 抵
손 수(扌) + [밑 저(氐)]

**拒** (손으로) 막을 거 ⓖ 拒
손 수(扌) + [클 거(巨)]

세포이항쟁 묘사화

밀 추(推)자는 '손(扌)으로 밀다'는 뜻으로, 밀 퇴(推)자로도 사용됩니다. 추진력(推進力)은 '밀어서(推) 나아가게(進) 하는 힘(力)'입니다. 퇴고(推敲)는 원래 '밀고(推) 두드린다(敲)'는 뜻이지만, '글을 여러 번 고침'을 이르는 말이 되었습니다. 당나라의 시인이자 스님인 가도(賈島)는 어느 날 밤에 길을 가다 지은 시 중에서 '조숙지변수 승고월하문(鳥宿池邊樹 僧敲月下門) – 새(鳥)는 못(池) 주변(邊)의 나무(樹)에서 잠자고(宿), 스님(僧)은 달(月) 아래(下)에서 문(門)을 두드린다(敲)'이란 구절에서, '문을 두드린다(敲)'와 '문을 민다(推)' 중 어느 것이 더 좋은지 고민하면서 글을 고친 데에서 생긴 말입니다.

억제(抑制), 억압(抑壓) 등에 들어가는 누를 억(抑)자는 '올라(卬)오는 것을 손(扌)으로 누르다'는 뜻입니다. 억양(抑揚)은 '눌렀다가(抑) 올리다(揚)'는 뜻으로 말의 높낮이를 말합니다.

누를 압(押)자는 '손(扌)으로 누르다'는 뜻입니다. 이후 '누르다→(억지로) 잡다→(잡아서) 맞추다→잡아 가두다' 등의 뜻이 생겼습니다. 압정(押釘)은 '눌러서(押) 박는 못(釘)'으로, 압침(押針)과 같은 말입니다. 압운(押韻)은 '운(韻)을 맞추다(押)'뜻으로, 시나 노래에서 각 줄의 일정한 자리에 같은 운(韻)을 규칙적으로 다는 일입니다. 압수(押收)는 '잡아 가두기(押) 위해 거두어(收) 들이다'는 뜻으로, 물건 따위를 강제로 빼앗는 것을 말합니다.

대항(對抗), 반항(反抗) 등에 사용되는 겨룰 항(抗)자는 '손(扌)으로 겨루다'는 뜻입니다. 항거(抗拒)는 '겨루면서(抗) 막는다(拒)'는 뜻입니다. 세포이 항쟁(抗爭)은 '세포이(Sepoy)가 대항(對抗)하여 싸운 전쟁(戰爭)'이란 뜻으로, 1857년에 인도에서 영국 동인도 회사가 고용한 용병(傭兵: 봉급을 주어 고용한 병사)인 세포이가 일으킨 항쟁입니다. 델리를 점령하고 무굴제국의 왕을 황제로 받들었으나 영국군의 출동으로 1859년에 진압되었으며, 그 결과 무굴제국이 멸망하고 영국이 인도를 직접 지배하게 되었습니다.

막을 저(抵)자는 '손(扌)으로 막다'는 뜻입니다. 이후 '막다→거절하다→거스르다→물리치다' 등의 뜻이 생겼습니다. 저항(抵抗)은 '거스르고(抵) 겨루다(抗)'는 뜻입니다.

거절(拒絕), 거부(拒否), 거역(拒逆) 등에 사용되는 막을 거(拒)자는 '손(扌)으로 막다, 거부(拒否)하다'는 뜻입니다. 거식증(拒食症)은 '음식 먹기(食)를 거부하는(拒) 병적 증상(症)'입니다.

### 손으로 하는 행동(4)

**折** (손으로) 꺾을 절 ⓒ 折
손 수(扌) + 도끼 근(斤)

**拍** (손으로) 칠 박 ⓒ 拍
손 수(扌) + [흰 백(白)→박]

**拾** (손으로) 주울 습, 열 십 ⓒ 拾, 十
손 수(扌) + [합할 합(合)→습,십]

**扶** (손으로) 도울 부 ⓒ 扶
손 수(扌) + [사내 부(夫)]

**插** (손으로) 꽂을 삽 ⓒ 插 ⓨ 挿
손 수(扌) + [꽂을 삽(臿)]

**搜** (손으로) 찾을 수 ⓒ 搜
손 수(扌) + [찾을 수(叟)]

**探** (손으로) 찾을 탐 ⓒ 探
손 수(扌) + [깊을 심(罙)]

꺾을 절(折)자는 '손(扌)에 도끼(斤)를 들고 나무를 자르다, 꺾다'는 뜻입니다. 굴절(屈折)은 '굽어서(屈) 꺾이다(折)'는 뜻으로, 하나의 매질(媒質)로부터 다른 매질로 진입하는 파동이, 그 경계면에서 방향이 꺾여 나가는 현상입니다. 굴절어(屈折語)는 '글자가 굴절(屈折)되어 변하는 언어(語)'로, 영어처럼 글자가 변해서 문법적인 기능을 나타내는 언어입니다. 예를 들어 '나는 → I', '나의 →my', '나를→me' 처럼 문법적 기능에 따라 글자가 변합니다.

칠 박(拍)자는 '손(扌)으로 손뼉을 치다'는 뜻입니다. 박수(拍手)는 '손(手)을 마주쳐(拍) 소리를 내는 것'이고, 박장대소(拍掌大笑)는 '손바닥(掌)을 치며(拍) 크게(大) 웃다(笑)'는 뜻입니다.

주울 습(拾)자는 '두 손(扌)을 합하여(合) 물건을 줍다'는 뜻입니다. 중국에서는 열 십(十)자와 소리가 같아 열 십(拾)자로도 사용됩니다. 습득(拾得)은 '물건을 주워서(拾) 얻다(得)'는 뜻이고, 습득(習得)은 '지식을 배워서(習) 얻다(得)'는 뜻입니다.

도울 부(扶)자는 '힘센 사내(夫)가 손(扌)으로 도와주다'는 뜻입니다. 부조금(扶助金)은 '돕고(扶) 돕기(助) 위한 돈(金)'는 뜻으로, 결혼이나 장례 등의 큰일을 치르는 데에 도우려고 내는 돈입니다. 부청멸양(扶淸滅洋)은 '청(淸)나라를 돕고(扶) 외국(洋)을 멸망시키다(滅)'는 뜻으로, 1898년 의화단운동(義和團運動)에서 주장한 구호입니다.

꽂을 삽(插)자에 들어 있는 꽂을 삽(臿)자는 절구(臼)에 절굿공이(午→千)가 꽂혀 있는 모습입니다. 나중에 뜻을 분명히 하기 위해 손 수(扌)자가 추가되어 꽂을 삽(插)자가 되었습니다. 삽입(插入), 삽화(插畵) 등에 사용됩니다.

수사(搜査), 수색(搜索) 등에 사용되는 찾을 수(搜)자에 들어가는 찾을 수(叟)자는 '손(又)에 횃불(火→臼)을 들고 무언가를 찾다'는 뜻입니다. 나중에 뜻을 더욱 분명히 하기 위해 손 수(扌)자를 추가하여 찾을 수(搜)자가 되었습니다. 수사(搜査)는 '찾아서(搜) 조사하다(査)'는 뜻으로, 범인을 찾고 증거를 수집, 보전하는 수사기관의 활동입니다. 수색(搜索)은 '찾고(搜) 찾다(索)'는 뜻입니다.

탐험(探險), 탐구(探究), 탐사(探査) 등에 들어가는 찾을 탐(探)자는 '어두운 굴(穴) 속에서 사람(大→木)이 손(扌)으로 더듬으며 길이나 물건을 찾다'는 뜻입니다. 탐정(探偵)은 '찾고(探) 살피는(偵) 사람'입니다.

## 손으로 하는 행동(5)

損 (손으로) 덜 손 ㊥ 损
손 수(扌) + [인원 원(員)→손]

擔 (손으로) 멜 담 ㊥ 担 ㊐ 担
손 수(扌) + [이를 첨(詹)→담]

搬 (손으로) 운반할 반 ㊥ 搬
손 수(扌) + [일반 반(般)]

掠 (손으로) 노략질할 략 ㊥ 掠
손 수(扌) + [서울 경(京)→략]

拂 (손으로) 떨칠 불 ㊥ 拂 ㊐ 払
손 수(扌) + [아니 불(弗)]

振 (손으로) 떨칠 진 ㊥ 振
손 수(扌) + [별 진(辰)]

捨 (손으로) 버릴 사 ㊥ 舍
손 수(扌) + [집 사(舍)]

덜 손(損)자는 '손(扌)으로 덜어내다'는 뜻입니다. 이후 '덜다→줄이다→감소(減少)하다→손해(損害)보다→손상(損傷)하다' 등의 뜻이 생겼습니다. 손익(損益)은 '손해(損)와 이익(益)'이고, 파손(破損)은 '깨어져(破) 손상되다(損)'는 뜻입니다.

멜 담(擔)자는 '손(扌)으로 메다'는 뜻입니다. 이후 '메다→짊어지다→맡다→책임지다' 등의 뜻이 생겼습니다. 담임선생(擔任先生)은 '학급을 맡고(擔) 맡은(任) 선생(先生)'입니다. 담자균류(擔子菌類)는 '씨(子)를 메고(擔) 있는 버섯(菌) 종류(類)'로, 곤봉처럼 생긴 받침대 위에 씨가 있는 모습에서 유래한 말입니다. 목이버섯, 송이버섯, 느타리버섯 등이 이에 속합니다.

운반할 반(搬)자는 '손(扌)으로 들고 운반(運搬)하다'는 뜻입니다. 반입(搬入)은 '물건을 운반하여(搬) 들여오다(入)'는 뜻이고, 반출(搬出)은 '물건을 운반하여(搬) 나가다(出)'는 뜻입니다.

노략질할 략(掠)자는 '손(扌)으로 부자가 사는 큰 건물(京)을 노략(擄掠)질하다'는 뜻입니다. 약탈(掠奪)은 '노략질하여(掠) 뺏다(奪)'는 뜻입니다. 약탈농법(掠奪農法)은 '땅을 약탈(掠奪)하는 농업(農業) 방법(方法)'으로, 땅에 거름을 주지 않고 지력(地力)에만 의존하는 원시적인 방법입니다. 화전(火田) 등이 있으며, 지력이 다하면 다른 땅으로 옮깁니다.

떨칠 불(拂)자는 원래 '아니다(拂)고 생각하는 것을 손(扌)으로 떨치다'는 뜻입니다. 이후 '손(扌)으로 돈(弗)을 지불하다'는 뜻도 생겼습니다. 아닐 불(弗)자는 달러($)를 뜻하기도 합니다. 불식(拂拭)은 '먼지를 떨치고(拂) 씻다(拭)'는 뜻으로, 의심 따위를 말끔히 떨어 없앰을 이르는 말입니다. 지불(支拂), 체불(滯拂), 환불(還拂) 등에서는 '돈을 지불하다'는 뜻으로 사용됩니다.

진동(振動), 진폭(振幅), 공진(共振) 등에 사용되는 떨칠 진(振)자는 '손(扌)으로 떨치다'는 뜻입니다. 단진동(單振動)은 '단순한(單) 진동(振動)'으로, 물체가 진동을 할 때 위치 변화를 사인 또는 코사인 함수로 나타낼 수 있는 진동을 말하며, 진동 가운데 가장 기본적이고 일반적인 진동입니다.

버릴 사(捨)자는 '손(扌)으로 버리다'는 뜻입니다. 취사선택(取捨選擇)은 '가질(取) 것과 버릴(捨) 것을 선택(選擇)한다'는 뜻입니다. 사소취대(捨小取大)는 '작은(小) 것을 버리고(捨), 큰(大) 것을 가지다(取)'는 뜻입니다.

## 손으로 하는 행동(6)

**擇** (손으로) 가릴 택 중 择 약 択
손 수(扌) + [엿볼 역(睪)→택]

**拔** (손으로) 뺄 발 중 拔
손 수(扌) + [달릴 발(犮)]

**搖** (손으로) 흔들 요 중 摇
손 수(扌) + [질그릇 요(䍃)]

**援** (손으로) 구원할 원 중 援
손 수(扌) + [당길 원(爰)]

**挑** (손으로) 돋울 도 중 挑
손 수(扌) + [조 조(兆)→도]

**招** (손으로) 부를 초 중 招
손 수(扌) + [부를 소(召)→초]

가릴 택(擇)자는 '손(扌)으로 이것저것 선택(選擇)하다'는 뜻입니다. 택일(擇一)은 '하나(一)를 선택하다(擇)'는 뜻이고, 택일(擇日)은 '좋은 날(日)을 선택하다(擇)'는 뜻입니다. 하해불택세류(河海不擇細流)는 '황하강(河)과 바다(海)는 가는(細) 흐름(流)을 가리지(擇) 않는다(不), 즉 작은 개울물도 마다하지 않는다'는 뜻으로, 사소한 의견이나 인물을 수용할 수 있는 자만이 큰 인물이 될 수 있음을 비유하여 이르는 말입니다. 《택리지(擇里志)》는 '마을(里)을 가려(擇) 놓은 기록(志)'으로, 조선 영조 27년(1751년)에 이중환이 지은 우리나라의 지리서입니다. 전국 8도의 지형, 풍토, 풍속, 인심 등을 상세히 기록하였습니다.

뺄 발(拔)자는 '손(扌)으로 빼다, 뽑다'는 뜻입니다. 견인불발(堅忍不拔)은 '굳게(堅) 참으며(忍) 뽑히지(拔) 않는다(不)는 뜻으로, 굳게 참고 견디며 마음이 흔들리지 않는다는 뜻입니다. 발본색원(拔本塞源)은 '뿌리(本)를 뽑고(拔) 근원(源)을 막다(塞)'는 뜻입니다.

흔들 요(搖)자는 '손(扌)으로 흔들다'는 뜻입니다. '빈 수레가 요란하다'의 요란(搖亂)은 '흔들어(搖) 어지럽다(亂)'는 뜻이고, 요지부동(搖之不動)은 '흔들어도(搖) 움직이지(動) 않는다(不)'는 뜻입니다. 요람(搖籃)은 '아기를 놀게 하거나 재우기 위하여 올려놓고 흔들도록(搖) 만든 바구니(籃)'입니다. '요람(搖籃)에서 무덤까지'는 제2차 세계대전 후 영국 노동당이, 출생에서 사망에 이르기까지 사회보장제도의 완벽한 실시를 주장하며 내세운 슬로건입니다.

구원할 원(援)자에 들어가는 당길 원(爰)자의 상형문자를 보면 위의 손(爪)이 아래의 손(又)에 덩굴 같은 것을 던져주고 잡아당기는 모습입니다. 아마도 구덩이에 빠진 사람을 구해주는 모습인 것 같습니다. 나중에 손 수(扌)자를 추가하여 구원할 원(援)자가 생겼습니다. 야구의 구원투수(救援投手)는 '구원(救援)해 주는 투수(投手)'라는 뜻으로, 앞서 던지던 투수가 위기에 몰렸을 때 대신 나가서 던지는 투수입니다.

돋울 도(挑)자는 '손(扌)으로 싸움을 걸다, 돋우다'는 뜻입니다. 도전(挑戰)은 '싸움(戰)을 걸거나 돋우다(挑)'는 뜻이고, 도발(挑發)은 '상대를 자극함으로써 돋우거나(挑) 일으키다(發)'는 뜻입니다.

초대(招待), 초청(招請) 등에 사용되는 부를 초(招)자는 '손짓(扌)하여 부르다(召)'는 뜻입니다.

### 손으로 하는 행동(7)

接 (손으로) 이을 접 ⓗ 接
손 수(扌) + [첩 첩(妾)→접]

拓 (손으로) 넓힐/주울 척 ⓗ 拓
손 수(扌) + [돌 석(石)→척]

擴 (손으로) 넓힐 확 ⓗ 扩 ⓨ 拡
손 수(扌) + [넓을 광(廣)→확]

抄 (손으로) 베낄/뽑을 초 ⓗ 抄
손 수(扌) + [적을 소(少)→초]

托 (손으로) 맡길 탁 ⓗ 托
손 수(扌) + [부탁할 탁(乇)]

換 (손으로) 바꿀 환 ⓗ 换
손 수(扌) + [빛날 환(奐)]

揮 (손으로) 휘두를 휘 ⓗ 挥
손 수(扌) + [군사 군(軍)→휘]

라오스의 탁발승

이을 접(接)자는 '손(扌)으로 잇다'는 뜻입니다. 이후 '잇다→붙이다→접하다→접촉(接觸)하다→만나다→사귀다→대접(待接)하다' 등의 뜻이 생겼습니다. 접속사(接續詞)는 '이어주고(接) 이어주는(續) 낱말(詞)'로, 영어의 'and'나 'or' 같이 문장이나 낱말을 이어주는 낱말입니다. 자음접변(子音接變)은 '자음(子音)이 만나면(接) 소리가 변하다(變)'는 뜻으로, '신라'를 읽어 보면 '실라'라 소리가 나는 것과 같이 연속되는 자음의 소리가 같은 소리로 변화하는 것입니다. 자음동화(子音同化)라고도 합니다.

황무지를 개척하여 농사를 지으려면 가장 먼저 해야 하는 일이 땅에 있는 돌을 주워 내는 일입니다. 그래서 개척(開拓)에 들어가는 척(拓)자는 '손(扌)으로 돌(石)을 줍다'는 뜻입니다. 또 땅을 개척하면 농사를 지을 땅을 넓힐 수 있기 때문에 '넓히다'는 뜻도 있습니다. 바다를 메워 땅을 만드는 간척(干拓)은 '(개펄을) 마르게(干) 하여 땅을 넓히는(拓) 일'을 의미합니다.

넓힐 확(擴)자는 '집(广)이 넓다'는 뜻의 넓을 광(廣)자에 손 수(扌)자를 추가하여 '손(扌)으로 넓히다'라는 뜻으로 만든 글자입니다. 확대(擴大)는 '크게(大) 넓히다(擴)'는 뜻이고, 확대재생산(擴大再生産)은 '확대(擴大)하여 다시(再) 생산(生産)한다'는 뜻으로, 기업 이윤의 일부를 다시 투자하여 이전보다 확대된 규모로 이루어지는 재생산입니다.

베낄/뽑을 초(抄)자는 '손(扌)으로 적은(少) 일부분을 뽑다'는 뜻입니다. 이후 '뽑다→뽑아서 기록하다→베끼다' 등의 뜻이 생겼습니다. 초록(抄錄)은 '필요한 부분만을 뽑아(抄) 적은 기록(錄)'입니다. 삼별초(三別抄)는 '세(三) 개의 특별(別)히 뽑은(抄) 군대'로, 원래 고려 무신정권을 위해 특별히 만든 부대였으나, 몽골군이 쳐들어오자 몽골에 대항하여 끝까지 항쟁하였습니다.

맡길 탁(托)자는 '손(扌)으로 부탁하여(乇) 맡기다'는 뜻입니다. 탁발승(托鉢僧)은 '밥그릇(鉢)을 다른 사람에게 맡기는(托) 중(僧)'이란 뜻으로, 집집마다 다니며 동냥하는 중입니다.

바꿀 환(換)자는 '손(扌)으로 바꾸다'는 뜻입니다. 또 현금으로 바꿀 수 있는 어음, 수표, 증서 따위를 환(換)이라고 합니다. 환기(換氣)는 '방안의 공기를 바꾸는 것'이고, 환전(換錢)은 '돈을 다른 나라 돈(錢)으로 바꾸는(換) 것'입니다. 또 전신환(電信換)은 '전기(電) 신호(信)로 보내는 환(換)'으로, 우체국에서 전신(電信)으로 상대방에게 돈을 보내는 것입니다.

휘두를 휘(揮)자는 '군대(軍)를 지휘하기 위해 손(扌)을 휘두르다'는 뜻입니다. 이후 '휘두르다→지휘(指揮)하다→뿌리다→흩어지다' 등의 뜻이 생겼습니다. 휘발유, 휘발성 등에 들어가는 휘발(揮發)은 '액체가 흩어져(揮) 떠나다(發)'는 뜻입니다.

## 기타

**技** (손의) 재주 기 ⓖ 技
손 수(扌) + [지탱할 지(支)→기]

**拙** (손재주가) 못날 졸 ⓖ 拙
손 수(扌) + [날 출(出)→졸]

**批** 비평할 비 ⓖ 批
손 수(扌) + [견줄 비(比)]

**擾** (손으로) 어지러울 요 ⓖ 扰
손 수(扌) + [근심 우(憂)→요]

기술(技術), 기능(技能), 특기(特技) 등에 들어가는 재주 기(技)자는 '손(扌) 재주가 있다'는 뜻입니다. 별기군(別技軍)은 '특별한(別) 재주(技)를 가진 군대(軍)'로, 1881년 최초로 창설된 신식 군대였습니다. 월급이나 옷 지급 등 모든 대우가 구식군대와 차별하여 임오군란(壬午軍亂)이 일어난 원인이 되었습니다.

못날 졸(拙)자는 원래 '손(扌)재주가 없어 서툴다'는 뜻입니다. 이후 '서툴다→둔하다→어리석다→못나다' 등의 뜻이 생겼습니다. 졸렬(拙劣), 졸속(拙速), 졸작(拙作), 졸필(拙筆) 등에 사용됩니다.

비평할 비(批)자는 원래 '손(扌)으로 치다'는 뜻입니다. 이후 '치다→때리다→(때려서) 바로잡다→비평(批評)하다' 등의 뜻이 생겼습니다. 비판(批判)은 '비평(批評)하여 판정(判定)하다'는 뜻입니다. 비난(批難)은 '비평하여(批) 나무라다(難)'는 뜻입니다. 어려울 난(難)자는 '나무라다'는 뜻도 있습니다.

어지러울 요(擾)자는 '손(扌)으로 근심(憂)스럽게 어지럽히다'는 뜻입니다. 병인양요(丙寅洋擾)는 '병인(丙寅)년에 서양(洋) 사람이 우리나라를 어지럽힌(擾) 사건'으로, 병인년인 1866년(고종 3년)에 대원군이 천주교 금압령(禁壓令: 금지하고 탄압하는 명령)을 내려 프랑스 신부 아홉 명을 포함한 천주교도 8천여 명을 학살하며 탄압하자, 프랑스 함대가 강화도에 침범한 사건입니다. 신미양요(辛未洋擾)는 '신미(辛未)년에 서양(洋) 사람이 우리나라를 어지럽힌(擾) 사건'으로, 1871년(고종 8년) 미국이 1866년의 제너럴셔먼호 사건을 빌미로 조선을 개항시키려고 강화도에 무력 침략한 사건입니다. 이 사건을 계기로 대원군은 전국 각지에 척화비(斥和碑)를 세우고 쇄국정책을 더욱 강화하였습니다.

신미양요 때 미해군이 타고 온 콜로라도호

## 손 수(手)자가 들어가는 글자

**看** 볼 간 ⓖ 看
손 수(手) + 눈 목(目)

볼 간(看)자는 '눈(目) 위에 손(手)을 올려놓고 멀리 살펴보다'는 뜻입니다. 이후 '보다→살피다→관찰하다→감시하다'라는 뜻이 생겼습니다. 상점 입구에 내건 간판(看板)은 '보기(看) 위한 널빤지(板)'입니다. 감옥의 간수(看守)는 '죄수를 보고(看) 지키는(守) 사람'입니다.

拜 절 배 ㊥拜
손 수(手) X 2

承 이을 승 ㊥承
손 수(手) + [도울 승(丞)]

失 잃을 실 ㊥失
손 수(手) + 삐침 별(丿)

摩 문지를 마 ㊥摩
손 수(手) + [삼 마(麻)]

擊 칠 격 ㊥击
손 수(手) +
[수레부딪칠 격(毄)]

소실점이 있는 경치

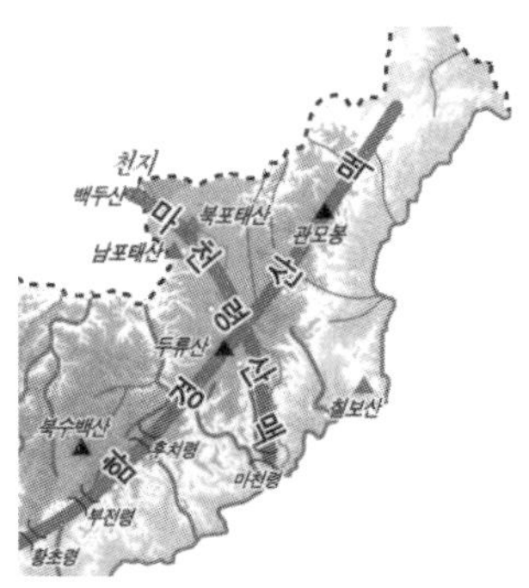


마천령산맥

중국에서는 오른손 위에 왼손을 포개어 잡아 인사를 하기도 하는데, 이런 인사를 공수(拱手)라고 부릅니다. 절 배(拜)자는 '손(手)과 손(手)을 마주 잡고 절을 하다'는 뜻으로, 나중에 오른쪽 손 모양이 조금 변해 지금의 모양이 되었습니다. 장례식장이나 제사에서 하는 분향재배(焚香再拜)는 '향(香)을 피우고(焚) 두(再)번 절하다(拜)'는 뜻이며, '제사를 지내다'는 뜻도 있습니다.

이을 승(承)

도울 승(丞)

이을 승(承)자에 들어가는 도울 승(丞)자의 상형문자를 보면 '구덩이(U)에 빠진 사람을 두 손으로 구해내는 모습'인데, 여기에서 '도우다'는 뜻이 생겼습니다. 하지만 이을 승(承)자의 상형문자를 보면, 이을 승(承)자는 '두 손으로 사람을 받들다'는 뜻으로 만든 글자입니다. 나중에 글자 아래에 손 수(手)자가 추가되고 모양도 조금 변해 지금의 글자가 되었습니다. 이후 '받들다→받아들이다→돕다→잇다' 등의 뜻이 생겼습니다. 승인(承認)은 '어떤 사실을 받아들여(承) 인정하는(認) 행위'이고, 계승(繼承)이나 승계(承繼)는 '잇고(繼) 잇는다(承)'는 뜻입니다.

실패(失敗), 실종(失踪), 실망(失望) 등에 들어가는 잃을 실(失)자는 '손(手)에서 어떤 물건(아래의 오른쪽 획)이 빠져 달아나다'는 뜻입니다. 이후 '빠뜨리다→잃어버리다→잘못하다' 등의 뜻이 생겼습니다. 실수(失手)는 '손(手)을 잃어버리다(失)'는 뜻입니다. 소실점(消失點)은 '사라져(消) 잃어버린(失) 점(點)'으로, 평행한 두 선이 멀리 가면서 점점 좁아져 한 점에서 만나는 점을 일컫습니다. 멀고 가까움을 나타내는 원근법(遠近法)으로 사용됩니다.

문지를 마(摩)자는 '손(手)으로 문지르다'는 뜻입니다. 마찰(摩擦)은 '문지르고(摩) 비비다(擦)'는 뜻이고, 마천령산맥(摩天嶺山脈)은 '너무 높아 하늘(天)을 문지르는(摩) 고개(嶺)가 있는 산맥(山脈)'이란 뜻으로, 2,000m 이상의 높은 봉우리가 많이 있는 함경남도와 함경북도 사이에 있는 산맥입니다.

칠 격(擊)자는 '손(手)을 부딪쳐(毄) 치다'는 뜻입니다. 격파(擊破)는 '쳐서(擊) 깨뜨리다(破)'는 뜻이고, 성동격서(聲東擊西)는 '동(東)쪽에서 소리(聲)를 내고 서(西)쪽에서 적을 치다(擊)'는 뜻으로, 적을 유인하여 이쪽을 공격하는 체하다가 그 반대쪽을 치는 전술을 이르는 말입니다. 격구(擊毬)는 '공(毬)을 치는(擊) 경기'로, 말을 타거나 걸어 다니면서 공채로 공을 치던 운동입니다. 격구는 원래 페르시아에서 시작하여 당나라를 거쳐 7세기경 우리나라에 들어왔습니다.

# 사람 3-11 도구를 든 손

칠 복(攴) | 창 수(殳) | 지탱할 지(支)

攴 | 攴

칠 복(攴/攵)
손에 막대기를
들고 있는 모습

칠 복(攴)자는 오른손을 나타내는 또 우(又)자와 막대기나 무기를 나타내는 모양인 동시에 소리를 나타내는 점 복(卜)자를 합쳐 놓은 글자입니다. 칠 복(攴/攵)자 외에도 손(又)에 무엇을 들고 있는 모습을 본떠 만든 글자가 있습니다. 가지 지(支), 칠 수(殳)가 그것입니다. 손(又)에 들고 있는 것은 나뭇가지나, 사람을 치기 위한 몽둥이, 공부하는 아이를 때리기 위한 회초리, 북을 치기 위한 북채, 숫자를 배우기 위한 산가지, 사람을 죽이기 위한 무기든 무엇이든 될 수 있습니다. 이 세 가지 글자의 초기 상형문자는 거의 비슷하여 구분이 되지 않았으나 세월이 지나면서 세 가지로 변하여 갔습니다. 이중에서도 칠 복(攴/攵)자와 창 수(殳)자는 거의 같은 뜻으로 사용됩니다.

칠 복(攴)자의 간략형인 칠 복(攵)자를 자전에서는 '등글월 문'이라 하는데, 등을 돌리고 있는 글월 문(文)자와 비슷하다고 해서 이렇게 부를 뿐, 글월 문(文)자와는 전혀 상관없는 글자입니다. 칠 복(攴)자는 '손으로 막대기나 무기를 들고 두드리거나, 때리거나, 친다'는 뜻을 가진 글자에 들어갑니다.

## 백성이나 죄인을 다스림

政 정사 정 ㊥ 政
[바를 정(正)] + 칠 복(攵)

敦 도타울 돈 ㊥ 敦
[누릴 향(享)→돈] + 칠 복(攵)

敏 재빠를 민 ㊥ 敏
[매양 매(每)→민] + 칠 복(攵)

赦 용서할 사 ㊥ 赦
붉을 적(赤) + 칠 복(攵)

放 놓을 방 ㊥ 放
[모 방(方)] + 칠 복(攵)

갑골문자를 만든 은나라는 노예제 사회였습니다. 대부분의 백성들은 왕이나 귀족들 아래에서 노예 생활을 하였고, 왕이나 귀족들은 무력으로 백성을 다스렸습니다. 또 노예 수를 늘리기 위해 다른 지역을 정벌(征伐)하러 다녔습니다. 정사 정(政)자는 '다른 지역을 정벌하고(征→正) 노예가 된 백성을 짐승처럼 때리는(攵) 것이 정사(政事)나 정치(政治)이다'는 뜻입니다. 바를 정(正)자는 칠 정(征)자의 옛 글자입니다.

돈화문(敦化門: 창덕궁의 정문), 돈의문(敦義門: 서대문) 등에 들어가는 도타울 돈(敦)자는 원래 '때려서(攵) 다스리다'는 뜻입니다. 이후 '다스리다→힘쓰다→노력하다→도탑다' 등의 뜻이 생겼습니다. '도탑다'는 '서로의 관계에 사랑이나 인정이 많고 깊다'는 뜻입니다. 돈독(敦篤)은 '도탑고(敦) 도탑다(篤)'는 뜻입니다.

재빠를 민(敏)자는 원래 '회초리로 때려서(攵) 일하게 하다'는 뜻입니다. 이

傲 거만할 오 ⓢ 傲
사람 인(亻) + [거만할 오(敖)]

徵 부를 징 ⓢ 征
작을 미(微) +
[줄기 정(壬)→징]

微 작을 미 ⓢ 微
걸을 척(彳) + 길 장(長) +
칠 복(攵)

후 '일하다→힘쓰다→재빠르다→민첩(敏捷)하다' 등의 뜻이 생겼습니다. 민어사이신어언(敏於事而愼於言)은 '군자는 일(事)에는(於) 민첩하고(敏), 말(言)에는(於) 신중해야(愼) 한다'는 뜻으로, 《논어》에 나오는 공자의 말씀입니다.

용서할 사(赦)자에 들어가는 붉을 적(赤)자는 불(灬)로 사람(大→土)을 태우는 모습입니다. 하지만 용서할 사(赦)자의 상형문자를 보면, 적(赤)자는 피를 흘리고 있는 사람의 상형입니다. 즉 '죄인이 피를 흘리도록(赤) 때려서(攵) 벌을 준 후 용서하다'는 뜻입니다. 사면(赦免)은 '죄를 용서하고(赦) 벌을 면해주다(免)'는 뜻입니다.

해방(解放), 추방(追放) 등에 들어가는 놓을 방(放)자는 '죄인을 때려서(攵) 변방(邊方)으로 내쫓다'는 뜻입니다. 모 방(方)자는 변방(邊方)이나 지방(地方)이란 뜻도 가지고 있습니다. 또 방(放)자는 죄인을 중앙에서 변방으로 쫓아내는 형벌의 이름이기도 합니다. 이후 '내쫓다→추방(追放)하다→석방(釋放)하다→떠나가다→달아나다→멋대로 하다' 등의 뜻이 생겼습니다. 방학(放學)은 '배움(學)에서 해방되다(放)'는 뜻입니다. 방귀는 방기(放氣)가 변한 말로, '몸 안의 기체(氣)를 방출하다(放)'는 뜻입니다. 방임(放任)는 '멋대로 하고(放) 마음대로 하다(任)'는 뜻입니다. 맡길 임(任)자는 '일을 맡아서 마음대로 하다'는 뜻도 있습니다.

놓아줄 방(放)자와 나갈 출(出→土)자가 합쳐진 거만할 오(敖)자는 원래 '방출(放出)하다, 내쫓다'는 뜻입니다. 이후 '내쫓다→나가 놀다→시끄럽다→거만하다' 등의 뜻이 생겼습니다. 즉 잡혀 있으면서 매를 맞을 때에는 공손하다가, 놓아주니 시끄럽고 거만해지다는 뜻입니다. 나중에 뜻을 분명히 하기 위해 사람 인(亻)자가 추가되어 거만할 오(傲)자가 되었습니다.

부를 징(徵)자는 정확한 어원을 알 수 없는 글자입니다. 부를 징(徵)자는 징수(徵收: 나라에서 세금을 거두어들임), 징집(徵集: 나라에서 부역이나 병역을 위해 불러 모음), 징계(懲戒: 잘못에 대해 제재를 가함) 등의 뜻도 가지고 있는데, 아마도 '백성을 몽둥이로 때려서 징수, 징집, 징계 등을 하였다'고 추측됩니다.

부를 징(徵)자와 비슷한 작을 미(微)자의 상형문자를 보면 갈 척(彳)자, 긴 장(長)자, 칠 복(攵)자가 합쳐진 글자입니다. 즉 길(彳)을 가는 힘이 약한 노인(長)을 몽둥이로 때리는(攵) 모습에서 '약하다, 작다'는 뜻이 생겼습니다. 미세(微細), 경미(輕微), 미동(微動), 미묘(微妙), 미소(微笑) 등에 사용됩니다.

작을 미(微)

### 전쟁과 관련한 글자

**攻** 칠 공 중 攻
[장인 공(工)] + 칠 복(攵)

**敗** 패할 패 중 败
[조개 패(貝)] + 칠 복(攵)

**敵** 원수 적 중 敌
[꼭지 적(啇)] + 칠 복(攵)

**救** 구원할 구 중 救
[구할 구(求)] + 칠 복(攵)

**務** 힘쓸 무 중 务
창 모(矛) + 칠 복(攵) + 힘 력(力)

진딧물의 천적인 무당벌레

칠 공(攻)자는 '적을 쳐서(攵) 공격(攻擊)하다'는 뜻입니다. 원교근공(遠交近攻)은 '먼(遠) 나라와 사귀고(交) 가까운(近) 나라를 치다(攻)'는 뜻으로, 중국 전국시대에 진나라의 정치가인 범수가 진나라 왕에게 권한 외교정책입니다.

패할 패(敗)자는 '조개(貝)를 손에 든 막대기(攵)로 깨뜨리다'는 뜻입니다. 이후 '깨뜨리다→부수다→해치다→썩다→패하다' 등의 뜻이 파생되었습니다. 패배(敗北), 부패(腐敗) 등에 사용됩니다. 연전연패(連戰連敗)는 '연속하여(連) 싸울(戰) 때마다 연속하여(連) 패하다(敗)'는 뜻입니다. 산패(酸敗)는 '산화(酸)되어 부패(敗)하다'는 뜻으로, 지방이나 지방으로 가공한 식품을 공기 속에 오래 방치해 두었을 때 산화되어 불쾌한 냄새가 나고 맛이 나빠지거나 빛깔이 변하는 일입니다.

원수 적(敵)자는 '전쟁에서 쳐서(攵) 이겨야 할 상대가 적이다'는 뜻입니다. 천적(天敵)은 '하늘(天)이 정해준 원수(敵)'라는 뜻으로, 자연에서 잡아먹는 동물을 잡아먹히는 동물에 상대하여 이르는 말입니다. 예를 들면 쥐의 천적은 고양이이고, 진딧물의 천적은 무당벌레입니다. 적산가옥(敵産家屋)은 '적국(敵國)의 재산(財産)인 가옥(家屋)'이란 뜻으로, 해방 후 일본인들이 물러간 뒤 남겨놓고 간 집이나 건물을 말합니다.

구출(救出), 구조(救助), 구원(救援) 등이 들어가는 구원할 구(救)자는 '적을 쳐서(攵) 아군을 구원(救援)하다, 돕다'는 뜻입니다. 구세주(救世主)는 '세상(世)을 구원하는(救) 주인(主)'이란 뜻으로, 석가 또는 예수그리스도 등을 일컫는 말입니다.

힘쓸 무(務)자는 '손에 막대기를 들고(攵) 창(矛)을 이기려고 힘을 쓴다'는 뜻인데, 나중에 뜻을 분명히 하기 위해 힘 력(力)자가 추가되었습니다. 이후 힘쓰다→일하다→업무(業務)→직무(職務)'라는 뜻도 생겼습니다. 국무회의(國務會議)는 '국가(國)의 일(務)을 의논하는 회의(會議)'로, 행정부 내에서 국가의 일을 의논하기 위해 대통령, 국무총리, 장관 등이 모두 모여 하는 회의입니다. 대통령이 의장이 되고, 국무총리가 부의장이 되어 진행합니다. 의무(義務)는 '마땅히 해야 할 옳은(義) 일(務)'이고, 채무(債務)는 '빚(債)을 갚을 의무(義務)'입니다.

## 교육(1)

**改** 고칠 개 ⓗ改
[몸 기(己)→개] + 칠 복(攵)

**變** 변할 변 ⓗ变 ⓨ変
[어지러울 련(䜌)→변] + 칠 복(攵)

**敬** 공경할 경 ⓗ敬
진실로 구(苟) + 칠 복(攵)

**效** 본받을 효 ⓗ效
[사귈 교(交)→효] + 칠 복(攵)

**修** 닦을 수 ⓗ修
[바 유(攸)→수] + 터럭 삼(彡)

a : 면적(area), 전류(ampere), 가속도(acceleration),
d : 거리(distance)
f : 힘(force), 진동수(frequency)
h : 높이(height)
l : 길이(length)
m : 질량(mass)
n : 개수(number)
p : 압력(pressure)
r : 반지름(radius), 저항(resistance)
t : 온도(temperature)
v : 부피(volume), 속도(velocity), 전압(voltage)
w : 무게(weight)
x : 미지수(x)

영어의 첫 글자를 따서 만든 수학과 과학의 변수

교육의 목적이 사람을 고치거나 변하게 만드는 것이며, 이런 목적을 위해서 매로 때리는 것이 가장 효과적이라고 옛 중국 사람들은 생각하였고, 몇 천 년이 지난 최근까지도 그리 달라진 것이 없습니다.

고칠 개(改)자는 '꿇어앉아 있는 사람(己)을 매로 때려서(攵) 잘못된 것을 고치다'는 뜻입니다. 창씨개명(創氏改名)은 '성씨(氏)를 만들어(創) 이름(名)을 고치다(改)'는 뜻으로, 일제강점기에 이름을 일본식 이름으로 강제로 바꾸게 한 일입니다.

변할 변(變)자도 고칠 개(改)자와 마찬가지로 '매로 때려서(攵) 사람을 변하게 하다'는 뜻입니다. 수학이나 물리 공식에 등장하는 변수(變數)는 '값이 변하는(變) 수(數)'입니다. 이러한 변수는 변수의 내용에 근거해서 그 해당 영어 알파벳으로 표시됩니다. 변법자강운동(變法自彊運動)은 '법(法)을 변경하고(變) 스스로(自) 강(彊)해지는 운동(運動)'으로, 청나라 말기 청일전쟁 패전 후, 전통적인 황제의 통치체제를 고쳐 국회를 만들고 헌법을 제정하여 입헌군주제로 나아가려는 운동입니다.

공경할 경(敬)자에 들어가는 진실로 구(苟)자는 공손하게 서 있는 사람의 상형입니다. 즉 '사람(苟)을 회초리로 때려서(攵) 예의를 바르게 하다, 공경(恭敬)하게 하다'는 뜻입니다. 경어체(敬語體)는 '공경하는(敬) 말(語), 즉 존댓말로 된 문체(文體)'로 평어체(平語體)의 반대입니다.

본받을 효(效)자는 원래 '회초리로 때려서(攵) 배우게 하다'는 뜻입니다. 이후 '배우다→본받다→(배운) 보람→(배운) 효과(效果)' 등의 뜻이 생겼습니다. 광전효과(光電效果)는 '금속 등의 물질에 빛(光)을 비추면 표면에서 전자(電)가 튀어나오는 효과(效果)'입니다. 아인슈타인이 주장한 '빛이 파(波)인 동시에 입자(粒子)로 이루어져 있다'는 입자설(粒子說)을 증명하는 현상입니다.

닦을 수(修)자에 들어 있는 바 유(攸)자는 매를 맞으며(攵) 땀을 흘려 가면서(丨) 열심히 수련하는 사람(亻)의 모습입니다. 나중에 열심히 수련함으로써 '빛나게 하다'는 뜻으로 삼(彡)자가 추가되었습니다. 수련(修鍊)은 '학문이나 기술을 닦아서(修) 단련한다(鍊)'는 뜻입니다. 수학여행(修學旅行)은 '학교 밖에서 학문(學)을 닦기(修) 위해 가는 여행(旅行)'입니다.

바 유(攸)

### 교육(2)

**教** 가르칠 교 ㊥ 教
점괘 효(爻) + 아들 자(子) + 칠 복(攵)

**啓** 열 계 ㊥ 启
지게문 호(戶) + 칠 복(攵) + 입 구(口)

**數** 셀 수 ㊥ 数 ㊣ 数
[포갤 루(婁)→수] + 칠 복(攵)

**敍** 차례 서 ㊥ 叙 ㊣ 叙
[나 여(余)→서] + 칠 복(攴/攵)

가르칠 교(教)자는 '아이(子)들을 때려가며(攵), 산가지(爻)를 들고 숫자를 가르치다'는 뜻입니다. 불교의 교종(教宗)은 '가르침(教)를 중시하는 종파(宗)'로, 참선(禪)을 통해 깨달음을 얻는 선종(禪宗)의 반대입니다.

열 계(啓)자는 원래 한쪽 문을 의미하는 지게 호(戶)자와 손을 의미하는 또 우(又)자가 합쳐진 글자입니다. 즉 '손(又)으로 문(戶)을 연다'는 뜻입니다. 하지만 나중에 우(又)자는 칠 복(攵)자로 바뀌고 입 구(口)자가 추가되어, '입(口)으로 가르치고 매로 때리면서(攵) 문(戶)을 열듯이 깨우쳐주다'는 뜻이 되었습니다. 계몽(啓蒙)은 '어리석음(蒙) 깨우치다(啓)'는 뜻이고, <요한계시록(啓示錄)>은 '예수의 제자인 요한(John)이 인간을 깨우치기(啓) 위해 보여주는(示) 기록(錄)'으로, 예수의 재림과 최후의 심판을 예언한 신약 성경의 마지막 권입니다. 묵시록(默示錄)이라고도 합니다.

옛날 중국에서는 젓가락같이 생긴 대나무 꼬챙이(산가지)를 가지고 숫자를 세었는데, 셀 수(數)자에 들어 있는 칠 복(攵)자는 손(又)에 이러한 대나무 꼬챙이를 들고 있는 형상을 본떠 만든 글자입니다. 이후 '세다→헤아리다→생각하다→꾀→방법' 등의 뜻이 생겼습니다. '나에게 좋은 수가 있다'에서 수(數)는 꾀나 방법을 뜻합니다. 또 산가지로 점을 쳐서 헤아리는 운수(運數)라는 뜻도 있습니다.

차례 서(敍)자는 '수를 셈하기 위해 손에 산가지를 들고(攴/攵) 차례대로 나열하다'는 뜻입니다. 이후 '나열하다→차례→(차례대로) 서술(敍述)하다' 등의 뜻이 생겼습니다. 서사시(敍事詩)는 '사건(事件)을 서술(敍)하는 내용을 담은 시(詩)'로, 역사적 사건이나 신화, 전설, 영웅의 행적 따위를 서술하는 형태로 쓴 시(詩)입니다. 대표적인 서사시로는 그리이스의 시인 호메로스의 《일리아스》와 《오디세이아》가 있습니다. 서경시(敍景詩)는 '자연의 경치(景致)를 서술(敍)하는 내용을 담은 시(詩)'입니다.

### 기타

**收** 거둘 수 ㊥ 收 ㊣ 収
[얽힐 구(丩)→수] + 칠 복(攵)

거둘 수(收)자는 '연장을 든 손(攵)으로 농작물을 거두어들이다'는 뜻입니다. 수확(收穫)은 '벼를 베어(穫) 거두어들이다(收)'는 뜻이고, 추수(秋收)는 '가을(秋) 걷이(收)'입니다. 수렴(收斂)은 원래 '물건이나 돈을 거두고(收) 거둔다(斂)'는 뜻인데, 수학에서는 수열이나 함수가 어떤 확정된 값에 한없이 가까워지는 것을 일컫습니다.

散 흩어질 산 ❸散
곡식 + 칠 복(攵)

整 가지런할 정 ❸整
묶을 속(束) + 칠 복(攵) + [바를 정(正)]

牧 칠 목 ❸牧
소 우(牛) + [칠 복(攵)→목]

枚 낱 매 ❸枚
나무 목(木) + 칠 복(攵)

故 연고 고 ❸故
[예 고(古)] + 칠 복(攵)

敢 감히 감 ❸敢
알 수 없음

해산(解散), 이산(離散) 등에 들어가는 흩어질 산(散)자의 상형문자를 보면 '곡식을 막대기로 때려(攵) 알곡을 털어내는 모습을 본떠 만든 글자로 추측됩니다. 잘 익은 곡식을 털면 알곡들이 흩어지는 데에서 '흩어진다'라는 뜻이 생겼습니다. '매력을 발산하다'의 발산(發散)은 '밖으로 펴져서(發) 흩어지다(散)'는 뜻입니다. 수학에서는 수열이나 함수값이 어느 일정한 수의 근방에 모이지 않고 극한에서 양 또는 음의 무한대가 되거나 진동하는 일입니다. 산란(散亂)은 '어지럽게(亂) 흩어지다(散)'는 뜻으로, 파동이나 입자선이 물체와 충돌하여 여러 방향으로 흩어지는 현상을 말합니다.

정렬(整列), 정리(整理), 정비(整備) 등에 들어가는 가지런할 정(整)자는 '묶고(束) 쳐서(攵) 바르게(正) 하다, 가지런히 하다, 정리(整理)하다'는 뜻입니다. 정수(整數)는 '가지런하게(整) 정돈된 수(數)'로, 숫자 중에도 소수점 이하가 없는 숫자입니다. 소수점 이하가 없으니까 깔끔하고 가지런하게 정돈(整頓)이 잘 되어 있는 숫자라는 뜻입니다.

칠 목(牧)자의 '치다'는 '가축을 기른다'는 뜻입니다. 따라서 칠 목(牧)자는 '말을 듣지 않는 소(牛)나 짐승들을 때려서(攵) 기르다, 다스리다'는 뜻입니다. 방목(放牧)은 '놓아(放)두고 기른다(牧)'는 뜻이고, 유목(遊牧)은 '떠돌아다니며(遊) 기른다(牧)'는 뜻입니다. 목사(牧使)는 '목(牧)에 파견된 사신(使)'이란 뜻으로, 고려 시대와 조선 시대에 지방 행정 단위의 하나인 목(牧)에 파견되어 다스리던 관리(官吏)입니다. 고려 시대에는 12개의 목(牧), 조선 시대에는 20개의 목(牧)이 있었습니다.

낱 매(枚)

낱 매(枚)자는 손에 연장을 들고 나무의 줄기를 베는 모습으로, 나무의 줄기라는 뜻을 가졌습니다. 이후 '줄기→채찍→(나무쪽 따위를 세는 단위인) 매' 등의 뜻이 생겼습니다. 매수(枚數)는 '낱(枚)개의 수(數)'라는 뜻으로, 종이와 같은 얇은 물건의 개수를 이르는 말입니다.

연고 고(故)자는 원래 '쳐서(攵) 죽인다'는 뜻이었으나, 나중에, '연고(緣故), 까닭'이라는 의미가 생겼습니다. 또 예 고(古)자와 같은 뜻도 가지고 있습니다. '고인의 명복을 빕니다'에서 고인(故人)은 '죽은(故) 사람(人)'을 뜻합니다. 고사성어(故事成語)는 '옛날(故) 있었던 일(事)에서 이루어진(成) 말(語)'이고, 사자성어(四字成語)는 '네(四) 글자(字)로 이루어진(成) 말(語)'입니다.

감히 감(敢)자는 정확한 어원을 알 수 없습니다. '감히, 구태여, 용감(勇敢)하다'라는 뜻이 있는데, '손에 무기를 들고(攵) 감히 쳐들어가니 용감하다'는 뜻으로 추측됩니다. '공격하여(攻) 적군의 귀(耳)를 가져오니 용감(勇敢)하다'고 암기하세요. 언감생심(焉敢生心)은 '어찌(焉) 감히(敢) 그런 마음(心)이 생(生)기느냐?'는 뜻으로, 감히 그런 마음을 품을 수 없음을 뜻합니다.

## 殳 | 殳

창 수(殳)
손에 창을 들고 있는 모습

창 수(殳)자는 손(又)에 창이나 무기, 나무 막대기, 연장 등을 들고 있는 모습입니다. 창 수(殳)자는 칠 수(殳)자라고도 하는데, 다른 글자 내에서는 칠 복(攵)자와 거의 같은 뜻으로 사용됩니다.

칠 복(攵)자를 자전에서는 '등글월 문'이라 부르듯이 창 수(殳)자를 '갖은등글월 문'이라고도 부르는데, 3획인 '등글월 문(攵)'자보다 1획을 더 많이 갖고 있다고 해서 붙여진 이름입니다.

### 무기나 도구를 든 손(1)

**殺** 죽일 살, 감할 쇄 ㊥ 杀
[죽일 살(杀)] + 창 수(殳)

**投** 던질 투 ㊥ 投
손 수(扌) + [창 수(殳)→투]

**役** 부릴 역 ㊥ 役
걸을 척(彳) + 창 수(殳)

**醫** 의원 의 ㊥ 医 ㊐ 医
상자 방(匚) + 화살 시(矢) + 창 수(殳) + 닭 유(酉)

살해(殺害), 살인(殺人) 등의 죽일 살(殺)자에 들어가는 죽일 살(杀)자의 상형문자를 보면 짐승(木)을 칼(乂)로 찔러 죽이는 모습입니다. 나중에 뜻을 분명히 하기 위해 창 수(殳)자를 추가하여 죽일 살(殺)자가 되었습니다.

투구(投球), 투수(投手), 투입(投入), 투자(投資) 등에 들어가는 던질 투(投)자는 '손(扌)으로 창(殳)을 던지다'는 뜻입니다. 창 수(殳)자가 소리로 사용되는 희귀한 경우입니다. 선거의 투표(投票)는 '표(票)를 던지다(投)'는 뜻입니다.

부릴 역(役)자는 '전쟁, 싸움, 부역(賦役: 강제 노동), 줄짓다, 늘어서다, 부리다' 등의 뜻이 있습니다. 즉 부릴 역(役)자는 길(彳)에서 손(又)에 창이나 연장을 들고(殳) 전쟁, 싸움, 부역을 하러 가기 위해 줄을 서서 가는 모습으로 추측됩니다. 병역(兵役), 용역(用役), 역할(役割) 등에 사용됩니다.

의원(醫員), 의사(醫師) 등에 사용되는 의원 의(醫)자는 화살에 맞아 몸 속(匚)에 화살(矢)이 있거나, 창(殳)으로 찔렸을 때 술(酉)로 소독하고 마취를 시킨 데서 유래합니다. 고대 중국인들은 술이 병도 치료한다고 믿었습니다. 또 다른 해석에서는 상자(匚) 속에 수술칼로 사용되는 화살촉(矢)과 수술 도구를 들고 있는 손(殳), 치료제인 술(酉)이라고 합니다. 따라서 이 글자는 원래 '치료하다'는 뜻입니다. 이후 '치료하다→(치료하는) 의원→의술→의학' 등의 뜻이 생겼습니다.

### 무기나 도구를 든 손(2)

段 층계 단 중 段
기슭 엄(厂) + 석 삼(三) + 창 수(殳)

般 일반 반 중 般
배 주(舟) + 창 수(殳)

殼 껍질 각 중 壳
[껍질 각(壳)] + 창 수(殳)

穀 곡식 곡 중 谷
벼 화(禾) + [껍질 각(殼)→곡]

毁 헐 훼 중 毁
절구 구(臼) + 흙 토(土→工) + 창 수(殳)

聲 소리 성 중 声 약 声
[석경 성(声)] + 창 수(殳) + 귀 이(耳)

設 베풀 설 중 设
말씀 언(言) + 창 수(殳)

殷 은나라 은 중 殷
몸 신(身) + 창 수(殳)

殿 대궐 전 중 殿
[펼 전(展)] + 창 수(殳)

층계 단(段)자는 연장을 든 손(殳)으로 언덕(厂)에 계단(三)을 만드는 모습에서 층계라는 뜻이 생겼습니다. 바둑, 태권도, 유도 등에서 잘하고 못하는 정도를 매긴 등급을 이르는 말로도 사용됩니다. 하안단구(河岸段丘)는 '강(河)가의 언덕(岸)에 계단(段)처럼 만들어진 언덕(丘)'이란 뜻입니다.

일반 반(般)자에 들어 있는 창 수(殳)자는 손에 창이나 연장을 들고 있는 모습인데, 여기에서는 강 위에서 배의 방향을 돌리기 위한 삿대를 손에 들고 있는 모습입니다. 그래서 원래의 의미는 '배(舟)를 돌리다'는 뜻을 가졌으나, 가차되어 가지(종류를 세는 단위) 혹은 일반(一般: 한 가지)이란 의미로도 쓰입니다. 피차일반(彼此一般)은 '저쪽(彼)과 이쪽(此)이 한(一) 가지(般)다'라는 뜻으로, 두 편이 서로 같음을 일컫는 말입니다.

껍질 각(殼)자에 들어가는 껍질 각(壳)자는 곡식 껍질의 모습을 본떠 만든 글자입니다. 나중에 뜻을 분명히 하기 위해 칠 수(殳)자를 추가하였습니다. 옛날에는 껍질(壳)을 도리깨 등으로 쳐서 벗겼기 때문입니다. 벼 화(禾)자와 껍질 각(殼)자를 합치면 곡식 곡(穀)자가 됩니다. 지각(地殼)은 '땅(地)의 껍질(殼)'로, 지구의 표면을 껍질처럼 둘러싸고 있는 부분입니다. 곡창지대(穀倉地帶)는 '곡물(穀)을 쌓아 놓은 창고(倉)처럼 곡식이 많이 생산되는 지대(地帶)'입니다.

헐 훼(毁)자는 '절구(臼)에 담긴 쌀을 흙(土→工)에 쏟아버려 쌀을 훼손(毁損)하다'는 뜻입니다. 이후 뜻을 강조하기 위해 창 수(殳)자가 추가되었습니다. 즉 '손에 든 막대기(殳)로 쳐부셔서 훼손(毁損)하다'는 뜻입니다. 훼손(毁損)은 '헐거나(毁) 손상하다(損)'는 뜻이고, 명예훼손죄(名譽毁損罪)는 '남의 명예(名譽)를 훼손(毁損)함으로써 구성되는 죄(罪)'입니다.

소리 성(聲)자는 '석경(声)을 쳐서(殳) 귀(耳)로 듣는 것이 소리다'는 뜻입니다. 여기에서 창 수(殳)자는 석경을 치기 위한 막대기를 손에 들고 있는 모습입니다. 의성어(擬聲語)는 '소리(聲)를 흉내내는(擬) 말(語)'로, '주룩주룩', '딸랑딸랑' 등이 그러한 예입니다.

베풀 설(設)자는 원래 '창(殳)이나 무기를 들고 말(言)로 남에게 명령하여 일을 시키다'는 뜻이며, 여기에서 '만들다→설립(設立)하다→설치(設置)하다→진열(陳列)하다→베풀다' 등의 뜻이 생겼습니다.

은나라 은(殷)자의 상형문자를 보면 몸 신(身)자와 창 수(殳)자가 합쳐진 글

은나라 은(殷)

자는 분명한데, 원래 뜻을 알 수 없는 글자입니다. 은허(殷墟)는 '은(殷)나라의 터(墟)'라는 뜻으로, 고대 중국 은나라의 도읍지인 하남성(河南省) 안양현에 있는 유적이며, 갑골문이 발굴된 곳입니다.

대궐 전(殿)자는 원래 '때려서(殳) 진압(鎭壓)하다, 평정(平定)하다' 등의 뜻을 가졌습니다. 이후 큰 집이나 대궐이라는 뜻이 생겼습니다. 옛날에는 왕이나 왕비, 왕자와 같이 높은 사람은 이름을 부를 수 없었습니다. 따라서 이런 사람들이 거처하는 장소를 이름 대신으로 불렀습니다. 전하(展下)는 '대궐(展) 아래(下)'라는 뜻으로, 왕이나 왕비를 부르는 말입니다. 또 중전(中殿)은 왕비가 거처하는 중궁전(中宮殿)의 줄임말로, 왕비를 부르는 말입니다.

## 支 | 支

지탱할 지(支)
손에 나뭇가지를 들고 있는 모습

지탱할 지(支)자는 손(又)에 나뭇가지(十)를 들고 있는 모습을 본떠 만든 글자입니다. 이후 '(나무의) 가지→갈라지다→(나뭇가지로) 괴다→지탱하다' 등의 뜻이 추가되었습니다. 또 이 글자는 '손에 든 막대기로 치다'는 뜻의 글자에도 들어갑니다. 칠지도(七支刀)는 '일곱(七) 개의 가지(支)로 갈라진 칼(刀)'로, 백제의 왕이 왜왕 지(旨)에게 하사한 철제 칼입니다. 현재 일본 국보로 지정되었습니다.

7개의 가지로 갈라진 칠지도

지탱할 지(支)자는 십간십이지의 십이지(十二支)라는 뜻으로도 사용됩니다. 십간(十干)은 '열(十) 개의 줄기(干)'란 뜻이고, 십이지(十二支)는 '줄기에서 갈라져 나온 열두(十二) 개의 가지(支)'라는 뜻입니다.

지탱할 지(支)자는 소리로도 사용되는데, 재주 기(技), 기생 기(妓), 가지 지(枝)자가 소리로 사용된 예입니다.

### 지(支)자가 들어가는 글자

**枝** 가지 지 ⓩ 枝
나무 목(木) + [지탱할 지(支)]

**肢** 사지 지 ⓩ 肢
고기 육(肉/月) + [지탱할 지(支)]

가지 지(枝)자는 '나무(木)에 갈라진(支) 것이 가지이다'는 뜻입니다. 금지옥엽(金枝玉葉)은 '금(金)으로 만든 나뭇가지(枝)와 옥(玉)으로 만든 잎(葉)'이란 뜻으로, 임금의 가족이나 귀한 자손을 이르는 말입니다.

"사지가 멀쩡한 놈이 놀고 있어?", "사지를 결박하라." 등에 나오는 사지(四肢)는 '두 손과 두 발 등 네 개가 몸에서 갈라져 나온 가지'라는 뜻입니다. 따라서 사지 지(肢)자는 '몸(肉/月)에서 갈라져 나온 가지(支)가 사지이다'는 뜻입니다. 절지동물(節肢動物)은 '사지(肢)가 마디(節)로 연결된 동물(動物)'로, 갑각

鼓 북 고 ⓢ鼓
북 주(壴) + 지탱할 지(支)

다지류의 일종인 지네

류(게, 세우), 곤충류(메뚜기), 거미류(거미, 전갈), 다지류(지네, 노래기) 등으로 나누어집니다. 이중 다지류(多肢類)는 '많은(多) 사지(肢)가 있는 종류(類)'라는 뜻으로, 다리가 많은 동물입니다.

북 고(鼓)자는 손에 든 막대기(支)로 북(壴)을 두드리는 모습입니다. 고복격양(鼓腹擊壤)은 '배(腹)를 두드리고(鼓) 땅(壤)을 치다(擊)'는 뜻으로, 요순(堯舜) 시절 백성들이 배를 두드리고 땅을 치며 노래를 불렀다는 이야기에서 유래하며, 매우 살기 좋은 시절을 일컫습니다.

## 손에 무언가 들고 있는 글자

父 아버지 부 ⓢ父
매를 든 손 모습

丈 어른 장 ⓢ丈
지팡이를 든 사람 모습

史 역사 사 ⓢ史
붓을 든 손 모습

吏 관리 리 ⓢ吏
붓을 든 손 모습

更 고칠 경, 다시 갱 ⓢ更
남녘 병(丙) + 칠 복(攴)

지금까지 손(又)에 무엇을 들고 있는 글자들에 대해 살펴보았습니다. 하지만 이외에도 손에 무엇을 들고 있는 글자는 더 있습니다.

아버지 부(父)

어른 장(丈)

역사 사(史)

관리 리(吏)

고칠 경(更)

아버지 부(父)자는 손(又)에 막대기를 들고 있는 모습입니다. 옛날에는(몇천 년이 지난 지금도) 아이를 때려서 가르쳤고, 이렇게 때리는 것은 아버지의 몫이었습니다. '자식을 기르고 가르치기 위해 회초리로 때리는 사람이 아버지다'라는 뜻이 담겨 있습니다.

어른 장(丈)자는 손(又)에 나뭇가지를 들고 있는 모습으로, 지팡이를 뜻하는 글자입니다. 나중에 지팡이를 짚고 다니는 '어른, 노인, 처갓집의 어른'이라는 뜻이 생기자, 본래의 뜻을 살리기 하기 위해 나무 목(木)자가 추가되어 지팡이 장(杖)자가 되었습니다. 대장부(大丈夫)는 '큰(大) 어른(丈)인 사내(夫)'라는 뜻으로, 사내답고 씩씩한 남자를 이르는 말입니다. 장인(丈人)은 처의 아버지이며, 장모(丈母)는 처의 어머니입니다. 죄인을 때리는 곤장(棍杖)은 '몽둥이(棍)와 지팡이(杖)'라는 뜻입니다.

역사 사(史)자는 '손(又)에 붓을 들고 역사를 쓴다'는 뜻입니다. 《사기(史記)》는 '역사(史)를 기록한(記) 책'으로, 중국 한나라의 사마천이 중국 건국에서 한나라 때까지 역사를 기록한 역사책입니다. 《삼국사기(三國史記)》는 '세 나라(三國)의 역사(史)를 기록한(記) 책'으로, 고려 인종 때인 1145년에 김부식이 왕명에 따라 펴낸 신라, 고구려, 백제 등 세 나라의 역사책입니다.

관리 리(吏)자는 역사 사(史)자와 마찬가지로 손(又)에 붓을 들고 있는 형상입니다. 즉 '손에 붓을 잡고 나랏일을 하는 사람이 관리(官吏)이다'는 뜻입니다. 지금은 유치원생도 글을 읽고 쓸 줄 알지만, 고대 중국에서는 극소수의 사람만이 글을 읽고 쓸 줄 알았기 때문에 이런 글자가 만들어 졌습니다. 청백리(淸白吏)는 '청렴(淸)결백(白)한 관리(吏)'이고, 탐관오리(貪官汚吏)는 '탐욕(貪)스러운 관리(官)와 오염(汚)된 관리(吏)'입니다. 청백(淸白)은 청렴결백(淸廉潔白)을 줄인 말입니다.

고칠 경(更) 혹은 다시 갱(更)자의 상형문자를 보면 손에 든 막대기(攴)로 무언가(丙)를 두드리는 모습입니다. 아마도 시각을 알리는 종을 치는 것이라 짐작됩니다. 옛 사람들이 하루의 밤을 5등분 한 것을 경(更)이라고 하였고, 각각 초경(初更), 이경(二更), 삼경(三更) 등으로 불렀습니다. 이후 '(시간이) 바뀌다→고치다→다시' 등의 뜻이 생겼습니다. 경질(更迭)은 '고쳐서(更) 번갈아 들다(迭)'는 뜻으로, '어떤 직위에 있는 사람을 다른 사람으로 바꾸다'는 뜻입니다. 갱년기(更年期)는 '다시(更) 해(年)를 시작하는 기간(期)'이란 뜻으로, 중년기가 끝나고 다시 새로운 노년기로 접어 드는 시기입니다. 갱신(更新)은 '다시(更) 새롭게(新)하다'는 뜻으로, 계약 기간이 만료되어 다시 기간을 연장하는 일입니다.

위에서 나온 부(父), 장(丈), 사(史), 리(吏), 경(更)자가 모두 손에 관련된 글자이지만, 부수는 달라서 각각, 아비 부(父), 한 일(一), 입 구(口), 입 구(口), 가로 왈(曰)자입니다.

## 사람 3-12 발

그칠 지(止) | 천천히걸을 쇠(夊) | 어그러질 천(舛)
발 족(足) | 달릴 주(走)

止 | 

그칠 지(止)
위로 향하는 발의 모습

한자를 처음 만든 사람들은 손의 손가락을 세 개만 표시했는데, 발도 발가락 세 개만으로 표시하였습니다. 또 손의 방향에 따라 서로 다른 글자가 되었듯이, 발도 방향에 따라 다른 글자가 되었습니다. 하지만 손과는 달리 발은 네 개의 글자 중 그칠 지(止)자와 천천히걸을 쇠(夊)자만 부수가 되는 영광을 얻었습니다. 나머지 두 글자도 다른 글자에서 종종 사용되는데, 내릴 강(夅)자의 아래나 가죽 위(韋)자의 위와 아래에 있는 글자가 그런 예입니다. 가죽 위(韋)자는 원래 성이나 지역(囗)의 아래위로 발의 모습을 그려 '성이나 지역을 포위하다, 둘러싸다'라는 뜻을 가진 글자였으나, 나중에 '가죽'이란 뜻이 생겼습니다.

가죽 위(韋)

이 네 글자 중 가장 많이 사용되는 글자는 그칠 지(止)자입니다. 그칠 지(止)자는 원래 발이란 뜻을 가졌습니다. 이후 '발→(발을 움직여) 가다→(발을 멈추어) 정지하다, 그치다→(정지하여) 머물다' 등의 뜻이 생겼습니다. 재미있는 사실은, 정반대되는 뜻을 가지고 있는 '가다'와 '정지하다'가 모두 그칠 지(止)자로 표현된다는 사실입니다. 또 상형문자를 보면 글자의 모양이 다양해서 여러 가지로 변형되어 사용됩니다. 굳셀 무(武), 걸음 보(步)와 같은 글자에서는 지(止)자의 모습이 그대로 보이지만, 갈 지(之), 먼저 선(先), 날 출(出)자와 같은 글자에서는 변형되어 사용되었습니다.

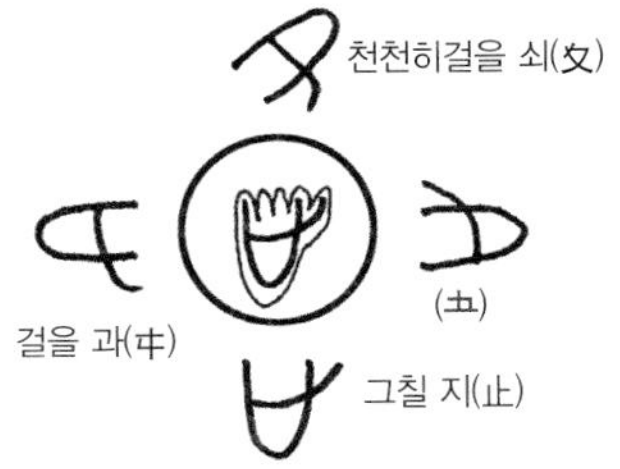


### 발로 감

**歸** (발로) 돌아갈 귀 ⓒ 归
언덕 부(阜) + 그칠 지(止) + 빗자루 추(帚)

**往** (발로) 갈 왕 ⓒ 往
걸을 척(彳) + 그칠 지(止→丶) + [임금 왕(王)]

귀국(歸國), 귀로(歸路) 등에 들어가는 돌아갈 귀(歸)자는 원래 '고향 언덕(阜)의 흙덩어리와 빗자루(帚)를 들고 시집가다(止)'는 뜻입니다. 옛 중국에서는 고향 언덕의 흙덩어리와 빗자루를 들고 시집을 갔습니다. 남의 부인(婦=女+帚)이 되려면 빗자루(帚)가 필요했습니다. 나중에 시집은 '여자가 돌아가야 할 집'이라는 의미에서 '돌아가다'는 뜻이 생겼습니다.

갈 왕(往)

왕복(往復), 왕래(往來) 등에 들어가는 갈 왕(往)자의 상형문자를 보면 소리를 나타내는 임금 왕(王)자 위에 점이 있는데, 이 점이 원래는 발의 상형인 그칠 지(止)자입니다. 따라서 갈 왕(往)자는 '발(止→丶)로 걸어(彳) 가다'는 뜻입니다.

**從** (발로) 좇을 종 ⓒ从 ⓨ从
걸을 척(彳) + [따를 종(从)] + 그칠 지(止)

좇을 종(從)자는 원래 사람(人)이 사람(人)을 좇아가는 모습(从)이었습니다. 지금의 글자보다 훨씬 간단하고 의미도 분명한 것 같습니다. 중국의 간체자도 종(从)으로 표시합니다. 나중에 뜻을 강조하기 위해 그칠 지(止)자와 걸을 척(彳)자가 추가되었습니다. 또 '좇다→따르다→모시다→만나다' 등의 뜻도 생겼습니다. 시종(侍從)은 '임금을 모시고(侍) 따르는(從) 사람'입니다. '상종 못할 사람'의 상종(相從)은 '서로(相) 만나다(從)'는 뜻입니다.

## 걸음 보(步)가 들어가는 글자

**步** (발로) 걸음 보 ⓒ步
그칠 지(止) X 2

**陟** 오를 척 ⓒ陟
언덕 부(阜/阝) + 걸음 보(步)

**涉** 건널 섭 ⓒ涉
물 수(氵) + 걸음 보(步)

**頻** 자주 빈 ⓒ频
걸음 보(步) + 머리 혈(頁)

**歲** 해 세 ⓒ岁
걸음 보(步) + 개 술(戌)

걸음 보(步)

걸음 보(步)자의 상형 문자를 보면 왼발과 오른발을 나란히 그려 '걷다'는 뜻을 표현하고 있습니다. 글자 아래의 오른발은 글자화되면서 모양이 조금 변했는데, 4획인 적을 소(少)자가 아니고 3획임에 주의해야 합니다. 오십보백보(五十步百步)는 '오십(五十) 걸음(步)을 도망한 사람이 백(百) 걸음(步)을 도망한 사람을 비웃다'라는 뜻으로, 조금 낫고 못한 차이는 있지만 본질적으로 차이가 없음을 일컫습니다.

오를 척(陟)자는 '언덕(阝)에 걸어서(步) 올라가다'는 뜻입니다. 강원도 삼척(三陟)은 '세(三) 번을 올라가다(陟)'는 뜻인데, 태백산맥의 분수령인 청옥산, 두타산, 중봉산, 백병산 등의 높은 산이 많아 붙여진 이름으로 추측합니다.

건널 섭(涉)자는 '물(氵)을 걸어서(步) 건너다'는 뜻입니다. 이후 '(물을) 건너다→(물 건너) 이르다→미치다→간섭(干涉)하다→교섭(交涉)하다' 등의 뜻이 생겼습니다. 섭외(涉外)는 '외부(外)와 교섭(涉)한다'는 뜻입니다.

빈도(頻度), 빈발(頻發), 빈번(頻繁) 등에 들어가는 자주 빈(頻)자는 '물을 건너지 못해 물(氵)가를 왔다갔다(步)하며 얼굴을(頁) 찡그린 모습'을 그린 물가 빈(瀕)자와 원래 같은 글자로, '물가→(물가를 왔다갔다하며, 마음이) 급하다→(마음이 급해 얼굴을) 찡그리다→자주 (왔다갔다하다)' 등의 뜻이 생겼습니다. 빈도(頻度)는 '자주(頻) 되풀이 되는 정도(度)'입니다.

해 세(歲)자는 '곡식을 베는 낫(戌)으로 가을에 수확하면 한 해가 가다(步)'는 뜻으로 만든 글자입니다. 개 술(戌)자는 낫이나 도끼의 상형입니다. 세모(歲暮)는 '한 해(歲)가 저무는(暮) 연말'을 뜻하고, 세월(歲月)은 '해(歲)와 달(月)을 단위로 해서 흘러가는 시간'을 뜻합니다. 새배(歲拜)는 '해(歲)가 바뀌면 하는 절(拜)'로, 섣달 그믐이나 정초에 웃어른께 인사로 하는 절입니다.

## 전쟁하러 감

武 굳셀 무 ⓖ 武
그칠 지(止) + 창 과(戈)

正 바를 정 ⓖ 正
한 일(一) + 그칠 지(止)

征 칠 정 ⓖ 征
걸을 척(彳) + [바를 정(正)]

是 옳을 시 ⓖ 是
날 일(日) + 바를 정(正)

歪 비뚤 왜 ⓖ 歪
아니 불(不) + 바를 정(正)

굳셀 무(武)자는 '무사(武士)가 창(戈)을 가지고 전쟁터에 나가다(止)'는 뜻입니다. 이후 '무기(武器)→무사(武士)→무술(武術)→무인(武人)→굳세다' 등의 뜻이 파생되었습니다. 무용담(武勇談)은 '무사(武)들이 용감(勇)하게 싸운 이야기(談)'로, 영국의 〈아서 왕 이야기〉, 프랑스의 〈롤랑의 노래〉, 독일의 〈니벨룽겐의 노래〉 등이 있습니다.

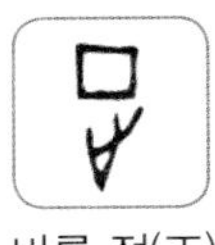
바를 정(正)

바를 정(正)자의 상형문자를 보면, 나라 국(國)자의 옛 글자(口) 아래에 정벌(征伐)에 나선 군인들의 발(止)을 표현하여 '다른 나라(口)를 치러 가다(止)'는 뜻으로 만든 글자입니다. 나중에 똑같은 모양의 발 족(足)자와 혼동을 피하기 위해 나라 국(口)자가 한 일(一)자로 변해 정(正)자가 되었습니다. 또 다른 나라를 치기 위해서는 바른 명분이 있어야 하기 때문에 '바르다'라는 뜻이 생겼습니다. 이후 원래의 뜻을 살리기 위해 걸을 척(彳)자를 추가해 칠 정(征)자를 만들었습니다. 정동행성(征東行省)은 '동쪽(東) 정벌(征伐)을 실행(實行)하는 관청(省)'으로, 고려 충렬왕 때에, 중국 원나라가 개경에 설치하여 고려의 내정을 감시하고 간섭한 관청입니다.

옳을 시(是)자는 날 일(日)자와 바를 정(正)자의 변형 자가 합쳐진 글자입니다. '해(日)가 뜨고 지는 것처럼 정확하고 바르다(正)'는 뜻에서 '옳다'라는 의미가 생겼습니다. 실사구시(實事求是)는 '실제(實) 일(事)로부터 옳은(是) 진리를 구한다(求)'는 뜻으로, 글방에서 책을 읽으면서 진리를 탐구하는 것이 아니라, 현실에서 직접 보거나 실험을 통해 진리를 탐구하는 것입니다.

바를 정(正)자에 아닐 부(不)자가 붙으면 '바르지(正) 않다(不)'는 뜻의 비뚤 왜(歪)자가 됩니다. 왜곡(歪曲)은 '삐뚜러지고(歪) 굽다(曲)'는 뜻으로, 사실과 다르게 해석하거나 그릇되게 한다는 뜻입니다.

## 기타

企 꾀할 기 ⓖ 企
사람 인(人) +
[그칠 지(止)→기]

꾀할 기(企)자는 원래 '사람(人)이 발(止)돋음하다'는 뜻이었으나, 이후 '발돋움하다→바라다→꾀하다'는 뜻이 생겼습니다. 기업(企業)은 '이익을 목적으로 사업을 꾀하고(企) 일(業)을 하는 회사'입니다.

지낼 력(歷)자에 들어가는 셀/책력 력(厤)자는 언덕(厂) 에 벼(禾)를 수확한 횟수를 하나둘 그려 넣은 모습에서, 햇수를 세거나 책력(冊曆)이란 뜻이 생겼습

**歷** 지낼 력 ⓢ 历
[셀 력(厤)] + 그칠 지(止)

**此** (발로 서 있는) 이 차 ⓢ 此
그칠 지(止) + 비수 비(匕)

**齒** 이 치 ⓢ 齿 ⓨ 歯
[그칠 지(止)→치] +
앞니 모습

고사리과 양치식물

니다. 지낼 력(歷)자는 '햇수를 세면서(厤) 지나가다(止)'는 뜻입니다. 역사(歷史)는 '지나간(歷) 과거를 손에 든 붓(史)으로 기록한 것'입니다. 역사 사(史)자는 손에 든 붓의 상형입니다.

이 차(此)자는 '사람(匕)이 서 있는(止) 곳이 이곳이다'는 뜻입니다. 피차일반(彼此一般)은 '저(彼)쪽이나 이(此)쪽이나 한(一) 가지(般)이다'는 뜻으로, 서로가 마찬가지임을 일컫는 말입니다.

이 치(齒)

이 치(齒)자는 얼굴 앞에서 본 앞니의 모습과 소리를 나타내는 그칠 지(止)자가 합쳐진 글자입니다. 그칠 지(止)자가 소리로 사용되는 희귀한 경우입니다. 설치류(齧齒類)는 '갉아먹는(齧) 이(齒)를 가진 무리(類)'로, 쥐나 토끼, 다람쥐 같이 음식을 갉아먹는 척추동물을 일컫는 말입니다. 양치식물(羊齒植物)은 '잘게 갈라진 잎 가장자리의 모습이 양(羊)의 이빨(齒) 모양으로 생긴 식물(植物)'로, 고사리처럼 꽃이 피지 않아 씨가 없고 포자로 번식하는 종류를 이르는 말입니다.

### 그칠 지(止)자의 모양이 변함

**之** 갈 지 ⓢ 之
[그칠 지(止)]+ 한 일(一)

**先** 먼저 선 ⓢ 先
그칠 지(止) +
어진사람 인(儿)

**出** (발로) 날 출 ⓢ 出
그칠 지(止) + 입벌릴 감(凵)

**前** 앞 전 ⓢ 前
그칠 지(止) +
달 월(月) + 칼 도(刂)

갈 지(之)

갈 지(之)자의 상형문자를 보면 발(止) 아래에 선(一)이 하나 그려져 있습니다. 선은 출발선이나 도착선을 의미하며, 여기에서 '가다'와 '이르다'라는 정반대의 두 가지 뜻이 생겼습니다. 이후 가차되어 '~가, ~에, ~의, ~와' 등의 어조사로 많이 사용됩니다. 좌지우지(左之右之)는 '좌(左)로 갔다(之) 우(右)로 갔다(之), 즉 제 마음대로 하다'는 뜻입니다. 수어지교(水魚之交)는 '물(水)과 물고기(魚)의(之) 사귐(交)'이란 뜻으로, 서로 떨어질 수 없는 친한 사이를 일컫는 말입니다.

먼저 선(先)자는 발(止)을 강조한 사람(儿)의 모습으로, 먼저 간(止) 사람(儿)이란 데에서 '먼저, 앞서다'는 뜻이 생겼습니다. 선사시대(先史時代)는 '역사(歷史) 시대보다 앞선(先) 시대(時代)라는 뜻으로, 인간이 문자를 만들어 역사를 기록하기 시작한 역사 시대 이전의 시대를 말합니다.

날 출(出)자의 상형문자를 보면 발(止)과 움집(凵)을 그려 놓았는데, '집(凵)에서 나가다(止)'는 뜻입니다. 출세(出世)는 '세상(世)에 나오다(出)'는 뜻으로 사회적으로 높이 되거나 유명해지는 것이고, 출가(出家)는 '집(家)을 나가다(出)'는 뜻으로 시집을 가거나 중이 됨을 일컫는 말이며, 가출(家出)은 '집(家)을 나가(出) 돌아오지 않는다'는 뜻입니다.

앞 전(前)

앞 전(前)자의 상형문자를 보면 그칠 지(止→⺌)와 배 주(舟→月)자가 합쳐진 모습(歬)입니다. 즉 배(舟)가 앞으로 나아가는(止) 모습에서 앞이란 뜻이 생겼습니다. 이후 이 글자에 칼 도(刂)자가 붙어 '자르다'는 뜻의 전(前)자가 되었으나 여전히 '앞'이라는 의미로 사용되자, 칼 도(刀)자가 한 번 더 추가되어 자를 전(剪)자가 되었습니다. 풍전등화(風前燈火)는 '바람(風) 앞(前)의 등잔불(燈火)'이라는 뜻으로, 매우 위태로운 처지를 일컫습니다.

夊 | 夂

천천히걸을 쇠(夊)
뒤져올 치(夂)
아래로 향한 발 모습

천천히걸을 쇠(夊)자는 그칠 지(止)자와 마찬가지로 발의 모습을 본떠 만든 글자입니다. 차이가 있다면, 그칠 지(止)자는 발의 방향이 앞쪽(위쪽)을 향하고 있는 반면, 천천히걸을 쇠(夊)자는 발이 뒤쪽(아래쪽)을 향한 모습입니다. 따라서 그칠 지(止)자가 '바깥으로 나가거나 올라가다'는 의미로 사용되는 반면, 천천히걸을 쇠(夊)자는 '안으로 들어오거나 내려가다'는 뜻으로 사용되기도 합니다. 서로 뜻이 반대인 오를 척(陟)자와 내려올 항(降)자, 날 출(出)자와 각각 각(各)자를 보면, 각각 그칠 지(止)자와 천천히걸을 쇠(夊)자가 들어 있습니다.

천천히걸을 쇠(夊)자와 비슷한 글자로 뒤져올 치(夂)자가 있는데, 이 글자도 발 모양을 본떠 만든 글자이면서, 부수글자입니다. 차이가 있다면 치(夂)자는 글자의 위쪽에 주로 위치하고(各, 降), 쇠(夊)자는 글자의 아래에 주로 위치합니다(愛, 夏, 复, 麥). 하지만 두 글자의 의미가 같고 형태가 비슷하여 현대에 와서는 두 글자를 굳이 구분하지 않아, 이 책에서도 구분하지 않았습니다. 중국 간체자의 부수에서도 이 두 글자를 하나로 합쳐 사용하고 있습니다.

### 발의 모습

**降** 내릴 강, 항복할 항 ⓖ 降
언덕 부(阝) + [내려올 강(夅)]

**各** 각각 각 ⓖ 各
뒤져올 치(夂) + 입 구(口)

내려올 강(夅)자는 걸음 보(步)와 똑같이 두 개의 발이 있지만, 방향은 정반대입니다. 걸음 보(步)자가 언덕 부(阜/阝)자와 합쳐져 언덕에 오를 척(陟)자가 되었듯이, 내려올 강(夅)자는 언덕 부(阜/阝)자와 합쳐져 언덕에서 내릴 강(降)자가 되었습니다. 또 전쟁에서 항복하면 언덕에 친 진(陣)에서 내려오니까 항복할 항(降)자도 되었습니다. 강우량(降雨量)은 '내린(降) 비(雨)의 양(量)'이고, 강수량(降水量)은 '내린(降) 비뿐만 아니라 눈, 우박 등이 녹은 후의 물(水)의 양(量)'입니다. 항마군(降魔軍)은 '마귀(魔)를 항복(降)시키는 군사(軍)'로, 고려 숙종 때 윤관이 여진족을 정벌하기 위해 승려들로 구성한 승병(僧兵) 부대입니다. 승려들

處 곳 처 ⓐ处 ⓑ処
[범 호(虍)→처] + 천천히걸을 쇠(夊) + 집 면(宀→几)

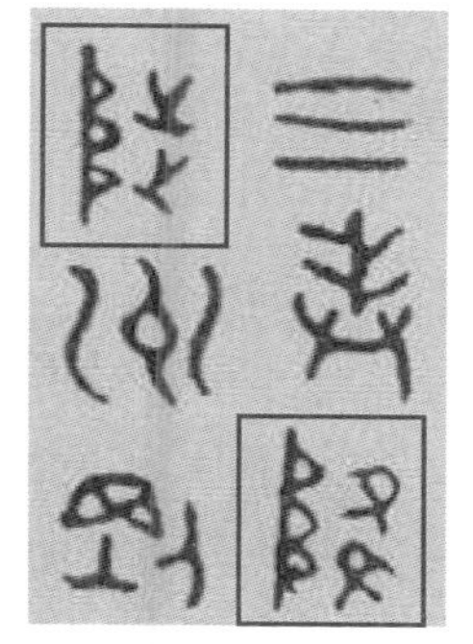
오를 척(陟)자와 내릴 강(降)자가 있는 갑골문자

이 마귀를 쫓는다고 해서 항마군(降魔軍)군이라는 이름을 지었습니다.

각각 각(各)자의 상형문자를 보면 날 출(出)자와 비슷한데, 발의 방향만 다릅니다. 날 출(出)자가 '집(凵)에서 나가다(止)'는 뜻인 반면, 각각 각(各)자는 '집(凵)으로 들어오다(夂)'는 뜻입니다. 나중에 가차되어 '각각'이란 뜻이 생겼지만, '집(宀)으로 들어오는(各)' 손님 객(客)자나, '발(足)로 걸어서 집으로 들어오는(各)' 길 로(路)자를 보면 각(各)자에 '집으로 들어오다'는 뜻이 남아 있습니다.

각각 각(各)

나갈 출(出)

곳 처(處)자의 상형문자를 보면 집(宀→几)안에 발(夊)이 들어 있는 모습입니다. 즉 '집안에 있다, 거주하다'는 뜻으로 만든 글자입니다. 이후 '거주하다→살다→(거주하는) 곳→(거주하며) 다스리다→(다스리며) 처리하다→처하다' 등의 뜻이 생겼습니다. 나중에 소리를 나타내는 범 호(虍)자가 추가되면서, 발(夊)이 집(宀→几) 밖으로 나와 지금과 같은 글자가 되었습니다. 상처(傷處)는 '몸이 상한(傷) 곳(處)'이며, 처세술(處世術)은 '세상(世)을 살아가는(處) 재주(術)'이고, 처형(處刑)이나 처벌(處罰)은 '형벌(刑罰)에 처하다(處)'는 뜻입니다.

## 사람 아래의 발

夏 여름 하 ⓐ夏
머리 경(頁) + 천천히걸을 쇠(夊)

憂 근심 우 ⓐ忧
머리 혈(頁) + 마음 심(心) + 천천히걸을 쇠(夊)

愛 사랑 애 ⓐ爱
손톱 조(爪) + 사람 인(人→冖) + 마음 심(心) + 천천히걸을 쇠(夊)

여름 하(夏)자의 상형문자에는 머리(頁)와 손과 발(夊)이 있었으나, 손과 머리(頁)의 일부가 생략되어 하(夏)가 되었습니다. 여름에 기우제를 지내는 무당의 모습으로 추측하여, 하(夏)가 여름을 의미한다고 합니다. 하로동선(夏爐冬扇)은 '여름(夏)의 화로(爐)와 겨울(冬)의 부채(扇)'라는 뜻으로, 아무 소용없는 말이나 재주 또는 쓸모없는 사물을 비유하여 이르는 말입니다.

근심 우(憂)자는 머리(頁)와 마음(心)으로 근심하며 천천히 걸어가는(夊) 모습입니다. 식자우환(識字憂患)은 '글자(字)를 아는(識) 것이 오히려 근심(憂)과 근심(患)이 되다'는 뜻으로, 차라리 모르는 편이 낫거나, 알기는 알아도 똑바로 잘 알고 있지 못하기 때문에 오히려 걱정거리라는 뜻입니다.

사랑 애(愛)자의 상형문자를 보면 입을 크게 벌린(爪) 사람(人→冖)이 가슴의 심장(心)이 강조된 채로 걸어가는(夊) 모습입니다. 손톱 조(爪)자는 입을 벌린 얼굴의 모습이 변한 것으로, 사랑에 넋이 빠진 모습을 강조하였습니다. 서양에서 사랑을 표시하는데 하트(heart: 심장)를 사용하듯이, 사랑 애(愛)자에도 심

後 뒤 후 중 后
걸을 척(彳) + 작을 요(幺) + 천천히걸을 쇠(夊)

장(心)이 들어 있습니다. 애인(愛人)은 사랑하는 사람이고, 애완동물(愛玩動物)은 '사랑하고(愛) 함께 놀기(玩)위한 동물(動物)'입니다.

뒤 후(後)자는 길(彳)에서 죄수가 줄(幺)에 묶여 끌려가는(夊) 모습입니다. 작을 요(幺)자는 실 사(糸)자와 마찬가지로 줄을 뜻하는 글자입니다. '끌려가는 죄수는 뒤에서 늦게 간다'고 해서 '늦다', '뒤'라는 뜻이 생겼습니다.

## 발과 상관없는 글자

麥 보리 맥 중 麦 약 麦
올 래(來) + 뒤져올 치(夂)

致 이를 치 중 致
이를 지(至) + [뒤져올 치(夂)]

冬 겨울 동 중 冬
천천히걸을 쇠(夊) + 얼음 빙(冫)

보리 맥(麥)자에 들어가는 올 래(來)자는 원래 익은 보리의 모습을 본떠 만든 글자입니다. 보리가 중앙아시아로부터 중국에 들어온 식물이라서 '오다'는 뜻으로 쓰이자, 원래 뜻을 살리기 위해 뿌리 모습(夊)을 추가하여 보리 맥(麥)자를 만들었습니다. 보리는 뿌리가 매우 길기 때문입니다.

이를 치(致)자는 뒤에 올 치(夂)자가 소리로 사용되는 희귀한 경우입니다. 치사량(致死量)은 '죽음(死)에 이르게(致) 할 정도의 약물의 양(量)'입니다.

겨울 동(冬)자는 천천히걸을 쇠(夊)자와 얼음 빙(冫)자가 합쳐진 글자인데, 상형문자를 보면 나뭇가지에 잎이 두 개 달린 모습입니다. 발의 상형인 천천히걸을 쇠(夊)자와는 상관없습니다. 겨울의 의미를 분명히 하기 위해 글자 아래 얼음 빙(冫)자가 들어갔습니다. '발(夊) 밑에 얼음(冫)이 있으니 겨울이다'고 암기하세요.

舛 | 夕㐄

어그러질 천(舛)
흐트러진 두개의 발 모습

손을 나타내는 부수 중 손맞잡을 공(廾)자와 절구 구(臼)자는 두 손의 상형입니다. 발을 나타내는 부수 중에서도 이와 같이 두 발을 표현한 부수가 있습니다. 어그러질 천(舛)자와 걸을 발(癶)자입니다. 이 두 글자에 대해 한번 살펴보겠습니다.

먼저, 어그러질 천(舛)자는 천천히걸을 쇠(夊)자와 걸을 과(㐄)자가 합쳐져 이루어진 글자입니다. 상형문자를 보면 방향이 서로 다른 두 발의 모습인데, 아마도 춤을 추는 발의 모습으로 추측됩니다. 두 발이 흐트러져 있는 모습에서, '어그러지거나 어수선하다'는 의미를 가졌습니다. 하지만 다른 글자에 들어가면 두 발이란 의미로 사용됩니다.

### 어그러질 천(舛)

**舞** 춤출 무 ㊥ 舞
[없을 무(無)] +
어그러질 천(舛)

**無** 없을 무 ㊥ 无 ㊣ 无
춤추는 무당 모습

**桀** 홰/이름 걸 ㊥ 桀
어그러질 천(舛) +
나무 목(木)

**舜** 순임금 순 ㊥ 舜
손톱 조(爪) + 덮을 멱(冖) +
어그러질 천(舛)

춤출 무(舞)

없을 무(無)

춤출 무(舞)자에 들어가는 없을 무(無)자도 원래는 무당이 양손에 무엇인가를 들고 춤을 추는 모습을 본떠 만든 글자입니다. 나중에 가차되어 '없다'는 뜻이 생기면서, 원래의 의미를 살리기 위해 두발(舛)이 추가되어 춤출 무(舞)자가 되었습니다. 군무(群舞)는 '무리(群)가 추는 춤(舞)'입니다. 무천(舞天)은 '하늘(天)에 제사지내고 춤(舞)을 추다'는 뜻으로, 동예(東濊)에서 농사를 마치고 음력 시월에 행하던 제천행사입니다.

홰는 새나 닭들이 올라가 있는 나무 막대기입니다. 홰 걸(桀)자는 '새가 두 발(舛)로 서있는 나무(木) 막대기가 홰이다'는 뜻입니다. 또 하왕조(夏王朝)의 마지막 왕 이름이 걸(桀)입니다. 사람 인(亻)자가 붙으면 뛰어날 걸(傑)자가 됩니다.

순임금 순(舜)자는 받을 수(受)자에서 아래에 있는 손(又) 대신에 두 발(舛)이 들어 있는데, 어원을 알 수 없는 글자입니다. 요순시절(堯舜時節)은 '고대 중국의 요(堯)와 순(舜), 두 임금이 다스리던 시절(時節)'로, 나라가 태평한 시절을 일컫습니다. 주로 이순신(李舜臣)과 같이 사람 이름에 사용됩니다.

### 걸을 발(癶)

**登** 오를 등 ㊥ 登
걸을 발(癶) + [콩 두(豆)→등]

**發** 필 발 ㊥ 发 ㊣ 発
활 궁(弓) + 창 수(殳) +
[걸을 발(癶)]

걸을 발(癶)

걸을 발(癶)자의 상형문자를 보면 그칠 지(止)자가 좌우로 나란히 두 개가 그려져 있습니다. 이러한 모습에서 앞으로 '걸어가다'는 뜻이 생겼습니다.

오를 등(登)자는 '두 발로 걸어서(癶) 올라가다'는 뜻입니다. 등산(登山)은 '산(山)에 올라가다(登)'는 뜻입니다. 등기(登記)는 '기록(記)에 올리다(登)'는 뜻으로, 국가기관이 법정 절차에 따라 등기부에 부동산에 관한 일정한 권리관계를 적는 일이나 적어 놓은 것을 의미합니다. 예를 들어 집이나 토지를 구입하면 법원에 가서 소유권을 등기해야 합니다.

필 발(發)자는 원래 '손(又)에 화살을 들고(殳) 활(弓)을 쏜다, 발사(發射)한다'는 뜻입니다. 창 수(殳)자는 손(又)에 창이나 연장, 막대기 등을 들고 있는 모습입니다. 여기에서는 화살을 들고 있습니다. 이후 '쏘다[발사(發射)]→떠나다[출발(出發)]→나타나다[발생(發生)]→드러내다[발표(發表)]→일어나다[도발(挑發)]→피다[만발(滿發)]' 등의 여러 가지 뜻이 파생되었습니다. 여기에서 발(癶)자는 소리로 사용되었지만, '떠나다, 일어나다' 등의 뜻은 발과 관련이 있습니다.

발 족(足)
발과 다리 모양

발 족(足)자는 종아리 모양을 나타내는 口자와 발의 상형인 그칠 지(止)자가 합쳐진 글자로, 발보다는 다리라는 뜻으로 사용됩니다. 하지만 발 족(足)자가 다른 글자에 들어갈 때에는 다리라는 뜻 외에도 발이나 발자취 등을 나타내는 데 사용됩니다.

사족(蛇足)은 화사첨족(畵蛇添足)의 줄임말로, '뱀(蛇)을 그리는(畵) 데 발(足)을 더하다(添)'는 뜻으로, 쓸데없는 일을 함을 이르는 말입니다. 조족지혈(鳥足之血)은 '새(鳥) 발(足)의(之) 피(血)'란 뜻으로, 극히 적은 양을 말합니다. 정족지세(鼎足之勢)는 '솥(鼎) 다리(足)의(之) 형세(形勢)'로, 솥의 세 다리처럼 셋이 맞서 대립하고 있는 형세입니다.

### 다리와 발

**踊** (다리로) 뛸 용 중 踊
발 족(足) + [길 용(甬)]

**跳** (다리로) 뛸 도 중 跳
발 족(足) + [조 조(兆)→도]

**躍** (다리로) 뛸 약 중 跃
발 족(足) + [꿩 적(翟)→약]

**踏** (발로) 밟을 답 중 踏
발 족(足) + [유창할 답(沓)]

**踐** (발로) 밟을 천 중 践 일 践
발 족(足) + [도적 전(戔)→천]

**蹴** (발로) 찰 축 중 蹴
발 족(足) + [나아갈 취(就)→축]

뛰기 위해서는 다리가 필요합니다. 뛸 용(踊)자는 '발(足)로 길(甬)을 뛰어가다'는 뜻입니다만, '발(足)로 춤추다'는 뜻도 가지고 있습니다. 무용(舞踊)은 '춤추고(舞) 춤추다(踊)'는 뜻입니다.

뛸 도(跳)자도 '발(足)로 뛰다'는 뜻입니다. 도약(跳躍)은 '뛰고(跳) 뛰다(躍)'는 뜻으로, 더 높은 단계로 발전하는 것을 비유적으로 이르는 말입니다.

뛸 약(躍)자는 '꿩(翟)이 땅에서 발(足)로 폴짝폴짝 뛰어다니다'는 뜻입니다. 약진(躍進)은 '뛰어(躍) 나아가다(進)'는 뜻입니다.

발로 밟거나 차는 글자에도 발 족(足)자가 들어갑니다. 밟을 답(踏)자에 들어가는 유창할 답(沓)자는 '말하는(曰: 가로 왈) 것을, 물(水)이 흐르듯이 유창하게 하다'는 뜻으로, 논 답(畓)이 비슷하게 생겼습니다. 답보(踏步)는 '자신의 걸음(步)을 밟다(踏)'는 뜻으로, 앞으로 나아가지 못하고 제자리 걸음을 하는 것을 말합니다. 현장답사(現場踏査)는 '현장(現場)을 밟으며(踏) 조사하다(査)'는 뜻으로, 현장을 직접 가서 보면서 조사하다는 의미입니다.

밟을 천(踐)자도 밟을 답(踏)자와 같은 뜻을 가졌습니다. 실천(實踐)은 '실제로(實) 밟아보다(踐)'는 뜻으로, 생각한 바를 실제로 행하다는 의미입니다.

찰 축(蹴)자는 '발(足)이 앞으로 나아가(就) 차다'는 뜻입니다. 축구(蹴球)는 '공(球)을 차는(蹴) 경기'입니다. '우리의 제의를 일축하였다'에서 일축(一蹴)은 '한(一) 번에 차다(蹴)'는 뜻으로, 제안이나 부탁 따위를 한 번에 거절하거나 물리치다는 의미입니다.

### 발자취

**踪** 발자취 종 중 踪
발 족(足) + [마루 종(宗)]

**跡** 발자취 적 중 迹
발 족(足) + [또 역(亦)→적]

**蹟** 사적 적 중 迹
발 족(足) +
[꾸짖을 책(責)→적]

발이 지나간 자리인 발자취를 뜻하는 글자에도 발 족(足)자가 들어갑니다. 발자취 종(踪)자는 '발(足)이 지나가고 남은 것이 발자취이다'는 뜻입니다. 실종자 (失踪者)는 '발자취(踪)를 잃어버린(失) 사람(者)'입니다.

발자취 적(跡)자도 '발(足)이 지나가고 남은 것이 발자취이다'는 뜻입니다. '종적도 없이 사라졌다'의 종적(踪跡)은 '발자취(踪)와 발자취(跡)'입니다. 흔적(痕跡)은 '병(疒)이 낫고 남은 흉터(痕)와 발(足)이 지나가고 남은 발자취(跡)'이고, 흔적기관(痕跡器管)은 '흔적(痕跡)만 남아 있는 기관(器管)'으로, 사람의 꼬리뼈나 고래의 뒷다리 등이 있습니다.

고적(古蹟), 유적(遺蹟), 행적(行蹟), 기적(奇蹟) 등에 사용되는 사적 적(蹟)자에서 사적(事蹟)은 '사건(事件)이나 일의 자취(蹟)'라는 뜻으로, 발자취 적(跡)자와 뜻과 소리가 같아 혼용하여 사용하기도 합니다. 사적지(史蹟地)는 '역사적인(史) 자취(蹟)가 남아 있는 땅(地)'입니다.

### 기타

**距** 떨어질 거 중 距
발 족(足) + [클 거(巨)]

**路** 길 로 중 路
발 족(足) + [각각 각(各)→로]

**促** 재촉할 촉 중 促
사람 인(亻) + [발 족(足)→촉]

**捉** 잡을 착 중 捉
손 수(扌) + [발 족(足)→착]

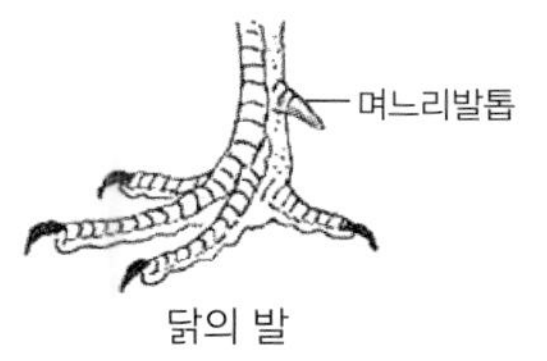

닭의 발

떨어질 거(距)자는 원래 '닭의 발(足)에 있는 며느리발톱'을 뜻하는 글자입니다. 며느리발톱은 조류의 다리에서 뒤쪽으로 향해 있는 돌기로 사실 발톱은 아닙니다. 또 며느리발톱은 다른 발로 부터 떨어져 있어서 '떨어지다'는 뜻이 생겼습니다. 거리(距離)는 '떨어지고(距) 떨어진(離) 길이'입니다.

길 로(路)자는 '발(足)로 걸어서 집으로 들어오는(各) 길이다'는 뜻입니다. 각각 각(各)자는 원래 '집으로 들어오다'는 뜻을 가진 글자입니다. 《천로역정(天路歷程)》은 '하늘(天)로 가는 길(路)을 지나간(歷) 여정(旅程)'으로, 영국의 작가 버니언이 지은 우화소설입니다. 신의 노여움을 두려워하는 한 기독교인이 갖은 고난을 겪고 천국에 이르는 과정을 그렸습니다.

재촉할 촉(促)자는 '사람(亻)의 발(足)걸음을 재촉한다'는 뜻입니다. 발 족(足)자가 소리로 사용되는 희귀한 경우입니다. 촉진(促進)은 '재촉하여(促) 나아가다(進)'는 뜻입니다. 판촉활동(販促活動)은 '물건 판매(販賣)를 촉진하기(促) 위해 하는 활동(活動)'으로, 광고나 판매 행사를 이르는 말입니다.

잡을 착(捉)자는 '도망가는 사람의 발(足)을 손(扌)으로 잡다'는 뜻입니다. 재촉할 촉(促)자와 마찬가지로, 발 족(足)자가 소리로 사용되었습니다. '좋은 기회를 포착하여...'의 포착(捕捉)은 '잡고(捕) 잡다(捉)'는 뜻입니다.

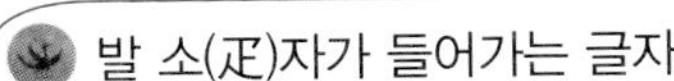

### 발 소(疋)자가 들어가는 글자

**疋** 발 소, 짝 필 ㊥ 疋
발 족(足)자의 간략형

**旋** 돌 선 ㊥ 旋
깃발 언(㫃) + 발 소(疋)

**疑** 의심할 의 ㊥ 疑
비수 비(匕) + 화살 시(矢) + 창 모(矛) + 발 소(疋)

발 소(疋)자는 발 족(足)자의 간략형인데, 짝 필(匹)자의 속자로도 사용됩니다. 또 말 한 필, 비단 한 필 등 단위에도 사용됩니다. 하지만 다른 글자 내에서는 발 족(足)자와 같은 의미로 사용됩니다. 발 소(疋)자는 부수 글자이지만, 소통할/트일 소(疏)자나 초나라 초(楚)자 등에서는 소리로 사용됩니다.

돌 선(旋)자는 깃발(㫃) 아래에 발(疋)이 있는 모습으로, '지휘관이 흔드는 깃발(㫃)에 따라 움직이다(疋)'는 뜻에서, 주위를 '돌다'는 뜻이 생겼습니다. 선회(旋回)는 '돌고(旋) 돌다(回)'는 뜻인데, 항공기가 항로를 바꾸다는 뜻도 됩니다. '선풍적인 인기를 누렸다'의 선풍(旋風)은 '도는(旋) 바람(風)'이란 뜻으로, 회오리바람을 일컫는 말입니다.

의심할 의(疑)

의심할 의(疑)자의 상형문자를 보면 갈림길에서 지팡이를 든 노인이 길을 잃고, 어디로 가야할지 머뭇거리는 모습인데, 여기에서 '머뭇거리다, 헛갈리다, 의심(疑心)하다'는 뜻이 생겼습니다. 이후 글자의 모양도 바뀌었는데, '발(疋) 아래에 있는 것이 비수(匕)인지, 화살(矢)인지, 창(矛)의 머리인지 의심(疑心)스럽다'로 외우면 쉽게 외울 수 있습니다. 이 글자에 병 녁(疒)자가 추가되면, 어리석을 치(癡)자가 됩니다. 치매(癡呆)나 바보 천치(天癡)에 사용되는 이 글자는 '정신이 헛갈리어(疑) 갈팡질팡 헤매는 병(疒)'이란 뜻입니다.

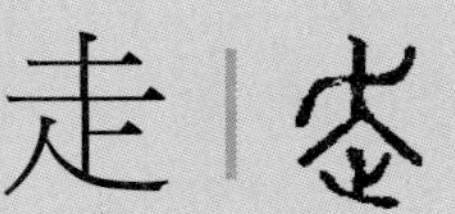

달릴 주(走)
사람(大)과 발(止)의 모습

달릴 주(走)자는 발(止)을 강조한 사람(大→土)의 모습에서 '걸어가다, 달리다, 뛰다'는 뜻이 생겼습니다. 우리나라에서는 주로 '달리다, 뛰다'는 뜻으로 사용되지만, 중국에서는 주로 '걸어가다'는 뜻으로 사용됩니다. 주광성(走光性)은 '빛(光)을 향해 달려가는(走) 성질(性)'로, 빛의 자극에 따라 가까이 가거나 멀리 가려는 성질입니다. 빛으로 향하는 성질을 양의 주광성, 멀어지려는 성질을 음의 주광성이라고 합니다. 예를 들어, 나방을 잡는 유아등(誘蛾燈)이나 물고기를 모으는 집어등(集魚燈)은 곤충이나 어류의 양의 주광성을 이용한 것입니다.

### 달려가는 것과 관련된 글자

**越** (뛰어) 넘을 월 ㊥ 越
달릴 주(走) + [도끼 월(戉)]

넘을 월(越)자도 '뛰어(走)넘다'는 뜻입니다. 초월(超越)은 '넘고(超) 넘는다(越)'는 뜻입니다. 오월동주(吳越同舟)는 '서로 원수인 오(吳)나라 사람과 월(越)나라 사람이 같은(同) 배(舟)에 타고 있다'는 뜻으로, 어려운 상황에서는 원수라도 협력하게 된다는 의미와 함께 뜻이 전혀 다른 사람들이 한자리에 있

超 (뛰어) 넘을 초 ㊥ 超
달릴 주(走) +
[부를 소(召)→초]

赴 (가서) 다다를 부 ㊥ 赴
달릴 주(走) + [점 복(卜)→부]

영화 〈초인〉의 포스터

게 됨을 일컫는 말입니다.

넘을 초(超)자는 '뛰어(走)넘다'는 뜻입니다. 초인(超人)은 '능력이 보통 사람을 뛰어넘는(超) 사람(人)'으로, 영어로 슈퍼맨(superman) 입니다. 초음파(超音波)는 '사람이 들을 수 있는 범위를 넘어서는(超) 소리(音)의 파(波)'로, 사람의 귀가 들을 수 있는 음파의 주파수는 일반적으로 16Hz~20KHz의 범위인데, 주파수(초당 진동수)가 20KHz를 넘어 사람이 들을 수 없는 음파를 초음입니다.

다다를 부(赴)자는 '가서(走) 다다르다'는 뜻입니다. 부임(赴任)은 '임명(任命)을 받은 관리가 근무할 곳으로 다다르다(赴)'는 뜻으로, 임명을 받은 관리가 근무할 곳으로 가는 것을 말합니다. 〈용궁부연록(龍宮赴宴錄)〉은 '용궁(龍宮)의 잔치(宴)에 간(赴) 기록(記錄)'으로, 조선 시대 김시습이 지은 한국 최초의 한문 소설집인 《금오신화》에 수록된 다섯 편 중 하나입니다.

### 기타

起 (가기 위해) 일어날 기 ㊥ 起
달릴 주(走) + [몸 기(己)]

徒 (가는) 무리 도 ㊥ 徒
걸을 척(彳) +
[달릴 주(走)→도]

趣 취미 취 ㊥ 趣
달릴 주(走) + [가질 취(取)]

趙 나라이름 조 ㊥ 赵
달릴 주(走) +
[닮을 초(肖)→조]

기상(起床), 기립(起立), 기공식(起工式) 등에 사용되는 일어날 기(起)자는 '꿇어앉아 있는 사람(己)이 가기(走) 위해 일어나다'는 뜻입니다. 기상(起床)은 '평상(床), 즉 침대에서 일어나다(起)'는 뜻이고, 기립박수(起立拍手)는 '앉은 자리에서 일어나(起) 서서(立) 치는 박수(拍手)'입니다.

무리 도(徒)자는 원래 '길(彳) 위로 걸어가다(走)'는 뜻입니다. 이후 '걸어가다→(걷는) 무리→일꾼→제자' 등의 뜻이 생겼습니다. 도보(徒步)는 걷고(徒) 걷다(步)'는 뜻이고, 불교도(佛教徒)는 '불교(佛教)를 믿는 무리(徒)'입니다. 도제(徒弟)는 '제자(徒)와 제자(弟)'라는 뜻으로, 중세시대의 동업자조합인 길드(guild)에서 세 가지 계층으로 나누어진 수공업 기술자 중 맨 아래 계층입니다. 2~8년 정도 수업을 거치면 장인(匠人)이 되었습니다.

취미 취(趣)자는 원래 '남보다 먼저 가지기(取) 위해 빨리 가다(走)'는 뜻입니다. 이후 '빨리 가다→향하다→취미(趣味)→재미' 등의 뜻이 생겼습니다. 취미나 재미를 가지기 위해서는 빨리 가야 하겠지요. 취향(趣向)은 '마음이 재미있어(趣) 하는 방향(向)'입니다.

나라이름 조(趙)자는 원래 '빨리 달아나다(走)'는 뜻입니다만, 춘추전국 시대의 나라 이름이나 성씨(姓氏)로 잘 알려져 있습니다.

# 사람 3-13 고기·뼈·털·가죽

고기 육(肉) | 뼈 골(骨) | 털 모(毛)
터럭 삼(彡) | 가죽 혁(革)

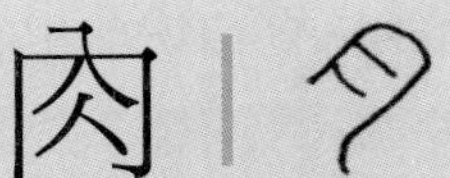

고기 육(肉/月)
고기에 힘줄이 있는 모습

고기 육(肉/月)자는 잘라 놓은 고기에 힘줄이 있는 모습을 본떠 만든 글자입니다. 고기 육(肉/月)자는 사람이나 동물의 오장육부(五臟六腑)를 비롯한 신체 부위를 일컫는 대부분의 글자에 들어갑니다. 심지어 뼈를 나타내는 벼 골(骨)자에도 고기 육(肉/月)자가 들어갑니다. 고기 육(肉/月)자가 들어가지 않는 몸 부위는 주로 머리에 있는 부위입니다. 머리 혈(頁), 눈 목(目), 코 비(鼻), 귀 이(耳), 입 구(口)자가 그러한 예입니다. 장기 중에서는 유일하게 심장(心臟)만 고기 육(肉)자가 들어가지 않습니다. 마음 심(心)자로 알려져 있는 이 글자는 심장의 모습을 본떠 만든 글자입니다.

고기 육(肉)자의 간략형은 달 월(月)자와 똑같이 생겼습니다. 이 글자를 육달월이라고 부르는데, 육달월(肉달月)은 '고기 육(肉)자로 사용되는 달 월(月)자'라는 뜻입니다. 고기 육(月)자와 달 월(月)자는 모양이 똑같아 혼동할 수 있는데, 고기 육(月)자는 글자 왼쪽(肝, 肛, 腸, 腦)이나 아래쪽(胃, 育, 脊, 肩)에 들어가고, 달 월(月)자는 글자 오른쪽(朔, 望, 期, 朝)에 들어가기 때문에 쉽게 구별할 수 있습니다. 예외적으로 턱밑살 호(胡)자는 고기 육(月)자임에도 오른쪽에 들어갑니다.

## 몸을 이루는 물질

**脂** 기름 지 ⓢ脂
고기 육(肉/月) + [뜻/맛있을 지(旨)]

**骨** 뼈 골 ⓢ骨
살을바를 과(冎) + 고기 육(肉/月)

**筋** 힘줄 근 ⓢ筋
대 죽(竹) + 고기 육(肉/月) + 힘 력(力)

동물의 몸은 고기 외에도 기름, 뼈, 근육 등이 있습니다. 이러한 글자에도 모두 고기 육(肉)자가 들어갑니다.

지방(脂肪), 수지(樹脂)에 사용되는 기름 지(脂)자는 '고기(月)에서 맛있는(旨) 부분이 기름이다'는 뜻입니다. 지용성(脂溶性)은 '기름(脂)에 녹는(溶) 성질(性)'이고, 수용성(水溶性)은 '물(水)에 녹는(溶) 성질(性)'입니다.

뼈 골(骨)자에 들어 있는 살을바를 과(冎)자는 살을 바른 뼈의 모습입니다. 뼈 도 몸의 일부분이기 때문에 고기 육(肉/月)자가 들어갑니다. '골수에 사무치다'의 골수(骨髓)는 '뼈(骨) 속에 있는 뼛골(髓)'입니다.

근육(筋肉), 근력(筋力)에 들어가는 힘줄 근(筋)자는 '힘(力)을 주면 대나무(竹)처럼 딱딱해지는 고기(肉/月)가 힘줄이다'는 의미입니다.

脈 맥/혈관 맥 ㊥脈 ㊣脉
고기 육(肉/月) + 물갈래 파(𠂢)

맥 맥(脈)자는 원래 물갈래(𠂢)처럼 갈라져 있는 혈관을 의미하는 글자입니다. 이후 '혈관(血管)→맥박(脈搏)→기운이나 힘' 등의 뜻이 생겼습니다.

## 몸의 각 부위

脣 입술 순 ㊥唇
고기 육(肉/月) + [별 진(辰)→순]

肩 어깨 견 ㊥肩
고기 육(肉/月) + 지게문 호(戶)

胸 가슴 흉 ㊥胸
고기 육(肉/月) + [오랑캐 흉(匈)]

背 등 배 ㊥背
고기 육(肉/月) + [달아날 배(北)]

腹 배 복 ㊥腹
고기 육(肉/月) + [반복할 복(复)]

脅 위협할/옆구리 협 ㊥胁
고기 육(肉/月) + [힘을합할 협(劦)]

腰 허리 요 ㊥腰
고기 육(肉/月) + [중요할/구할 요(要)]

脚 다리 각 ㊥脚
고기 육(肉/月) + [물리칠 각(却)]

몸의 부위 중에서도 머리나 얼굴에 있는 부위는 머리 혈(頁), 얼굴 면(面), 눈 목(目), 코 비(鼻), 귀 이(耳), 입 구(口)자와 같이 상형문자를 가지고 있는데, 입술만 예외입니다. 입술 순(脣)자는 '입술을 열었다 닫았다 하는 모습이 조개(辰)처럼 생겼다'고 해서 만들어진 글자입니다. 별 진(辰)자는 조개의 상형입니다. 구순염(口脣炎)은 '입(口)의 입술(脣)에 생기는 염증(炎)'으로, 비타민 $B_2$가 부족하여 생기는 결핍증입니다.

어깨 견(肩)자는 어깨의 모습을 나타내는 지게문 호(戶)자에 고기 육(肉/月)자가 합쳐진 글자입니다. 오십견(五十肩)은 오십(五十) 세 전후에 어깨(肩)에 통증이 나는 병의 일종입니다.

가슴 흉(胸)자에 들어가는 오랑캐 흉(匈)자는 불룩한 배나 가슴의 상형인 쌀 포(勹)자와 소리를 나타내는 흉할 흉(凶)자가 합쳐진 글자로 원래, 가슴을 나타내는 글자입니다. 나중에 오랑캐라는 뜻으로 쓰이면서(아마 오랑캐들이 가슴을 내어 놓고 다녀서 이런 뜻이 생겼을 것으로 추측됩니다.), 원래의 뜻을 살리기 위해 고기 육(肉/月)자가 추가되었습니다. 흉상(胸像)은 '가슴(胸) 형상(像)'이란 뜻인데, 사람의 모습을 가슴까지만 표현한 그림이나 조각 작품입니다.

등 배(背)자에 들어가는 달아날 배(北)자는 두 사람(匕,匕)이 서로 등을 대고 앉아 있는 모습에서 '등'이란 뜻이 생겼습니다. 이후 '등→등지다→(등지고) 달아나다→패배(敗北)' 등의 뜻이 생겼습니다. 패배(敗北)는 '싸움에 패하여(敗) 달아나다(北)'는 뜻입니다. 나중에 달아날 배(北)자는 북녘 북(北)자가 되었는데, 옛날에는 집이나 궁전에서 높은 사람이 남쪽을 향해 앉아서 자연적으로 등이 북쪽을 향하기 때문입니다. 이후 원래의 뜻을 강조하기 위해 고기 육(肉/月)자를 추가하여 등 배(背)자가 되었습니다. 배반(背反)은 '등지고(背) 되돌아가다(反)'는 뜻이고, 배경(背景)은 '등(背) 뒤에 있는 경치(景)'입니다. 배산임수(背山臨水)는 '산(山)을 등지고(背) 물(水)에 임하다(臨)'는 뜻으로, 지세(地勢)가 뒤로는 산을 등지고 앞으로는 물에 면하여 있음을 일컫는 말입니다.

배 복(腹)자는 '사람이 호흡을 할 때 배가 나왔다 들어갔다를 반복하다(复)'는

로마의 황제 시저의 흉상

배를 발로 사용하여 움직이는 복족류의 일종인 달팽이

뜻입니다. 복부(腹部), 복통(腹痛), 복대(腹帶), 복막염(腹膜炎) 등에 사용됩니다. 복족류(腹足類)는 '배(腹)를 발(足)로 사용하는 무리(類)'로, 달팽이, 전복, 소라, 우렁이와 같이 배를 발로 사용하여 움직이는 동물의 종류(種類)입니다.

옆구리 협(脅)자는 '협박할 때 옆구리를 쿡쿡 찌른다'고 해서 '협박(脅迫)한다'는 의미도 생겼습니다.

허리 요(腰)자에 들어가는 중요할 요(要)자의 상형문자를 보면 허리에 두 손(臼)을 올리고 있는 여자(女) 모습으로, 원래 의미는 허리였습니다. 나중에 '허리는 사람 몸의 중앙에 있기 때문에 중요하다'는 뜻으로 사용되자, 원래의 뜻을 살리기 위해 고기 육(肉/月)자가 추가되어 허리 요(腰)자가 되었습니다. 요통(腰痛)은 '허리(腰)가 아픈(痛) 것'이고, 요절복통(腰絕腹痛)은 '허리(腰)가 끊어지고(絕) 배(腹)가 아플(痛) 정도로 우습다'는 뜻입니다.

다리 각(脚)자는 '물러가거나 피할(却) 때 필요한 몸(肉/月) 부위가 다리이다'는 뜻입니다. 각선미(脚線美)는 '다리(脚) 곡선(曲線)의 아름다움(美)'이고, 각기병(脚氣病)은 '다리(脚)에 공기(氣)가 들어간 것처럼 퉁퉁 붓는 병(病)'으로, 비타민 B의 결핍으로 생기는 병입니다. 운동회에서 이인삼각(二人三脚)은 '두(二) 사람(人)과 세(三) 다리(脚)'라는 뜻으로, 두 사람의 한쪽 발목을 묶어 세 발처럼 하여 함께 뛰는 경기입니다.

### 몸의 내장

**臟** 오장 장 ㊥ 脏
고기 육(肉/月) + [감출 장(藏)]

**腑** 장부 부 ㊥ 腑
고기 육(肉/月) + [관청 부(府)]

**胃** 밥통 위 ㊥ 胃
고기 육(肉/月) + 밭 전(田)

《흥부전》을 읽어보면 "사람마다 오장육부를 갖고 있지만 놀부만은 오장칠부였다. 그 이유는 갈비뼈 아래에 심술부가 하나 더 붙어 있기 때문이다."라는 대목이 나오는데, 이때 오장(五臟)은 간(肝), 심(心: 심장), 비(脾: 지라), 폐(肺), 신(腎: 신장) 등이고, 육부(六腑)는 위(胃), 장(腸: 소장), 동(胴: 대장), 담(膽: 쓸개), 방(膀: 방광), 췌(膵: 췌장) 등을 말합니다. 장(臟)자와 부(腑)자에 들어가는 감출 장(藏)자와 관청 부(府)자는 모두 '창고, 곳간'이란 뜻이 있습니다. 따라서 장(臟)과 부(腑)는 몸에서 저장하는 창고라는 뜻입니다. 이중에서 음식물의 소화와 관련 있는 곳을 부(腑)라고 하고, 나머지는 장(臟)이라고 합니다.

밥통 위(胃)자에 들어 있는 밭 전(田)자는 소의 위 모습을 나타내는 글자로, 밭(田)과는 상관없습니다. 여기서 밥통은 밥을 담는 통이 아니라 소화기관인 위를 일컫는 말입니다. 위도 신체 내부의 장기이니까 고기 육(肉/月)자가 들어갑

**腸** 창자 장 (중) 肠
고기 육(肉/月) +
[빛날 양(昜)→장]

**肝** 간 간 (중) 肝
고기 육(肉/月) +
[방패/마를 간(干)]

**膽** 쓸개 담 (중) 胆 (약) 胆
고기 육(肉/月) +
[이를 첨(詹)→담]

**肺** 허파 폐 (중) 肺
고기 육(肉/月) +
[나눌 폐(巿)]

니다. 위통(胃痛)은 '위(胃)가 아픈(痛) 병'입니다.

창자 장(腸)자는 대장(大腸), 소장(小腸), 맹장(盲腸), 십이지장(十二指腸) 등과 같이 창자에 관련되는 글자에 사용됩니다. 십이지장(十二指腸)은 '열두(十二) 개의 손가락(指) 마디 길이의 창자(腸)'로, 위와 작은창자 사이에 있으며, 길이는 약 25~30cm입니다. 구절양장(九折羊腸)은 '아홉(九) 번 꺾어진(折) 양(羊)의 창자(腸)'라는 뜻으로, 꼬불꼬불하며 험한 산길을 이르는 말입니다.

간에서는 우리 몸에 들어오는 독을 분해합니다. 따라서 간 간(肝)자는 '사람 몸(肉/月)의 방패(干) 역할을 한다'는 뜻도 있습니다. 간 간(肝)자와 쓸개 담(膽)자는 서로 붙어서 잘 사용됩니다. "간담(肝膽)이 서늘하다"는 말이 그런 예입니다. 우리나라 속담에도 "간에 붙었다 쓸개에 붙었다"라는 말이 있는데, 많은 내장 중에서도 간과 쓸개를 연결시켜 놓은 이유는 쓸개가 간 안에 있기 때문입니다. 또 지방의 소화를 돕는 쓸개즙은 쓸개에서 만들어지는 것 같지만 실은 간에서 만들어서 쓸개가 보관하고 있다가, 십이지장으로 보내줍니다. 간담상조(肝膽相照)는 '간(肝)과 쓸개(膽)가 서로(相) 비추어준다(照)'는 뜻으로, '서로가 마음을 툭 털어놓고 숨김없이 친하게 사귀다'는 의미의 사자성어입니다.

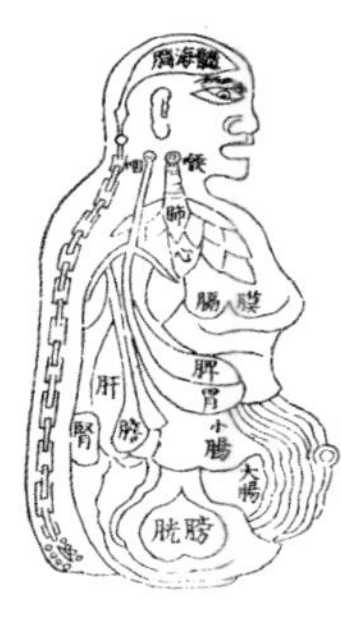

허준의 《동의보감》에 나오는 〈신형장부도〉

허파 폐(肺)자는 '우리 몸에서 둘로 나누어져(巿) 있는 장기(肉/月)가 폐이다'는 뜻입니다. 나눌 폐(巿)자는 4획인 반면, 비슷하게 생긴 저자 시(市)자는 5획입니다. 폐병(肺病)은 '폐(肺)에 생긴 병(病)'으로, 결핵을 말합니다.

### 몸 내부의 기타 부분

**腦** 뇌 뇌 (중) 脑 (약) 脳
고기 육(肉/月) + 내 천(巛) +
정수리 신(囟)

**肋** 갈빗대 륵 (중) 肋
고기 육(肉/月) +
[힘 력(力)→륵]

**胞** 태보 포 (중) 胞
고기 육(肉/月) + [쌀 포(包)]

뇌 뇌(腦)자는 고기 육(肉/月), 정수리 신(囟), 머리털 모양(巛)을 합쳐 머릿속의 뇌를 표현하였습니다. 뇌하수체(腦下垂體)는 '뇌(腦) 아래(下)에 수직(垂)으로 드리워져 있는 물체(體)'로, 다른 내분비선(內分泌腺)의 활동을 지배하는 호르몬을 분비하며, 생식과 발육에 밀접한 관계가 있습니다. 또 컴퓨터(computer)를 중국에서는 전뇌(電腦: 간체자로 电脑)라고 합니다. 고기 육(肉/月)자 대신 마음 심(忄)자가 들어가면 괴로워할 뇌(惱)자가 됩니다. 백팔번뇌(百八煩惱)는 불교에서 이르는 '108(百八)가지의 번뇌(煩惱)'입니다.

갈빗대 륵(肋)자는 '가슴에 힘(力)을 지탱해 주는 뼈가 갈빗대이다'는 뜻입니다. 힘 력(力)자가 소리로 사용된 희귀한 경우입니다. 계륵(鷄肋)은 '먹을 것이 거의 없는 닭(鷄)의 갈빗대(肋)'라는 뜻으로, 그다지 큰 소용은 없으나 버리기에는 아까운 것을 이르는 말로 《삼국지》에 나오는 이야기입니다.

태보 포(胞)자의 태보는 어머니 뱃속에 있는 아기를 덮어 싸고 있는 막입니다. 쌀 포(包)자는 불룩한 배(勹) 속에 아기(巳)가 있는 모습인데, 여기에 고기 육(肉/月)자가 추가되어 태보 포(胞)자가 만들어졌습니다. 세포(細胞)는 '미세한(細) 태보(胞)'라는 뜻으로, 생물체를 구성하는 가장 기본적인 단위입니다.

### 기타(1)

**豚** 돼지 돈 중 豚
고기 육(肉/月) + 돼지 시(豕)

**肥** (고기가) 살찔 비 중 肥
고기 육(肉/月) + [땅이름 파(巴)→비]

**腐** (고기가) 썩을 부 중 腐
고기 육(肉/月) + [관청 부(府)]

**肯** (고기를) 즐길 긍 중 肯
고기 육(肉/月) + 살을 바를 과(冎→止)

**胡** 오랑캐 호 중 胡
고기 육(肉/月) + [예 고(古)→호]

돼지 돈(豚)자는 돼지 시(豕)자에 고기 육(肉/月)자를 추가하여, '고기를 먹기 위해 기르는 돼지'라는 뜻을 강조하였습니다. 양돈(養豚)은 '돼지(豚)를 기르다(養)'는 뜻입니다. 돈(豚)까스는 '돼지(豚)고기로 만든 커틀릿(cutlet)'이란 뜻으로, 일본인들이 만든 말입니다.

살찔 비(肥)자는 비만(肥滿), 비대(肥大) 등에 사용됩니다. 식물을 잘 자라게 하는 비료(肥料)는 '살을 찌게(肥) 하는 재료(料)'입니다. 퇴비(堆肥)는 '쌓아(堆) 놓은 비료(肥料)'로, 풀, 짚, 사람과 가축의 배설물 따위를 섞어서 쌓아 두고 썩힌 거름으로, 비료가 없던 예전에는 비료 대신 농작물에 뿌렸습니다.

썩을 부(腐)자는 '관청(府)이나 고기(肉)가 잘 부패(腐敗)한다'는 뜻입니다. 두부(豆腐)는 '콩(豆)을 썩힌(腐) 음식'이란 뜻이지만, 실제로는 물에 불린 콩을 갈아 가열하여 응고제를 첨가하여 굳힌 것입니다.

즐길 긍(肯)자는 뼈 골(骨)자의 간략형으로, 글자 위에 들어 있는 그칠 지(止)자는 원래 뼈에 붙은 살의 모습인 살을바를 과(冎)자였습니다. 나중에 가차되어 '즐기다, 옳게 여기다'는 뜻이 생겼습니다. 수긍(首肯)은 '머리(首)를 끄덕이며 옳다(肯)고 인정하다'는 뜻으로, 긍정(肯定)과 같은 뜻입니다.

오랑캐 호(胡)자는 원래 턱밑 살을 뜻하는 글자입니다. 이후 '턱밑 살→(턱밑에 난) 수염, 구레나룻→(구레나룻이 난) 오랑캐'라는 뜻이 파생되었습니다. 중국에서는 변두리 지역에 사는 민족들을 오랑캐라고 부르지만, 우리나라에서는 만주 지방에 사는 중국인들을 오랑캐라고 불렀습니다. 그래서 이름 앞에 '호(胡)'자가 붙은 것은 대부분 중국에서 들어온 것입니다. 호빵, 호떡, 호박(胡朴), 호두(胡豆), 호초(胡椒: 후추) 등이 그런 예입니다. 병자호란(丙子胡亂)은 '병자(丙子)년에 오랑캐(胡)의 침입으로 일어난 난(亂)'으로, 1636년(인조 14년)에 중국 청나라가 조선에 침입한 전쟁입니다.

## 기타(2)

**肖** 닮을 초, 쇠약할 소 ⓒ 肖
[작을 소(小)] +
고기 육(肉/月)

**育** 기를 육 ⓒ 育
아이돌아나올 돌(𠫓) +
[고기 육(肉/月)]

**脫** 벗을 탈 ⓒ 脱
고기 육(肉/月) +
[바꿀 태(兌)→탈]

**厭** (고기가) 싫을 염 ⓒ 厌
[기슭 엄(厂)→염] + 개 견(犬)
+ 달 감(甘→曰)
+ 고기 육(肉/月)

**有** (고기가) 있을 유 ⓒ 有
고기 육(肉/月) + 왼손 좌(屮)

**能** 능할 능 ⓒ 能
곰의 모습

쇠약할 소(肖)자는 '살(肉/月)이 빠져(小) 기운이 쇠약하다'는 뜻입니다. 나중에 '쇠약해서 살이 빠졌지만 얼굴은 닮았다'는 뜻의 닮을 초(肖)자가 되었습니다. 초상화(肖像畵)는 '얼굴 형상(像)을 닮게(肖) 그린 그림(畵)'이고, 초상권(肖像權)은 '자신의 얼굴 형상(像)과 닮은(肖) 그림이나 사진에 대한 독점권(權)'입니다.

기를 육(毓)

기를 육(育)자는 기를 육(毓)자의 간략형입니다. 기를 육(毓)자는 여자를 나타내는 매양 매(每)자와 양수(川)와 함께 아기가 거꾸로 나오는 모습(𠫓)의 흐를 류(㐬)자가 합쳐진 글자로, 여자가 아기를 낳는 모습에서 '아기를 기르다'는 뜻이 생겼습니다. 하지만 이 글자는 현재 사용되지 않고, 대신 뜻과 소리를 동시에 나타내는 고기 육(肉/月)자가 추가되어 기를 육(育)자로 변형되었습니다. 수월성교육(秀越性敎育)은 '개개인의 우수(秀)하고 우월(越)한 성품(性)을 개발하기 위한 교육(敎育)'으로, 개개인이 다른 사람보다 뛰어난 능력을 더욱 개발하기 위한 교육입니다.

탈출(脫出), 탈옥(脫獄), 탈북자(脫北者) 등에 들어가는 벗을 탈(脫)자는 원래 '몸(肉/月)의 모습을 바꾸기(兌) 위해 허물을 벗다'는 뜻입니다. 이후 '허물을 벗다→벗어나다→나오다' 등의 뜻이 파생되었습니다. 관탈(冠脫)섬은 '관(冠)을 벗는(脫) 섬'이란 뜻으로, 제주도 북쪽에 위치한 무인도입니다. 제주도로 귀양 가는 사람이 이곳에서 임금님을 향해 절을 하고 관복(冠服)을 벗었다고 해서 관탈섬이라는 이름이 붙었습니다.

싫을 염(厭)자는 '개(犬)가 맛있는(甘→曰) 고기(肉/月)를 실컷 먹어 싫증이 나다'는 뜻입니다. 싫증을 염증(厭症)이라고도 합니다. 있을 유(有)자는 '손(屮)에 고기(肉/月)를 들고 있다'는 뜻입니다. 유구무언(有口無言)은 '입(口)이 있어도(有) 할 말(言)이 없다(有無)'는 뜻입니다. 유부녀(有夫女)는 '남편(夫)이 있는(有) 여자(女)이고, 유부남(有婦男)은 '부인(婦)이 있는(有) 남자(男)'입니다.

능력(能力), 재능(才能), 본능(本能) 등에 들어가는 능할 능(能)자는 곰의 모습을 본떠 만든 글자입니다. 곰이 재주가 많아 '능하다'라는 뜻이 생기면서, 곰이란 뜻을 분명히 하기 위해 불 화(灬)자를 추가하여 곰 웅(熊)자를 만들었습니다. 곰의 털에서 고운 빛의 광택이 나기 때문입니다. 그래서 웅(熊)자는 '빛나다'라는 의미도 있습니다. 웅담(熊膽)은 '말린 곰(熊)의 쓸개(膽)'로 한약재로 사용됩니다.

### 옆으로 누운 고기 육(月)

炙 고기구울 자/적 중 炙
고기 육(肉/月) + 불 화(火)

然 그럴 연 중 然
고기 육(肉/月) + 개 견(犬) + 불 화(灬)

祭 제사 제 중 祭
고기 육(肉/月) + 또 우(又) + 보일 시(示)

將 장수 장 중 将 약 将
고기 육(肉/月) + 마디 촌(寸) + [나무조각 장(爿)]

多 많을 다 중 多
고기 육(月→夕) X 2

고기 육(月)자가 옆으로 비스듬하게 누워 다른 글자의 위에 올라 갈 때도 있습니다. 다음은 그러한 글자들입니다.

고기구울 자(炙)자는 '불(火) 위에 고기(肉/月)를 올려놓고 굽다'는 뜻입니다. 회자(膾炙)란 '맛있는 회(膾)와 구운 고기(炙)'라는 뜻으로, 칭찬을 받으며 사람의 입에 자주 오르내림을 이르는 말입니다. 당나라 말기 때의 사람인 한악의 작품이 '맛있는 육회와 구운 고기처럼 당시 사람들의 입에서 떨어지지 않았다'는 이야기에서 유래합니다. 자(炙)자는 적(炙)으로도 읽히는데, 제사상에 올리는 대꼬챙이에 꿰어 불에 구운 고기를 적(炙) 혹은 산적(散炙)이라고 합니다.

자연(自然), 당연(當然) 등에 들어가는 그럴 연(然)자는 개(犬) 고기(月)를 불(灬)에 굽는 모습으로, 원래 '불에 타다'는 뜻을 가지고 있었습니다. 나중에 '당연하다, 그러하다'는 의미가 추가되면서, 원래의 뜻을 살리기 위해 다시 한 번 더 불 화(火)자가 하나 더 추가되어 불탈 연(燃)자가 되었습니다.

제사 제(祭)자는 제사상(示)에 손(又)으로 고기(肉/月)를 올리는 모습을 본떠 만든 글자입니다. 보일 시(示)자는 제사상이 상형입니다. 기우제(祈雨祭)는 '비(雨)가 오기를 비는(祈) 제사(祭)'입니다. 제천행사(祭天行事)는 '하늘(天)에 제사(祭)를 지내는 행사(行事)'로, 부여와 고구려에서 지냈습니다.

장수 장(將)자는 원래 '손(寸)으로 고기(肉)를 올리며 왕의 제사를 도와주다'는 뜻입니다. 나중에 왕의 싸움을 도와주는 장수(將帥)라는 의미가 추가되었습니다. 일본의 역대 무신정권의 우두머리를 가리키는 칭호인 쇼군(しょう-ぐん)은 한자로 장군(將軍)입니다.

많을 다(多)자는 고기 육(月)자를 두 개 겹쳐놓은 모습입니다. 고기를 많이 쌓아 놓은 모습에서 '많다'는 의미가 생겼습니다. 다우지(多雨地)는 '비(雨)가 많이(多) 오는 지역(地)'이고, 다도해(多島海)는 '섬(島)이 많은(多) 바다(海)' 입니다.

뼈 골(骨)
뼈의 모습

뼈 골(骨)자는 살을바를 과(冎)자와 고기 육(肉/月)자가 합쳐진 글자입니다. 살을바를 과(冎)자는 살이 조금 붙어 있는 뼈의 모습을 본떠 만든 글자입니다. 살점 하나 없는 앙상한 뼈의 상형인 부서진뼈 알(歺/歹)자는 죽음과 관련되는 글자에 들어가는 반면, 뼈 골(骨)자는 뼈와 관련되는 글자에 들어갑니다. 계란유골(鷄卵有骨)은 '계란(鷄卵)에 뼈(骨)가 있다(有)'는 뜻으로, 마음먹고 도와줘도 일이 안 되는 경우를 일컫는 말입니다. 세종대왕 때, 가난한 황희 정승을 도와주기 위해 임금의 명령으로 하루 동안 남대문으로 들어오는 상품은 모두 황희 정승의 집으로 보내라 했으나, 이 날은 종일 비가 와서 아무 것도 들어오는 물건이 없다가 저녁 때 달걀 한 꾸러미가 들어왔는데, 달걀을 삶아 놓고 보니 모두 곯아서 먹을 수가 없었다는 데서 나온 말입니다. '곯았다'는 '곯'과 뼈 골(骨)자의 음이 비슷하므로 와전되어 계란유골이란 말로 바뀌었습니다. 언중유골(言中有骨)은 '말(言) 가운데(中) 뼈(骨)가 있다(有)'는 뜻으로, 예사로운 말 속에 속뜻이 들어 있음을 이르는 말입니다.

### 뼈와 관련된 글자

**體** 몸 체 ㊥ 体 ㊄ 体
뼈 골(骨) + 풍년 풍(豊)

**骸** 뼈 해 ㊥ 骸
뼈 골(骨) + [돼지 해(亥)]

**髓** 골수 수 ㊥ 髓
뼈 골(骨) + [따를 수(遀)]

**滑** 미끄러울 활 ㊥ 滑
물 수(氵) + [뼈 골(骨)→활]

몸 체(體)자는 '뼈(骨)와 풍족한(豊) 살이 몸(體)을 이루다'는 뜻입니다. 풍족할 풍(豊)자는 제사 그릇(豆) 위에 음식(曲)을 풍족하게 올려놓은 모습입니다. 체육(體育)은 '몸(體)을 튼튼하게 기르는(育) 과목'입니다.

뼈 해(骸)자는 해골(骸骨), 유해(遺骸), 잔해(殘骸) 등에 사용됩니다. 해골(骸骨)은 '뼈(骸)와 뼈(骨)'라는 뜻으로, 죽은 사람의 살이 썩고 남은 앙상한 뼈나 살이 전부 썩은 죽은 사람의 머리뼈를 일컫는 말입니다. 유해(遺骸)는 '남겨진(遺) 뼈(骸)'라는 뜻으로, '죽은 사람의 몸'을 이르는 말입니다.

골수 수(髓)자의 골수(骨髓)는 뼈 안에 있는 조직으로, 피를 만들고 양분을 저장합니다. 백혈병(白血病)을 치료할 때 골수(骨髓)를 이식하는 이유는, 골수에 피를 만드는 조혈모세포(造血母細胞)가 있기 때문입니다. 즉 백혈병 환자에게 정상적인 피를 만들어 내는 조혈모세포를 이식함으로써 병을 치료하는 것입니다.

미끄러울 활(滑)자는 '물(氵)도 미끄럽고, 뼈(骨)도 미끄럽다'는 뜻입니다. 윤활유(潤滑油)는 '윤(潤)이 나고 미끄럽게(滑) 해주는 기름(油)'이며, 비행기 활주로(滑走路)는 '비행기가 미끄럽게(滑) 달리는(走) 길(路)'입니다.

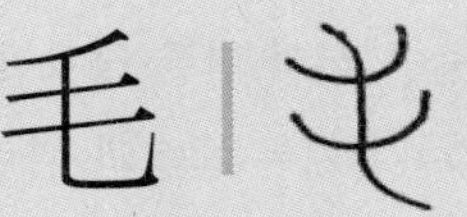

털 모(毛)
털이 무성한 모습

털 모(毛)자는 털이 무성한 모습을 본떠 만든 글자입니다. 동물의 털과 관련된 글자에 들어갑니다. 모세혈관(毛細血管)은 '털(毛)처럼 가는(細) 혈관(血管)'이고, 모양체(毛様體)는 '털(毛) 모양(樣)으로 생긴 근육체(體)'로, 눈의 수정체(水晶體) 주위에 붙어 있는 근육이 흡사 털 모양으로 생겼다고 해서 모양체(毛様體)라는 이름이 붙었습니다. 수축과 이완을 통해 수정체의 두께를 조절하여 멀리보거나 가까이 볼 수 있게 합니다.

털 모(毛)자는 땅에 무성하게 나 있는 풀과 비슷하다 하여 '풀'이란 뜻도 가지고 있습니다. 이모작(二毛作)은 '일 년에 두(二) 번 풀(毛)을 키우는 농사를 짓는다(作)'는 뜻으로, 같은 자리에 두 종류의 농작물을 1년 중 서로 다른 시기에 재배하는 농사법입니다. 예를 들어 여름과 가을에 벼를 재배하고, 겨울과 봄에 보리를 재배하는 것이 이모작입니다.

### 털 모(毛)자가 들어가는 글자

尾 꼬리 미 ㊥尾
주검 시(尸) + 털 모(毛)

表 겉 표 ㊥表
옷 의(衣) + 털 모(毛)

毫 가는털 호 ㊥毫
털 모(毛) + [높을 고(高)→호]

꼬리 미(尾)자의 상형문자를 보면 엉거주춤 서 있는 사람의 엉덩이(尸) 부분에 털(毛)이 나 있는 모습입니다. 토템(totem, 동식물 숭배사상)은 원시 사회의 공통적인 풍습인데 고대 중국에도 있었습니다. 이런 풍습으로 동물에게만 있고 인간에게는 없는 꼬리를 털로 만들어 달고 다녔습니다. 용두사미(龍頭蛇尾)는 '용(龍)의 머리(頭)와 뱀(蛇)의 꼬리(尾)'라는 뜻으로, 처음 출발은 용의 머리처럼 크게 시작했으나 끝은 뱀의 꼬리처럼 보잘것없이 되는 것을 이릅니다. 거두절미(去頭截尾)는 '머리(頭)를 제거(去)하고 꼬리(尾)를 자르다(截)'는 뜻으로, 앞뒤를 생략하고 본론으로 들어간다는 뜻입니다.

겉 표(表)자는 옷(衣)에 털(毛)이 나 있는 형상으로, 원래 털옷을 뜻하는 글자입니다. 이런 털옷은 겉에 입는다고 해서 '털옷→겉옷→겉→(겉으로) 나타내다→(나타내는) 표'라는 뜻이 파생되었습니다. 표피세포(表皮細胞)는 식물의 '겉(表) 가죽(皮), 즉 표면을 덮고 있는 세포(細胞)'로, 사람의 피부세포에 해당합니다. 표리부동(表裏不同)은 '겉(表)과 속(裏)이 다르다(不同)'는 뜻입니다.

가는털 호(毫)자는 뜻을 나타내는 털 모(毛)자와 소리를 나타내는 높을 고(高)자가 합쳐진 글자입니다. "그런 생각은 추호도 없었습니다"에서 추호(秋毫)는 '짐승이 가을철(秋)에 털을 갈아서 가늘어진 털(毫)'이란 뜻으로, '몹시 작음'을 비유하여 이르는 말입니다.

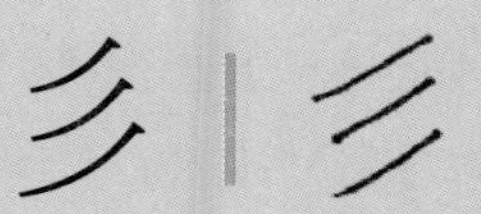

터럭 삼(彡)
털이 나 있는 모습

터럭 삼(彡)자는 털 모(毛)자와 마찬가지로 털이 난 모습을 본떠 만든 글자입니다. 이후 '터럭→(붓털로) 색칠하다→꾸미다→무늬→빛깔→빛나다' 등의 뜻이 파생되었습니다. 또한 빛이나 그림자, 소리 등이 퍼져나가는 모습을 표현하기도 합니다. 빛날 빈(彬)자에서는 빛, 그림자 영(影)자에서는 그림자, 팽팽할 팽(彭)자에서는 소리가 퍼져 나가는 모습입니다.

### 털이나 수염과 관련된 글자

**髮** 터럭 발 ⓩ 发
터럭 표(髟) + [달릴 발(犮)]

**須** 모름지기/수염 수 ⓩ 须
터럭 삼(彡) + 머리 혈(頁)

터럭 발(髮)자에 들어가는 터럭 표(髟)자는 머리가 긴 노인의 모습인 긴 장(長)자와 터럭 삼(彡)자가 합쳐진 글자입니다. 백발(白髮)은 '하얗게(白) 센 머리털(髮)'이고, 단발머리의 단발(斷髮)은 '짧게 자른(斷) 머리털(髮)'입니다. 단발령(斷髮令)은 머리털(髮)을 자르라(斷)는 명령(令)으로, 을미사변 이후 실시한 여러 가지 개혁 운동 중 하나입니다. 고종이 먼저 머리를 깎았으며, 관리들로 하여금 가위를 들고 거리나 성문 등에서 강제로 백성들의 머리를 깎게 하였습니다.

모름지기/수염 수(須)자는 '머리(頁)에 난 털(彡)이 수염(鬚髯)이다'는 뜻입니다. 또 '남자는 모름지기 수염이 있어야 한다'고 해서 '모름지기'라는 뜻이 생겼습니다.

모름지기 수(須)

### 꾸미는 의미의 글자

**彩** 채색/무늬 채 ⓩ 彩
[캘 채(采)] + 터럭 삼(彡)

**彫** 새길 조 ⓩ 雕
[두루 주(周)→조] + 터럭 삼(彡)

**形** 모양 형 ⓩ 形
[우물 정(井)→형] + 터럭 삼(彡)

터럭 삼(彡)자는 붓털로 색을 칠하거나 꾸민다는 의미로도 사용됩니다.

채색 채(彩)자는 '붓털(彡)로 색을 칠하다'는 뜻입니다. 수채화(水彩畵)는 '물(水)로 채색(彩)하는 그림(畵)'입니다. 채도(彩度)는 '채색(彩)이 많거나 적은 정도(度)'로, 원색에 가까울수록 채도가 높고 무채색(無彩色: 채색이 없는 색)에 가까울 수록 채도가 낮습니다. 당삼채(唐三彩)는 '당(唐)나라에서 만든 세(三)가지 채색(彩)의 도자기'로, 무덤에 넣는 그릇으로 많이 사용하였습니다.

새길 조(彫)자는 원래 '붓털(彡)로 색을 칠해 꾸미다'는 뜻에서, '새기다'는 뜻이 생겼습니다. 조각(彫刻)은 '새기고(彫) 새기다(刻)'는 뜻으로, '나무나 흙 등에 글이나 그림, 모양 등을 새기거나 빚는 일을 말합니다.

형상(形象), 형태(形態), 형식(形式)에 들어가는 모양 형(形)자는 '붓털(彡)로 모양을 그리다'는 뜻입니다. 형용사(形容詞)는 '모양(形)을 꾸미는(容) 말(詞)'로, 주로 명사 앞에 와서 명사를 수식합니다. 형용사를 영어로 애직티브(adjective, 줄여서 a)라고 하는데 '덧붙이다'는 뜻입니다.

### 빛나는 의미의 글자

**彬** 빛날 빈 ㊥ 彬
[수풀 림(林)→빈] + 터럭 삼(彡)

**彰** 빛날 창 ㊥ 彰
[글 장(章)→창] + 터럭 삼(彡)

**修** 닦을 수 ㊥ 修
[바 유(攸)→수] + 터럭 삼(彡)

**彦** 선비 언 ㊥ 彦
글월 문(文) + [기슭 엄(厂)→언] + 터럭 삼(彡)

빛날 빈(彬)자는 일반적인 단어에는 사용되지 않고 사람의 이름에 많이 사용됩니다. 빛날 빈(彬)자와 마찬가지로 이름에 많이 사용되는 빛날 창(彰)자는 '빛이 나서 드러내다'는 뜻도 있습니다. 표창장의 표창(表彰)은 '다른 사람의 공적을 겉(表)으로 드러내다(彰)'는 뜻입니다.

바 유(攸)

닦을 수(修)자에 들어 있는 바 유(攸)자는 매를 맞으며(攵) 땀을 흘려 가면서(丨) 열심히 수련하는 사람(亻)의 모습입니다. 나중에 열심히 수련함으로써 '빛나게 하다'는 의미로 삼(彡)자가 추가되었습니다. 수양(修養)은 '몸과 마음을 닦고(修) 기르다(養)'는 뜻입니다. 수능시험(修能試驗)은 대학수학능력시험(大學修學能力試驗)의 줄임말로, '대학(大學)의 학문(學)을 닦을(修) 능력(能)이 있는지를 보는 시험(試驗)'입니다.

선비 언(彦)자는 '학문이나 인문학(文)에서 크게 빛난(彡) 사람이 선비이다'는 뜻입니다. 다른 글자와 만나 소리로도 사용됩니다. 상말 언(諺)자와 얼굴 안(顔)자 등이 그런 예입니다.

### 기타

**影** 그림자 영 ㊥ 影
[볕 경(景)→영] + 터럭 삼(彡)

**彭** 성/팽팽할 팽 ㊥ 彭
북 주(壴) + 터럭 삼(彡)

**參** 석 삼, 참여할 참
㊥ 参 ㊡ 参
맑을 정(晶→厽) + 사람 인(人) + [터럭 삼(彡)]

오리온 별자리. 중앙에 빛나는 3개의 별이 있습니다.

음영(陰影), 반영(反影), 영상(影像), 영향(影響) 등에 들어가는 그림자 영(影)자는 볕(景)으로 인해 생긴 그림자가 퍼져나가는 모습(彡)을 나타냅니다. 무영탑(無影塔)은 '그림자(影)가 없는(無) 탑(塔)'으로, 경주 불국사의 석가탑을 말합니다. 석가탑을 만든 백제의 석공(石工) 아사달을 그리며 찾아온 부인 아사녀가 영지(影池: 그림자가 비치는 연못)에 빠져 죽는 전설에서 생긴 이름입니다. 무영탑은 1937년, 현진건이 신문에 연재한 장편 소설 이름이기도 합니다.

팽팽할 팽(彭)자는 받침대 위에 올려놓은 북(壴)에서 힘차게 소리(彡)가 나오는 모습입니다. 터럭 삼(彡)은 털과는 상관없이 소리가 나는 모습을 표현한 것입니다. 이 글자는 성씨로 사용됩니다. 팽조(彭祖)는 하(夏) 왕조부터 상(商) 왕조에 걸쳐 약 800년을 살았다는 전설 속의 인물입니다.

석 삼(參)자는 사람(人)의 머리 위에 3개의 별(晶→厽)이 있는 모습으로, 28개의 별자리인 28수(宿) 중 서쪽 하늘에 있는 오리온(Orion) 별자리를 가리키는 글자입니다. 3이란 뜻으로 사용되면서 삼(彡)자가 추가되어 소리로 사용됩니다. 잘 숙(宿)자는 별자리 수(宿)자로도 사용합니다. 석 삼(參)자는 참여할 참(參)자로도 사용되는데, 참가(參加), 참관(參觀), 참석(參席) 등에 들어갑니다.

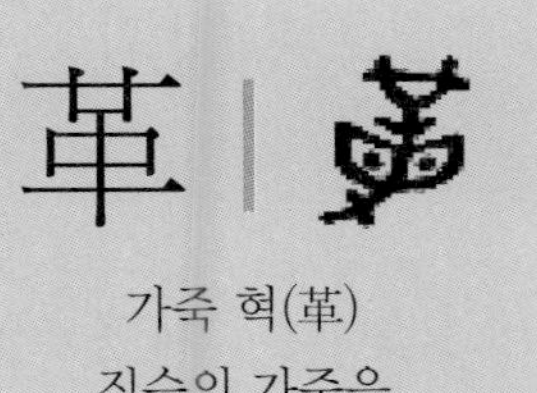

가죽 혁(革)
짐승의 가죽을 펼쳐놓은 모습

가죽 혁(革)자는 짐승의 껍질을 벗겨 응달에서 말리는 모습을 본떠 만든 글자입니다. 글자의 위로부터 머리, 몸통, 뒷발, 꼬리가 있습니다. 이후 짐승의 몸통에서 분리한 가죽으로 옷, 갑옷, 안장, 북, 채찍 등을 만든다고 해서, 가죽 혁(革)자는 '바꾸다, 고치다'는 뜻도 생겼습니다. 혁신(革新)은 '새롭게(新) 고치다(革)'는 뜻이고, 개혁(改革)은 '고치고(改) 고치다(革)'는 뜻입니다. 혁명(革命)은 '하늘의 명령(命), 즉 천명(天命)이 바뀌다(革)'라는 뜻으로, 이전의 왕통을 뒤집고 다른 왕통이 대신하여 통치하는 일입니다. 최근에는 헌법의 범위를 벗어나 국가 기초, 사회제도, 경제제도, 조직 따위를 근본적으로 고치는 일을 말합니다.

### 가죽과 관련되는 글자

靴 가죽신 화 ⓩ 靴
가죽 혁(革) + [될 화(化)]

鞍 안장 안 ⓩ 鞍
가죽 혁(革) + [편안할 안(安)]

鞭 채찍 편 ⓩ 鞭
가죽 혁(革) + [편할 편(便)]

靺 종족이름 말 ⓩ 靺
가죽 혁(革) + [끝 말(末)]

鞨 오랑캐 갈 ⓩ 鞨
가죽 혁(革) + [어찌 갈(曷)]

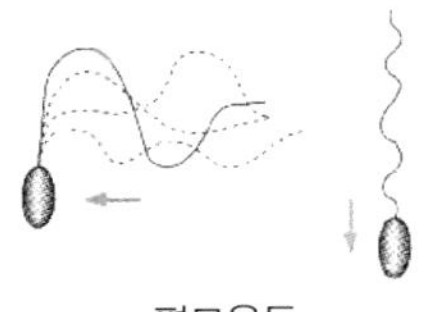

편모운동

가죽신 화(靴)자는 말 그대로 '가죽(革)으로 만든 신'입니다. 하지만, 그냥 신이란 뜻으로 사용됩니다. 운동화(運動靴), 실내화(室內靴) 등이 그런 예입니다. 장화(長靴)는 '목이 길게(長) 올라오는 신(靴)'입니다.

안장 안(鞍)자는 '말을 편안(安)하게 타기 위해 가죽(革)으로 만든 것이 안장(鞍裝)이다'는 뜻입니다. 기계 체조 종목의 하나인 안마(鞍馬)는 '말(馬)의 안장(鞍)처럼 생긴 틀 위에서 하는 체조'입니다.

채찍 편(鞭)자는 '말을 때리기 편하게(便) 가죽(革)으로 만든 것이 채찍이다'는 뜻입니다. 주마가편(走馬加鞭)은 '달리는(走) 말(馬)에 채찍(鞭)을 더하다(加)'는 뜻으로, 열심히 하는 사람을 더 부추기거나 몰아치는 것을 일컫습니다. 편모운동(鞭毛運動)은 '채찍(鞭)처럼 생긴 긴 털(毛)을 흔들어 움직이는 운동(運動)'입니다. 일조편법(一條鞭法)은 '한(一) 가지 조목(條)으로 통일한 채찍(鞭) 같은 세법(法)'입니다. 중국 명나라 후기부터 청나라 초기까지 시행된 세법으로, 현물세와 부역 따위의 여러 세금을 하나로 통일하여 은(銀)으로 징수하였습니다. 원래는 일조편법(一條編法: 한 가지 조목으로 엮은 법)이라고 썼으나, 은(銀)의 독점과 고갈로 세금을 내지 못하는 일이 발생하면서 이 제도가 백성들에게는 채찍과 같다고 해서 채찍 편(鞭)자로 바뀌었다고 합니다.

종족이름 말(靺)자와 오랑캐 갈(鞨)자는, 중국 수나라와 당나라 때 한반도 북쪽에 살았던 말갈족(靺鞨族)이란 낱말 외에서는 거의 사용되지 않습니다. 말갈족은 고구려와 마찬가지로 말을 타고 다니는 기마민족으로, 가죽을 잘 만들었다고 가죽 혁(革)자가 들어갑니다. 또 668년 고구려가 망한 후, 고구려 유민이 말갈족과 함께 발해를 세웠습니다.

# 사람 3-14 병과 죽음

병 녁(疒) | 부서진뼈알(歹)

병 녁(疒)
침대에 누운 환자의 모습

동서고금을 막론하고 사람이 사는 사회에는 병이 있습니다. 고대 중국 사회에도 마찬가지였습니다. 갑골문을 보면 은나라 사람들은 병이 귀신의 재앙, 나쁜 꿈, 기후의 변화, 더러운 음식에 의해 생기는 것으로 알았습니다. 점을 쳐서 병의 원인이 귀신이나 꿈 때문이라면 귀신에게 제사를 지냈습니다. 하지만 칼이나 화상에 의한 외상에 대해서는 점을 치지 않았고, 약초 등을 이용하여 치료하였습니다. 의원 의(醫)자에 보면 술 유(酉)자가 들어가는데, 술이 마취제와 소독제의 역할을 하였기 때문입니다. 또한 고대 중국인들은 술이 병을 낫도록 하는 약효가 있다고 생각했습니다.

병 녁(疒)자는 침대의 모습을 본떠 만든 글자인 나무조각 장(爿→丬)자와 침대 위에 누워 있는 사람(人→亠)의 모습을 본떠 만든 글자입니다. 병 녁(疒)자는 병의 이름에 관련되는 모든 글자에 들어갑니다. 암 암(癌), 천연두 두(痘), 염병 역(疫)자 등이 그러한 예입니다. 이뿐만 아니라 수척(瘦瘠), 피곤(疲困), 마비(痲痺), 고질병(痼疾病), 치료(治療) 등의 글자에도 병 녁(疒)자가 들어갑니다.

## 병과 치료

**病** 병 병 ⓒ病
병 녁(疒) + [남녘 병(丙)]

**疾** 병 질 ⓒ疾
병 녁(疒) + 화살 시(矢)

**嫉** 시기할 질 ⓒ嫉
여자 녀(女) + [병 질(疾)]

**痛** 아플 통 ⓒ痛
병 녁(疒) + [길 용(甬)→통]

**療** 병고칠 료 ⓒ疗
병 녁(疒) + [밝을 료(尞)]

병 병(病)자는 발병(發病), 병실(病室), 문병(問病) 등에 사용됩니다. 전염병(傳染病)은 '다른 사람에게 전하거나(傳) 물들이는(染) 병(病)'입니다. 물들일 염(染)자는 염색(染色)이란 말에 사용됩니다.

병 질(疾)자는 '화살 (矢)에 맞아 침대에 누운 사람(疒)이 아프다'는 뜻입니다. 질병(疾病)은 '병(疾)과 병(病)'이란 뜻입니다.

병 질(疾)자 앞에 여자 녀(女)자를 붙이면 시기할 질(嫉)자가 됩니다. 옛날 사람들은 시기나 질투(嫉妬)를 여자(女)에게만 있는 병(疾)의 일종으로 보았습니다.

아플 통(痛)자는 고통(苦痛), 두통(頭痛), 요통(腰痛), 생리통(生理痛), 치통(齒痛) 등에 사용됩니다.

병고칠 료(療)자는 '병(疒)을 고치니 마음이 밝아졌다(尞)'는 뜻입니다. 치료(治療), 진료(診療), 의료(醫療) 등에 사용됩니다.

### 병의 종류

**疫** 염병 역 ㊥疫
병 녁(疒) + [부릴 역(役→殳)]

**癌** 암 암 ㊥癌
병 녁(疒) + [바위 암(嵒)]

**痘** 천연두 두 ㊥痘
병 녁(疒) + [콩 두(豆)]

염병 역(疫)자의 염병(染病)은 '다른 사람을 물들이는(染) 병(病)'이란 뜻으로, 전염병(傳染病)의 준말이며 장티푸스의 속된 말이기도 합니다. 전염병을 역병(疫病)이라고도 합니다. 검역(檢疫), 면역(免疫), 방역(防疫) 등에 사용됩니다. 구제역(口蹄疫)은 '소나 돼지의 입(口)과 발굽(蹄) 사이에 물집이 생기는 병(疫)'입니다. 홍역(紅疫)은 '피부에 붉은(紅) 좁쌀 모양의 발진이 돋는 전염병(疫)'입니다.

암 암(癌)자는 '몸속에 바위(嵒)처럼 딱딱한 종양이 있는 병(疒)이 암이다'는 뜻입니다. 바위 암(嵒)자는 산(山) 위에 있는 바위들(品)의 모습입니다.

옛날에는 천연두를 앓고 나면 얼굴에 곰보가 생겼습니다. 천연두 두(痘)자는 '얼굴에 콩(豆) 자국과 같은 곰보가 생기는 병(疒)이 천연두이다'는 뜻입니다.

### 기타

**症** 증세 증 ㊥症
병 녁(疒) + [바를 정(正)→증]

**疲** 피곤할 피 ㊥疲
병 녁(疒) + [가죽 피(皮)]

**痕** 흉터 흔 ㊥痕
병 녁(疒) + [그칠 간(艮)→흔]

**癡** 어리석을 치 ㊥痴 ㊐痴
병 녁(疒) + 의심할 의(疑)

**痲** 저릴/마비될 마 ㊥麻
병 녁(疒) + [삼 마(麻)]

증세 증(症)자는 증상(症狀), 증세(症勢), 증후(症候), 통증(痛症) 등에 사용됩니다. 결핍증(缺乏症)은 '몸에 필요한 물질이 결핍(缺乏: 모자람)되어 일어나는 증세(症)'로, 비타민 A가 부족하면 야맹증(夜盲症), 비타민 B가 부족하면 각기병(脚氣病)이 걸립니다.

피곤하면 병에 걸릴 가능성이 큽니다. 피곤할 피(疲)자는 '피곤은 병이 아니지만 병(疒)의 껍질(皮)과 같다'는 뜻입니다. 피곤(疲困), 피로(疲勞) 등에 사용됩니다.

흉터 흔(痕)자는 '병(疒)이 그친(艮) 자리에 흉터가 남는다'는 뜻입니다. 흔적(痕跡)은 '흉터(痕)와 발자취(跡)'라는 뜻으로, 뒤에 남은 자국이나 자취를 말합니다. 조흔색(條痕色)은 '줄(條)을 그을 때 나타나는 흔적(痕跡)의 색(色)'으로, 광물로 조흔판(條痕板) 위에 줄을 그을 때 나타나는 흔적의 색을 말합니다.

치매(癡呆)나 바보 천치(天癡)라는 글자에 들어가는 어리석을 치(癡)자는 '정신이 헛갈리어(疑) 갈팡질팡 헤매는 병(疒)'이란 뜻입니다. 간체자나 약자로 사용되는 어리석을 치(痴)자는 '지(知)적인 능력에 병(疒)이 생겼다'는 뜻으로 만든 글자입니다.

마취(痲醉), 마약(痲藥) 등에 사용되는 저릴/마비될 마(痲)자에는 삼 마(麻)자가 들어 있는데, 마(麻)는 삼베를 짜는 원료이지만 동시에 대마초(大麻草)라고 부르는 마약(麻藥, 痲藥, 魔藥)의 원료입니다. 마(麻)의 잎에는 THC(Tetra

Hydro Cannabinol)를 주성분으로 하는 마취(痲醉) 물질이 들어 있어 담배로 만들어 흡연하면 중독 증세를 보입니다. 예전에 농촌에서 마를 길러 줄기는 삼베를 짜는 원료로 사용하고 잎은 태워버렸는데, 태울 때 나는 연기 근처에 아이들이 가까이 가지 못하도록 하였습니다.

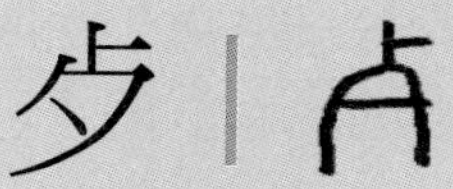

부서진뼈 알(歺/歹)
죽음을 의미하는 글자

중국 사람들은 침대에 누워 있는 사람을 병에 걸린 것으로 여겼지만, 중국과 마찬가지로 상형문자를 사용했던 고대 이집트에서 침대에 누워 있는 사람은 죽음을 의미했습니다. 중국에서는 죽음을 의미하는 글자로 부서진뼈를 사용하였습니다.

부서진뼈 알(歺/歹)자는 사람이나 짐승의 뼈만 앙상하게 남은 해골의 모습을 본떠 만든 글자입니다. 뼈만 남아 있는 모습은 죽은 모습으로 죽음이나 위험에 관련되는 글자에 들어갑니다.

### 죽음과 관련되는 글자

**死** 죽을 사 ⓩ 死
부서진뼈 알(歹) +
비수 비(匕)

**葬** 장사지낼 장 ⓩ 葬
풀 초(艹) + 죽을 사(死) +
풀 초(艹→廾)

**殉** 따라죽을 순 ⓩ 殉
부서진뼈 알(歹) +
[열흘 순(旬)]

죽을 사(死)자는 죽은 사람(歹) 옆에 다른 사람(匕)이 앉아 있는 모습입니다. 사자(死者)의 서(書)는 '죽은(死) 사람(者)을 위한 글(書)'이란 뜻으로, 고대 이집트에서 죽은 사람들을 미라(mirra)로 만들어 묻을 때 함께 묻었던 문서(文書)입니다. 지상에 남은 미라의 온전한 보존과 심판을 받으러 사후 세계로 가는 영혼을 위한 주술 등으로 채워져 있습니다. 특히 죽은 사람의 영혼이 만나게 될 신들을 달래고 영혼이 바른 길로 갈 수 있도록 길잡이 역할을 하는 것이 목적입니다.

장례(葬禮), 장사(葬事), 화장(火葬) 등에 들어가는 장사지낼 장(葬)자의 상형문자를 보면 풀이 무성한 수풀(艹)에서 죽은 사람(死)을 장사 지내고 있는 모습입니다. 장송곡(葬送曲)은 '장사지낼(葬) 때 죽은 사람을 보내기(送) 위해 부르는 곡(曲)'입니다.

장사지낼 장(葬)

고대 국가의 왕이나 귀족의 장례(葬禮) 때 부인, 신하, 종 등을 함께 매장(埋葬)하였습니다. 이를 순장(殉葬)이라 부르는데, 순(殉)자는 따라죽을 순(殉)자입니다. 은나라 시대에 만들어진 왕의 무덤을 발굴해 보면 수백 명이 순장되어 있습니다. 따라 죽을 순(殉)자는 '목숨을 바치다'는 뜻으로도 사용되는데, 종교, 나라, 직업 등을 위해 목숨을 바치는 순교(殉教), 순국(殉國), 순직(殉職) 등이 그러한 예입니다. 순애보(殉愛譜)는 '사랑(愛)을 위해 목숨을 바치는(殉) 이야기(譜)'로,

殘 (죽어서 뼈만) 남을 잔
중 残 약 残
부서진뼈 알(歹) + [해칠 잔(戔)]

殊 다를 수 중 殊
부서진뼈 알(歹) + [붉을 주(朱)→수]

〈낙랑공주〉나 〈로미오와 줄리엣〉 이야기가 대표적인 순애보입니다.

남을 잔(殘)자는 원래 '창(戈)으로 사람을 죽이다(歹)'는 뜻입니다. 이후 '죽이다→해치다→잔인(殘忍)하다' 등의 뜻이 생겼습니다. 또 죽이고 남은 뼈(歹)라는 뜻에서 '남다'라는 뜻이 생겼습니다. 통장의 잔액(殘額)은 '남(殘)은 금액(金額)'입니다. 잔해(殘骸)는 '남은(殘) 뼈(骸)'라는 뜻인데, '부서지거나 못 쓰게 되어 남아 있는 물체'를 이르는 말입니다.

다를 수(殊)자는 원래 '칼로 베어 죽이다(歹)'는 뜻으로 만든 글자입니다만, 나중에 '다르다'는 뜻이 생겼습니다. 특수교육(特殊教育)은 '특별히(特) 다른(殊) 교육(教育)'이란 뜻입니다.

## 기타

列 벌일 렬/열 중 列
부서진뼈 알(歹) + 칼 도(刂)

殃 재앙 앙 중 殃
부서진뼈 알(歹) + [가운데 앙(央)]

殆 위태할 태 중 殆
부서진뼈 알(歹) + [별 태(台)]

벌일 렬(列)자는 '죽은(歹) 짐승이나 가축에서 뼈와 살을 칼(刀/刂)로 갈라서 벌여 놓다'는 뜻입니다. '그물(网/罒)을 벌여 놓다'는 의미의 벌일 라(羅)자와 합치면 나열(羅列)이 되고, 열도(列島)는 '일렬(一列)로 길게 줄을 지어 있는 섬(島)'입니다.

재앙 앙(殃)자는 '죽음(歹)이 재앙(災殃)이다'는 뜻입니다. 지어지앙(池魚之殃)은 '연못(池)에 사는 물고기(魚)의(之) 재앙(殃)'이란 뜻으로, 자신과 전혀 관계없는 일로 인해 엉뚱하게 화를 당한다는 뜻입니다. 춘추전국 시대에 없어진 구슬이 연못에 있다는 거짓말을 믿고 연못의 물을 다 퍼내고 찾아 보았지만, 구슬은 없고 아무 죄도 없는 물고기들만 모두 죽어 버리고 말았다는 이야기에서 유래합니다.

위태할 태(殆)자는 '죽을(歹) 정도로 위태(危殆)롭다'는 뜻입니다. 지피지기 백전불태(知彼知己 百戰不殆)는 '적(彼)을 알고(知) 나(己)를 알면(知) 백(百)번 싸워도(戰) 위태롭지(殆) 않다(不)'라는 뜻으로, 《손자병법(孫子兵法)》에 나오는 말입니다.

# 사람 3-15 마음

마음 심(心)

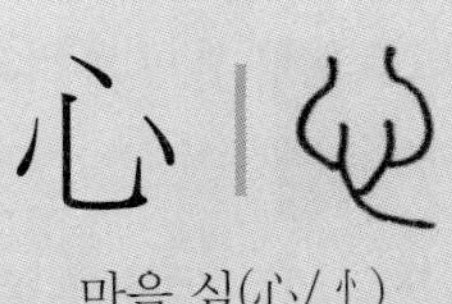

마음 심(心/忄)
심장의 모습

춘추전국시대의
명의인 편작(扁鵲)

《열자(列子)》의 탕문편(湯問篇)을 보면, 춘추전국 시대의 명의인 편작(扁鵲)이 뜻(志)은 강하나 기(氣)가 약한 사람과 기(氣)는 강하나 뜻(志)이 약한 사람을 치료하기 위해 두 사람의 가슴을 갈라 심장을 바꾸어 놓으니, 두 사람은 집을 서로 바꾸어 찾아가고 처자식도 바꾸어 알더라는 이야기가 있습니다. 이 이야기에서 보듯이 고대 중국인들은 마음은 머리가 아니라 심장(心臟)에 있다고 생각하였습니다.

사랑하는 사람을 보면 가슴이 설레고, 흥분되고 화가 나면 가슴이 벌렁거리고, 슬프거나 안타까운 것을 보면 가슴이 아프며, 두려우면 가슴이 뛰니까 마음이 가슴에 있는 심장에 있다고 생각하는 것도 무리는 아니었을 겁니다. 그래서 한자에서 마음을 의미하는 마음 심(心)자는 심장(心臟)의 모습을 본떠 만든 글자입니다. 마음이 고운 사람을 '심성이 곱다'고 하는데, 이때 심성(心性)은 '심장(心)의 성질(性)'이란 뜻입니다.

사실 이런 생각은 서양도 마찬가지입니다. 그래서 심장을 의미하는 단어인 하트(heart)는 마음이나 감정, 기분 등과 같은 의미도 함께 가지고 있습니다.

예로부터 인간은 칠정(七情)이라고 해서 일곱 가지 감정을 가졌다고 하였습니다. 이 일곱 가지 감정은 기쁠 희(喜), 성낼 노(怒), 슬플 애(哀), 즐거울 낙(樂), 사랑 애(愛), 싫을 오(惡), 바랄 욕(欲)인데, 이러한 감정에 관련되는 글자에는 대부분 마음 심(心)자가 들어갑니다. 예기(禮記)의 칠정론(七情論)에서는 즐거울 낙(樂) 대신 두려울 구(懼)가 들어 있습니다.

사람의 심장은 사람의 중심에 있기 때문에 '가운데, 중앙(中央), 중심(中心)'이란 뜻도 있습니다. 핵심(核心)은 '열매의 씨(核)와 사람의 심장(心)'이란 뜻으로, 사물의 가장 중심이 되는 부분을 일컫습니다. 도심지(都心地)는 '도시(都)의 중심(心)이 되는 땅(地)'입니다.

마음 심(心)자가 다른 글자와 만나면 주로 글자의 아래에 들어가지만(思, 想, 念), 글자의 왼쪽에 들어가는 경우도 있습니다. 이때에는 작을 소(小)자처럼 글자의 모양이 변합니다(憶, 惟, 情).

### 생각과 관련한 글자

**思** (마음의) 생각 사 ⓢ 思
마음 심(心) +
정수리 신(囟→田)

**想** (마음의) 생각 상 ⓢ 想
마음 심(心) + [서로 상(相)]

**念** (마음의) 생각 념 ⓢ 念
마음 심(心) +
[이제 금(今)→념]

**慮** (마음의) 생각 려 ⓢ 虑
마음 심(心) +
[밥그릇 로(盧)→려]

**憶** (마음으로) 생각할 억 ⓢ 忆
마음 심(忄) + [뜻 의(意)→억]

**惟** (마음으로) 생각할 유 ⓢ 惟
마음 심(忄) + [새 추(隹)→유]

반가사유상

마음으로 생각을 하므로, 생각에 관련된 글자에는 모두 마음 심(心)자가 들어갑니다. 사고(思考), 사색(思索) 등에 들어가는 생각 사(思)자는 '머리(囟→田)와 마음(心)으로 생각하다'는 뜻입니다. 이후 '그리워하다'는 뜻도 생겼습니다. 상사병(相思病)은 '상대방(相對方)을 그리워하여(思) 생긴 병(病)'이고, 〈사모곡(思母曲)〉은 '어머니(母)를 그리워하는(思) 노래(曲)'로, 작가와 만든 연대를 알 수 없는 고려가요입니다. 〈사미인곡(思美人曲)〉은 '미인(美人)을 그리워하며(思) 부르는 노래(曲)'로, 조선 선조 때 송강 정철(鄭澈, 1536~1593년)이 고향인 창평으로 유배를 가서 임금에 대한 간절한 충정을 한 여인이 지아비를 사모하는 마음에 비유하면서 우의적으로 표현하였습니다.

생각 상(想)자는 '상대(相)를 마음(心)으로 생각하다'는 뜻입니다. 사상(思想)은 '생각(思)과 생각(想)'이란 뜻으로, 어떠한 대상에 대하여 가지고 있는 구체적인 생각을 말합니다.

생각 념(念)자는 원래 '지금(今) 마음(心)에 두다'는 뜻입니다. 이후 '마음에 두다→생각하다→(마음에 두도록) 기억하다→외우다→읊다→암송하다' 등의 뜻이 생겼습니다. 상념(想念)은 '생각(想)과 생각(念)'이란 뜻으로, 마음에 떠오르는 생각을 말합니다. 염불(念佛)은 '부처님의 이름이나 불경(佛)을 외우다(念)'는 뜻입니다. 원효대사의 정토신앙에서는 부처의 이름을 부르면 반드시 극락(極樂)에 간다고 합니다. 주로 부처님의 이름인 관세음보살(觀世音菩薩)이나 나무아미타불(南無阿彌陀佛)을 욉니다.

생각 려(慮)자는 배려(配慮), 염려(念慮), 고려(考慮) 등에 사용됩니다. 조불려석(朝不慮夕)은 '아침(朝)에 저녁(夕) 일을 생각하지(慮) 못한다(不)'는 뜻으로, 앞일을 돌아볼 겨를이 없음을 일컫는 말입니다.

생각할 억(憶)자는 '마음(忄)으로 뜻(意)을 잊지 않고 생각하다'는 뜻입니다. 이후 '(잊지 않고) 생각하다→(잊지 않고) 기억(記憶)하다→(잊지 않고) 추억(追憶)하다' 등의 뜻이 생겼습니다.

생각할 유(惟)자는 '오직'이란 뜻도 함께 가지고 있습니다. 사유(思惟)는 '생각하고(思) 생각하다(惟)'는 뜻입니다. 반가사유상(半跏思惟像)은 '반(半)만 책상다리(跏)를 하고 사유(思惟)하는 상(像)'이란 뜻으로, 주로 관음보살상이나 미륵보살상에 많습니다. 유독(惟獨)은 '오직(惟) 홀로(獨)'라는 뜻이고, 유일(惟一)은 오직(惟) 하나(一)'라는 뜻입니다.

## 뜻과 느낌

情 (마음의) 뜻 정 ⓢ情
마음 심(忄) +
[푸를 청(靑)→정]

志 (마음의) 뜻 지 ⓢ志
마음 심(心) + [갈 지(之→士)]

意 (마음의) 뜻 의 ⓢ意
마음 심(心) +
[소리 음(音)→의]

感 (마음으로) 느낄 감 ⓢ感
마음 심(心) + [다 함(咸)→감]

뜻 정(情)자는 '푸른(靑) 마음(忄), 즉 순수하고 타고난 대로의 본성(本性)'을 말합니다. 이후 '본성(本性)→마음의 작용→뜻→(본성과 같은) 진상→상태→(본성대로의) 욕망→사랑' 등의 뜻이 생겼습니다. 감정(感情), 애정(愛情), 정열(情熱), 정서(情緖) 등에서는 마음의 작용이나 뜻을, 정세(情勢), 정보(情報), 사정(事情) 등에서는 진상이나 상태를, 욕정(欲情/慾情), 정부(情婦), 정사(情事) 등에서는 욕망이나 사랑을 뜻합니다.

뜻 지(志)자는 '마음(心) 가는(之→士) 바가 뜻이다'는 뜻입니다. 또 '뜻이나 생각을 기록하다' 혹은 '기록한 책'이란 뜻도 있습니다. 《삼국지(三國志)》, 《수호지(水滸志)》, 《택리지(擇里志)》 등이 그러한 예입니다.

뜻 의(意)자는 '사람이 말하는 소리(音)가 곧 마음(心)의 뜻이다'는 뜻입니다. 또 '마음(心)의 소리(音)가 곧 뜻이다'고 해석하기도 합니다. 의지(意志)는 '뜻(意)과 뜻(志)'이란 뜻으로, 어떠한 일을 이루고자 하는 마음을 이르고, 의사(意思)는 '뜻(意)과 생각(思)'이란 뜻으로, 마음먹은 생각을 이르는 말입니다. '의외의 성적'에서 의외(意外)는 '뜻(意) 밖(外)'이라는 뜻입니다.

감각(感覺), 감정(感情), 감동(感動) 등에 들어가는 느낄 감(感)자는 '마음(心)으로 모두 다(咸) 느끼다'는 뜻입니다.

## 기쁨과 관련된 글자

悅 (마음이) 기쁠 열 ⓢ悦
마음 심(忄) + [기뻐할 열(兌)]

慶 경사 경 ⓢ庆
사슴 록(鹿) + 마음 심(心) +
천천히걸을 쇠(夊)

快 (마음이) 쾌할 쾌 ⓢ快
마음 심(忄) + [정할 쾌(夬)]

기쁠 열(悅)자에 들어가는 기뻐할 열(兌)자는 입을 강조한 사람(兄)에 웃을 때 생기는 입가의 주름(八)을 추가하여 '기쁘다'는 뜻을 만들었습니다. 나중에 원래의 뜻을 강조하기 위해 마음 심(忄)자가 추가되었습니다. 남녀상열지사(男女相悅之詞)는 '남자(男)와 여자(女)가 서로(相) 기뻐함(悅)을 읊은 노래(詞)'로, 남녀 간의 뜨거운 사랑을 노래하는 가사를 지칭합니다.

경사 경(慶)자는 '축하하는 마음(心)으로 경사로운 일에 가는데(夊), 사슴(鹿)을 선물로 가지고 가다'는 뜻입니다. 옛 중국에서는 결혼식 같은 경사로운 일(慶事)에 사슴가죽을 선물로 가지고 갔습니다. 국경일(國慶日)을 '나라(國)의 경사(慶)를 기념하는 날(日)'로, 삼일절, 제헌절, 광복절, 개천절 등이 있습니다.

쾌할 쾌(快)자는 '마음(忄)을 정하니까(夬) 시원하고, 즐겁고, 상쾌하다'는 뜻입니다. 유쾌(愉快)는 '즐겁게(愉) 상쾌하며(快)', 상쾌(爽快)는 '시원하게(爽) 상쾌하며(快)', 통쾌(痛快)는 '몹시(痛) 상쾌하다(快)'는 뜻입니다.

愉 즐거울 유 ㊥ 愉
마음 심(忄) + [성 유(俞)]

愈 더욱 유 ㊥ 愈
마음 심(心) + [성 유(俞)]

즐거울 유(愉)자와 더욱 유(愈)자는 마음 심(心/忄)자에 성 유(俞)자가 합쳐진 글자로, 둘 다 '마음(心/忄)이 즐겁다'는 뜻을 가지고 있습니다. 이중에서 유(愈)자는 나중에 가차되어 '점점 더, 더욱'이란 뜻이 생겼습니다. 또 유(愈)자는 사람 이름에 사용됩니다. 중국 당송 팔대가의 한 명인 한유(韓愈)가 그런 예입니다.

### 사랑과 그리움

愛 (마음의) 사랑 애 ㊥ 爱
손톱 조(爪) + 덮을 멱(冖) + 마음 심(心) + 천천히걸을 쇠(夊)

慈 (마음의) 사랑 자 ㊥ 慈
마음 심(心) + [검을 자(玆)]

戀 (마음으로) 사모할 련
㊥ 恋 ㊣ 恋
마음 심(心) + [어지러울 련(䜌)]

慕 (마음으로) 사모할 모 ㊥ 慕
마음 심(心) + [없을 막(莫)→모]

사랑 애(愛)자의 상형문자를 보면 입을 크게 벌린(爪) 사람(人→冖)이 가슴의 심장(心)이 강조된 채로 걸어가는(夊) 모습입니다. 손톱 조(爪)자는 입을 벌린 얼굴의 모습이 변한 것으로, 사랑에 넋이 빠진 모습을 강조하였습니다. 서양에서 사랑을 표시하는데 하트(heart: 심장)를 사용하듯이, 사랑 애(愛)자에도 심장(心)이 들어 있습니다. 중국 간체자에서는 아랫 부분을 벗 우(友)자로 바꾸었습니다. 경천애인(敬天愛人)은 '하늘(天)을 공경(敬)하고 사람(人)을 사랑하다(愛)'는 뜻입니다. 우애(友愛)는 '친구(友) 간의 사랑(愛)'이란 뜻이지만, '형제 간의 사랑'이란 뜻도 있습니다.

사랑 자(慈)자는 '사랑을 베푸는 어머니'라는 뜻도 있습니다. 남의 어머니를 높이 이르는 자당(慈堂)이 그러한 예입니다. 자비(慈悲)는 '사랑하고(慈) 불쌍히(悲) 여기는 마음'이고, 자선(慈善)은 '사랑(慈)과 선의(善)를 베풀다'는 뜻입니다.

사모할 련(戀)자는 '다른 사람을 사모하면 마음(心)이 어지럽다( )'는 뜻으로 만든 글자입니다. 연인(戀人)은 '사모하는(戀) 사람(人)'이고, 연애편지(戀愛片紙/便紙)는 '사모하고(戀) 사랑하는(愛) 사람 사이에 주고받는 편지(片紙/便紙)'이며, 비련(悲戀)은 '슬프게(悲) 끝나는 연애(戀愛)'입니다. '목숨에 연연하다'의 연연(戀戀)은 '사모하고(戀) 사모하다(戀)'는 뜻으로, 집착하여 미련을 가진다는 의미입니다.

사모(思慕), 연모(戀慕), 애모(愛慕) 등에 들어가는 사모할 모(慕)자는 '보고 싶은 사람이 가까이 없으니(莫) 마음(心)으로 그리워하다'는 뜻입니다. 〈모죽지랑가(慕竹旨郎歌)〉는 '죽지랑(竹旨郎)을 사모하는(慕) 노래(歌)'라는 뜻으로, 신라 효소왕 때 화랑 득오가 자기가 모시던 죽지랑이 죽자 그를 그리워하며 읊은 향가(鄕歌)입니다. 추모회(追慕會)는 '죽은 사람을 사모하고(追) 사모하기(慕) 위한 모임(會)'입니다. 따를 추(追)자는 '사모하다'는 뜻도 있습니다.

## 부끄러움과 관련한 글자

**愧** (마음이) 부끄러울 괴 ⓢ 愧
마음 심(忄) + [귀신 귀(鬼)→괴]

**慙** (마음으로) 부끄러워할 참 ⓢ 惭
마음 심(心) + [벨 참(斬)]

**恥** (마음이) 부끄러울 치 ⓢ 耻 ⓙ 耻
귀 이(耳) + 마음 심(心)

부끄러울 괴(愧)자는 '죽은 사람의 넋인 귀신(鬼)이 우리들 마음(心)을 모두 들여다보니 부끄럽다'는 뜻입니다. 자괴지심(自愧之心)은 '스스로(自) 부끄러워하는(愧) 마음(心)'입니다.

부끄러워할 참(慙)자는 '참형(斬刑: 목을 베어 죽이는 형벌)을 당하니 마음(心)이 부끄럽다'는 뜻입니다. 참회(慙悔)는 '부끄러워하며(慙) 뉘우치다(悔)'는 뜻입니다.

부끄러울 치(恥)자는 '마음(心)이 부끄러우면 귀(耳)가 빨개지다'는 뜻으로 만든 글자입니다. '정말 치사하다'에서 치사(恥事)는 '부끄러운(恥) 일(事)'입니다. 후안무치(厚顔無恥)는 '얼굴(顔)이 두껍고(厚) 부끄러움(恥)이 없다(無)'라는 뜻으로, 뻔뻔스러워 부끄러워할 줄 모른다는 뜻입니다.

## 슬픔과 연민

**悲** (마음의) 슬플 비 ⓢ 悲
마음 심(心) + [아닐 비(非)]

**慨** (마음으로) 슬퍼할 개 ⓢ 慨
마음 심(忄) + [이미 기(旣)→개]

**憐** (마음으로) 불쌍할 련 ⓢ 怜
마음 심(忄) + [도깨비불 린(粦)→련]

**憫** (마음으로) 불쌍히여길 민 ⓢ 悯
마음 심(忄) + [근심할 민(閔)]

슬플 비(悲)자는 '마음(心)이 기쁘지 않고(非) 슬프다'는 뜻입니다. 비극(悲劇)은 '슬픈(悲) 연극(劇)'이란 뜻과 함께, 인생에서 일어나는 비참(悲慘)한 사건을 뜻하기도 합니다. 일희일비(一喜一悲)는 '한 번 기쁘고 번 슬프다'는 뜻으로, 기쁜 일과 슬픈 일이 번갈아 일어남을 말합니다. 애이불비(哀而不悲)는 '슬프지만(哀而) 슬프지(悲) 않다(不)'는 뜻으로, 속으로는 슬프면서 겉으로는 슬프지 않은 체함하는 것을 말합니다.

슬퍼할 개(慨)자는 '좋은 시절이 이미(旣) 지나가 버려 마음(忄)이 슬프다, 분하다, 탄식하다'는 뜻입니다. 개탄(慨歎)은 '분하게(慨) 여겨 탄식하다(歎)'는 뜻입니다. 감개무량(感慨無量)은 '매우 감격(感激)하여 탄식함(慨)을 이루 헤아릴(量) 수 없다(無)'는 뜻입니다.

불쌍할 련(憐)자는 '마음(忄)으로 이웃(隣→粦)을 불쌍히 여기다'는 뜻입니다. 동병상련(同病相憐)은 '같은(同) 병(病)의 환자끼리 서로 가엾게(相) 여기다(憐)'는 뜻으로, 어려운 처지에 있는 사람끼리 동정하고 도운다는 의미입니다. '가련한 신세'의 가련(可憐)은 '가히(可) 슬프다(憐)'는 뜻으로, 가엾고 불쌍하다는 의미입니다.

불쌍히여길 민(憫)자는 원래 '마음(忄)으로 근심하다(閔)'는 뜻입니다. 이후 '근심하다→고민하다→가엾게 생각하다→불쌍히 여기다' 등의 뜻이 생겼습니다. 연민(憐憫)은 '불쌍하고(憐) 불쌍하게 여기다(憫)'는 뜻입니다.

## 근심과 두려움

**愁** (마음의) 근심 수 ⓩ 愁
마음 심(心) +
[가을 추(秋)→수]

**患** (마음의) 근심 환 ⓩ 患
마음 심(心) + [꿸 관(串)→환]

**憂** (마음의) 근심 우 ⓩ 忧
머리 혈(頁) + 마음 심(心) +
천천히걸을 쇠(夊)

**恐** (마음이) 두려울 공 ⓩ 恐
마음 심(心) +
[조심스러울 공(巩)]

**懼** (마음이) 두려울 구 ⓩ 惧
마음 심(忄) + [볼 구(瞿)]

근심 수(愁)자는 '가을(秋)이 되면 다가올 추운 겨울 때문에 마음(心)이 근심스럽다'는 뜻입니다.

근심 환(患)자는 원래 '심장(心)을 꿰뚫어(串) 아프다'는 뜻입니다. 이후 '아프다→병(病)→재앙(災殃)→근심하다' 등의 뜻이 생겼습니다. 환자(患者)는 '아픈(患) 사람(者)'이고, 질환(疾患)은 '병(疾)과 병(患)'이란 뜻이며, 환란(患亂)은 '재앙(患)과 난리(亂)'입니다. 유비무환(有備無患)은 '준비(備)가 되어 있으면(有), 근심(患)이 없다(無)'는 뜻입니다.

근심 우(憂)자는 머리(頁)와 마음(心)으로 근심하며 천천히 걸어가는(夊) 모습입니다. 식자우환(識字憂患)은 '글자(字)를 아는(識) 것이 오히려 근심(憂)과 근심(患)이 되다'는 뜻으로, 차라리 모르는 편이 낫거나, 알기는 알아도 똑바로 잘 알고 있지 못하기 때문에 오히려 걱정거리라는 뜻입니다.

두려울 공(恐)자는 '두려우면 마음(心)이 조심스럽다(巩)'는 뜻을 담고 있습니다. 공룡(恐龍)은 '두려운(恐) 용(龍)'이란 뜻으로, 중생대에 번성하였던 거대한 파충류를 통틀어 이르는 말입니다. 화석에 의하여 400여 종 이상이 알려져 있습니다. 공황(恐慌)은 '두려움(恐)에 질려 다급하다(慌)'는 뜻으로, 경제에서는 경제 혼란 현상을 말합니다.

두려울 구(懼)자에 들어 있는 볼 구(瞿)자는 '두려움에 떨며 두 눈(目目)으로 주위를 둘러보고 있는 새(隹)'의 모습에서 '보다'는 뜻이 생겼습니다. 두려울 구(懼)자는 '이렇게 보고(瞿) 있는 새의 마음(忄)이 두렵다'는 뜻입니다. '송구스럽다'의 송구(悚懼)는 '죄송(悚)하고 두려운(懼) 마음이 거북하다'는 뜻입니다.

## 미움과 싫어함

**憎** (마음으로) 미워할 증 ⓩ 憎
마음 심(忄) +
[일찍/거듭 증(曾)]

**怨** (마음으로) 원망할 원 ⓩ 怨
마음 심(心) +
[누워딩굴 원(夗)]

미워할 증(憎)자는 '미워하는 마음(忄)이 거듭하여(曾) 증가하다'는 뜻이 담겨져 있습니다. 애증(愛憎)은 '사랑(愛)과 미움(憎)'이란 뜻입니다.

원수(怨讐), 원한(怨恨), 원망(怨望), 원성(怨聲) 등에 사용되는 원망할 원(怨)자는 '마음(心)으로 원망하다'는 뜻입니다. 〈원가(怨歌)〉는 '원망하는(怨) 노래(歌)'라는 뜻으로, 신라 때의 승려 신충(信忠)이 737년에 지은 향가입니다. 한때 친했던 자신을 잊어버린 왕을 원망하는 노래입니다.

한할 한(恨)자에 들어가는 괘이름 간(艮)자는 사람(人)이 눈(目)을 뒤로 향한 모양으로 '외면(外面)하다, 배신하다' 등의 뜻이 있습니다. 따라서 한할 한(恨)

恨 (마음으로) 한할 한 ⓩ 恨
마음 심(忄) +
[괘이름 간(艮)→한]

忌 (마음이) 꺼릴 기 ⓩ 忌
마음 심(心) + [몸 기(己)]

한할 한(恨)자는 원래 '외면하거나 배신하는(艮) 사람을 마음(忄)으로 미워하다'는 뜻입니다. 이후 '미워하다→원망스럽다→한하다→원통하다→후회하다' 등의 뜻이 생겼습니다. 원한(怨恨)은 '원망하고(怨) 미워하다(恨)'는 뜻이고, 한탄(恨歎)은 '한스럽게(恨) 탄식하다(歎)'는 뜻이고, 통한(痛恨)은 '가슴 아프게(痛) 원통하다(恨)'는 뜻이고, 회한(悔恨)은 '뉘우치고(悔) 후회하다(恨)'는 뜻입니다.

꺼릴 기(忌)자는 '몸(己)과 마음(心)이 모두 꺼리다'는 뜻입니다. 이후 '꺼리다→싫어하다→미워하다→시기(猜忌)하다' 등의 뜻이 생겼습니다. 기일(忌日)은 '꺼리는(忌) 날(日)'이란 뜻으로, 조상이 죽은 날을 말하며, 기제사(忌祭祀)는 '기일(忌日)에 지내는 조상의 제사(祭祀)'입니다. 병역기피(兵役忌避)는 '병역(兵役)을 꺼리어(忌) 피하다(避)'는 뜻으로, 군대를 가지 않으려고 하는 일을 말합니다.

### 괴로움과 분노

惱 (마음이) 괴로워할 뇌
ⓩ 恼 ⓨ 悩
마음 심(忄) + 내 천(巛) +
정수리 신(囟)

慘 (마음이) 참혹할 참
ⓩ 惨 ⓨ 惨
마음 심(忄) + [참여할 참(參)]

憤 (마음이) 분할 분 ⓩ 愤
마음 심(忄) + [클 분(賁)]

怒 (마음으로) 성낼 노 ⓩ 怒
마음 심(心) + [종 노(奴)]

고뇌(苦惱), 번뇌(煩惱) 등에 들어가는 괴로워할 뇌(惱)자는 머리 모양의 상형인 정수리 신(囟)자와 그 위에 머리털(巛)이 나 있는 머리에, 마음 심(忄)자를 추가한 글자로, '머리(囟)와 마음(忄)으로 괴로워하다'는 뜻입니다. 마음 심(忄)자 대신 고기 육(肉/月)자가 들어가면 뇌 뇌(腦)자가 됩니다. 백팔번뇌(百八煩惱)는 '백팔(百八) 가지의 번거로운(煩) 괴로움(惱)'이라는 뜻의 불교에서 나온 말로 사람이 가지고 있는 108 가지의 번뇌(煩惱)를 말합니다. 또 1926년에 최남선이 지은 우리나라 최초의 개인 시조집의 이름이기도 합니다. 마음 심(忄)자 대신 고기 육(肉/月)자가 들어가면 뇌 뇌(腦)자가 됩니다.

참혹할 참(慘)자는 '마음(忄)이 참혹(慘酷)하다'는 뜻입니다. 참패(慘敗)는 '참혹하게(慘) 패하다(敗)'는 뜻이고, 참사(慘事)는 '참혹한(慘) 일(事)'입니다.

분할 분(憤)자는 '분하면 마음(忄)이 크게(賁) 솟아오르다'는 뜻으로 만든 글자입니다. 비분강개(悲憤慷慨)는 '슬프고(悲) 분하고(憤) 슬프고(慷) 슬프다(慨)'는 뜻입니다.

성낼 노(怒)자는 '종(奴)들은 마음(心)속으로 항상 성을 낸다'는 뜻입니다. 잡혀 온 것만 해도 분한데, 평생 일만 해야 하니까 성을 내는 것은 당연합니다. 분노(憤怒)는 '분하여(憤) 성을 내다(怒)'는 뜻입니다. 천인공노(天人共怒)는 '하늘(天)과 사람(人)이 함께(共) 성을 내다(怒)'는 뜻으로, 누구나 분노할 만큼 증오스럽다는 뜻입니다.

### 마음의 작용

**悔** (마음으로) 뉘우칠 회 중 悔
마음 심(忄) +
[매양 매(每)→회]

**恕** (마음으로) 용서할 서 중 恕
마음 심(心) + 같을 여(如)

**惜** (마음으로) 아낄 석 중 惜
마음 심(忄) + [옛 석(昔)]

**愼** (마음으로) 삼갈 신 중 慎
마음 심(忄) + [참 진(眞)→신]

**悟** (마음으로) 깨달을 오 중 悟
마음 심(忄) + [나 오(吾)]

**慰** (마음으로) 위로할 위 중 慰
마음 심(心) +
[벼슬이름 위(尉)]

뉘우칠 회(悔)자는 '마음(忄)으로 뉘우치다'는 뜻입니다. 후회(後悔)는 '지난 뒤(後)에 뉘우치다(悔)'는 뜻입니다. 회개(悔改)는 '잘못을 뉘우치고(悔) 고치다(改)'는 뜻입니다.

용서할 서(恕)자에 들어가는 같을 여(如)자는 원래 '여자(女)가 주인의 말(口)에 따르다, 순종하다'는 뜻입니다. 따라서 용서할 서(恕)자는 '순종하니까(如) 마음(心)으로 용서(容恕)하다'는 뜻입니다.

아낄 석(惜)자는 원래 '지나간 옛날(昔)을 마음으로(忄) 아쉬워하다'는 뜻입니다. 이후 '아쉬워하다→아깝다→아끼다' 등의 뜻이 생겼습니다. 석별(惜別)은 '이별(離別)을 아쉬워하다(惜)'는 뜻이며, 석패(惜敗)는 '작은 점수 차로 아깝게(惜) 패배하다(敗)'는 뜻이고, 매점매석(買占賣惜)은 '물건을 모두 차지하여(占) 사두었다가(買) 아껴서(惜) 팔다(賣)'는 뜻으로, 물건을 필요 이상으로 사들여 물가가 오른 뒤 다시 팔아 이익을 챙기는 일을 말합니다. 점 점(占)자는 '차지하다, 점령(占領)하다'는 뜻도 있습니다.

참 진(眞)자와 마음 심(忄/心)자가 합쳐진 삼갈 신(愼)자는 '진심(眞心)으로 삼가다'는 뜻입니다. 신중(愼重)은 '삼가고(愼) 무겁게(重) 하다'는 뜻으로, 매우 조심스럽다는 의미입니다. 근신(謹愼)은 '말이나 행동을 삼가고(謹) 삼가다(愼)'는 뜻과 함께, 벌(罰)로 일정 기간 동안 출근이나 등교를 하지 않고 말이나 행동을 삼가는 것을 일컫습니다.

깨달을 오(悟)자는 '글을 읽으면서(吾) 마음(忄)으로 깨닫다'는 뜻입니다. 나 오(吾)자의 원래 뜻은 글 읽는 소리입니다. 대오각성(大悟覺醒)은 '크게(大) 깨닫고(悟), 깨닫고(覺), 깨닫다(醒)'는 뜻입니다. 돈오점수(頓悟漸修)는 '갑자기(頓) 깨달은(悟) 후 점진적으로(漸) 수행하다(修)'는 뜻으로, 불교에서 깨닫고 나서도 점진적으로 수행하여야 깨달음의 경지를 유지할 수 있다는 것입니다. 돈오돈수(頓悟頓修)는 '갑자기(頓) 깨닫고(悟) 갑자기(頓) 닦는다(修)'는 뜻으로, 단박에 깨쳐서 더 이상 수행할 것이 없는 경지에 도달하는 것입니다.

위로(慰勞), 위문(慰問), 위안(慰安) 등에 사용되는 위로할 위(慰)자는 '마음(心)으로 위로하다'는 뜻입니다. 종군위안부(從軍慰安婦)는 '자발적으로 군대(軍)를 따라 다니며(從) 군인을 위로해 주고(慰) 편안하게(安) 해주는 여자(婦)'라는 뜻으로, 강제로 성노예 생활을 해야 했던 일본군 위안부의 실상을 감추려고 일본이 만들어낸 용어입니다. 현재 공식적인 용어로는 '일본군 위안부'입니다.

## 사람의 성품

**性** 성품 성 중 性
마음 심(忄) + [날 생(生)→성]

**惡** (마음이) 악할 악, 싫을 오
중 恶 약 悪
마음 심(心) +
[버금 아(亞)→악,오]

**恭** (마음이) 공손할 공 중 恭
마음 심(心) + [함께 공(共)]

**慧** (마음의) 지혜 혜 중 慧
마음 심(心) +
[비/영리할 혜(彗)]

**恣** (마음이) 방자할 자 중 恣
마음 심(心) +
[버금 차(次)→자]

**愚** (마음이) 어리석을 우 중 愚
마음 심(心) + [원숭이 우(禺)]

**慢** (마음이) 거만할 만 중 慢
마음 심(忄) +
[길게 끌 만(曼)]

**怠** (마음이) 게으를 태 중 怠
마음 심(心) + [별 태(台)]

성품 성(性)자는 '태어날(生) 때 가지는 마음(忄)이 사람의 천성(天性)인 성품(性品)이다'는 뜻입니다. 이후 '성품(性品)→바탕→성질(性質)→성별(性別)→남녀(男女)' 등의 뜻이 생겼습니다. 성선설(性善說)은 '사람이 태어날 때의 성품(性)은 선(善)하다고 생각하는 학설(說)'로, 맹자(孟子)가 주장한 학설입니다.

악인(惡人), 악마(惡魔), 악당(惡黨) 등에 들어가는 악할 악(惡)자 혹은 싫을 오(惡)자는 '마음(心)이 악하다'는 뜻으로, '악한 마음(心)이 싫다'는 뜻도 있습니다. 성악설(性惡說)은 '사람이 태어날 때의 성품(性)은 악(惡)하다고 생각하는 학설'로, 고대 중국의 유학자 순자(荀子)가 주장했습니다. 악당(惡黨)은 '악한(惡) 무리(黨)'이고, 증오(憎惡)는 '미워하고(憎) 싫어하다(惡)'는 뜻입니다.

공손할 공(恭)자에 들어가는 함께 공(共)자는 두 손(廾)으로 함께 어떤 물건을 바치고 있는 모습입니다. 이 모습에서 '함께, 같이, 바치다, 공손하다' 등의 뜻이 생겼습니다. 나중에 '(마음이) 공손하다'는 뜻을 분명히 하기 위해 마음 심(心)자가 추가되었습니다. 글자 아래에 있는 것이 마음 심(心)자의 변형 자입니다. 공경(恭敬), 공대(恭待), 공손(恭遜) 등에 사용됩니다.

지혜(智慧), 혜안(慧眼) 등에 들어가는 지혜 혜(慧)자는 '영리한(彗) 마음(心)이 지혜롭다'는 뜻입니다. 비 혜(彗)자는 '영리하다, 총명하다'는 뜻도 있습니다. 혜안(慧眼)은 '지혜로운(慧) 눈(眼)'이란 뜻으로, 사물을 꿰뚫어 보는 안목과 식견을 말합니다.

방자할 자(恣)자의 방자(放恣)는 '어려워하거나 삼가는 태도가 없이 건방지거나 멋대로 하다'는 뜻입니다. 방자한 것은 마음에서 기인하니까, 마음 심(心)자가 들어갑니다. '나쁜 짓을 서슴없이 자행하다'에서 자행(恣行)은 '멋대로(恣) 행하다(行)'는 뜻입니다.

어리석을 우(愚)자는 '원숭이(禺)의 마음(心)이 어리석다'는 뜻입니다. 우공이산(愚公移山)은 '어리석은(愚) 사람(公)이 산(山)을 옮기다(移)'라는 뜻으로, 아무리 우직하다 해도 쉬지 않고 노력하면 큰일도 해낼 수 있음을 일컫습니다. 만우절(萬愚節)은 '많은(萬) 사람이 바보(愚)가 되는 명절(節)'입니다.

거만할 만(慢)자는 '일을 항상 길게 끌어서(曼) 하는 것은 마음(忄)이 게으르기 때문이다'는 뜻으로, 원래 '게으르다'는 뜻을 가지고 있습니다. 이후 '게으르다→느리다→방종하다→거만하다' 등의 뜻이 생겼습니다. 태만(怠慢)은 '게으르고(怠) 게으르다(慢)'는 뜻이고, 만성질환(慢性疾患)은 '느린(慢) 성질(性)의 질환(疾患)'으로, 잘 낫지도 않으며 오래 끄는 병(病)입니다. 급성질환(急性疾患)의 반대입니다. 오만(傲慢)은 '거만하고(傲) 거만하다(慢)'는 뜻입니다.

게으를 태(怠)자는 '마음(心)이 게으르다'는 뜻입니다. 태업(怠業)은 '일(業)을 게을리 하다(怠)'는 뜻으로, 겉으로는 일을 하지만 의도적으로 일을 게을리 하는 노동쟁의 행위의 하나입니다. '일(業)을 그만 두다(罷)'는 뜻의 파업(罷業)보다 약한 노동쟁의 행위입니다.

### 기타(1)

**寧** (마음이) 편안할 녕
중 宁 약 寍
집 면(宀) + 마음 심(心) + 그릇 명(皿) + [장정 정(丁)→녕]

**怪** (마음이) 기이할 괴 중 怪
마음 심(忄) +
[힘쓸 골(圣)→괴]

**慾** (마음의) 욕심 욕 중 欲
마음 심(心) +
[하고자할 욕(欲)]

**急** (마음이) 급할 급 중 急
마음 심(心) +
[미칠 급(及→刍)]

편안할 녕(寧)자는 '집(宀)에서 그릇(皿)의 음식을 먹고 있으니 마음(心)이 편안하다'는 뜻입니다. 안녕(安寧)은 '편안하고(安) 편안하다(寧)'는 뜻입니다. 수복강녕(壽福康寧)은 '오래 살고(壽) 복(福)을 누리며 건강(康)하고 편안하게(寧) 사는 것'으로, 옛 사람들이 가장 원하는 것이었습니다. 그래서 옷이나 벽에 이 글자를 새기거나 붙여 놓았습니다.

기이할 괴(怪)자에 들어가는 힘쓸 골(圣)자는 '땅(土)을 손(又)으로 갈다→힘쓰다' 등의 뜻을 가지고 있습니다만, 여기에서는 소리로 사용됩니다. 괴물(怪物)은 '기이한(怪) 물건(物件)'입니다. 괴질(怪疾)은 '원인을 알 수 없는 기이한(怪) 병(疾)'이란 뜻으로, 전염병이나 콜레라를 말합니다. 여고괴담(女高怪談)은 '여자 고등학교(女高)의 기이한(怪) 이야기(談)'라는 뜻입니다.

욕심 욕(慾)자는 '하고자 하는(欲) '마음(心)이 욕심(慾心)이다'는 뜻입니다. 사리사욕(私利私慾)은 '사사로운(私) 이익(利)과 사사로운(私) 욕심(慾)'이란 뜻으로, 개인의 사사로운 이익과 욕심을 의미합니다. 욕구불만(慾求不滿)은 '욕심(慾)과 구하는(求) 것이 채워지지(滿) 않는다(不)'는 뜻입니다. 오욕(五慾)은 '인간의 다섯(五) 가지 욕망(慾)'으로, 재물욕(財物慾), 색욕(色慾), 식욕(食慾), 명예욕(名譽慾), 수면욕(睡眠慾)을 말합니다.

급할 급(急)자에 들어가는 미칠 급(及→刍)자는 '앞에서 도망가는 사람(人)을 손(又, ⺕)으로 잡다, 미치다'는 뜻입니다. 따라서 급할 급(急)자는 '도망가는 사람이나 잡는 사람의 마음(心)이 급하다'는 뜻입니다. 급성질환(急性疾患)은 '급한(急) 성질(性)의 질환(疾患)'으로, 급성맹장염 같이 급히 일어나는 성질을 가진 병(病)입니다.

## 기타(2)

恩 (마음의) 은혜 은 ⓒ 恩
마음 심(心) +
[인할/의지할 인(因)→은]

惠 (마음의) 은혜 혜 ⓒ 惠
마음 심(心) + 오로지 전(專)

忠 (마음의) 충성 충 ⓒ 忠
마음 심(心) +
[가운데 중(中)→충]

懇 (마음의) 정성 간 ⓒ 恳
마음 심(心) + [간절할 간(豤)]

慣 (마음의) 버릇 관 ⓒ 惯
마음 심(忄) +
[꿸/익숙할 관(貫)]

한국 최초의 근대식 병원
광혜원을 설립한 앨런(Allen, H.N.)

은혜 은(恩)자는 '의지하는(因) 사람에게 마음으로(心) 은혜를 느끼다'는 뜻입니다. 결초보은(結草報恩)은 '풀(草)을 묶어(結) 은혜(恩)를 갚다(報)'는 뜻으로, 죽어서도 은혜를 잊지 않고 갚음을 일컫는 말입니다. 《춘추좌씨전(春秋左氏傳)》에서 유래한 고사성어로 '중국 춘추 시대에 풀을 묶어 놓아 적군이 탄 말이 걸려 넘어지게 하여 은혜를 갚았다'는 이야기에서 유래합니다.

은혜 혜(惠)자는 '오로지(專) 한결같은 마음(心)으로 남에게 은혜(恩惠)를 베풀다'는 뜻입니다. 광혜원(廣惠院)은 '널리(廣) 은혜를 베푸는(惠) 집(院)'으로, 1885년(고종 22년)에 미국인 선교사 앨런의 주관 아래 세워진 한국 최초의 근대식 병원입니다. 이후 제중원(濟衆院: 중생들을 구제해 주는 집)으로 이름을 바꾸었습니다.

충성 충(忠)자는 원래 '마음(心)이 한쪽으로 치우치지 않고 가운데(中)에 있어서 공평하다'는 뜻입니다. 이후 '공평하다→정성스럽다→충성하다'는 뜻이 생겼습니다. 충고(忠告)는 '정성스럽게(忠) 고하다(告)'는 뜻으로, 남의 잘못을 고치도록 진심으로 타이르는 것입니다. 고려의 왕 중에서, 충렬왕(忠烈王, 25대), 충선왕(忠宣王, 26대), 충숙왕(忠肅王, 27대), 충혜왕(忠惠王, 29대), 충목왕(忠穆王, 29대), 충정왕(忠定王, 30대) 등 모두 충성 충(忠)자가 들어 있습니다. 당시 원나라의 지배하에서 원나라에 충성(忠誠)한다는 뜻이 담겨 있는 이름입니다.

간청(懇請), 간절(懇切) 등에 들어가는 정성 간(懇)자는 '마음(心)이 간절하니(豤) 정성스럽다'는 뜻입니다. 간청(懇請)은 '간절히(懇) 청하다(請)'는 뜻입니다. 간담회(懇談會)는 '마음을 터놓고 정성스럽게(懇) 이야기하는(談) 모임(會)'입니다.

버릇 관(慣)자는 '오랫동안 익숙해진(貫) 마음(忄)이 버릇이다'는 뜻입니다. 꿸 관(貫)자는 '꿰다→뚫다→통과하다→달성하다→익숙하다' 등의 뜻이 있습니다. 관성(慣性)은 '버릇(慣)처럼 계속 하려는 성질(性)'로, 물리학에서는 정지하고 있는 물체는 계속 정지하려고 하고, 움직이고 있는 물체는 계속 움직이려고 하는 성질을 말합니다. 관습법(慣習法)은 '사회에서 형성된 관행(慣行)이나 습관(習慣)이 굳어져서 법의 효력을 갖게 된 법(法)'입니다. 관용어(慣用語)는 '버릇(慣)처럼 사용하는(用) 말(語)'입니다. '죽다'라는 말을 '돌아가다' 혹은 '세상을 떠나다'고 표현하는데, 이와 같이 원래의 뜻과는 달리 습관(習慣)적으로 쓰는 말을 관용어라고 합니다.

## 기타(3)

**忘** (마음이) 잊을 망 중 忘
마음 심(心) + [망할 망(亡)]

**忙** (마음이) 바쁠 망 중 忙
마음 심(忄) + [망할 망(亡)]

**惑** (마음이) 미혹할 혹 중 惑
마음 심(心) + [혹 혹(或)]

**忍** (마음으로) 참을 인 중 忍
마음 심(心) + [칼날 인(刃)]

**忽** 갑자기 홀 중 忽
마음 심(心) + [말 물(勿)→홀]

**應** (마음으로) 응할 응
중 应 약 応
마음 심(心) + [매 응(鷹)]

**息** 숨쉴 식 중 息
마음 심(心) + 스스로 자(自)

마식령산맥

잊을 망(忘)자와 바쁠 망(忙)자는 둘 다 마음 심(心/忄)자에 망할 망(亡)자가 합쳐진 글자입니다. 하나는 '마음(心)을 잊다(亡)'는 뜻이고, 다른 하나는 '마음(忄)을 잊어버릴(亡) 정도로 바쁘다'는 뜻입니다. 망우초(忘憂草)는 '근심(憂)을 잊게(忘) 해주는 풀(草)'이란 뜻으로, 담배를 이르는 말입니다. 망중한(忙中閑)은 '바쁜(忙) 중(中)에도 한가한(閑) 때'를 말하고, 공사다망(公私多忙)은 '공적인(公) 일과 사적인(私) 일로 많이(多) 바쁘다(忙)'는 뜻입니다.

의혹(疑惑), 현혹(眩惑), 유혹(誘惑) 등에 들어가는 미혹할 혹(惑)자는 '마음(心)이 혹(或)하는 것이 미혹(迷惑)하다'는 뜻입니다.

참을 인(忍)자는 원래 '칼날(刃)을 심장(心)에 꽂을 정도로 잔인(殘忍)하다'는 뜻입니다. 이후 '잔인(殘忍)하다→(잔인함을) 견디다→참다' 등의 뜻이 생겼습니다. 인동초(忍冬草)는 '겨울(冬)을 참고(忍) 나는 풀(草)'이란 뜻으로, 겨우살이덩굴을 말합니다. 목불인견(目不忍見)은 '눈(目)으로 차마(忍) 볼(見) 수 없다(不)'는 뜻으로, 몹시 참혹하거나 처참함을 이르는 말입니다.

갑자기 홀(忽)자는 원래 '마음(心)에 두지 않다(勿)'는 뜻입니다. 이후 '마음에 두지 않다→소홀(疏忽)히 하다→잊다→문득 (잊다)→갑자기' 등의 뜻이 생겼습니다. 홀대(忽待)는 '소홀히(忽) 대접하다(待)'는 뜻이고, '인사도 없이 홀연히 떠났다'에서 홀연(忽然)은 '갑자기(忽) 그러하다(然)'라는 뜻입니다.

우리나라의 매사냥은 고조선 때부터 있었고, 고려 시대에 응방(鷹坊)이라는 관청까지 두었습니다. 매사냥꾼은 매와 마음이 잘 통해야 합니다. 응할 응(應)자는 '사냥하는 매(鷹)가 사람의 마음(心)에 응하다'는 뜻입니다. 응답(應答), 대응(對應), 반응(反應) 등에 사용됩니다. 응인(應人)은 '매에 응하는(應) 사람(人)'이란 뜻으로, 매사냥꾼을 뜻합니다. 임기응변(臨機應變)은 '어떤 기회(機)에 임하면(臨), 대응하여(應) 변하다(變)'는 뜻으로, 그때그때 처한 상황에 맞추어 재빨리 그 자리에서 알맞게 대처하는 것을 이릅니다.

숨쉴 식(息)자는 '공기가 코(自)에서 (허파를 거쳐) 심장(心)으로 가다'는 뜻입니다. 이후 '숨 쉬다→(숨을 쉬면서) 쉬다→(숨 쉬며) 살다→번식하다→자식(子息)' 등의 뜻도 생겼습니다. 마식령산맥(馬息嶺山脈)은 '산이 너무 험해 말(馬)도 쉬어(息) 가는 고개(嶺)가 있는 산맥(山脈)'으로, 강원도와 황해도의 경계를 이루는 산맥입니다.

### 기타(4)

懷 (마음에) 품을 회 중 怀 약 懐
마음 심(忄) + [그리워할 회(褱)]

恒 항상 항 중 恒
마음 심(忄) + [뻗칠 긍(亘)→항]

悠 멀 유 중 悠
마음 심(心) + [바 유(攸)]

憲 법 헌 중 宪
해칠 해(害) + 눈 목(目/罒) + 마음 심(心)

隱 숨을 은 중 隐 약 隠
언덕 부(阝) + [숨길 은(㥯)]

방법적회의를 주장한 데카르트

품을 회(懷)자는 '그리워하는(褱) 사람을 마음(忄)에 품다'는 뜻입니다. 방법적 회의(方法的懷疑)는 '확실한 진리에 이르기 위한 방법으로(方法的) 모든 것에 의심(疑)을 품다(懷)'는 뜻으로, 프랑스 철학자 데카르트(1596~1650년)가 확실한 진리에 이르기 위한 방법으로 모든 것(감각, 의식, 철학적 이론 등)을 먼저 의심스러운 거짓으로 단정하고, 의심할 수 없이 확실하다면 진리로 인정하였습니다. 데카르트는 자기 자신조차도 실제로 존재하는 것인지를 의심하게 되고, 결국 "나는 생각한다, 고로 존재한다"라는 유명한 말을 남기게 됩니다.

항상 항(恒)자는 '마음(心)이 항상 변하지 않는다'는 뜻입니다. 항등식(恒等式)은 '항상(恒) 같은(等) 식(式)'으로, 등식(等式)에서 미지수의 값이 얼마이든 항상 같은 식입니다. 예를 들어 x+x=2x라고 하면 미지수 x가 얼마가 되든지 항상 양변이 같습니다. 항성(恒星)은 '위치가 항상(恒) 일정한 별(星)'로, 천구 위에서 위치를 바꾸지 않는 별입니다. 행성(行星), 위성(衛星), 혜성(彗星) 등을 제외한 별 모두가 항성입니다.

멀 유(悠)자는 원래 '마음(心)으로 근심하다'는 뜻입니다. 이후 '근심하다→생각하다→한가하다→아득하다→멀다' 등의 뜻이 생겼습니다. 유유자적(悠悠自適)은 '한가하고(悠) 한가하게(悠) 스스로(自) 즐기다(適)'는 뜻으로, 속세에 속박됨이 없이 자기가 하고 싶은 대로 마음 편히 지냄을 이르는 말입니다. '유구한 역사'에서 유구(悠久)는 '아득히 먼(悠) 오래(久)'란 뜻입니다.

법 헌(憲)자는 죄수나 전쟁 포로의 한쪽 눈(罒)을 해(害)하여 애꾸눈을 만들었던 형벌(刑罰)에서 법(法)이라는 의미가 생겼습니다. 애꾸눈으로 만들어 노동력은 유지하면서 거리감을 없애 반항을 하지 못하도록 하기 위함이었습니다. 나중에 '이런 법을 마음으로 지킨다'고 해서 마음 심(心)자가 추가되었습니다. 입헌군주제(立憲君主制)는 '헌법(憲)을 제정하고(立) 그 헌법에 따라 군주(君主)가 다스리는 제도(制)'입니다. 왕이 나라를 다스린다는 의미에서는 군주와 같지만, 의회에서 만든 헌법에 따라 다스린다는 점에서 왕이 마음대로 다스리는 절대군주제나 전제군주제와는 다릅니다. 이러한 입헌군주제는 시민혁명 이후 막강한 군주의 권한을 제한하려는 과정에서 출현하였습니다.

숨을 은(隱)자에 들어가는 숨길 은(㥯=爫+工+彐+心)자는 두 손(爫, 彐) 사이에 무언가(工)를 숨기려는 마음(心)을 나타내는 글자입니다. 나중에 의미를 분명히 하기 위해 언덕 부(阝)자가 추가되었습니다. '언덕(阝) 뒤에 숨는다'라는 뜻입니다. 은인자중(隱忍自重)은 '괴로움을 숨기며(隱) 참고(忍) 스스로(自) 신중히(重) 하다'는 뜻입니다.

### 기타(5)

**懸** 매달 현 ㊥ 悬
마음 심(心) + [고을 현(縣)]

**態** 모양 태 ㊥ 态
마음 심(心) + 능할 능(能)

**懲** 징계할 징 ㊥ 惩
마음 심(心) + [부를 징(徵)]

현수교로 만든 미국 샌프란시스코의 금문교

매달 현(懸)자에 들어가는 고을 현(縣)자는 나무(一)에 줄(糸)을 매어 꺼꾸로 된 머리(首→県)를 매단 모습입니다. 따라서 원래의 뜻은 사형수의 목을 잘라 높이 '매달다, 걸다'는 뜻입니다. 전시효과를 극대화하기 위해 이런 목은 주로 고을의 성문 앞에 달았고, 결국 현(縣)자는 고을을 의미하게 되었습니다. 나중에 원래의 뜻을 살리기 위해 마음 심(心)가 추가되어 매달 현(懸)가 생겼습니다. 마음 심(心)자가 붙은 이유는 정확하지 않지만, 오랫동안 마음에 남아있는 것이 '마음에 매달려 있다'라고도 합니다. 현수교(懸垂橋)는 '매달려(懸) 드리워져(垂) 있는 다리(橋)'입니다. 현상금(懸賞金)은 '상으로(賞) 걸어(懸) 놓은 돈(金)'입니다.

모양 태(態)자는 '능(能)히 일을 할 수 있는 자신에 찬 마음(心)이 얼굴이나 태도에 나타나다'는 데에서 '모양, 태도(態度)'라는 뜻이 생겼습니다. 변태(變態)는 '모양(態)이 변하다(變)'는 뜻으로, 장구벌레가 자라면 모기가 되고, 구더기는 파리, 송충이는 솔나방, 배추벌레는 나비가 되는 것처럼, 자라면서 모양이 완전히 변하는 것을 변태라고 합니다. 나비, 벌, 모기, 파리와 같이 유충(幼蟲: 애벌레)→번데기→성충(成蟲) 등, 3단계로 변하는 것을 완전변태(完全變態)라 하고, 하루살이, 매미, 잠자리, 메뚜기, 바퀴벌레와 같이 유충(幼蟲)→성충(成蟲) 등 2단계로 변하는 것을 불완전변태(不完全變態)라 합니다. 성적(性的)으로 이상한 짓을 하는 사람을 보고 변태(變態)라고 하는데, 이때는 '상태(狀態)가 이상하게 변(變)하다'는 뜻입니다.

징계할 징(懲)자의 어원에 대해서는 알려지지 않습니다. 다만, 글자 내에 칠 복(攵)자가 들어가 있는 것으로 보아 '매로 때리며(攵) 혼내다, 징계(懲戒)하다, 응징(膺懲)하다'는 뜻이 생겼을 것으로 추측합니다. 권선징악(勸善懲惡)은 '선(善)을 권하고(勸), 악(惡)을 징계하다(懲)'는 뜻으로, 《흥부전》 같은 고대소설의 주제는 대부분 권선징악입니다. 징역(懲役)은 '징계하기(懲) 위해 부리다(役)'는 뜻으로, 감옥에 갇혀 있으면서 강제노역에 동원됩니다. 반면 금고(禁錮)는 '자유를 금(禁)하고 막다(錮)'는 뜻으로, 감옥에 갇혀 자유를 구속당하지만, 강제노역을 하지 않는 점에서 징역과 구별됩니다. 징역형은 보통 강도, 강간, 절도, 사기죄 등의 파렴치범에 과하여지고, 금고형은 정치범, 과실범 등에 주로 부과되는 형벌입니다.

# 넷째 마당

## 생활과 관련한 부수한자

실과 옷, 음식과 그릇, 벼와 쌀, 농사, 집, 책과 붓,
운송, 길과 이동, 칼, 도끼와 창, 활과 화살,
북과 깃발, 제사와 점, 나라와 고을

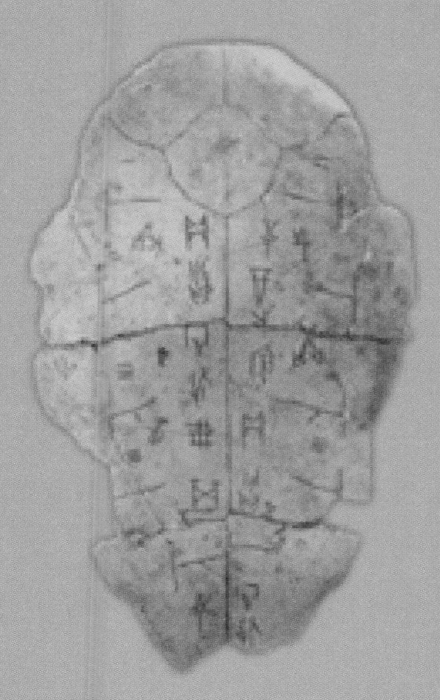

# 생활 4-1 실과 옷(1)

실 사(糸) | 검을 현(玄) | 작을 요(幺)

糸 | 

실 사/면(糸)
실을 꼬아 만드는 모습

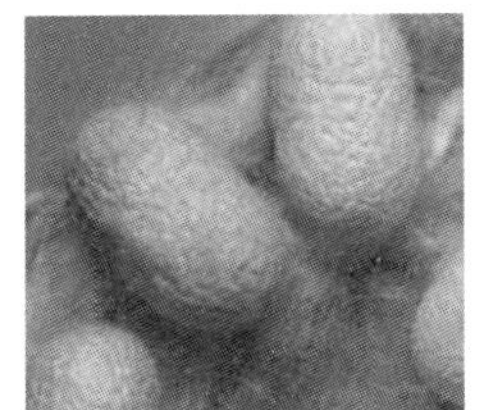

실을 뽑아내는 누에고치

중국이 자랑하는 실크웜 미사일
누에 미사일이란 뜻이다

중국에서는 갑골문자가 만들어지기 이전부터 실을 만들어 사용했습니다. 전설에 의하면 황제(黃帝)와 그 왕비 서릉씨(西陵氏)가 누에를 치고, 누에고치에서 실을 뽑아 비단 짜는 기술을 가르쳤다고 합니다. 중국의 비단은 한(漢)나라 때부터 서양으로 수출할 정도로 유명했습니다. 당시 서양에서는 벌레에서 옷감을 만든다고 하니 신기했을 겁니다. 또 서양에서는 누에를 실크웜(silkworm, 비단벌레), 비단이 들어온 무역로를 실크로드(Silk Road, 비단길)라 불렀습니다.

누에는 뽕잎을 먹고 자라는데, 20여일 동안 자라면 고치를 짓기 시작합니다. 누에는 약 2~3일에 걸쳐 무게가 2.5g되는 타원형의 고치를 만들고 그 속에서 번데기가 됩니다. 번데기가 다 자라면 고치를 뚫고 나와 나방이 되는데, 비단을 만들기 위해서는 고치를 뚫고 나오기 전에 고치를 삶아, 고치에서 가는 실을 뽑아냅니다. (고치 속에 있던 번데기는 길거리 간식으로 팔려 나갑니다.) 실은 1개의 고치에서 1,200~1,500m가 나옵니다. 이렇게 뽑아낸 가는 실은 여러 가닥을 꼬아서 베를 짤 수 있는 실을 만듭니다. 실 사(糸)자의 아래에 있는 소(小)자는 누에고치에서 나온 여러 가닥의 가는 실을 형상화하였고, 위에 있는 요(幺)자는 여러 가닥의 실을 꼬고 있는 형상입니다.

솜으로 만든 무명실은 비단이 나온 지 몇 천 년이 지난 11세기경부터 일반화되었습니다. 솜을 일컫는 면(綿)자는 실 사(糸)자에 비단 백(帛)자를 합쳐 만든 글자입니다. 이것을 보면 무명이 비단보다 나중에 나온 것을 알 수 있습니다. 따라서 갑골문자에는 솜이나 무명을 나타내는 글자가 없습니다.

### 실과 관련된 글자

絲 실 사 중 丝 약 糸
실 사(糸) X 2

經 날실/지날/글 경
중 经 약 経
실 사(糸) + [물줄기 경(巠)]

실 사(糸)자는 부수로만 사용되고, 실 사(糸)자가 2개 모인 실 사(絲)자는 실제 글자로 사용됩니다. 중국 음식 중 기스면(鷄絲麵: 계사면)은 '닭고기(鷄)를 실(絲)처럼 가늘게 썰어 넣어 만든 국수(麵)'라는 뜻입니다. 일반적으로 요리를 다 먹고 마지막으로 먹기 때문에 분량이 아주 적습니다. 사구체(絲球體)는 '실(絲)처럼 생긴 모세혈관이 공(球)처럼 둥글게 뭉친 물체(體)'로, 콩팥 피질부(皮質部)에서 혈액을 여과하여 오줌을 만듭니다.

베를 짜는 사람을 기준으로, 가로(베의 폭 방향)로 들어가는 실을 씨줄, 세로

**緯** 씨줄 위 중 纬
실 사(糸) +
[가죽/둘러쌀 위(韋)]

**縱** 세로 종 중 纵
실 사(糸) + [좇을 종(從)]

**綿** 솜 면 중 绵
실 사(糸) + 비단 백(帛)

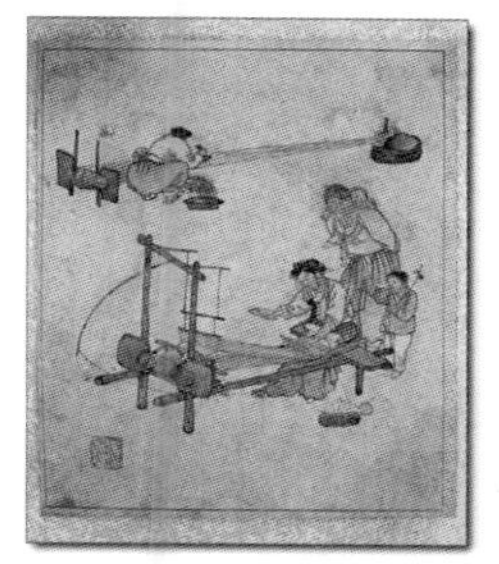
베틀에서 베를 짜는 그림(김홍도)

씨줄이 들어가는 북

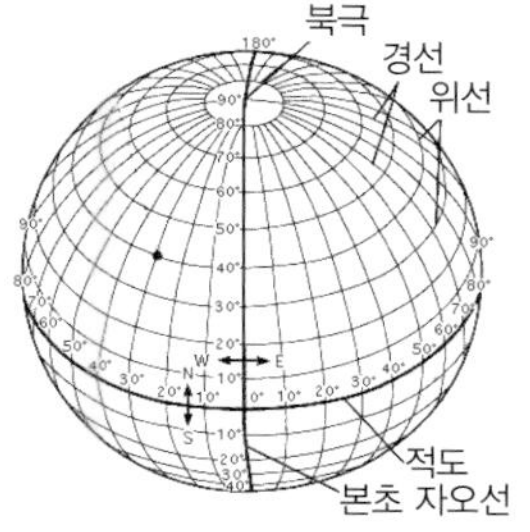

지구의 경선과 위선

(길이 방향)로 들어가는 실을 날실이라고 합니다. 베틀에 걸려 있는 날실 사이로 북(필통 크기의 배 모양으로 생긴 나무통으로 이곳에 씨줄이 들어 있습니다)이 들락날락하면서 베를 짭니다.

물줄기 경(巠)

날실 경(經)자에 들어 있는 물줄기 경(巠)자는 '실(巛)이 걸려 있는 베틀(壬)'의 모습을 본떠 만든 글자입니다. 따라서 날실 경(經)자는 '베틀(巠)에 걸려 있는 실(糸)'을 의미합니다. 이후 '날실→(베를 짤 때 날실이) 지나가다→(세로의 날실처럼 세로로 쓴) 글→경서(經書)→법→(법으로) 다스리다' 등의 뜻이 생겼습니다. 경로(經路)는 '지나가는(經) 길(路)'이고, 경전(經典), 불경(佛經), 성경(聖經), 사서삼경(四書三經) 등은 글이나 경서를 뜻하고, 우이독경(牛耳讀經)은 '소(牛) 귀(耳)에 경(經) 읽기(讀)'입니다. 경제(經濟)는 중국 수나라 때 왕통이 편찬한 《문중자(文中子)》에 나오는 경세제민(經世濟民), 즉 '세상(世)을 다스리고(經) 백성(民)을 구제하다(濟)'는 말의 줄임말입니다. 영어의 'economy'를 일본인이 한자로 바꾸는 과정에서 경세제민을 줄여 경제라는 말을 만들었습니다.

씨줄 위(緯)자는 '날실을 둘러싸듯이(韋) 지나가는 실(糸)'입니다. 날실 경(經)자의 쓰임새에 비하면 씨줄 위(緯)자는 별로 사용되지 않는 글자입니다. 지도의 위도(緯度)와 위선(緯線)에 사용되고, 경위(經緯)라는 단어에 사용되는 것이 고작입니다.

지도에서 경선(經線)과 위선(緯線) 중 어느 것이 세로로 있는지 혼동되는 경우가 많은데, 한자를 알면 쉽게 구분할 수 있습니다. 경(經)자에 들어가는 물줄기 경(巠)자에 실(巛)이 세로로 걸려 있기 때문에, 지도에서 세로로 있는 선이 경선(經線)입니다. 경위(經緯)는 '베를 이루는 날실(經)과 씨줄(緯)'이란 뜻에서 '사건의 전말'이나 '일의 내력'이란 뜻이 생겼습니다.

세로 종(縱)자는 원래 세로로 있는 날실이란 뜻에서 '세로'라는 뜻이 생겼습니다. 또 '날실이 느슨하다'는 의미로 '(실을) 느슨하게 하다→놓아주다→멋대로 하다→풀어 주다'라는 뜻도 생겼습니다. 종횡(縱橫)은 '세로(縱)와 가로(橫)'이고, 방종(放縱)은 '놓아주어(放) 멋대로(縱) 행동하다'는 뜻입니다.

솜 면(綿)자는 '솜이 비단(帛)처럼 부드러운 실(糸)이다'는 뜻입니다. 해면(海綿)은 '바다(海)의 솜(綿)'이란 뜻으로, 바다에서 나는 천연 스펀지(sponge)입니다. 해면은 다른 곳으로 이동할 수 없기 때문에 식물로 생각하기 쉽지만, 다량의 물을 빨아들여서 필요한 유기물이나 먹이를 걸러 먹는 동물입니다.

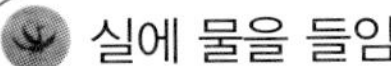

## 실에 물을 들임

**純** 순수할 순 ⓒ 纯
실 사(糸) + [진칠 둔(屯)→순]

**素** (실이) 흴/바탕 소 ⓒ 素
실 사(糸) + 드리울 수(垂)

**納** (물에) 들일 납 ⓒ 纳
실 사(糸) + [들일 납(内)]

**紅** (실이) 붉을 홍 ⓒ 红
실 사(糸) + [장인 공(工)→홍]

**綠** (실이) 푸를 록 ⓒ 绿
실 사(糸) + [새길 록(彔)]

**紫** (실이) 자줏빛 자 ⓒ 紫
실 사(糸) + [이 차(此)→자]

실을 만들면 먼저 색으로 염색을 했기 때문에, 색을 나타내는 글자에 실 사(糸) 자가 들어가는 경우가 많습니다. 누에에서 뽑아낸 명주실은 맨 먼저 잿물에 삶아 희고 부드럽게 만듭니다. 이러한 과정을 '누인다'고 하는데, 순수할 순(純)자는 원래 누이지 않은 실을 의미하였고, 이후 '가공하지 않아 순수하다'는 의미가 추가되었습니다. 순수(純粹), 순결(純潔), 순진(純眞), 순금(純金), 단순(單純) 등에 사용됩니다.

흴 소(素)자는 '명주실을 누인 후, 물에 빨아 널어 드리운(垂) 명주실(糸)이 깨끗하고 희다'는 뜻입니다. 이후 '희다→(염색을 하지 않아) 수수하다→(염색을 할) 바탕→본디' 등의 뜻이 생겼습니다. '흰 소복을 입은 처녀귀신'의 소복(素服)은 '흰(素) 옷(服)'이란 뜻으로, 사람이 죽으면 입는 상복(喪服)을 뜻합니다. 소박(素朴)한 옷차림은 '수수하고(素) 순박한(朴)' 옷차림이며, 수학에서 나오는 소수(素數)는 '바탕(素)이 되는 수(數)'라는 뜻으로 어떤 수를 계속 나누어 내려갈 때, 더 이상 나누어지지 않아 바탕이 되는 수라는 뜻입니다. 1과 자기 자신으로만 나누어지는 수로, 2, 3, 5, 7, 11,13 등이 그러한 수입니다.

납입(納入), 납세(納稅), 납부(納付), 출납(出納) 등에 사용되는 들일 납(納)자는 원래 '실(糸)을 염색하기 위해 물에 넣다'는 뜻입니다. 원납전(願納錢)은 '자신이 원해서(願) 납부하는(納) 돈(錢)'이란 뜻으로, 조선 후기 대원군이 경복궁을 새로 고치기 위해 거둔 기부금입니다. 원래 기부금은 스스로 원해서 내지만, 원납전은 강제적으로 거두었고 심지어 많이 내는 사람에게 벼슬까지 주는 등 폐해가 많았습니다.

붉을 홍(紅), 자줏빛 자(紫), 푸를 록(綠)자는 모두 물들인 실의 색을 뜻하기 때문에 실 사(糸)자가 들어갑니다.

홍의장군(紅衣將軍)은 '붉은(紅) 옷(衣)을 입은 장군(將軍)'으로, 임진왜란 때 의병장이었던 곽재우 장군의 별명입니다. 전쟁에서 붉은 옷을 입고 선두에서 많은 왜적을 무찔러서 홍의장군이란 별명이 붙었습니다.

자외선(紫外線)은 '자주색(紫) 빛보다 바깥(外)에 있는 광선(線)'으로, 자주색보다 더 짧은 파장을 가져 우리 눈에는 보이지 않습니다.

엽록소(葉綠素)는 '잎(葉)에 있는 푸른(綠) 색소(色素)'로, 빛을 흡수하여 에너지로 전환시키는데 식물의 엽록체(葉綠體) 안에 있습니다.

## 길쌈

紡 길쌈 방 ❸ 纺
실 사(糸) + [모 방(方)]

績 길쌈 적 ❸ 绩
실 사(糸) +
[꾸짖을 책(責)→적]

織 짤 직 ❸ 织
실 사(糸) + [새길 시(戠)→직]

組 짤 조 ❸ 组
실 사(糸) + [또 차(且)→조]

紋 무늬 문 ❸ 纹
실 사(糸) + [글월 문(文)]

길쌈은 삼, 누에, 목화 등의 원료를 가공하여 삼베, 명주, 무명 등의 베를 짜는 모든 과정을 말합니다. 길쌈 방(紡)자와 길쌈 적(績)자를 합치면 방적(紡績)이 되는데, 방적(紡績)은 동식물의 섬유를 가공하여 베를 만드는 것을 의미합니다. 혼방(混紡)은 '성질이 다른 섬유를 섞어서(混) 짠(紡) 베'입니다.

짤 직(織)자는 '실(糸)로 베를 짤 때 무늬를 새겨(戠) 넣다'는 뜻입니다. '견우와 직녀'의 직녀(織女)는 '베를 짜는(織) 여자(女)'입니다. 길쌈 방(紡)자와 짤 직(織)자를 합치면 방직(紡織)이 되는데, 방직(紡織)은 기계를 사용하여 실을 뽑아서 베를 짜는 것을 의미합니다.

짤 조(組)자와 짤 직(織)자를 합치면 '실(糸)을 가지고 베를 짜다'는 뜻의 조직(組織)이 되는데, '어떤 목적을 위해 여러 사람들이 모여 짜인 집단'을 뜻하는 말이 되었습니다. 또 동식물에서 같은 형태나 기능을 가진 세포의 모임을 이르는 말이기도 합니다. 동물의 신경조직이나 연골조직, 식물의 동화조직이나 흡수조직 등이 그러한 예입니다.

무늬 문(紋)자에 들어가는 글월 문(文)자는 가슴에 문신을 새긴 사람의 모습니다. 따라서 무늬 문(紋)자는 '실(糸)로 베를 짜면서 문신(文身)을 새긴 것이 무늬이다'는 뜻입니다. 유문암(流紋岩)은 '흐르는(流) 물결 무늬(紋)가 있는 암석(岩)'으로, 화산암(火山岩)의 일종입니다. 규산이 많이 들어 있는 유리질 광석으로, 흰색을 띠며 물결무늬가 있습니다. 화문석(花紋席)은 '꽃(花) 무늬(紋)가 있는 돗자리(席)'로, 물들인 한해살이풀인 왕골로 무늬를 엮어 짠 돗자리입니다.

글월 문(文)

화문석 짜는 모습

## 비단과 종이

絹 (실로 만든) 비단 견 ❸ 绢
실 사(糸) +
[작은벌레 연(肙)→견]

紙 (실로 만든) 종이 지 ❸ 纸
실 사(糸) + [성씨 씨(氏)→지]

누에고치에서 뽑은 실로 만든 베를 보통 비단(緋緞) 혹은 명주(明紬)라고 합니다. 하지만 비단의 종류에 따라 한자가 다릅니다. 비(緋), 단(緞), 채(綵), 주(紬), 능(綾), 금(錦), 사(紗), 견(絹) 등이 그러한 예입니다. 이중에서 가장 많이 사용되는 비단 견(絹)자는 '작은 벌레(肙)가 만든 실(糸)'이란 뜻으로, 원래 누에고치에서 나온 명주실을 의미하였으나 이후 비단이란 뜻이 생겼습니다. 견직물(絹織物)은 '명주실(絹)로 짠(織) 물건(物)'이란 뜻으로, 비단을 말합니다.

실 사(糸)자에 관련되는 글자 중에서 눈여겨 보아야 할 것 중 하나가 종이 지(紙)자입니다. 일반적으로 종이는 나무(木)로 만든다고 알고 있습니다. 그러나

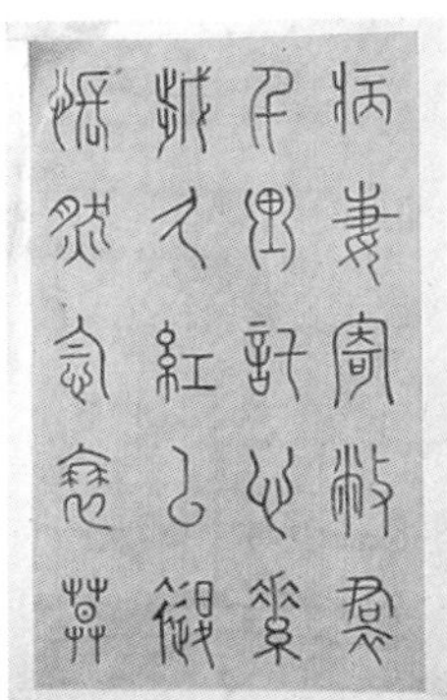
다산 정약용이 비단에 쓴 글

한나라의 채륜(蔡倫)이 나무로 종이를 만들기 시작한 서기 105년 이전에는 비단으로 만든 천이 종이 역할을 하고 있었습니다. 이런 연유로 종이 지(紙)자에는 나무 목(木)자 대신 천의 재료인 실 사(糸)자가 들어갑니다. 나무로 만든 종이가 나온 이후에도 왕이 쓴 글이나 중요한 문서는 비단에 글을 써 보관하였습니다. 우리나라에서는 조선 시대에도 비단에 쓴 글이 많습니다. 나무로 만든 종이를 한지(漢紙)라고 부르는 이유는 한(漢)나라 때 이런 종이를 처음으로 만들었기 때문입니다. 중국 한지(漢紙)를 한국에서는 한지(韓紙), 일본에서는 화지(和紙)라고 부릅니다.

## 그물과 관련되는 글자

**網** (실로 만든) 그물 망 ㊥ 网
실 사(糸) + [없을/그물 망(罔)]

**紀** 벼리 기 ㊥ 纪
실 사(糸) + [몸 기(己)]

**綱** 벼리 강 ㊥ 纲
실 사(糸) + [언덕 강(岡)]

**維** 벼리/오직 유 ㊥ 维
실 사(糸) + [새 추(隹)→유]

옛 중국 사람들은 고기나 새를 잡기 위한 그물도 실로 만들었습니다. 그물 망(網)자는 그물 망(罔)자의 뜻을 분명히 하기 위해 실 사(糸)자가 추가된 것입니다. 망막(網膜)은 '시신경이 그물(網)처럼 퍼져 있는 얇은 막(膜)'으로, 빛에 의한 자극을 받아들이는 시세포가 분포합니다.

벼리 기(紀)자에서 벼리는 그물 가장자리의 굵은 줄로, 그물을 잡아당기는 줄입니다. 이후 '벼리→(벼리로 그물을) 다스리다→통치하다→규제하다→(인간을 규제하는) 도덕이나 규범'이라는 뜻도 생겼습니다. 벼리 기(紀)자와 벼리 강(綱)자가 합쳐진 기강(紀綱)은 '모든 인간이 지켜야 할 기본적인 도덕과 규범'이란 뜻입니다. 군기(軍紀)는 '군대(軍)의 질서 유지를 위한 기본 규범(紀)'이고, 삼강오륜의 삼강(三綱)은 '인간 사회의 질서 유지를 위한 세(三) 가지 기본 규범(綱)'입니다.

벼리 유(維)자는 '벼리'라는 뜻보다는 가차되어 '오직'이란 뜻으로 주로 사용됩니다. 일본의 메이지 유신과 한국의 10월 유신의 유신(維新)은 '오직(維) 새롭다(新)'는 뜻으로, 묵은 제도를 아주 새롭게 고침을 일컫습니다.

## 실을 잇거나 묶음

**系** 이어맬 계 ㊥ 系
실 사(糸) + 삐침 별(丿)

이어맬 계(系)자는 손(爪→丿)으로 두 개의 실(絲→糸)을 잇고 있는 모습이 변한 글자로, 손으로 실을 이어 맨다는 뜻입니다. 소화계, 태양계, 생태계와 같이 과학 용어에 나오는 계(系)는 여러 개의 요소들이 실을 이어 매듯이 서로 연결되어 상호작용을 하는 집합체를 의미합니다. 예를 들어, 소화계(消化系)는 입, 식도, 위, 창자 등이 서로 연결되어 있는 집합체로, 함께 소화에 관련되는 역할을 합니다. 태양계(太陽系)는 태양을 비롯한, 수성, 금성, 지구, 화성, 목성 등

孫 손자 손 중 孙
아들 자(子) + 이어맬 계(系)

係 맬 계 중 系
사람 인(亻) + [이어맬 계(系)]

繼 (실을) 이을 계 중 继 약 継
실 사(糸) + [이을 계(㡭)]

續 (실을) 이을 속 중 续 약 続
실 사(糸) +
[팔고다닐 독(賣)→속]

絡 (실을) 이을 락 중 络
실 사(糸) + [각각 각(各)→락]

結 (실을) 맺을 결 중 结
실 사(糸) + [길할 길(吉)→결]

約 (실을) 맺을 약 중 约
실 사(糸) +
[구기/잔 작(勺)→약]

繫 (실을) 맬 계 중 系
실 사(糸) +
[수레부딪칠 격(毄)→계]

總 다 총 중 总 약 総
실 사(糸) +
[바쁠/급할 총(悤)]

이 눈에 보이지 않는 중력으로 서로 연결되어 있는 집합체로, 태양의 주위를 회전합니다. 이러한 계(系)를 영어로는 시스템(system)이라고 합니다.

손자(孫子), 손녀(孫子), 자손(子孫) 등에 들어가는 손자 손(孫)자는 '아들(子)의 대를 이어가는(系) 사람이 손자다'라는 뜻입니다.

맬 계(係)자는 '사람(亻)들 사이를 잇거나(系), 관계(關係)를 맺다'는 뜻입니다. 수학 시간에 나오는 계수(係數)는 '매어져(係) 있는 수(數)'라는 뜻으로, 숫자와 문자의 곱으로 이루어진 항에서 숫자가 문자에 매어져 있는 수입니다. 예를 들어 3x에서 3은 x의 계수입니다.

이을 계(繼)자와 이을 속(續)자를 합치면 '끊어지지 않고 뒤를 이어나간다'는 뜻의 계속(繼續)이 됩니다. 두 글자 모두 '베틀에서 베를 짜다가 실이 끝나면 다른 실을 계속 이어주다'는 뜻으로 만든 글자입니다.

이을 락(絡)자도 '실(糸)을 잇거나 묶다'는 뜻입니다. 연락선(連絡船)은 '항구나 나루터를 잇고(連) 이어주는(絡) 배(船)'입니다.

맺을 결(結)자는 '실(糸)이나 끈으로 묶어 매듭을 맺는다'는 뜻입니다. 이후 매듭을 맺어 '끝내다, 마치다'는 뜻도 파생되었습니다. 결합(結合), 결속(結束), 결부(結付) 등에 나오는 결(結)자는 '잇다, 묶다, 맺다'는 뜻이고, 결과(結果), 결국(結局), 결말(結末), 결실(結實) 등에 나오는 결(結)자는 '마치다'는 뜻입니다.

맺을 약(約)자도 맺을 결(結)자와 마찬가지로 '실(糸)이나 끈으로 묶어 매듭을 맺다'는 뜻입니다. 이후 실로 단단히 묶듯이 굳게 '약속하다'는 뜻도 생겼습니다. 결혼(結婚)은 '혼인(婚)으로 남녀 두 사람을 묶는다(結)'는 뜻이고, 약혼(約婚)은 '결혼(結婚)을 약속(約束)하다'는 뜻입니다.

맬 계(繫)자도 '실(糸)을 잇다, 묶다, 매다, 이어 매다' 등의 뜻을 가지고 있는 글자입니다. 계류(繫留)는 '배를 항구에 매어(繫) 두고 머무르다(留)'는 뜻이고, 연계(連繫)는 '이어서(連) 매다(繫)'는 뜻으로, 서로 관계를 맺는 것을 일컫는 말입니다.

총계(總計), 총장(總長), 총리(總理) 등에 사용되는 다 총(總)자도 원래 '실(糸)을 모두 묶다'는 뜻입니다. 이후 '묶다→모두 (묶다)→다→합하다→총괄하다' 등의 뜻이 파생되었습니다. 장가를 가지 않은 남자를 총각이라고 하는데, 총각(總角)은 '머리를 뿔(角)처럼 묶다(總)'는 뜻입니다.

### 실이 엉킴

**紛** 어지러울 분 ⓩ 纷
실 사(糸) + [나눌 분(分)]

**糾** (실이) 얽힐/바로잡을 규 ⓩ 纠
실 사(糸) + [얽힐 구(丩)→규]

어지러울 분(紛)자는 '여러 개로 나누어(分) 놓은 실(糸)들이 엉클어져 어지럽다'는 뜻입니다. 종교분쟁(宗敎紛爭)은 '종교(宗敎)로 인해 어지럽게(紛) 다투다(爭)'는 뜻으로, 다른 종교를 믿는 사람들이 서로 싸우는 것을 말합니다. 가장 종교분쟁이 많은 곳은 서남아시아(중동 지역)입니다. 서남아시아는 유대교, 유대교에서 탄생한 그리스도교, 다시 그리스도교에서 탄생한 이슬람교 등이 섞여 있는데다, 영토분쟁(領土紛爭)까지 겹쳐서 지구상에서 가장 혼란스럽고 첨예한 곳입니다.

얽힐 구(丩)

얽힐/바로잡을 규(糾)자에 들어 있는 얽힐 구(丩)자는 실이 꼬여 얽힌 모습입니다. 나중에 뜻을 분명히 하기 위해 실 사(糸)자가 추가되었습니다. 이후 '얽히다→살피다→(얽힌 것을) 바로잡다→규명(糾明)하다' 등의 뜻이 생겼습니다. 노사분규(勞使紛糾)는 '노동자(勞)와 사용자(使)가 어지럽게(紛) 얽혀(糾) 있다'는 뜻으로, 노동자와 사용자 사이에 이해관계가 충돌하면서 일어나는 여러 가지 문제를 말합니다.

### 실의 팽팽함과 느슨함

**緊** (실이) 팽팽할 긴 ⓩ 紧 ⓨ 紧
실 사(糸) + [굳을 간(臤)→긴]

**緩** (실이) 느릴 완 ⓩ 缓
실 사(糸) + [이에 원(爰)→완]

팽팽할 긴(緊)자는 '실(糸)이 굳은(臤) 것처럼 팽팽하다'는 뜻으로 만든 글자입니다. 긴장(緊張), 긴급(緊急), 긴박(緊迫) 이란 말을 들으면 팽팽함이 느껴집니다.

느릴 완(緩)자는 원래 '실(糸)이 느슨하다'는 뜻입니다. 이후 '느슨하다→부드럽다→늦추다→느리다' 등의 뜻이 파생되었습니다. 완행열차(緩行列車)는 '느리게(緩) 다니는(行) 열차(列車)'입니다. 산록완사면(山麓緩斜面)은 '산(山) 기슭(麓)의 완만하게(緩) 경사진(斜) 면(面)'으로, 주로 밭농사나 과일나무를 재배합니다.

### 실의 가늠

**細** (실이) 가늘 세 ⓩ 细
실 사(糸) + [밭 전(田)→세]

**纖** (실이) 가늘 섬 ⓩ 纤
실 사(糸) + [산부추 섬(韱)]

가늘 세(細)자는 '실(糸)처럼 가늘다'는 뜻을 가지고 있습니다. 이후 '가늘다→잘다→자세하다→적다'는 뜻이 파생되었습니다. 다뉴세문경(多紐細紋鏡)은 '끈(紐)을 끼워 넣는 구멍이 여러(多) 개 있고, 가는(細) 줄무늬(紋)가 있는 거울(鏡)'입니다. 우리나라 금석병용 시대(金石竝用時代)의 유물인 구리거울로, 경주 입실리, 평안남도 대동군 반천리 등지에서 출토되었습니다.

섬유(纖維), 섬세(纖細) 등에 사용되는 가늘 섬(纖)자는 '실(糸)이나 산부추(韱)

다뉴세문경

처럼 가늘다'는 뜻으로 만든 글자입니다. 섬섬옥수(纖纖玉手)는 '가늘고(纖) 가는(纖) 옥(玉)같이 고운 손(手)'이란 뜻으로, 가냘프고 고운 여자의 손을 일컫는 말입니다. 섬모운동(纖毛運動)은 '가는(纖) 털(毛)들이 움직이는 운동(運動)'으로, 짚신벌레 등이 세포 표면에 나 있는 가는 털로 흡사 노를 젓듯이 움직여서 앞으로 나아가는 운동입니다.

### 실의 시작과 끝

**緖** 실마리 서 ⓩ 绪
실 사(糸) + [사람 자(者)→서]

**終** 마칠 종 ⓩ 终
실 사(糸) + [겨울 동(冬)→종]

실마리 서(緖)자에 들어가는 사람 자(者)자는 수증기로 찌는 솥의 상형입니다. 따라서 실마리 서(緖)자는 '솥(者)에서 수증기로 찐 고치에서 실(糸)을 뽑기 위한 실마리(실의 첫머리)'라는 뜻입니다. 단서(端緖)는 '처음(端)과 실마리(緖)'로, 어떤 문제를 해결하기 위한 실마리입니다. '두서없이 이야기하다'에서 두서(頭緖)는 '이야기의 머리(頭)나 첫머리(緖)'입니다.

마칠 종(終)자에 들어가는 겨울 동(冬)자는 계절의 끝입니다. 따라서 마칠 종(終)자는 실의 끝을 나타내는 말입니다. 종례(終禮)는 '마칠(終) 때의 예도(禮)'로, 학교에서 하루 일과를 마친 뒤에 담임선생님과 학생이 한자리에 모여 예(禮)를 갖추어 나누는 인사를 의미하며, 주의사항이나 지시사항 등을 전달하기도 합니다.

### 줄과 관련된 글자

**線** 줄 선 ⓩ 线
실 사(糸) + [샘 천(泉)→선]

**索** 찾을 색, 동아줄/쓸쓸할 삭 ⓩ 索
손 모습 + 실 사(糸)

줄도 실과 비슷한 방법으로 만들기 때문에 줄을 뜻하는 글자에도 실 사(糸)자가 들어갑니다.

직선(直線), 곡선(曲線) 등에 들어가는 줄 선(線)자는 '샘(泉)에서 물줄기가 끊임없이 나오듯이 줄(糸)이 길게 나오다'는 뜻으로 만들었습니다.

찾을 색(索)자는 원래 손으로 새끼(糸)를 꼬는 모습을 본떠 만든 글자입니다. 이후 '새끼→동아줄→(새끼를 꼬듯이) 더듬다→(더듬어) 찾다'는 뜻이 생겼습니다. 색출(索出)은 '찾아(索)내다(出)'는 뜻이고, 색인(索引)은 '찾아서(索) 끌어내다(引)'는 뜻으로, 단어나 인명 따위를 쉽게 찾아볼 수 있도록 일정한 순서에 따라 별도로 배열하여 놓은 목록입니다. 사색(思索)은 '사물의 이치를 생각하여(思) 찾다(索)'는 뜻이고, 탐색(探索)은 '찾고(探) 찾다(索)'는 뜻입니다. 찾을 색(索)자는 쓸쓸할 삭(索)자로도 쓰입니다. 삭막(索寞)은 '쓸쓸하고(索), 쓸쓸하다(寞)'는 뜻입니다.

### 기타(1)

**給** (실을) 줄 급 중 给
실 사(糸) + [합할 합(合)→급]

**緣** 인연 연 중 缘
실 사(糸) +
[단/단사(彖辭) 단(彖)→연]

**絕** (실을) 끊을 절 중 绝
실 사(糸) + 칼 도(刀) +
[병부 절(卩→巴)]

**級** 등급 급 중 级
실 사(糸) + [미칠 급(及)]

**縮** (실이) 줄어질 축 중 缩
실 사(糸) + 잠잘 숙(宿)

**編** (실로) 엮을 편 중 编
실 사(糸) + [넓적할 편(扁)]

공급(供給), 급식(給食) 등에 들어가는 줄 급(給)자는 '베를 짤 때 모자라는 실(糸)을 이어서(合) 주다'는 뜻입니다. 자급자족(自給自足)은 '스스로(自) 공급(給)하여 스스로(自) 충족하다(足)'는 뜻입니다. 월급(月給)은 '매월(月) 주는(給) 돈'입니다.

인연 연(緣)자는 원래 '옷을 만들 때 가장자리를 따라 박는 실(糸)인 가선(가장자리 선)'을 의미합니다. 차도와 인도 또는 사이의 경계가 되는 돌을 연석(緣石)이라고 하는데, 이때 연(緣)자가 '가선'이란 뜻입니다. 이후 '가선→연줄→연분→인연(因緣)→(인연을) 좇다' 등의 뜻이 파생되었습니다. 이 모든 뜻은 '이어지다'는 공통점을 가지고 있습니다. 연목구어(緣木求魚)는 '나무(木)에 좇아가(緣) 물고기(魚)를 구하다(求)'는 뜻으로, 불가능한 일을 하고자 하는 것을 비유하는 말입니다.

끊을 절(絕)자는 '칼(刀)로 실(糸)을 자르다'는 뜻과 병부 절(卩→巴)자의 소리가 합쳐진 글자입니다. 나중에 글자 오른쪽이 빛 색(色)자로 변했습니다. 절연(絕緣)은 '인연(緣)이나 관계를 완전히 끊는다(絕)'는 뜻입니다. 예를 들어 '그는 아버지와 절연을 했다'고 하면 '아버지와 자식 간의 관계를 끊었다'는 뜻이 됩니다. 절망(絕望)은 '희망(望)이 끊어졌다(絕)'는 뜻입니다.

등급(等級), 계급(階級), 고급(高級), 급수(級數) 등에 들어가는 등급 급(級)자는 원래 '앞의 실(糸)을 따라 붙어(及) 실을 잇다'는 뜻입니다. 이후 '실을 잇다→이은 곳의 매듭→(매듭과 같이 단이 지는) 계단→등급'이란 뜻이 파생되었습니다. 급수(級數)는 '계단(級)처럼 증가하는 수(數)'라는 뜻으로, 수열(數列)을 차례로 덧셈 기호로 묶은 합(合)을 말합니다. 이렇게 차례대로 묶으면 층계나 계단을 올라가는 것처럼 점차 합(合)이 증가한다고 해서 급수라는 이름이 붙었습니다.

요즘은 덜하지만, 예전에는 옷을 빨고 나면 옷이 줄어들었습니다. 그래서 오랜 시간이 지나면 옷이 작아져서 입을 수가 없는 경우도 있었습니다. 이런 이유로 줄어질 축(縮)자는 '실(糸)이 자고(宿) 나면 줄어들다'는 뜻으로 만들었습니다. 축소(縮小), 단축(短縮) 등에 사용됩니다. 긴축(緊縮)은 '팽팽하도록(緊) 바짝 줄이다(縮)'는 뜻으로, '예산에서 지출을 줄이다'는 뜻으로 사용됩니다.

엮을 편(編)자는 '죽간(竹簡)을 실(糸)로 연결하여 책을 만들다'는 뜻입니다. 편집(編輯)은 '죽간을 모아서(輯) 실로 엮어(編) 책을 만들다'는 뜻입니다.

### 기타(2)

**統** 거느릴 통 ㊥ 统
실 사(糸) + [채울 충(充)→통]

**練** 익힐 련 ㊥ 练
실 사(糸) + [가릴 간(柬)→련]

**累** 여러 루 ㊥ 累
실 사(糸) +
[밭사이의땅 뢰(畾→田)→루]

**繁** (실이) 번성할 번 ㊥ 繁
실 사(糸) +
[재빠를 민(敏)→번]

거느릴 통(統)자는 원래 '실(糸)을 모두 가득(充) 움켜지다'는 뜻입니다. 이후 '모두→합치다→계통(系統)→거느리다' 등의 뜻이 생겼습니다. 통일(統一)은 '여럿을 모아 하나(一)로 합치다(統)'는 뜻이고, 통치(統治)는 '거느리고(統) 다스리다(治)'는 뜻입니다.

연습(練習/鍊習), 연마(練磨/鍊磨/研磨) 등에 사용되는 익힐 련(練)자는 '실(糸)을 만드는 과정을 익히다'는 뜻입니다. 실 사(糸)자 대신 쇠 금(金)자가 들어가면 단련할 련(鍊)자가 되는데, 익힐 련(練)자와 비슷한 의미로 사용됩니다.

묶을 루(纍)

여러 루(累)자는 '여러 개의 물건(畾)을 실(糸)로 묶다'는 뜻의 묶을 루(纍)자가 간략화된 글자입니다. 이후 '묶다→여러 (개의 물건을 묶다)→(여러 개를) 쌓다, 포개다' 등의 뜻이 파생되었습니다. 누적(累積)은 '쌓고(累) 쌓는다(積)'는 뜻이고, 누란지세(累卵之勢)는 '알(卵)을 높이 쌓아(累) 놓은 듯한(之) 형세(勢)'로, 매우 위태로운 형세를 일컫습니다. 또 누차(累次)는 '여러(累) 차례(次)'를 일컫는 말입니다. 또 누(累)자는 높이 쌓거나 포개면 아래에 깔린 사람에게 폐를 끼친다고 해서, '폐를 끼치다' 또는 '누(累)가 되다'는 뜻으로도 쓰입니다.

번성(繁盛), 번영(繁榮) 등에 사용되는 번성할 번(繁)자는 원래 말의 갈기에 붙이는 장식인데, '장식이 많다'는 뜻에서 '번성하다'는 뜻이 생겼습니다. 농번기(農繁期)는 '농사일(農)이 번성하는(繁) 시기(期)'라는 뜻입니다. 농사일이 가장 바쁜 시기, 곧 모내기, 논매기, 추수 등을 할 때를 이르는 말입니다. 반대로 '농사일(農)이 가장 한가한(閑) 시기(期)'를 농한기(農閑期)라고 합니다.

## 玄 | 𢆯

검을 현(玄)
실을 꼬아 만드는 모습

검을 현(玄)자의 상형문자를 보면 실 사(糸)자를 거꾸로 뒤집어 놓은 모습입니다. 하지만 검을 현(玄)자는 실 사(糸)자와는 달리 많은 뜻을 가지고 있습니다. 검을 현(玄)자는 '멀다'는 뜻이 있는데, 물건이나 사람이 멀리 있을 때 실처럼 가늘게 보이기 때문에 생긴 뜻으로 짐작됩니다. 이후 '멀다→아득하다→깊다→고요하다→심오하다→오묘하다→(멀리 있는) 하늘→(하늘이) 빛나다→(하늘이) 검다' 등의 뜻이 파생되었습니다. 그러나 검을 현(玄)자가 다른 글자 내에서 사용될 때에는 실이라는 원래의 뜻을 그대로 가집니다.

천자문(千字文)의 맨 처음이 천지현황(天地玄黃)인데, '하늘(天)은 검고(玄)

땅(地)은 누렇다(黃)'는 뜻입니다. 현미(玄米)는 '검은(玄) 쌀(米)'이란 뜻으로, 벼의 겉껍질만 벗겨 낸 쌀을 말합니다. 속껍질까지 완전히 벗긴 백미(白米)와 달리 약간 검고 누런색을 띱니다.

### 실이나 줄의 뜻

**絃** 줄 현 ⓢ 弦
실 사(糸) + [검을 현(玄)]

**弦** 활시위 현 ⓢ 弦
활 궁(弓) + [검을 현(玄)]

**牽** 끌 견 ⓢ 牵
소 우(牛) + 덮을 멱(冖) + [검을 현(玄)→견]

줄 현(絃)자는 실이 나란히 2개(糸,玄)가 들어 있는 글자입니다. 현악기(絃樂器)는 '줄(絃)을 타거나 켜서 노래하는(樂) 도구(器)'이고, 관현악(管絃樂)은 '관(管)악기와 현(絃)악기로 연주하는 음악(樂)'입니다.

활시위 현(弦)자는 '활(弓)에 매어져 있는 실(玄)이 활시위'라는 뜻입니다. 절현(絕弦)은 '현(弦)을 끊다(絕)'는 뜻으로, 자신을 알아 주는 친한 친구의 죽음을 이르는 말입니다. 춘추 시대에 거문고의 명인인 백아(伯牙)가 자기 거문고 소리를 알아 준 종자기가 죽은 후에는 줄을 끊고 그 후 다시는 타지 않았다는 이야기에서 유래합니다.

끌 견(牽)자는 '밧줄(玄)로 코뚜레(冖)를 한 소(牛)를 끌고 가다'는 뜻입니다. 견인차(牽引車)는 '고장 난 차를 끌고(牽) 끌고(引) 가는 차(車)'입니다. '견우와 직녀'의 견우(牽牛)는 '소(牛)를 끄는(牽) 목동'입니다.

### 기타

**玆** 검을 자 ⓢ 兹
검을 현(玄) X 2

**畜** 가축 축 ⓢ 畜
검을 현(玄) + 밭 전(田)

**率** 비율 률(율), 거느릴 솔 ⓢ 率
검을 현(玄) X 3 + 열 십(十)

검을 자(玆)자는 검을 현(玄)자 두 개로 '검다'는 의미를 강조한 글자입니다. 《자산어보(玆山魚譜)》는 '검은(玆) 산(山)에서 지은 물고기(魚)의 계보(譜)'라는 뜻으로, 1814년 정약전이 흑산도에 귀양 가 있던 동안 저술한 한국에서 가장 오래된 어류학서(魚類學書)입니다. 자산(玆山)은 흑산(黑山)이란 뜻으로, 흑산도를 일컬습니다. 그런데 흑산도(黑山島)라는 이름은 섬의 앞바다가 푸르다 못해 검은색을 띠고 있다고 하여 붙여진 이름입니다.

가축 축(畜)자는 소의 식도(玄)와 소의 위(田)를 본떠 만든 글자로, 검을 현(玄)이나 밭 전(田)과는 상관없습니다. '식도(玄)를 통해 위(田)에 먹은 풀이 쌓이다'고 해서 '쌓이다, 모이다'는 뜻을 가지게 되었습니다만, 나중에 가축(家畜)이란 뜻으로 사용되면서 원래의 뜻을 살리기 위해 풀 초(艹)자가 추가되어 가축이 먹을 풀을 쌓을 축(蓄)자가 되었습니다. 축산업(畜産業)은 '가축(畜)을 생산하는(産) 일(業)'입니다.

가축 축(畜)

비율 률(率) 또는 거느릴 솔(率)자는 거친 노끈의 모습을 본떠 만든 글자입니다. 검을 현(玄)자 좌우에 있는 점들은 노끈의 부스러기입니다. 이후 '거칠다→대강→(대강의) 비율→(대강) 거느리다' 등의 뜻이 생겼습니다. 확률(確率)은 '어떤 사건이 확실히(確) 일어날 수 있는 비율(率)'입니다. 통솔(統率)은 '거느리고(統) 거느리다(率)'는 뜻입니다. 솔거노비(率居奴婢)는 '주인이 통솔하며(率) 주인집에서 거주(居)하는 노비(奴婢)'인 반면, 외거노비(外居奴婢)는 '바깥(外)에서 거주(居)하는 노비(奴婢)'로, 출퇴근을 하는 노비입니다. 고려, 조선 시대에 있었던 이런 노비제도는 1894년 갑오개혁 때부터 없어지기 시작했습니다.

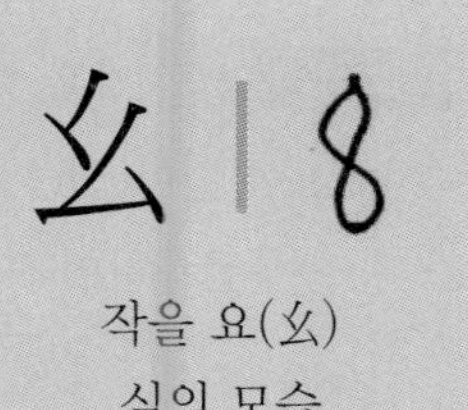

작을 요(幺)
실의 모습

작을 요(幺)자는 실 사(糸)자의 밑부분을 생략한 글자로, 실의 상형입니다. 실처럼 '작다'는 뜻과 함께 '미미하거나 약하다, 어리다'라는 뜻이 있습니다. 또 다른 글자 내에서 실 사(糸)자와 같은 의미로 사용되기도 합니다.

### 작을 요(幺)자가 1개 들어감

**幼** 어릴 유 중 幼
작을 요(幺) + 힘 력(力)

**後** 뒤 후 중 后
걸을 척(彳) + 작을 요(幺) + 천천히걸을 쇠(夊)

**奚** 어찌/종 해 중 奚
손톱 조(爪) + 작을 요(幺) + 큰 대(大)

**幻** 허깨비 환 중 幻
작을 요(幺)

어릴 유(幼)자는 '힘(力)이 작으니까(幺) 어리다'는 뜻입니다. 유치(幼稚)는 '어리고(幼) 어려서(稚) 수준이 낮거나 미숙하다'는 뜻이고, 유치원(幼稚園)은 '어리고(幼) 어린(稚) 아이들이 노는 동산(園)'입니다.

작을 요(幺)자는 실 사(糸)자와 마찬가지로 줄을 뜻하는 글자로 사용됩니다.

뒤 후(後)자는 길(彳)에서 죄수가 줄(幺)에 묶여 끌려가는(夊) 모습입니다. '끌려가는 죄수는 뒤에서 늦게 가다'고 해서 '늦다', '뒤'라는 뜻이 생겼습니다. 후진국(後進國)은 후진 나라가 아니라, '뒤(後)에서 나아가는(進) 국가(國)'입니다.

어찌 해(奚)자는 사람(大)의 목에 매여 있는 밧줄(幺)을 손(爪)으로 잡고 있는 모습입니다. 포로로 잡힌 사람들이 종(노예)이 되기 때문에 종을 의미하는 글자가 되었습니다. 나중에 가차되어 '어찌'라는 의미가 생겼습니다. 이 글자는 소리로 사용되는데, 새 조(鳥)자가 합쳐지면 닭 계(鷄)자가 되고, 물 수(氵)자가 합쳐지면 시내 계(溪)자가 됩니다.

허깨비 환(幻)

환상(幻想), 환각(幻覺), 환청(幻聽) 등에 사용되는 허깨비 환(幻)자의 상형문자를 보면, 실을 나무에 걸어 말리는 모습으로 추측됩니다. 이런 모습에서 '(나무에 걸린 실의 색이) 변하다→요술→허깨비→헛보이다' 등의 뜻이 파생되었습니다. 환등기(幻燈器)는 '허깨비(幻) 같은 그림을 보여주는 등(燈)이 달린 도구(器)'입니다.

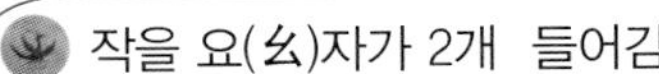

### 작을 요(幺)자가 2개 들어감

**幾** 몇/기미 기 ㊥ 几
작을 요(幺) X 2 + 사람 인(人) + 창 과(戈)

**機** 베틀 기 ㊥ 机
나무 목(木) + [몇/기미 기(幾)]

**幽** 그윽할/깊은 유 ㊥ 幽
메 산(山) + [작을 요(幺)→유] X 2

**樂** 즐거울 락, 노래 악, 좋아할 요 ㊥ 乐
나무 목(木) + 작을요(幺) X 2 + [흰 백(白)→락]

기미 기(幾)자는 '창(戈)을 맨 사람(人)이 작은(幺幺) 기미(낌새)를 살피다'는 뜻입니다. 일설에는 기(幾)자가 베틀의 상형이라고도 합니다. 즉 창 과(戈)자를 베틀의 형상으로 보고, '사람(人)이 베틀(戈)에서 실(幺幺)로 베를 짜다'는 뜻으로 해석합니다. 베틀에서 베를 짤 때 매우 섬세하게 하지 않으면 실이 끊어지거나 베의 품질이 나빠지므로 조그마한 기미에도 주의해야 한다는 데에서 기미라는 뜻이 생겼고, 나중에 원래의 뜻을 살리기 위해 나무 목(木)자를 붙여 베틀 기(機)자를 만들었다고 합니다. 지금은 직조기를 모두 쇠(金)로 만들지만 그 시대에는 베틀을 모두 나무(木)로 만들었기 때문입니다.

그윽할/깊은 유(幽)자는 '산(山)속 깊은 곳이 그윽하다'는 뜻입니다. 심산유곡(深山幽谷)은 '깊은(深) 산속(山) 깊은(幽) 골짜기(谷)'를 말합니다. 작을 요(幺)자가 소리로 사용된 경우입니다. 아비뇽유수(幽囚)는 '아비뇽에 깊이(幽) 가둔다(囚)'는 뜻으로, 1309년에 교황 클레멘스 5세가 프랑스 왕권에 굴복하여 프랑스 아비뇽에 갇힌 일을 일컫습니다.

즐거울 락(樂)

즐거울 락(樂)자는 원래 나무(木) 위에 실(幺幺)을 매어 만든 현악기의 모습을 본떠 만든 글자입니다. 나중에 소리를 나타내는 백(白)자가 중간에 끼어들었습니다. 이후 '악기→노래→즐겁다→좋아하다' 등의 뜻이 파생되었습니다. 소리도 음악(音樂)의 노래 악(樂), 오락(娛樂)의 즐거울 락(樂), 요산요수(樂山樂水)의 즐거울 요(樂)등 세 가지가 있습니다.

### 작을 요(幺)자가 4개 들어감

**繼** 이을 계 ㊥ 继 ㉿ 継
실 사(糸) + [이을 계(㡭)]

**斷** 끊을 단 ㊥ 断 ㉿ 断
도끼 근(斤) + 이을 계(㡭)

작을 요(幺)자가 4개나 들어가는 이을 계(㡭)자는 여러 개의 실(幺)을 잇는 모습입니다. 나중에 뜻을 분명히 하기 위해 실 사(糸)자를 추가하여 이을 계(繼)자가 되었습니다. 계속(繼續)은 '잇고(繼) 잇다(續)'는 뜻입니다. 중계무역(中繼貿易)은 '가운데(中)에서 이어주는(繼) 무역(貿易)'으로, 다른 나라로부터 사들인 상품을 그대로 제3국으로 수출하는 무역입니다. 신데렐라의 계모(繼母)는 '본래 어머니(母)의 역할을 잇는(繼) 사람'으로, 아버지가 재혼함으로써 생긴 어머니를 말합니다.

이을 계(㡭)자에 도끼 근(斤)자를 붙이면 끊을 단(斷)자가 되는데, '이은 것을 도끼(斤)로 끊다'는 뜻입니다. 단절(斷絶)은 '끊고(斷) 끊다(絕)'는 뜻입니다. 지각의 단층(斷層)은 '땅의 층(層)이 끊어진(斷) 곳'입니다.

# 생활 4-2 실과 옷(2)

수건 건(巾) | 옷 의(衣) | 덮을 멱(冖)

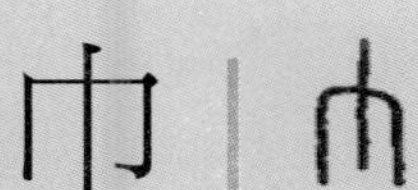

수건 건(巾)
나무에 걸린 천인 깃발

수건 건(巾)자는 나무에 걸려 있는 수건의 모습이라고 하지만, 긴 막대기에 끝에 걸려 있는 깃발의 모습을 본떠 만든 글자로 추측합니다. 중간의 ㅣ는 막대기이고 ㄷ자를 90도 돌려놓은 글자는 수직으로 드리워진 깃발로, 농악대나 상여꾼 앞에 깃발쟁이가 들고 가는 그런 깃발입니다. 태극기와 같이 수평으로 달려 있는 깃발은 바람이 불지 않으면 보이지 않지만, 수직으로 달아두면 항상 볼 수 있습니다. 특히 전쟁터에서 북과 함께 군대를 지휘하는 데 사용되었습니다.

수건 건(巾)자는 다른 글자 내에서 깃발이나 베의 뜻으로 사용됩니다.

## 깃발과 관련한 글자

**帥** (언덕 위의) 장수 수 ⓒ 帅
언덕 부(𠂤) + 수건 건(巾)

**師** (언덕 위의) 스승 사
ⓒ 师 ⓙ 师
언덕 부(𠂤) + 깃발 잡(帀)

**市** 저자 시 ⓒ 市
깃발 모습

단오제 행사의 깃발

장수 수(帥)자는 '언덕(𠂤)에서 깃발(巾)을 들고 지휘하는 사람이 장수(將帥)이다'는 뜻입니다.

장수 수(帥)자와 비슷한 스승 사(師)자는 원래 '언덕(𠂤) 위에 깃발(帀)을 꽂고 주둔하는 군대를 뜻하는 글자입니다. 사단(師團)은 지금도 군부대의 단위로 사용됩니다. 이후 '군대→(군대를 깃발로 지휘하는) 장수→우두머리→스승'이란 뜻이 파생되었습니다. 사부(師父)는 '스승과 아버지'라는 뜻과 함께 '스승'이라는 뜻도 있습니다. 사모님의 사모(師母)는 '스승(師)의 어머니(母)'가 아니고, 스승의 부인을 이르는 말입니다. 중국 무술영화에 자주 등장하는 사형(師兄)은 '스승(師)의 형(兄)'이 아니고, 자기보다 먼저 스승의 제자가 된 사람을 이르는 말입니다. 사사(師事)는 '스승(師)으로 섬기며(事) 가르침을 받다'는 뜻이고, 은사(恩師)는 '은혜(恩)를 베풀어 준 스승((師)'입니다.

저자는 시장(市場)을 뜻합니다. 저자 시(市)자는 천(巾)으로 만든 깃발이, 장식(亠)이 있는 깃대에 달려 있는 모습으로, 고대 중국의 시장에서는 간판처럼 깃발을 달아 물건을 파는 것을 표시한 데에서 유래합니다. 이후 '저자→번화한 곳→도시→행정 구획의 단위'가 되었습니다. 파시(波市)는 '파도(波) 위의 시장(市)'이란 뜻으로, 고기가 한창 잡힐 때에 바다 위에서 열리는 생선 시장입니다. 연평도와 흑산도의 조기 파시, 울릉도의 오징어 파시, 거문도 및 청산도의 고등어 파시, 추자도의 멸치 파시 등이 유명했지만 지금은 거의 사라져가고 있습니다.

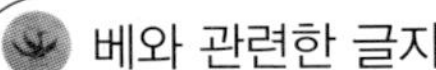

### 베와 관련한 글자

**布** 베 포, 보시 보 ⓢ 布
수건 건(巾) + 왼손 좌(屮)

**幣** 비단/화폐 폐 ⓢ 币
수건 건(巾) + [해질 폐(敝)]

**帛** 비단 백 ⓢ 帛
수건 건(巾) + [흰 백(白)]

베 포(布)자는 손(屮)으로 베(巾)를 만드는 모습입니다. 군포(軍布)는 '조선 시대에, 군대(軍)를 면제하여 주는 대신으로 받아 들이던 베(布)'입니다. 베 포(布)자는 보시 보(布)자로도 사용되는데, 보시(布施)는 불교에서 자비심으로 남에게 재물이나 불법을 베풂을 의미합니다.

비단 폐(幣)자는 화폐(貨幣)라는 뜻도 함께 가지고 있는데, 옛날에는 비싼 비단을 돈 대신 사용하였기 때문입니다. 요즘으로 말하면 금이 화폐처럼 사용되는 것과 같은 원리입니다. 불환지폐(不換紙幣)는 '금이나 은으로 바꾸어(換) 주지 않는(不) 종이(紙) 화폐(幣)'입니다.

비단 백(帛)자는 '흰색(白)의 비단 천(巾)'입니다. 폐백(幣帛)은 '비단(幣)과 비단(帛)'이란 뜻으로, 결혼 전에 신랑이 신부 집에 함(函)에 넣어 보내는 비단 예물을 일컫는 말입니다. 또 결혼식이 끝나고 신부가 처음으로 시부모를 뵐 때 큰절을 하고 올리는 물건도 폐백(幣帛)이라고 합니다.

### 베로 만드는 물건

**帶** (베로 만든) 띠 대 ⓢ 带
수건 건(巾) + 띠의 모습

**帽** (베로 만든) 모자 모 ⓢ 帽
수건 건(巾) + [무릅쓸 모(冒)]

**帆** (베로 만든) 돛 범 ⓢ 帆
수건 건(巾) + [무릇 범(凡)]

**席** (베로 만든) 자리 석 ⓢ 席
수건 건(巾) + [여러 서(庶)→석]

**帳** (베로 만든) 휘장 장 ⓢ 帐
수건 건(巾) + [길 장(長)]

**幕** (베로 만든) 장막 막 ⓢ 幕
수건 건(巾) + [없을 막(莫)]

띠 대(帶)자의 글자 윗부분은 장식이 달린 허리띠의 모양이고, 아랫부분은 천으로 만든 허리띠라는 뜻을 분명히 하기 위해 수건 건(巾)자가 추가되었습니다. 띠는 좁고 길기 때문에, 대(帶)자가 좁고 긴 지역이란 뜻으로 많이 사용됩니다. 열대(熱帶), 온대(溫帶), 화산대(火山帶), 지진대(地震帶) 등이 그러한 예입니다. 또 대(帶)자는 '허리에 차다'는 뜻도 있습니다. 1⅓과 같은 대분수(帶分數)는 '분수(分數)를 허리에 차고(帶) 있는 수(數)'라는 뜻입니다.

고대 중국 사람들은 천으로 머리를 두른 두건(頭巾) 형태를 모자(帽子)라고 불렀습니다. 모자 모(帽)자는 천(巾)으로 만든 모자라는 뜻입니다. 사모관대(紗帽冠帶)는 '비단(紗) 모자(帽)와 관(冠)과 띠(帶)'라는 뜻으로, 벼슬아치의 복장을 일컫습니다. 지금은 전통 혼례에서 착용합니다.

돛 범(帆)자에 들어가는 무릇 범(凡)자는 원래 돛의 모습을 본떠 만든 글자인데, '무릇'이란 뜻으로 가차되어 사용되자, 원래 뜻을 분명히 하기 위해 수건 건(巾)자를 추가하여 돛 범(帆)자가 만들어졌습니다. 범선(帆船)은 '돛(帆)이 있는 배(船)'입니다.

자리 석(席)자는 '베(巾)로 만든 돗자리'라는 뜻에서 '자리'라는 뜻이 생겼습니다. 석차(席次)는 '자리(席)의 차례(次)'라는 뜻으로, 예전에 과거 시험에 합격하면 성적순으로 자리에 앉았기 때문에 생긴 말입니다. 주석(主席)은 '주인(主

범선

人)이 앉는 좌석(座席)'이란 뜻에서 '가장 주요한 자리'를 뜻합니다. 상해 임시정부의 김구 주석이나 중국 공산당의 모택동 주석 등이 그러한 예입니다.

휘장 장(帳)자는 '천(巾)을 길게(長) 늘어뜨린 것이 휘장(揮帳)이다'는 뜻입니다.

장막 막(幕)자는 '천(巾)으로 안을 볼 수 없게(莫) 만드는 것이 장막(帳幕)이다'는 뜻입니다. 천막(天幕)은 '하늘(天)의 해나 비를 가리기 위한 장막(幕)'입니다. 막부(幕府)는 '천막(幕) 관청(府)'라는 뜻으로, 중국에서 전쟁 중에 있는 장군이 머물던 천막이나 막사를 가리키는 말이었습니다. 또 1192년에서 1868년까지 일본의 쇼군(將軍: 장군)들이 다스린 무신 정부도 막부(幕府)라고 합니다. 천황은 상징적인 존재가 되고 쇼군이 실질적인 통치권을 가졌습니다.

## 기타

**幅** 너비 폭 ㊥幅
수건 건(巾) + [찰 복(畐)→폭]

**常** 항상 상 ㊥常
수건 건(巾) + [오히려 상(尙)]

**希** 바랄 희 ㊥希
수건 건(巾) + 점괘 효(爻)

**制** 마를 제 ㊥制
칼 도(刂) + 소 우(牛) + 수건 건(巾)

**飾** 꾸밀 식 ㊥饰
[먹을 식(食)] + 사람 인(人) + 베 포(布)

**帝** 임금 제 ㊥帝
명확하지 않음

너비 폭(幅)자는 '베(巾)의 너비가 폭(幅)'입니다. 한 폭이란 사람의 가슴 너비를 뜻합니다. 이렇게 사람의 가슴 너비로 옷감을 만드는 이유는 옷을 만들 때 몸통 부분의 앞쪽과 뒤쪽은 각각 한 폭을 사용하고, 소매를 만들 때에는 한 폭을 반으로 접기 때문입니다. 열두 폭(幅) 치마란 '열두 폭(幅)을 접어 만든 주름치마'로, 호화스러운 치마를 일컬을 때 쓰는 말입니다.

정상(正常), 상식(常識), 비상(非常), 무상(無常) 등에 사용되는 항상 상(常)자는 '천(巾)이 처음부터 끝까지 항상(恒常) 똑같다'는 데에서 유래합니다. 수학에서 상수(常數)는 '값이 항상(常) 일정한 수(數)'로, 값이 변할 수 있는 변수(變數)에 반대되는 말입니다. 상수를 알파벳으로 표시할 경우 대문자 C로 표시하는데, C는 '일정한'이란 뜻의 'Constant'의 머리글을 딴 글자입니다.

바랄 희(希)자는 '베(巾)의 올이 효(爻)라는 글자처럼 성기다'는 뜻입니다. 이후 '성기다→드물다→희소성(稀少性)이 있다→(희소성이 있는 것을) 바라다→희망(希望)한다'는 뜻이 생겼습니다.

마를 제(制)자는 '옷을 만들기 위해 소(牛) 가죽으로 만든 베(巾)를 칼(刂)로 자르다(마르다)'는 의미입니다. 이후 '마르다→(옷을) 짓다→제작(制作)하다→(칼로 자르듯이) 절제(節制)하다→억제(抑制)하다→제도(制度)' 등의 뜻이 생기면서, 원래의 뜻을 살리기 위해 옷 의(衣)자를 추가하여 (옷을) 지을 제(製)자를 만들었습니다.

꾸밀 식(飾)자는 '사람(人)이 베(巾)로 만든 옷을 꾸민다, 장식(裝飾)한다'는 뜻입니다.

임금 제(帝)자의 부수는 수건 건(巾)자인데, 이 글자는 수건 건(巾)자와는 상관이 없습니다. 씨방과 꽃대가 있는 모습, 아래로 향하는 꽃의 모습, 하늘의 상제(上帝)를 위해 쌓아놓은 제단 모습 등 여러 가지 해석이 있지만, 아직까지 정확한 해석은 없습니다. 제국(帝國)은 '황제(皇帝)가 다스리는 나라(國)'입니다.

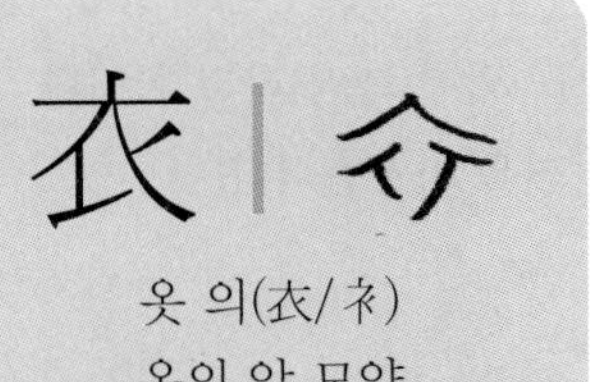

옷 의(衣/衤)
옷의 앞 모양

옷 의(衣/衤)자는 소매가 있는 옷의 앞모습을 본떠 만든 글자입니다. 은나라 때의 귀족들은 크게 두 가지 옷을 입었는데, 위에 입는 무릎까지 내려오는 옷을 '의(衣)'라 불렀고, 아래에 입는 치마를 '상(裳)'이라 불렀으며, 두 글자를 합치면 의상(衣裳)이 됩니다. 의상실(衣裳室)은 '옷(衣)과 치마(裳)를 두고 갈아입는 방(室)'이나 '옷(衣)과 치마(裳)를 만드는 집(室)'입니다. 옷 의(衣/衤)자는 옷과 관련되는 모든 글자에 들어갑니다.

### 옷을 입고 벗음

**被** (옷을) 입을 피 ⓗ 被
옷 의(衤) + [가죽 피(皮)]

**裸** (옷을) 벗을 라 ⓗ 裸
옷 의(衤) + [열매 과(果)→라]

**襲** (옷으로) 염습할 습 ⓗ 袭
옷 의(衣) + [용 룡(龍)→습]

**複** (옷을) 겹칠 복 ⓗ 复
옷 의(衤) + [반복할 복(复)]

입을 피(被)자는 '가죽(皮) 옷(衤)을 입다'는 뜻입니다. 이후 '입다→씌우다→당하다' 등의 뜻이 파생되었습니다. 피해(被害)는 '해(害)를 입다(被)'는 뜻이고, 재판의 피고(被告)는 '고소(告)를 당한(被) 사람'입니다. 또 피의자(被疑者)는 '의심(疑)을 당하는(被) 사람(者)'으로, 범죄자로 의심되어서 수사의 대상이 된 사람입니다.

나체(裸體), 나신(裸身)에 들어가는 벗을 라(裸)자는 '옷(衤)을 벗다'는 뜻입니다. '숨김없이 본디 모습 그대로 드러내다'는 뜻의 적나라(赤裸裸)는 '붉은(赤) 몸이 드러나도록 벗고(裸) 또 벗다(裸)'는 뜻입니다.

염습할 습(襲)자의 염습(殮襲)은 죽은 사람을 관에 넣기 전에 몸을 씻긴 후, 삼베옷을 입히고 홑이불로 싸는 일입니다. 죽은 분에게 옷을 입혀드리므로 옷 의(衣)자가 들어갑니다.

복사(複寫), 복수(複數), 복식(複式), 복잡(複雜) 등에 나오는 겹칠 복(複)자는 원래 '옷(衤)을 여러번 반복하여(复) 겹쳐 입는 겹옷'을 뜻하는 글자입니다. 이후 '겹옷→겹치다→거듭되다'는 뜻이 생겼습니다. 복사기(複寫機/複寫器)는 '거듭(複) 베끼는(寫) 기계(機)나 도구(器)'입니다.

### 옷을 만듦

**初** 처음 초 ⓩ 初
옷 의(衤) + 칼 도(刀)

**裁** 옷마를 재 ⓩ 裁
옷 의(衣) + [해할 재(𢦏)]

**製** (옷을) 지을 제 ⓩ 制
옷 의(衣) + [마를 제(制)]

처음 초(初)자는 '옷(衣/衤)을 만들기 위해 옷감을 칼(刀)로 자르는 것이 처음의 일이다'는 뜻입니다. '초보자'나 '초보운전'의 초보(初步)는 '첫(初) 걸음(步)'이란 뜻입니다.

옷마를 재(裁)자는 '옷(衣)을 만들기 위해 옷감을 자르다(마르다)'는 뜻입니다. 이후 '마르다→자르다→(칼로 자르듯이) 결단하다'는 뜻이 생겼습니다. '옷을 재단하다'고 할 때, 재단(裁斷)은 '옷감을 자르고(斷) 끊다(斷)'는 뜻으로, 우리말로 마름질이라고 합니다. 재봉(裁縫)틀은 '자른(裁) 옷감을 바느질하는(縫) 틀'입니다. 독재(獨裁)는 '혼자서(獨) 결단하다(裁)'는 뜻이고, 재판(裁判)은 '칼로 자르듯이(裁) 판단하다(判)'는 뜻입니다.

지을 제(製)자는 '소(牛)의 가죽으로 만든 베(巾)를 칼(刂)로 잘라 옷(衣)을 짓다(만들다)'는 뜻입니다. 창제(創製), 제조(製造), 제작(製作)과 같이 '만든다'는 뜻의 낱말에 사용됩니다. 제술과(製述科)는 '시를 짓거나(製) 글을 짓는(述) 시험 과목(科)'으로, 조선시대 진사(進士)를 뽑던 과거시험입니다. 제술과가 글짓기 시험이라면, 생원(生員)을 뽑는 생원과(生員科)는 유교경전 지식에 대한 암기 시험입니다.

### 옷에 관련되는 글자

**裳** 치마 상 ⓩ 裳
옷 의(衣) + [오히려 상(尙)]

**裝** (옷을) 꾸밀 장 ⓩ 装 ⓨ 装
옷 의(衣) + [씩씩할 장(壯)]

**裂** (옷을) 찢을 렬 ⓩ 裂
옷 의(衣) + 벌릴 렬(列)

**補** (옷을) 기울 보 ⓩ 补
옷 의(衣) + [클 보(甫)]

**裕** (옷이) 넉넉할 유 ⓩ 裕
옷 의(衣) + [골 곡(谷)→유]

중국에서는 치마 상(裳)자 대신 우리나라에서는 거의 사용하지 않는 치마 군(裙)자를 사용합니다. 미니스커트(mini skirt)를 중국에서는 미니군(迷你裙)이라 하는데, '당신(你)을 미혹하는(迷) 치마(裙)'라는 뜻입니다. 의상(衣裳)은 '옷(衣)과 치마(裳)'라는 뜻이고, 동가홍상(同價紅裳)은 '같은(同) 값(價)이면 다홍(紅) 치마(裳)'라는 뜻으로, '같은 값이면 보기 좋은 것을 택하다'는 뜻입니다.

장식(裝飾), 가장(假裝), 복장(服裝), 포장(包裝) 등에 들어가는 꾸밀 장(裝)자는 '옷(衣)을 꾸미거나 장식(裝飾)을 하다'는 뜻입니다. 포장(包裝)은 '싸서(包) 꾸미다(裝)'는 뜻이고, 장갑차(裝甲車)는 '갑옷(甲)으로 겉을 꾸민(裝) 차(車)'입니다.

여유(餘裕), 부유(富裕) 등에 들어가는 넉넉할 유(裕)자는 '옷(衣)이 커서 넉넉하다'는 뜻입니다.

균열(龜裂), 분열(分裂), 파열(破裂) 등에 들어가는 찢을 렬(裂)자는 '옷(衣)을 찢어 벌여(列) 놓다'는 뜻입니다. 벌일 렬(列)자는 '죽은(歹) 짐승이나 가축에서 뼈와 살을 칼(刀/刂)로 갈라서 벌여 놓다'는 뜻입니다. 감수분열(減數分裂)은 '염색체의 수(數)가 감소(減)하는 세포분열(分裂)'로, 생식세포를 만들기 위해 세포가 분열될 때 염색체의 수가 절반으로 줄어드는 분열입니다.

기울 보(補)자는 '찢어진 옷(衣)을 깁다'는 뜻입니다. 이후 '깁다→고치다→돕다→(기워 붙여) 보태다' 등의 뜻이 파생되었습니다. 보수(補修)는 '고치다', 보조(補助)는 '돕다', 보급(補給)과 보충(補充)은 '보태다' 등의 뜻을 가지고 있습니다. 절장보단(絕長補短)은 '긴(長) 것을 잘라(絕) 짧은(短) 것에 기워(補) 붙이다'는 뜻으로 장점으로 단점을 보충함을 일컫는 말입니다.

### 옷 의(衣)자 중간에 다른 글자가 들어감

表 겉 표 ⓩ 表
옷 의(衣) + 털 모(毛)

裏 속 리 ⓩ 里
옷 의(衣) + [마을 리(里)]

衷 정성 충 ⓩ 衷
옷 의(衣) + [가운데 중(中)→충]

哀 슬플 애 ⓩ 哀
[옷 의(衣)→애] + 입 구(口)

옷 의(衣)자 중간에 다른 글자가 들어가는 경우도 있습니다.

겉 표(表)자는 '옷(衣)에 털(毛)이 나 있는 털옷'을 의미하였으나, 이후 '털옷→겉옷→겉→바깥→(바깥으로) 나타내다'란 뜻이 생겼습니다. 표음문자(表音文字)는 '소리(音)를 나타내는(表) 문자(文字)'이고, 표의문자(表意文字)는 '뜻(意)을 나타내는(表) 문자(文字)'로, 한자가 대표적인 표의문자입니다. 또 신하가 자기의 생각을 표현(表現)하여 임금에게 고하는 글을 '표(表)'라고 합니다. 〈출사표(出師表)〉는 '전쟁터로 군대(師)가 나가면서(出) 올리는 글(表)'이란 뜻으로, 제갈공명이 전쟁터에 나가면서 임금에게 올린 글입니다. 스승 사(師)자는 원래 '언덕(阜) 위에 깃발(帀)을 꽂고 주둔하는 군대'를 뜻하는 글자입니다. 《경세유표(經世遺表)》는 '세상(世)을 다스리는(經) 글을 남겨(遺) 임금에게 올리는 글(表)'로, 조선 후기 실학자 정약용이 나라의 정치 사회적 제도를 개혁해야 한다고 주장한 책의 이름입니다.

속 리(裏)자는 '옷(衣) 속'을 의미합니다. 옷 의(衣)자가 글자의 왼쪽에 들어가도 속 리(裡)자가 됩니다. 표리부동(表裏不同)은 '겉(表)과 속(裏)이 같지(同) 않다(不)'는 뜻입니다.

정성 충(衷)자는 '가운데(中)에 입는 속옷(衣)'을 의미하였으나, 이후 '속옷→속마음→정성(精誠)'이란 뜻이 생겼습니다. 충심(衷心)은 '속(衷)에서 우러러나오는 마음(心)'이고, '고충을 털어놓다'의 고충(苦衷)은 '괴로운(苦) 속마음(衷)'입니다.

슬플 애(哀)자는 '입(口)으로 소리내어 울 정도로 슬프다'는 뜻입니다. 옷 의(衣)

영화 〈애수〉

자가 소리로 사용되었습니다. '슬픈(哀) 근심(愁)'이란 뜻을 가진 애수(哀愁)는 영화 제목으로도 유명합니다. 2차 대전 중 영국 런던 워털루 다리에서 만나 사랑에 빠지는 로이 크로닌(로보트 테일러 분)과 마이러 레스터(비비안 리 분). 전쟁터로 떠난 로이의 전사 소식을 들은 마이러는 생계를 위해 거리의 여자로 나서는데, 뜻밖에 살아 돌아온 로이와 우연히 다시 만나게 되지만 결국 비극적으로 끝나는 슬픈 러브스토리입니다. 영어 제목은 〈워털루 브릿지 Waterloo Bridge〉입니다.

### 기타

**依** 의지할 의 ⓩ 依
사람 인(亻) + [옷 의(衣)]

**卒** 군사 졸 ⓩ 卒 ⓨ 卆
옷 의(衣) + 한 일(一)

**求** 구할 구 ⓩ 求
털옷 모습

의지할 의(依)자는 '옷(衣)이 사람(亻)에게 달라붙듯이 의지(依支)한다'는 뜻입니다. 의존명사(依存名詞)는 '다른 낱말에 의지하여(依) 있는(存) 명사(名詞)'로, 수식하는 말이 있어야만 쓰일 수 있는 명사입니다. '것, 바, 따위, 뿐, 만큼, 마리, 그루, 켤레' 등이 의존명사입니다.

군사 졸(卒)

군사 졸(卒)자의 상형문자를 보면 옷 의(衣)자의 허리 부분에 한 일(一)자가 그려져 있습니다. 즉, 옷(衣)을 허리띠(一)로 묶은 모습으로, 싸움이나 일을 할 때 방해되지 않도록 하기 위함입니다. 따라서 허리를 묶은 옷을 입는 군사나 하인을 지칭하며, 죽은 사람에게 수의를 입힐 때 옷을 묶는 데에서 '죽다→마치다→갑자기 (죽다)'라는 뜻도 생겼습니다. 졸병(卒兵)은 '군사(卒)와 병사(兵)'라는 뜻으로, 지위가 낮은 병사를 일컫는 말입니다. 졸업(卒業)은 '일(業)을 마치다(卒)'는 뜻이며, 졸도(卒倒)는 '갑자기(卒) 넘어지다(倒)'는 뜻으로 심한 충격이나 피로 등으로 정신을 잃는 것을 말합니다.

요구(要求), 구직(求職), 구애(求愛) 등에 사용되는 구할 구(求)자는 상형문자를 보면 털이 나 있는 옷의 모습으로 의(衣)자와 비슷한 모양입니다. 구(求)자의 원래 뜻은 갖옷(짐승의 털가죽으로 안을 댄 옷)입니다. 이후 가차되어 '구하다'라는 뜻으로 사용되자, 원래의 뜻을 살리기 위해 옷 의(衣)자가 추가되어 갖옷 구(裘)자가 만들어졌습니다. 실사구시(實事求是)는 '실제(實) 일(事)로부터 옳은(是) 진리를 구한다(求)'는 뜻으로, 글방에서 책을 읽으면서 진리를 탐구하는 것이 아니라, 현실에서 직접 보거나 실험을 통해 진리를 탐구하는 것입니다. 이와 같은 과학적 학문 태도는 조선시대에 실학(實學)이라는 학파를 낳았습니다.

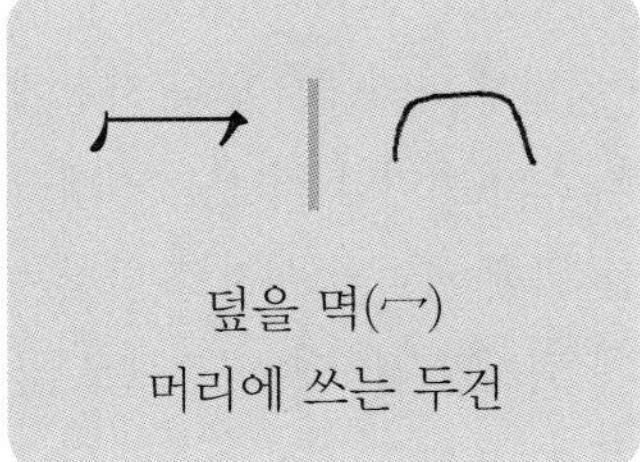

덮을 멱(冖)
머리에 쓰는 두건

덮을 멱(冖)자는 머리에 덮어쓰는 모자(혹은 두건)의 모습을 본떠 만든 글자입니다. 고대 중국 사람들은 보자기로 머리를 두른 두건(頭巾)을 모자(帽子)라고 불렀습니다. 그래서 모자 모(帽)에 수건 건(巾)자가 들어갑니다.

### 덮을 멱(冖)자가 들어감

**冠** 갓 관 ㊥ 冠
덮을 멱(冖) + [으뜸 원(元)→관] + 마디 촌(寸)

**寇** 도둑 구 ㊥ 寇
집 면(宀) + 으뜸 원(元) + 칠 복(攴)

**冥** 어두울 명 ㊥ 冥
덮을 멱(冖) + 날 일(日) + 여섯 륙(六)

**冒** 무릅쓸 모 ㊥ 冒
[쓰게 모(冃)] + 눈 목(目)

**軍** 군사 군 ㊥ 军
수레 차/거(車) + [두루 균(勻→勹→冖)→군]

갓 관(冠)자는 사람의 머리(元) 위에 손(寸)으로 모자(갓)를 덮어쓴(冖) 모습을 본떠 만든 글자입니다. 으뜸 원(元)자는 머리(二)를 강조한 사람(儿)의 모습을 본떠 만든 글자입니다. 의관(衣冠)이란 '옷(衣)과 갓(冠)'입니다.

관상동맥(冠狀動脈)은 '관(冠) 모양(狀)으로 생긴 동맥(動脈)'으로, 심장을 둘러싼 동맥입니다. 심장을 둘러싸고 있는 모습이 마치 심장이 관을 쓰고 있는 것 같아 이런 이름이 붙었습니다.

갓 관(冠)자와 비슷한 글자로 도둑 구(寇)자가 있는데, '집(宀)에 있는 사람의 머리(元)를 흉기로 치는(攴) 사람이 도둑이다'는 뜻입니다. 왜구(倭寇)란 '왜나라(倭) 도둑(寇)'입니다.

어두울 명(冥)자의 상형문자를 보면, 두 손(六)으로 보자기(冖) 같은 것을 어떤 물건(日) 위로 덮는 모습입니다. 아마도 '덮어져 어둡다'는 의미로 만든 글자인 것 같습니다. '구름이 해(日)를 덮어(冖) 어둡다'라는 이야기는 속설일 뿐입니다. 명(冥)자는 어둡다는 뜻 외에도 '(어두운) 저승'이란 뜻도 있습니다. '명복(冥福)을 빌다'는 '저승(冥)에서의 복(福)을 빌다'는 뜻입니다.

어두울 명(冥)

모험(冒險), 모독(冒瀆)에 사용되는 무릅쓸 모(冒)자는 '얼굴을 상징하는 사람 눈(目)과 머리카락(二)으로 표시된 머리에 모자(冖)를 쓰다'는 뜻입니다. 이후 '모자→쓰다→덮다→(덮은 것을) 견디다→무릅쓰다' 등의 의미가 생기면서, 원래의 뜻을 살리기 위해 수건 건(巾)자를 붙여 모자 모(帽)자가 되었습니다.

군사 군(軍)자는 뜻을 나타내는 수레 거(車)와 소리를 나타내는 두루 균(勻→勹→冖)자가 합쳐진 형성문자입니다. 덮을 멱(冖)자와는 상관이 없는 글자입니다. 군담소설(軍談小說)은 '군사(軍)의 이야기(談)를 소재로 한 소설(小說)'이란 뜻으로 전쟁에 관한 이야기를 소재로 한 고대소설입니다. 《징비록(懲毖錄)》, 《임진록(壬辰錄)》, 《박씨전(朴氏傳)》, 《유충렬전(劉忠烈傳)》 등이 모두 군담소설입니다.

# 생활 4-3 음식과 그릇

먹을 식(食) | 닭 유(酉) | 그릇 명(皿)
솥 정(鼎) | 솥 격(鬲) | 장군 부(缶)

먹을 식(食)
밥그릇의 모습

송대의 도자기

중국 사람들은 신석기 시대부터 황하강 중류의 황토고원(黃土高原)과 황하강 하류의 화북평야(華北平野) 전체를 덮고 있는 황토 흙으로 도자기를 만들었습니다. 송(宋)대에는 도자기 산업이 최고 전성기를 구가하는데, 발굴된 가마 중에는 길이가 100m나 되고, 2만5천개의 도자기를 동시에 구울 수 있는 곳도 있습니다. 그릇은 물론이고 책상이나 의자, 심지어 침대까지 만들었습니다. 유약을 발라 1300도의 높은 열에서 구워낸 자기(瓷器)는, 흙으로 만들었지만 물이 스며들지 않는 그릇입니다. 중국은 이미 은나라 때 완벽하지는 않지만 이런 자기를 만들었습니다. 쇠나 나무로 그릇을 만들었던 옛 서양에서는 흙으로 만든 이런 그릇이 매우 신기했습니다. 중세 및 근대 유럽에서는 중국 도자기가 부나 신분의 상징으로 여겼습니다. 《하멜표류기(漂流記)》로 유명한 하멜도 네덜란드 동인도회사 소속 선원으로, 1653년 7월 중국과 일본에서 도자기를 수입하러 왔다가 태풍을 만나 제주도에 표류하였습니다.

중국을 뜻하는 영어 이름 차이나(China)가 '도자기'라는 뜻을 동시에 갖게 된 것도 중국의 도자기 문화가 얼마나 발달했는지 알 수 있습니다. 그래서 한자에는 그릇에 관련되는 글자가 많습니다.

먹을 식(食)자는 받침대가 있는 밥그릇(良)과 밥뚜껑(人)의 모양을 본떠 만든 글자입니다. 그릇에 밥을 담아 먹는 데에서 '밥'과 함께 '먹다'는 뜻이 생겼습니다. 먹을 식(食)자는 먹는 음식, 배부름과 굶주림 등에 관련되는 글자에 들어갑니다. 대식국(大食國)은 '많이(大) 먹는(食) 나라(國)'라는 뜻으로, 중국 당나라 때에, 이슬람 국가인 사라센(Saracen) 제국을 이르던 말입니다. 아마도 덩치가 큰 사람들이 밥을 많이 먹어 생긴 이름으로 추측됩니다. 한식(寒食)은 '찬(寒) 음식을 먹는(食) 날'로, 양력 4월 5일경입니다. 한식의 기원은 중국 진(晉)나라의 충신 개자추(介子推)의 혼령을 위로하기 위해서라고 합니다. 개자추가 간신에게 몰려 면산(緜山)에 숨어 있었는데 문공(文公)이 그의 충성심을 알고 찾았으나 산에서 나오지 않자, 나오게 하기 위하여 면산에 불을 놓았습니다. 그러나 개자추는 나오지 않고 불에 타죽고 말았으며, 사람들은 그를 애도하여 이 날에는 불을 피우지 않고 찬 음식을 먹었습니다.

### 음식을 먹고 마심

**飯** 밥 반 중 饭
먹을 식(食) + [돌이킬 반(反)]

**餐** 먹을 찬 중 餐
먹을 식(食) + [뼈를추릴 찬(𣦼)]

**蝕** 벌레먹을 식 중 蚀
벌레 충(虫) + [먹을 식(食)]

**飮** 마실 음 중 饮
먹을 식(食) + [하품 흠(欠)→음]

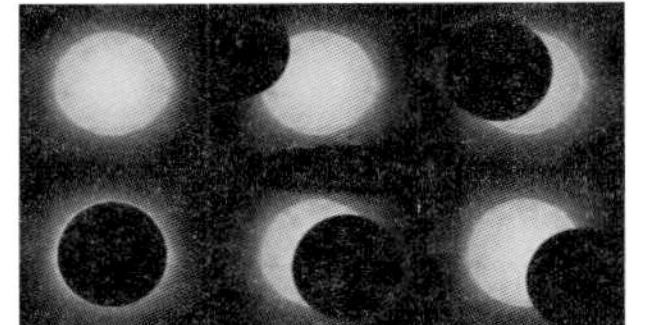
해가 달에 가려지는 일식

밥 반(飯)자는 '그릇(食)에 들어 있는 밥'이란 뜻과 함께 '밥(食)을 먹다'는 뜻도 함께 가지고 있습니다. 중국 음식점인 북경반점이나 상해반점에 들어가는 반점(飯店)은 '밥(飯)을 파는 가게(店)'로, 우리나라의 식당(食堂)입니다. 하지만 중국에서는 여관이나 호텔 이름에도 반점(飯店)이 들어갑니다. 옛날에는 잠을 자는 여관에서 밥도 함께 팔았기 때문입니다. 우리나라의 주막(酒幕)도 술과 밥을 팔고, 잠자리도 제공하였습니다.

먹을 찬(餐)자에 들어가는 뼈를추릴 찬(𣦼)자는 손(又)에 뼈(歺)를 들고 있는 모습입니다. 따라서 먹을 찬(餐)자는 '손(又)으로 뼈(歺)를 추리면서 맛있게 먹다(食)'는 뜻입니다. 아침, 점심, 저녁 식사를 각각 조찬(朝餐), 오찬(午餐), 만찬(晩餐)이라고 합니다. 풍찬로숙(風餐露宿)은 '바람(風)부는 데에서 먹고(餐) 이슬(露)을 맞으며 자다(宿)'는 뜻으로, 큰 뜻을 이루려는 사람이 어려움을 겪는 모습을 일컫는 말입니다.

벌레먹을 식(蝕)자는 글자 그대로 '벌레(虫)가 나뭇잎을 갉아먹다(食)'는 뜻입니다. 월식(月蝕), 일식(日蝕), 침식(浸蝕), 해식(海蝕) 등에 사용됩니다. 월식(月蝕)은 지구의 그림자가 달을 가려 '달(月)을 갉아먹다(蝕)'는 뜻이고, 일식(日蝕)은 달이 해를 가려 '해(日)를 갉아먹다(蝕)'는 뜻입니다.

음식(飮食), 음료수(飮料水)에 들어가는 마실 음(飮)자는 '하품(欠) 하듯이 입을 크게 벌리고 먹다(食)'는 뜻입니다. 아픈 사람에게 주는 미음(米飮)은 '쌀(米)을 마실(飮) 수 있도록 묽게 쑨 죽'입니다.

### 배부름과 굶주림

**飽** 배부를 포 중 饱
먹을 식(食) + [쌀 포(包)]

**餓** 주릴 아 중 饿
먹을 식(食) + [나 아(我)]

**飢** 주릴 기 중 饥
먹을 식(食) +
[안석 궤(几)→기]

배부를 포(飽)자에 들어가는 쌀 포(包)자는 불룩한 뱃(勹)속에 아기(巳)가 있는 모습입니다. 따라서 배부를 포(飽)자는 '밥(食)을 많이 먹어 아이 밴 배(包)처럼 배가 부르다'는 뜻입니다. 포만(飽滿), 포식(飽食), 포화(飽和) 등에 사용됩니다.

주릴 아(餓)자는 '먹지(食) 못해 굶주리다'는 뜻입니다. 아귀(餓鬼)는 '주린(餓) 귀신(鬼)'이란 뜻이며, 불교에서 탐욕을 부려 아귀도에 떨어진 귀신으로 앙상하게 마른 몸에 배가 엄청 크고 목구멍이 바늘구멍 같아서 음식을 먹을 수 없어 늘 굶주림에 괴로워하는 귀신입니다. 아구찜의 재료로 사용되는 아구(餓口)라는 물고기는 입이 무지하게 커 '주린(餓) 입(口)'이란 뜻으로 지어진 이름입니

입이 큰 아구

기타

**館** 집 관 ⓢ 馆 ⓨ 舘
먹을 식(食) + [벼슬 관(官)]

**養** 기를 양 ⓢ 养
먹을 식(食) + [양 양(羊)]

**餘** 남을 여 ⓢ 余 ⓨ 余
먹을 식(食) + [나 여(余)]

**飾** 꾸밀 식 ⓢ 饰
[먹을 식(食)] +
사람 인(人) + 베 포(布)

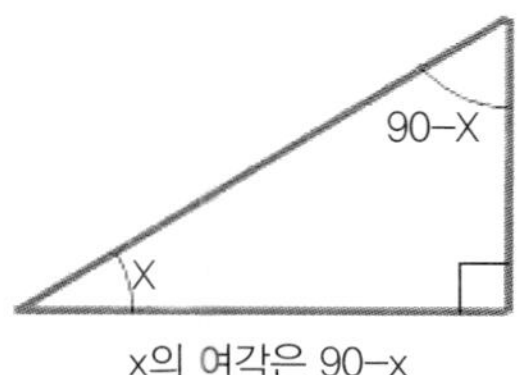

x의 여각은 90−x

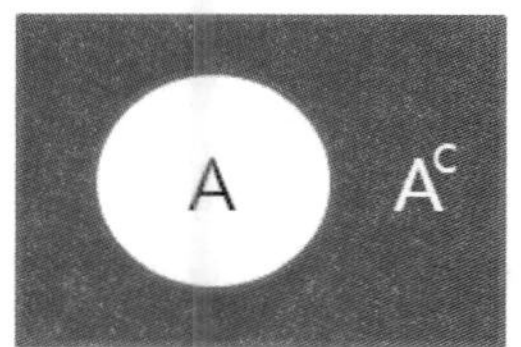

A의 여집합은 $A^c$

다. 혹자는 이 물고기를 아귀(餓鬼)라고도 부릅니다.

주릴 기(飢)자도 '먹지(食) 못해 굶주리다'는 뜻입니다. 기아(飢餓)는 주릴 기(飢)자와 주릴 아(餓)자가 합쳐진 낱말로 몹시 굶주림을 뜻합니다.

집 관(館)자는 '먹고(食) 자는 집(官)'이란 뜻입니다. 이때 집은 일반인이 사는 집이 아니라, 여행객이 먹고 자는 객사(客舍)나 관리들이 먹고 자는 관사(官舍)를 뜻하는 글자입니다. 여관(旅館)은 '나그네(旅)들이 자는 집(館)'입니다. 왜관(倭館)은 '왜(倭)나라 사람들이 머물던 여관(旅館)'으로, 조선시대 외교적인 일이나 무역을 하러 온 왜인(倭人)들이 머물던 곳입니다. 경상북도 칠곡군 왜관읍(倭館邑)은 왜인(倭人)이 낙동강 하류에서 뱃길을 따라 올라와 이곳에서 무역을 하여 생긴 이름입니다.

중국에서 양고기 요리는 인기 있는 요리 중 하나입니다. 기를 양(養)자는 원래 '맛있는 양(羊)을 먹다(食)'는 뜻입니다. 이후 '먹다→(먹여서) 기르다→치료하다→가르치다' 뜻이 생겼습니다. 양육(養育), 양친(養親), 봉양(奉養), 양분(養分), 휴양(休養), 교양(敎養), 수양(修養) 등에 사용됩니다.

여분(餘分), 여유(餘裕), 여가(餘暇) 등의 남을 여(餘)자는 '먹을(食) 것이 남아 있다'는 뜻입니다. 여각(餘角)은 '남은(餘) 각(角)'라는 뜻으로, 두 각의 합이 직각일 때 그 한 각에 대한 다른 각을 이르는 말입니다. 즉 x의 여각은 90−x가 됩니다. 코사인(cosine)은 '여각(餘角: complementary angle)의 사인(sine)'이란 뜻입니다. 즉 cos(x)는 sin(90−x)입니다. cos(x)=sin(90−x)라는 공식을 암기하는 대신, cosine에서 'co~'가 여각의 줄임말이라는 것을 알면 저절로 알 수 있습니다. 여집합(餘集合)은 '남은(餘) 집합(集合)'이란 뜻으로 전체 집합에서 어떤 집합에 포함되지 않은 나머지 집합입니다. 또 20개가 조금 넘는 개수를 '20여 개'라고 하는데, 이때 '여'자가 남을 여(餘)자입니다.

꾸밀 식(飾)자는 '사람(人)이 베(巾)로 만든 옷을 꾸민다, 장식(裝飾)한다'는 뜻입니다. 가식(假飾)은 '거짓으로(假) 꾸미다(飾)'는 뜻이고, 허례허식(虛禮虛飾)은 '속이 비어(虛) 있는 예절(禮)과 속이 비어(虛) 있는 꾸밈(飾)'이란 뜻으로 정성이 없이 겉만 번지르하게 꾸민 예절이나 법식을 말합니다.

### 뚜껑이 열린 밥그릇

**卽** 곧 즉 ㊥即
향내날 형(皀) + 병부 절(卩)

**旣** 이미 기 ㊥既
향내날 형(皀) + [숨막힐/목맬 기(旡)]

**鄕** 시골 향 ㊥乡
작을 요(幺) + [향내날 형(皀)→향] + 고을 읍(邑/阝)

**饗** 잔치 향 ㊥飨
먹을 식(食) + [시골 향(鄕)]

**卿** 벼슬 경 ㊥卿
토끼 묘(卯) + [향내날 형(皀)→경]

**爵** 벼슬 작 ㊥爵
손(寸)으로 들고 있는 술잔

전라남도 나주의 향교

새 모양으로 생긴 술잔. 벼슬 작(爵)자는 이 술잔의 모습에서 나왔다

먹을 식(食)자 위에 있는 밥뚜껑(亼)을 열면 향내날 형(皀)자가 되는데, 밥뚜껑이 열려 있어 밥 냄새가 나기 때문에 향내날 형(皀)자가 되었습니다. 여기에서는 향내날 형(皀)자가 들어가는 글자들을 몇 개 살펴보겠습니다.

향내날 형(皀) 곧 즉(卽) 이미 기(旣) 고향 향(鄕)

즉각(卽刻), 즉결(卽決), 즉석(卽席), 즉심(卽審) 등에 들어가는 곧 즉(卽)자는 밥을 곧 먹으려 하는 모습에서 '곧'이란 뜻이 생겼습니다. 일촉즉발(一觸卽發)은 '한(一) 번 닿기만(觸) 하여도 곧(卽) 폭발한다(發)'는 뜻으로, 작은 일로도 계기가 되어 크게 벌어질 수 있는 위급한 상태에 놓여 있음을 일컫는 말입니다.

기득권(旣得權), 기왕(旣往), 기존(旣存), 기혼(旣婚) 등에 들어가는 이미 기(旣)자는 이미 밥을 먹고 돌아앉은 모습에서 '이미'라는 뜻이 생겼습니다. 기약분수(旣約分數)는 '이미(旣) 약분(約分)이 되어 있는 분수(分數)'라서, 더 이상 약분되지 않는 분수입니다. 기출문제(旣出問題)는 '이전에 이미(旣) 한 번 나왔던(出) 문제(問題)'입니다.

고향(故鄕), 향토(鄕土), 향리(鄕里) 등에 들어가는 시골 향(鄕)자는 가족이 둘러앉아 식사하는 모습으로 '대접하다, 잔치하다'는 뜻입니다. 이후 '대접하다→잔치하다→시골→고향'이란 뜻이 생겼습니다. 경향신문의 경향(京鄕)은 '서울(京)과 시골(鄕)', 즉 전국(全國)이란 뜻입니다. 향교(鄕校)는 '시골(鄕)의 학교(校)'라는 뜻으로 고려 시대와 조선 시대 때 지방에 있던 문묘(文廟: 공자를 모시던 사당)와 그에 속한 학교입니다. 조선 중기 이후 서원(書院)이 발달하자 기능이 약화되었습니다.

잔치 향(饗)자는 시골 향(鄕)자의 원래 뜻을 분명히 하기 위해 밥 식(食)자를 추가하여 만든 글자입니다. 향연(饗宴)은 '잔치(饗)와 잔치(宴)'라는 뜻입니다.

벼슬 경(卿)자의 어원은 시골 향(鄕)자와 마찬가지로 두 사람(人)이 마주 보고 밥(皀)을 먹는 모습입니다. 아마도 벼슬을 받아 높은 사람과 함께 식사를 하는 모습에서 벼슬이라는 뜻이 생긴 것으로 추측됩니다. 삼공육경(三公六卿)은 '3(三) 명의 공(公)과 6(六) 명의 경(卿)'이란 뜻으로 조선 시대에 삼정승(三政丞)과 육조판서(六曹判書)를 통틀어 이르던 말입니다.

벼슬 작(爵)자는 벼슬 경(卿)자와는 달리 손(寸)으로 새처럼 생긴 술잔을 들고 있는 모습입니다. 원래는 술잔이라는 의미였으나, 벼슬을 받으면 술잔을 받는 관습에서 벼슬이라는 의미가 생겼습니다. 오등작(五等爵)은 다섯 등급으로 나눈 작위(爵尉)로 공작(公爵), 후작(侯爵), 백작(伯爵), 자작(子爵), 남작(男爵)이 있습니다.

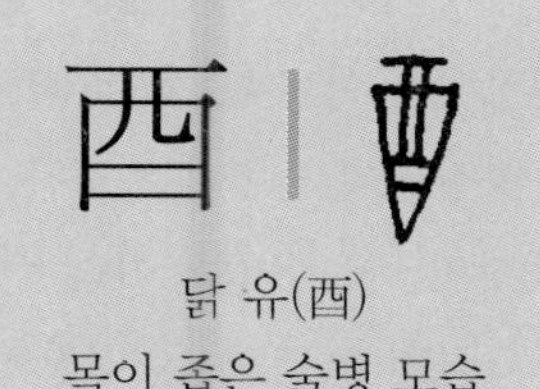

닭 유(酉)
목이 좁은 술병 모습

닭 유(酉)자는 목이 가는 술병의 모습을 본떠 만든 글자로, 원래는 술이나 술병을 뜻하는 글자입니다. 알코올 성분의 술은 빨리 증발되므로 술을 담는 그릇은 항상 입구를 좁게 만듭니다. 고대 중국인들도 이런 사실을 알았던 것 같습니다.

닭 유(酉)자는 술 유(酉)자로 부르기도 하며, 술과 관련되는 글자에 사용됩니다. 술 주(酒)자가 대표적인 예입니다. 술은 과실과 같은 당분을 함유하는 액체에 공기 속에 있는 효모(酵母)가 들어가 자연적으로 발효(醱酵)하면서 알코올로 변하여 술이 됩니다. 이런 이유로, 낙농(酪農), 식초(食醋), 간장(醬) 등 발효(醱酵)에 관계되는 글자에도 닭 유(酉)자 모두 들어갑니다.

닭 유(酉)자처럼
입구를 좁게
만든 질그릇

닭 유(酉)자로 더 잘 알려진 이 글자는 간지(干支)로 사용되면서, 십이지(十二支)의 하나인 닭과 짝을 이루어 닭 유(酉)자가 되었을 뿐, 닭의 모습과는 전혀 상관없습니다.

### 발효와 관련한 글자

**醱** (발효하여) 빚을/술익을 발 ㊥ 酦
닭 유(酉) + [필 발(發)]

**酵** (발효시키는) 술밑 효 ㊥ 酵
닭 유(酉) + [효도 효(孝)]

**酸** (발효하여) 실 산 ㊥ 酸
닭 유(酉) + [갈 준(夋)→산]

'술을 빚다'는 '술을 담그다'는 뜻입니다. 빚을/술익을 발(醱)자는 '술(酉)로 발전한다(發)', 즉 '술(酉)이 익다'는 뜻으로 만든 글자입니다.

술밑 효(酵)자의 '술밑'은 술을 발효(醱酵)시키는 효모균(酵母菌)을 말합니다. 효모균(酵母菌)은 '발효시키는(酵) 모체(母)가 되는 균(菌)'이란 뜻으로 곰팡이나 버섯 종류이지만 균사가 없는 단세포 생물입니다. 효모(酵母)는 영어로 이스트(yeast)입니다. 그리스어의 어원으로 '끓다'는 의미로 발효될 때, 이산화탄소가 발생하여 거품이 나기 때문입니다.

술을 더욱 발효하면 시어지는데, 실 산(酸)자는 '술(酉)이 오래 가면(夋) 시어진다'는 뜻입니다. 산성(酸性)은 '신(酸)맛이 나는 성질(性)을 가진 물질'로 사이다, 오렌지, 포도, 사과 등 신맛이 나는 것은 대부분 산성입니다. 산소(酸素)는

醋 (발효하여 만든) 식초 초
중 醋
닭 유(酉) + [옛 석(昔)→초]

醬 (발효하여 만든) 장 장 중 酱
닭 유(酉) + [장수 장(將)]

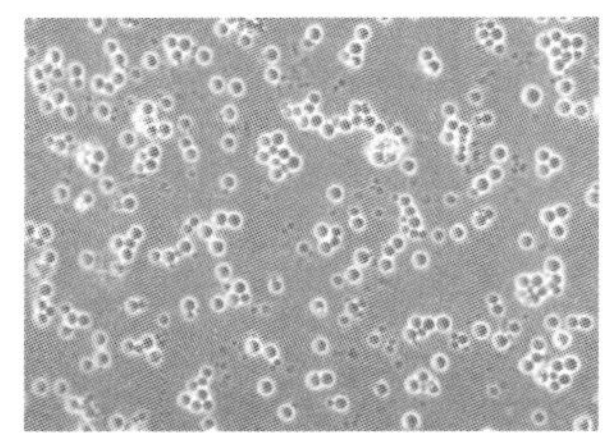
단세포 생물인 효모균

'신(酸)맛으로 변하게 하는 원소(素)'라는 뜻입니다. 산소(酸素)를 영어로 옥시전(oxygen)이라고 하는데, '신맛이 나는 물질'을 뜻하는 oxys와 '생성되다'는 뜻의 gennao가 합쳐져 만들어졌습니다. 옛 그리스 사람은 공기속의 어떤 물질이 술을 시게 만든다고 믿었고, 이를 옥시전(oxygen)이라고 불렀습니다.

술이 오래되면 시어져 식초(食醋)가 됩니다. 식초 초(醋)자는 '옛날(昔)에 담근 오래된 술(酉)은 발효되어 식초(食醋)가 된다'는 뜻입니다.

콩을 발효시켜 만드는 간장이나 된장, 고추장에 들어가는 장 장(醬)자에도 닭 유(酉)자가 들어갑니다. 장(醬)자는 간장이나 된장뿐만 아니라, 육장(肉醬)이나 젓갈을 뜻하기도 합니다. 중국 음식집에 가면 자장면에 들어가는 검은 중국 된장을 첨장이라고 하는데, 첨장(甛醬)은 '단(甛)맛이 나는 장(醬)'이란 뜻입니다. 보통 발음하기 쉽게 춘장이라고 부릅니다. 또 자장면(煮醬麵)은 '첨장(醬)을 삶아(煮) 비벼먹는 국수(麵)'라는 뜻입니다.

## 술과 관련한 글자

酒 술 주 중 酒
물 수(氵) + [닭 유(酉)→주]

醉 술취할 취 중 醉 약 酔
닭 유(酉) + [군사 졸(卒)→취]

酌 술따를/잔 작 중 酌
닭 유(酉) + [구기/잔 작(勺)]

일제강점기 사진엽서에 있는
평양 대동강의 부벽루

술 주(酒)자에 들어 있는 유(酉)자는 원래 술을 의미하지만, 뜻을 분명히 하기 위해 물 수(氵)자가 추가되었습니다. 주지육림(酒池肉林)은 '술(酒)이 못(池)을 이루고 고기(肉)가 숲(林)을 이루었다'는 뜻으로 중국 은(殷)나라 때 폭군으로 알려진 주왕(紂王)이 많은 술과 고기로 호화롭게 차린 술잔치를 벌이고 나라를 돌보지 않은 데서 유래합니다. 〈권주가(勸酒歌)〉는 '술(酒)을 권하는(勸) 노래(歌)'로, 조선 시대 12가사(歌辭) 중의 하나이며, 술자리에서 술을 마시라고 권하는 노래입니다. 내용은 인생의 무상함을 한탄하고 부귀와 장수(長壽)를 비는 것입니다.

술취할 취(醉)자는 도취(陶醉), 심취(心醉), 취객(醉客), 취흥(醉興) 등에 사용됩니다. 〈취유부벽정기(醉遊浮碧亭記)〉는 '부벽정(浮碧亭: 물 위에 떠있는 푸른 정자)에서 술에 취해(醉) 놀던(遊) 기록(記)'으로, 조선 시대 김시습이 지은 소설인 《금오신화》에 수록된 5편 중 하나입니다. 부벽정 아래에서 술을 마시며 뱃놀이를 하다 만난 선녀를 그리워하다 결국 죽어 하늘나라로 간 선비의 이야기입니다. 부벽정(浮碧亭)은 평양 대동강의 부벽루(浮碧樓) 정자입니다.

술따를/잔 작(酌)자는 '술(酉)을 잔(勺)에 따르다'는 뜻입니다. 자작(自酌)은 자신의 술을 스스로(自) 따르는(酌) 것을 말하고, 작부(酌婦)는 '술집에서 손님을 접대하며 술을 따라(酌) 주는 여자(婦)'입니다.

### 술익을 추(酋)와 관련한 글자

**酋** 술익을/두목 추 ⓢ 酋
닭 유(酉) +
[여덟 팔(八)→추]

**奠** 바칠 전 ⓢ 奠
큰 대(大) +
[술익을 추(酋)→전]

**鄭** 나라이름 정 ⓢ 郑
고을 읍(邑/阝) +
[바칠 전(奠)→정]

**尊** 높을 존 ⓢ 尊
마디 촌(寸) +
[술익을/두목 추(酋)→존]

**遵** 좇을 준 ⓢ 遵
갈 착(辶) + [높을 존(尊)→준]

술익을 추(酋)자는 술이 익어 술병(酉) 위로 냄새가 솔솔 나는(八) 모습입니다. 이후 '술이 익다→이루다→성취하다→뛰어나다→우두머리→두목, 추장(酋長)'이란 뜻이 파생되었습니다. 하지만 이 글자가 다른 글자 내에서는 '잘 익어 제사상에 올리는 술'이란 뜻으로 사용됩니다.

바칠 전(奠)자는 '제사상(ㅠ→大)에 익은 술(酋)을 바치다'는 뜻입니다. 이후 '술을 바치다→제물을 올리다 →제사를 지내다'는 뜻이 파생되었습니다. 장례 전 영좌 앞에 간단한 술과 과일을 차려 놓는 것도 전(奠)이라고 합니다.

나라이름 정(鄭)자는 원래 '제사(奠)를 잘 지내는 고을(邑/阝)'이라는 뜻입니다. 정(鄭)나라는 중국 춘추시대에 섬서성(陝西省)에 있었던 나라입니다. 아마도 제사를 잘 지내는 나라로 짐작됩니다. 정(鄭)자는 우리나라의 성씨 중 하나입니다.

존대(尊待), 존경(尊敬), 존중(尊重)에 들어가는 높을 존(尊)자는 원래 '제사상에 술을 올리기 위해 손(寸)에 들고 있는 술 단지(酋)'를 뜻하는 글인데, 이후 '술 단지→(술 단지를) 소중히 생각하다→공경하다→높이다' 등의 뜻이 파생되었습니다. 존댓말의 존대(尊待)는 '높게(尊) 대접하다(待)'는 뜻입니다.

준수(遵守), 준법(遵法) 등에 들어가는 좇을 준(遵)자는 '높은(尊) 사람을 따르거나 좇아가다(辶)'는 뜻입니다.

### 기타

**配** 짝 배 ⓢ 配
닭 유(酉) + [몸 기(己)→배]

**醜** 추할 추 ⓢ 丑
귀신 귀(鬼) + [닭 유(酉)→추]

**醫** 의원 의 ⓢ 医 ⓐ 医
닭 유(酉) + 상자 방(匚) +
화살 시(矢) + 창 수(殳)

짝 배(配)

짝 배(配)자는 술(酉) 옆에 사람이 꿇어앉아 있는 사람(己)의 모습입니다. 옛날에 결혼식을 할 때 술(酉)을 나누어 마시면서 짝을 맞이하는 데에서 '(술을) 나누다, 짝짓다'는 뜻이 생겼습니다. 분배(分配), 배정(配定)에서는 '나누다', 배우자(配偶者), 배필(配匹)에서는 '짝짓다'라는 뜻으로 사용되었습니다.

추할 추(醜)자는 '귀신(鬼)의 모습에 술(酉)까지 취해 추(醜)하다'는 뜻입니다. 추악(醜惡), 추잡(醜雜), 추문(醜聞) 등에 사용됩니다.

의원(醫員), 의사(醫師) 등에 사용되는 의원 의(醫)자는 화살에 맞아 몸속(匚)에 화살(矢)이 있거나 창(殳)으로 찔렸을 때 술(酉)로 소독하고 마취를 시킨 데에서 유래합니다. 고대 중국인들은 술이 병도 치료한다고 믿었습니다. 이후 '치료하다→(치료하는) 의원→의술→의학' 등의 뜻이 생겼습니다.

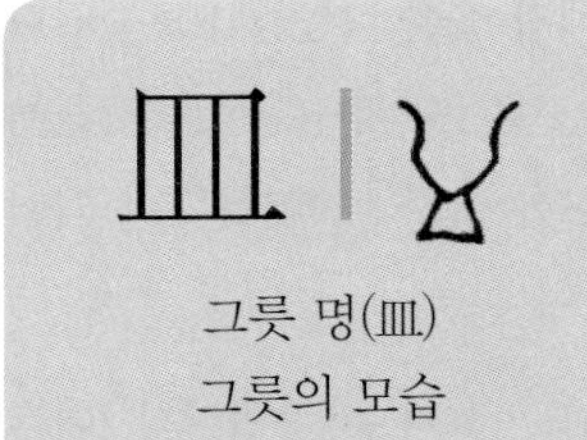

그릇 명(皿)
그릇의 모습

그릇 명(皿)자는 음식을 담는 그릇의 모양을 본떠 만든 글자입니다. 그릇 명(皿)자는 그릇이나 쟁반, 술잔을 일컫는 글자에 모두 들어갑니다. 밥그릇 로(盧), 소반 반(盤), 잔 배(盃)자 등이 그런 예입니다. 다른 글자와 만날 때에는 글자의 아래에 들어갑니다.

그릇 명(皿)자와 비슷한 글자로 피 혈(血)자가 있습니다. 피 혈(血)자는 그릇(皿)에 담겨진 동물의 피를 점(丶)으로 표시해 놓은 모습입니다. 피 혈(血)자는 부수 글자이지만, 피 혈(血)자가 들어가는 글자는 거의 없습니다. 먼저 피 혈(血)자와 관련 있는 글자들을 살펴보겠습니다.

## 피 혈(血)자와 관련한 글자

**盟** 맹세 맹 ⓢ 盟
그릇 명(皿) +
[밝을 명(明)→맹]

**衆** 무리 중 ⓢ 众
날 일(日→血) + [무리 중(乑)]

맹세 맹(盟)

춘추전국시대에 제후들이 동맹(同盟)에 합의하면, 제사를 지내면서 천지신명 앞에 서약하고, 그릇(皿)에 동물의 피(血)를 서로 나누어 마셨습니다. 맹세 맹(盟)자는 '해(日)와 달(月) 아래에서 피(血)를 나누어 마시며 동맹(同盟)을 맹세하다'는 뜻입니다. 옛 글자를 보면 글자 아래의 그릇 명(皿)자를 피 혈(血)자로 쓰기도 하였습니다. 혈맹(血盟)은 '피(血)를 나누어 마시면서 한 맹세(盟)'이고, 동맹(同盟)은 '동일하게(同) 행동하기로 맹세(盟)한 약속이나 조직체'입니다. 한자동맹(同盟)은 '한자(Hansa)라는 상인조합들이 맺은 동맹(同盟)'으로, 중세 중기 북해 · 발트해 연안의 독일 여러 도시가 뤼베크를 중심으로 상업상의 목적으로 결성한 동맹입니다. 한자(Hansa)는 말은 원래 '집단'이나 '단체'을 뜻하며, 외지에서의 상업권익을 지키기 위해 단결한 무역상인의 조합을 가리키는 말로 사용되었습니다. 독일에서 가장 큰 항공사는 루프트한자(Luft-Hansa)입니다. 루프트(Luft)는 영어 에어(air: 공기, 하늘, 항공)와 같은 뜻이고, 한자(Hansa)는 한자동맹의 한자와 같은 뜻입니다.

무리 중(衆)

무리 중(衆)자는 햇볕(日→血) 아래에서 무리를 지어 일하는 사람(众→乑)의 모습에서 '무리'라는 의미가 생겼습니다. 중국 간체자에서는 사람이 3명 있는 모습(众)으로 나타냈습니다. 대중(大衆)이나 중생(衆生) 등에 사용됩니다. 글자 위의 피 혈(血)자는 날 일(日)자가 변형된 모습일 뿐, 피와는 상관이 없습니다. 하지만 무리 중(衆)자의 부수는 피 혈(血)자입니다.

### 그릇의 종류

**盤** 소반 반 중 盘
그릇 명(皿) + [일반 반(般)]

**盆** 동이 분 중 盆
그릇 명(皿) + [나눌 분(分)]

**盞** 잔 잔 중 盏
그릇 명(皿) + [적을 잔(戔)]

**盒** 합 합 중 盒
그릇 명(皿) + [합할 합(合)]

다리가 개의 다리처럼 생긴 개다리소반

여러 층으로 된 찬합

소반 반(盤)자의 소반(小盤)은 음식이나 그릇을 받치기 위한 큰 쟁반이나 자그마한 밥상입니다. 소반 반(盤)자는 원래 큰 쟁반을 뜻하는 글자입니다. 이후 '쟁반→소반→받침→바탕' 등의 뜻이 파생되었습니다. 소반(小盤), 쟁반(錚盤)에서는 그릇이란 의미로, 기반(基盤), 지반(地盤)에서는 받침이나 바탕이라는 뜻으로 사용됩니다. 배전반(配電盤)은 '전기(電)를 나누어 주는(配) 소반(盤)'이란 뜻으로, 발전소에서 온 전기를 나주어 주는 장치입니다.

동이 분(盆)자의 동이는 질그릇으로 만든 큰 항아리로, 양쪽에 손잡이가 달려있습니다. 물동이는 '물을 담는 동이'이고, 양(洋)동이는 '서양(洋)에서 들어온 동이'로, 함석이나 알루미늄으로 만들고 한 손으로 들 수 있도록 손잡이가 달려있습니다. 영어로는 버켓(bucket), 일본어로는 바께쓰(バケツ)입니다. 화분(花盆)은 '꽃(花)을 심는 동이(盆)'입니다. 지리 시간에 나오는 분지(盆地)는 '동이(盆)처럼 가운데가 들어간 땅(地)'이란 뜻으로 산으로 둘러싸인 평지를 말합니다. 하수분(河水盆)은 '황하강(河) 물(水)을 채운 동이(盆)'란 뜻으로 중국 진시황이 만리장성을 쌓을 때 군사 십만 명을 시켜 황하강 물을 길어다 큰 물동이를 채우게 했는데, 그 물동이가 얼마나 컸던지 한 번 채우면 아무리 써도 없어지지 않다고 합니다. 이후 그 안에 물건을 넣어 두면 새끼를 쳐서 끝없이 나온다는 보배 그릇을 뜻하게 되었습니다.

찻잔(茶盞), 술잔(盞), 등잔(燈盞) 등에 들어간 잔 잔(盞)자는 '그릇 (皿)이 작은(戔) 것이 잔이다'는 뜻입니다. 금잔화(金盞花)는 '금(金)으로 만든 잔(盞)처럼 생긴 꽃(花)'입니다.

합 합(盒)자에 들어가는 합할 합(合)자는 그릇(口) 위에 뚜껑(亼)를 덮어 서로 합한 모습으로, 원래 뚜껑이 있는 그릇을 나타내는 글자입니다. 이후 '합(盒: 뚜껑이 있는 그릇)→(그릇과 뚜껑의) 짝→(그릇에 뚜껑을) 합하다' 등의 뜻이 생기면서, 원래의 뜻을 분명히 하기 위해 그릇 명(皿)자를 추가하여 합 합(盒)자가 만들어졌습니다. 찬합(饌盒)은 '반찬(饌)을 담는 여러 층으로 된 그릇(盒)'입니다. 책상에 붙어 있는 서랍은 원래 설합(舌盒)으로, '혀(舌)처럼 생긴 그릇(盒)'이란 뜻입니다. 설합을 빼었다 넣었다하는 것이 흡사 혀를 빼었다 넣었다하는 것과 같다고 해서 붙여진 이름입니다.

## 기타(1)

**益** 더할 익 중 益
그릇 명(皿) + 물 수(水)

**溢** (물이) 넘칠 일 중 溢
물 수(氵) + [더할 익(益)→일]

**監** 볼 감 중 监 약 监
신하 신(臣) + 사람 인(人) + 한 일(一) + 그릇 명(皿)

**鑑** (쇠로 만든) 거울 감 중 鉴
쇠 금(金) + [볼 감(監)]

**盧** 밥그릇/성씨 로 중 卢
그릇 명(皿) + 밭 전(田) + [범 호(虍)→로]

**爐** 화로 로 중 炉 약 炉
불 화(火) + [밥그릇 로(盧)]

이익(利益), 수익(收益) 등에 들어가는 더할 익(益)자는 원래 그릇(皿)에 물(水)을 부어 넘치는 모습을 본떠 만든 글자입니다. 글자 윗부분이 물 수(水)자를 90도 회전한 것입니다. 이후 '(물이) 넘치다→(물을) 더하다→돕다→이롭다' 등이 뜻이 생기면서 원래의 뜻을 살리기 위해 물 수(氵)자가 추가되어 넘칠 일(溢)자가 되었습니다. 해일(海溢)은 '바닷물(海)이 넘치다(溢)'는 뜻입니다.

볼 감(監)

감독(監督), 감시(監視), 감사(監査)에 들어가는 볼 감(監)자는 사람(人)이 눈(臣)으로 그릇(皿) 속의 물에 자신의 얼굴을 비추어 보는 모습으로, 원래 '거울'입니다. 글자에 들어 있는 한 일(一)자는 거울에 비친 그림자를 표현하는 것으로 추측됩니다. 이후 '거울→보다→살피다→(백성을 살피는) 관청'이란 뜻이 생겨, 원래의 뜻을 살리기 위해 쇠 금(金)자가 추가되어 거울 감(鑑)자가 되었습니다. 옛날에는 금속면을 매끈하게 갈아서 거울로 만들었기 때문입니다.

역사책을 읽어보면 볼 감(監)자가 자주 등장하는데, 이때 볼 감(監)자는 백성을 살피는 관청이나 벼슬을 의미합니다. 국자감(國子監)은 '나라(國)의 아이(子)들을 가르치는 관청(監)'으로 고려 시대의 학교입니다. 교정도감(敎定都監)은 '가르치고(敎) 결정하는(定) 우두머리(都) 관청(監)'으로, 고려 시대 최충헌이 설치한 무신정권의 최고 정치기관으로 국정을 총괄하였습니다. 벼슬이나 직책에도 감(監)자가 많이 들어갑니다. '상감마마 납시오'의 상감(上監)은 맨 위(上)에서 감독하는(監) 사람이고, 조선 시대 정2품 이상의 벼슬인 대감(大監)은 '크게(大) 감독하는(監) 사람'이고, 조선시대 종2품에서 정3품 벼슬인 영감(令監)은 '명령(令)을 내리고 감독하는(監) 사람'을 이르는 말이었으나, 나중에 노인을 부르는 호칭으로 바뀌었습니다. 또 교육감(敎育監)은 각 시 · 도의 교육청을 감독하는 우두머리입니다.

밥그릇 로(盧)

밥그릇 로(盧)자는 원래는 화로(火爐)의 모습을 본떠 만든 글자였으나, 나중에 뜻을 나타내는 그릇 명(皿)자와 소리를 나타내는 범 호(虍)자가 합쳐진 글자로 바뀌었습니다. 이후 밥그릇이란 뜻으로 사용되자 원래의 의미를 보존하기 위해 불 화(火)자를 추가하여 화로 로(爐)자가 되었습니다. 성씨로도 사용하는데, 고 노무현(盧武鉉) 대통령과 고 노태우(盧泰愚) 대통령이 그 예입니다. 청자향로(靑瓷香爐)는 '푸른(靑) 도자기(瓷)로 만든 향(香)을 피우는 화로(爐)'이고, 용광로(熔鑛爐)는 '광물(鑛)을 녹이는(熔) 화로(爐)'입니다.

### 기타(2)

**盛** 성할 성 ⓖ 盛
그릇 명(皿) + [이룰 성(成)]

**盈** (그릇에) 찰 영 ⓖ 盈
그릇 명(皿) + [아이밸 잉(孕)→영]

**盡** 다할 진 ⓖ 尽 ⓨ 尽
그릇 명(皿) + 솔의 모습

**蓋** (그릇 뚜껑을) 덮을 개 ⓖ 盖 ⓨ 盖
풀 초(艹) + [갈 거(去)→개] + 그릇 명(皿)

**寧** 편안할 녕 ⓖ 宁 ⓨ 寍
집 면(宀) + 마음 심(心) + 그릇 명(皿) + [장정 정(丁)→녕]

**盜** 도둑 도 ⓖ 盗
그릇 명(皿) + 물 수(氵) + 하품 흠(欠)

**孟** 맏 맹 ⓖ 孟
아들 자(子) + [그릇 명(皿)→맹]

풍성(豐盛), 왕성(旺盛), 무성(茂盛) 등에 사용되는 성할 성(盛)자는 원래 '그릇(皿)이 두텁다'는 뜻입니다. 이후 '두텁다→성대(盛大)하다→무성(茂盛)하다→성(盛)하다' 등의 뜻이 생겼습니다. 성수기(盛需期)는 '수요(需要)가 두터운(盛) 시기(期)'로, 상품이나 서비스의 수요가 많은 시기입니다.

찰 영(盈)자에 들어가는 아이를 밸 잉(孕)자는 불룩 나온 가슴과 뱃(乃)속에 아이(子)가 들어 있는 모습입니다. 따라서 찰 영(盈)자는 '아이를 밴 것처럼 그릇(皿)이 가득 차다'는 뜻입니다. 영덕게로 유명한 경상북도 영덕군(盈德郡)은 '덕(德)이 가득 찬(盈) 고을(郡)'입니다.

다할 진(盡)자는 손(⺕)에 솔을 들고 그릇(皿)을 씻는 모습입니다. 글 중간에 들어가는 4점(灬)은 솔에 붙은 털의 모습입니다. '그릇에 찌꺼기를 남김없이 깨끗하게 씻다'고 해서 '다하다'는 뜻을 가졌습니다. 흥진비래(興盡悲來)는 '즐거운(興) 일이 다하면(盡) 슬픈(悲) 일이 온다(來)'는 뜻입니다.

덮을 개(蓋)자는 '그릇(皿)의 뚜껑을 덮다'는 뜻으로 만든 글자에, 풀 초(艹)자를 나중에 추가하였습니다. '풀(艹)로 덮다'는 뜻입니다. 이후 '덮다→덮개→뚜껑→천장→하늘'이란 뜻도 생겼습니다. 구개음(口蓋音)은 '입(口) 천장(蓋) 소리(音)'로, 혓바닥과 입천장 사이에서 나는 소리로, ㅈ, ㅊ, ㅉ 등이 있습니다. 또 ㄷ, ㅌ이 구개음 ㅈ, ㅊ으로 변화하는 것('굳이'가 '구지'로 소리 남)을 구개음화(口蓋音化)라고 합니다. 두개골(頭蓋骨)은 '머리(頭)를 덮는(蓋) 뼈(骨)'입니다.

편안할 녕(寧)자는 '집(宀)에서 밥그릇(皿)의 음식을 먹고 있으니 마음(心)이 편안하다'는 뜻입니다. 안녕(安寧)은 '편안하고(安) 편안하다(寧)'는 뜻입니다.

도둑 도(盜)자는 '밥그릇(皿)을 보고 침(氵)을 흘리며 입을 크게 벌리고 서 있는 사람(欠)이 도둑이다'는 뜻입니다. 옛날에는 배가 고파 밥을 훔쳐가는 도둑이 많았습니다. 포도청(捕盜廳)은 '도둑(盜)을 잡는(捕) 관청(廳)'입니다.

《묵자(墨子)》나 《열자(列子)》와 같은 중국 고전을 보면, 맏아들을 잡아먹는 풍습이 있는 지역이 나옵니다. 약탈혼이 성행했던 옛 중국에서 맏아들은 자기 자식이 아닐 수도 있다는 이유로 잡아먹는 것이라고 합니다. 맏 맹(孟)자는 '그릇(皿)에 담긴 아들(子)'로 이런 풍습에서 생긴 글자입니다. 맹모삼천(孟母三遷)은 '맹자(孟)의 어머니(母)가 맹자를 가르치기 위하여 세(三) 번이나 집을 옮겼다(遷)'는 고사에서 나온 말입니다.

# 鼎

솥 정(鼎)
3개의 다리가 있는 솥

솥 정(鼎)자는 3개의 다리가 달린 솥의 모습을 나타낸 글자입니다. 다리가 3개인 이유는 땅이 고르지 않아도 서 있을 수 있기 때문입니다. 하지만 다리가 4개 있는 솥도 있습니다. 이러한 솥은 사각형 솥이란 뜻의 방정(方鼎)이라고 합니다. 청동 솥은 제사 음식을 만드는 데 사용되었고, 왕이나 제후만이 소유할 수 있었으며, 권력의 상징물이었습니다.

솥 정(鼎)자는 솥과 관련된 글자에 들어가는데, 다른 글자에 들어갈 때에는 조개 패(貝)자와 같이 간략한 형태로 사용됩니다.

정(鼎)

방정(方鼎)

## 솥 정(鼎)자가 들어감

**具** 갖출 구 ㊥ 具
솥 정(鼎→貝) + 손맞잡을 공(廾)

**員** 인원 원 ㊥ 员 ㊞ 負
둘러싸일 위(口) + 솥 정(鼎→貝)

**貞** 곧을 정 ㊥ 贞
점 복(卜) + [솥 정(鼎→貝)]

**眞** 참 진 ㊥ 真
비수 비(匕) + 솥 정(鼎→貝)

**則** 법칙 칙, 곧 즉 ㊥ 则
칼 도(刂) + 솥 정(鼎→貝)

갖출 구(具)자는 두 손(廾)으로 솥(鼎→貝)을 들고 있는 모습으로, 집에 '솥(鼎→貝)을 갖추다'는 뜻입니다. 가구(家具)는 '집(家)에 갖추어야(具) 할 물건'이고, 구비서류(具備書類)란 '갖추고(具) 갖추어야(備) 할 서류(書類)'입니다.

인원 원(員)자의 상형문자를 보면 둥근 원(○→口) 아래에 솥 정(鼎→貝)자가 있습니다. 즉 둥근 원을 강조하기 위해 둥근 솥은 그린 모습입니다. 나중에 '인원, 수효(數爻)'라는 뜻이 생기면서 '둥글다'는 원래의 의미를 분명히 하기 위해 다시 한 번 둥근 원(○→口)을 바깥에 둘러싸서 둥글 원(圓)자를 새로 만들었습니다. 위원(委員)은 '어떤 일을 맡은(委) 인원(員)'입니다.

인원 원(員)

곧을 정(貞)자는 원래 '점(卜)을 치다'는 뜻입니다. 솥 정(鼎→貝)자가 소리로 사용되었습니다. 이후 '점을 칠 때 거북 배 껍질이나 소뼈가 갈라지는 모습이 곧다'는 데에서 '곧다'는 뜻이 생겼습니다. 정인(貞人)은 은나라 때 점을 치고 기록하던 사람입니다. 정조(貞操)란 '곧은(貞) 지조(操)'입니다.

진리(眞理), 진실(眞實) 등에 들어가는 참 진(眞)자는 원래 순가락(匕)과 솥(鼎→貝)이 합쳐진 모습이었는데, 이후 모습이 변해 지금의 글자가 되었습니다. 순가락(匕)으로 솥(鼎→貝)의 음식을 떠먹는 모습에서 '참, 진실, 사실' 등의 뜻이 생긴 이유는 명확하지 않습니다. 카메라로 찍는 사진(寫眞)은 '사실대로(眞) 베끼다(寫)'는 뜻입니다.

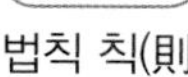

법칙(法則), 원칙(原則) 등에 사용되는 법칙 칙(則)자는 주나라에서 법령 같은 것을 솥(鼎→貝)에다 칼(刂)로 글을 새긴 데에서 '법칙'이란 뜻이 유래합니다. 주나라 초기에는 거푸집에 글을 새겨 솥을 만들었지만, 주나라 말기에는 칼로 청동기 표면에 글을 새겼습니다.

솥 력(鬲)

법칙 칙(則)자는 가차되어 곧 즉(則)자로도 사용됩니다. 일천즉천(一賤則賤)은 '부모 중 한(一)쪽이 천민(賤)이면 자식도 곧(則) 천민(賤)이다'는 뜻으로, 양반들이 노비의 수를 더 많이 확보하기 위한 방편으로 사용한 법칙입니다.

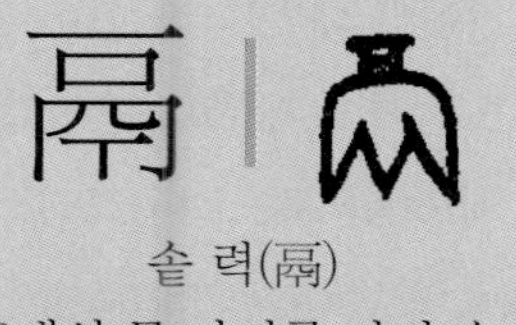
솥 력(鬲)
3개의 무 다리를 가진 솥

솥 력(鬲)자는 흡사 무처럼 생긴 3개의 다리가 있는 솥으로, 다리 부분에도 내용물이 들어가도록 만들었는데, 아마도 솥 아래에서 불을 피우면 열이 전달되는 면적을 넓히려고 이렇게 만든 것 같습니다. 정(鼎)이 청동으로 만든 솥인 반면, 력(鬲)은 주로 흙을 빚어 만들었습니다. 하지만 이후 청동으로 만든 솥도 만들어졌습니다. 상형문자를 보면 실제 솥과 너무나 닮았습니다.

### 솥 력(鬲)자가 들어감

獻 바칠 헌 ⓢ献 ⓐ献
개 견(犬) + [솥 권(鬳)→헌]

融 녹을 융 ⓢ融
솥 력(鬲) + [벌레 충(虫)→융]

隔 막힐 격 ⓢ隔
언덕 부(阜/阝) + [솥 력(鬲)→격]

바칠 헌(獻)자에 들어가는 솥 권(鬳)자는 '호랑이(虍)가 새겨진 솥(鬲)'입니다. 바칠 헌(獻)자는 '개(犬)를 솥(鬳)에서 삶아 조상신에게 바치다'는 뜻으로 만들었습니다. 헌납(獻納)은 재물을 아무런 대가 없이 '바치고(獻) 바치다(納)'는 뜻이고, 헌신(獻身)은 '몸(身)을 바쳐(獻) 있는 힘을 다하다'는 뜻입니다.

녹을 융(融)자는 '뜨거운 솥(鬲)에서 녹다'는 뜻입니다. 벌레 충(虫)자가 소리로 사용되는 희귀한 경우입니다. 융해(融解)는 '녹아서(融) 풀어지다(解)'는 뜻으로, 용융(鎔融)과 마찬가지로 고체가 녹아 액체가 되는 것입니다. 융해점(融解點)과 용융점(鎔融點)은 고체가 액체로 변하기 시작하는 온도입니다.

막힐 격(隔)자는 언덕(阜/阝)으로 막혀, '서로 떨어져 있다'는 뜻이 있습니다. 간격(間隔)이나 격리(隔離)가 그런 경우입니다. 격세지감(隔世之感)은 '세상(世)과 떨어져 있는(隔) 느낌(感)'이란 뜻으로, 짧은 동안에 몰라보게 변하여 아주 다른 세상이 된 것 같은 느낌입니다.

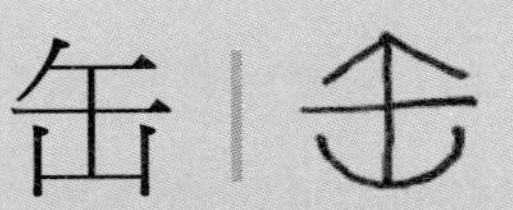

장군 부(缶)
배가 불룩한 큰 항아리

조선 시대의 장군

### 장군 부(缶)자가 들어감

**陶** 질그릇 도 ⓙ 陶
언덕 부(阜/阝) +
[질그릇 도(匋)]

**缺** 이지러질 결 ⓙ 缺 ⓐ 欠
장군 부(缶) +
[정할 쾌(夬)→결]

**寶** 보배 보 ⓙ 宝 ⓐ 宝
집 면(宀) + 구슬 옥(玉) +
[장군 부(缶)→보] +
조개 패(貝)

나무로 만든 똥장군

장군 부(缶)자에서 장군은 전쟁터에 싸우러 나가는 장군이 아니라 술이나 간장, 오줌, 똥을 담는 배가 불룩하고 아가리가 있는 질그릇을 말합니다. 지금은 화장실이 모두 '물(水)로 씻는(洗) 방식(式)'의 수세식(水洗式)이지만, 예전에는 화장실이 가득차면 퍼내는 일명 푸세식(?)이었습니다. 1960년대까지만 하더라도 나무로 만든 똥장군을 메고 다니면서 화장실의 똥을 퍼주는 사람들을 종종 볼 수 있었습니다. 이렇게 퍼간 똥은 별도로 모아 두었다가 농사를 지을 때 거름으로 사용하였습니다. 장군 부(缶)자는 장군의 모습을 본떠 만든 글자입니다. 주로 질그릇과 관련된 글자에 들어갑니다.

질그릇 도(陶)자에 들어가는 질그릇 도(匋)자는 '질그릇(缶)을 둘러싸고(勹) 있는 가마에서 질그릇을 굽다'는 뜻입니다. 나중에 가마의 뜻을 분명히 하기 위해 언덕 부(阜/阝)자를 추가해서 질그릇 도(陶)자가 되었습니다. 보통 가마는 언덕을 따라 비스듬히 길게 만들기 때문입니다. 임진왜란 때 일본에 많이 끌려간 도공(陶工)은 '질그릇(陶)을 굽는 장인(工)'이고, 도편추방제(陶片追放制)는 '도자기(陶) 조각(片)으로 투표하여 추방(追放)하는 제도(制)'로, 고대 그리스 민주정치 시대에 위험인물을 전 시민에 의한 비밀투표로 10년간 국외로 추방한 제도입니다. 투표용지로 도자기((陶瓷器)의 깨진 조각을 사용하여 도편(陶片)이란 이름이 붙었습니다.

이지러질 결(缺)자에서 '이지러지다'는 '큰 항아리나 장군(缶)의 한쪽 귀퉁이가 떨어져 없어지다'는 뜻입니다. 보름달이 반달로 되는 것을 '달이 이지러지다'고 합니다. 이후 '이지러지다→없어지다→부족하다' 등의 뜻이 파생되었습니다. 결석(缺席)은 '자리(席)에 없다(缺)'는 뜻이고, 결점(缺點)은 '부족한(缺) 점(點)'입니다. 결핍증(缺乏症)은 '부족하고(缺) 모자라는(乏) 증세(症)'입니다. 비타민 A가 부족하면 야맹증, 비타민 D가 부족하면 구루병 등이 걸리는데, 이와 같이 몸에 필요한 물질이 모자라서 병에 걸리는 증상을 결핍증이라고 합니다.

보배 보(寶)자는 '집(宀)안에 있는 보석(玉)과 돈(貝)이 보배다'는 뜻입니다. 부(缶)자가 소리로 사용되는 희귀한 경우입니다. 중국식당에서 먹는 팔보채(八寶菜)는 '여덟(八) 가지 보배(寶)와 같은 재료를 넣어 만든 채소(菜) 요리'로 해삼, 새우, 오징어, 죽순, 돼지고기 등 8가지 진귀한 재료를 넣어 만든 채소요리입니다.

# 생활 4-4 벼와 쌀

벼 화(禾) | 쌀 미(米) | 말 두(斗)

禾 | 

벼 화(禾)
이삭이 달려 있는 벼

농사를 가르친 신농씨

중국은 넓은 평야와 큰 강이 있기 때문에 지구상에서 가장 먼저 쌀을 재배하였고 쌀농사 덕분에 중국 문명이 이루어질 수 있었습니다. 농업, 축산업, 어업을 통틀어 단위 면적당 산출량이 가장 많은 것이 쌀농사입니다. 현재 중국과 동남아 지역의 인구밀도가 세계에서 가장 높은 이유도 쌀농사와 무관하지 않습니다. 만일 밀농사나 목축업을 하였다면 지금처럼 인구밀도가 높지는 않았을 것입니다.

전설에 의하면 신농씨(神農氏)가 백성에게 농사짓는 법을 처음으로 가르쳤다고 합니다. 또 발굴에 의하면 이미 1만 년 전에 양자강 중류에서 세계 최초로 인공으로 재배한 벼가 발견되었습니다.

벼 화(禾)자는 벼의 맨 위에 고개 숙인 이삭이 달려 있는 모습을 본떠 만든 글자입니다. 벼 화(禾)자는 벼와 관련되는 글자에 주로 들어가며, 쌀 미(米)자와 비슷한 의미를 지닙니다. 또 화폐가 널리 사용되기 전 옛 중국에서는 벼를 세금으로 거뒀기 때문에 벼는 세금과도 관련이 많습니다. 먼저 세금과 관련된 글자부터 살펴보겠습니다.

### 세금과 관련한 글자

**私** 사사로울 사 ⓩ私
벼 화(禾) + [나 사(厶)]

**租** 조세 조 ⓩ租
벼 화(禾) + [또 차(且)→조]

**税** 세금 세 ⓩ税
벼 화(禾) + [바꿀 태(兌)→세]

**稱** 일컬을/저울 칭 ⓩ称 ⓨ称
벼 화(禾) +
[둘을한꺼번에들 칭(爯)]

주나라 초기에는 정전제(井田制)가 실시되었습니다. 정전제란 밭(田)을 9등분하여, 이중 바깥에 있는 8등분은 8명이 각자 경작하여 여기서 나는 농산물을 각자 갖고, 중앙에 있는 나머지 1등분은 8명이 공동으로 경작하여 국가에 바치는 제도입니다. 개인(厶)이 벼(禾)를 경작하는 밭을 사전(私田)이라 하고, 8(八)명의 개인(厶)들이 공동으로 경작하는 밭을 공전(公田)이라 합니다. 공전(公田)에서 나오는 수확물이 세금인 셈입니다. 9등분 한 밭의 모양이 네모 안에 우물 정(井)자가 들어가 있는 모습(囲)과 닮아 정전제(井田制)라 불렀습니다.

사사로울 사(私)자는 '정전제에서 내(厶)가 재배하는 벼(禾)는 내가 갖는다'는 뜻입니다. 사립학교(私立學校)는 '개인(私)이 세운(立) 학교(學校)'입니다. 민법과 상법같이 개인의 이익을 위해 만든 법을 사법(私法)이라 하고, 헌법, 형법, 소송법, 행정법, 국제법 등, 공공의 이익을 위해 만든 법을 공법(公法)이라고 합니다.

**秤** 저울 칭 중 秤
벼 화(禾) + 평평할 평(平)

**程** 길 정 중 程
벼 화(禾) + [드릴 정(呈)]

| 私田 | 私田 | 私田 |
|---|---|---|
| 私田 | 公田 | 私田 |
| 私田 | 私田 | 私田 |

정전제

천칭

정전제(井田制)을 실시한 주나라에서 춘추전국시대로 넘어가면서 벼로 세금(稅金)을 거뒀습니다. 그래서 세금과 관련되는 글자에 벼 화(禾)자가 들어갑니다. 세금 조(租)자와 세금 세(稅)자가 합쳐진 조세(租稅)는 국가가 필요한 경비를 국민으로부터 강제로 거두어들이는 세금(稅金)입니다. 양세법(兩稅法)은 '봄과 가을, 두(兩) 번 세금(稅)을 징수하는 법(法)'으로, 중국 당나라 때 재산 등급에 따라 세금을 거두었던 세법입니다.

이러한 세금을 거둬들일 때 정확한 계량을 위해 저울이 필요했습니다. 따라서 저울과 관련되는 글자에도 벼 화(禾)자가 들어갑니다. 일컬을 칭(稱)자에 들어 있는 둘을한꺼번에들 칭(爯)자는 손(爪)으로 좌우의 무게가 같은 저울(冉)을 들어올리는 모습입니다. 여기에 벼 화(禾)자를 추가하여 벼의 무게를 다는 저울이란 뜻이 되었습니다. 이후 '저울→(무게를) 달다→(무게를) 헤아리다→(무게를) 부르다→일컫다→칭찬(稱讚)하다'는 뜻이 파생되었습니다. 인칭대명사(人稱代名詞)는 '사람(人)을 일컫는데(稱) 사용하는 대명사(代名詞)'로, 제1인칭에 나(I), 우리(we), 제2인칭에 너(you)가 있습니다.

저울 칭(稱)자의 속자(俗字)인 저울 칭(秤)자는 '저울이 수평(水平)이 되도록 달다'는 뜻입니다. 평평할 평(平)자도 원래 좌우가 수평을 이루는 저울의 모습을 본떠 만든 글자입니다.

길 정(程)자는 원래 '세금으로 줄(呈) 벼(禾)의 무게나 양을 헤아리다'는 뜻입니다. 이후 '헤아리다→일정한 분량→(헤아리는) 계량기→(계량하는) 규정→법칙→(법칙대로 따라가는) 길' 등의 뜻이 생겼습니다. '정도껏 먹어라'의 정도(程度)는 '어떤 일정한 분량(程)이나 한도(度)'이고, 이정표(里程標)는 '마을(里)까지 가는 길(程)을 안내하는 표(標)'입니다.

## 벼와 곡식 관련 글자

**稻** 벼 도 중 稻
벼 화(禾) + [벼/찧을 도(舀)]

**穀** 곡식 곡 중 谷
벼 화(禾) + [껍질 각(殼)→곡]

벼 도(稻)자에 들어 있는 벼/찧을 도(舀)자는 '손(爪)으로 절구(臼)에 있는 벼를 찧다'는 뜻입니다. 나중에 뜻을 분명히 하기 위해 벼 화(禾)자가 추가되어 벼 도(稻)자가 되었습니다. 입도선매(立稻先賣)는 '아직 논에 서(立) 있는 벼(稻)를 먼저(先) 판다(賣)'는 뜻입니다.

곡식 곡(穀)자는 '벼(禾)에서 껍질(殼) 안에 있는 것이 곡식(穀食)이다'는 뜻입니다. 방곡령(防穀令)은 '곡식(穀)의 유출을 막는(防) 명령(令)'으로, 조선 고

**稿** 원고/볏집 고 ⓖ 稿
벼 화(禾) + [높을 고(高)]

**秒** 초 초, 까끄라기 묘 ⓖ 秒
벼 화(禾) + [적을 소(少)→초]

**稗** 피 패 ⓖ 稗
벼 화(禾) + [낮을 비(卑)→패]

종 때인 1889년 식량난을 해소하기 위해 함경도 관찰사 조병식이 일본으로의 곡물 수출을 금지한 명령입니다.

원고 고(稿)자는 원래 '벼(禾)에서 이삭을 털어내고 남은 볏짚'을 뜻하는 글자입니다. 나중에 원고(原稿)라는 뜻이 생겼습니다.

까끄라기 묘(秒)자는 '벼(禾)의 아주 작은(少) 조각이 까끄라기이다'는 뜻입니다. 또 '까끄라기는 작다'는 뜻에서 작은 시간 단위인 초 초(秒)자가 되었습니다.

피 패(稗)자의 피는 몸속의 피가 아니라, 이삭에 알맹이가 작은 벼의 일종입니다. 농부들이 논에 나가 논을 매는 이유는 주로 벼 사이에서 자라는 피를 뽑아 버리기 위함입니다. 피 패(稗)자는 '등급이 낮은(卑) 벼(禾)'라는 뜻입니다. 패관문학(稗官文學)은 '패관(稗官)이 쓴 문학(文學)'입니다. 패관(稗官)은 옛날 중국에서 임금이 백성들의 풍속이나 생활을 살피기 위하여, 백성들 사이에 몰래 숨어들어 거리의 소문이나 이야기를 모아 기록시키던 벼슬 이름입니다. 흡사 벼 사이에 피가 숨어 있듯이 백성 사이에 숨어서 지냈습니다. 패관문학은 이와 같이 임금의 정사를 돕기 위하여 거리의 소문을 모아 엮은 설화문학으로 출발하였습니다. 하지만, 나중에는 백성들의 이야기 등을 모아 엮어 만든 문학이란 뜻으로 변화하였습니다. 고려 시대 이인로의《파한집(破閑集)》, 최자의《보한집(補閑集)》, 역옹 이제현의《역옹패설(櫟翁稗說)》 등이 대표적입니다.

### 추수와 관련한 글자

**秋** 가을 추 ⓖ 秋
벼 화(禾) + 불 화(火)

**年** 해 년 ⓖ 年
벼 화(禾) + 사람 인(人)

**委** 맡길 위 ⓖ 委
벼 화(禾) + 여자 녀(女)

**季** 철 계 ⓖ 季
벼 화(禾) + 아들 자(子)

가을 추(秋)자를 '벼(禾)가 불(火)에 타듯이 익는다'거나 '벼를 거둬들인 후 논바닥의 볏짚(禾)을 불(火)로 태우다'라고 해석하는 사람들이 있는데, 상형문자를 보면 메뚜기를 불로 태우는 모습입니다. 노벨 문학상 작가인 펄 벅(Pearl Buck)이 중국 농촌을 소재로 쓴 소설《대지(大地)》를 보면, 하늘을 새까맣게 덮는 메뚜기 떼를 물리치기 위해 논을 불태우는 장면이 나오는데, 고대 중국인들도 마찬가지였을 것입니다. 하지만 나중에 모습이 바뀌어 지금의 글자가 되었습니다. 추수(秋收)는 '가을(秋)에 곡식을 거두어(收)들이다'는 뜻입니다.

옛 중국에서는 계절을 춘하추동(春夏秋冬)으로 분류하지 않고, 봄과 가을, 즉 춘추(春秋)로 분류하였습니다. 따라서 춘추(春秋)는 1년을 의미합니다. 그래서 나이의 높임말을 춘추(春秋)라고 부릅니다. 또한 사서오경 중의 하나인《춘추(春秋)》는 BC 722에서 BC 481까지의 일들을 기록한 역사서입니다. 춘추(春秋)

는 연대(年代)에 따라 기록하여서 붙여진 이름입니다. 춘추전국 시대는 춘추 시대와 전국 시대로 나누어지는데, 춘추(春秋) 시대는 《춘추(春秋)》에 기록된 기간이고, 전국(戰國) 시대는 한나라 유향이 저술한 역사책 《전국책(戰國策)》에 기록된 기간입니다.

**穫** 거둘 확 ⓩ 获
벼 화(禾) + [붙잡을 확(蒦)]

**利** 이로울 리 ⓩ 利
칼 도(刂) + 벼 화(禾)

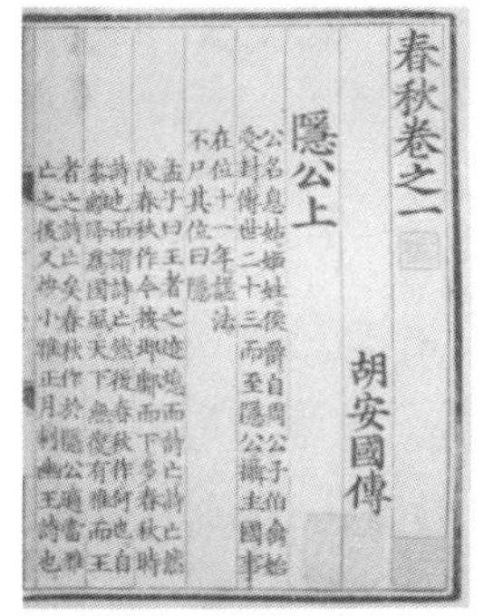
春秋卷之一
隱公上
胡安國傳

사서오경 중의 하나인
《춘추(春秋)》

해 년(年)자의 상형문자를 보면 사람(人)이 벼(禾)를 지고 가는 모습으로, '가을에 벼를 수확하니까 한 해가 다 갔다'라는 뜻에서 한 해를 의미합니다. 수확은 고대 사회에서 해를 계산하는 중요한 근거가 되었습니다.

해 년(年)

맡길 위(委)자는 여자(女)가 벼(禾)를 지고 가는 모습으로, 전쟁이나 병으로 인해 남자가 추수를 여자에게 맡기거나 위임(委任)한다는 뜻입니다. 위(委)자에 사람 인(人)자를 합치면 왜나라 왜(倭)자가 됩니다. 위원회(委員會)는 '어떤 일을 맡은(委) 인원(員)들의 모임(會)'입니다.

철 계(季)자는 아이(子)가 벼(禾)를 지고 가는 모습으로, '수확을 하기에는 어리다'는 뜻입니다. 이후,' 어리다→막내→마지막' 등의 뜻이 생겼습니다. 가을 수확이 계절의 마지막이라고 해서, 계절(季節)이나 철이란 뜻이 생겼습니다. 계부(季父)는 '아버지(父)의 막내 동생(季)', 즉 막내 삼촌입니다.

거둘 확(穫)자는 '풀(艹)속의 새(隹)를 손(又)으로 잡듯이, 벼(禾)를 베어 거두어들이다'는 뜻입니다. 가을을, 벼를 거두어 들이는 계절이라고 해서 '수확(收穫)의 계절'이라고 합니다.

이로울 이(利)자는 '다 자란 벼(禾)를 칼(刂)로 베어 수확하니 이익(利益)이 생긴다, 이롭다'는 뜻입니다.

## 벼와 손

**秉** 잡을 병 ⓩ 秉
벼 화(禾) + 돼지머리 계(彐)

**兼** 겸할 겸 ⓩ 兼
벼 화(禾) X 2 +
돼지머리 계(彐)

잡을 병(秉)자는 '벼(禾)를 손(彐)으로 잡다'는 뜻입니다. 돼지머리 계(彐)자는 손가락이 세 개인 손의 상형입니다. 잡을 병(秉)자는 주로 이름에 많이 사용됩니다. 이병철(李秉喆)은 삼성그룹의 창업자입니다.

겸할 겸(兼)자는 벼 두 포기(秝)를 손(彐)으로 잡은 모습에서 '겸하다'는 뜻이 생겼습니다. 겸임(兼任)은 '두 가지 이상의 임무(任)를 겸하다(兼)'는 뜻이고, '미모와 지성을 겸비하다'의 겸비(兼備)는 '겸하여(兼) 갖추다(備)'는 뜻입니다. 겸사겸사(兼事兼事)는 한 번에 이 일 저 일을 겸하여 하는 모양입니다.

### 벼 재배와 관련한 글자

**種** 씨/심을 종 ⓒ 種
벼 화(禾) + [무거울 중(重)→종]

**移** 옮길 이 ⓒ 移
벼 화(禾) + 많을 다(多)

**稚** 어릴 치 ⓒ 稚
벼 화(禾) + [새 추(隹)→치]

**秀** 빼어날 수 ⓒ 秀
벼 화(禾) + 아이밸 잉(孕→乃)

**積** 쌓을 적 ⓒ 积
벼 화(禾) + [꾸짖을 책(責)→적]

적운

씨 종(種)자는 '벼(禾)에서 가장 무거운(重) 부분이 씨, 또는 종자(種子)이다'는 뜻입니다. 또 '씨를 뿌리거나 심는다'는 뜻도 있습니다. 종두법(種痘法)은 '천연두(痘) 백신을 인체에 심어(種) 병을 예방하는 방법(法)'으로, 우리나라는 1879년 지석영에 의해 처음 소개되었고, 현재 천연두는 거의 발병하지 않습니다.

이사(移徙), 이주(移住), 이식(移植), 이민(移民), 이동(移動) 등에 들어가는 옮길 이(移)자는 '씨를 뿌린 후 벼(禾)가 자라서 많아지면(多) 다른 곳으로 옮긴다'는 뜻입니다. 밀도가 높으면 벼가 잘 자라지 않기 때문입니다. 이앙법(移秧法)은 '모(秧)를 옮겨(移) 심어 벼를 재배하는 방법(法)'으로 묘판에 볍씨를 뿌린 후 어느 정도 자라면 논으로 모를 옮겨 심는 방법입니다. 모를 옮겨 심는 것을 '모내기'라고 하기 때문에 '모내기법'이라고도 합니다.

어릴 치(稚)자는 '벼(禾)가 아직 덜 자라 어리다'는 뜻입니다. 유치원(幼稚園)은 '어리고(幼) 어린(稚) 아이들이 노는 동산(園)'이고, 치어(稚魚)는 '어린(稚) 물고기(魚)'입니다.

빼어날 수(秀)자는 원래 '벼(禾)가 아이를 밴(孕) 것이 이삭이다'는 뜻입니다. 이후 '이삭→(이삭이) 무성하다→성장하다→빼어나다' 등의 뜻이 생겼습니다. 수재(秀才)는 '빼어난(秀) 재주(才)를 가진 사람'입니다.

쌓을 적(積)자는 '수확한 벼(禾)를 쌓아 두다'는 의미입니다. 적석목곽분(積石木槨墳)은 '돌(石)을 쌓은(積) 내부에 나무(木)로 만든 곽(槨)을 넣은 무덤(墳)'으로, 3~6세기 초의 신라 시대의 고분이 모두 적석목곽분이며, 천마총과 황남대총이 특히 유명합니다. 적운(積雲)은 '수직으로 높이 쌓여(積) 있는 구름(雲)'입니다. 습도가 높은 열대지방이나 더운 여름에는 습기가 많은 공기가 뜨거워져 수직으로 상승하면서 구름이 되는데, 이와 같은 구름이 적운입니다.

### 벼로 만든 밥

**香** 향기 향 ⓒ 香
벼 화(禾) + 달 감(甘→曰)

**和** 화목할 화 ⓒ 和
[벼 화(禾)] + 입 구(口)

향기 향(香)자는 '밥(禾)을 지을 때 나는 달콤한(甘→曰) 냄새가 감미로운 향기(香氣)다'는 뜻입니다. 달 감(甘)자는 맛이 있어 혀(一)를 빼어 문 입(口)의 모습입니다. 고대 중국인들에게 밥 냄새는 향기(香氣)였습니다.

화목(和睦), 화해(和解), 평화(平和), 온화(溫和) 등에 들어가는 화목할 화(和)자는 '수확한 벼로 밥(禾)을 지어 여럿이 나누어 먹으니(口) 화목하다'는 뜻입니다. 벼 화(禾)자가 소리로 사용되는 희귀한 경우입니다.

## 기타

**秩** 차례 질 ⓐ秩
벼 화(禾) + [잃을 실(失)→질]

**秘** 숨길 비 ⓐ秘
벼 화(禾) +
[반드시 필(必)→비]

**稀** 드물 희 ⓐ稀
벼 화(禾) + [바랄 희(希)]

**菌** 버섯 균 ⓐ菌
풀 초(艹) + ㅁ + 벼 화(禾)

**秦** 나라이름 진 ⓐ秦
벼 화(禾) + 손맞잡을 공(廾)
+ 낮 오(午)

옛날에는 세금을 벼로 걷었기 때문에, 관리들은 녹봉(祿俸: 봉급)을 벼로 받았습니다. 차례 질(秩)자는 원래 '벼(禾)로 받은 녹봉(월급)'이란 뜻이었습니다. 이후 '녹봉→(녹봉을 받는) 벼슬→(벼슬의) 순서를 매기다→차례' 등의 뜻이 파생되었습니다. 예전에는 녹봉으로 받는 쌀을 질미(秩米)라고 불렀고, 벼슬이나 녹봉이 높음을 질고(秩高)라고 하였습니다. 질서(秩序)는 '차례(秩)와 차례(序)'라는 뜻으로, 일정한 차례나 규칙을 일컫는 말입니다.

비밀(秘密), 신비(神祕) 등에 들어가는 숨길 비(秘)자는 원래 벼 화(禾)자 대신 귀신 기(示)자가 들어간 숨길 비(祕)자였습니다. '귀신(示)은 눈에 보이지 않고 숨어 있다'는 뜻입니다. 이후 '도적으로부터 벼(禾)를 숨겨 둔다'는 뜻으로 바뀌었습니다. 묵비권(默秘權)은 '침묵(默)하며 숨길(秘) 수 있는 권리(權)'라는 뜻으로, 재판에서 자기에게 불리한 진술을 거부할 수 있는 권리입니다.

드물 희(稀)자는 '벼(禾)를 드문드문 성기게 심었다'는 뜻입니다. 희귀(稀貴), 희미(稀微), 희박(稀薄), 희석(稀釋), 희소(稀少) 등에 사용됩니다. 고희(古稀)는 70세란 뜻으로, 두보의 〈곡강시(曲江詩)〉에 나오는 인생칠십고래희(人生七十古來稀: 사람이 70세까지 사는 것은 예로부터 드물다)라는 말에서 유래합니다.

세균(細菌), 병균(病菌), 살균(殺菌) 등에 들어가는 버섯 균(菌)자는 '벼(禾)를 밀폐된 창고(囗)에 넣어두면 풀(艹)의 일종인 곰팡이나 버섯이 생긴다'는 뜻입니다. 식균작용(食菌作用)은 '균(菌)을 먹는(食) 작용(作用)'으로 식세포(食細胞)가 몸안의 세균(細菌)이나 이물질을 잡아먹는 작용입니다.

나라이름 진(秦)

나라이름 진(秦)자는 두 손(廾)으로 절굿공이(午)를 들고 벼(禾)를 찧고 있는 모습입니다. 낮 오(午)자는 절굿공이의 상형입니다. 진(秦)나라는 황하강 중류의 섬서성(陝西省)에 있었습니다. 이곳은 땅이 비옥하여 쌀이 풍부한 지역으로 알려져 있습니다. 이러한 연유로 나라 이름인 진(秦)에는 벼 화(禾)가 들어갑니다. 진나라는 실크로드(silk road)를 통해 비단을 서양으로 수출하면서 차이나(china)라는 영어 이름도 생겼습니다. 차이나(china)는 '진(chin)의 땅(~a)'이란 뜻입니다. 영어 접미사 '~아(~a)'는 땅을 의미합니다. 코리아, 시리아, 오스트리아, 버지니아, 아시아, 오세아니아 등 영어 지명을 보면 대부분 '~아(~a)'로 끝납니다.

쌀 미(米)
쌀알들이 달려 있는 이삭

쌀 미(米)자는 벼 이삭에 쌀알들이 촘촘히 달려 있는 모습을 본떠 만든 글자입니다. 쌀 미(米)자를 풀면 팔십팔(八十八)이 되는데, 벼 씨앗을 뿌려 거둘 때까지 여든여덟 번 손을 써야 할 만큼 키우기 힘들다는 데에서 쌀 미(米)자가 나왔다는 이야기는 속설일 뿐입니다. 하지만 팔십팔(八十八) 세의 나이를 미수(米壽)라고 부릅니다.

쌀 미(米)자는 쌀과 관련되는 글자에 들어갑니다.

### 쌀로 만드는 것

**糖** (쌀로 만든) 엿 당, 사탕 탕 ㊥ 糖
쌀 미(米) + [당나라 당(唐)]

**糊** (쌀로 만든) 풀 호 ㊥ 糊
쌀 미(米) + [오랑캐 호(胡)]

쌀로 지은 밥에 효소의 일종인 엿기름을 섞어 삭힌 뒤 불에 조리면 엿이 됩니다. 엿 당(糖)자는 '쌀(米)로 엿을 만들다'는 뜻입니다. 혈당량(血糖量)은 '혈액(血) 속에 포함되어 있는 포도당(葡萄糖)의 양(量)'으로, 보통 정상적인 사람은 혈액 100 $cm^3$당 70~110mg 입니다. 이러한 혈당은 췌장에서 나오는 인슐린이나 갑상선 호르몬의 작용으로 일정하게 유지됩니다. 혈당은 사람의 세포가 작동하는데 에너지원으로 사용되기 때문에 항상 정상적으로 유지되어야 합니다. 당뇨병(糖尿病)은 '오줌(尿)으로 혈당(糖)이 배출되는 병(病)'으로 혈당량이 떨어져 위험한 상태가 되기도 합니다.

엿 당(糖)자는 사탕 탕(糖)자도 됩니다. 설탕(雪糖)은 '눈처럼(雪) 희고 가는 사탕(糖)'이란 뜻입니다. 중국에서는 당(唐)나라 때 인도로 부터 사탕수수 재배법과 설탕 제조법을 들여왔다고 합니다. 그래서 엿 당(糖)자에 당나라 당(唐)자가 들어간 것으로 추측됩니다.

풀 호(糊)자는 '쌀(米)로 풀을 만들다'는 뜻입니다. 호구지책(糊口之策)은 '입(口)에 풀(糊)칠할 방책(策)'이란 뜻으로 가난한 살림에서 겨우 먹고 살아가는 방책을 일컫습니다.

### 쌀가루와 화장

**粉** (쌀의) 가루 분 ㊥ 粉
쌀 미(米) + [나눌 분(分)]

**粧** (쌀가루로) 단장할 장 ㊥ 妆
쌀 미(米) + [농막 장(庄)]

옛날에는 피부를 곱게 하기 위해 쌀뜨물로 세수를 하였고, 쌀가루로 분(粉)을 만들어 발랐습니다. 쌀이 피부에 좋다는 것은 현대에 와서 과학적으로 입증이 되고 있습니다. 가루 분(粉)자는 원래 '쌀(米)을 잘게 나누어(分) 가루로 만든 분(粉)'을 뜻하는 글자였으나, 나중에 가루라는 뜻이 추가되었습니다. 분식회계(粉飾會計)는 '분(粉)을 발라 꾸미는(飾) 회계(會計)'로, 기업이 재정 상태나 경영 실적을 실제보다 좋아 보이게 할 목적으로 부당한 방법으로 자산이나 이익을 부풀려 계산하는 것입니다. 예를 들어, 팔지도 않은 물건을 팔린 것처럼 꾸미거나, 창고에 있는 재고의 가격을 올려서 장부에 적는 방법 등이 있습니다. 분식(粉食)은 '밀가루(粉)로 만든 음식(食)'으로 국수, 수제비, 라면 등을 말합니다. 수분(受粉)은 '꽃가루(粉)를 받다(受)'는 뜻으로 수술의 화분(花粉: 꽃가루)이 암술머리에 옮겨 붙는 일입니다.

단장할 장(粧)자는 원래 '쌀(米)로 만든 분(粉)으로 화장(化粧)을 하다'는 뜻입니다. 이후 '화장(化粧)하다→단장(丹粧)하다→분장(扮裝)하다→꾸미다' 등의 뜻이 생겼습니다. 중국 간체자를 보면 뜻이 더욱 명확합니다. 간체자인 단장할 장(妆)자는 '침대(爿/丬)에서 일어난 여자(女)가 화장하다, 단장하다'는 뜻입니다. 중국이나 한국이나 '여자가 아침에 일어나면 맨먼저 얼굴과 옷을 단장한다'는 뜻이 담겨져 있습니다.

### 쌀과 관련한 글자(1)

**氣** (쌀을 먹고) 기운 기 ⓒ 气
쌀 미(米) + [기운 기(气)]

**精** (쌀의) 정기/찧을/세밀할 정 ⓒ 精
쌀 미(米) + [푸를 청(靑)→정]

**粗** (쌀이) 거칠 조 ⓒ 粗
쌀 미(米) + [또 차(且)→조]

옛날 정미소 내부 모습

기운 기(氣)자에 들어 있는 기운 기(气)자는 아지랑이나 안개 등이 옆으로 깔려 있는 모습을 본떠 만든 글자입니다. 이 글자가 가지고 있는 뜻을 살펴보면 '기운, 기백, 기세, 힘, 숨, 공기, 냄새, 바람, 기후, 날씨, 자연 현상, 기체' 등이 있습니다. 이 많은 낱말들의 공통점은 분명히 무엇이 있기는 하지만 눈에 보이지 않는다는 것입니다. 현대 과학으로 보면 몸의 기운은 혈액 속의 혈당량에 비례하고, 힘은 근육의 수축으로 생기고, 기후는 공기의 온도로 결정되고, 기체는 분자가 자유롭게 운동하는 것입니다. 하지만 옛 사람들은 이런 과학적인 지식이 없기 때문에, 눈에 보이지 않으나 느낄 수 있는 이런 것들을 통틀어 기(氣) 혹은 기운(氣運: 기의 움직임)이라고 불렀습니다. 이후 기(气)자의 뜻을 분명히 하기 위해 쌀 미(米)자를 추가하여 기운 기(氣)자를 만들었습니다. 쌀(米)로 만든 밥을 먹으면 기운이 생기기 때문에, 쌀에 기운(氣運)을 만드는 무언가가 있다고 생각했습니다. 기절(氣絕)은 '기(氣)가 끊어지다(絕)'는 뜻으로 정신을 잃는 것을 말합니다.

비슷한 예가 또 있습니다. 정기 정(精)자는 원래 '쌀(米)을 곱게 찧다'는 뜻입니다. 정미소(精米所)는 '쌀(米)을 찧는(精) 곳(所)'으로, 방앗간을 말합니다. 이후 '곱게 찧다→세밀하다→정밀(精密)하다→정성(精誠)스럽다' 등의 뜻이 생겼습니다. 또 '(곱게 찧은 쌀을 먹어 생기는) 정기(精氣)→정신(精神)→정력(精力)→정액(精液)' 등의 뜻도 생겼습니다. 후자의 경우 기(氣)와 마찬가지로 보이지 않는다는 공통점이 있습니다. 예를 들어, 옛 사람들은 정액 안에는 보이지 않지만 아기를 만들어 주는 무언가가 들어 있다고 생각했고, 이 보이지 않는 것을 정(精) 혹은 정령(精靈)이라고 불렀습니다. 따라서 정액(精液)은 '정(精)이 들어 있는 액체(液)'이고, 정력(精力)은 '정(精)을 만드는 힘(力)'입니다. 정기(精氣)와 정신(精神)에도 이런 정(精)이 있다고 생각했습니다. 그리고 이런 정(精)은 쌀(米)로 만든 밥을 먹어야 생긴다고 생각했습니다.

거칠 조(粗)자는 세밀할 정(精)자의 반대말로, '쌀(米)을 거칠게 찧다'는 뜻입니다. 조잡(粗雜), 조악(粗惡) 등에 사용됩니다.

### 쌀과 관련한 글자(2)

糧 (쌀은) 양식 량 ㊥ 粮
쌀 미(米) + [헤아릴 량(量)]

粒 (쌀의) 낟알 립 ㊥ 粒
쌀 미(米) + [설 립(立)]

糞 (쌀을 먹고 싼) 똥 분 ㊥ 粪
쌀 미(米) + 다를 이(異)

粟 조 속 ㊥ 粟
쌀 미(米) + 알곡 모습(覀)

黍 기장 서 ㊥ 黍
벼 화(禾) + 뿌리 모습(人) + 물 수(水/氺)

양식(糧食), 양곡(糧穀), 식량(食糧) 등에 들어가는 양식 량(糧)자는 '쌀(米)이 양식이 되다'는 뜻입니다.

낟알 립(粒)자는 '쌀(米)의 낟알'을 이르는 말입니다. 입자(粒子)는 '낟알(粒) 알갱이(子)'란 뜻으로, 과학에서는 분자(分子), 원자(原子), 소립자(素粒子) 등과 같이 물질을 구성하는 아주 작은 크기의 물체를 의미합니다. 소립자(素粒子)는 '바탕(素)이 되는 입자(粒子)'로, 물질을 이루는 가장 기본적인 요소들을 가리킵니다. 원자를 이루고 있는 전자, 양자, 중성자나 양성자, 중간자 등을 일컫는 말입니다. 1950년쯤부터 많은 소립자가 발견되기 시작하여, 현재는 약 300종류의 소립자가 알려져 있습니다.

똥 분(糞)자는 '쌀(米)이 소화된 후 다른(異) 것으로 변한 것이 똥이다'는 의미입니다. 인분(人糞)은 '사람(人) 똥(糞)'이고, 분뇨(糞尿)는 '똥(糞)과 오줌(尿)'입니다.

'쌀(米), 보리(麥), 콩(菽), 조(粟), 기장(黍)'은 다섯 가지 중요한 곡식이라고 해서 오곡(五穀)이라 불렀습니다. 이중 콩을 제외한 네 가지는 모두 벼과 식물로, 생긴 모습이 모두 비슷합니다. 조 속(粟)자의 상형문자를 보면 벼(禾)에 알곡(覀)이 붙어 있는 모습이었으나, 나중에 벼 화(禾)자가 쌀 미(米)자로 바뀌었습니다. 비슷한 글자로 나무(木) 위에 밤송이(覀)가 달려 있는 밤 률(栗)자가 있습니다. 창해일속(滄海一粟)은 '큰 바다(滄海)에 한(一) 알의 좁쌀(粟)'이란 뜻으로, 크고 넓은 것 가운데 있는 아주 작은 것을 비유하는 말입니다.

오곡(五穀) 중의 하나인 기장은 조와 비슷하게 생겼으나, 조보다 알이 조금 굵고 색이 조금 더 노랗습니다. 예전에는 밭에서 길러 먹었으나 지금은 보기가 거의 힘듭니다. 기장 서(黍)자는 이삭이 달린 기장(禾) 아래에 뿌리(人)가 붙어 있는 모습에 물 수(氺)자가 합쳐진 글자입니다. 쌀이나 보리의 이삭과는 달리 기장의 이삭은 사방으로 퍼져 있는데, 기장 서(黍)자의 상형문자를 보면 이런 특징이 잘 드러나 있습니다. 또 기장은 예로부터 중국에서 술을 만드는 원료로 사용하였기 때문에 물 수(氺)자는 술(酒)을 의미합니다. 기장 서(黍)자는 부수 글자이긴 하지만 거의 사용되지 않습니다.

기장 서(黍)

### 보리와 관련한 글자

**來** 올 래 중 来 약 来
보리 이삭 모습

**麥** 보리 맥 중 麦 약 麦
올 래(來) + 뒤져올 치(夂)

**麵** 밀가루/국수 면 중 面
보리 맥(麥) + [얼굴 면(面)]

오곡(五穀) 이야기가 나온 김에 보리에 대해서도 이야기를 해봅시다. 올 래(來)자는 원래 보리의 모습을 본떠 만든 글자입니다. 보리가 외부(중앙아시아)에서 중국에 들어온 식물이라 '오다'는 뜻으로 쓰이자, 원래의 뜻을 분명히 하기 위해 뿌리 모습(夂)을 추가하여 보리 맥(麥)자를 만들었습니다. 보리는 뿌리가 매우 길기 때문입니다. 맥아(麥芽)는 '보리(麥)에 물을 뿌려 싹(芽)이 트게 한 다음에 말린 것'으로, 녹말과 같은 다당류(多糖類)를 엿이나 설탕 같은 이당류(二糖類)로 바꾸는 효소를 함유하고 있으며, 식혜나 엿을 만드는 데에 쓰고, '엿기름'이라고도 합니다. 맥주(麥酒)는 '보리(麥)를 발효시켜 만든 술(酒)'입니다.

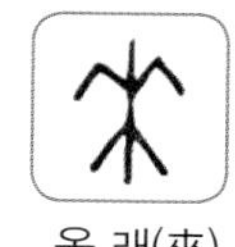

올 래(來)

보리 맥(麥)자는 보리를 의미하기도 하지만 밀을 의미하기도 합니다. 보리는 알이 조금 크기 때문에 대맥(大麥)이라 부르고, 밀은 알이 조금 작기 때문에 소맥(小麥)이라 부릅니다. 밀은 껍질이 딱딱하고 알이 물러서 껍질을 벗겨 알곡인 상태로 있기 힘들기 때문에 가루를 만들어 먹습니다. 중국식당에서 먹는 자장면이나 기스면의 면(麵)자는 국수 면(麵)자인데, 보리 맥(麥)자에 소리를 나타내는 얼굴 면(面)자가 합쳐진 글자입니다.

**斗 | 斗**

말 두(斗)
손잡이가 달린 국자

말 두(斗)자는 곡식이나 물을 푸는 국자를 본떠 만든 글자입니다. 북두칠성(北斗七星)의 뜻은 '북(北)쪽에 있는 국자(斗) 모양의 일곱(七)개 별(星)'입니다. 이런 국자 모양의 그릇을 '말'이라 부르기도 하고, 말로 쌀이나 술 등의 부피를 재기 때문에 부피를 재는 단위로도 사용됩니다. 우리나라에서는 1말이 약 18리터에 해당합니다.

고대 중국에서 사용했던 국자 모양의 두(斗)

되 승(升)

부피를 재는 단위로는 '되'가 있는데, 10되가 1말이고, 1되는 1.8L 정도입니다. 1.8L의 큰 콜라병이 1되입니다. 되를 나타내는 한자로는 되 승(升)자가 있는데, 상형문자를 보면 말 두(斗)자와 비슷하게 생겼습니다. 승두지리(升斗之利)는 '한 되(升)와 한 말(斗)의(之) 이익(利)'이라는 뜻으로, 대수롭지 않은 이익을 이르는 말입니다.

홉 홉(合)

되보다 적은 단위로는 홉이 있습니다. 10홉이 1되이고, 1홉은 180cc 정도입니다. 커피 자판기에서 나오는 종이컵이 1홉이고, 소주 한 병이 2홉입니다. 1홉을 만든 기준은 성인 남자가 한 번에 보통 마시는 물의 양입니다. 또 1홉의 쌀로 밥을 지으면 밥 한 그릇이 나옵니다. 따라서 1되의 쌀은 성인 남자 10명, 1말은 100명의 밥을 지을 수 있는 양입니다. 참고로, 물 1말 무게는 18kg이고, 쌀 1말 무게는 약 16kg입니다. 쌀 16kg이면 100인 분의 밥을 지을 수 있습니다. 홉을 나타내는 한자로는 홉 홉(合)자가 있는데, 상형문자를 보면 뚜껑이 있는 밥그릇의 모양으로 먹을 식(食)자와 비슷하게 생겼습니다. 우리에게는 합할 합(合)자로 더 잘 알려져 있습니다.

또 10말을 1섬이라고 하는데, 섬을 나타내는 한자는 섬 용(甬)자입니다. 이 글자는 손잡이(マ)가 달린 통(用)의 모습으로, 잘 사용되지 않는 글자입니다. 하지만 다른 글자를 만나 소리로 사용됩니다. 날쌜 용(勇), 뛸 용(踊), 통할 통(通), 아플 통(痛)자 등이 그런 예입니다. 이상의 단위를 정리하면 다음과 같습니다.

1섬(甬: 180L) = 10말(斗: 18L) = 100되(升: 1.8L) = 1000홉(合: 180cc)

참고로, 땅의 면적을 나타내는 단위로 '마지기'가 있는데, 마지기는 '말(斗)'과 '(농사를) 짓다'를 합친 말로 '1말의 씨앗으로 농사를 지을 수 있는 땅의 면적'입니다. 이런 이유로 지역에 따라 1마지기의 넓이가 다릅니다. 논 1마지기는 보통 200평이지만, 기름지지 않는 논의 경우 250평이나 300평이 되기도 합니다. 1마지기의 땅에서 농사를 지으면 쌀 2섬(= 4가마니 = 20말 = 320kg) 정도가 나옵니다. 하지만 최근에는 비료와 농사기술의 발달로 3섬(= 6가마니 = 30말 = 480kg)까지도 나옵니다.

'공양미 300석(石)에 팔려간 심청'에서 석(石)은 섬과 같은 말입니다. 300석(600 가마니)은 4만 8천 kg 정도로, 10톤 트럭 5대 분량입니다. 20kg에 5~6만 원하는 현재 싯가로 계산하면 1억 원이 넘습니다.

### 말 두(斗)자와 관련한 글자

**科** 과목 과 ㊥ 科
벼 화(禾) + 말 두(斗)

**料** 헤아릴 료 ㊥ 料
쌀 미(米) + 말 두(斗)

**斜** 비낄 사 ㊥ 斜
말 두(斗) + [나 여(余)→사]

**斟** 술따를 짐 ㊥ 斟
말 두(斗) + [심할 심(甚)→짐]

**必** 반드시 필 ㊥ 必
국자 모습

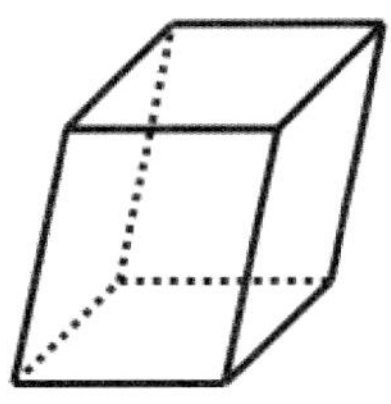

3축이 서로 경사진 삼사정계

피사의 사탑

과목 과(科)자는 '벼(禾)의 양을 말(斗)로 잴 때, 벼의 품질을 등급에 따라 분류하다'에서 등급(等級)이란 뜻을 가지고 있으며, 또 등급에 따라 분류된 과목(科目)을 뜻하기도 합니다. 또 시험을 쳐서 '등급(科)을 정하여 관리를 뽑아 올리는(擧)' 시험인 과거(科擧)라는 뜻도 가지고 있습니다. 명경과(明經科)는 '유교 경전(經)에 밝은(明) 사람을 뽑는 과거(科)'로, 고려와 조선 시대의 과거제도입니다.

헤아릴 료(料)자는 '말(斗)로 쌀(米)의 양을 헤아리다'는 뜻입니다. 요금(料金)은 '사물을 사용하거나 관람한 대가를 헤아린(料) 돈(金)'이며, 수수료(手數料)는 '어떤 일을 하는 데 필요한 손(手)의 수(數)를 헤아려서(料) 계산한 요금'이라는 뜻으로, 서비스 요금을 뜻합니다. 요리(料理)는 '음식을 만들 때 재료의 양을 정확하게 헤아려(料) 다스리다(理)'는 뜻입니다. 음식을 만들 때 가장 중요한 것이 배합될 재료의 양을 정확하게 헤아리는 것이기 때문에 생긴 말입니다.

비낄 사(斜)자의 '비끼다'는 '기울다, 비스듬하다, 경사(傾斜)지다'는 의미입니다. '국자(斗)에 담긴 것을 비우려면 국자를 반드시 비스듬히 기울여야 한다'고 해서 '비끼다, 기울다'라는 뜻이 생겼습니다. 대륙사면(大陸斜面)은 '대륙붕(大陸棚) 옆의 경사진(斜) 면(面)'으로, 대륙붕과 심해 사이의 급경사면입니다. 삼사정계(三斜晶系)는 'x, y, z의 3(三) 축이 서로 경사진(斜) 광물의 결정계(結晶系)'입니다. 이탈리아 밀라노에 있는 '피사의 사탑'에서 사탑(斜塔)은 '기울어진(斜) 탑(塔)'입니다.

술따를 짐(斟)자는 '항아리의 술을 국자(斗)로 퍼서 따르다'는 뜻입니다. 지금도 종갓집에서 지내는 제사를 가보면 술을 국자로 퍼서 술잔에 담습니다. '누군지 짐작할 수 없었다'에서 짐작(斟酌)은, 술따를 짐(斟)자와 술따를 작(酌)자가 합쳐진 낱말입니다. 옛날의 술병이나 술잔은 유리가 아니라 내부의 양을 알 수가 없었습니다. 따라서 술을 따를 때, '술병에 술이 얼마나 있는지, 술잔에 술이 얼마나 차 있는지 짐작(斟酌)하다'는 뜻입니다.

반드시 필(必)

반드시 필(必)자의 상형문자를 보면 말 두(斗)자나 되 승(升)자와 비슷하게 생겼는데, 말 두(斗)자와 마찬가지로 곡식이나 물을 푸는 국자의 모습을 본떠 만든 글자입니다. 나중에 가차되어 '반드시'라는 뜻이 생겼습니다. 부수가 마음 심(心)자이지만, 마음 심(心)자와는 상관없는 글자입니다. '하필이면 내가 가야 하나'에서 하필(何必)은 '어찌하여(何) 반드시(必)'라는 뜻입니다.

# 생활 4-5 농사

밭 전(田) | 힘 력(力)

밭 전(田)
밭의 모습

문명과 국가의 탄생은 농업이 없었더라면 불가능했을 겁니다. 농업은 근대 공업이 탄생되기 이전까지 주요 산업이었습니다. 따라서 농업의 근간이 되는 땅은 부의 척도가 되어, 수많은 나라들이 땅을 빼앗기 위해 전쟁을 하였습니다. 또한, 새로운 국가가 생기거나 왕조가 바뀌면 반드시 토지제도를 개혁하였습니다. 토지개혁은 소수의 기득권자에게 편중되어 있는 부(富)를 빼앗아 일반 백성에게 나누어 줌으로써 지지기반을 넓힐 수 있었습니다. 주나라의 정전법(井田法)에서 시작한 토지제도는 한전법(限田法), 둔전제(屯田制), 균전제(均田制), 정전제(丁田制), 과전법(科田法), 직전법(職田法), 전시과(田柴科) 등 수많은 제도로 바뀌어 왔습니다.

밭 전(田)자는 정전제(井田制)에서 가로 세로로 나누어진 밭의 모양을 본떠 만든 글자입니다. 원래의 밭은 농산물을 생산하지만, 재미있게도 원유(油)을 생산하는 유전(油田), 석탄(炭)을 생산하는 탄전(炭田), 소금(鹽)을 생산하는 염전(鹽田) 등에도 밭 전(田)자를 썼습니다.

밭 전(田)자가 밭과 상관없이 다른 물건의 모습을 본뜬 글자도 있습니다. 가축 축(畜→가축의 위), 밥통 위(胃→동물의 위), 여러 누(累→물건), 열매 과(果→나무 위의 열매), 새집 소(巢→나무 위의 새집)자가 그런 예입니다.

### 농사와 관련한 글자

**苗** (밭에 난) 싹 묘 ㊥ 苗
풀 초(艹) + 밭 전(田)

**卑** 낮을 비 ㊥ 卑
밭 전(田) + 칠 복(攴)

**男** 사내 남 ㊥ 男
밭 전(田) + 힘 력(力)

싹 묘(苗)자는 '논밭(田)에 풀(艹)이 나 있는 것이 싹이다'는 뜻입니다. 묘목(苗木)은 '싹(苗)처럼 어린 나무(木)'입니다.

낮을 비(卑)자의 상형문자를 보면, 밭 전(田)자와 손(又)에 도구(卜)를 들고 있는 칠 복(攴)자가 합쳐진 모습입니다. 즉 '밭(田)에서 손(又)에 도구(卜)를 들고 일을 하는 사람의 신분이 낮다'고 해서 '낮다'는 뜻이 생겼습니다. 비속어(卑俗語)는 '격이 낮고(卑) 속된(俗) 말(語)'입니다.

사내 남(男)자는 '쟁기(力)로 밭(田)을 가는 사람은 사내이다'는 뜻입니다. 남존여비(男尊女卑)는 '남자(男)는 높고(尊) 귀하게 여기고, 여자(女)는 낮고(卑) 천하게 여긴다'는 뜻입니다.

### 논밭과 들

**畓** 논 답 ⓢ 畓
밭 전(田) + 물 수(水)

**里** 마을 리 ⓢ 里
밭 전(田) + 흙 토(土)

**野** (밭이 있는) 들 야 ⓢ 野
마을 리(里) + [나 여(予)→야]

**界** 지경 계 ⓢ 界
밭 전(田) + [낄 개(介)→계]

**畿** 경기 기 ⓢ 畿
밭 전(田) + [몇/기미 기(幾)]

천수답인 계단식 논

우리나라에서는 논과 밭을 구분합니다. 논에는 벼를 심어서 봄부터 여름까지 물에 잠겨 있습니다. 반면 밭에는 보리나 채소를 심어 필요할 때에만 물을 뿌려 줍니다. 논 답(畓)자는 '물(水)을 댄 밭(田)이 논이다'는 뜻입니다. 하지만 중국에는 논 답(畓)자라는 한자가 없습니다. 이 한자는 한국에서 만든 글자입니다. 중국에서는 논과 밭을 구분하지 않기 때문에 따로 논을 의미하는 글자를 만들지 않았습니다. 천수답(天水畓)은 '강이나 저수지 물을 이용하지 않고 하늘(天)의 물(水)인 비로 농사를 짓는 논(畓)'입니다.

마을 리(里)자는 '땅(土) 위에 밭(田)을 일구어 놓은 곳에 마을(里)이 있다'는 뜻입니다. 《택리지(擇里志)》는 '마을(里)을 가려(擇) 놓은 기록(志)'으로, 조선 영조 27년(1751년)에 이중환이 지은 우리나라의 지리서입니다. 전국 8도의 지형, 풍토, 풍속, 인심 등을 상세히 기록하였습니다.

들 야(野)자는 '땅(土) 위에 밭(田)이 있는 곳이 들이다'는 뜻입니다. 이후 '들→야생(野生)의→시골→범위' 등의 뜻이 생겼습니다. 예전에는 떳떳하지 못한 관계의 남녀가 보리밭에서 만나 정을 통했습니다. 야합(野合)은 '들에서(野) 만나다(合)'는 뜻으로, '부부가 아닌 남녀가 보리밭과 같은 들에서 만나 정을 통하다'는 뜻입니다. 이후 '좋지 못한 목적으로 서로 어울리다'는 뜻이 되었습니다. 야구(野球)는 '들(野)에서 하는 공(球)놀이'입니다. 야채(野菜)는 원래 '들(野)에서 자란 나물(菜)'이지만, 무, 배추, 시금치 등의 심어서 가꾸는 나물도 됩니다. 수영야유(水營野遊)는 '수영(水營)의 들(野) 놀이(遊)'로 부산의 수영 지방에 전승되고 있는 탈놀이입니다. 모두 4마당으로 되어 있는 양반에 대한 풍자극입니다. 분야 (分野)나 시야(視野)에서는 범위(範圍)라는 뜻으로 사용됩니다.

지경 계(界)자는 '밭(田) 사이에 끼어(介) 있는 길이 땅의 경계(境界), 즉 지경(地境)이다'는 뜻입니다. 과학에서 계면(界面)은 '경계(境界)를 이루는 면(面)'입니다. 대류권계면(對流圈界面)은 '대류권(對流圈)과 성층권의 경계면(界面)'입니다. 계면반응(界面反應)은 '서로 다른 두 물질이 맞닿는 경계면(界面)에서 일어나는 화학 반응(反應)'이고, 계면활성제(界面活性劑)는 '두 물질의 경계면(界面)을 활성(活性)화하는 약(劑)'으로, 비누나 세제 등으로 많이 활용됩니다.

봉건제도 하에서 왕은 서울 주위의 땅을 다스리고, 나머지 땅들은 공을 세운 신하들에게 나누어 주어 다스리게 하였습니다. 경기(京畿)란 서울 주위의 오백리 이내의 땅으로 왕(王)이 직접 다스리는 지역을 의미합니다. 경기 기(畿)자는 뜻을 나타내는 밭 전(田)자와 소리를 나타내는 기미 기(幾)자가 합쳐진 글자입니다. 우리나라의 경기도(京畿道)는 서울 주변을 둘러싸고 있는 땅이라고 해서 붙여진 이름입니다.

## 기타

**當** 마땅할/맡을 당 ㊥当 ㊐当
밭 전(田) + [오히려 상(尙)→당]

**略** 간략할/노략질할/꾀 략 ㊥略
밭 전(田) + [각각 각(各)→략]

**留** (밭에) 머무를 류 ㊥留
밭 전(田) + [토끼 묘(卯)→류]

**番** (밭의) 차례 번 ㊥番
밭 전(田) + [분별할 변(釆)→번]

**奮** (밭에서) 떨칠 분 ㊥奋
밭 전(田) + [날개휘두를 분(奞)]

**周** 두루 주 ㊥周
밭 전(田) + [입 구(口)→주]

마땅할 당(當)자는 원래 '밭(田)이 건물(尙)을 짓기 위한 밑바탕이다'는 뜻입니다. 오히려 상(尙)자는 집이나 건물의 상형입니다. 이후 '밑바탕→(밑바탕을) 맡다→(맡아서) 대하다→(맡기에) 마땅하다' 등의 뜻이 생겼습니다. 담당자(擔當者)는 '일을 맡고(擔) 맡은(當) 사람(者)'이고, 당신(當身)은 '마주 대하는(當) 몸(身)'이란 뜻으로 2인칭대명사이며, 당연(當然)은 '마땅히(當) 그러하다(然)'는 뜻입니다. 또 '(일을 맡은 바로) 그, 이'와 같은 뜻으로도 사용됩니다. 당장(當場)은 '지금 바로 이(當) 자리(場)'이고, 당시(當時)는 '그(當) 때(時)'이며, 당대(當代)는 '그(當) 시대(代)'입니다.

간략할 략(略)자는 원래 '밭(田)을 다스려 경작하다'는 뜻이었으나, 나중에 노략질할 략(略), 꾀 략(略) 등의 의미가 추가되었습니다. 약도(略圖)는 '간략한(略) 지도(圖)', 약취(略取)는 '노략질하며(略) 가진다(取)', 전략(戰略)은 '전쟁(戰)의 계략(略)'을 뜻합니다.

머무를 류(留)자는 '밭(田)이 있는 곳에 머물면서 농사를 짓다'는 뜻입니다. 체류(滯留)는 '머무르고(滯) 머무르다(留)'는 뜻이고, 거류(居留)는 '살면서(居) 머무르다(留)'는 뜻입니다.

차례 번(番)자에 들어 있는 분별할 변(釆)자는 짐승의 발자국을 본떠 만든 글자입니다. 즉 '짐승의 발자국을 보고 무슨 짐승인지를 분별하다'는 뜻이 생겼습니다. 차례 번(番)자는 원래 '밭(田)에 있는 짐승의 발자국(釆)'을 뜻하는 글자입니다. 이후 '짐승의 발자국→(발자국이) 번갈다→횟수(回數)→차례' 등의 뜻이 생겼습니다. 세대교번(世代交番)은 '무성생식을 하는 무성 세대와 유성생식을 하는 유성 세대(世代)가 교대(交)로 번갈아(番) 나타나는 현상'입니다. 해파리나 이끼가 그러한 예입니다. 1, 2, 3, 4 등의 번호(番號)는 '차례(番)를 나타내는 이름(號)'입니다.

떨칠 분(奮)자에 들어 있는 날개 휘두를 분(奞)자는 새(隹)가 날개(大)를 휘두르고 있는 모습입니다. 여기서 큰 대(大)자는 새가 날개를 벌린 모습입니다.

따라서 떨칠 분(奮)자는 '밭(田)에서 새(隹)가 날개(大)를 휘두르며 위로 날아올라 가려고 분발(奮發)하거나 분투(奮鬪)한다'는 뜻입니다. 이후 '휘두르다→힘쓰다→명성 등을 널리 드날리다→떨치다' 등의 뜻이 파생되었습니다. 고군분투(孤軍奮鬪)는 '외롭게(孤) 떨어진 군사(軍)가 힘써(奮) 싸우다(鬪)'는 뜻으로, 남의 도움을 받지 않고 힘에 벅찬 일을 잘해 나감을 이르는 말입니다.

두루 주(周)

두루 주(周)자의 상형문자를 보면 밭 전(田)자 안에 점이 4개 찍혀 있습니다. '밭(田)의 농작물이 두루, 골고루 잘되었다'는 뜻입니다. 나중에 점은 생략되고, 글자 아래에 소리를 나타내는 입 구(口)자가 추가되어 현재의 모습이 되었습니다. 주유천하(周遊天下)는 '천하(天下)를 두루(周) 돌아다니며 논다(遊)'는 뜻입니다.

### 밭 전(田)자와 비슷한 글자

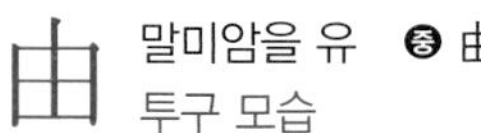
由 말미암을 유 ⓢ 由
투구 모습

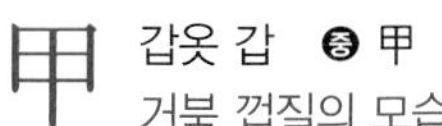
甲 갑옷 갑 ⓢ 甲
거북 껍질의 모습

申 납 신 ⓢ 申
번개 모습

밭 전(田)자와 비슷하게 생겼지만, 밭 전(田)자와는 의미가 전혀 다른 글자 3개만 살펴보겠습니다.

말미암을 유(由)자는 투구의 모습을 본떠 만든 글자입니다. 투구 주(冑)자의 간략형이라고도 합니다. 가차되어 '말미암을'이란 뜻으로 사용됩니다. 이유(理由)는 '말미암은(由) 이치(理)'입니다.

갑옷 갑(甲)자는 거북 껍질의 모습을 본떠 만든 글자로, 거북 껍질로 만든 갑옷을 의미합니다. 나중에 뜻을 분명히 하기 위해 쇠 금(金)자가 추가되어 갑옷 갑(鉀)자가 되었습니다. 나중에 나온 갑옷은 쇠를 붙였기 때문입니다. 갑골문자(甲骨文字)는 '거북의 껍질(甲)과 소 뼈(骨)에 새긴 문자(文字)'입니다.

납 신(申)자는 번개의 모습을 본떠 만든 글자입니다. 납은 원숭이의 옛말인데, 신(申)자가 십이간지에 들어가면서 12마리의 동물 중 원숭이와 짝을 이루어 납 신(申)자가 되었을 뿐입니다. 번개 전(電)자나 우레 뢰(雷)자의 아랫부분이 납 신(申)자가 변형된 모습입니다. 이후 '번개→(번개가 칠 때에는 한 번만 치지 않고 여러 번) 거듭하다→(번개가) 펴지다→베풀다→알리다→말하다'는 뜻이 생겼습니다. 신신당부(申申當付)는 '거듭하고(申) 거듭하여(申) 간곡히 하는 당부(當付)'입니다. 신고(申告)는 '알리고(申) 고하다(告)'는 뜻으로 국민이 법에 따라 행정 관청에 일정한 사실을 진술하는 것입니다.

力 | 

힘 력(力)
쟁기의 모습

김홍도의 〈쟁기질〉

힘 력(力)자는 쟁기의 모습을 본떠 만든 글자입니다. 쟁기는 논밭의 흙을 파 뒤집는 도구 입니다. 쟁기질은 하면 단단한 흙을 부드럽게 함으로서 물이나 공기가 잘 스며들고, 또 쟁기가 지나간 자리에 씨를 뿌릴 수도 있습니다.

쟁기를 끌려면 많은 힘이 필요합니다. 그래서 쟁기는 힘센 소가 끕니다. 하지만 옛 중국에는 소가 귀했고 제사를 지낼 때 제물로 사용하였습니다. 이런 제물로 사용하는 소는 아주 귀하게 여겨 일을 시키지 않았습니다. 당시에는 노예들이 많아 힘센 남자(男子)들이 쟁기를 끌었습니다. 이런 노예들은 주로 전쟁터에서 잡혀온 사람들이겠지요. 본격적으로 소가 쟁기를 끌기 시작한 것은 춘추 시대 때입니다. 어쨌든 쟁기질은 많은 힘을 필요로 하기 때문에 쟁기의 모습을 본떠 만든 글자가 '힘'을 의미하는 글자가 되었습니다. 사내 남(男)자는 밭(田)에서 쟁기(力)질하는 힘센 사람이 사내라는 뜻입니다.

## 힘과 관련한 글자

**努** 힘쓸 노 ⓒ 努
힘 력(力) + [종 노(奴)]

**勵** 힘쓸 려 ⓒ 励 ⓨ 励
힘 력(力) + [힘쓸 려(厲)]

**勉** 힘쓸 면 ⓒ 勉
힘 력(力) + [면할 면(免)]

**務** 힘쓸 무 ⓒ 务
창 모(矛) + 칠 복(攵) +
힘 력(力)

《면암집》의 저자 면암 최익현

힘쓸 노(努)자는 '종(奴)이 힘(力)을 쓰다'는 뜻입니다. 노력(努力)은 '힘(力)을 다해 힘을 쓰다(努)'는 뜻입니다.

힘쓸 려(勵)자에 들어 있는 힘쓸 려(厲)자는 전갈(萬)이 힘을 쓰며 절벽(厂)을 기어오르는 모습입니다. 나중에 뜻을 분명히 하기 위해 힘 력(力)자가 추가되어 힘쓸 려(勵)자가 되었습니다. 장려상(奬勵賞)은 '더욱 힘쓰도록(勵) 장려할(奬) 목적으로 주는 상(賞)'입니다.

힘쓸 면(勉)자에 들어가는 면할 면(免)자는 아이 낳는 모습으로, '아이를 낳을(免) 때 힘(力)을 쓴다'는 의미입니다. 근면(勤勉)은 '부지런히(勤) 힘쓰다(勉)'는 뜻입니다. 《면암집(勉菴集)》은 46권으로 이루어진 '면암(勉菴)이 만든 문집(集)'으로, 방대한 내용을 담고 있습니다. 면암은 조선 후기의 유학자인 최익현의 호입니다. 최익현은 1855년에 과거에 급제하여 높은 관직에 올랐으나, 흥선대원군의 실정(失政)을 상소하여 관직을 박탈당하였습니다. 일본과의 통상조약과 단발령(斷髮令)에 격렬하게 반대하였으며, 을사조약이 체결되자 항일 의병 운동을 하다 체포되어 쓰시마 섬으로 끌려간 뒤, 일본이 주는 음식은 먹을 수 없다 하여 단식하다가 세상을 떠났습니다.

힘쓸 무(務)자는 '손에 막대기를 들고(攵) 창(矛)을 이기려고 힘을 쓰다'는 뜻인데, 나중에 뜻을 분명히 하기 위해 힘 력(力)자가 추가되었습니다. 이후 '힘쓰다→일하다→업무(業務)→직무(職務)'라는 뜻도 생겼습니다. 사무실(事務室)은 '일

(事)과 업무(務)를 하는 방(室)'입니다. 양무운동(洋務運動)은 '서양(洋) 문물을 받아들이는 데 힘쓰는(務) 운동(運動)'으로, 19세기 후반 중국 청나라가 서양에서 근대 기술을 도입하여 이루려 한 자강운동(自强運動: 스스로 강해지려는 운동)을 말합니다.

### 전쟁에 이기거나 공을 세움

**勝** (힘이 세니) 이길 승 ㊥ 胜
힘 력(力) +
[밀어올릴 등(朕)→승]

**功** 공 공 ㊥ 功
힘 력(力) + [장인 공(工)]

**勳** 공 훈 ㊥ 勋
힘 력(力) + [연기낄 훈(熏)]

힘이 세면 전쟁에서 이기거나 공을 세울 수 있기 때문에, 이런 글자에도 힘 력(力)자가 들어갑니다. 승리(勝利), 승패(勝敗), 승부(勝負) 등에 들어가는 이길 승(勝)자는 '힘(力)으로 밀어붙여(朕) 이기다'는 뜻입니다. 이후 '이기다→뛰어나다→훌륭하다→경치가 좋다'는 뜻도 파생되었습니다. 명승지(名勝地)는 '경치 좋기로(勝) 이름(名)난 땅(地)'입니다. 《동국여지승람(東國輿地勝覽)》은 '동쪽나라(東國: 우리나라) 땅(輿地)의 경치 좋은(勝) 곳을 둘러보다(覽)'는 뜻으로, 조선 성종의 명(命)에 따라 노사신 등이 편찬한 우리나라의 지리책입니다.

공 공(功)자는 '힘써(力) 싸워 공(功)을 세우다'는 뜻입니다. 공신전(功臣田)은 '공(功)을 세운 신하(臣)에게 지급한 밭(田)'으로 조선 시대 공(功)을 세운 사람에게 지급한 토지이며, 세습이 가능했습니다.

공 훈(勳)자도 '힘써(力) 싸워 공(功)을 세우다'는 뜻입니다. 훈구파(勳舊派)는 '공(勳)을 세운 오래된(舊) 파(派)'로, 조선 건국 또는 조선 초기에 공을 세워 높은 벼슬을 해오던 신하들을 일컫는 말입니다. 반대로 사림파(士林派)는 '선비(士)가 숲(林)처럼 무리를 이룬 파(派)'라는 뜻으로, 지방에서 서원을 중심으로 공부하던 선비들로, 벼슬을 하면서 정치적 세력으로 등장하게 됩니다. 위훈삭제(僞勳削除)사건은 '거짓(僞) 공(勳)을 삭제(削除)한 사건'으로, "훈구파들이 중종반정 때 공을 세운 사람들의 이름을 거짓으로 작성하였기 때문에 삭제해야 한다"고 사림파가 주장한 사건으로 기묘사화(己卯士禍)의 원인이 되었습니다.

### 힘이 약함

**劣** (힘이 약해) 못할 렬 ㊥ 劣
힘 력(力) + 적을 소(少)

**幼** (힘이 약해) 어릴 유 ㊥ 幼
작을 요(幺) + 힘 력(力)

못할 렬(劣)자는 '힘(力)이 적어(少) 남만 못하다'는 뜻입니다. 열세(劣勢)는 '상대편보다 형세(形勢)가 못하다'는 뜻이고, 열등감(劣等感)은 '남들보다 등급(等)이 못하다(劣)고 느끼는(感) 감정'입니다. 열성유전자(劣性遺傳子)는 '우성유전자(優性遺傳)에 비해 못한(劣) 성질(性)의 유전자(遺傳子)'입니다.

어릴 유(幼)자는 '힘(力)이 작으니까(幺) 어리다'는 뜻입니다. 유치(幼稚)는 '어리고(幼) 어려서(稚) 수준이 낮거나 미숙하다'는 뜻이고, 유아(幼兒)는 '어린(幼) 아이(兒)'이고, 유충(幼蟲)은 '어린(幼) 벌레(蟲)'로 '애벌레'라고 합니다.

### 힘을 모으거나 도움

**募** (힘을) 모을 모 ㊥ 募
힘 력(力) + [없을 막(莫)→모]

**助** (힘으로) 도울 조 ㊥ 助
힘 력(力) + [도마 조(且)]

**協** (힘으로) 도울 협 ㊥ 协
열 십(十) + [힘을합할 협(劦)]

모을 모(募)자는 '나에게 없는(莫) 것을 힘(力)으로 모으다'는 뜻입니다. 모금(募金), 모집(募集) 등에 사용됩니다.

도울 조(助)자는 '힘(力)이 세어서 남을 돕다'는 뜻입니다. 영어의 조동사(助動詞)는 '다른 동사를 도와주는(助) 동사(動詞)'입니다. 조수(助手)는 '도와주는(助) 사람(手)'입니다. 손 수(手)자는 사람이란 뜻도 있습니다.

도울 협(協)자에 들어 있는 힘을합할 협(劦)자는 '여러 개의 힘(力, 力, 力)을 합하다'는 뜻입니다. 나중에 뜻을 강조하기 위해 '많다'는 뜻의 열 십(十)자를 추가하였습니다. 이후 '힘을 합하다→협력(協力)하다→화합하다→돕다'는 뜻이 생겼습니다. 협주곡(協奏曲)은 '독주와 관현악이 협력하여(協) 연주하는(奏) 곡(曲)'으로 피아노, 바이올린, 첼로 등 독주(獨奏) 악기와 관현악(管絃樂)의 합주(合奏)를 말합니다. 독주 악기에 따라 피아노 협주곡, 바이올린 협주곡, 첼로 협주곡이라고 합니다. 영어는 콘체르토(concerto)입니다.

### 기타

**勸** (힘으로) 권할 권 ㊥ 劝 ㊐ 劝
힘 력(力) + [황새 관(雚)→권]

**勤** (힘이 세어) 부지런할 근 ㊥ 勤
힘 력(力) + [진흙 근(堇)]

**動** (힘으로) 움직일 동 ㊥ 动
힘 력(力) +
[무거울 중(重)→동]

**抛** (힘으로) 던질 포 ㊥ 抛
손 수(扌) +
아홉 구(九) + 힘 력(力)

**勢** (힘이 센) 권세 세 ㊥ 势
힘 력(力) +
[심을/재주 예(埶)→세]

권할 권(勸)자도 원래는 '힘(力)쓰다'는 뜻입니다. 이후 '힘쓰다→애써 일하다→(일을) 즐기다→권장하다→권하다' 등의 뜻도 생겼습니다. 권선징악(勸善懲惡)은 '선(善)을 권하고(勸), 악(惡)을 징계하다(懲)'는 뜻입니다.

부지런할 근(勤)자는 '힘(力)으로 일을 부지런히 하다'는 뜻입니다. 근면(勤勉)은 '부지런히(勤) 힘쓰다(勉)'는 뜻이고, 근정전(勤政殿)은 '임금이 부지런하게(勤) 정치(政)를 하는 대궐(殿)'로 경복궁의 가장 중심이 되는 건물입니다.

움직일 동(動)자는 '무거운(重) 것은 힘(力)이 있어야 움직인다'는 뜻입니다. 동력(動力)은 '자동차나 비행기 등을 움직이는(動) 힘(力)'이고, 동영상(動映像)은 '움직이는(動) 영상(映像)'입니다.

아홉 구(九)

던질 포(抛)자에 들어가는 아홉 구(九)자는 손가락이 3개인 손과 팔의 모습으로 원래 팔을 뜻하는 글자인데, 가차되어 아홉이란 뜻으로 사용됩니다. 던질 포(抛)자는 '팔(九)의 힘(力)으로 던지다'는 뜻으로 만든 글자에, 뜻을 분명히 하기 위해 나중에 손 수(扌)자가 추가되었습니다. 포기(抛棄)는 '던져(抛) 버리다(棄)'는 뜻이고, 포물선(抛物線)은 '공중으로 물건(物)을 던지면(抛) 그려지는 선(線)'입니다.

세력(勢力), 실세(實勢), 승세(勝勢), 기세(氣勢) 등에 들어가는 권세 세(勢)

男 사내 남 ⓩ 男
밭 전(田) + 힘 력(力)

勇 날쌜 용 ⓩ 勇
힘 력(力) + [길 용(甬)]

勞 수고로울 로 ⓩ 劳 ⓨ 労
힘 력(力) + 등불 형(熒)

加 더할 가 ⓩ 加
힘 력(力) + 입 구(口)

筋 힘줄 근 ⓩ 筋
대 죽(竹) + 고기 육(肉/月) + 힘 력(力)

경복궁의 정전 근정전

자는 '힘(力)과 재주(埶)가 곧 권세(權勢)'이다는 뜻입니다. 권문세족(權門勢族)은 '권세(權)를 가진 가문(家門)과 권세(勢)가 있는 혈족(血族)'이고, 권문세가(權門勢家)는 '권세(權)를 가진 가문(家門)과 권세(勢)가 있는 집(家)'으로, 둘 다 벼슬이 높고 권세가 있는 집안을 일컫는 말입니다.

사내 남(男)자는 '쟁기(力)로 밭(田)을 가는 사람은 사내이다'는 뜻입니다.

용맹(勇猛), 용기(勇氣), 용감(勇敢) 등에 들어가는 날쌜 용(勇)자는 '힘(力)이 센 사람이 날쌔다'는 뜻입니다. '남자(男)자의 머리 위에 뿔(첫 두 획)이 달려 있어 용감하다'는 이야기는 속설입니다.

수고로울 로(勞)자는 '밤에도 등불(熒) 아래에서 힘(力)써 일하니 수고롭다'는 뜻입니다. 노동자(勞動者)를 의미대로 해석하면 '밤에도 등불(熒) 아래에서 무거운(重) 것을 힘(力)써 옮기는 사람(者)'입니다. 등불 형(熒)자 아래에 벌레 충(虫)자가 들어가면 형설지공(螢雪之功)으로 잘 알려진 개똥벌레 형(螢)자가 됩니다.

더할 가(加)자는 '쟁기질(力)하는 사람에게 입(口)으로 더 잘하라'고 말하는 데에서 '더하다'는 뜻이 생겼습니다. 가감법(加減法)은 '더하거나(加) 빼는(減) 방법(法)'이란 뜻으로 두 개의 미지수를 가진 연립방정식에서 한 미지수를 더하거나 빼어 그 미지수를 없애는 방법입니다.

근육(筋肉), 근력(筋力)에 들어가는 힘줄 근(筋)자는 '힘(力)을 주면 대나무(竹)처럼 딱딱해지는 고기(肉/月)가 힘줄이다'는 의미입니다.

# 생활 4-6 집(1)

집 면(宀) | 집 엄(广)

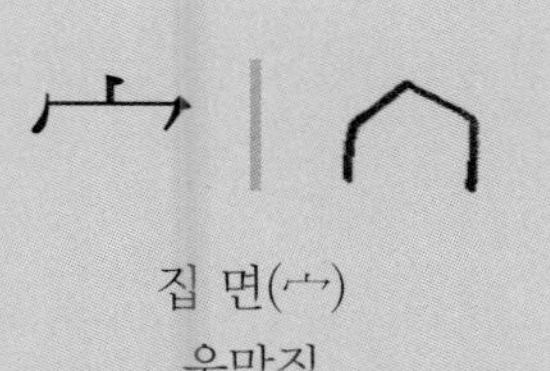

집 면(宀)
움막집

중국 서안의 반파 유적지에서 발굴한 집을 복원한 모습

중국과 비슷한 시기에 문명이 싹튼 이집트에서는 피라미드나 신전 또는 궁전들을 모두 거대한 돌로 만들었습니다. 하지만 옛 중국에서는 이집트와 같이 돌로 만든 신전이나 궁전이 전혀 없습니다. 앞에서도 말했듯이 고대 문명이 싹튼 황하강 중류 지방은 땅이 황토로 뒤덮여 있어서 돌을 구하기가 힘들었기 때문입니다.

옛 중국 사람들은 땅에 구멍을 파고 그 위에 나무나 짚으로 만든 원뿔 모양의 지붕을 덮은 움막집을 만들었습니다. 초기에는 구멍의 깊이가 3m나 되는 것도 있었으나, 점차 얕아져 나중에는 지상에 올라오게 되었습니다. 집 면(宀)자는 이러한 움집의 모양을 본떠 만든 글자로, 집을 나타내는 글자에 들어갑니다.

일각에서는 집 면(宀)자를 머리에 쓰는 갓을 본떠 만든 글자라고 이야기하는데, 잘못된 이야기입니다. 이는 단지 머리에 쓰는 갓처럼 다른 글자의 위에 올라가 갓머리 면(宀)이라고 부르는 데에서 갓이라고 오해하는 것 같습니다.

## 집과 관련한 글자

**宮** 집 궁 ⓒ 宫
집 면(宀) + 음률 려(呂)

**室** 집 실 ⓒ 室
집 면(宀) + [이를 지(至)→실]

**宅** 집 택, 댁 댁 ⓒ 宅
집 면(宀) + [풀잎 탁(乇)→택, 댁]

집 궁(宮)자는 지붕(宀) 아래에 방(口)이 여러 개 이어져 있는 큰 집으로 나중에는 궁궐(宮闕)을 의미하게 되었습니다. 자궁(子宮)은 '아이(子)의 집(宮)'이란 뜻으로 여자의 몸속에 태아가 자라는 기관입니다.

교실(敎室), 화장실(化粧室), 호텔의 특실(特室) 등에 사용되는 집 실(室)자는 집이라는 뜻보다는 방(房)이라는 뜻으로 많이 사용됩니다. 집 실(室)자에 들어가는 이를 지(至)자는 화살이 땅에 도달하는 모습으로, 땅에 도달해서 더 이상 갈 곳이 없다는 뜻을 포함하고 있습니다. 즉 '집(宀) 안에서 방에 도달하면(至) 더 이상 갈 곳이 없다'는 뜻입니다. 실내화(室內靴)는 '교실이나 방(室) 안(內)에서 신는 신(靴)'입니다.

주택(住宅), 택지(宅地), 택배(宅配) 등에 사용되는 집 택(宅)자는 '몸을 부탁하여(乇) 맡기는 곳이 집(宀)이다'는 뜻으로 만든 글자입니다. 남의 집이나 가정, 그의 아내를 높여 이르는 말인 댁 댁(宅)자도 됩니다. 택배(宅配)는 '집(宅)으로 배달하다(配)'는 뜻입니다.

**宇** 집 우 중 宇
집 면(宀) + [어조사 우(于)]

**宙** 집 주 중 宙
집 면(宀) +
[말미암을 유(由)→주]

집 우(宇)자는 원래 집(宀)의 처마를 가르키는 말입니다. 이후 '처마→지붕→집→하늘→천하(天下)→천지사방(天地四方)'이란 뜻이 생겼습니다.

집 주(宙)자는 원래 집(宀)의 대들보를 가리키는 말입니다. 이후 '대들보→지붕→집→하늘→천하(天下)→천지사방(天地四方)'이란 뜻이 생겼습니다. 우주(宇宙)는 천지사방이란 뜻입니다. 집 우(宇)자와 집 주(宙)자는 우주(宇宙)라는 단어 외에 사용되는 예가 거의 없습니다.

## 집 안의 사람

**宿** 잠잘 숙, 별자리 수 중 宿
집 면(宀) + 사람 인(亻) +
일백 백(百)

**安** 편안할 안 중 安
집 면(宀) + 여자 녀(女)

**宴** 잔치 연 중 宴
집 면(宀) +
[편안할/늦을 안(晏)→연]

**字** 글자 자 중 字
집 면(宀) + [아들 자(子)]

**完** 완전할 완 중 完
집 면(宀) + [으뜸 원(元)→완]

**寒** 찰 한 중 寒
집 면(宀) + 볏짚 +
사람 인(人) + 얼음 빙(冫)

| 1 | 2 | 3 | 4 | 5 |
|---|---|---|---|---|
| + | - | = | | x |

시각 장애인용 문자인 점자

잠잘 숙(宿)

집은 사람이 사는 곳이므로, 집안에 사람이 있는 글자가 많습니다. 잠잘 숙(宿)자는 집(宀) 안에서 사람(亻)이 이불(百) 위에서 자고 있는 모습을 본떠 만들 글자입니다. 일백 백(百)자는 이불 모양을 그렸을 뿐, 백(百)자와 상관없습니다. 하숙(下宿)은 '집주인의 아래(下)에서 자다'(宿)는 뜻으로, 돈을 내고 남의 집에서 먹고 자는 것을 말합니다. 숙주(宿主)는 '하숙집(宿)의 주인(主)'이 아니고, '기생하는 생물이 잠자는(宿) 곳의 주인(主)'이란 뜻으로 사람 몸 안에 사는 기생충의 숙주는 사람입니다.

편안할 안(安)자는 '집(宀)에 여자(女)가 있으면 편안(便安)하다'는 뜻과 함께, '여자(女)가 집(宀) 안에 있으면 안전(安全)하다'는 뜻도 있습니다. 〈안민가(安民歌)〉는 '백성(民)들을 편안(安)하게 하는 노래(歌)'로, 신라 경덕왕의 부탁으로 승려 충담사가 지은 향가입니다. 임금과 신하와 백성이 각각 자기 본분을 지키면 나라가 태평하리라는 내용입니다. 충담사(忠談師)란 이름은 '왕에게 충성(忠)스러운 이야기(談)를 해준 스님(師)'이란 뜻입니다.

잔치 연(宴)자는 '집(宀)에서 잔치를 하다'는 뜻입니다. 편안할/늦을 안(晏)자는 '여자(女)가 해(日)가 중천에 오를 때까지 자고 늦게 일어나니 편하다'는 뜻으로 추측됩니다. 연회(宴會)는 '여러 사람이 모여(會) 베푸는 잔치(宴)'이고, 피로연(披露宴)은 '기쁜 일을 널리 드러내고(披) 드러내기(露) 위한 잔치(宴)'입니다.

글자 자(字)자는 원래 '집(宀)에서 아이(子)를 낳아 기르다'라는 뜻이었으나, 가차되어 글자나 문자(文字)라는 뜻이 생겼습니다. 점자(點字)는 '점(點)으로 만들어진 글자(字)'로 손가락으로 더듬어 읽도록 만든 시각 장애인용 문자입니다.

완전(完全), 완성(完成)에 들어가는 완전할 완(完)자는 '사람(元)이 집(宀) 안에 있으니 부족함이 없다, 온전한다, 완전하다'는 뜻입니다. 으뜸 원(元)자는 머리를 강조한 사람의 모습입니다.

찰 한(寒)

찰 한(寒)자의 상형문자를 보면 집(宀) 안에서 볏짚으로 둘러싸인 사람(人)이 추위에 떨고 있는 모습으로 나중에 얼음 빙(冫)자가 추가되었습니다. 소한(小寒)은 '작은(小) 추위(寒)'라는 뜻으로 동지 다음에 오는 절기이고, 대한(大寒)은 소한 다음의 절기이면서 24절기의 마지막입니다.

### 집과 신체의 일부

**塞** 막힐 색, 변방 새 ⓩ 塞
집 면(宀) + 벽돌 + 손맞잡을 공(廾) + 흙 토(土)

**向** 향할 향 ⓩ 向
집 면(宀) + 입 구(口)

**定** 정할 정 ⓩ 定
집 면(宀) + [바를 정(正)]

**客** 손님 객 ⓩ 客
집 면(宀) + [각각 각(各)→객]

**守** 지킬 수 ⓩ 守
집 면(宀) + 마디 촌(寸)

**寡** 적을 과 ⓩ 寡
집 면(宀) + 머리 혈(頁) + 나눌 분(分)

변방 새(塞)

막힐 색(塞)자는 위에 나온 찰 한(寒)자와 비슷하게 생겼지만 상형문자를 보면, 찰 한(寒)자와는 완전히 다르게 생겼습니다. 벽돌을 두 손(廾)으로 쌓아 집(宀)의 벽을 막는 모습에서 '막다'라는 뜻이 생겼습니다. 나중에 뜻을 분명히 하기 위해 흙 토(土)자가 추가되었습니다. 이후 '막다→(적을 막는) 요새→(요새가 있는) 변방'이란 뜻이 파생되었습니다. 이때에는 변방 새(塞)자로 부릅니다. 정맥폐색증, 장폐색증, 요도폐색증 등에 나오는 폐색증(閉塞症)은 '(혈관, 창자, 요도 등이) 닫혀서(閉) 막히는(塞) 증세(症)'입니다. 새옹지마(塞翁之馬)는 '변방(塞)의 늙은이(翁)의(之) 말(馬)'이란 뜻으로, 인생의 길흉화복은 항상 바뀌어 미리 헤아릴 수가 없음을 일컫는 말입니다.

집(宀) 안에 입(口)이 있는 향할 향(向)자는 '집(宀)의 입구(入口)나 출구(出口)가 들어오거나 나가는 방향(方向)이다'는 뜻입니다. 입 구(口)자는 입구(入口)자라는 뜻도 있습니다.

집(宀) 안에 발(止)이 있는 정할 정(定)자는 '집(宀)의 입구(口→一)에 발(止)을 들여놓고, 머무를 집을 정하다'는 뜻입니다. 수학에서 정점(定點)은 '위치가 정해진(定) 점(點)'이고, 동점(動點)은 '위치가 움직이는(動) 점(點)'입니다.

집(宀) 안에 발(夂)이 있는 손님 객(客)자는 '집(宀)에 오는(各) 사람이 손님이다'는 뜻입니다. 각각 각(各)자는 뒤따라올 치(夂)자와 입 구(口)자가 합쳐진 글자로 원래 '집(口)으로 오다(夂)'는 뜻이 있습니다. 객관(客觀)은 '손님(客)의 입장에서 보다(觀)'는 뜻으로 제삼자의 입장에서 사물을 보거나 생각하는 것을 말합니다. 반대어는 주관(主觀)입니다.

수어청의 장군들이
군사를 지휘하던 수어장대

집(宀) 안에 손(寸)이 있는 지킬 수(守)자는 '손(寸)으로 집(宀) 을 지키다'는 뜻입니다. 수비(守備)는 '지키기(守) 위해 준비하다(備)'는 뜻입니다. 수어청(守禦廳)은 '수비(守備)하고 방어(防禦)하기 위한 관청(廳)'으로 조선 인조 4년(1626년) 남한산성을 방어하기 위해 세운 관청입니다.

집(宀) 안에 머리(頁)가 있는 적을 과(寡)자는 집(宀)에 사람(頁)이 혼자 있는 모습으로 '사람이 적다'는 뜻입니다. 나중에 '적다'는 뜻을 강조하기 위해 나눌 분(分)자가 추가되었습니다. 남편이 죽고 혼자 사는 과부(寡婦)라는 뜻으로도 사용됩니다. 독과점(獨寡占)은 '홀로(獨) 혹은 적은(寡) 사람이 점령하다(占)'는 뜻으로 하나 혹은 몇몇 기업이 어떤 상품 시장의 대부분을 지배하는 상태를 일컫는 말입니다.

### 집 안의 짐승

家 집 가 ㊥家
집 면(宀) + 돼지 시(豕)

牢 우리 뢰 ㊥牢
집 면(宀) + 소 우(牛)

寓 붙어살 우 ㊥寓
집 면(宀) + [원숭이 우(禺)]

寫 베낄 사 ㊥写 ㊣写
집 면(宀) + [까치 작(舄)→사]

집(宀) 안에 돼지(豕)가 있는 집 가(家)자는 돼지를 가축(家畜)들 중에서 최초로 집 안에서 길러서 생긴 글자입니다. 옛날에는 돼지를 집 안에서 길렀고, 사람들의 분뇨와 음식 찌꺼기를 먹으며 자랐습니다. 이후 '집→집 안→학파→학자→전문가(專門家)' 등의 뜻이 생겼습니다. 가사재판(家事裁判)은 '집(家)안 일(事)로 하는 재판(裁判)'으로 부부 간의 이혼이나 아동 학대 등 한 집안의 일로 생기는 문제로 하는 재판입니다. 유가(儒家)는 '유교(儒)를 신봉하고 연구하는 학자나 학파(家)'입니다.

집(宀) 안에 소(牛)가 있는 우리 뢰(牢)자는 '소(牛)가 사는 집(宀)이 우리이다'는 뜻입니다. 망양보뢰(亡羊補牢)는 '양(羊)을 잃고(亡) 우리(牢)를 고치다(補)'는 뜻으로 '소 잃고 외양간 고치기'입니다.

집(宀) 안에 원숭이(禺)가 있는 붙어살 우(寓)자는 '사람이 사는 집(宀)에 원숭이(禺)가 붙어살다'는 뜻입니다. 이후 '붙어살다→의지하다→맡기다→부치다→핑계 삼다' 등의 뜻이 생겼습니다. 어릴 때 읽은 '이솝(Esop) 우화'의 우화(寓話)는 '다른 사물이나 동물에 의지하여(寓) 교훈적, 풍자적 내용을 엮은 이야기(話)'입니다.

집(宀) 안에 까치(舄)가 있는 베낄 사(寫)자는 원래 '까치(舄)가 먹이를 물어와 집(宀)에 옮겨 놓다'는 뜻입니다. 이후 '옮겨 놓다→이쪽에서 저쪽으로 옮기다→본뜨다→베끼다' 등의 뜻이 생겼습니다. 사생대회(寫生大會)는 '실물이나 경치를 있는 그대로 생생하게(生) 베끼는(寫) 큰(大) 모임(會)'입니다. 손으로 일일이 써서 만든 책을 말하는 필사본(筆寫本)은 '붓(筆)으로 베껴(寫) 쓴 책(本)'이며, 판각본(板刻本, 版刻本)은 반대로 인쇄한 것을 말합니다.

## 집 안의 침대

**寢** 잠잘 침 중 寝
집 면(宀) + 나무조각 장(爿) + [침범할 침(㑴)]

**寐** 잠잘 매 중 寐
집 면(宀) + 나무조각 장(爿) + [아닐 미(未)→매]

**寤** 깰 오 중 寤
집 면(宀) + 나무조각 장(爿) + [나 오(吾)]

집이 필요한 가장 큰 이유는 잠을 자기 위함입니다. 따라서 잠에 관련되는 글자에도 집 면(宀)자가 들어갑니다. 뿐만 아니라 침대를 90도 회전한 모습인 나무조각 장(爿)자도 함께 들어갑니다.

나무조각 장(爿)

침실(寢室), 침대(寢臺) 등에 사용되는 잠잘 침(寢)자는 '집(宀)의 침대(爿)에서 잠을 자다'는 뜻입니다. 잠잘 매(寐)자도 '집(宀)의 침대(爿)에서 잠을 자다'는 뜻입니다. 숙흥야매(夙興夜寐)는 '아침에 일찍(夙) 일어나고(興) 밤(夜)에는 늦게 자다(寐)'는 뜻으로 부지런히 일함을 이르는 말입니다.

깰 오(寤)자는 '집(宀)의 침대(爿)에서 잠을 깨다'는 뜻입니다. '오매불망 몽룡을 기다리는 춘향'과 '심청이가 오매불망 그리던 아버지 심봉사를 만났다'에서 오매불망(寤寐不忘)은 '자나(寐) 깨나(寤) 잊지(忘) 못하다(不)'는 뜻입니다.

## 집 안의 돈

**寶** 보배 보 중 宝 약 宝
집 면(宀) + 구슬 옥(玉) + [장군 부(缶)→보] + 조개 패(貝)

**實** 열매 실 중 实 약 実
집 면(宀) + 꿸 관(貫)

**賓** 손님 빈 중 宾
집 면(宀) + 그칠 지(止) + 조개 패(貝)

보배 보(寶)자는 '집(宀) 안에 있는 옥(玉/王)과 돈(貝)이 보배이다'는 뜻입니다. 국보(國寶)는 나라'(國)의 보배(寶)'입니다.

열매 실(實)자는 원래 '집(宀)안에 있는 돈 꾸러미(貫)'라고 해서 재물이라는 뜻을 가졌습니다. 꿸 관(貫)자는 어떤 물건을 꼬챙이에 꿴 모습인 꿸 관(毌)자에, 의미를 분명히 하기 위해 조개 패(貝)자가 추가 되었습니다. 옛날에는 주로 돈(조개)을 줄에 꿰어 다녔기 때문입니다. 이후 '재물→열매→곡식이 익다→튼튼하다→참으로→실제로' 등의 뜻이 생겼습니다. 농경 사회에는 곡식이나 열매가 재물이었습니다. 과실(果實)은 '과일(果)의 열매(實)'이고, 매실(梅實)은 '매실나무(梅) 열매(實)'입니다.

손님 빈(賓)자는 '집(宀)에 재물(貝)을 가지고 들어오는(止) 사람'이란 뜻입니다. 그칠 지(止)자는 발의 상형으로 '가다'는 뜻이 있고, 여기에서는 거꾸로 쓰여 있습니다. 귀빈석(貴賓席)은 '귀한(貴) 손님(賓)이 앉는 자리(席)'입니다.

손님 빈(賓)

## 집과 제사

宗 마루 종 ⓢ 宗
집 면(宀) + 보일 시(示)

宋 나라이름 송 ⓢ 宋
집 면(宀) + 나무 목(木)

宜 마땅 의 ⓢ 宜
집 면(宀) + 고기 육(肉/月) + 한 일(一)

察 살필 찰 ⓢ 察
집 면(宀) + [제사 제(祭)→찰]

마루 종(宗)자의 갑골문

마루 종(宗)자의 마루는 집 안의 마루가 아니라, 산마루, 고갯마루에서 보듯이 '꼭대기'나 '높다'를 의미하는 순우리말입니다. 마루 종(宗)자는 원래 집(宀) 안에 제사상(示)을 모셔 놓은 모습으로 조상의 제사를 모시는 사당(祠堂)을 일컫습니다. 이후 '사당→조상→시조→맏이→으뜸→마루'라는 뜻이 파생되었습니다. 종교(宗敎)는 '창조주나 절대자의 높은(宗) 가르침(敎)'입니다.

나라이름 송(宋)자도 집(宀) 안에 나무(木)로 만든 조상의 위패를 모셔 놓은 모습입니다. 성이나 나라이름으로 사용되는데, 송(宋)씨 집안은 제사를 잘 지내고, 송(宋)나라는 제사를 잘 지내는 나라로 짐작됩니다.

마땅 의(宜)자는 집(宀) 안에서 도마(一) 위에 고기(肉/月)를 올려놓은 모습으로 원래 제사를 의미하는 글자였으나, 이후 가차되어 '마땅하다'라는 뜻이 생겼습니다.

살필 찰(察)자는 '제사(祭)를 지낼 때는 집(宀) 안이 깨끗한지 살펴보아야 한다'는 뜻입니다. 그래서 살필 찰(察)자는 '깨끗하다'는 의미도 함께 있습니다. 관찰사(觀察使)는 '백성을 보고(觀) 살피기(察) 위해 임금이 보낸 사신(使)'으로 조선 시대 각 도(道)의 으뜸 벼슬이며 지금의 도지사에 해당합니다.

## 기타(1)

內 안 내, 들일 납 ⓢ 内
집 면(宀) + 들 입(入)

官 벼슬 관 ⓢ 官
집 면(宀) + 언덕 부(阜)

寬 너그러울 관 ⓢ 宽
집 면(宀) + [약초이름 환(莧)→관]

안 내(內)

실내(室內), 시내(市內), 내외(內外) 등에 사용되는 안 내(內)자는 '집(宀) 안에 들어가다(入)'는 뜻입니다. 들일 납(內)자도 됩니다. 사람 인(人)자와 비슷하게 생긴 들 입(入)자는 무엇을 본떠 만든 글자인지 정확히 알 수 없습니다. 아마도 끝이 뾰족하여 다른 물건에 들어가기 쉽도록 만든 화살촉으로 추측 됩니다.

벼슬 관(官)자는 '언덕(阜) 위에 우뚝 솟은 집(宀) 혹은 언덕(阜)처럼 높은 집(宀)이 관청(官廳)이다'는 뜻입니다. 이후 '집→관청(官廳)→(관청에서 일하는) 벼슬아치→벼슬'이란 뜻이 파생되었습니다. 사관(史官)은 '고려 시대와 조선 시대에 역사(史)를 기록하던 벼슬(官)'이고, 역관(譯官)은 '통역이나 번역(譯)을 하던 관리(官)'입니다.

관대(寬大), 관용(寬容)에 들어가는 너그러울 관(寬)자는 원래 '집(宀)이 넓다'는 뜻입니다. 이후 '넓다→크다→관대(寬大)하다→너그럽다' 등의 뜻이 생겼습니다.

## 기타(2)

**寄** 부칠 기 중 寄
집 면(宀) + [기이할 기(奇)]

**寧** 편안할 녕 중 宁 약 寍
집 면(宀) + 마음 심(心) + 그릇 명(皿) + [장정 정(丁)→녕]

**富** 부자 부 중 富
집 면(宀) + [찰 복(畐)→부]

**宣** 베풀 선 중 宣
집 면(宀) + [뻗칠 긍(亘)→선]

**宰** 재상 재 중 宰
집 면(宀) + 매울 신(辛)

**審** 살필 심 중 审
집 면(宀) + 차례 번(番)

**容** 얼굴 용 중 容
집 면(宀) + [골 곡(谷)→용]

**寂** 고요할 적 중 寂
집 면(宀) + [아재비 숙(叔)→적]

**害** 해칠 해 중 害
잘못 만들어진 주물의 모습

부칠 기(寄)자는 '다른 집(宀)에 붙어서 살다'는 뜻입니다. 기생화산(寄生火山)은 '다른 화산에 붙어(寄) 사는(生) 화산(火山)'이란 뜻으로, 큰 화산의 옆쪽에 붙어서 생긴 작은 화산을 말합니다. 기생충(寄生蟲)은 '사람 몸 안에 붙어(寄) 사는(生) 벌레(蟲)'를 이릅니다. 기숙사(寄宿舍)는 '학교나 회사 등에 붙어(寄) 자는(宿) 집(舍)'이란 뜻으로, 학교나 회사 따위에 딸려 있어 학생이나 사원에게 싼값으로 숙식을 제공하는 시설입니다.

편안할 녕(寧)자는 '집(宀)에서 밥그릇(皿)의 음식을 먹고 있으니 마음(心)이 편안하다'는 뜻입니다. 인사말로 사용하는 안녕(安寧)은 '편안하고(安) 편안한지(寧)' 묻는 말입니다.

부자 부(富)자는 '집에(宀) 가득 차 있는 항아리(畐)가 있으니 부자(富者)이다'는 뜻입니다. 찰 복(畐)자는 속이 가득 차 있는 항아리의 상형입니다. 부익부빈익빈(富益富貧益貧)은 '부(富)가 부(富)를 더하고(益), 가난(貧)이 가난(貧)을 더하다(益)'는 뜻으로 '부자일수록 더욱 부자가 되고, 가난할수록 더욱 가난해지다'는 뜻입니다.

베풀 선(宣)자는 원래 '천자가 거처하는 집(宀)'을 뜻하는 글자입니다. 이후 '궁전→(궁전에서) 임금이 말하다→널리 펴다→베풀다' 등의 뜻이 파생되었습니다. 선포(宣布), 선교(宣敎), 선언(宣言), 선전(宣傳) 등에 사용됩니다. 선조성(宣詔省)은 '임금님의 말(宣)과 조서(詔)를 맡은 관청(省)'으로 발해의 3성(三省) 가운데 하나입니다.

재상 재(宰)자는 '형벌을 주는 도구(辛)가 있는 집(宀)'이란 의미로 옛날에는 재상(宰相)이 형벌을 준 데에서 유래한 글자입니다. 매울 신(辛)자는 죄인이나 노예라는 표시의 문신을 얼굴에 새기던 침의 모습을 본떠 만든 글자입니다.

살필 심(審)자에 들어가는 차례 번(番)자는 원래 '밭(田)에 있는 짐승의 발자국(釆)'을 뜻하는 글자입니다. 살필 심(審)자는 '집(宀) 안에 짐승의 발자국(釆)이 있는지 살피다'는 뜻입니다. 심문(審問), 심사(審査) 등에 사용됩니다.

얼굴 용(容)자는 정확한 어원을 알 수 없는 글자입니다. 얼굴이란 뜻과 함께 용서하다는 뜻을 가지고 있습니다. '용모가 단정한 사람을 뽑는다'에서 용모(容貌)는 '얼굴(容)의 모양(貌)'입니다. 따라서, '얼굴이 잘생긴 사람을 뽑는다'는 뜻입니다. 용서(容恕)는 '용서하고(容) 용서하다(恕)'는 뜻입니다.

고요할 적(寂)자는 '집(宀) 안이 고요하다'는 뜻입니다. 적막(寂寞)은 '고요하고(寂) 고요하다(寞)'는 뜻입니다.

해칠 해(害)자의 상형문자를 보면 집(宀)과는 상관없는, 잘못 만들어진 거푸집의 모습입니다. 잘못 만들어진 데에서 '해롭다, 해치다'라는 뜻이 생겼습니다. 해충(害蟲)은 '해로운(害) 벌레(蟲)'입니다.

해칠 해(害)

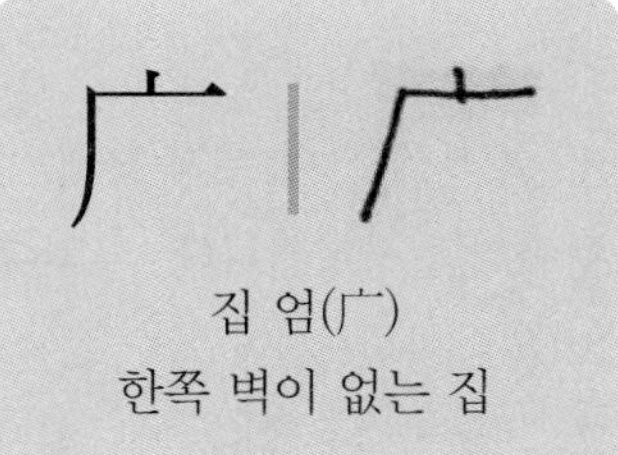
집 엄(广)
한쪽 벽이 없는 집

백성을 만나기 위해
한쪽 벽이 없는 관청

집 엄(广)자의 상형문자를 보면 집 면(宀)자와 달리 한쪽 벽만 있고 다른 한쪽 벽이 없습니다. 즉, 집 엄(广)자는 한쪽 벽이 없는 집이나, 다른 집이나 언덕에 붙여 지은 집의 모습을 본떠 만든 글자입니다.

옛날의 대궐이나 관아를 가보면 한쪽 벽이 없습니다. 이곳에 왕이나 원님이 앉아 정치를 하였습니다. 또 재래시장에 가보면 모든 가게나 상점(商店)의 한쪽 벽이 트여 있는 것을 볼 수 있습니다. 물론 한쪽에 물건들을 진열해 두고 손님들이 쉽게 물건을 고를 수 있게 하기 위해서입니다. 또, 비나 햇볕을 피하기 위해 처마를 길게 늘여 만든 복도 같은 곳도 마찬가지입니다. 이런 모든 글자에 집 엄(广)자가 들어갑니다.

### 한쪽 벽이 없는 집

**廳** 관청 청 ㊥厅 ㊐庁
집 엄(广) + [들을 청(聽)]

**府** 관청 부 ㊥府
집 엄(广) + [줄/부탁할 부(付)]

**店** 가게 점 ㊥店
집 엄(广) + [점칠/점령할 점(占)]

관청 청(廳)자는 '백성의 부탁을 들어주는(聽) 집(广)이 관청(官廳)이다'는 뜻입니다. 또 이런 곳은 마루로 되어 있어 마루라는 뜻도 가지고 있습니다. 대청(大廳)은 '큰(大) 마루(廳)'라는 뜻입니다.

관청 부(府)자는 '백성의 부탁(付)을 들어주는 집(广)이 관청(官廳)이다'는 뜻입니다. 의정부(議政府)는 '정사(政)를 의논하는(議) 관청(府)'으로, 조선 시대 최고의 행정기관이며 오늘날의 국무총리실에 해당합니다. 영의정, 좌의정, 우의정 등 3정승(三政丞)이 의정부에 소속되어 있었습니다.

가게 점(店)자는 '장사를 하기 위해 점유한(占) 집(广)이 상점(商店)이나 가게이다'는 뜻입니다. 매점(賣店)은 '물건을 파는(賣) 가게(店)'이고, 서점(書店)은 '책(書)을 파는 가게(店)'이고, 반점(飯店)은 '밥(飯)을 파는 가게(店)'로 주로 중국 식당을 일컫습니다.

**盧** 오두막집 려 중 卢 약 庐
집 엄(广) +
[밥그릇 로(盧)→려]

**庄** 농막 장 중 庄
집 엄(广) + 흙 토(土)

물건을 전시하기 위해
한쪽 벽이 없는 상점

### 집 안의 부속 건물

**庫** 곳집 고 중 库
집 엄(广) +
[수레 차/거(車)→고]

**廊** 행랑 랑 중 廊
집 엄(广) + [사내 랑(郎)]

**庭** 뜰 정 중 庭
집 엄(广) + [조정/뜰 정(廷)]

**廟** 사당 묘 중 庙 약 庿
집 엄(广) + [아침 조(朝)→묘]

**序** 차례 서 중 序
집 엄(广) + [나 여(予)→서]

한쪽 벽이 없는
회랑과 정원

오두막집 려(盧)자는 '추워서 화로(盧)를 피워놓은 집(广)이다'는 뜻입니다. 천려일득(千盧一得)은 '하찮은 천(千)개의 오두막집(盧)이라도 얻을(得) 만한 집이 하나(一)는 있다'는 뜻으로, 바보 같은 사람이라도 많은 생각 속에는 한 가지 쓸 만한 것이 있음을 이르는 말입니다. 삼고초려(三顧草盧)는 '풀(草)로 만든 초라한 오두막집(盧)을 3(三)번이나 돌아보다(顧)'는 뜻으로, 훌륭한 인물을 얻기 위해서는 많은 수고가 있어야 한다는 말입니다. 중국 후한의 유비가 제갈공명의 집을 세 번이나 찾아가 간청하여 제갈공명을 맞아들인 이야기에서 유래합니다.

농막(農幕)은 농사짓는 데 편하도록 논밭 가까운 곳에 간단하게 지은 집입니다. 농막 장(庄)자는 '땅(土) 위에 간단하게 지은 집(广)'이란 뜻입니다.

곳집 고(庫)자는 '수레(車)를 넣어 두는 집(广)이 곳집 혹은 창고(倉庫)'라는 의미입니다. 곳집은 곳간이나 창고를 말하며, '고(庫) + 사이시옷(ㅅ) + 집'이 합쳐진 글자입니다. 국고(國庫)는 '나라(國)의 창고(庫)'로, 국가에서 사용하는 돈의 수입과 지출을 담당하기 위하여 한국은행에 설치한 예금 계정입니다. 재고품(在庫品)은 '창고(庫)에 있는(在) 물건(品)'으로, 새로 만든 물건이 아니고 전에 만들어 창고에 쌓아 놓은 물건입니다.

행랑(行廊)은 대문 안에 죽 벌려서 지어 주로 하인이 거처하던 방입니다. 행랑 랑(廊)자는 '사내(郎)들이 머무는 집이 행랑(广)이다'는 뜻입니다. 또 이러한 행랑은 처마를 길게 늘어뜨려 만든 복도로 연결되어 복도라는 뜻도 가지고 있습니다. 회랑(回廊)은 '빙빙 도는(回) 복도(廊)'라는 뜻으로, 건물 주변에 처마를 길게 늘어뜨려 만든 복도입니다.

뜰 정(庭)자는 뜰 정(廷)자의 뜻을 강조하기 위해 집 엄(广)자를 추가하였습니다. 보통 뜰은 한쪽 벽이 없는 집이나 회랑(回廊)의 앞쪽에 만들기 때문입니다. 정원(庭園)은 '뜰(庭)과 뜰(園)'이란 뜻입니다.

사당(祠堂)은 조상의 신주(神主)를 모셔 놓은 집입니다. 사당 묘(廟)자는 '매일 아침(朝)에 일어나면 조상에게 인사를 드리러 가는 집(广)이 사당이다'는 뜻입니다. 가묘(家廟)는 '한 집(家)안의 사당(廟)'입니다. 조선 시대에는 《주자가례(朱子家禮)》에 따라 4대 조상의 신주(神主)를 모셨고, 매일 아침에 들러 분향재배(焚香再拜: 향을 피우고 두번 절함)하였습니다. 공자묘(孔子廟)는 '공자(孔

타이페이 소재의 공자묘

子)의 위폐를 모신 사당(廟)'으로 동남아 각국 여러 곳에 있습니다.

차례 서(序)자는 원래 집(广) 옆으로 펼쳐져 있는 부속 건물을 뜻하는 글자입니다. 이후 '부속 건물→(건물이) 펼쳐 있다→(건물을 차례로) 지나가다→차례→(차례대로) 서술하다→서문(序文)' 등의 여러 가지 뜻이 생겼습니다. 서문(序文)은 머리말이고, 순서(順序)는 '따르는(順) 차례(序)'입니다. 장유유서(長幼有序)는 '어른(長)과 어린이(幼) 사이에는 순서(順序)가 있다(有)'는 뜻으로, 삼강오륜에 나오는 말입니다. 긴 장(長)자는 머리카락이 긴 노인의 상형으로, 어른이라는 뜻이 있습니다.

### 집이란 뜻으로 사용될 경우

**廣** 넓을 광 ⓒ广 ⓨ広
집 엄(广) + [누를 황(黃)→광]

**床** 평상 상 ⓒ床
집 엄(广) + 나무 목(木)

**座** 자리 좌 ⓒ座
집 엄(广) + [앉을 좌(坐)]

**底** 밑 저 ⓒ底
집 엄(广) + [밑 저(氐)]

**廢** 폐할 폐 ⓒ废 ⓨ廃
집 엄(广) + [필 발(發)→폐]

**廉** 청렴할 렴 ⓒ廉
집 엄(广) + [겸할 겸(兼)→렴]

넓을 광(廣)자는 '관청과 같이 한쪽 벽이 없는 집(广)은 크고 넓다'는 뜻입니다. 고구려의 광개토대왕(廣開土大王)은 '우리나라 역사상 가장 넓은(廣) 땅(土)을 개척한(開) 대왕(大王)'입니다.

평상 상(床)자는 '집(广) 안에 나무(木)로 만든 평상(平床)'을 뜻합니다. 이후 나무로 만든 밥상, 책상(冊床), 침상(寢床) 등의 뜻도 생겼습니다.

좌석(座席), 좌우명(座右銘), 좌표(座標) 등에 들어 있는 자리 좌(座)자는 '집(广) 안에 앉아(坐) 있는 곳이 자리이다'는 뜻입니다.

밑 저(底)자는 집(广)의 밑(氐)바닥을 뜻하는 글자입니다. 저력(底力), 저의(底意), 해저(海底) 등에 사용됩니다. 저인망(底引網)은 '바다의 밑바닥(底)으로 끄는(引) 그물(網)'로, 깊은 바닷속의 물고기를 잡는 그물입니다.

폐간(廢刊), 폐기(廢棄), 폐수(廢水), 폐지(廢止), 폐인(廢人) 등에 들어가는 폐할 폐(廢)자는 원래 '한쪽 벽이 없는 집(广)이 한쪽으로 기울다'는 뜻입니다. 이후 '집이 기울다→무너지다→못 쓰게 되다→버리다→폐하다' 등의 뜻이 생겼습니다. 폐가(廢家)는 '버려두어(廢) 낡아 빠진 집(家)'이고, 폐허(廢墟)는 '건물이 못 쓰게 되어(廢) 황폐하게 된 터(墟)'입니다.

청렴할 렴(廉)자는 원래 '집(广)에서 두 벽이 겸(兼)하는 모서리'를 뜻합니다. 이후 '모서리→(모서리가) 곧다→바르다→검소하다→결백하다→청렴하다'는 뜻이 생겼습니다. 청렴결백(淸廉潔白)은 '맑고(淸) 청렴하고(廉) 깨끗하고(潔) 희다(白)'는 뜻입니다.

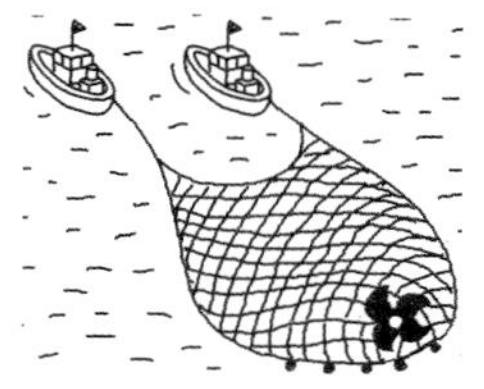
저인망 그물의 쌍끌이 배

### 집 엄(广)자와 관련 없는 글자

**庚** 천간 경 ⓢ 庚
낮 오(午) + 손맞잡을 공(廾)

**康** 편안할 강 ⓢ 康
[천간 경(庚)→강] + 쌀 미(米)

**唐** 당나라 당 ⓢ 唐
[천간 경(庚)→당] + 입 구(口)

**庸** 떳떳할 용 ⓢ 庸
천간 경(庚) + [쓸 용(用)]

글자에 집 엄(广)자가 들어 있으나 집과는 상관없는 글자가 있습니다. 아래와 나오는 글자가 그러한 글자입니다.

천간 경(庚)

편안할 강(康)

당나라 당(唐)

떳떳할 용(庸)

천간 경(庚)자는 징(악기)의 모습으로 추정됩니다. 나중에, '일곱번째 천간'으로 사용되고 있습니다. 경술국치(庚戌國恥)는 '경술(庚戌)년에 일어난 국가(國)의 부끄러움(恥)'으로, 경술년(1910년)에 일본에게 합병(合倂)을 당한 한일병합(韓日倂合)을 뜻하는 말입니다.

편안할 강(康)자는 원래 두 손(廾)으로 절굿공이(午)를 들고 쌀을 찧는 모습에서 '풍년이 들다'는 뜻입니다. 이후 '(풍년이) 들다→즐겁다→편안하다'는 뜻이 생겼습니다. 소강상태(小康狀態)는 '조금(小) 편안한(康) 상태(狀態)'로, '소란이나 혼란, 전쟁 따위가 그치고 조금 잠잠한 상태'입니다.

당나라 당(唐)자는 원래 '입(口)으로 큰소리치다'는 뜻입니다. 이후 나라 이름으로 사용되었습니다. 《대당서역기(大唐西域記)》는 '큰(大) 당(唐)나라 서쪽(西) 지역(域)의 기록(記)'으로 당나라 현장(玄奘) 스님이 16년간에 걸쳐 중국의 서쪽 지역(인도, 파키스탄, 투르키스탄, 아프가니스탄 등)을 여행하면서 보고 들을 것을 귀국한 이듬해(646년)에 태종 황제의 명으로 저술한 책입니다. 손오공으로 우리들에게 잘 알려진 중국소설《서유기(西遊記)》는 '중국의 서(西)쪽에 있는 인도를 유람(遊)한 기록(記)'이란 뜻으로,《대당서역기》에 나오는 이야기를 기초로 하여 만들어졌습니다.

떳떳할 용(庸)자는 원래 ' 통(用)에서 두 손(廾)으로 절굿공이(午)를 들어올리다'는 뜻입니다. 이후 가차되어 '보통, 떳떳하다, 어리석다' 는 뜻이 생겼습니다. 중용(中庸)은 '중간(中)이나 보통(庸)'이란 뜻으로, 지나치거나 모자라지도 않은 중간의 상태를 뜻하며, 중국의 유교 경전인 사서삼경(四書三經) 중의 하나입니다. 용렬(庸劣)은 '어리석고(庸) 졸렬하다(劣)'는 뜻이고, 용부가(庸婦歌)는 '어리석은(庸) 부인(婦)의 노래(歌)'라는 뜻으로, 조선시대의 작자, 연대 미상의 내방가사로, 미련하고 어리섞은 여인이 시집을 가서 갖은 추행(醜行: 더럽고 지저분한 행동)을 일삼는 것을 풍자적으로 읊은 노래입니다.

## 생활 4-7 집(2)

구멍 혈(穴) | 높을 고(高) | 문 문(門) | 지게문 호(戶)

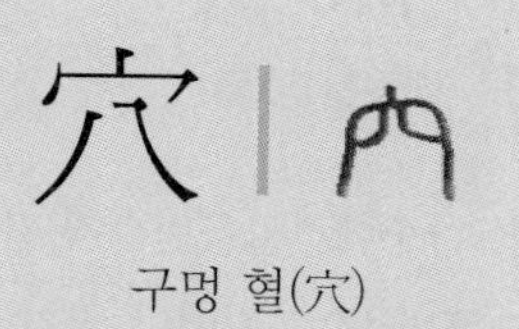

구멍 혈(穴)
동굴 집

황토고원에 사는 사람 중에서 평지에 움집을 짓고 사는 사람도 있었지만, 고원의 경사진 절벽에 동굴을 파서 사는 사람이 생겨나기 시작했습니다. 넓은 평야를 두고 이런 곳에 집을 짓는 이유는 우선 집을 만들기도 쉽고, 여름에는 시원하며, 겨울에는 따뜻하고, 항상 일정한 습도가 유지되며, 완벽한 방음 효과에, 자연 황토방으로 건강 면에서도 아주 좋았기 때문입니다. 또한, 평지의 땅에 농사를 더 지을 수 있고, 무서운 맹수의 공격도 피할 수 있습니다. 일설에는, 문명이 발달함에 따라 인구가 늘어나고, 늘어나는 인구로 인해 농사를 지을 땅이 모자라게 되어 동굴집을 지어 사는 사람이 늘어났다고도 합니다.

황토 언덕에 지은 동굴집

흙을 파서 만든 동굴은 사람이 살기도 하지만 때로는 식량 등을 보관하는 창고로도 사용됩니다. 동굴 입구를 밀폐시키면 곡물에서 자연적으로 발생하는 이산화탄소로 벌레들이 죽게 되고, 또 1년 내내 서늘한 온도를 유지할 수 있어서, 지금도 중국 북부나 몽골, 우리나라의 일부 지역에는 아직도 이러한 동굴 창고를 사용하고 있습니다.

어쨌든 몇 천 년이 지난 현재에도 황하강 중류 지방을 중심으로 이런 동굴집에서 사는 사람이 4천만 명이나 된다고 합니다. 더욱이 최근에는 이러한 집에 대한 경제성과 건강 면에서의 우수성으로 인해 여러 가지 연구가 진행되고 있는 실정입니다. 구멍 혈(穴)자는 이러한 동굴집의 모습에서 탄생된 글자입니다.

무협영화나 무협소설을 읽어보면 종종 나오는 것 중에 하나가 혈(穴)입니다. 특정한 혈(穴)을 누르면 사람이 마비되기도 하고, 혈(穴)을 풀어주면 다시 살아나는 이야기를 한번쯤은 보았거나 들었을 것입니다. 이런 혈(穴)은 사람의 몸에서 오목하게 들어간 부분을 일컫습니다. 예를 들어, 사람의 눈썹과 귀 사이에 보면 약간 오목한 부분이 있는데, 이것을 태양혈(太陽穴)이라고 부릅니다. 우리가 보통 관자놀이라고 부르는 곳입니다. 또 귀 바로 밑에 있는 오목한 부분은 예풍혈(翳風穴)이라고 부릅니다. 이러한 혈은 대부분 조금만 눌러도 아프며, 따라서 신경을 자극하기 쉬워 지압을 하는 부위로 알려져 있습니다.

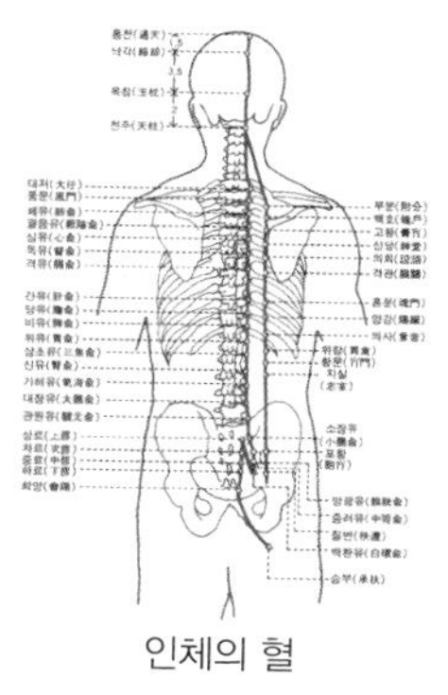

인체의 혈

구멍 혈(穴)자는 굴이나 구멍과 관련되는 글자에 들어갑니다.

### 굴이나 구멍 내부 모습

空 빌 공 ⓢ 空
구멍 혈(穴) + [장인 공(工)]

究 궁구할 구 ⓢ 究
구멍 혈(穴) + [아홉 구(九)]

窮 다할 궁 ⓢ 穷
구멍 혈(穴) + [몸 궁(躬)]

窒 막힐 질 ⓢ 窒
구멍 혈(穴) + [이를 지(至)→질]

프랑스 화학자 라부와지에

공간(空間), 공군(空軍), 공기(空氣), 공중(空中) 등에 들어가는 빌 공(空)자는 '굴이나 구멍(穴)의 안이 비어 있다'는 뜻입니다. 필기를 하는 데 사용하는 공책(空冊)은 '내용이 비어 있는(空) 책(冊)'이고, 공명첩(空名帖)은 '이름(名)을 적는 난이 비어(空) 있는 장부(帖)'로, 조선 시대에 돈이나 곡식을 바치는 사람에게 벼슬을 주던 임명장입니다. 이름을 적는 난을 비워 두었다가 돈이나 곡식을 바치는 사람에게 즉석에서 이름을 적어 넣었습니다. 임진왜란과 병자호란으로 국가 재정이 바닥나자, 국가에서는 공명첩을 발행하여 돈을 모아 가난한 백성을 구제하였습니다. 공집합(空集合)은 '비어있는(空) 집합(集合)'이란 뜻으로, 원소를 하나도 갖지 않은 집합입니다. 기호 ø나 { }를 써서 나타냅니다.

연구(研究), 탐구(探究)에 등에 들어가는 궁구할 구(究)자는 원래 '굴이나 구멍(穴)이 더 나아갈 곳이 없는 곳까지 손(九)으로 파고들어가다'는 뜻입니다. 이후 '파고들어 깊게 연구(研究)하다'는 뜻인 '궁구(窮究)하다'는 뜻이 생겼습니다. 아홉 구(九)자는 원래 손과 팔의 상형입니다.

다할 궁(窮)자는 원래 '굴이나 구멍(穴)이 다하여 더 나아갈 곳이 없다'는 뜻입니다. 이후 '다하다→막다르다→(더 나아갈 곳이 없어서) 궁하다'는 뜻이 생겼습니다. '궁지에 몰린 쥐'의 궁지(窮地)는 '막다른(窮) 곳(地)'을 말합니다. 무궁무진(無窮無盡)은 '다함(窮)이 없고(無) 다함(盡)이 없다(無)'는 뜻으로, 끝이 없다는 의미입니다. 무궁화(無窮花)는 '다함(窮)이 없는(無) 꽃(花)'으로, 무궁화 꽃이 피었다가 지고 또 다시 피기를 거듭하는 데서 지어진 이름입니다. 궁여지책(窮餘之策)은 '궁(窮)한 나머지(餘) 짜낸 꾀(策)'입니다.

막힐 질(窒)자는 '굴이나 구멍(穴) 끝에 이르면(至) 막혀 있다'는 뜻입니다. 질식(窒息)은 '숨(息)이 막히다(窒)'는 뜻입니다. '병원이라면 질색하고 운다'에서 질색(窒塞)은 '막히고(窒) 막히다(塞)'는 뜻과 함께, 몹시 싫어하거나 꺼리다는 뜻도 있습니다. 질소(窒素)는 '숨을 막아(窒) 질식시키는 원소(素)'라는 뜻입니다. 공기 속에는 질소가 약 80%, 산소가 약 20% 들어 있습니다. 1789년 프랑스의 화학자 라부아지에(Lavoisier, 1743~1794년)가 공기를 연소시켜 산소를 모두 없애고 남은 기체를 동물에게 주었더니 동물이 숨을 쉬지 못하고 질식하여 죽었습니다. 그래서 이 기체의 이름을 '호흡을 할 수 없는 기체'라는 뜻으로 만들었는데, 한자로는 '질식(窒息)시키는 원소(原素)'라는 뜻의 질소(窒素)라고 불렀습니다.

### 굴과 관련한 글자

**窟** 굴 굴 ⓒ 窟
구멍 혈(穴) + [굽힐 굴(屈)]

**竊** 훔칠 절 ⓒ 窃
구멍 혈(穴) + 분별할 변(釆) + [사람이름 설(卨)→절]

**窓** 창문 창 ⓒ 窗
구멍 혈(穴) + [바쁠/급할 총(悤/悤)→창]

**突** 갑자기 돌 ⓒ 突
구멍 혈(穴) + 개 견(犬)

굴 굴(窟)자는 '좁은 굴(穴)에 들어갈 때 몸을 굽혀야(屈)한다'는 뜻입니다. 나중에 뜻을 분명히 하기 위해 흙 토(土)자가 추가되어 굴 굴(堀)자가 되었습니다. 경주의 석굴암(石窟庵)은 '돌(石)로 만든 굴(窟)로 된 암자(庵子)'입니다. 암자(庵子)는 큰절에 딸린 작은 절로 석굴암은 불국사에 딸린 암자입니다.

훔칠 절(竊)자는 '먹을 것을 훔치러 구멍(穴)으로 몰래 들어온 짐승이 발자국(釆)을 남겼다'는 데에서 '훔치다'는 뜻이 생겼습니다. 분별할 변(釆)자는 짐승의 발자국 상형입니다. '발자국을 보고 짐승을 분별하다'는 뜻입니다. 절도(竊盜)는 '훔치고(竊) 도둑질하다(盜)'는 뜻입니다.

창문 창(窓)자는 '벽에 구멍(穴)을 뚫은 것이 창이다'는 뜻입니다. 동창(同窓)은 '같은(同) 창(窓)을 나온 사람'이란 뜻으로 같은 학교를 나온 사람입니다. 창호지(窓戶紙)는 '유리가 없던 시절 창(窓)문(戶)에 바르는 얇은 종이(紙)'입니다.

갑자기 돌(突)자는 '개(犬)가 구멍(穴)에서 갑자기(突) 튀어나오다'는 뜻입니다. 이후 '갑자기→(갑자기) 내밀다→쑥 나오다→부딪히다' 등의 뜻의 생겼습니다. 돌출(突出), 돌진 (突進), 돌기(突起) 등에 사용됩니다. 좌충우돌(左衝右突)은 '왼쪽(左)으로 찌르고(衝) 오른쪽(右)으로 부딪히다(突)'는 뜻으로, 아무에게나 또는 아무 일에나 함부로 맞닥뜨리다는 뜻입니다. 돌연변이(突然變異)는 '갑작스럽게(突然) 다르게(異) 변하다(變)'는 뜻입니다.

### 구멍 혈(穴)자의 변형 자

**深** 깊을 심 ⓒ 深
물 수(氵) + [깊을 심(罙)]

**探** 찾을 탐 ⓒ 探
손 수(扌) + 깊을 심(罙)

상형문자를 보면 분명 구멍 혈(穴)자인데, 이후 모양이 조금 변한 글자도 있습니다. 깊을 심(深)자에 들어 있는 깊을 심(罙)자의 상형문자를 보면 굴(穴) 안에 사람(大→木)이 서 있는 형상으로, '굴 안 깊이 들어왔다'에서 '깊다'는 뜻이 생겼습니다. 나중에 뜻을 분명히 하기 위해 물 수(氵)자가 추가되어 깊을 심(深)자가 되었습니다. '물(氵)이 깊다(罙)'는 뜻입니다. 심화학습(深化學習), 심해(深海), 심야(深夜) 등에 사용됩니다. 심성암(深成岩)은 '땅 속 깊은(深) 곳에서 생성(成)된 암석(岩)'입니다.

탐험(探險), 탐구(探究), 탐사(探査) 등에 들어가는 찾을 탐(探)자는 '어두운 굴(穴) 속에서 사람(大→木)이 손(扌)으로 더듬으며 길이나 물건을 찾다'는 뜻입니다. 어군탐지기(魚群探知機)는 '물고기(魚) 무리(群)를 찾아(探) 알아내는(知) 기계(機)'입니다.

# 高 | 高

높을 고(高)
높이 서있는 건물

높을 고(高)자는 높이 지은 건물이나 누각을 본떠 만든 글자입니다. 이런 높은 건물의 모습에서 '높다'는 뜻을 가지게 되었습니다. 높을 고(高)자는 부수이기는 하지만 다른 글자와 만나 뜻을 나타내는 경우는 거의 없고, 대신 다른 부수와 만나 소리로 사용합니다. 볏짚 고(稿)자와 두드릴 고(敲)자가 그런 예입니다. 높을 고(高)자가 소리로 사용되는 글자에 대해서는 하권에서 자세하게 살펴보고, 여기에서는 높을 고(高)자처럼 건물을 본떠 만든 글자들을 살펴보겠습니다.

## 건물과 관련한 글자(1)

喬 높을 교 중 乔
높은 건물 모습

京 서울 경 중 京
높은 건물 모습

亭 정자 정 중 亭
높을 고(高) + [장정 정(丁)]

亨 형통할 형 중 亨
높은 성루 모습

享 누릴 향 중 享
높은 성루 모습

郭 성곽 곽 중 郭
고을 읍(邑/阝) +
[누릴 향(享)→곽]

성곽

높을 교(喬)

높을 교(喬)자는 높을 고(高)자와 비슷하게 생겼는데, 높을 고(高)자와 마찬가지로 높이 서 있는 건물이나 누각을 본떠 만든 글자입니다. 지붕 꼭대기에는 깃발이 나부끼고 있습니다. 높을 교(喬)자가 다른 글자와 만나 소리 역할을 할 때 '높다'라는 의미도 함께 가집니다. 높이 솟아 있는 다리 교(橋)자, 지위가 높아 교만할 교(驕)자, 미모가 높아 아리따울 교(嬌)자 등이 그런 예입니다.

서울 경(京)

서울 경(京)자도 원래 높이 지은 건물의 모습을 본떠 만든 글자입니다. 왕이 사는 서울은 높은 건물이 많아 '서울'이라는 뜻이 생겼습니다. 고래 경(鯨)자에도 서울 경(京)자가 들어 있는데, '고래 등처럼 큰 집(京) 같은 고기(魚)'라는 뜻입니다.

정자 정(亭)자는 '경치를 보기 위해 높이(高) 지은 집이 정자(亭子)이다'는 뜻입니다.

형통할 형(亨)자는 성벽 위의 높이 솟아 있는 집의 모습을 본떠 만든 글자입니다. 이후 가차되어 '형통하다'는 뜻이 생겼습니다. 만사형통(萬事亨通)은 '모든(萬) 일(事)이 뜻과 같이 잘되어 가다(亨通)'는 뜻입니다.

누릴 향(享)자도 성벽 위의 높이 솟아 있는 집의 모습을 본떠 만든 글자입니다. 이후 가차되어 '누리다'는 뜻이 생겼습니다. 향락(享樂)은 '즐거움(享)을 누리다(樂)'는 뜻입니다. 고을 읍(阝)자가 추가된 성곽 곽(郭)자는 '고을(阝)을 둘러싸고 있는 높이 솟아 있는 집(享)이 성곽(城郭)이다'는 뜻입니다.

형(亨)자와 향(享)자는 한글이나 한자가 모두 닮아서 혼동할 수 있는데, 자세히 보면 향(享)자는 한글과 한자 둘 다 오른쪽으로 선이 튀어나와 있어, 이것으로 구별하면 됩니다.

## 건물과 관련한 글자(2)

商 장사 상 ⓩ 商
높은 건물 모습

尙 오히려 상 ⓩ 尚
높은 건물 모습

倉 곳집 창 ⓩ 仓
창고 모습

會 모일 회 ⓩ 会 ⓨ 会
창고 모습

장사 상(商)자는 원래 높을 고(高)자와 마찬가지로 높은 건물의 모습을 본떠 만든 글자입니다. 문명이 발달한 고대 중국의 상(商)나라에는 높은 건물이 많아 상(商)나라로 불렸고, 상나라 사람이 최초로 장사를 해서 상(商)자에 '장사'라는 의미도 생겼습니다. 송상(松商)은 '송도(松都: 지금의 개성)의 상인(商)'이란 뜻의 조선 시대의 개성상인을 일컫는 말이고, 만상(灣商)은 '용만(龍灣)의 상인(商)'으로, 조선 시대 용만(龍灣: 평안북도 신의주 옆의 도시)을 근거지로 하여 중국과 무역을 하던 상인들을 일컫습니다.

오히려 상(尙)자도 원래 높이 지은 건물의 모습을 본떠 만든 글자입니다. 그래서 '높다'는 뜻을 가지고 있습니다. '학문을 숭상하다'에서 숭상(崇尙)은 '높고(崇) 높게(尙) 여기다'는 뜻입니다. 상서성(尙書省)은 '높은(尙) 곳의 글(書)을 받아 집행하는 관청(省)'으로 고려 때 왕의 명령을 집행하던 관청입니다. 고려 때 조직이나 관직 이름 중에 상(尙)자가 들어가는 것이 많은데, 모두 높은 곳에 있는 왕과 관련됩니다. 상식국(尙食局)은 왕의 식사를 담당하는 관청이고, 상약국(尙藥局)은 왕의 약을 짓는 관청이며, 상궁(尙宮)은 왕을 모시던 여자입니다.

곳집 창(倉)

곳집 창(倉)자는 지붕(亼)과 문(戶)이 있는 창고 모습을 본떠 만든 글자입니다. 창고(倉庫)는 '곳집(倉)과 곳집(庫)'이란 뜻입니다. 상평창(常平倉)은 '곡식의 가격을 항상(常) 평평하게(平) 조절하는 창고(倉)'로서, 중국 한나라 때 곡식의 가격이 내리면 국가에서 사들여 창고(倉庫)에 저장해 두었다가 가격이 오르면 싸게 내어 팔아 곡식의 가격을 일정하게 유지할 수 있었습니다. 이러한 제도는 고려와 조선에도 도입되어 시행되었습니다.

모일 회(會)

모일 회(會)자도 지붕(亼)과 문(曰)이 있는 창고 모습을 본떠 만든 글자입니다. 이러한 창고에는 여러 가지 물건들을 모아 놓기 때문에 '모이다'는 뜻이 생겼습니다. 회사(會社)나 사회(社會)는 둘 다 '모이고(會) 모이는(社) 곳'이란 뜻입니다. 신민회(新民會)는 '새로운(新) 백성(民)의 모임(會)'이란 뜻으로, 1907년에 안창호가 국권 회복을 목적으로 조직한 항일 비밀 결사 단체입니다. 회자(會子)는 '만나서(會) 지불하는 물건(子)'이란 뜻으로, 중국 당나라 말기부터 금융업자들이 일정한 지역에서 통용하던 약속 어음(일정한 금액의 돈을 일정한 날짜와 장소에서 만나 지불하도록 약속한 것을 기록한 종이)입니다.

# 門 | 門

문 문(門)
문의 모양

문 문(門)자는 문의 모양을 본떠 만든 글자입니다. 또 모든 집에는 반드시 문이 있기 때문에 집이나 집안을 뜻하기도 합니다. 문중(門中)이나 문벌(門閥)이 그러한 예입니다. 또 학문을 배우는 학교나 전문(專門) 분야를 이르기도 합니다. 동문(同門), 문하생(門下生), 문파(門派) 등이 그러한 예입니다.

문하성(門下省)은 '왕실의 문(門) 아래(下)에 있는 관청(省)'이란 뜻으로, 왕명의 출납을 맡아보던 관청입니다. 왕의 명령을 받기 위해 왕실의 문 아래에 기다리고 있다는 의미로 문하성(門下省)이라는 이름이 붙었습니다. 중국에서는 진(晉)나라 때부터, 수, 당, 송나라까지 있었습니다. 우리나라는 고려 시대에 최고 중앙 의정 기관이었습니다.

문 문(門)자는 문이나 문에 관련되는 글자에 들어갑니다. 이외에도 문 문(門)자는 소리로 사용되는 경우도 있습니다. 물을 문(問), 들을 문(聞)자가 그런 예입니다.

## 문을 열고 닫음

**開** 열 개 ㊥ 开
문 문(門) + 한 일(一) + 손맞잡을 공(廾)

**閉** 닫을 폐 ㊥ 闭
문 문(門) + 재주 재(才)

**關** 관계할/빗장 관 ㊥ 关 ㊐ 関
문 문(門) + [북실 관(𢆶)]

열 개(開)자는 두 손(廾)으로 문(門)의 빗장(一)을 들고 있는 모습으로, '문을 열다'는 뜻입니다. 이후 '열다→피다→펴다→개척(開拓)하다→시작하다' 등의 뜻이 생겼습니다. 개화기(開花期)는 '꽃(花)이 활짝 피는(開) 시기(時期)'이고, 전개도(展開圖)는 '펴고(展) 편(開) 그림(圖)'이며, 개척자(開拓者)는 '개척하고(開) 넓힌(拓) 사람(者)'이고, 개시(開始)는 '시작하고(開) 시작하다(始)'는 뜻입니다.

닫을 폐(閉)

닫을 폐(閉)자는 문(門)에 빗장(才)을 질러 놓은 모습을 본떠 만든 글자입니다. 여기서 재주 재(才)는 질러 놓은 빗장의 모양일 뿐 재주 재(才)자와 상관없습니다. 개폐기(開閉器)는 '열고(開) 닫는(閉) 도구(器)'로서 전기회로를 이었다 끊었다 하는 장치입니다. 영어로 스위치(switch)입니다.

관계할 관(關)자는 원래 문(門)의 빗장을 의미합니다. 이후 '빗장→관문(關門)→(관문을 통해) 관계(關係)하다' 등의 뜻이 생겼습니다. 관문(關門)은 국경이나 요새의 성문이나 중요한 길목에 있는 문을 의미합니다. 중국의 관문 중에 가장 유명한 함곡관(函谷關)은 '함(函)처럼 생긴 골짜기(谷)의 관문(關)'으로 중국 문명의 중심지인 중원(中原)에서 서쪽의 관중(關中)으로 가는 관문(關門)입니다. 중국 고전에 자주 등장하는 이곳은 황토고원의 깊은 골짜기가 8km나 이어지고, 벼랑 위의 나무가 햇빛을 차단하여 낮에도 어두우며, 그 모양이 함(函)처럼 깊이 깎아 세워져 있어 이러한 이름이 생겼습니다. '너와 무관하니 상관 마라'의 무관(無關)은 '관계(關)가 없다(無)'는 뜻이고, 상관(相關)은 '서로(相) 관계하다(關)'는 뜻입니다.

### 문이 있는 집과 방

閣 집 각 ⓢ 阁
문 문(門) + [각각 각(各)]

闕 집 궐 ⓢ 阙
문 문(門) + [숨찰 궐(欮)]

閨 안방 규 ⓢ 闺
문 문(門) + [홀 규(圭)]

《홍길동전》 허균의 누이 허난설헌의 초상화 〈규원가〉를 지었다

집이나 방에는 문이 있기 때문에 집이나 방에 관련된 글자에도 문 문(門)자가 들어갑니다.

집 각(閣)자는 '집으로 들어오는(各) 문(門)이 있는 집'을 뜻합니다. 각각 각(各)자는 원래 '집으로 들어오다'는 뜻을 가진 글자입니다. 집 각(閣)자는 일반적인 집보다는 누각(樓閣)처럼 높이 지은 집을 뜻합니다. 각하(閣下)는 '집(閣) 아래(下)에 있는 사람'으로 높은 사람을 일컫는 말입니다. 옛날에는 높은 사람의 이름을 부르지 않았습니다. '궁전(殿) 아래(下)에 있는 사람'이란 뜻의 전하(殿下)도 그런 예입니다. 사상누각(沙上樓閣)은 '모래(沙) 위(上)에 지은 누각(樓閣)'이라는 뜻으로 기초가 튼튼하지 못하면 곧 무너지고 만다는 것을 일깨워 주는 말입니다.

대궐(大闕)과 궁궐(宮闕)에 들어가는 집 궐(闕)자는 '돌아다니려면 숨찰(欮) 정도로 큰 대궐(大闕) 같은 집'을 일컫는 말입니다. 대궐(大闕)은 '큰(大) 집(闕)'으로 궁궐(宮闕)을 말합니다. 구중궁궐(九重宮闕)은 '아홉(九) 번을 거듭하여(重) 문이 있는 궁궐(宮闕)'이란 뜻으로, 겹겹이 문으로 막은 깊은 궁궐이라는 뜻입니다. 무거울 중(重)자는 '거듭하다, 중첩(重疊)하다'는 뜻도 있습니다.

안방 규(閨)자는 '문(門) 안에 있는 안방'을 말합니다. 또 안방에는 부녀자들이 있다고 해서 '부녀자, 색시'라는 뜻도 생겼습니다. 규수(閨秀)는 '재주와 학문이 빼어난(秀) 부녀자(閨)'를 일컫는 동시에, 남의 집 처녀를 점잖게 이르는 말입니다. 규방가사(閨房歌辭)는 '안방(閨房)의 가사(歌辭)'라는 뜻으로, 조선 시대 부녀자가 짓거나 읊은 가사 작품을 통틀어 이르는 말입니다. 대표적인 것으로는 〈계녀가(戒女歌)〉, 〈규원가(閨怨歌)〉 등이 있습니다. 〈규원가(閨怨歌)〉는 '안방(閨)에서 원망(怨)하는 노래(歌)'로 조선 선조 때의 여류시인 허난설헌이 지은 가사입니다. 남편의 사랑을 받지 못하고 규방에서 속절없이 눈물과 한숨으로 늙어 가는 여인의 애처로운 정한(情恨)을 노래하였습니다.

### 기타

**間** 사이 간 ㊥ 间
날 일(日) + 문 문(門)

**閏** 윤달 윤 ㊥ 闰
문 문(門) + 임금 왕(王)

**閑** 한가할 한 ㊥ 闲
나무 목(木) + 문 문(門)

**閱** 검열할 열 ㊥ 阅
문 문(門) + [기뻐할 열(兌)]

**閥** 문벌 벌 ㊥ 阀
문 문(門) + [칠 벌(伐)]

국군의날 열병식

사이 간(間)자는 '햇볕(日)이 문(門)틈 사이로 들어온다'고 해서 '사이'라는 뜻이 생겼습니다. 간헐천(間歇泉)은 '물이 계속 나오지 않고 사이사이(間) 쉬어가면서(歇) 나오는 샘(泉)'이고, 간뇌(間腦)는 '대뇌와 소뇌의 사이(間)에 있는 뇌(腦)'로, 내장이나 혈관의 활동을 조절하는 기능을 합니다.

조선 시대에는 왕이 매달 초하루에 종묘에서 제사를 지낼 때 종묘의 문 밖에서 제사를 지냈으나, 윤달에는 문 안에 들어가 제사를 지냈다고 합니다. 윤달 윤(閏)자는 왕(王)이 문(門) 안에 있는 모습으로, 윤달이란 뜻입니다. 음력과 양력의 차이를 맞추기 위해, 음력에는 19년 동안 7번의 윤달을 넣습니다. 따라서 19년마다 음력과 양력이 일치합니다. 예를 들어, 만 19세, 38세, 57세, 76세가 되는 해에는 자신의 음력과 양력 생일이 일치합니다. 윤달을 결정하는 방법은 달이 차고 기우는 것에 따라 음력 월(月)을 만들고, 24절기 중 우수가 들어간 달은 1월, 춘분은 2월, 곡우는 3월, 소만은 4월, 하지는 5월, 대서는 6월, 처서는 7월, 추분은 8월, 상강은 9월, 소설은 10월, 동지는 11월, 대한이 들어간 달은 12월로 정한 후, 아무 곳에도 해당하지 않은 달이 있으면 윤달로 지정합니다.

한가할 한(閑)자는 원래 '말이나 소가 도망가지 못하게 문(門)에 가로지른 나무(木)인 목책(木柵)'이란 뜻입니다. 이후 '목책→가로막다→닫다→등한시(等閑視)하다→한가(閑暇)하다' 등의 뜻이 생겼습니다. 《파한집(破閑集)》은 '한가함(閑)을 깨뜨리는(破) 문집(集)'으로, 우리말로 하면 '심심풀이 이야기 모음집'이란 뜻입니다. 고려 시대 이인로가 지은 책이며, 자신이 쓴 글과 더불어 신라의 옛 풍속 및 서경(西京: 평양)과 개경(開京: 개성)의 풍물, 궁궐, 사찰 등이 재미있게 소개되어 있습니다. 《보한집(補閑集)》은 '《파한집(破閑集)》을 보충한(補) 문집(集)'이란 뜻이며, 고려 고종 때 최자가 《파한집》의 속편처럼 지은 문집입니다.

검열할 열(閱)자는 '관문이나 성문을 지날 때 문(門)에서 날카롭게(兌) 살펴보거나 검열하다'는 뜻입니다. 도서열람실(圖書閱覽室)은 '그림(圖)과 글(書)을 보고(閱) 보는(覽) 방(室)'이고, 군대에서 하는 열병식(閱兵式)은 '병사(兵)들의 훈련 상태를 검열하는(閱) 의식(式)'입니다.

가문(家門)이나 문벌(門閥)은 대대로 내려오는 집안의 사회적 신분이나 지위를 의미합니다. 문벌 벌(閥)자는 '넓은 지역을 정벌하여(伐) 큰 가문(家門)을 이룬 것이 문벌이다'는 뜻을 가지고 있습니다. 재벌(財閥)은 '재산(財産)이 많은 가문(家門)이나 문벌(門閥)'입니다.

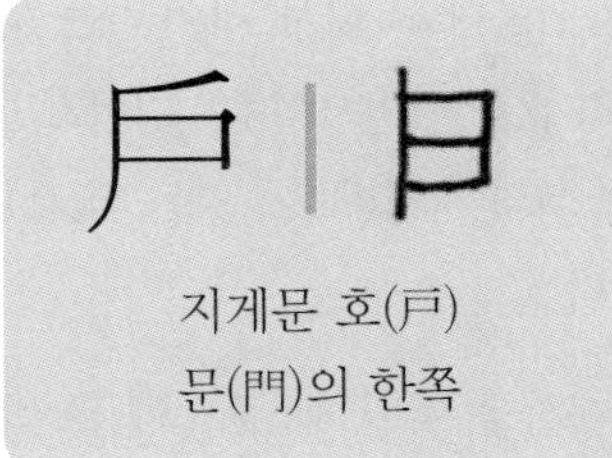

지게문 호(戶)
문(門)의 한쪽

지게문 호(戶)자는 문(門)의 한쪽을 본떠 만든 글자입니다. 상형문자를 보면 더 명확히 알 수 있습니다. 지게 호(戶)라고도 하는데, 지게란 물건을 운반하기 위해 어깨에 지는 지게가 아니라, 외짝 문을 의미하는 순우리말입니다.

문 문(門)자와 마찬가지로 지게문 호(戶)자도 집이라는 의미로 사용되기도 합니다. 호주(戶主)는 '집(戶)의 주인(主)'이란 뜻입니다. 조선 시대 의정부 아래에 있는 6조 중 호조(戶曹)는 '호구(戶口)를 조사하여 세금을 걷어, 나라의 살림살이를 맡은 관청(曹)'으로 오늘날 국세청과 재정경제부에 해당합니다.

### 문과 관련된 글자

**房** (문이 있는) 방 방 ㉠ 房
지게문 호(戶) + [모/네모 방(方)]

**啓** (문을) 열 계 ㉠ 启
지게문 호(戶) + 칠 복(攵) + 입 구(口)

**扁** 넓적할 편 ㉠ 扁
지게문 호(戶) + 책 책(冊)

**扇** 부채 선 ㉠ 扇
지게문 호(戶) + 깃 우(羽)

**肩** 어깨 견 ㉠ 肩
고기 육(肉/月) + 지게문 호(戶)

방 방(房)자는 '외짝 문(戶)이 있고 네모(方)난 곳이 방이다'는 뜻입니다. 내방가사(內房歌辭)는 '안(內)방(房)의 가사(歌辭)'라는 뜻으로, 위에서 나온 규방가사(閨房歌辭)와 같은 뜻입니다.

열 계(啓)자는 '손(又)으로 문(戶)을 열다'는 뜻입니다. 하지만 나중에 우(又)자는 칠 복(攵)자로 바뀌고 입 구(口)자가 추가되어 '입(口)으로 가르치고 매로 때리면서(攵) 문(戶)을 열듯이 깨우쳐주다'는 뜻이 되었습니다. 계몽(啓蒙)은 '어리석음(蒙) 깨우치다(啓)'는 뜻이고, 계몽주의(啓蒙主義)는 '인간을 계몽(啓蒙)하여 인간 생활을 진보시키려는 주의(主義)'로, 유럽 중세를 지배해온 기독교와 신앙의 맹신에서 벗어나 인간의 이성의 힘을 빌려 자연과 인간, 사회, 정치를 관찰하고 이해하려는 사상입니다.

넓적할 편(扁)자는 원래 '문(戶)에 거는 대나무 패(冊)'를 뜻하는 글자입니다. 이후 '패→현판(懸板)→작다→넓적하다, 편평(扁平)하다'는 뜻이 파생되었습니다. 목감기에 걸리면 붓는 편도선(扁桃腺)은 '편평한(扁) 복숭아(桃) 모양의 분비샘(腺)'으로 사람의 입속 목젖 양쪽에 하나씩 있는 편평하고 복숭아 모양의 타원형으로 생긴 림프샘입니다.

부채 선(扇)자는 '날개(羽)나 문짝(戶)처럼 넓게 펼쳐 만든 것이 부채'라는 뜻입니다. 또 새 날개(羽)와 문짝(戶)은 부채(扇)처럼 앞뒤로 움직이는 공통점이 있습니다. 선풍기(扇風機)는 '바람(風)을 일으키는 부채(扇) 기계(機)'라는 뜻입니다.

어깨 견(肩)자는 어깨의 모습을 나타내는 지게문 호(戶)자에 고기 육(肉/月)자가 합쳐진 글자입니다. 오십견(五十肩)은 오십(五十)세 전후에 어깨(肩)에 통증이 생기는 병입니다.

# 생활 4-8 책과 붓

대 죽(竹) | 붓 율(聿)

竹 | 

대 죽(竹)
대나무 줄기와 잎

고산 윤선도의 시조 〈오우가(五友歌)〉에는 대나무를 '나무도 아닌 것이 풀도 아닌 것이~'라고 표현하였는데, 고대 중국인들도 대나무를 나무나 풀로 여기지 않았습니다. 이런 이유로 모든 나무나 풀 이름에 나무 목(木)나 풀 초(艸/艹)자가 들어가지만, 대나무는 별도로 죽(竹)자를 만들었습니다.

고대 중국인에게 대나무는 나무 중에서 가장 유용하게 사용되었습니다. 길고 곧은 대나무는 쉽게 휘어지는 성질이 있어, 지금은 플라스틱으로 만들어지는 물건들 대부분을 대나무로 만들 수 있었습니다. 하지만, 대나무의 용도 중에서 가장 중요했던 것은 종이가 없던 시절에 종이를 대신한 것입니다.

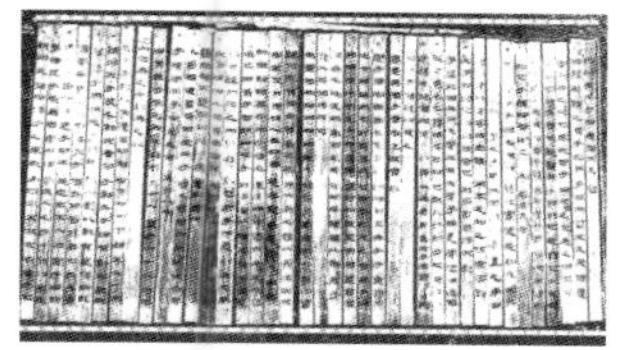

평양시 낙랑구역에서
발굴한 죽간

대나무 조각을 얇게 깎아 엮어서 만든 죽간(竹簡) 혹은 죽책(竹册)에 글을 써서 책을 만들었습니다. 책 책(册)자는 대나무 죽간을 끈으로 연결해 놓은 모습입니다. 서기 105년 후한(後漢) 중기의 채륜(蔡倫)이 종이를 발명하기 전까지 대부분의 기록들이 죽간으로 되어 있습니다. 진시황제의 분서갱유(焚書坑儒, 책을 태우고 선비를 묻음) 때에도 대부분 죽간으로 되어 있는 책들이 불에 태워졌습니다. 이런 이유로 대나무 죽(竹)자는 대나무로 만든 물건뿐만 아니라, 글과 책에 관련되는 글자에도 들어갑니다. 책 편(篇), 편지 간(簡), 문서 부(簿), 문서 적(籍) 등이 그러한 예입니다.

### 책이나 문서 관련 글자

**篇** (대에 적은) 책 편 ⓖ 篇
대 죽(竹) + [넓적할 편(扁)]

**符** (대에 적은) 부적 부 ⓖ 符
대 죽(竹) + [줄/붙일 부(付)]

책 편(篇)자는 대나무(竹)로 만든 죽간을 넓적하게(扁) 펼친 모습입니다. 책이라는 뜻도 있지만, 1편, 2편, 3편 등 책을 세는 단위로도 사용됩니다. 천편일률(千篇一律)은 '천(千) 편의 책(篇)이 하나(一)의 법(律)으로 되어 있다'는 뜻으로, 모두 비슷하여 개별적 특성이 없음을 이릅니다. '옥(玉)같이 귀중한 책(篇)'이란 뜻을 가진 옥편(玉篇)은 원래 중국 양나라의 고야왕(顧野王, 519~581년)이 학자들을 시켜 만든 한자 자전(字典)의 이름이었습니다. 이후 한자 자전을 옥편이라 불렸습니다.

부적 부(符)자는 '귀신을 쫓기 위해 그림이나 글씨를 써서 붙이는(付) 대나무(竹)'란 뜻입니다. 종이가 없던 시절 부적(符籍)은 대나무에 썼지만, 지금은

**籍** (대에 적은) 문서 적 ⓒ 籍
대 죽(竹) + [짓밟을 적(耤)]

**簿** (대에 적은) 문서 부 ⓒ 簿
대 죽(竹) + [펼 부(溥)]

**簡** (대에 적은) 대쪽/편지 간 ⓒ 简
대 죽(竹) + [사이 간(間)]

**答** (대에 적은) 대답 답 ⓒ 答
대 죽(竹) + [합할 합(合)→답]

**範** (대에 적은) 법 범 ⓒ 范
수레 차(車) + [법 범(笵)]

**第** (책의) 차례 제 ⓒ 第
대 죽(竹) + [아우 제(弟)]

**策** (대에 적은) 꾀 책 ⓒ 策
대 죽(竹) + [가시나무 자(朿)→책]

종이나 복숭아나무 조각에도 씁니다. 복숭아나무는 귀신을 쫓는다는 속설이 있기 때문입니다.

서적(書籍), 부적(符籍) 등에 사용되는 문서 적(籍)자는 원래 대나무 죽간을 뜻하는 글자입니다. 이후 '문서(文書)→서적(書籍)→호적(戶籍)→신분(身分)→등록(登錄)하다' 등의 뜻이 파생되었습니다. 신분이나 등록이란 뜻으로 쓰인 예로 국적(國籍), 호적(戶籍), 본적(本籍), 제적(除籍) 등이 있습니다.

문서 부(簿)자는 '죽간(竹)을 펼쳐(溥) 놓은 문서'라는 뜻입니다. 졸업생이나 동창생 명부(名簿), 돈의 출입을 기록한 장부(帳簿) 등에 사용됩니다.

대쪽 간(簡)자는 원래 대쪽(대나무 조각)이라는 뜻입니다. 이후 '대쪽→(대쪽에 쓴) 문서나 편지→(대쪽이라 편지가) 간략하다'라는 뜻이 생겼습니다. 간(簡)자에는 사이 간(間)자가 들어 있는데, '간략하게 글을 쓴 대쪽(竹)을 두 사람 사이(間)에 주고받다'는 뜻이 담겨 있습니다. 내간체(內簡體)는 '집 안(內)의 부녀자들이 편지(簡)에 사용한 문체(體)'입니다. 옛날에는 부녀자의 바깥 출입이 드물었기 때문에 다른 사람과 주로 편지로 소통을 하였습니다. 《인현왕후전》과 《한중록》이 대표적인 내간체 작품입니다. 간결체(簡潔體)는 '간단(簡)하고 깨끗한(潔) 한 문체(體)'로, 〈감자〉를 지은 김동인과 〈소나기〉를 지은 황순원의 소설이 대표적인 간결체 소설입니다.

대답 답(答)자는 '대나무(竹)쪽 에 쓴 편지의 회답(回答) 혹은 대답(對答)'을 의미합니다. 회답으로 보내는 편지를 답신(答信)이라고 합니다. 정답(正答)은 '바른(正) 답(答)'이고, 오답(誤答)은 '틀린(誤) 답(答)'입니다.

법 범(範)자에 들어 있는 법 범(笵)자는 대 죽(竹)자와 소리를 나타내는 넘칠 범(氾)자가 합쳐진 글자입니다. 책(竹)에 법(法)을 기록한 데에서 법(法)이란 뜻이 생겼습니다. 이후 물 수(氵)자 대신 수레 차(車)자가 붙었는데, 옛날 높은 사람들이 밖에 나갈 때 수레로 개를 치어 바퀴에 피를 묻혀 액막이를 했는데, 이것을 범(範)이라 하였습니다. 하지만 범(笵)자의 원래 뜻이 살아나 법이란 뜻을 가지게 되었습니다. 규범(規範)이 그러한 예입니다. 이후 본보기라는 뜻도 생겼는데, 모범(模範)이 그러한 예입니다.

차례 제(第)자는 순서대로 연결한 죽간이란 의미로, '순서→차례→등급→(등급이 높아) 합격하다'는 뜻이 생겼습니다. 제일(第一)은 '차례(第)에서 첫(一) 번

중국 최고의 책사
제갈공명

째'라는 뜻으로, 가장 훌륭하다는 뜻이고, 장원급제의 급제(及第)는 '합격(第)에 이르다(及) '는 뜻입니다. 반면 낙제(落第)는 '등급(第)에서 떨어지다(落)'는 뜻입니다.

꾀 책(策)자는 원래 '죄인들을 때리는데 사용한 대쪽(竹)이나 가시나무(朿)로 만든 채찍'을 이르는 말이었습니다. 이후 '채찍→대쪽→(대로 만든) 책→(대로 만든) 산가지→(숫자를) 헤아리다→예측하다→꾀, 계책(計策)' 등의 많은 뜻이 파생되었습니다. 책려(策勵)는 '채찍질(策)하여 독려(督勵)하다'는 뜻이고, 책사(策士)는 제갈공명처럼 '책략(策略)을 잘 쓰는 선비(士)'를 이릅니다.

## 대나무로 만든 물건

**筆** (대로 만든) 붓 필 ㊥ 笔
대 죽(竹) + 붓 율(聿)

**管** (대로 만든) 대롱 관 ㊥ 管
대 죽(竹) + [벼슬 관(官)]

**笛** (대로 만든) 피리 적 ㊥ 笛
대 죽(竹) +
[말미암을 유(由)→적]

**箭** (대로 만든) 화살 전 ㊥ 箭
대 죽(竹) + [앞 전(前)]

대나무로 만든 물건은 바구니, 새장, 키, 장대, 낚싯대, 삿갓 등 매우 많습니다. 하지만 이제는 플라스틱이나 가벼운 금속에 밀려 대나무로 만든 물건을 보기도 힘들뿐더러 관련 한자도 사용되지 않습니다. 여기에서는 아직도 사용되는 글자만 몇 개 살펴보도록 하겠습니다.

붓 율(聿)

붓 필(筆)자에 들어가는 붓 율(聿)자는 손(⺕)으로 붓을 을 잡고 있는 모습을 본떠 만든 글자입니다. 나중에 뜻을 분명히 하기 위해 대나무 죽(竹)자가 추가되어 붓 필(筆)자가 되었습니다. 붓 필(筆)자의 간체자를 보면 붓이라는 느낌이 더욱 살아납니다. 간체자인 붓 필(笔)자는 '대나무(竹)에 털(毛)이 붙어 있다'는 뜻으로 만든 글자입니다. 칠판에 글을 쓰는 분필(粉筆)은 '흰 가루(粉)가 나는 붓(筆)'입니다. 필석(筆石)은 '분필(筆)로 사용할 수 있는 화석(石)'으로 고생대의 바닷속에 살던 풀잎처럼 생긴 동물의 화석입니다. 빛이 희고 반짝이는 화석인데, 분필처럼 쓸 수 있어서 필석이라는 이름이 붙었습니다.

수도관(水道管)으로 쓰는 파이프를 지금은 플라스틱이나 금속으로 만들지만, 예전에는 모두 대나무로 만들었습니다. 대롱 관(管)자의 대롱은 파이프(pipe)의 순우리말입니다. 모세관현상의 모세관(毛細管)은 '털(毛)처럼 가는(細) 관(管)'이고, 모세혈관(毛細血管)은 '털(毛)처럼 가는(細) 혈관(血管)'입니다.

영화 〈신기전〉의 로켓식
화살 병기

피리도 대나무 관으로 만들기 때문에 피리 적(笛)자에도 대 죽(竹)자가 들어갑니다. 만파식적(萬波息笛)은 '수많은(萬) 파도(波)를 쉬게(息) 하는 피리(笛)'로, 《삼국유사(三國遺事)》의 설화에 나오는 신라의 피리입니다. "왕이 이 피리를 부니 나라의 모든 근심과 걱정이 해결되었다"고 전해집니다.

화살과 같은 대나무를
물속에 꽂아 만든 어전

화살 전(箭)자는 '앞(前)으로 날아가는 대나무(竹)가 화살'이라는 뜻으로 만든 글자입니다. 신기전(神機箭)은 '귀신(神)과 같은 기계(機)로 쏘는 화살(箭)'이란 뜻입니다. 1448년(세종 30년)에 만든 로켓추진 화살로, 고려 말기에 최무선이 제조한 로켓형 화기를 개량한 것입니다. 어전세(漁箭稅)는 '물고기를 잡기(漁) 위해 화살(箭)로 만든 어망을 쓰는 것에 대한 세금(稅)'이란 뜻으로 조선 시대 관청에서 어전(漁箭)을 설치한 후, 가난한 백성들이 여기에서 물고기를 잡게 하고 받은 세금입니다.

### 기타

**節** (대나무의) 마디 절 ㊥ 节
대 죽(竹) + [곧 즉(卽)→절]

**筋** 힘줄 근 ㊥ 筋
대 죽(竹) + 고기 육(肉/月) + 힘 력(力)

**算** 셈 산 ㊥ 算
대 죽(竹) + 눈 목(目) + 손 맞잡을 공(廾)

**等** 무리/같을 등 ㊥ 等
대 죽(竹) + 절 사(寺)

**笑** 웃음 소 ㊥ 笑
대 죽(竹) + [어린아이 오(夭)→소]

**篤** 도타울 독 ㊥ 笃
대 죽(竹) + 말 마(馬)

마디 절(節)자는 대나무(竹)의 마디를 뜻하는 글자입니다. 이후 '마디→단락(段落)→절기(節氣)→명절(名節)' 등의 뜻이 파생되었습니다. 즉, 대나무의 마디가 일정한 간격을 유지하고 있기 때문에 절기(節氣)나 계절(季節)이라는 뜻을 가지게 되었습니다. 개천절(開天節), 제헌절(制憲節), 성탄절(聖誕節)의 절(節)자는 명절(名節)이란 뜻입니다. 또 쪼개 놓은 대나무는 잘 굽어지지만 마디 주변은 굽어지지 않는다고 해서, 절개(節槪)라는 뜻도 생겼습니다. 절리(節理)는 '암석에 있는 마디(節)나 무늬결(理)'이란 뜻으로 보통 규칙적으로 갈라져 있는 틈새를 의미합니다. 이러한 절리는 모양에 따라 주상절리(柱狀節理: 기둥 모양의 절리)와 판상절리(板狀節理: 판 모양의 절리)가 있습니다.

근육(筋肉), 근력(筋力)에 들어가는 힘줄 근(筋)자는 '힘(力)을 주면 대나무(竹)처럼 딱딱해지는 고기(肉/月)가 힘줄이다'는 의미입니다. 철근(鐵筋)은 '쇠(鐵)로 만든 힘줄(筋)'이란 뜻으로 콘크리트 건물에서 힘줄 역할을 합니다.

셈 산(算)자는 '두 손(廾)으로 대나무(竹)로 만든 산가지를 들고 눈(目)으로 보며 수를 셈하다'는 뜻입니다. 계산(計算)은 '수를 헤아리거나(計) 셈(算)을 하다'는 뜻입니다.

무리 등(等)자는 '관청(寺)에서 죽간(竹)을 가지런히 정리하다'는 뜻입니다. 절 사(寺)자는 원래 관청이란 뜻이 있습니다. 이후 '가지런하다→같은 것끼리 모으다→같다→(같은 것을 모아놓은) 무리→(무리를) 구별하다→등급(等級)' 등의 뜻이 생겼습니다. 등급(等級)은 '좋고 나쁨의 차를 구별하여(等) 나눈 급수(級數)'입니다. 초등(初等), 중등(中等), 고등(高等), 석차가 일등(一等), 이등(二等), 삼등(三等), 내신 성적 일등급(一等級), 이등급(二等級), 삼등급(三等級), 우등생(優等生), 열등생(劣等生) 등에 사용되는 등(等)자는 모두 등급(等級)이라는 뜻입니다. 이렇게 보니 학교는 공부를 가르치는 곳이라기보다는 등급을 나누는 곳이라는 생각이 듭니다.

수학 시간에 나오는 등호(等號)는 '같음(等)을 나타내는 기호(記號)'이고, 등신불(等身佛)은 '사람의 몸(身)과 크기가 같은(等) 불상(佛)'으로 1961년 소설가 김동리(金東里, 1913~1995)가 지은 소설의 이름이기도 합니다. 옛날 만적이란 스님이 자신의 몸을 불살라 부처님께 바쳤는데, 타고 남은 몸에 금물을 입혀 등신불이 되었다는 이야기가 담겨 있습니다.

웃을 소(笑)자는 '바람에 흔들리는 대나무(竹)의 소리가 웃는 소리와 비슷하고, 어린아이(夭)가 잘 웃는다'고 해서 '웃다'는 뜻입니다. 박장대소(拍掌大笑)는 '손바닥(掌)을 치며(拍) 크게(大) 웃는다(笑)'는 뜻입니다.

죽마(竹馬: 대나무로 만든 말)를 타고 함께 놀던 오랜 친구를 죽마고우(竹馬故友)라고 부릅니다. 도타울 독(篤)자는 죽마(竹馬)를 함께 타고 놀던 도타운 친구라는 의미입니다.

## 죽간과 관련한 글자

**冊** 책 책 중 册
죽간을 이어 놓은 모습

**典** 법 전 중 典
책 책(冊) + 손맞잡을 공(廾)

**扁** 넓적할 편 중 扁
지게문 호(戶) + 책 책(冊)

**篇** 책 편 중 篇
대 죽(竹) + [넓적할 편(扁)]

**編** 엮을 편 중 编
실 사(糸) + [넓적할 편(扁)]

**侖** 둥글 륜 중 仑
모을 집(亼) + 책 책(冊)

대나무 죽간을 연결하여 만든 모습의 상형인 책 책(冊)자가 들어가는 글자들도 살펴보겠습니다. 책 책(冊)자의 상형문자를 보면 대나무 죽간(||||)을 끈(○)으로 묶어놓은 형상입니다.

책 책(冊)

법 전(典)자는 원래 두 손(廾)으로 공손하게 책(冊)을 들고 있는 모습입니다. 이후 '책→경전(經典)→법전(法典)→법'이란 뜻이 파생되었습니다. 17~18세기 근대 유럽에서 조화와 균형을 추구하였던 고대 그리스 로마의 예술 작품을 모범으로 삼아 미술, 음악, 건축, 문학 등을 창작하려던 고전주의(古典主義)는 '옛날(古) 책(典)을 따르는 주의(主義)'라는 뜻입니다. 여기서 고전(古典)은 그리스 로마 시대의 책이란 뜻입니다. 즉 신 중심의 중세 기독교 사상에서 벗어나 인간 중심의 그리스 로마 사상으로 회귀하는 주의입니다. 고전(classic)이란 말을 들으면 먼저 고리타분하다는 생각이 드는데, 당시로는 그렇지 않았습니다. 예를 들어, 고전 음악이 탄생되었던 당시 유럽의 음악은 종교 음악 또는 교회 음악이 주류를 이루었습니다. 하지만 모짜르트나 베토벤으로 대표되는 고전 음악은 이러한 종교적인 색체에서 벗어나기 시작하였습니다. 아마도 매일 듣던 교회 음악에서 벗어난 신선함은, 요즘에 비교하면 힙합(Hip Hop) 또는 랩(Rap)과 비슷한 충격을 주었으리라 짐작됩니다.

넓적할 편(扁)자는 원래 문(戶)에 거는 대나무 패(冊)를 뜻하는 글자입니다. 이후 '패→현판(懸板)→작다→넓적하다→편평(扁平)하다' 등의 뜻이 파생되었습니다. 편형동물(扁形動物)은 '편평한(扁) 형상(形)을 가진 동물(動物)'로 플라나리아(planaria), 촌충(寸蟲) 등과 같이 몸이 길고 편평(扁平)한 동물입니다. 대개 항문이 없고 암수 한몸입니다.

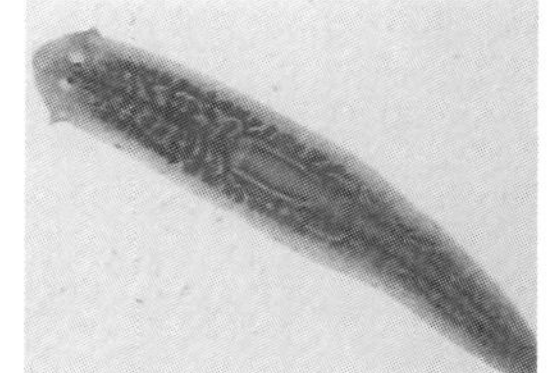

편형동물의 일종인
플라나리아

넓적할 편(扁)자에 대 죽(竹)자를 추가한 책 편(篇)자는 '대나무(竹)로 만든 죽간을 넓적하게(扁) 펼친 것이 책이다'는 뜻입니다.

넓적할 편(扁)자에 실 사(糸)자가 추가된 엮을 편(編)자는 '책을 만들기 위해 죽간을 넓적하게(扁) 실(糸)로 엮다'는 뜻입니다. 편집(編輯)은 '죽간을 모아서(輯) 실로 엮어(編) 책을 만들다'는 뜻입니다. 위편삼절(韋編三絕)은 공자가 《주역(周易)》을 좋아하여, 너무 여러 번 읽은 나머지 '가죽(韋) 끈(編)이 3(三)번이나 끊어졌다(絕)'는 뜻입니다. 고등학교 때 이 고사성어를 배우면서, '책을 여러 번 읽으면 책을 엮은 가죽 끈이 끊어지기 전에 종이가 먼저 닳거나 찢어지지 않을까?' 라고 의문을 가졌던 기억이 납니다. 하지만 공자가 살았을 당시 종이로 만든 책은 없었습니다.

둥글 륜(侖)자는 '죽간(冊)을 모아둘(亼) 때 둥글게 말아 둔다'는 뜻에서 '둥글다'는 의미가 생겼습니다. 모일 륜(侖)자는 독자적으로 사용되지 않고 다른 글자를 만나 소리로 사용됩니다. 바퀴 륜(輪), 인륜 륜(倫), 산이름 륜(崙), 빠질 륜(淪), 논의할 론(論) 자가 그러한 예입니다.

붓 율(聿)
붓을 손으로 잡고
있는 형상

붓 율(聿)자는 손(彐)으로 붓을 잡고 있는 모습을 본떠 만든 글자입니다. 중앙의 '丨'는 붓대를, 아래의 '二'는 붓에서 난 털을 나타냅니다. 붓 율(聿)자는 글이나 그림을 그리는 데 사용되므로 그런 의미의 글자에 들어갑니다.

붓은 대나무로 만들기 때문에 붓 율(聿)자에 대나무 죽(竹)자가 추가되어 붓 필(筆)자가 되었습니다. 지필고사(紙筆考查)는 '종이(紙)와 연필(筆)로 치는 고사(考查)'입니다. 지필고사가 아닌 시험으로는 면접시험이나 실기시험이 있습니다. 필통(筆筒)은 원래 '붓(筆)을 꽂아 두는 대나무 통(筒)'이지만, 이제는 '연필(筆)을 넣어 두는 플라스틱 통(筒)'입니다.

### 붓과 관련한 글자

書 글 서 ⓢ书
붓 율(聿) + 벼루 모습(曰)

畵 그림 화, 그을 획 ⓢ画
붓 율(聿) + 그림 모습(田+凵)

畫 그림 화, 그을 획 ⓢ画
붓 율(聿) + 그림 모습(田+一)

劃 그을 획 ⓢ划
칼 도(刂) + [그을 획(畫)]

晝 낮 주 ⓢ昼 ⓨ昼
날 일(日) + 그림 화(畫)

붓을 꽂아두는 필통

글 서(書)자는 붓(聿)과 벼루(曰)의 모습을 본떠 만든 글자입니다. 여기에서 가로 왈(曰)자는 그냥 벼루의 모습일 뿐입니다. 지금은 누구나 글을 쓰고 읽을 수 있지만, 옛날에는 글만 쓸 줄 알아도 관리가 될 수 있었습니다. 중서성(中書省)은 '중앙(中)에서 글(書)을 쓰는 관청(省)'이란 뜻으로, 중국의 수, 당, 송, 원나라와 우리나라의 고려 시대에 중앙(中央)에서 각종 정책과 제도, 황제의 명령 등을 글로 작성하여 올린다고 해서 중서성(中書省)이란 이름이 붙었습니다.

그림 화(畵)자는 화(畫)자로 쓰기도 합니다. 이 글자는 붓(聿)으로 그림(田+凵)을 그리는 모습을 본떠 만든 글자입니다. 이후 '그리다→계획(計劃)하다→꾀하다'라는 뜻이 생겼고, 또 '그림→그리다→(선을) 긋다→(선을 그어) 분할(分割)하다'라는 뜻도 생겼습니다. '긋다, 분할하다'는 뜻을 더욱 분명하게 하기 위해 칼 도(刂)자를 추가해서 그을 획(劃)자도 만들었습니다. 도화지(圖畵紙)는 '그림(圖)을 그리는(畵) 종이(紙)'이고, 획일주의, 획일교육, 획일적 등에 나오는 획일(劃一)은 '선 하나(一)를 긋는다(劃)'는 뜻으로, 개인의 다양성을 무시하고 하나의 틀에 넣어 똑같이 고르게 만들려는 것을 말합니다.

낮 주(晝)자는 그을 획(畫)의 변형 자와 날 일(日)자가 합쳐진 글자로 '하루를 해가 있는 시간과 없는 시간으로 분할하면(畵), 해(日)가 있는 시간이 낮이다'라는 뜻입니다. '낮(晝)에는 밭을 갈고(耕) 밤(夜)에는 글을 읽다(讀)'는 뜻의 주경야독(晝耕夜讀)은 바쁜 틈을 타서 글을 읽어 어렵게 공부함을 일컫는 말입니다.

### 기타

盡 다할 진 ⓢ尽 ⓨ尽
그릇 명(皿) + 솔의 모습

律 법 률 ⓢ律
걸을 척(彳) + [붓 율(聿)→률]

建 세울 건 ⓢ建
길게걸을 인(廴) + 붓 율(聿)

肅 엄숙할 숙 ⓢ肃
돼지머리 계(彐)

글 서(書)자나 그림 화(畵)자와 비슷하게 생긴 다할 진(盡)자는 손(彐)에 솔을 들고 그릇(皿)을 씻는 모습입니다. 글 중간에 들어가는 4점(灬)은 솔에 붙은 털의 모습입니다. '그릇에 찌꺼기를 남김없이 깨끗하게 씻다'고 해서 '다하다'는 뜻을 가졌습니다. 고진감래(苦盡甘來)는 '쓴(苦)맛이 다하면(盡) 단(甘)맛이 온다(來)'는 뜻으로 '고통 뒤에 낙이 온다'는 의미입니다.

법률(法律)이나 율법(律法)에 사용되는 법 률(律)자는 '사람이 갈(彳) 길을 붓(聿)으로 적어 놓은 것이 법이다'라는 뜻입니다. 이후 법→법칙(法則)→규칙(規則)→음률(音律) →가락' 등의 뜻이 생겼습니다. '큰(大) 명(明)나라의 법(律)'이란 뜻의 대명률(大明律)은 중국 명(明)나라의 기본 법전입니다. 조선 시대의 법전인 경국대전(經國大典)의 형벌법은 대명률을 바탕으로 만들었습니다. 율동(律動)은 '규칙적(律)인 운동(運動)'이나 '가락(律)에 맞추어 움직이는(動) 춤'을 말합니다.

건물(建物), 건축(建築), 건국(建國)등에 들어가는 세울 건(建)자는 '사람이 걸어가듯이(廴) 붓(聿)을 세워서(建) 글을 쓰다'는 뜻입니다. 혹은 '도로(廴)를 건설(建設)하기 위해 붓(聿)으로 설계도를 그리다'에서 세울 건(建)자가 유래한다고도 합니다. 길게 걸을 인(廴)자는 '발과 길'의 모습을 본떠 만든 글자입니다.

서울의 숙정문

엄숙(嚴肅), 정숙(靜肅)에 사용되는 엄숙할 숙(肅)자는 손으로 붓(聿)을 들고 무언가를 그리는 모습입니다. 무엇인지는 모르지만 엄숙한 분위기에서 하고 있어서 '엄숙하다'는 의미가 생긴 것 같습니다. 숙정문(肅靖門)은 '엄숙(肅)하고 편안한(靖) 문(門)'이란 뜻으로, 조선 시대 서울 사대문 중의 하나인 북대문입니다. 동서남북(東西南北)의 사대문의 이름에는 각각 인의예지(仁義禮智)에서 한 글자씩을 넣었습니다. 즉, 동대문은 흥인지문(興仁之門: 仁이 크게 일어나는 문), 서대문은 돈의문(敦義門: 義를 도탑게 하는 문), 남대문은 숭례문(崇禮門: 禮를 숭상하는 문), 북대문은 홍지문(弘智門: 智를 크게 하는 문)으로 지었습니다. 그런데 북대문의 이름에 지혜로움을 의미하는 '지(智)'가 들어가면 백성이 지혜로워져 나라를 다스리는 일이 어려워진다 하여 '홍지문(弘智門)→숙청문(肅淸門)→숙정문(肅靖門)'으로 바뀌었습니다.

엄숙할 숙(肅)

### 글자를 90도 돌려 쓰는 이유

동물을 나타내는 글자의 상형문자를 보면 뿔을 강조한 소 우(牛), 양 양(羊), 사슴 록(鹿)자를 제외한 나머지 동물(개, 돼지, 코끼리, 말, 범, 거북 등)은 모두 90도 회전시켜 그려 놓았습니다. 그래서 처음 상형문자를 보는 사람들은 개나 돼지가 네 발을 땅에 붙이지 않고, 왜 사람처럼 서 있는지를 궁금해 합니다.

개의 모습을 본떠 만든 개 견(犬)자

옛 중국에서는 한자를 아래로 썼기 때문입니다. 만약 폭이 넓은 글자가 있으면 옆으로 삐져나와 줄과 줄 사이가 넓어지게 되고, 따라서 글자를 많이 쓸 수 없게 됩니다. 더욱이 죽간은 폭이 1~2cm 정도이므로 폭이 넓은 글자는 쓸 수도 없었습니다. 따라서 폭을 넓게 차지하는 동물의 상형문자는 모두 90도 회전하여 그려 놓은 것입니다. 같은 이유로 침대의 상형인 장(爿)자도 침대를 수직으로 세워 놓았습니다.

# 생활 4-9 운송수단

수레 거/차(車) | 배 주(舟)

車 | 車

수레 거/차(車)
위에서 본 수레의 모습

중국에서는 BC 1300년 무렵 은(殷)나라 때 이미 군사적인 목적으로 말이 끄는 수레가 사용되었습니다. 수레는 전쟁에서 군수품을 보급하는 운송 수단일 뿐만 아니라 강력한 전쟁 무기로도 사용되었습니다.

마차(馬車) 1량(輛)에는 2마리의 말이 끌고 병사 3명이 탔는데, 중앙에 있는 병사는 말을 몰고 오른쪽 병사는 창을 들고 왼쪽 병사는 활을 들고 있었습니다. 수레에 탄 채로 활을 쏘거나 창으로 상대방을 찌르면서 빠른 속도로 움직일 수 있기 때문에 당시에는 가공할 무기가 되었습니다. 중국 한(漢)나라와 초(楚)나라의 전쟁을 게임화한 장기에서 차(車)가 가장 강력한 무기로 등장하는 것은 이런 연유 때문입니다. 그래서 전쟁을 치르는 군사 군(軍), 전쟁을 치르기 위해 진칠 진(陣), 군대를 지휘하다는 지휘할 휘(揮)자에 모두 수레 차(車)자가 들어갑니다.

은허에서 발굴한 마차

수레 거(車)자는 위에서 수레를 본 모습을 본떠 만든 글자입니다. 글자 중앙에 있는 日자는 몸체를, 위아래에 있는 一은 바퀴를, 중앙의 ㅣ는 바퀴 축을 나타냅니다.

수레 거(車)자는 수레 차(車)자로도 읽는데, 일반적으로 사람의 힘으로 움직이는 수레는 '거'로 읽고, 다른 힘으로 움직이는 수레는 '차'로 읽습니다. 사람의 힘으로 움직이는 자전거(自轉車)와 인력거(人力車), 다른 힘으로 움직이는 자동차(自動車), 기차(汽車), 마차(馬車) 등이 그러한 예입니다.

### 군대와 관련한 글자

**軍** (수레를 탄) 군사 군 ㊥ 军
수레 거(車) +
[두루 균(勻→勹→冖)→군]

**陣** (수레로) 진칠 진 ㊥ 阵
언덕 부(阜/阝) + 수레 거(車)

군사 군(軍)

군사 군(軍)자는 뜻을 나타내는 수레 거(車)와 소리를 나타내는 두루 균(勻→勹→冖)자가 합쳐진 형성문자입니다. 군담소설(軍談小說)은 '군사(軍)의 이야기(談)를 소재로 한 소설(小說)'로, 《징비록(懲毖錄)》, 《임진록(壬辰錄)》, 《유충렬전(劉忠烈傳)》 등이 있습니다.

진칠 진(陣)자는 '전쟁터에서 언덕(阜/阝) 위에 수레(車)를 배열하여 진을 치다'는 뜻으로 만든 글자입니다. 진을 칠 때에는 평지보다는 언덕 위가 싸움에 유리하기 때문입니다.

輩 (수레의) 무리 배 ⓗ 辈
수레 거(車) +
[아닐 비(非)→배]

運 (수레로) 움직일 운 ⓗ 运
갈 착(辶) + [군사 군(軍)→운]

揮 휘두를 휘 ⓗ 挥
손 수(扌) + [군사 군(軍)→휘]

무리 배(輩)자는 좌우로 펼친 새의 날개(非)처럼 진영을 갖춘 수레(車)의 무리를 의미합니다. 아닐 비(非)자는 좌우 양쪽으로 펼친 새의 날개를 본떠 만든 글자입니다. 폭력배(暴力輩)는 '폭력(暴力)을 휘두르는 무리(輩)'입니다. 선배(先輩)는 '먼저(先) 간 무리(輩)'이고, 후배(後輩)는 '뒤(後)에 오는 무리(輩)'입니다.

움직일 운(運)자는 '군대(軍)가 이동하여 가다(辶)'는 뜻입니다. 이후 '움직이다→옮기다→운반(運搬)하다→운전(運轉)하다'는 뜻이 생겼습니다. 운동(運動)은 '움직이고(運) 움직이다(動)'는 뜻입니다. 운적토(運積土)는 '운반(運)되어 퇴적(積)된 토양(土)'으로, 암석의 풍화물이 강물, 바닷물, 바람 등에 의해 다른 지역으로 운반되어 퇴적된 토양입니다. '정말 운(運)이 없다'에서 보듯이, 움직일 운(運)자는 운수(運數)나 운명(運命)을 뜻하기도 하는데, 옛 사람들은 계속 변화하는 운수나 운명이 움직인다고 생각했기 때문입니다. 또 '기(氣)가 움직이다(運)'는 뜻의 기운(氣運)도 마찬가지입니다. 기운은 항상 일정하지 않고 상황이나 때에 따라 변화하기 때문입니다.

휘두를 휘(揮)자는 '군대(軍)를 지휘하기 위해 손(扌)을 휘두르다'는 뜻입니다. 이후 '휘두르다→지휘(指揮)하다→뿌리다→흩어지다' 등의 뜻이 생겼습니다. 휘발유, 휘발성 등에 들어가는 휘발(揮發)은 '액체가 흩어져(揮) 떠나다(發)'는 뜻입니다.

## 물건을 싣고 운반함

載 (수레에) 실을 재 ⓗ 载
수레 거(車) + [해할 재(𢦏)]

輸 (수레로) 보낼 수 ⓗ 输
수레 거(車) + [성 유(俞)→수]

轉 (수레가) 구를 전 ⓗ 转
수레 거(車) + [오로지 전(專)]

수레의 기본적인 역할은 물건을 싣고 운반하는 것입니다. 실을 재(載)자는 '수레(車)에 싣다'는 뜻으로 만든 글자입니다. 적재(積載), 기재(記載), 등재(登載)에 사용되는 실을 재(載)자는 '해, 년(年)'이란 뜻도 있습니다. 천재일우(千載一遇)는 '천(千) 년(載)에 한(一) 번 만나다(遇)'는 뜻으로, 좀처럼 얻기 어려운 좋은 기회를 이르는 말입니다.

수송(輸送), 수출(輸出), 수입(輸入), 밀수(密輸) 등에 들어가는 보낼 수(輸)자는 '수레(車)에 실어 보내다'는 뜻으로 만든 글자입니다. 수뇨관(輸尿管)은 '오줌(尿)을 보내는(輸) 관(管)'으로, 신장의 오줌을 방광까지 운반해 주는 가늘고 긴 관입니다. 오줌관 또는 요관(尿管)이라고도 합니다.

회전(回轉), 자전(自轉), 공전(公轉)에 들어 있는 구를 전(轉)자는 수레(車)가 굴러가다'라는 뜻으로 만든 글자입니다. 이후 '구르다→회전(回轉)하다→옮기다

→바꾸다'는 뜻이 파생되었습니다. 전학(轉學)은 '학교(學)를 옮기다(轉)'는 뜻입니다. 전화위복(轉禍爲福)은 '화(禍)가 바뀌어(轉) 복(福)이 되다(爲)'는 뜻으로, 나쁜 일이 계기가 되어 오히려 좋은 일이 생긴다는 뜻입니다. 자전거(自轉車)는 말(馬)이 끌지 않아도 '스스로(自) 굴러가는(轉) 수레(車)'라는 뜻입니다.

### 수레와 바퀴

輿 수레 여 ⓖ 舆
수레 거(車) + [마주들 여(舁)]

輪 (수레의) 바퀴 륜 ⓖ 轮
수레 거(車) + [둥글 륜(侖)]

軸 (수레의) 굴대 축 ⓖ 轴
수레 거(車) + [말미암을 유(由)→축]

輻 (수레의) 바퀴살 복 ⓖ 辐
수레 차/거(車) + [찰 복(畐)]

軌 (수레의) 바퀴자국 궤 ⓖ 轨
수레 거(車) + [아홉 구(九)→궤]

連 (바퀴자국이) 이을 련 ⓖ 连
갈 착(辶) + 수레 거(車)

오륜기

수레의 특징은 바퀴에 있습니다. 하지만 바퀴가 없는 수레도 있습니다. 수레 여(輿)자는 많은 사람이 수레(車)를 마주 드는(舁) 모습인데, 여기에서 수레란 바퀴가 달린 수레가 아니라 가마나 상여(喪輿)처럼 사람이 마주 들고 가는 수레를 의미합니다. 수레 여(輿)자는 땅이란 뜻으로도 사용되는데, 옛 중국 사람들은 땅을 만물을 싣고 있는 하나의 큰 수레로 생각하였기 때문입니다. 대동여지도(大東輿地圖), 곤여만국전도(坤輿萬國全圖), 《동국여지승람(東國輿地勝覽)》에서 수레 여(輿)자는 땅이란 뜻으로 사용되었습니다. 대동여지도(大東輿地圖)는 '큰(大) 동(東)쪽 땅(輿地)의 지도(圖)'로, 조선 후기 김정호(金正浩)가 제작한 조선의 지도입니다. 크기가 세로 6.6m, 가로 4.0m나 되어 큰 대(大)자가 붙었고, 동(東)쪽 땅(輿地)은 우리나라를 말합니다.

바퀴 륜(輪)자는 '수레(車)에서 둥근(侖) 것이 바퀴이다'는 뜻입니다. 둥글 륜(侖)자는 '죽간으로 된 책(冊)을 둥글게 말아 모아두다(亼)'는 뜻으로 만든 글자입니다. 올림픽 오륜기(五輪旗)는 '다섯(五) 개의 바퀴(輪)를 그린 깃발(旗)'입니다. 이륜차(二輪車)는 '바퀴(輪)가 둘(二) 달린 차'(車)로, 자전거, 오토바이 등이 있습니다.

좌표의 x축(軸), y축(軸)에 들어가는 굴대 축(軸)자는 양쪽 수레바퀴의 한가운데 뚫린 구멍에 끼우는 긴 막대로, 바퀴의 회전축(回轉軸)입니다.

바퀴살 복(輻)자의 바퀴살은 바퀴 중앙에서 테를 향하여 부챗살 모양으로 뻗친 가느다란 나무나 쇠막대입니다. 복사(輻射)는 '수레의 바퀴살(輻)처럼 사방으로 퍼져나가게 쏘다(射)'는 뜻으로, 물체가 빛이나 열을 방출할 때 수레의 바퀴살처럼 사방으로 퍼져나간다고 해서 복사(輻射)라는 이름이 붙었습니다.

고대 중국에서 마차(馬車)가 생활의 일부가 되면서 도로(道路)도 함께 발달하였습니다. 잘 알려진 다닐 행(行)자는 마차가 다니는 넓은 두 개의 길이 직각으로 만나는 사거리의 모습을 본떠 만든 글자입니다. 아스팔트나 콘크리트가 없던

수레의 바퀴살.
빛이나 열이 바퀴살처럼
사방으로 퍼져나가는 것을
복사라고 한다.

고대 중국의 길은 황토 흙으로 덮여 있어, 마차가 다니는 길은 마차의 바퀴자국이 깊이 패어져 있었고, 기차가 레일을 따라 가듯이 마차 바퀴도 패인 자리를 따라 달렸습니다. "모든 길은 로마로 통한다"라는 말로 유명했던 로마제국 시대에도 바퀴 자국이 움푹 패인 길이 있었습니다. 로마제국 시대에 화산재에 묻혔던 폼페이에 가면 이런 도로를 직접 볼 수도 있습니다.

여러 나라로 나누어져 있었던 춘추전국 시대에는 나라마다 마차의 바퀴 폭이 달라, 다른 나라로 가려면 마차의 바퀴를 바꿔 끼워야 했습니다. 이런 이유로 노(魯)나라에 살았던 공자가 유세(遊說)를 하려고 14년간 조(曹), 위(衛), 송(宋), 정(鄭), 진(陳), 채(蔡), 초(楚) 등의 천하를 떠돌아다닐 때, 수레바퀴 때문에 고생이 많았을 것으로 짐작됩니다.

바퀴자국 궤(軌)자는 이와 같이 땅에 패인 바퀴자국을 나타내는 글자입니다. 거동궤(車同軌)는 '수레(車)의 바퀴자국(軌)을 같게(同) 만들다'는 뜻으로 BC 247년 진시황제가 중국을 통일하면서 모든 마차의 바퀴 폭을 6척(약 1.6m)으로 같게 만든 것을 말합니다. 궤적(軌跡)은 '바퀴자국(軌)의 흔적(跡)'이란 뜻으로 수학에서는 점이 지나간 자취를 뜻하고, 궤도(軌道)는 '바퀴자국(軌)의 길(道)'이란 뜻으로 천체에서 행성, 혜성, 인공위성 따위가 중력의 영향을 받아 다른 천체의 둘레를 돌면서 가는 길을 말합니다.

태양을 도는 행성과
혜성의 궤도

연속(連續), 연결(連結), 연휴(連休) 등에 들어가는 이을 련(連)자는 '수레(車)가 지나가는(⻍) 자리에 바퀴자국이 계속 이어져 연결(連結)되어 있다'는 뜻입니다. 연음법칙(連音法則)은 '연속되는(連) 소리(音)가 변하는 법칙(法則)'으로, 받침이 있는 음절에 모음으로 시작되는 음절이 이어질 때, 앞 음절의 받침이 뒤 음절 첫소리가 되는 음운 규칙을 말합니다. 국어→구거, 숲이→수피 등이 연음 법칙의 예입니다.

### 기타

**輕** (수레가) 가벼울 경
㊥ 轻 ㊐ 軽
수레 거(車) + [물줄기 경(巠)]

가벼울 경(輕)자는 '수레(車)가 가볍다'는 뜻의 글자입니다. 소형차 '모닝'이나 '스파크' 같은 경차(輕車)는 '가벼운 차'라는 뜻입니다. 경범죄(輕犯罪)는 '가벼운(輕) 범죄(犯罪)'로, 길에서 노상방뇨(路上放尿: 길 위에서 오줌을 눔)나 고성방가(高聲放歌: 큰 소리로 떠들고 노래를 부름)가 이에 해당합니다. 경공업(輕工業)은 '무게가 가벼운(輕) 물건을 만드는 공업(工業)'으로, 신발이나 옷을 만드는 공업으로, 중공업(重工業)의 반대입니다.

庫 (수레를 넣는) 곳집 고 ㊥ 库
집 엄(广) + [수레 거(車)→고]

軟 (수레가) 연할 연 ㊥ 软
수레 거(車) +
[하품 흠(欠)→연]

較 견줄 교 ㊥ 较
수레 거(車) + [사귈 교(交)]

軒 처마 헌 ㊥ 轩
수레 거(車) + [방패/마를 간(干)→헌]

연두색의 콩

벼슬아치가 타고 다닌 수레 헌(軒).
난간과 처마가 있다.

곳집 고(庫)자는 '수레(車)를 넣어 두는 집(广)이 곳집 혹은 창고(倉庫)'라는 의미입니다. 곳집은 곳간이나 창고를 말하며, '고(庫) + 사이시옷(ㅅ) + 집'이 합쳐진 글자입니다. 냉장고(冷藏庫)는 '차게(冷) 저장(藏)해 두는 창고(庫)'입니다.

사람이 피곤하면 하품을 하기 때문에, 하품 흠(欠)자는 '하품→부족하다, 모자라다→결함→이지러지다' 등의 뜻이 생겼습니다. 연할 연(軟)자는 '수레(車)에 흠(欠)이 있어 이지러지니 연약하다'는 뜻입니다. 이후 '연약하다→연하다→부드럽다'는 뜻이 생겼습니다. 연체동물(軟體動物)은 '연한(軟) 몸(體)을 가진 동물(動物)'로, 조개, 달팽이, 굴, 오징어, 문어 등과 같이 몸속에 뼈가 없는 연한 동물입니다. 연두색(軟豆色)은 '연한(軟) 콩(豆)의 색(色)'입니다. 또 중국에서는 컴퓨터 소프트웨어(software)를 '부드러운(軟) 물건(件)'이라는 의미로 연건(軟件)이라 하고, 하드웨어(hardware)를 '굳은(硬) 물건(件)'이란 뜻의 경건(硬件)이라 합니다.

견줄 교(較)자는 원래 수레(車) 좌우의 널빤지 위에 댄 가로 나무 앞으로 나온 부분으로 수레 안에 서 있을 때 잡는 곳이었는데, 그게 수레 위 상자처럼 된 부분 전체를 가리키는 말로 쓰이다가, 그것의 크기로 수레의 크기를 비교하면서 '비교(比較)하다, 견주다'라는 의미도 생겨났습니다. 비교(比較)는 '견주고(比) 견주다(較)'는 뜻입니다. 일교차(日較差)는 '하루(日) 동안의 비교한(較) 차이(差)'라는 뜻으로, 기온, 습도, 기압 따위가 하루 동안에 변화하는 차이입니다.

처마 헌(軒)자는 원래 '대부(大夫) 이상의 벼슬아치가 타는 높고 큰 수레(車)'를 뜻하는 글자입니다. 나중에 이런 큰 수레에는 난간, 처마 등이 있어서 난간, 처마 등을 의미하게 되었습니다. 이후 난간이나 큰 처마가 있는 집이란 뜻도 생겼습니다. 동헌(東軒)이나 오죽헌(烏竹軒)이 그런 집입니다. 동헌(東軒)은 동(東)쪽에 있는 집(軒)'이란 뜻으로 조선 시대에 지방 관아에서 고을 원님이 나랏일을 처리하던 건물을 일컫습니다. 오죽헌(烏竹軒)은 '까마귀(烏)처럼 검은 대나무(竹)가 있는 집(軒)'으로 강원도 강릉의 율곡 이이(李珥)가 태어난 집입니다.

### 수레의 멍에

**兩** 두 량 ㊥ 两 ㊣ 両
말 두 마리를 묶는 멍에의 모습

**輛** 수레 량 ㊥ 辆
수레 거(車) + [두 량(兩)]

**軛** 멍에 액 ㊥ 轭
수레 차(車) + [재앙 액(厄)]

시황제 무덤에서 발굴된 청동 말. 말 등 위로 들 입(入)자 모양의 멍에가 보인다.

고대 중국에서 한 채의 수레는 보통 말 두 마리가 끌었는데, 각 말의 등에는 들 입(入)자 모양의 멍에를 씌웠습니다. 멍에는 수레나 쟁기를 끌기 위하여 말이나 소의 목에 얹는 구부러진 막대입니다. 두 량(兩)자는 수레를 끄는 두 마리의 말에 씌우는 멍에의 모습입니다. 일거양득(一擧兩得)은 '한번(一) 들어(擧) 두(兩) 개를 얻는다(得)'는 뜻으로, '한(一) 개의 돌(石)로 두(二) 마리 새(鳥)를 잡는다'는 뜻의 일석이조(一石二鳥)와 같은 말입니다.

수레 량(輛)

수레 량(輛)자는 두(兩) 개의 멍에를 가진 수레(車)를 뜻하는 글자입니다. 이후 수레를 세는 단위로도 사용됩니다. 기차나 전차를 셀 때 열차 한 량, 두 량이라고 하는데, 이때 량(輛)자가 수레를 의미합니다. 또 차량(車輛)은 차(車)를 의미하지만, 열차의 한 칸을 의미하기도 합니다.

멍에 액(軛)자는 일반적으로 사용되지 않는 글자입니다만, 고등학교 수학에서는 자주 등장합니다. 공액근(共軛根), 공액복소수(共軛複素數), 공액쌍곡선(共軛雙曲線), 공액축(共軛軸) 등이 그러한 예입니다. 공액(共軛)이란 '함께(共) 멍에(軛)를 맨 두 마리의 말'이라는 뜻입니다. 멍에를 맨 두 마리의 말과 마찬가지로 항상 붙어다니는 한 쌍의 항목(근, 복소수, 쌍곡선, 축)을 뜻합니다. 또, 말 두 마리의 자리를 바꾸어도 끄는 힘에 변화가 없듯이, 공액 관계에 있는 한 쌍의 항목을 서로 바꾸어 놓아도 그 성질에 변화가 없을 경우에, 그 둘의 관계를 이르는 말입니다. 공액(共軛)은 순우리말로 '켤레'라고 합니다. 켤레는 신, 양말, 버선 따위의 짝이 되는 두 개를 한 벌로 세는 단위입니다. 이러한 것들도 멍에를 함께 맨 두 마리 말처럼 붙어다니기 때문입니다.

**舟**

배 주(舟)
사각형 모양의 중국 배

인간의 문명이 만들어진 곳에는 공통적으로 강이 있습니다. 그리고 인간들은 강가에 살면서 집보다 먼저 만들기 시작한 것이 배입니다. 황하강 주변에 살았던 고대 중국인들도 예외는 아니었습니다.

재미있는 사실은, 보통 배는 물의 저항을 줄이기 위해 앞 혹은 앞뒤가 뾰족하게 생겼으나, 중국의 배는 상자와 비슷하게 생겼고 바닥도 V나 U형태가 아니라 편평합니다. 이런 모양의 배는 중국과 동남아 지역에서만 볼 수 있는 독특한 형태로, 조선 시대의 판옥선(板屋船)이나 거북선도 이런 영향을 받아 만들었습니다. 태국의 명물 수상시장에 가보면 아직도 이러한 형태의 배들을 볼 수 있습니

상자 모양과 비슷하게 생긴 중국 특유의 배

다. 또 배에 구멍이 나더라도 물이 배 전체에 들어오지 않도록 중간에 격벽을 만들어 놓았습니다. 배 주(舟)자는 중국의 네모난 배를 위에서 본 모습을 본떠 만든 글자입니다. 또 글자 가운데에는 격벽이 그려져 있습니다.

### 배와 관련한 글자

**航** 배 항 ㊥航
배 주(舟) + [목 항(亢)]

**船** 배 선 ㊥船
배 주(舟) +
[산속늪 연(㕣)→선]

**艦** 싸움배 함 ㊥舰
배 주(舟) + [볼 감(監)→함]

**艇** 거룻배 정 ㊥艇
배 주(舟) + [조정 정(廷)]

**般** 일반 반 ㊥般
배 주(舟) + 창 수(殳)

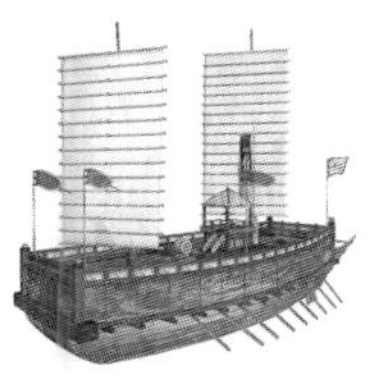
판옥선

배 항(航)자는 배라는 뜻보다 '항해(航海)하다'는 뜻으로 주로 사용됩니다. 항해(航海), 항로(航路), 출항(出航), 운항(運航) 등에 사용됩니다. 항공기(航空機)는 '공중(空)을 항해하는(航) 기계(機)'입니다.

배 선(船)자는 일반적인 배를 일컫는 말입니다. 선박(船舶), 어선(漁船), 선장(船長) 등에 사용합니다. 판옥선(板屋船)은 '널빤지(板)로 지붕(屋)을 덮은 배(船)'이며, 왜선을 무찌르기 위해 1555년(명종 10)에 만든 배로 임진왜란(壬辰倭亂, 1592~1598년) 때에 크게 활약하였습니다. 지붕을 덮은 배에서 노를 젓는 병사들은 지붕 아래쪽에, 공격을 담당하는 병사들은 지붕 위쪽에 배치하여 서로 방해받지 않고 전투를 할 수 있었습니다.

싸움배 함(艦)자는 군함(軍艦), 잠수함(潛水艦), 항공모함(航空母艦), 구축함(驅逐艦) 등 전쟁하는 배를 일컫습니다. 항공모함(航空母艦)은 '항공기(航空)의 어머니(母)가 되는 배(艦)'로, 항공기가 뜨고 내리기 때문에 매우 큰 갑판을 가지고 있습니다. 구축함(驅逐艦)은 '적함을 몰거나(驅) 쫓는(逐) 배(艦)'로, 어뢰(魚雷)를 주 무기로 하여 잠수함을 주로 공격하는 배입니다.

거룻배 정(艇)자의 거룻배는 돛 없는 작은 배를 이르는 말입니다. 구명정(救命艇), 어뢰정(魚雷艇), 잠수정(潛水艇)과 같이 작은 배를 일컫는 말에 사용됩니다. 또 우리나라 해군에서는 500톤 이상이면 함(艦), 미만이면 정(艇)이라고 합니다. 해군 함정의 함정(艦艇)은 크거나 작은 군사용 배를 모두 통틀어 이르는 말입니다.

일반 반(般)자에 들어 있는 창 수(殳)자는 손에 창이나 연장을 들고 있는 모습인데, 여기에서는 강 위에서 배의 방향을 돌리기 위한 삿대를 손에 들고 있는 모습입니다. 그래서 원래의 의미는 '배(舟)를 돌리다'는 뜻을 가졌으나, 가차되어 가지(종류를 세는 단위) 혹은 일반(一般: 한 가지)이란 의미로도 쓰입니다. 피차일반(彼此一般)은 '저쪽과 이쪽이 한(一) 가지(般)다'라는 뜻으로 두 편이 서로 같음을 일컫는 말입니다.

## 달 월(月)자로 변한 배 주(舟)

**前** 앞 전 ㊥前
그칠 지(止) + 배 주(舟→月) + 칼 도(刂)

**朕** 밀어올릴 등, 나 짐 ㊥朕
배 주(舟→月) + 관계할/빗장 관(关)

**俞** 성 유 ㊥俞
모을 집(亼) + 배 주(舟→月) + 물결의 모습

원래는 배 주(舟)자였으나, 나중에 모양이 변하여 달 월(月)자처럼 사용되는 글자가 있습니다. 여기에서는 이런 글자를 살펴보겠습니다.

앞 전(前)

앞 전(前)자의 상형문자를 보면 그칠 지(止→ㅛ)와 배 주(舟→月)자가 합쳐진 모습(歬)입니다. 즉, 배(舟)가 앞으로 나아가는(止) 모습에서 앞이란 뜻이 생겼습니다. 이후 이 글자에 칼 도(刂)자가 붙어 '자르다'는 의미의 글자가 되었으나 여전히 '앞'이라는 의미로 사용되자, 칼 도(刀)자가 한 번 더 추가되어 자를 전(剪)자가 되었습니다. 전선(前線)은 '(어떤 무리의) 맨 앞(前)에 있는 선(線)'이란 뜻으로, 성질이 다른 두 기단(氣團: 공기 덩어리)의 경계면이 지표와 만나는 선을 의미합니다. 차가운 기단이 이동하면서 생기는 전선을 한랭전선(寒冷前線)이라 하고, 따뜻한 기단이 이동하면서 생기는 전선을 온난전선(溫暖前線)이라 합니다. 전쟁터의 전선(戰線)에서 서로 성질이 다른 두 군대가 만나 시끄럽게 싸우듯이, 전선(前線)에서도 성질이 다른 두 기단이 만나 시끄럽게 바람이 불거나 비가 옵니다.

밀어올릴 등(朕), 나 짐(朕)

밀어올릴 등(朕)자의 상형문자를 보면, 배 주(舟→月)자와 두 손의 상형인 손맞잡을 공(廾)자에 막대기(丨)가 있는 형상입니다. 즉, '두 손(廾)으로 삿대(丨)를 밀어 배(舟→月)를 상류로 밀어 올리다'는 뜻입니다. 여기서 파생된 글자는 (말 위로) 오를 등(騰), (풀이 위로 솟은) 등나무 등(藤), (힘을 올려) 이길 승(勝) 등인데, 공통적으로 '밀어 올리다'는 뜻을 담고 있습니다. 나중에 '나'라는 뜻이 생겨 나 짐(朕)자가 되었고, 진시황 이후에는 천자(天子)만이 자기 자신을 지칭하는 말로 사용되었습니다. 루이 14세가 말한 '짐(朕)이 곧 국가다'가 그러한 예입니다.

성 유(俞)자는 배(舟→月)들이 모여(亼) 강(巛)에서 물살을 헤치고 앞으로 점점 나아가는 모습으로, '점점 나아가다'는 뜻입니다. 여기서 파생된 글자는 (입으로) 깨우칠 유(喻), (병이) 나을 유(癒), (발로) 넘을 유(踰), (차로) 보낼 수(輸) 등인데, 공통적으로 '점점, 나아가다, 나아지다'는 뜻을 담고 있습니다. 나중에 성씨로 사용되었습니다.

# 생활 4-10 길과 이동

갈 행(行) | 걸을 척(彳) | 갈 착(辵)

行 | ⾏

다닐 행(行)
사거리

다닐 행(行)은 마차가 다니는 넓은 두 개의 길이 직각으로 만나는 사거리의 모습을 본떠 만든 글자입니다. 따라서 행(行)자가 들어가는 글자는 대부분 수레(車)가 다니는 넓은 길과 관련있습니다. 또 다닐 행(行)자가 다른 글자와 만나면, 특이하게도 거리 가(街), 재주 술(術)자와 같이 다른 글자가 행(行)자의 중간에 들어갑니다. 수성이나 금성 같은 행성(行星)은 '움직여 다니는(行) 별(星)'이고, 북극성과 같은 항성(恒星)은 '위치가 항상(恒) 일정한 별(星)'입니다.

## 다닐 행(行)자가 들어가는 글

衝 찌를/(길에서) 부딪칠 충 ⓢ 冲
다닐 행(行) +
[무거울 중(重)→충]

街 거리 가 ⓢ 街
다닐 행(行) + [홀 규(圭)→가]

衛 (길에서) 지킬 위 ⓢ 卫
다닐 행(行) +
[가죽/둘러쌀 위(韋)]

術 (길을 만드는) 재주 술 ⓢ 术
다닐 행(行) + [차조/삽주 출(朮)→술]

衡 저울 형, 가로 횡 ⓢ 衡
뿔 각(角) + 큰 대(大) +
[다닐 행(行)→형, 횡]

찌를 충(衝)자는 원래 '사거리(行)에서 무거운(重) 차들이 부딪치다'는 뜻입니다. 이후 '부딪치다→치다→찌르다' 등의 뜻이 파생되었습니다. 충돌(衝突)은 '부딪치고(衝) 부딪치다(突)'는 뜻입니다.

가로등(街路燈), 가판대(街販臺), 가로수(街路樹) 등에 사용되는 거리 가(街)자는 '사람이 다니는 길(行)이 거리이다'는 뜻입니다. 빈민가(貧民街)는 '가난한(貧) 백성(民)들이 사는 거리(街)'이고, 홍등가(紅燈街)는 '붉은(紅) 등불(燈)이 있는 거리(街)'로, 술집이나 기생집이 있는 거리입니다.

지킬 위(衛)자는 '왕이나 높은 사람들이 길을 다닐(行) 때 전후좌우로 둘러싸(韋) 호위(護衛)한다'는 뜻입니다. 홍위병(紅衛兵)은 '공산주의를 상징하는 붉은(紅) 깃발을 들고 다니며 중국 공산주의를 지키는(衛) 병사(兵)'라는 뜻으로, 중국의 문화대혁명(1966~1976년) 때, 약 1300만 명의 학생들로 구성된 준군사적인 조직입니다.

재주 술(術)자는 '도로(行)를 만드는 기술(技術)이나 재주'를 뜻합니다. 기술(技術), 예술(藝術), 수술(手術), 미술(美術) 등에 사용됩니다.

균형(均衡), 평형(平衡), 형평성(衡平性)등에 사용되는 저울 형(衡)자는 원래 '사거리(行)에서 수레를 끄는 큰 소(大)의 뿔(角)에, 사람이 받히지 않도록 두 뿔을 가로로 매어 놓은 뿔 막이 나무'를 뜻합니다. 이후 이러한 뿔 막이 나무가 저울을 닮아 저울이란 뜻이 생겼습니다. 또, 가로로 매어 놓아 가로 횡(衡)자도 되었습니다. 중국 전국 시대의 외교 전술이었던 합종연횡(合縱連衡)이 가로 횡(衡)자로 쓰인 예입니다.

# 彳 | 彳

걸을 척(彳)
행(行)자의 왼쪽 절반

걸을 척(彳)자는 사거리를 모습은 본떠 만든 글자인 다닐 행(行)자의 생략형입니다. 즉 행(行)자에서 왼쪽 반만 취한 것입니다. 다닐 행(行)자와 마찬가지로 주로 길이나 걷는다는 뜻으로 사용됩니다.

사람 인(亻)자를 두 개 겹쳐 놓은 모습 같아 '두인 변'이라고 부르지만, 사람하고는 관련이 없습니다.

## 길과 관련한 글자

**徑** 지름길 경 ㊥ 径 ㊞ 径
걸을 척(彳) + [물줄기 경(巠)]

**待** (길에서) 기다릴 대 ㊥ 待
걸을 척(彳) + 모실 시(寺)

**得** (길에서 돈을) 얻을 득 ㊥ 得
걸을 척(彳) + 조개 패(貝→旦) + 마디 촌(寸)

**徹** (길이) 통할 철 ㊥ 彻
걸을 척(彳) + [철저할 철(철)]

**彼** 저 피 ㊥ 彼
걸을 척(彳) + [가죽 피(皮)]

38구경의 스미스 권총

지름길 경(徑)자는 원의 지름이란 뜻도 있습니다. 첩경(捷徑)은 '빠른(捷) 지름길(徑)'이란 뜻으로 빠른 방법을 일컫습니다. 반경(半徑)은 '원의 반(半)지름(徑)'이고, 총의 구경(口徑)은 '총구(銃口)의 지름(徑)'으로, 1/100 인치(inch) 단위입니다. 예를 들어, 서부영화에 자주 등장하는 38구경의 스미스 권총은 총구의 지름이 38/100×2.54=9.652mm 입니다.

기다릴 대(待)자는 '길(彳)에서 오는 사람을 모시기(寺) 위해 대기(待機)하고 있다'는 뜻입니다. 비슷한 글자로 모실 시(侍)자가 있는데, 모실 시(寺)자가 절 사(寺)자로 사용되면서 원래의 뜻을 살리기 위해 사람 인(亻)자를 추가하여 모실 시(侍)자를 만들었습니다. 대합실(待合室)은 '기다리기(待) 위해 모여있는(合) 방(室)'입니다.

얻을 득(得)자는 '길(彳)에서 손(寸)으로 돈(貝→旦)을 줍다'는 뜻입니다. 기득권(旣得權)은 '이미(旣) 얻은(得) 권리(權)'라는 뜻으로, 정당한 절차를 밟아 이미 차지한 권리를 말합니다. 득실(得失)은 '얻음(得)과 잃음(失)'으로, 이익과 손해를 말합니다.

얻을 득(得)

통할 철(徹)자는 '길(彳)이 통하다'는 뜻입니다. 철야(徹夜), 철저(徹底), 관철(貫徹) 등에 사용됩니다. 철두철미(徹頭徹尾)는 '머리(頭)에서 통하여(徹) 꼬리(尾)까지 통하다(徹)'는 뜻으로, 처음부터 끝까지 생각이나 방침을 바꾸지 않고 철저히 함을 이르는 말입니다.

저 피(彼)자는 '길(彳)의 저쪽'이란 뜻입니다. 피안(彼岸)은 '강의 저쪽(彼) 언덕(岸)'이란 뜻으로 불교에서 말하는 인간 세계 너머에 있는 깨달음의 세계입니다. 지피지기백전불태(知彼知己百戰不殆)는 '저쪽(彼)을 알고(知) 자기(己)를 알면(知), 즉 적을 알고 나를 알면 백(百) 번 싸워도(戰) 위태롭지(殆) 않다(不)'는 뜻으로, 《손자병법》에 나오는 말입니다.

### 걷는 것과 관련한 글자(1)

**往** (발로) 갈 왕 ⓢ往
걸을 척(彳) + 그칠 지(止→丶) + [임금 왕(王)]

**復** (걸어서) 돌아올 복, 다시 부 ⓢ复
걸을 척(彳) + [갈 복(复)]

**徐** 천천히 (걸을) 서 ⓢ徐
걸을 척(彳) + [나 여(余)→서]

**循** (걸어서) 돌 순 ⓢ循
걸을 척(彳) + [방패 순(盾)]

**征** 칠 정 ⓢ征
걸을 척(彳) + [바를 정(正)]

**徒** (걷는) 무리 도 ⓢ徒
걸을 척(彳) + [달릴 주(走)→도]

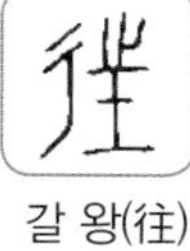
갈 왕(往)

갈 왕(往)자의 상형문자를 보면, 소리를 나타내는 임금 왕(王)자 위의 점이 원래는 발의 상형인 그칠 지(止)자입니다. 따라서 갈 왕(往)자는 '발(止→丶)로 걸어서(彳) 가다'는 뜻입니다. 우왕좌왕(右往左往)은 '오른쪽으로 갔다 왼쪽으로 갔다'는 뜻으로, 일이나 나아가는 방향을 종잡지 못함을 이르는 말입니다.

돌아올 복(复)자는 풀무질을 하는 모습을 본떠 만든 글자로, 풀무에 발로 눌렀다 떼었다를 반복하는 모습에서 '가고 오다'는 뜻이 생겼습니다. 이후 '돌아오다→회복하다→반복하다→다시 (반복하다)' 등의 뜻이 생겼습니다. 나중에 뜻을 분명히 하기 위해 걸을 척(彳)자가 추가되어 돌아올 복(復)자와 다시 부(復)자가 되었습니다. 왕복(往復)은 '갔다(往)가 돌아오다(復)'는 뜻이고, 부활(復活)은 '죽었다가 다시(復) 살아오다(活)'는 뜻으로 쇠퇴하였다가 다시 성하게 됨을 일컫는 말입니다.

천천히 서(徐)자는 서희(徐熙), 서경덕(徐敬德), 서재필(徐載弼) 등에서 보듯이 성씨로 많이 사용됩니다. 서행(徐行)은 '천천히(徐) 다니다(行)'는 뜻입니다. '서서히 움직이다'의 서서(徐徐)는 '천천히(徐) 천천히(徐)'라는 뜻입니다.

돌 순(循)자는 '빙빙 돈다, 돌아다니다(彳)'는 뜻입니다. 순환소수(循還小數)는 '빙빙 돌아서(循) 원래로 돌아오는(還) 소수(小數)'라는 뜻으로 123/999=0.123123123...과 같이 소수점 이하에서 계속 같은 수가 반복하여 나오는 소수입니다. 혈액순환(血液循環)도 '혈액(血液)이 빙빙 돌아서(循) 원래대로 심장에 돌아오는(還) 것'입니다.

칠 정(征)자에 들어가는 바를 정(正)자의 상형문자는, 나라 국(國)자의 옛 글자(口) 아래에 정벌(征伐)에 나선 군인들의 발(止)을 표현하여 '다른 나라(口)를 치러 가다(止)'는 뜻으로 만든 글자입니다. 이후 똑같은 모양의 발 족(足)자와 혼동을 피하기 위해 나라 국(口)자가 한 일(一)자로 변해 정(正)자가 되었습니다. 또 다른 나라를 치기 위해서는 바른 명분이 있어야 하기 때문에 '바르다'라는 뜻이 생겼습니다. 이후 원래의 뜻을 살리기 위해 걸을 척(彳)자를 추가해 칠 정(征)자를 만들었습니다.

무리 도(徒)자는 원래 '길(彳) 위로 걸어가다(走)'는 뜻입니다. 이후 '걸어가다→(걷는) 무리→일꾼→제자' 등의 뜻이 생겼습니다. 도보(徒步)는 '걷고(徒) 걷다(步)'는 뜻이고, 신도(信徒)는 '종교를 믿는(信) 무리(徒)'입니다.

### 걷는 것과 관련한 글자(2)

**後** 뒤 후 ⓒ后
걸을 척(彳) + 작을 요(幺) + 천천히걸을 쇠(夊)

**從** (걸어서) 좇을 종
ⓒ从 ⓨ从
걸을 척(彳) + [따를 종(从)] + 그칠 지(止)

뒤 후(後)자는 길(彳)에서 죄수가 줄(幺)에 묶여 끌려가는(夊) 모습입니다. 작을 요(幺)자는 실 사(糸)자와 마찬가지로 줄을 뜻하는 글자입니다. '끌려가는 죄수는 뒤에서 늦게 간다'고 해서 '늦다', '뒤'라는 뜻이 생겼습니다. 후형질(後形質)은 '세포가 만들어질 때는 없었지만 후(後)에 형태(形)가 생긴 물질(質)'로, 원형질(原形質)의 반대입니다.

좇을 종(從)자는 원래 사람(人)이 사람(人)을 좇아가는 모습(从)이었습니다. 지금의 글자보다 훨씬 간단하고 의미도 분명한 것 같습니다. 중국의 간체자도 종(从)으로 표시합니다. 나중에 뜻을 강조하기 위해 그칠 지(止)자와 걸을 척(彳)자가 추가되었습니다. 또 '좇다→따르다→모시다→만나다' 등의 뜻도 생겼습니다. 여필종부(女必從夫)는 '여자(女)는 반드시(必) 남편(夫)의 뜻에 좇아야(從) 한다'는 뜻으로 유교사상에서 나온 말입니다.

### 기타

**德** 덕 덕 ⓒ德
걸을 척(彳) + [큰 덕(悳)]

**律** 법 률 ⓒ律
걸을 척(彳) + [붓 율(聿)→률]

**微** 작을 미 ⓒ微
걸을 척(彳) + 긴 장(長) + 칠 복(攵)

**役** 부릴 역 ⓒ役
걸을 척(彳) + 창 수(殳)

덕 덕(德)자에 들어 있는 큰 덕(悳)자는 원래 '바른(直) 마음(心)이 곧 덕이다'는 뜻으로 만든 글자입니다. 이후 '(덕이) 크다'는 뜻으로 사용되다가, 원래의 뜻을 살리기 위해 걸을 척(彳)자가 추가되어 덕 덕(德)자가 되었습니다. 즉, '바른(直) 마음(心)을 따라가는(彳) 것이 덕이다'는 뜻입니다.

법률(法律)이나 율법(律法)에 사용되는 법 률(律)자는 '사람이 갈 길을 붓(聿)으로 적어 놓은 것이 법이다'라는 뜻입니다. 이후 '법→법칙(法則)→규칙(規則)→음률(音律) →가락' 등의 뜻이 생겼습니다. 내재율(內在律)은 '내부(內)에 존재(在)하는 운율(律)'로, 자유시나 산문시에서 문장 내에 깃들어 있는 운율(韻律)입니다. 외형률과 같이 겉으로 들어나진 않지만, 시를 읽어 보면 은근히 느낄 수 있습니다. 반대로 외형률(外形律)은 '바깥(外) 모양(形)으로 드러나는 운율(律)'입니다.

작을 미(微)자의 상형문자를 보면 갈 척(彳)자, 긴 장(長)자, 칠 복(攵)자가 합쳐진 글자입니다. 즉, 길(彳)을 가는 힘이 약한 노인(長)을 몽둥이로 때리는(攵) 모습에서 '약하다, 작다'는 뜻이 생겼습니다. 미세(微細), 경미(輕微), 미동(微動), 미묘(微妙) 등에 사용됩니다. 미소(微笑)는 '작은(微) 웃음(笑)'입니다.

작을 미(微)

부릴 역(役)자는 '전쟁, 싸움, 부역(賦役: 강제 노동), 줄짓다, 늘어서다, 부리다' 등의 뜻이 있습니다. 즉, 부릴 역(役)자는 길(彳)에서 손(又)에 창이나 연장을 들고(殳) 전쟁, 싸움, 부역을 하러 가기 위해 줄을 서서 가는 모습으로 추측됩니다. 병역(兵役)은 '병사(兵)로 부리다(役)'는 뜻으로, 국민으로서 수행하여야 하는 군사적 의무입니다. 균역법(均役法)은 '양인과 양반에게 균등(均)하게 병역(兵役)을 부과하는 법(法)'으로 조선 영조 26년(1750년)에 백성의 세금 부담을 줄이기 위하여 만든 납세 제도로, 양인에게 베 두 필을 부과하던 것을 한 필로 줄이고 양반에게 한 필을 부과하였습니다.

### 길게걸을 인(廴)

**廻** 돌아올 회 중 回
길게걸을 인(廴) + [돌 회(回)]

**建** 세울 건 중 建
길게걸을 인(廴) + 붓 율(聿)

**延** 끌 연 중 延
길게걸을 인(廴) + 그칠 지(止→正)

**廷** 조정 정 중 廷
길게걸을 인(廴) + [줄기 정(壬)]

길게걸을 인(廴)자는 걸을 척(彳)자의 아랫부분을 길게 늘여 쓴 글자로 부수자입니다. 걸을 척(彳)자의 아랫부분을 길게 늘여 '길게 걷다'는 뜻이 생겼습니다. 길게걸을 인(廴)자의 획수는 3획이지만, 중국에서는 2획으로 씁니다.

돌 회(回)자는 '둥글고(○→口) 둥글게(○→口) 돌아가다'는 뜻입니다. 이 글자는 나중에 길게걸을 인(廴)자가 추가되어 돌아올 회(廻)자가 되었습니다. 회전(回轉/廻轉)은 '돌아서(回/廻) 구르다(轉)'는 뜻입니다.

세울 건(建)자는 '붓(聿)을 사람이 걸어 가듯이(廴) 세워서(建) 글을 쓰다'는 뜻입니다. 혹은 '도로(廴)를 건설(建設)하기 위해 붓(聿)으로 설계도를 그리다'는 뜻이라고도 합니다. 건국대학교(建國大學校)는 '나라(國)를 세우는(建) 인재를 키우는 대학교(大學校)'입니다.

끌 연(延)자는 원래 '먼 길(彳)을 가다(止→正)'는 뜻입니다. 이후 '멀다→길다→끌다'라는 뜻이 파생되었습니다. 연세대학교(延世大學校)는 '세상(世)을 끌고(延) 나가는 인재를 키우는 대학교(大學校)'라는 뜻이지만, 사실은 1957년 연희전문대학과 세브란스의과대학이 통합되면서 두 학교 이름의 첫글자를 따서 지은 이름입니다.

조정 정(廷)

조정 정(廷)자의 상형문자를 보면 흙(土) 위에 사람(人)이 서서 정원(庭園)을 가꾸는 모습입니다. 원래 뜰을 의미하는 글자였으나 조정(朝廷)이나 관청이란 뜻이 생기면서, 원래의 뜻을 살리기 위해 집 엄(广)자를 추가하여 뜰 정(庭)자를 만들었습니다. 보통 뜰은 한쪽 벽이 없는 집이나 회랑(回廊)의 앞쪽에 만들기 때문입니다. 하지만 뜰 정(庭)자도 조정이나 관청이란 뜻이 있습니다. 법정(法廷/法庭)은 '법(法)으로 판결하는 관청(廷/庭)'입니다.

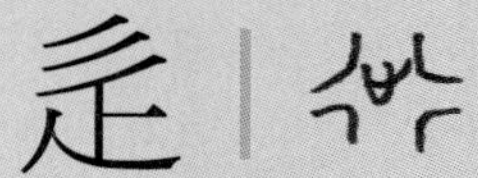

갈 착(辵/辶)
길에 발이 있는 모습

발은 길과 밀접한 관련이 있습니다. 발(止, 夂)에 관련되는 글자와 길(行, 彳)에 관련되는 글자는 대부분 '가다'와 관련이 있습니다. 한자에는 이 두 글자가 함께 들어가는 글자들이 많습니다. 좇을 종(從), 갈 왕(往), 돌아올 복(復), 칠 정(征), 무리 도(徒), 뒤 후(後)자 등이 그런 예입니다. 이런 이유로, 아예 발과 길을 합쳐 놓은 글자가 생겨났습니다. 갈 착(辵/辶)자는 길을 의미하는 걸을 척(彳→彡)자와 발을 의미하는 그칠 지(止)자를 합쳐 만든 글자입니다. 이 글자는 앞에서 나온 걸을 척(彳)자와 그칠 지(止)자가 가지는 뜻(길, 간다, 달아나다, 쫓아가 잡다, 빠르다, 늦다, 가서 만나다)을 모두 가지고 있습니다.

갈 착(辵)자의 간략형인 갈 착(辶)자는 글꼴에 따라 획수가 3획이나 4획으로 보입니다만, 우리나라에서는 4획이고, 중국에서는 3획으로 씁니다.

### 길과 관련한 글자

**道** 길 도 중 道
갈 착(辶) + 머리 수(首)

**途** 길 도 중 途
갈 착(辶) + [나 여(余)→도]

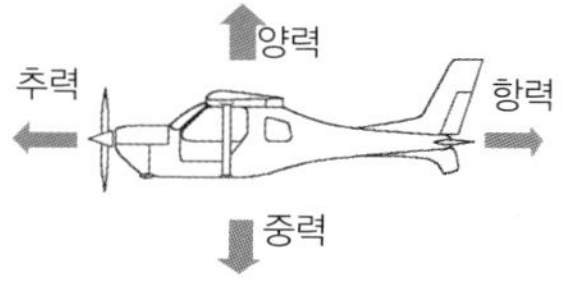


베르누이 정리가 적용된
비행기가 나는 원리

길 도(道)자는 '사람(首)이 가는(辶) 곳이 길이다'는 뜻입니다. 여기서 머리 수(首)자는 사람을 의미합니다. 도(道)자는 일반적인 길뿐만 아니라, 사람이 마땅히 따라가야 할 바른 길도 뜻합니다. 도리(道理)나 도덕(道德)이 그런 예입니다. 또 도가(道家), 도술(道術), 도사(道士)에서 도(道)자는 '우주 만물이나 자연이 따라가는 길'을 뜻합니다. 예를 들어 아침이 오면 해가 뜨고, 달이 차면 기울고, 꽃이 피면 지는 것이 오늘날에는 모두 과학적인 원리로 설명이 되지만, 옛 중국에서는 우리가 알지 못하는 어떤 길, 즉 이치가 숨어 있다고 생각을 한 것입니다. 이러한 우주의 이치를 도(道)라고 불렀습니다. 이러한 이치를 알려고 노력하는 것을 '도(道)를 닦는다'고 하고, 이런 이치를 알게 되면 '도(道)를 깨우쳤다'고 하며, 이치를 알게 된 사람을 도사(道士)라고 불렀습니다. 오늘날 '베르누이 정리'라는 과학적 원리를 이용하여 비행기를 만들어 하늘로 날아다닐 수 있듯이, 옛 사람들도 우주의 이치를 알면 이러한 이치를 이용하여 구름을 타고 하늘을 날아다니거나 비를 오게 할 수 있다고 생각했고, 이러한 기술을 도술(道術)이라고 불렀습니다.

길 도(途)자는 길 도(道)자와 음이 같아 혼동하기 쉽습니다. 하지만, 두 글자의 차이를 정확하게 구분할 방법은 없고, 사용되는 단어를 통해서 익힐 수밖에 없습니다. 중도(中途), 도중(途中) 등에 사용됩니다. '이것은 별도로 생각해 볼 문제이다'에서 별도(別途)는 '다른(別) 길(途)' 이란 뜻으로, 딴 방면이나 방법을 말합니다.

### 멀고 가까움

**近** 가까울 근 ㊥ 近
갈 착(辶) + [도끼 근(斤)]

**遠** 멀 원 ㊥ 远 ㊕ 逺
갈 착(辶) +
[옷 길/성씨 원(袁)]

**遙** 멀 요 ㊥ 遥
갈 착(辶) + [질그릇 요(䍃)]

길의 멀고 가까움을 나타내는 글자에도 갈 착(辶)자가 들어갑니다.

가까울 근(近)자는 '가는 길(辶)이 가깝다'는 뜻입니다. 근대(近代)는 '현재와 가까운(近) 시대(代)'이고, 근시(近視)는 '가까운(近) 것이 잘 보이는(視) 눈'입니다.

멀 원(遠)자는 '가는 길(辶)이 멀다'는 뜻입니다. 원양어업(遠洋漁業)은 '먼(遠) 바다(洋)에서 물고기를 잡는(漁) 일(業)'이고, 원시(遠視)는 '먼(遠) 것이 잘 보이는(視) 눈'입니다.

멀 요(遙)자도 '가는 길(辶)이 멀다'는 뜻입니다. '갈 길이 요원하다'에서 요원(遙遠)은 '멀고(遙) 멀다(遠)'는 뜻입니다.

### 오고 감

**進** 나아갈 진 ㊥ 进
갈 착(辶) + 새 추(隹)

**遣** 보낼 견 ㊥ 遣
갈 착(辶) + [바칠 견(𦥑)]

**逝** 갈 서 ㊥ 逝
갈 착(辶) + [꺾을 절(折)→서]

**還** 돌아올 환 ㊥ 还
갈 착(辶) + [둥근옥 환(瞏)]

**返** 돌아올 반 ㊥ 返
갈 착(辶) + [돌이킬 반(反)]

나아갈 진(進)

나아갈 진(進)자는 '새(隹)는 앞으로만 날아가거나 걸어갈(辶) 수 있다'는 데에서 유래한 글자입니다. 새는 비행기와 마찬가지로 뒤로 갈 수 없습니다. 진퇴양난(進退兩難)은 '나아가거나(進) 물러나는(退) 것이 양(兩)쪽 다 어렵다(難)'는 뜻입니다.

보낼 견(遣)자는 '가서(辶) 물건을 바치기(𦥑) 위해 보내다'는 뜻입니다. 파견(派遣)은 '보내고(派) 보내다(遣)'는 뜻입니다. 물이 여러 갈래로 갈라지는 모습의 상형인 물갈래 파(派)자에는 '보내다'는 뜻도 있습니다. 견당매물사(遣唐買物使)는 '물건을(物) 사러(買) 당나라(唐)에 보낸(遣) 사신(使)'으로, 신라 시대에 장보고가 당나라에 파견한 무역사절입니다.

갈 서(逝)자는 '목숨이 꺾여(折) 저승으로 가다(辶)'는 뜻으로, '죽다, 가다'는 뜻을 가진 글자입니다. 서거(逝去)는 '가고(逝) 가다(去)'는 뜻으로, 죽음의 높임말입니다.

돌아올 환(還)자는 '둥글게 돌아(瞏) 오다(辶)'는 뜻입니다. 개경환도(開京還都)는 '개경(開京)으로 도읍(都)이 돌아오다(還)'는 뜻으로, 고려 시대 몽고의 침입으로 강화도로 천도(遷都: 도읍을 옮김) 했다가 다시 개경으로 돌아온 것을 말합니다.

돌아올 반(返)자는 '돌이켜(反) 오는(辶) 것이 돌아오다'는 뜻입니다. 마라톤에서 반환점(返還點)은 '돌아오고(返) 돌아오는(還) 지점(點)'입니다.

### 달아나거나 물러남

退 물러날 퇴 중 退
갈 착(辶) + 괘이름 간(艮)

逃 달아날 도 중 逃
갈 착(辶) + [조/조짐 조(兆)→도]

避 피할 피 중 避
갈 착(辶) + [피할 피(辟)]

逸 편안할/달아날 일 중 逸
갈 착(辶) + 토끼 토(兔)

물러날 퇴(退)자에 들어가는 괘이름 간(艮)자는 사람(人)이 눈(目)을 뒤로 향한 모습으로 원래 '외면(外面)하다, 배신하다, 거스르다'는 뜻입니다. 따라서 물러날 퇴(退)자는 '앞으로 가는(辶) 것을 거슬러(艮) 뒤로 물러나다'는 뜻입니다. 진퇴유곡(進退維谷)은 '나아가거나(進) 물러나는(退) 곳에 오직(維) 골짜기(谷)만 있다'는 뜻이고, 같은 뜻의 진퇴양난(進退兩難)은 '나아가거나(進) 물러나는(退) 것이 둘(兩) 다 어렵다(難)'는 뜻입니다.

도망(逃亡), 도주(逃走) 등에 사용되는 달아날 도(逃)자는 '나쁜 조짐(兆)에서 달아나다(辶)'는 뜻입니다.

피할 피(辟)

피할 피(避)자는 들어가는 피할 피(辟)자의 상형문자를 보면 꿇어 앉아 있는 사람(尸) 옆에 형벌 기구(辛)가 있는 모습입니다. 사람(尸) 아래에 있는 입 구(口)자는 상처의 상형입니다. 원래 '형벌로 죄를 다스리다'는 뜻과 함께 '이러한 형벌을 피하다'는 뜻이 있었습니다. 나중에 '피하다'라는 뜻을 강조하기 위해 갈 착(辶)자가 추가되어 피할 피(避)자가 되었습니다. 도피(逃避)는 '달아나서(逃) 피하다(避)'는 뜻이고, 피수대(避水帶)는 '홍수(水)를 피하기(避) 위한 지대(地帶)'로, 홍수 피해가 자주 일어나는 지역에 인공적으로 설치한 높은 지대(地帶)를 일컫습니다.

편안할 일(逸)자는 원래 '토끼(兔)처럼 달아나다(辶)'는 뜻입니다. 이후 '달아나다→(달아나) 숨다→(숨으니) 편안하다' 등의 뜻이 생겼습니다. 일탈(逸脫)은 '달아나고(逸) 벗어나다(脫)'는 뜻으로 사회적인 규범으로부터 벗어나는 일입니다. 위인들의 일화(逸話)는 '숨은(逸) 이야기(話)'로, 아직 세상에 널리 알려지지 않은 이야기입니다. 무사안일(無事安逸)은 '아무 일(事) 없이(無) 편안하고(安) 편안하다(逸)'는 뜻입니다.

### 빠르거나 느림

速 빠를 속 중 速
갈 착(辶) + [묶을 속(束)]

遲 더딜 지 중 迟
갈 착(辶) + [무소 서(犀)→지]

빠를 속(速)자는 '빠르게 가다(辶)'는 뜻입니다. 속도(速度)는 '빠른(速) 정도(度)'이고, 가속도(加速度)는 '속도(速)가 증가(加)하는 정도(度)'입니다. 등속운동(等速運動)은 '계속 같은(等) 속도(速)로 움직이는 운동(運動)'입니다.

더딜 지(遲)자는 '코뿔소(犀)가 더디게 가다(辶)'는 뜻입니다. 지연(遲延)은 '더디고(遲) 시간을 끌다(延)'는 뜻이고, 지각(遲刻)은 '가야 할 시각(刻)에 늦다(遲)'는 뜻입니다.

### 따라가거나 쫓아감

追 쫓을 추 중 追
갈 착(辶) + [언덕 부(𠂤)→추]

逐 쫓을 축 중 逐
갈 착(辶) + 돼지 시(豖)

遵 좇을 준 중 遵
갈 착(辶) + [높을 존(尊)→준]

逮 잡을 체 중 逮
갈 착(辶) + 미칠 이(隶)

隨 따를 수 중 随 약 随
갈 착(辶) + [수나라 수(隋)]

추적(追跡), 추격(追擊), 추월(追越) 등에 사용되는 쫓을 추(追)자는 원래 '언덕(𠂤) 위의 적을 쫓아 거슬러 올라가다(辶)'는 뜻입니다. 이후 '쫓다→따르다→사모(思慕)하다' 등의 뜻이 생겼습니다. 추적자(追跡者)는 '발자취(跡)를 쫓는(追) 사람(者)'이고, 추모제(追慕祭)는 '죽은 사람을 사모하고(追) 사모하며(慕) 지내는 제사(祭)'입니다.

쫓을 축(逐)자는 '사람이 돼지(豕)를 쫓아가다(辶)'는 뜻입니다. 축출(逐出)은 '쫓아서(逐) 나가게(出) 하다'는 뜻입니다.

준수(遵守), 준법(遵法) 등에 들어가는 좇을 준(遵)자는 '높은(尊) 사람을 따르거나 좇아가다(辶)'는 뜻입니다.

잡을 체(逮)자에 들어가는 미칠 이(隶)자는 '좇아가서 손(彐)으로 짐승의 꼬리(氺)를 잡다'는 뜻에서 '잡다, 미치다'는 뜻이 생겼습니다. 앞에 가는 사람(人)을 손(又)으로 잡는 미칠 급(及)자와 같은 뜻을 가진 글자입니다. 이후 뜻을 분명히 하기 위해 갈 착(辶)자를 추가하여 잡을 체(逮)자가 되었습니다. 체포(逮捕)는 '잡고(逮) 잡다(捕)'는 뜻입니다. 불체포특권(不逮捕特權)은 '체포(逮捕)되지 않을(不) 특별한(特) 권리(權)'로, 국회의원이 현행범이 아닌 한 회기 중 국회의 동의 없이 체포 또는 구금되지 않으며, 회기 전에 체포 또는 구금된 경우라도 국회의 요구에 의해 석방될 수 있는 특별한 권리입니다.

따를 수(隨)자는 '따라서 가다(辶)'는 뜻입니다. 부창부수(夫唱婦隨)는 '남편(夫)이 노래를 부르면(唱) 아내(婦)가 따라한다(隨)'는 뜻으로 부부가 잘 화합하는 것을 일컫습니다.

### 이동하거나 움직임

運 움직일 운 중 运
갈 착(辶) + [군사 군(軍)→운]

逆 거스를 역 중 逆
갈 착(辶) + [거스를 역(屰)]

움직일 운(運)자는 '군대(軍)가 이동하여 가다(辶)'는 뜻입니다. 이후 '움직이다→옮기다→운반(運搬)하다→운전(運轉)하다'는 뜻이 생겼습니다. 운지법(運指法)은 '악기를 연주할 때 손가락(指)을 움직이는(運) 방법(法)'이고, 운필법(運筆法)은 '붓글씨를 쓸 때 붓(筆)을 움직이는(運) 방법(法)'입니다.

거스를 역(逆)자에 들어가는 거스를 역(屰)자는 사람의 모습인 큰 대(大)자를 거꾸로 쓴 모습으로 '거스르다'는 뜻입니다. 나중에 뜻을 분명히 하기 위해 갈 착(辶)자를 추가하여 거스를 역(逆)자가 되었습니다. 가역변화(可逆變化)는 '거슬러(逆) 돌아가는 것이 가능한(可) 변화(變化)'라는 뜻으로, 물이 얼면 얼

遷 옮길 천 중 迁 약 迂
갈 착(辶) + [옮길 천(䙴)]

過 지날 과 중 过
갈 착(辶) +
[입삐뚤어질 와(咼)→과]

巡 돌/순행할 순 중 巡
갈 착(辶) + 내 천(巛)

週 돌/주일 주 중 周
갈 착(辶) + [두루 주(周)]

遊 놀 유 중 游
갈 착(辶) + [깃발 유(斿)]

음이 되고 역(逆)으로 얼음이 녹으면 물이 되는 것처럼 물질의 상태가 변화하는 과정에서 처음의 상태로 되돌아가는 것이 가능한 변화입니다. 반대는 비가역변화(非可逆變化)입니다. 나무를 불에 태우면 숯이 되지만, 숯은 나무로 되돌아갈 수 없는 것을 말합니다.

옮길 천(遷)자는 '옮겨(䙴) 가다(辶)'는 뜻입니다. 천도(遷都)는 '도읍(都), 즉 수도를 옮기다(遷)'는 뜻이고, 맹모삼천(孟母三遷)은 '맹자(孟子)의 어머니(母)가 맹자를 가르치기 위하여 집을 세(三) 번 옮겼다(遷)'는 이야기에서 유래한 고사성어입니다. 처음에는 공동묘지 가까이에 살았는데 맹자가 장사 지내는 흉내를 내어 시장 가까이로 옮겼고, 상인들의 모습을 보고 맹자가 물건 파는 흉내를 내므로 다시 글방 있는 곳으로 옮겨서 공부를 하게 하였다고 합니다.

지날 과(過)자는 '길을 지나가다(辶)'는 뜻입니다. 이후 '지나다→경과(經過)하다→초과(超過)하다→지나치다→허물, 잘못' 등의 뜻이 생겼습니다. 과거(過去)는 '지나(過) 간(去) 시간'입니다. 소독약으로 사용되는 과산화수소(過酸化水素: $H_2O_2$)는 '산소(酸)가 지나치게(過) 들어가 화합(化)한 수소(水素)'라는 뜻으로 산화수소(酸化水素: $H_2O$) 보다 산소가 1개 많습니다. '공과를 따지다'에서 공과(功過)는 '공로(功)와 잘못(過)'을 아울러 이르는 말입니다.

돌 순(巡)자는 '냇물이 흐르듯이(巛) 돌아가다(辶)'는 뜻입니다. 순찰(巡察)은 '돌아다니며(巡) 살피다(察)'는 뜻입니다. 순경(巡警)은 '돌아다니며(巡) 경계하다(警)'는 뜻으로, 경찰관의 가장 낮은 계급입니다. 순사(巡査)는 '돌아다니며(巡) 조사하다(査)'는 뜻으로, 일제강점기의 경찰관을 일컫는 말입니다.

돌 주(週)자는 '두루(周) 돌아다니다(辶)'는 뜻입니다. 주말(週末)은 '한 주일(週日)의 끝(末)'으로 토요일과 일요일을 말합니다. 주기율(週期律)은 '원자의 성질이 주기(週期)적으로 변화하는 법칙(律)'이란 뜻으로, 원소를 원자량의 순으로 나열하면 성질이 닮은 원소가 주기적으로 나타나는 법칙입니다.

놀 유(遊)자는 원래 '군인들이 깃발(斿)을 들고 떠돌아다니다(辶)'는 뜻입니다. 깃발 유(斿)자는 아이(子)가 깃발(㫃)을 들고 있는 모습입니다. 이후 '떠돌다→여행하다→즐기다→놀다'라는 뜻이 생겼습니다. 유람(遊覽), 유목(遊牧), 유세(遊說), 유학(遊學) 등 유(遊)자가 들어가는 낱말은 '가다, 떠돌다'는 뜻이 있습니다. 유원지(遊園地)는 '노는(遊) 동산(園)이 있는 땅(地)'입니다.

### 통함과 관련한 글자

**透** 통할 투 ㊥ 透
갈 착(辶) +
[빼어날 수(秀)→투]

**通** 통할 통 ㊥ 通
갈 착(辶) + [길 용(甬)→통]

통할 투(透)자는 '어떤 곳을 투과(透過)하거나 통과(通過)하여 가다(辶)'는 뜻입니다. 투명(透明)은 '빛이 물체를 통과하여(透) 밝다(明)'는 뜻입니다. 반투막(半透膜)은 '반(半)만 투과시키는(透) 막(膜)'이란 뜻으로, 용액이나 기체의 혼합물에 대하여 어떤 성분은 통과시키고 다른 성분은 통과시키지 아니하는 막입니다. 삼투압(滲透壓)은 '스며서(滲) 투과(透)하게 하는 압력(壓)'으로, 농도가 다른 두 액체를 반투막(半透膜)으로 막아 놓았을 때, 농도가 높은 쪽에서 농도가 낮은 쪽으로 액체가 옮겨 가는 현상입니다.

통할 통(通)자는 '길(甬)을 통해 가다(辶)'는 뜻입니다. 이후 '통하다→알리다→(편지 따위를 세는 단위) 통' 등의 뜻이 생겼습니다. 통과(通過), 관통(貫通), 교통(交通)에서는 '통하다'는 뜻으로 사용되었고, 통신(通信), 통보(通報), 통지(通知)는 모두 '알리다'는 뜻으로 사용되었습니다.

### 길에서 보내거나 맞이함

**送** 보낼 송 ㊥ 送
갈 착(辶) +
[불씨 선(灷→关)→송]

**迎** 맞이할 영 ㊥ 迎
갈 착(辶) +
[오를/우러러볼 앙(卬)→영]

**逢** 만날 봉 ㊥ 逢
갈 착(辶) +
[만날/이끌 봉(夆)]

**遇** 만날 우 ㊥ 遇
갈 착(辶) + [원숭이 우(禺)]

보낼 송(送)

송별(送別), 송신(送信), 송금(送金) 등에 사용되는 보낼 송(送)자는 '불씨(灷)를 보내다(辶)'는 뜻입니다. 불씨 선(灷)자는 두 손으로 불씨를 들고 있는 모습으로 옛 사람들은 불씨를 매우 소중하게 여겨 다른 사람에게 선물로 보내기도 하였습니다. 그래서 '선물'이란 뜻도 있습니다. 취송류(吹送流)는 '바람이 불어(吹) 보내는(送) 해류(流)'로, 바람의 영향으로 흐르는 해류(海流)를 말합니다.

환영(歡迎), 영접(迎接) 등에 들어가는 맞이할 영(迎)자는 '오는(辶) 사람을 우러러보며(卬) 맞이하다'는 뜻입니다. 송구영신(送舊迎新)은 '묵은(舊) 해를 보내고(送) 새(新) 해를 맞이하다(迎)'는 뜻입니다.

만날 봉(逢)자는 '가서(辶) 만나다(夆)'는 뜻입니다. 이산가족상봉(離散家族相逢)은 '해방 후 남북 분단과 한국 전쟁 중에 남북으로 이별(離)하거나 흩어진(散) 가족(家族)이 서로(相) 만나다(逢)'는 뜻입니다.

만날 우(遇)자도 '가서(辶) 만나다'는 뜻입니다. 〈우적가(遇賊歌)〉는 '도적(賊)을 만난(遇) 노래(歌)'로, 신라 때의 화랑이며 승려인 영재(永才)가 지은 향가입니다. 영재가 90세에 승려가 되고자 지리산으로 가는 도중 60여 명의 도둑떼를 만났는데, 도둑들이 노래 잘 짓는 영재임을 알고 노래를 지으라고 하자 즉석에서 이 노래를 지어 불렀는데, 도둑들이 감동하여 그를 따라 지리산으로 가서 승려가 되었다고 합니다.

### 기타(1)

**造** 지을 조 ㊥ 造
갈 착(辶) + [고할 고(告)→조]

**述** 지을 술 ㊥ 述
갈 착(辶) +
[차조/삽주 출(朮)→술]

**遂** 이룰 수 ㊥ 遂
갈 착(辶) + [따를 수(㒸)]

**連** 이을 련 ㊥ 连
갈 착(辶) + 수레 거(車)

**迷** 미혹할 미 ㊥ 迷
갈 착(辶) + [쌀 미(米)]

**遍** 두루 편 ㊥ 遍
갈 착(辶) + [넓적할 편(扁)]

먹이연쇄

지을 조(造)자는 여러 가지 해석이 있습니다만, 글자 그대로 해석하면 신 앞에 나아가(辶) 고(告)하면서 소원을 비는 모습입니다. 이후 '(소원을) 이루다→만들다→짓다' 등의 뜻이 생겼습니다. 조선소(造船所)는 '배(船)를 짓는(造) 곳(所)'입니다. 조혈모세포(造血母細胞)는 '피(血)를 만드는(造) 어머니(母) 세포(細胞)'로, 골수 안에서 혈액세포를 만들어 내는 세포입니다. 백혈병을 치료할 때 골수를 이식하는데, 골수에 있는 조혈모세포를 이식함으로써 병을 치료하는 것입니다.

지을 술(述)자는 원래 '예전의 습관을 따라가다(辶)'는 뜻입니다. 이후 '따르다→계승하다→적어서 전하다→기록(記錄)하다→서술(敍述)하다→(글을) 짓다' 등의 뜻이 파생되었습니다. 술어(述語)는 '서술(述)하는 말(語)'로, 한 문장에서 주어(主語)의 움직임, 상태, 성질 따위를 서술(敍述)하는 말입니다. 주로 동사나 형용사를 말합니다.

이룰 수(遂)자는 원래 '따라가다(辶)'는 뜻입니다. 이후 '따라가다→가다→(가서) 이루다→드디어 (이루다)' 등의 뜻이 생겼습니다. 완수(完遂)는 '목적을 완전히(完) 이루다(遂)'는 뜻입니다. 살인미수(殺人未遂)는 '사람(人)을 죽이려다가(殺) 이루지(遂) 못하는(未) 일'입니다.

연속(連續), 연결(連結), 연휴(連休) 등에 들어가는 이을 련(連)자는 '수레(車)가 지나가는(辶) 자리에 바퀴자국이 계속 이어져 연결(連結)되어 있다'는 뜻입니다. 먹이연쇄(連鎖)는 '먹이가 서로 쇠사슬(鎖)처럼 이어지다(連)'는 뜻으로 뱀은 개구리를 먹고, 개구리는 메뚜기를 먹고, 메뚜기는 풀은 먹는 것처럼 먹이를 중심으로 생물 간의 관계가 흡사 사슬처럼 이어져 있는 것을 말합니다.

미혹할 미(迷)자는 '벌레가 작은 쌀(米)알들 사이에서 길(辶)을 잃고 헤매다'는 뜻입니다. 이후 '헤매다→갈팡질팡하다→헷갈리다→흐릿하다→미혹(迷惑)하다' 등의 뜻이 생겼습니다. 미로(迷路)는 '한번 들어가면 빠져 나올 수 없어 헤매는(迷) 길(路)'이고, 미신(迷信)은 '사람을 미혹하는(迷) 신앙(信仰)'입니다. 미니스커트(mini skirt)를 중국에서는 미니군(迷你裙)이라 하는데, '당신(你)을 미혹하는(迷) 치마(裙)'라는 뜻입니다.

두루 편(遍)자는 '넓은(扁) 곳을 두루 다니다(辶)'는 뜻입니다. 보편타당(普遍妥當)은 '넓게(普) 두루(遍) 타당(妥當)하다'는 뜻으로, 특별하지 않고 사리에 맞아 타당함을 말합니다.

### 기타(2)

**選** 가릴 선 ㊥ 选
갈 착(辶) + [괘이름/뽑을 손(巽)→선]

**違** 어긋날 위 ㊥ 违
갈 착(辶) + [가죽/둘러쌀 위(韋)]

**遺** 남길 유 ㊥ 遗
갈 착(辶) + [귀할 귀(貴)→유]

**遞** 번갈아들 체 ㊥ 递
갈 착(辶) + [짐승 치(虒)→체]

**適** 맞을 적 ㊥ 适
갈 착(辶) + [꼭지 적(啇)]

가릴 선(選)자에 들어가는 뽑을 손(巽)자는 제단(共)위에 제물로 바쳐지기 위해 뽑혀진 두 명의 사람이 꿇어 앉아있는 모습(巳巳)을 본떠 만든 글자입니다. 나중에 뜻을 분명히 하기 위해 '뽑혀서 제단으로 가다'는 뜻으로 갈 착(辶)자가 추가되어 가릴 선(選)자가 되었습니다. 선별(選別), 선택(選擇), 선출(選出) 등에 사용됩니다. 동문선(東文選)은 '동(東)쪽 니라, 즉 우리나라의 글(文)들을 가려뽑아(選) 만든 책'으로, 조선 시대 서거정(徐居正, 1420~1488)이 신라 때부터 조선 숙종 때까지의 시문(詩文)을 모아 편집한 책입니다.

위반(違反), 위법(違法) 등에 들어가는 어긋날 위(違)자는 원래 '포위된(韋) 곳에서 달아나다(辶)'는 뜻입니다. 이후 '달아나다→피하다→어기다→어긋나다→다르다' 등의 뜻이 생겼습니다. 위화감(違和感)은 '조화되지(和) 아니하는(違) 어설픈 느낌(感)'입니다.

남길 유(遺)자는 원래 '귀한(貴) 물건을 길(辶)에서 잃어버리다'는 뜻입니다. 이후 '잃다→두다→남기다→버리다' 등의 뜻이 생겼습니다. 유언(遺言)는 '남기는(遺) 말(言)'이고, 유서(遺書)는 '남기는(遺) 글(書)'이며, 유산(遺産)은 '남기는(遺) 재산(産)'입니다. 유전(遺傳)은 '남겨서(遺) 전하다(傳)'는 뜻으로 부모의 성격, 체질, 얼굴 모습, 피부 색깔 따위의 형질이 자손에게 전해지는 것을 말합니다. 《삼국유사(三國遺事)》는 '신라, 고구려, 백제 등 세 나라(三國)의 남겨진(遺) 사건(事)들을 기록한 책'으로, 고려 충렬왕 11년(1285년)에 일연(一然)이 단군, 기자, 부여를 비롯하여 신라, 고구려, 백제 등 세 나라의 전해지는 이야기들을 모아서 지은 역사 책입니다. 직무유기죄(職務遺棄罪)는 '직무(職務)를 버리고(遺) 버리는(棄) 죄(罪)'라는 뜻으로 공무원이 정당한 이유 없이 직무를 하지 않거나 거부함으로써 성립하는 범죄입니다.

번갈아들 체(遞)자는 '짐승(虒)이 번갈아 들락날락한다(辶)'는 뜻입니다. 이후 '들락날락하다→번갈아→(번갈아) 전하다→역말→역참' 등의 뜻이 생겼습니다. 체신(遞信)은 '편지(信)를 전하다(遞)'는 뜻입니다. 믿을 신(信)자는 편지라는 뜻도 있습니다. 우체국(郵遞局)은 '우편(郵)을 전하는(遞) 관청(局)'입니다.

적당(適當), 적합(適合), 최적(最適) 등에 들어가는 맞을 적(適)자는 원래 '딱 맞게 가다(辶)'는 뜻에서 '맞다'는 뜻이 생겼습니다. 적재적소(適材適所)는 '집을 지을 때 알맞은(適) 재목(材)을 알맞은(適) 곳(所)에 넣다'는 뜻으로, '알맞은 인재(人材)를 알맞은 자리에 쓰다'는 뜻입니다.

### 기타(3)

**達** 통달할 달 ⓩ 达
갈 착(辶) + [어린양 달(羍)]

**迫** 핍박할 박 ⓩ 迫
갈 착(辶) + [흰 백(白)→박]

**邊** 가 변 ⓩ 边 ⓨ 辺
갈 착(辶) +
[보이지않을 면(臱)→변]

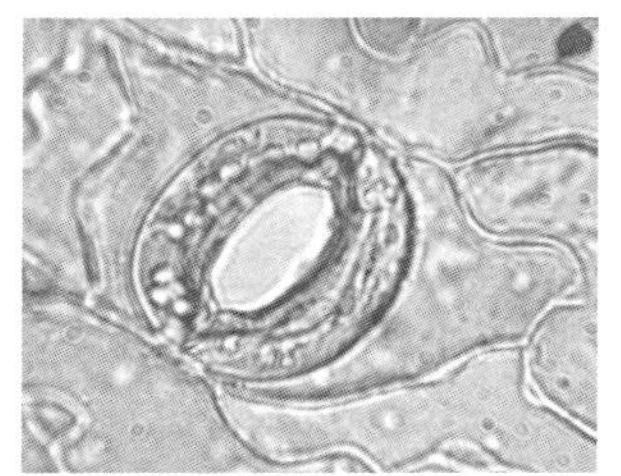

현미경으로 본 잎의 표면.
기공과 공변세포가 있다.

통달(通達)은 '막힘없이 환히 통하다'는 뜻입니다. 통달할 달(達)자는 원래 '어린 양(羍)이 어미 뱃속에서 수월하게 나오다(辶)'는 뜻입니다. 이후 '나오다→도달(到達)하다→전달(傳達)하다→통(通)하다→통달(通達)하다' 등의 여러 가지 뜻이 생겼습니다. 어린양 달(羍)자의 모습이 조금 변했는데, 아랫부분은 양 양(羊)자입니다. 배달(配達), 발달(發達), 달성(達成) 등에 사용됩니다. 달인(達人)은 '학술과 기예에 통달한(達) 사람(人)'입니다.

핍박할 박(迫)자는 원래 '가까이 다가오다(辶)'는 뜻입니다. 이후 '다가오다→닥치다→다급하다→궁하다→핍박(逼迫)하다' 등의 뜻이 생겼습니다. 영화관에 붙어있는 개봉박두(開封迫頭)는 '봉(封)한 것을 여는(開) 것이 머리(頭)에 닥치다(迫)'는 뜻으로, 새로운 영화 등이 상영할 시기가 가까이 다가옴을 일컫는 말입니다.

가 변(邊)자는 '보이지 않게(臱) 변방이나 가장자리로 가다(辶)'는 뜻입니다. 변방(邊方)은 '가(邊)에 있는 지방(地方)'이라는 뜻으로, 나라의 경계가 되는 변두리의 땅입니다. 나뭇잎의 공변세포(孔邊細胞)는 '구멍(孔) 주변(邊)에 있는 세포(細胞)'입니다. 식물의 잎에는 조그마한 공기(空氣) 구멍이 있는데, 이 구멍을 기공(氣孔)이라 하고, 기공 주변에 있는 세포를 공변세포라고 합니다. 공변세포는 기공을 열었다 닫았다 하는 역할을 합니다.

# 생활 4-11 칼 칼 도(刀)

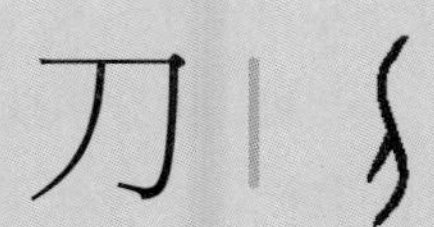

칼 도(刀/刂)
칼의 모습

고대 사회에서 인간이 만든 도구 중에 가장 유용한 것 중 하나가 칼입니다. 칼로 나무를 깎아 다른 도구를 만들 수 있었고, 사냥을 하거나 음식을 만들 때도 사용하였습니다. 청동기 문화를 꽃피웠던 중국 황하문명에서도 많은 칼을 만들었습니다.

칼 도(刀/刂)자는 칼의 모습을 본떠 만든 글자입니다. 보통 사용하는 칼은 날이 한쪽에만 있지만, 전쟁에서 사용하는 칼은 양날로 되어 있습니다. 이런 칼을 검(劍)이라고 합니다.

칼 도(刀) 칼 검(劍)

### 칼과 관련한 글자

**劍** 칼 검 ⓩ 剑 ⓐ 剣
칼 도(刂) + [다 첨(僉)→검]

**刃** 칼날 인 ⓩ 刃 ⓐ 刄
칼 도(刀) + 점 주(丶)

칼 검(劍)자는 '날이 양쪽에 모두 다(僉) 있는 칼(刂)'을 뜻합니다. 각주구검(刻舟求劍)은 배를 타고 가다 강에 빠뜨린 칼을 찾기 위해 칼이 떨어진 위치를 '배(舟)에 새겨(刻) 칼(劍)을 구한다(求)'는 뜻으로 어리석음을 비유한 말입니다.

칼날 인(刃)자는 칼(刀)의 날을 표시하기 위해 점(丶)을 찍어 놓았습니다. 칼날 인(刃)자에 마음 심(心)자를 붙이면 참을 인(忍)자가 됩니다. 양인지검(兩刃之劍)은 '양(兩) 날(刃)의(之) 칼(劍)'이라는 뜻으로, 쓰기에 따라 이롭기도 하고 해롭기도 함을 뜻합니다.

### 나누거나 분해함

**班** (칼로) 나눌 반 ⓩ 班
칼 도(刂) + 구슬 옥(玉/王) + 구슬 옥(玉/王)

반장(班長), 양반(兩班) 등에 나오는 나눌 반(班)자는 '칼(刂)로 옥(玉) 덩어리를 두 조각으로 나누다'는 뜻입니다.

나눌 별(別)자에 들어가는 가를 령(另)자는 가를 과(咼)자가 변형되어 만들어진 글자입니다. 가를 과(咼)자는 칼(刀)로 '물건을 잘라서 가르다'는 의미로 만든 글자입니다. 나중에 뜻을 분명히 하기 위해 칼 도(刂)자가 다시 추가되어 나눌 별(別)자가 되었습니다. 이후 '나누다→따로 떨어지다→(나누어진 것이) 다

別 다를/(칼로) 나눌 별 ⓩ 别
칼 도(刂) + 가를 령(另)

分 (칼로) 나눌 분 ⓩ 分
칼 도(刀) + 여덟 팔(八)

解 (칼로) 풀 해 ⓩ 解 ⓨ 鮮
뿔 각(角) + 칼 도(刀) +
소 우(牛)

絕 (실을 칼로) 끊을 절 ⓩ 绝
실 사(糸) +
칼 도(刀) + [병부 절(卩→巴)]

切 (칼로) 끊을 절, 온통 체 ⓩ 切
칼 도(刀) +
[일곱 칠(七)→절, 체]

조선 말기 신식 군대
별기군의 총든 모습

르다→차별(差別)→특별(特別)하다' 등의 뜻이 생겼습니다. 구별(區別), 별세(別世), 분별(分別), 작별(作別) 등에 사용됩니다. 별무반(別武班)은 '특별(別)히 무술(武)을 잘하는 반(班)'으로 고려 때 윤관이 여진족을 정벌하기 위해 기병을 중심으로 조직한 특별 부대입니다. 삼별초(三別抄)는 '3(三)개의 특별히(別) 뽑은(抄) 군대'로, 원래 무신정권을 위해 만든 부대였으나 몽골이 쳐들어 오자 몽골에 대항하여 끝까지 항쟁하였습니다. 별기군(別技軍)은 '특별한(別) 기술(技)을 가진 군대(軍)'로, 조선 말기 최초로 창설된 신식 군대였습니다.

나눌 분(分)자에 들어 있는 여덟 팔(八)자는 둘로 나누어져 있는 모습으로 원래 '나누다'는 뜻을 가지고 있었으나, 나중에 가차되어 여덟이란 뜻이 생기면서 원래의 뜻을 분명히 하기 위해 칼 도(刀)자가 추가되었습니다. 고등학교 수학시간에 배우는 미분(微分)은 '작게(微) 나누다(分)'는 뜻으로, 어떤 함수에서 아주 작은 구간을 나누어 이 구간에서 일어나는 현상을 연구하는 수학입니다. 반대로 적분(積分)은 '작게 나누어진(分) 것을 합쳐서 쌓다(積)'는 뜻으로, 어떤 함수에서 아주 작은 구간들을 합쳐서 쌓으면 일어나는 현상을 연구하는 수학입니다.

풀 해(解)자는 원래 '소(牛)에서 칼(刀)로 뿔(角)을 자르다'는 뜻입니다. 이후 '자르다→분할(分割)하다→분해(分解)하다→풀다→풀이하다' 등의 뜻이 생겼습니다. 해답(解答)은 '문제를 풀어(解) 놓은 답(答)'입니다.

절단(絕斷), 절망(絕望) 등에 들어가는 끊을 절(絕)자는 '칼(刀)로 실(糸)을 자르다'는 뜻과, 병부 절(卩→巴)자의 소리가 합쳐진 글자입니다. 나중에 글자 오른쪽이 빛 색(色)자로 변했습니다.

끊을 절(切)자에 들어가는 일곱 칠(七)자는 갑골문에 十으로 표시되어 있는데(열 십(十)자는 丨로 표시합니다), 세로선은 자르는 칼을, 가로선은 잘리는 물건을 표시한 것입니다. 그래서 원래는 '자르다'라는 의미였습니다. 이후 가차되어 '일곱'이란 의미로 사용되자, 원래의 뜻을 분명히 하기 위해 칼 도(刀)자가 추가되어 끊을 절(切)자가 되었습니다.

끊을 절(切)자는 온통 체(切)로도 사용됩니다. 이 두 글자는 똑같이 사용되어 혼동하기가 쉬운데, 일체(一切)와 일절(一切)이 그러한 예입니다. '재산 일체를 학교에 기부하였다'에서 재산 일체(一切)는 '재산 전부'라는 뜻으로 명사로 사용되었지만, '일절 소식이 없다'에서 일절(一切)은 '도무지'라는 뜻으로 부사로 사용되었습니다.

### 칼로 하는 행위

削 (칼로) 깎을 삭 ⓢ 削
칼 도(刂) + [쇠할 소(肖)→삭]

刻 (칼로) 새길 각 ⓢ 刻
칼 도(刂) + [돼지 해(亥)→각]

列 (칼로) 벌일 렬/열 ⓢ 列
칼 도(刂) + 부서진뼈 알(歹)

刺 (칼로) 찌를 자 ⓢ 刺
칼 도(刂) + [가시나무 자(朿)]

割 (칼로) 벨 할 ⓢ 割
칼 도(刂) + [해칠 해(害)→할]

副 버금 부, (칼로) 쪼갤 복 ⓢ 副
칼 도(刂) + [찰 복(畐)]

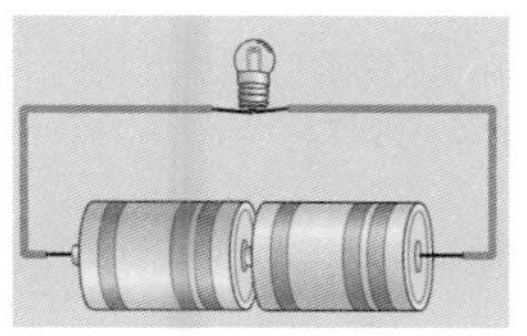
직렬

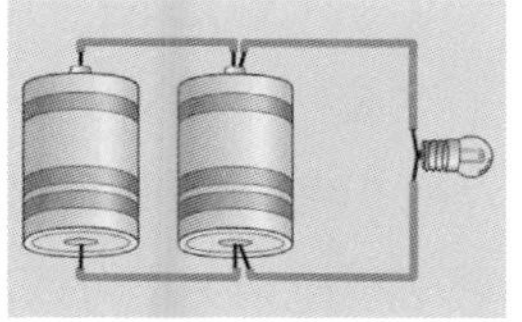
병렬

〈전지의 직렬과 병렬 연결〉

깎을 삭(削)자는 '칼(刂)로 고기(肉/月)를 작게(小) 깎아 내다'는 뜻입니다. 삭제(削除), 삭감(削減), 삭발(削髮) 등에 사용됩니다. 첨삭(添削)은 '더하거나(添) 깎아(削) 낸다'는 뜻으로 글이나 답안을 고치는 일을 말합니다.

조각(彫刻)에 사용되는 새길 각(刻)자는 '칼(刂)로 무늬나 형상을 새기다'는 뜻입니다. '상태가 심각하다'의 심각(深刻)은 '마음에 깊이(刻) 새길(深) 정도로 중대하거나 절박하다'는 뜻입니다. 각(刻)자는 옛날에 시간의 단위로도 사용되었습니다. 하루를 12로 나눈 1시간(지금의 2시간)을 다시 8로 나눈 단위(지금의 15분)입니다. 중국에서는 지금도 15분을 일각(一刻)이라고 합니다. '일각을 다투다 ' 혹은 '일각이 급하다'에서 일각(一刻)은 아주 짧은 시간을 말합니다. 시간(時間)을 시각(時刻)이라고도 하는데, 정각(正刻)은 '정확한(正) 시각(刻)'이고, 지각(遲刻)은 '늦은(遲) 시각(刻)'입니다.

벌일 렬(列)자는 '죽은(歹) 짐승이나 가축에서 뼈와 살을 칼(刀/刂)로 갈라서 벌여 놓다'는 뜻입니다. 직렬(直列)은 '곧게(直) 벌여 놓다(列)'는 뜻이고, 병렬(竝列)은 '나란히(竝) 벌여 놓다(列)'는 뜻입니다.

찌를 자(刺)자는 '칼(刂)이나 가시(朿)로 찌르다'는 뜻입니다. 자상(刺傷)은 '못이나 칼 등에 찔린(刺) 상처(傷)'이고, 자객(刺客)이란 '사람을 몰래 찔러(刺) 죽이는 사람(客)'입니다.

벨 할(割)자는 '누구를 해치기(害) 위해 칼(刂)로 베다'는 뜻입니다. 이후 '베다→가르다→나누다→비율' 등의 뜻이 파생되었습니다. 할복(割腹)은 '배(腹)를 갈라(割) 자살하다'는 뜻이고, 분할(分割)은 '나누고(分) 나누다(割)'는 뜻이며, 할부(割賦)는 '돈을 여러 번으로 나누어(割) 주다(賦)'는 뜻입니다. '이자율이 2할(割) 3분(分: '푼'으로 쓰기도 함)이다'는 '이자율이 23%이다'라는 뜻입니다.

쪼갤 복(副)자는 원래 '칼(刂)로 물건을 쪼개다'는 뜻입니다. 하지만 나중에 버금 부(副)자가 되면서 '쪼개다'라는 의미로는 거의 사용하지 않습니다. 버금은 '다음'이나 '둘째'라는 뜻의 순우리말입니다. 이후 둘째의 사람이 첫 번째 사람을 '돕다, 보좌한다'는 뜻도 생겼습니다. 사장(社長)−부사장(副社長), 회장(會長)−부회장(副會長), 반장(班長)−부반장(副班長) 등이 그러한 예입니다.

## 옷 제작

**初** 처음 초 ⓢ 初
옷 의(衤) + 칼 도(刀)

**制** (칼로) 마를 제 ⓢ 制
칼 도(刂) + 소 우(牛) + 수건 건(巾)

**製** (칼로 옷을) 지을 제 ⓢ 制
옷 의(衣) + [마를 제(制)]

초기(初期), 시초(始初), 초등(初等), 최초(最初), 태초(太初) 등에 사용되는 처음 초(初)자는 '옷(衣/衤)을 만들기 위해 옷감을 칼(刀)로 자르는 것이 처음의 일이다'는 뜻입니다.

마를 제(制)자는 '옷을 만들기 위해 소(牛) 가죽으로 만든 베(巾)를 칼(刂)로 자르다(마르다)'는 의미입니다. 이후 '마르다→(옷을) 짓다→제작(制作)하다→(칼로 자르듯이) 절제(節制)하다→억제(抑制)하다→제도(制度)' 등의 뜻이 생기면서, 원래의 의미를 살리기 위해 옷 의(衣)자를 추가하여 (옷을) 지을 제(製)자를 만들었습니다. 7월 17일 제헌절(制憲節)은 '헌법(憲)을 만든(制) 것을 축하하는 명절(節)'입니다. 천일제염(天日製鹽)은 '하늘(天)의 해(日)로 소금(鹽)을 만든다(製)'는 뜻으로, 염전(鹽田: 소금 밭)에 바닷물을 끌어 들여서 태양열로 수분을 증발시켜 소금을 만드는 방법입니다.

## 재판과 형벌

**判** 판단할 판 ⓢ 判
칼 도(刂) + [절반 반(半)→판]

**辨** 분별할 변 ⓢ 辨
칼 도(刂) + [죄인서로송사할 변(辡)]

**刑** 형벌 형 ⓢ 刑
칼 도(刂) + [우물 정(井)→형]

**罰** 벌할 벌 ⓢ 罚
그물 망(网/罒) + 말씀 언(言) + 칼 도(刂)

형벌 도구로도 쓰인 중국의 작두

판단할 판(判)자는 원래 '칼(刂)로 물건을 반(半)으로 자르다'는 의미입니다. '재판(裁判)에서 잘잘못을 판단(判斷)할 때 칼로 자르듯이 정확하게 판단해야 한다'고 해서 '판단(判斷)하다, 판결(判決)하다, 판별(判別)하다'는 의미가 생겼습니다. 판사(判事)는 '판단(判)하는 일(事)을 하는 사람'으로서, 판사(判事)를 판사(判士)나 판사(判師)로 잘못 쓰지 않도록 유의해야 합니다.

분별할 변(辨)자에 들어가는 죄인서로송사할 변(辡)자는 두 명의 죄인(辛)이 서로 소송하며 싸우는 형상입니다. 따라서 분별할 변(辨)자는 '두 명의 죄인(辛)이 서로 소송하여 싸울 때 칼(刂)로 물건을 자르듯이 누가 잘못했는지를 분별하다'는 뜻입니다. 전민변정도감(田民辨整都監)은 '억울하게 빼앗긴 밭(田)과 노비가 된 백성(民)을 분별하고(辨) 정리하는(整) 우두머리(都) 관청(監)'으로 고려 후기 권력가에게 강탈당한 토지나 노비로 전락한 농민을 되찾아 바로잡기 위하여 설치된 최고 관청입니다.

형벌(刑罰)은 국가가 범죄자에게 제재를 가하는 것을 말합니다. 고대 중국의 형벌(刑罰)들은 머리 자르기, 다리 자르기, 코 베기, 배 가르기 등인데, 주로 칼을 사용했으므로 형벌 형(刑)자와 벌할 벌(罰)자에 칼 도(刂)자가 들어갑니다. 하지만 이런 형벌은 이제 없어졌습니다. 한국 형법에는 생명형(生命刑)인 사형, 자유형(自由刑)인 징역, 금고, 구류, 재산형(財産刑)인 벌금, 과료, 몰수, 명예형(名譽刑)인 자격상실, 자격정지 등 9가지의 형벌이 있습니다.

## 글 새김

**刊** 책펴낼 간 중 刊
칼 도(刂) +
[방패/줄기 간(干)]

**刷** 인쇄할 쇄 중 刷
칼 도(刂) + [닦을 쇄(㕞)]

**契** 맺을 계 중 契
[새길 계(丰)] + 칼 도(刀) +
나무 목(木→大)

**券** 문서 권 중 券
칼 도(刀) + [책 권(卷)]

옛 중국에서는 붓으로 글을 쓰기 전에 대나무 죽간(竹簡)에 칼로 글을 새겼습니다. 책펴낼 간(刊)자는 원래 '칼(刂)로 대나무 줄기(干)에 글을 새기다'는 뜻인데, 이후 책을 펴내다'는 뜻이 파생되었습니다. 출간(出刊)은 '책을 펴내어(刊) 세상에 내놓다(出)'는 뜻입니다.

인쇄할 쇄(刷)자에 들어가는 닦을 쇄(㕞)자는 '손(又)에 수건(巾)을 들고 시신(尸)을 깨끗이 닦다'는 뜻입니다. 따라서 인쇄할 쇄(刷)자는 원래 '칼(刂)로 글을 새긴 자리를 깨끗이 닦다'는 뜻이며, 이후에 '인쇄(印刷)하다'는 뜻이 파생되었습니다. 쇄신(刷新)은 '새로워지게(新) 닦는다(刷)'는 뜻으로 '나쁜 폐단이나 묵은 것을 없애고 새롭게 한다'는 의미입니다.

맺을 계(契)자는 '칼(刀)로 나무(木→大)에 숫자나 글을 새기다(丰)'는 뜻입니다. 이 글자의 원래 의미는 '글'이었으나, 나중에 '계약(契約)을 맺을 때 글로 새겨둔다'는 의미로 '맺다'는 뜻으로 변했습니다. 계(契)는 경제적인 도움을 주고받거나 친목을 도모하기 위하여 만든 전래의 협동 조직을 이르는 말이기도 합니다. 이때 회원들을 계원(契員)이라 하고, 회원들이 내는 회비를 곗돈이라 합니다.

문서 권(券)자는 '대나무 죽간으로 된 책(卷)에 칼(刀)로 글을 새긴 것이 문서'라는 뜻입니다. 복권(福券)은 '복(福)을 가져오는 문서(券)'이고, 채권(債券)은 '빚(債)을 증명하는 문서(券)'입니다.

## 기타

**劑** 약지을 제 중 剂 약 剤
칼 도(刂) + [가지런할 제(齊)]

**則** 법칙 칙, 곧 즉 중 则
칼 도(刂) + 솥 정(鼎→貝)

옛날에는 약을 대부분 약초(藥草)로 만들었습니다. 지금도 한약방에 가면 이러한 약초를 자르기 위해 작두가 있습니다. 작두는 한자어 작도(斫刀: 자르는 칼)가 변한 말입니다. 약지을 제(劑)자는 '약초를 작두(刂)로 가지런하게(齊) 잘라서 약을 짓다'는 뜻입니다. 소화제(消化劑), 중화제(中和劑), 촉매제(觸媒劑), 표백제(漂白劑), 항생제(抗生劑), 흡습제(吸濕劑) 등은 모두 약품(藥品)이나 약제(藥劑)를 뜻 합니다.

법칙 칙(則)

법칙(法則), 원칙(原則) 등에 사용되는 법칙 칙(則)자는 주나라에서 법령 같은 것을 솥(鼎→貝)에다 칼(刂)로 글을 새긴 데에서 '법칙'이란 뜻이 유래합니다. 법칙 칙(則)자는 가차되어 곧 즉(則)자로도 사용됩니다. 필사즉생(必死則生)은 '반드시(必) 죽기(死)를 각오하고 싸우면 곧(則) 산다(生)'는 뜻으로, 이순신 장군이 남긴 말입니다.

利 이로울 리 ⓢ 利
칼 도(刂) + 벼 화(禾)

前 앞 전 ⓢ 前
그칠 지(止→⺊) +
배 주(舟→月) + 칼 도(刂)

剪 자를/가위 전 ⓢ 剪
칼 도(刀) + [앞 전(前)]

創 비롯할 창 ⓢ 创
칼 도(刂) + [곳집 창(倉)]

剛 굳셀 강 ⓢ 刚
칼 도(刂) + [언덕 강(岡)]

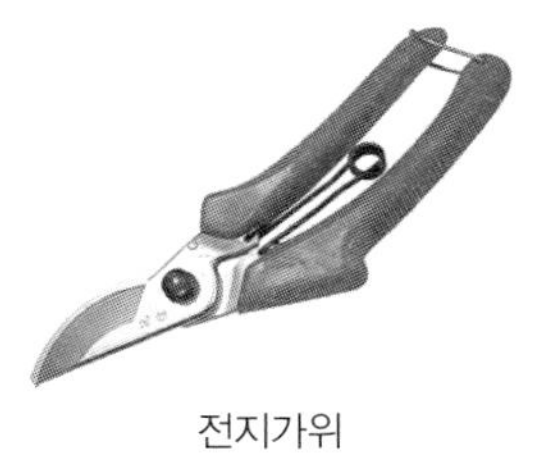
전지가위

경주 석굴암의 금강역사

이익(利益), 이용(利用), 유리(有利), 편리(便利) 등에 쓰이는 이로울 이(利)자는 '다 자란 벼(禾)를 칼(刂)로 베어 수확하니 이익(利益)이 생기다'는 뜻입니다. 이용후생(利用厚生)은 '상공업을 잘 이용(利用)하여 생활(生)을 두텁게(厚) 하다'는 뜻으로 조선 후기 실학파에 의해 주장되었습니다. 농업 쪽으로 치우친 관심을 상업과 공업 쪽으로 돌려, 청나라를 통해 들어온 발전된 문화를 받아들이고, 특히 상업을 중시해야한다는 주장으로 중상주의(重商主義)라고도 합니다.

앞 전(前)

앞 전(前)자의 상형문자를 보면 그칠 지(止→⺊)와 배 주(舟→月)자가 합쳐진 모습(歬)입니다. 즉, 배(舟)가 앞으로 나아가는(止) 모습에서 앞이란 뜻이 생겼습니다. 이후 이 글자에 칼 도(刂)자가 붙어 '자르다'는 의미의 글자가 되었으나, 여전히 '앞'이라는 의미로 사용되자 칼 도(刀)자를 한 번 더 추가하여 자를 전(剪)자를 만들었습니다. 전지(剪枝)가위는 '나무의 가지(枝)를 자르기(剪) 위한 가위'입니다. 《전등신화(剪燈新話)》는 '등잔불(燈)의 심지를 가위로 잘라(剪) 가면서 읽을 정도로 재미있는 새로운(新) 이야기(話)'란 뜻으로, 1378년 경 중국 명나라 구우가 지은 전기체(傳奇體) 형식의 단편 소설집입니다. 당나라 전기소설(傳奇小說)을 본떠 고금의 괴담과 기문을 엮은 책입니다. 등잔불을 오래 켜두면 심지가 타서 그으름이 많이 올라오기 때문에 가위로 심지 윗부분을 잘라주어야 합니다.

창조(創造), 창작(創作), 창의(創意), 독창적(獨創的) 등에 들어가는 비롯할 창(創)자는 원래 '칼(刂)로 인해 상처가 나거나 다치다'는 뜻이었으나, 가차되어 '비롯하다, 시작하다' 등의 뜻이 생겼습니다. 〈창세기(創世記)〉는 '세상(世)이 시작될(創) 때의 기록(記)'을 말하는 《성경》의 맨 처음 부분으로, 아담과 하와의 이야기가 나옵니다. 창씨개명(創氏改名)은 '성씨(氏)를 새로 시작하여(創) 이름(名)을 고치다(改)'는 뜻으로, 일제강점기 1939년 2월 조선총독부에서 우리나라 사람의 이름을 강제로 일본식 이름으로 바꾸게 한 일입니다.

굳셀 강(剛)자는 '칼(刂)이 무르면 안 되고, 굳세어야 한다'는 뜻이 담겨 있습니다. 금강석(金剛石)은 '쇠(金)처럼 굳센(剛) 돌(石)'인 다이어몬드(diamond)를 일컫는 말입니다. 금강역사(金剛力士)는 '쇠(金)처럼 굳세고(剛) 힘(力)이 센 장사(士)'라는 뜻으로 절의 문 좌우에 서서 문을 지키며 불법(佛法)을 수호하는 신입니다.

# 생활 4-12 도끼와 창

선비 사(士) | 도끼 근(斤) | 창 과(戈)

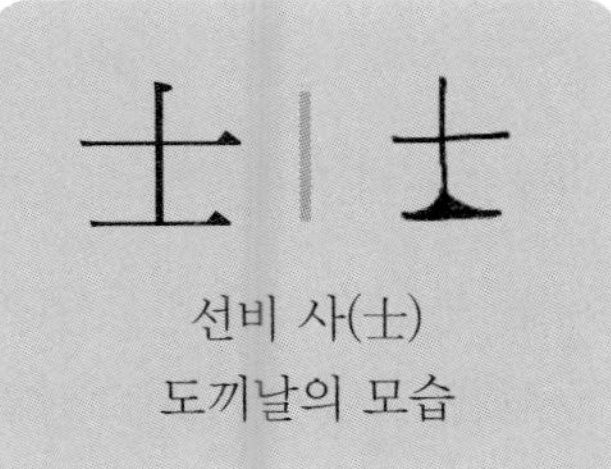

선비 사(士)
도끼날의 모습

청동 도끼. 선비 사(士)자는 도끼 모습에서 유래한다.

선비 사(士)자는 원래 도끼날의 모습을 본떠 만든 글자입니다. 당시 무사들이 도끼를 들고 다닌다고 해서, 사(士)자는 무사(武士)란 의미로 사용되었습니다. 그래서 병사(兵士)나 군사(軍士)에 선비 사(士)자가 들어갑니다. 도끼를 들고 다녔던 무사들은 당시 사회의 지배계층이었습니다.

주나라에서 시작된 봉건제도는 춘추 시대에 다음과 같은 5개의 계급이 정착되었습니다.

1. 천자(天子) : 춘추 시대에는 주나라의 왕을 천자라고 불렀고 사방 500리 이내의 땅을 다스렸습니다. 이런 지역을 경기(京畿)라고 불렀습니다. 우리나라의 경기도(京畿道)라는 명칭도 여기에서 나왔습니다.
2. 제후(諸侯) : 경기 지역을 제외한 나머지 지역을 친척이나 공을 세운 신하에게 나누어 주고 제후로 봉하였습니다. 춘추 시대에는 이러한 제후국이 140여 개나 되었습니다.
3. 대부(大夫) : 제후는 자신의 영지의 일부를 친척들이나 신하에게 일부 나누어 주고, 대부로 봉하였습니다. 제후나 대부가 거느리고 있던 신하들을 경(卿)이라고 불렀습니다.
4. 사(士) : 대부는 친척들에게 군대를 이끌도록 하고, 무사(武士)라는 뜻의 사(士)라는 벼슬을 주었습니다.
5. 서민(庶民) : 일반 백성

이러한 무사(武士) 계급은 문인 사회로 오면서 자연스럽게 지배층인 선비로 변화하게 됩니다. 쉽게 말하면, 옛날에는 도끼를 든 무사들이 지배층이 되었다가 차츰 사회가 안정되면서 글을 익힌 선비들이 지배층이 되는 문인 사회로 변화해 갑니다. 즉, 선비 사(士)자는 '도끼→(도끼를 든) 사내→(도끼를 든) 무사→군사, 병사→벼슬하다→관리(官吏)→선비' 등의 뜻을 가지고 있습니다.

우리에게 양반이나 벼슬이 높은 집안의 사람이란 뜻으로 알려져 있는 사대부(士大夫)라는 단어는 춘추 시대의 벼슬인 사(士)와 대부(大夫)를 합쳐 만든 단어입니다.

### 사(士)자가 들어가는 글자

**王** 임금 왕 ⓢ 王
큰 도끼 모습

**仕** 벼슬할 사 ⓢ 仕
사람 인(亻) + [선비 사(士)]

**壯** 씩씩할 장 ⓢ 壮
선비 사(士) +
[나무조각 장(爿)]

**吉** 길할 길 ⓢ 吉
입 구(口) + 선비 사(士)

임금 왕(王)

임금 왕(王)자는 선비 사(士)자와 마찬가지로 자루가 없는 큰 도끼날의 모양을 본떠 만든 글자입니다. 도끼는 무력을 상징으로 하는 것으로, 왕을 뜻하게 되었습니다. 임금 왕(王)자를 자전에서 찾으려면 구슬 옥(玉) 변에서 찾아야 합니다. 임금 왕(王)자의 획수는 4획으로, 자신의 부수(玉)보다 적습니다.

벼슬할 사(仕)자는 '도끼(士)를 든 사람(亻)이 벼슬을 한다'는 뜻입니다.

씩씩할 장(壯)자는 '무사(士)가 씩씩하고 굳세다'는 뜻입니다. 천하장사(天下壯士)는 '하늘(天) 아래(下)에서 가장 씩씩하고 굳센(壯) 사내(士)'입니다. 《일동장유가(日東壯遊歌)》는 '동쪽(東) 일본(日)을 씩씩하게(壯) 유람(遊)하고 지은 가사(歌)'라는 뜻으로, 조선 영조 때 김인겸이 일본 통신사를 따라가 11개월 동안 일본의 문물제도와 풍속, 풍경 등을 보고 경험하여 쓴 것이며 모두 8,000여 구에 달하는 장편 가사(歌辭)입니다.

길할 길(吉)자는 선비 사(士)자와 입 구(口)자가 합쳐진 글자입니다. 도끼(士)와 입(口)에서 길하다는 의미가 생긴 이유에 대해서는 명확하지 않지만, 입(口)으로 길함을 비는 주술과 관련이 있을 듯합니다. 그냥 '선비(士)가 입(口)으로 하는 이야기가 길(吉)하다'고 암기하면 좋을 듯합니다. 입춘대길(立春大吉)은 '입춘(立春)을 맞이하여 크게(大) 길(吉)하라'고 기원하는 글귀로 예전에 봄이 시작될 때쯤 대문에 써 붙였습니다.

**斤**

도끼 근(斤)
세워 놓은 도끼 모습

도끼 근(斤)자는 세워 놓은 도끼의 모습을 본떠 만든 글자입니다. 옛날에는 밥을 짓거나 난방을 위해 땔감으로 나무를 사용했기 때문에 장작을 패기위한 도끼는 집안의 필수품이었습니다. 또한 전쟁이 나면 무기로 사용하였는데, 두 손(廾) 위에 도끼(斤)를 들고 있는 병사 병(兵)자가 그런 예입니다.

갑골문자가 만들어진 상나라에서는 장사가 성행하였고, 자연히 무게를 헤아릴 필요성이 대두되었습니다. 그래서 도끼 근(斤)자는 무게를 재는 단위로 사용되어 몇 천 년이 지난 지금까지도 사용되고 있습니다. 우리나라에서 한 근(斤)은 원래 375g이었으나, 지금은 600g입니다.

도끼 근(斤)자는 가끔 소리로도 사용되는데 가까울 근(近), 기쁠 흔(欣), 빌 기(祈)자가 그러한 예입니다.

### 도끼로 자름

**析** 가를 석 ⓒ 析
나무 목(木) + 도끼 근(斤)

**新** 새로울 신 ⓒ 新
가를 석(析) + [매울 신(辛)]

**斷** 끊을 단 ⓒ 断 ⓨ 断
도끼 근(斤) + 이을 계(㡭)

**折** 꺾을 절 ⓒ 折
손 수(扌) + 도끼 근(斤)

**哲** 밝을 철 ⓒ 哲
입 구(口) + [꺾을 절(折)→철]

**斬** 벨 참 ⓒ 斩
수레 차/거(車) + 도끼 근(斤)

단층

가를 석(析)자는 '도끼(斤)로 나무(木)를 가르다'는 뜻입니다. 분석(分析)이란 '나누고(分) 가르다(析)'는 뜻으로, 복합된 사물을 그 요소나 성질에 따라서 가르는 일입니다. 투석(透析)은 '투과시켜(透) 가르다(析)'는 뜻으로, 필터나 반투막(半透膜)을 사용하여 불순물이나 특정 물질을 걸러 내는 것입니다.

새로울 신(新)자는 '도끼(斤)로 나무(木)를 쪼갠 자리가 깨끗하고 새롭다'는 뜻입니다. '새로운(新) 백성(民)의 모임(會)'이란 뜻의 신민회(新民會)는 1907년에 안창호가 국권 회복을 목적으로 조직한 항일 비밀 결사 단체입니다. 1910년에 데라우치(寺內) 총독 암살 모의 사건으로 많은 회원이 투옥됨으로써 해체되었습니다. 흠흠신서(欽欽新書)는 '(사람의 생명을) 공경하고(欽) 공경해야할(欽) 새로운(新) 책(書)'는 조선 정조 때에 정약용이 지은 책으로, 형벌 일을 맡은 관리들이 유의할 점에 관한 내용입니다.

끊을 단(斷)자는 '이어진(㡭) 것을 도끼(斤)로 끊다'는 뜻입니다. 단절(斷絕)은 '끊고(斷) 끊다(絕)'는 뜻입니다. 단층(斷層)은 '땅의 층(層)이 끊어진(斷) 곳'으로, 지각 변동으로 지층(地層)이 끊어진 지형입니다.

꺾을 절(折)자는 '손(扌)에 도끼(斤)를 들고 나무를 자르다, 꺾다'는 뜻입니다. 백절불굴(百折不屈)은 '백(百) 번 꺾여도(折) 굽히지(屈) 않는다(不)'는 뜻입니다. 이 글자에 입 구(口)자를 합친 밝을 철(哲)자는 '불이 밝다'는 뜻이 아니라, '입(口)으로 말을 잘 하는 사람이 도리나 사리에 밝다'는 뜻입니다. 철학(哲學)은 '인간이나 세상에 대한 진리를 밝히는(哲) 학문(學)'입니다.

참수(斬首), 능지처참(陵遲處斬), 부관참시(剖棺斬屍) 등의 형벌에 관한 글자에 등장하는 벨 참(斬)자는 원래 '도끼(斤)로 머리를 자르거나 사지를 절단하는 형벌'을 일컫는 글자에서 '베다'는 뜻이 생겼습니다. 참수(斬首)는 '머리(首)를 베는(斬) 형벌'입니다. 능지(陵遲) 혹은 능지처참(陵遲處斬)은 '언덕(陵)에 올라가듯이 최대한 느리게(遲) 베어(斬) 죽이는 형에 처(處)한다'는 뜻으로, 그 형벌의 끔찍함이 너무 엽기적이라 구체적인 설명은 생략하겠습니다. 중국 명나라의 법전인 대명률(大明律)을 따랐던 우리나라에서도 능지처참이 도입되었는데, 너무 잔인하다하여 수레(車)에 사지를 묶어 사방에서 당겨 죽이는 거열형(車裂刑)으로 완화되었습니다. 부관참시(剖棺斬屍)는 '관(棺)을 쪼개어(剖) 꺼낸 시신(屍)을 베다(斬)'는 뜻으로, 옛날에 죽은 뒤에 큰 죄가 드러난 사람에게 내리던 형벌입니다.

### 전쟁과 관련한 글자

**兵** 병사 병 중 兵
도끼 근(斤) +
손맞잡을 공(廾)

**斥** 물리칠 척 중 斥
도끼 근(斤) + 점 주(丶)

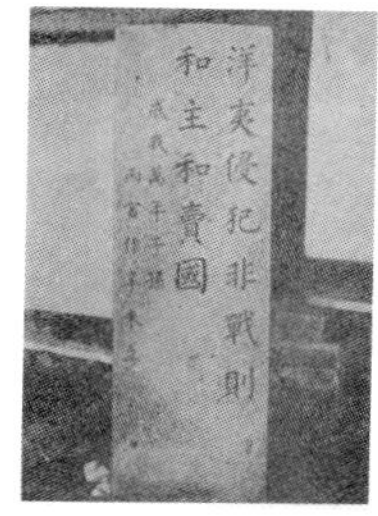

대원군이 세운 척화비

병사 병(兵)자는 '두 손(廾)에 도끼(斤)를 들고 있는 사람이 병사(兵士)다'는 뜻입니다. 부병제(府兵制)는 '마을(府)의 병사(兵) 제도(制)'라는 뜻으로, 중국의 수나라와 당나라 및 고려 말에서 조선 전기에 실시되었던 병농일치(兵農一致)의 군사제도입니다. 균전(均田)을 준 장정을 농한기에 훈련을 시킨 후, 3명 중 1명을 3년씩 돌아가며 징집하여 근무하게 한 제도로, 근무 중에는 조세를 면제하여 주었습니다. 관청 부(府)자는 '관청이 있는 마을'이란 뜻으로 사용됩니다.

물리칠 척(斥)자는 '도끼(斤)로 적을 물리치다'는 뜻입니다. 배척(排斥)은 '밀어서(排) 물리치다(斥)'는 뜻이고, 위정척사파(衛正斥邪派)는 '바른(正) 것을 지키고(衛), 사악(邪)한 것을 배척하는(斥) 파(派)'로, 조선 후기에 최익현을 중심으로 하여 대외 통상을 반대하고 통상 수교의 거부를 주장하던 무리입니다. 척화비(斥和碑)는 '화친(和)을 배척(斥)하자는 비석(碑)'이란 뜻으로, 1866년의 병인양요와 1871년의 신미양요를 겪은 뒤, 대원군이 쇄국정책의 일환으로 서울을 비롯한 전국의 요소에 세운 비석(碑石)입니다.

### 기타

**斧** 도끼 부 중 斧
도끼 근(斤) + [아버지 부(父)]

**匠** 장인 장 중 匠
상자 방(匚) + 도끼 근(斤)

**所** 바 소 중 所
도끼 근(斤) +
[지게문 호(戶)→소]

**斯** 이 사 중 斯
도끼 근(斤) + 그 기(其)

도끼 근(斤)자가 무게를 나타내는 단위로 사용되자, 원래의 의미를 보존하기 위해 아버지 부(父)자를 추가하여 도끼 부(斧)자를 만들었습니다. '도끼는 매우 무거워서 집안에서 아버지(父)만 사용할 수 있다'는 뜻을 포함하고 있습니다. 《수호지(水滸誌)》에 나오는 흑선풍 이규가 쌍부(雙斧)를 잘 다루었는데, 쌍부(雙斧)는 '쌍(雙) 도끼(斧)'입니다.

장인 장(匠)자는 상자(匚)에 도끼(斤)를 넣어 둔 모습으로 도끼를 가지고 나무를 깎아 물건을 만드는 사람이 장인(匠人)이라는 뜻입니다.

바 소(所)자는 '문(戶) 옆에 도끼(斤)를 놓아두는 자리'라는 뜻입니다. 이후 '자리→위치→곳→것→바'라는 뜻이 생겼습니다. 소재(所在)는 '있는 곳(所)', 소지(所持)는 '가진(持) 것(所)', 소임(所任)은 '맡은(任) 바(所) 직책'입니다. '소정의 원고료를 지급한다'의 소정(所定)은 '정(定)해진 바(所)'입니다.

이 사(斯)자는 키의 상형인 기(其)자와 도끼 근(斤)자가 합쳐진 글자입니다. 키는 곡물들에서 쭉정이나 티끌을 가려내는 도구이고, 도끼는 쪼개는 도구이므로 '쪼개어 가르다'는 뜻이 생겼습니다. 하지만 지금은 '이것'이란 의미나 어조사로 사용됩니다. '사학의 권위자' 혹은 '사학의 대가'에서 사학(斯學)은 '그(斯) 방면의 학문(學)'입니다.

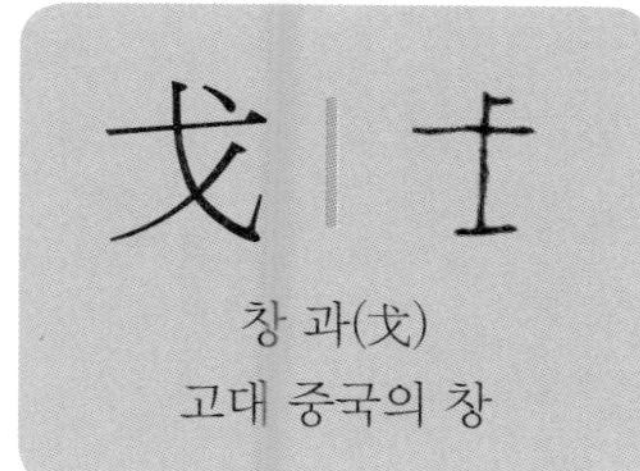


창 과(戈)
고대 중국의 창

창을 뜻하는 한자 하면 맨 먼저 머리에 떠오르는 글자가, '창(矛)과 방패(盾)'라는 뜻의 **모순(矛盾)**이란 고사성어에 나오는 창 모(矛)자입니다. **창 모(矛)**자는 우리가 알고 있는 일반적인 창입니다. 하지만, 갑골문자가 만들어졌을 당시의 은나라에서 가장 많이 사용한 창은 긴 막대기 끝에 벼를 베는 낫을 달아 놓은 모습입니다.

**창 과(戈)**자는 긴 막대기 끝에 낫이나 갈고리가 붙어 있는 모습입니다. 이러한 창은 전쟁할 때에는 무기로 사용하다가, 농사를 지을 때에는 낫으로 사용합니다. 그래서 **싸울 전(戰)**자에도 창 과(戈)자가 들어 있지만, '낫으로 추수를 하면 한 해가 간다'는 뜻의 **해 세(歲)**자에도 창 과(戈)자가 들어 있습니다. 특히 전쟁에서 마차를 타고 빠른 속도로 달리면서 마차 주변의 적을 베는 데에는 찌르는 창(矛)보다는 낫 모양의 창(戈)이 효율적이었습니다.

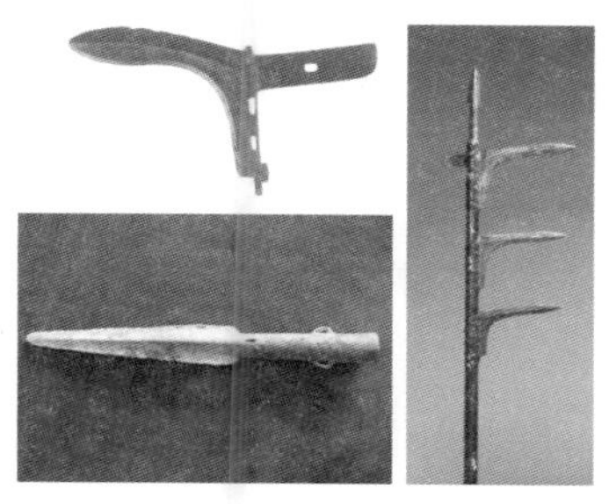

창 과(戈)  창 모(矛)   창 극(戟)

여러 종류의 창

창을 뜻하는 글자로 **창 극(戟)**자도 있는데, 극(戟)은 과(戈)와 모(矛)를 합쳐 놓은 창입니다.

창 과(戈)자는 옆에 붙어 있는 날의 크기나 모양에 따라, 과(戈), 무(戊), 월(戉), 술(戌), 아(我)자와 같이 변하는데, 비슷하게 생긴 이 글자들의 소리나 뜻은 제각각입니다. 이해를 돕기 위해 비슷한 부류로 분류해서 설명해 보겠습니다.

### 창 과(戈)자가 들어가는 글자

**戰** 싸움 전 ⓒ 战 ⓙ 战
창 과(戈) +
[오랑캐이름 선(單)→전]

**戎** 오랑캐 융 ⓒ 戎
창 과(戈) + 갑옷 갑(甲→十)

**賊** 도둑 적 ⓒ 贼
조개 패(貝) + 오랑캐 융(戎)

**武** 굳셀 무 ⓒ 武
그칠 지(止) + 창 과(戈)

**싸울 전(戰)**자는 '오랑캐(單)와 창(戈)으로 싸우다'는 뜻입니다. 오랑캐이름 선(單)자는 홑 단(單)자로 우리에게는 더 잘 알려져 있습니다. **전국 시대(戰國時代)**는 '싸우는(戰) 나라(國)의 시대(時代)'라는 뜻으로, BC403년부터 진나라가 중국을 통일한 BC 221년까지의 약 200년 동안으로, 한나라 유향이 저술한 역사책《**전국책(戰國策)**》에서 그 시대의 일을 서술한 데서 붙여진 이름입니다.

**오랑캐 융(戎)**자는 갑옷 갑(甲→十)자와 창 과(戈)자가 합쳐진 글자입니다. 열 십(十)자가 갑옷 갑(甲)자의 원래 형상입니다. 이 글자는 원래 갑옷과 창을 합쳐 무기나 병기를 나타내는 말이었습니다. 이후 '무기→군사→전쟁→오랑캐'라는 뜻이 파생되었습니다. **총융청(摠戎廳)**은 '군사(戎)를 모두(摠) 총괄하는 관청(廳)'으로, 조선 인조 2년(1624)에 만든 오군영(五軍營) 가운데 경기 지역의 군무를 맡아보던 군영입니다. 오랑캐 융(戎)자에 돈을 의미하는 조개 패(貝)자가 붙은 **도적 적(賊)**자는 '돈(貝)을 훔쳐가는 오랑캐(戎)가 도적이다'는 뜻입니다.

或 혹시 혹 ㊥或
창 과(戈) + 둘러싸일 위(囗) + 한 일(一)

戒 경계할 계 ㊥戒
창 과(戈) + 손맞잡을 공(廾)

戲 희롱할 희 ㊥戏
창 과(戈) + [빌 허(虛)→희]

진시황제를 소재로 한 영화 〈영웅〉의 한 장면. 과(戈)를 들고 전쟁터에 서 있는 병사들

굳셀 무(武)

굳셀 무(武)자에 들어 있는 그칠 지(止)는 '서 있다'와 '가다'는 두 가지 뜻이 있습니다. 굳셀 무(武)자는 '무사(武士)가 창(戈)을 가지고 전쟁터에 나가다(止)'는 뜻을 담고 있습니다. 이후 '무기(武器)→무사(武士)→무술(武術)→무인(武人)→굳세다' 등의 뜻이 파생되었습니다. 현무암(玄武岩)은 '검고(玄) 굳센(武) 암석(岩)'으로, 화산에서 나온 용암이 굳어진 화산암의 일종입니다.

혹시 혹(或)자는 땅(一) 위의 지역(囗)을 창(戈)으로 지키는 모습으로 원래 '지경(땅의 경계)'이나 '나라'를 나타내는 글자였으나, '혹시(或是)'라는 뜻으로 가차되어 사용되었습니다. 나중에 혹(或)자의 둘레에 울타리(囗)를 쳐서 나라 국(國)자를 만들었습니다.

경계할 계(戒)

경계할 계(戒)자는 '창(戈)을 두 손(廾)으로 들고 경계(警戒)하다'는 뜻입니다. 〈계녀가(戒女歌)〉는 '시집갈 여자(女)가 경계(戒)해야 할 내용을 담은 노래(歌)'로, 조선 시대의 가사(歌辭)입니다. 나이 찬 딸의 출가를 앞두고 여자의 규범이 될 만한 고사(故事)를 어머니가 자신의 시집살이 경험과 결부시켜 노래하고 있습니다.

희롱할 희(戲)자는 창 과(戈)자와 빌 허(虛)자가 합쳐진 글자입니다. 원래 창의 일종이었으나, 실제 싸우기 위한 창이 아니라 놀기 위해 허구(虛構), 즉 가짜로 만든 창입니다. 이런 창은 연극(演劇)이나 희극(戲劇)에서 사용되어 '놀다, 희롱하다'라는 뜻이 생겼습니다.

## 천간 무(戊)

戊 천간 무 ㊥戊
도끼날이 달린 창

戚 겨레 척 ㊥戚
천간 무(戊) + [콩 숙(尗)→척]

茂 무성할 무 ㊥茂
풀 초(艹) + [천간 무(戊)]

천간 무(戊)

천간(天干)은 십간십이지(十干十二支) 중, 십간(十干)을 이르는 말입니다. 천간 무(戊)자는 창(戈)의 왼쪽에 칼날을 붙은 모습을 본떠 만든 글자인데, 십간(十干) 중 5번째로 사용됩니다.

겨레 척(戚)자도 원래 도끼의 이름을 뜻하는 글자입니다. 이후 가차되어 겨레나 친척(親戚)이라는 뜻으로 사용됩니다. 친척(親戚)은 친족(親族: 아버지 쪽)과 외척(外戚: 어머니 쪽)을 함께 이르는 말입니다.

무성할 무(茂)자는 '풀(艹)이 무성(茂盛)하다'는 뜻입니다. 천간 무(戊)자가 소리로 사용되었습니다.

### 개 술(戌)

**戌** 개 술 ⓒ戌
도끼날이 달린 창

**成** 이룰 성 ⓒ成
개 술(戌) + 뚫을 곤(丨)

**歲** 해 세 ⓒ岁
걸음 보(步) + 개 술(戌)

**威** 위엄 위 ⓒ威
여자 녀(女) + 개 술(戌)

**咸** 다 함 ⓒ咸
입 구(口) + [개 술(戌)→함]

**喊** 소리칠 함 ⓒ喊
입 구(口) + [다 함(咸)]

개 술(戌)

개 술(戌)자는 창(戈)의 왼쪽에 도끼날이 붙은 모습을 본떠 만든 글자입니다. 개 술(戌)자는 간지(干支)로 사용하면서 십이지(十二支) 중 하나인 개와 짝이 되어 개 술(戌)자가 되었을 뿐, 개 모습과는 상관이 없습니다. 무술변법(戊戌變法)은 '무술(戊戌)년에 법(法)을 변경하려는(變) 운동'으로, 1898년인 무술(戊戌)년에 청나라 말기 캉유웨이와 량치차오 등이 중심이 되어 나라의 법을 바꾸려는 개혁운동입니다. 무술정변(戊戌政變)은 '무술(戊戌)년에 일어난 정치(政)의 변화(變)로, 광서제(光緖帝)가 채택한 무술변법에 반대하는 서태후(西太后) 등의 보수파가 쿠테타를 일어켜 광서제를 유폐(幽閉: 가두어 문을 닫음)한 사건입니다.

이룰 성(成)

이룰 성(成)자는 도끼날이 붙은 창(戌) 안에 丨가 추가된 글자입니다. 丨가 무엇을 의미하는지는 분명하지 않습니다. '도끼날이 붙은 창(戌)으로 적을 평정하여 원하는 바를 이루다'는 뜻입니다. 참고로, 이룰 성(成)자를 천간 무(戊)자에 소리를 나타내는 정(丁)자가 합쳐진 형성문자로 해석하는 사람도 있습니다. 하지만 상형문자를 보면 그렇지 않습니다. 성공(成功)은 '공(功)을 이루다(成)'는 뜻이고, 변성암(變成岩)은 '성질이 변하여(變) 이루어진(成) 바위(岩)'입니다.

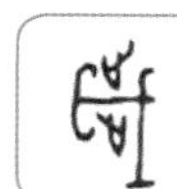
해 세(歲)

나이의 높임말인 연세(年歲)에 사용되는 해 세(歲)자는 '곡식을 베는 낫(戌)으로 가을에 수확하면 한 해가 간다(步)'는 뜻으로 만든 글자입니다. '대한민국 만세'의 만세(萬歲)는 나이가 '만(萬) 세(歲)가 되도록 영원히 살자'란 뜻입니다.

위엄 위(威)자는 '도끼날이 붙은 창(戌)으로 여자(女)를 위협하다'는 뜻입니다. 이후 '위협→두려움→권세→위엄'이란 뜻이 파생되었습니다. 권위(權威), 위력(威力), 위신(威信), 위엄(威嚴), 위풍(威風) 등에 사용됩니다.

다 함(咸)

다 함(咸)자는 '도끼날이 붙은 창(戌)으로 목을 내려칠 때 무서움의 비명을 지르거나 두려움을 이기려고 힘을 다해 입(口)으로 소리치다'는 뜻입니다. 이후 '있는 힘을 다해 소리치다'라는 뜻에서 '다하다'라는 의미가 생기자, 원래의 뜻을 분명히 하기 위해 입 구(口)자가 다시 추가되어 소리칠 함(喊)자가 되었습니다. 고함(高喊)은 '높게(高) 소리치다(喊)'는 뜻이고, 함성(喊聲)은 '크게 소리치는(喊) 소리(聲)'입니다.

### 도끼 월(戉)

**戉** 도끼 월 ⓢ 戉
도끼날이 달린 창

**越** 넘을 월 ⓢ 越
달릴 주(走) + [도끼 월(戉)]

도끼 월(戉)자는 창(戈)의 왼쪽에 둥근 도끼날이 붙은 모습을 본떠 만든 글자입니다. 도끼 근(斤)자나 도끼 부(斧)와는 달리 자루가 긴 도끼입니다.

도끼 월(戉)

도끼 월(戉)자는 소리로도 사용되는데, 달릴 주(走)자가 붙으면 넘을 월(越)자가 됩니다. 초월(超越)은 '넘고(超) 넘다(越)'는 뜻입니다.

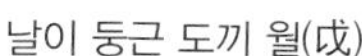
날이 둥근 도끼 월(戉)

자루가 긴 도끼를 가지고 전쟁터에 나아가는 모습

### 나 아(我)

**我** 나 아 ⓢ 我
창 모습

**餓** 주릴 아 ⓢ 饿
먹을 식(食) + [나 아(我)]

**義** 옳을 의 ⓢ 义
양 양(羊) + 나 아(我)

**儀** 거동 의 ⓢ 仪
사람 인(亻) + [옳을 의(義)]

나 아(我)자는 창의 앞쪽 날이 톱니처럼 생긴 무기의 상형인데, 가차되어 '나, 우리'라는 의미로 사용됩니다. 일부에서는 손 수(手)자와 창 과(戈)자가 합쳐져 '손(手)으로 창(戈)을 들고 나를 지키다'고 해석하는데, 상형문자를 보면 손 수(手)자가 확실히 아닙니다. 아전인수(我田引水)는 '내(我) 밭(田)에 물(水)을 끌어넣다(引)'란 뜻으로, 자기에게만 유리하게 해석하거나 행동하는 것을 일컫습니다.

나 아(我)

나 아(我)자에 먹을 식(食)자를 합치면, 배고파주릴 아(餓)자가 됩니다. 아(我)자가 소리로 사용되었습니다. 우리나라에서 봉사 활동의 일환으로 매년 실시하는 〈기아 체험 24시간〉의 기아(飢餓)는 '굶주리고(飢) 굶주리다(餓)'는 뜻입니다.

옳을 의(義)자의 상형문자는 도끼날이 달린 창(我)에 장식용 양의 머리(羊)가 달려있는 모습입니다. 즉 의장용으로 사용하던 창의 모습입니다. 의장(儀仗)은 나라 의식(儀式)에 쓰는 무기나 깃발 등을 말합니다. 이후 '의장(儀仗)→의식(儀式)→예절(禮節)→거동(擧動)' 등의 뜻이 생겼습니다. 또 옳은 의식이나 예절이란 의미에서 '옳다'는 뜻으로 사용되자, 원래 뜻을 보존하기 위해 사람 인(亻)자를 붙여 거동 의(儀)자가 생겼습니다. 의리(義理)란 사람으로서 마땅히 지켜야 할 '옳은(義) 이치(理)'입니다. 병인양요 때 프랑스 군이 약탈해 간 조선 왕조 의궤(儀軌)는 '예절(儀)의 법(軌)'이란 뜻으로, 나라에서 큰일을 치를 때 후세에 참고를 위하여 처음부터 끝까지의 경과를 자세하게 적은 책을 말합니다.

지킬 수(戍)

戍 지킬 수 ⓢ 戍
사람 인(人) + 창 과(戈)

伐 칠 벌 ⓢ 伐
사람 인(亻) + 창 과(戈)

幾 몇/기미 기 ⓢ 几
작을 요(幺) X 2 + 지킬 수(戍)

고대 그리스의
수학자 유클리드

지킬 수(戍)

개 술(戌)자와 비슷하게 생긴 지킬 수(戍)자는 '사람(人)이 창(戈)을 들고 지키다'라는 뜻입니다. 수비(守備), 사수(死守), 공수(攻守) 등에 사용되는 지킬 수(守)자와 뜻과 소리가 같아 혼동할 수 있지만, 다행히도 지킬 수(戍)자는 거의 사용하지 않는 글자이기 때문에 암기할 필요는 없습니다.

칠 벌(伐)

개 술(戌)자와 마찬가지로 사람 인(人)자와 창 과(戈)자가 합쳐진 칠 벌(伐)자는 '창(戈)으로 사람(亻)을 베다'는 뜻입니다. 상형문자를 보면 창날이 사람의 목을 베고 있습니다. 이후 '베다→죽이다→정벌(征伐)하다→치다' 등의 뜻이 생겼습니다. 북벌(北伐)은 '북(北)쪽을 정벌하다(伐)'는 뜻으로, 병자호란 이후 북쪽에 있는 청나라를 정벌(征伐)하자는 의견입니다. 나선정벌(羅禪征伐)은 러시아(羅禪)를 정벌(征伐)하다'는 뜻으로, 조선 효종 때 청나라와 함께 러시아를 정벌한 일입니다. 나선(羅禪)은 러시안(Russian)의 한자음입니다. 벌초(伐草)는 '풀(草)을 베는(伐) 일', 벌목(伐木)은 '나무(木)를 베는(伐) 일'입니다.

기미 기(幾)자는 '창(戈)을 맨 사람(人)이 작은(幺幺) 기미(幾微: 낌새)를 살피다'는 뜻입니다. 기하학의 기하(幾何)는 영어 지오메트리(geometry)의 지오(geo)를 소리나는 대로 적은 것입니다. 지오메트리(geometry)는 그리스어 지오(geo: 땅)와 메트리아(metria: 측량)가 합쳐진 단어로, '땅을 측량하다'는 뜻입니다. 그리스에서 땅을 측량하면서 얻은 면적이나 길이에 대한 지식에서 출발하여 유클리드와 같은 수학자에 의해서 도형을 다루는 학문인 기하학(幾何學)으로 발전하였습니다.

# 생활 4-13 활과 화살

활 궁(弓) | 화살 시(矢) | 이를 지(至)

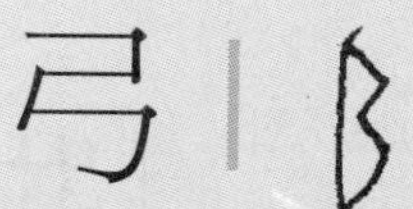

활 궁(弓)
낙타 등 모양으로 굽은 활의 모습

부메랑(boomerang)을 사용하는 호주와 남태평양 제도를 제외하고, 활은 전 세계 모든 지역에서 사냥이나 무기로 사용되었습니다. 중국도 갑골문자가 만들어질 때 이미 활을 사용하였습니다. 하지만 중국의 활은 반달 모양의 다른 나라 활과는 달리, 탄력을 더 크게 하기 위해 낙타 등 모양으로 만들었습니다. 활 궁(弓)자는 이런 활의 모습을 본떠 만든 글자입니다.

활은 멀리 있는 적을 살상할 수 있습니다. 요즘의 무기에 비유하면 총에 해당합니다. 이런 이유로 고대 국가에서는 활을 잘 쏘는 사람이 우대를 받았으며, 높은 자리에 올라갈 수 있었습니다.

## 활의 모습

弘 클 홍 ㊥ 弘
활 궁(弓) + [클 굉(宏→厶)→홍]

弱 약할 약 ㊥ 弱
활 궁(弓) X 2 + 깃 우(羽)

强 강할 강 ㊥ 强
벌레 충(虫) + [클 홍(弘)→강]

클 홍(弘)자는 '활(弓)이 크다(宏)'는 뜻으로 만들어진 글자입니다. 이후 '크다→넓다→높다' 등의 뜻이 파생되었습니다. 홍보(弘報)는 '널리(弘) 알리다(報)'는 뜻이고, 홍익인간(弘益人間)은 '널리(弘) 인간(人間) 세계를 이롭게(益) 하다'는 뜻으로 단군의 건국이념입니다.

노약자(老弱者), 약소(弱小) 등에 들어가는 약할 약(弱)자는 의장용으로 쓰기 위해 깃(羽)으로 장식을 한 활이 나란히 있는 모습(弜)으로 이런 활은 '힘이 약하다'는 뜻입니다. 색약(色弱)은 '색(色)을 분간하는 능력이 약하다(弱)'는 뜻으로, 시신경에 이상이 있어서 색을 분간하는 힘이 약한 증상입니다. 색맹(色盲)은 특정한 색이 회색으로 보이는 데 반해, 색약(色弱)은 특정색이 다른 색 곁에 있으면 원래의 색과 다르게 보입니다. 예를 들어, 적록색약(赤綠色弱)인 사람은 적색 곁에 있는 황색이 녹색으로 보이고, 녹색 곁에 있는 황색이 적색으로 보입니다.

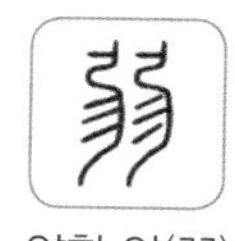

약할 약(弱)

강력(强力), 강제(强制), 강자(强者) 등에 들어가는 강할 강(强)자는 활과는 상관이 없습니다. 본래 글자는 강(強=弘+虫)자로, 원래 껍질이 단단한 딱정벌레의 일종인 바구미를 뜻하는 글자였습니다. 이후 껍질이 단단한 벌레(虫)에서 '단단하다→굳세다→강하다'는 뜻이 생겼습니다. 강약(强弱)은 '강함(强)과 약함(弱)'입니다.

### 호(弧)와 현(弦)

**弧** 활 호 ⓙ 弧
활 궁(弓) + [오이 과(瓜)→호]

**弦** 활시위 현 ⓙ 弦
활 궁(弓) + [검을 현(玄)]

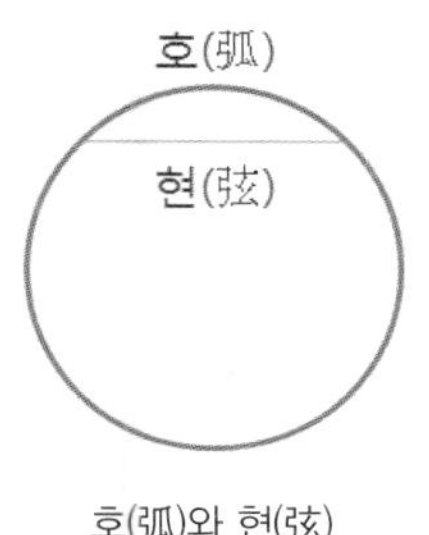

호(弧)와 현(弦)

활 호(弧)자는 활을 뜻하는 동시에 곡선이나 원둘레의 한 부분을 뜻합니다. 이런 부분의 모습이 활과 같이 생겼다고 해서 호(弧)라고 부릅니다. 원호(圓弧)는 원둘레의 두 점 사이에 있는 한 부분입니다. 괄호(括弧)는 '묶음(括)표의 하나로 원호(圓弧)처럼 생긴 문장부호'입니다.

활시위 현(弦)자는 '활(弓)에 매어져 있는 실(玄)이 활시위'라는 뜻입니다. 검을 현(玄)자의 상형문자를 보면 실 사(糸)자를 거꾸로 뒤집어 놓은 모습으로, 실 사(糸)자와 같은 뜻을 가지고 있습니다. 수학에서 현(弦)은 곡선이나 원호(弧)의 두 끝을 잇는 선분(線分)입니다. 상현(上弦)은 '활시위(弦)가 위(上)에 있는 반달'로 음력 매달 7~8일경에 나타나는 반달이고, 하현(下弦)은 활시위(직선 부분)가 아래에 있으며, 반달의 둥근 부분은 위에 있게 됩니다.

현(弦)이 위에 있는 상현달

### 활 쏘는 것과 관련한 글자

**引** 끌 인 ⓙ 引
활 궁(弓) + 뚫을 곤(丨)

**張** 베풀 장 ⓙ 张
활 궁(弓) + [길 장(長)]

**發** 필 발 ⓙ 发 ⓨ 発
[걸을 발(癶)] +
활 궁(弓) + 창 수(殳)

**射** 쏠 사 ⓙ 射
활 궁(弓→身) + 마디 촌(寸)

**彈** 탄알 탄 ⓙ 弹 ⓨ 弾
활 궁(弓) + [홑 단(單)→탄]

끌 인(引)자는 '활(弓)의 줄을 끌어당겨 팽팽하게(丨) 되다'는 뜻입니다. 이후 '당기다→끌다→이끌다→늘이다' 등의 뜻이 파생되었습니다. 인력(引力)은 '끌어(引)당기는 힘(力)', 만유인력(萬有引力)은 '만유(萬有: 세상에 있는 모든 것)가 서로 끌어(引)당기는 힘(力)'입니다.

베풀 장(張)자도 '활(弓)을 길게(長) 잡아당기다'는 뜻입니다. 이후 '당기다→넓히다→일을 벌이다→베풀다' 등의 뜻이 생겼습니다. 장력(張力)은 '잡아당기는(張) 힘(力)', 표면장력(表面張力)은 '액체의 표면을 이루는 분자들이 표면(表面)에서 서로 당기는(張) 힘(力)'입니다.

필 발(發)자는 원래 '손(又)에 화살을 들고(殳) 활(弓)을 쏘다, 발사(發射)하다'는 뜻입니다. 창 수(殳)자는 손(又)에 창이나 연장, 막대기 등을 들고 있는 모습입니다. 여기에서는 화살을 들고 있습니다. 이후 '쏘다→떠나다→나타나다→드러내다→일어나다→피다' 등 여러 가지 뜻이 파생되었습니다. 발사(發射), 발포(發砲)에서는 '쏘다', 발차(發車), 출발(出發)에서는 '떠나다', 발병(發病), 발생(發生)에서는 '나타내다', 발명(發明), 발표(發表)에서는 '드러내다', 발화(發火), 발기(發起)에서는 '일어나다', 발화(發花)에서는 '피다'의 뜻으로 사용되었습니다.

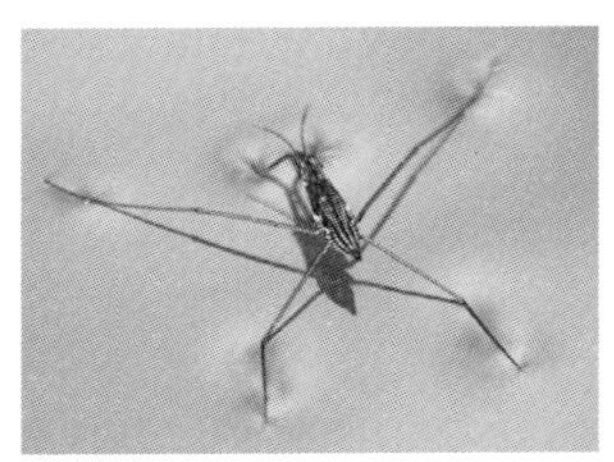
표면장력을 이용해 물 위에 떠 있는 소금쟁이

쏠 사(射)

발사(發射), 반사(反射), 궁사(弓射)등에 들어가는 쏠 사(射)자의 상형문자를 보면 손(寸)으로 활(弓)을 쏘는 모습입니다. 이후 글자의 모습이 활 궁(弓)자에서 몸 신(身)자로 바뀌었는데, 이유에 알 수 없습니다. 방사선(放射線)은 '입자나 전자기파가 방출되며(放) 쏘는(射) 광선(線)'으로, 엑스레이(x-ray)가 대표적인 방사선입니다.

홑 단(單)

탄알 탄(彈)자에 들어가는 홑 단(單)자는 줄 양끝에 돌을 매어 던져 짐승이나 사람을 줄에 감아 산채로 잡는 무기의 일종으로 추정합니다. 따라서 궁(弓)자와 단(單)자는 모두 전쟁이나 사냥에서 사용된 무기를 나타냅니다. 탄알 탄(彈)자는 원래 탄알을 쏘는 활이란 뜻에서 '(탄알을 쏘는) 활→(탄알을) 쏘다→탄알→(탄알을) 튕기다→치다' 등의 뜻이 생겼습니다. 총탄(銃彈), 폭탄(爆彈), 탄약(彈藥)에서는 탄알이란 뜻으로 사용되지만, 탄력(彈力), 탄성(彈性)에서는 '튕기다'는 뜻으로 사용됩니다.

## 활과 상관없는 글자

夷 오랑캐 이 ⓒ 夷
큰 대(大) + 활 궁(弓)

弔 조상할 조 ⓒ 吊
불명(不明)

弟 아우 제 ⓒ 弟
불명(不明)

弗 아니 불 ⓒ 弗
불명(不明)

글자 내에 활 궁(弓)자가 들어가지만 활과는 상관없는 글자들도 있습니다. 오랑캐 이(夷), 조상할 조(弔), 아우 제(弟), 아닐 불(弗)자 등이 그러한 글자입니다. 또 이 글자들은 공통적으로 학자들의 해석이 다릅니다. 여기에서는 글자의 쓰임새에 대해서만 알아보겠습니다.

오랑캐 이(夷) 조상할 조(弔) 아우 제(弟) 아닐 불(弗)

오랑캐 이(夷)자의 상형문자를 보면 화살(矢)의 모습이 보이는데, 활과 관련이 있는 듯합니다. 실제로 이(夷)자가 뜻하는 오랑캐는 중국의 동쪽(고구려가 있었던 만주 지방)에 사는 오랑캐, 즉 동이(東夷)를 뜻하고, 동이족(東夷族)은 활을 잘 쏘았습니다. 보통 사람은 말을 탄 채로 활을 쏘기도 힘든데, 고구려 벽화인 수렵도를 보면 말을 타고 뒤로 활을 쏘는 모습이 있습니다. 이런 이유로 나중에 큰 사람(大)의 어깨에 활(弓)을 맨 모습의 이(夷)자를 만들었을 것이라 추측합니다.

조상할 조(弔)자는 조상(弔喪), 경조사(慶弔事) 등에 사용합니다. 남의 죽음에 애도하며 상주(喪主)를 위문(慰問)하는 일을 문상(問喪) 혹은 조상(弔喪)이라 하고, 경조사(慶弔事)는 '결혼이나 환갑잔치와 같은 경사스러운(慶) 일(事)과 조상(弔)과 같은 불행한 일(事)'을 말합니다.

형제(兄弟)에 나오는 아우 제(弟)자는 '아우→나이가 어린 사람→제자(弟子)' 등의 뜻이 파생되었습니다. 도제(徒弟)는 '제자(徒)와 제자(弟)'라는 뜻으로, 중세 유럽의 동업자조합인 길드(guild)에서 3가지 계층으로 나누어진 수공업 기술자의 맨 아래 계층입니다. 2~8년 정도 수업을 거치면 장인(匠人)이 되었습니다.

아닐 불(弗)자는 미국 돈의 단위인 달러($)와 비슷하여 우리나라에서는 달러($)를 한자로 불(弗)자로 표시합니다. 또 불소치약(弗素齒藥)의 불소(弗素)는 영어의 플루오린(fluorine)을 음역하면서 불(弗)자를 사용하였습니다.

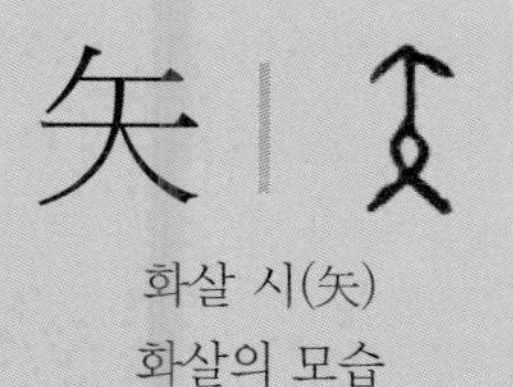

화살 시(矢)
화살의 모습

화살 시(矢)자는 화살의 모습으로 위쪽이 화살촉이고, 아래쪽이 화살 뒷부분의 깃털이 붙은 부분입니다.

화살 시(矢)자는 화살과 관련되는 글자에 들어가는데, 그 중에서도 '화살에 맞아 다치다'는 뜻의 글자에 많이 사용된 사실로 비추어 보면 전쟁에서 활과 화살이 많이 사용되었음을 알 수 있습니다.

### 화살에 맞아 다침

疾 병 질 ⓒ 疾
병 녁(疒) + 화살 시(矢)

傷 상할 상 ⓒ 伤
사람 인(亻) + 화살 시(矢→人) + [빛날 양(昜)→상]

醫 의원 의 ⓒ 医 ⓐ 医
상자 방(匚) + 화살 시(矢) + 창 수(殳) + 닭 유(酉)

질병(疾病), 질환(疾患) 등에 사용되는 병 질(疾)자의 상형문자는 화살(矢)에 맞은 사람(大)의 모습을 나타냅니다. 하지만 나중에 침대에 누운 사람(疒)과 화살(矢)로 변했습니다. 괴질(怪疾)은 '괴이한(怪) 병(疾)'이란 뜻으로 전염병의 일종인 콜레라를 일컫는 말입니다. 또 이질(痢疾)은 '설사(痢)하는 병(疾)'으로 큰창자에서 발병하여 급성 설사를 일으키는 전염병입니다.

병 질(疾)자는 '빠르다'는 뜻으로도 사용되는데, '빠르게(疾) 달리다(走)'는 뜻의 질주(疾走)가 그러한 예입니다. 아마도 '전염병이나 화살이 빠르게 퍼지거나 날아간다'고 해서 생긴 뜻으로 짐작됩니다. 질풍노도(疾風怒濤)는 '빠른(疾) 바람(風)과 성난(怒) 파도(濤)'를 말하는데, 1770년에서 1780년에 걸쳐 독일에서 일어난 문학운동입니다. 이 명칭의 유래는 클링거(Friedrich Klinger, 1752~1831년)가 쓴 희곡 〈슈투름 운트 드랑(Sturm und Drang)〉에서 나왔습니다.

상처(傷處), 부상(負傷), 손상(損傷), 중상(重傷) 등에 들어가는 상할 상(傷)자는 '사람(亻)이 화살(矢→人)에 맞아 다쳤다'는 뜻입니다.

의원(醫員), 의사(醫師) 등에 사용되는 의원 의(醫)자는 화살에 맞아 몸속(匸)에 화살(矢)이 있거나, 창(殳)으로 찔렸을 때 술(酉)로 소독하고 마취를 시킨 데에서 유래합니다. 고대 중국인들은 술이 병도 치료한다고 믿었습니다. 또 다른 해석에서는 상자(匸) 속에 수술 칼로 사용되는 화살촉(矢)과 수술 도구를 들고 있는 손(殳), 치료제인 술(酉)이라고 합니다. 따라서 이 글자는 원래 '치료하다'는 뜻입니다. 이후 '치료하다→(치료하는) 의원→의술→의학' 등의 뜻이 생겼습니다. 《의방유취(醫方類聚)》는 '치료하는(醫) 방법(方)에 대해 종류(類)별로 모은(聚) 책'으로, 조선 세종 27년(1445년)에 김순의 등 12명이 공동 편찬한 의학 백과사전입니다.

### 화살과 관련한 글자

矯 바로잡을 교 ⓢ 矫
화살 시(矢) + [높을 교(喬)]

短 짧을 단 ⓢ 短
화살 시(矢) + [콩 두(豆)→단]

侯 제후 후 ⓢ 侯
사람 인(亻) + 과녁의 모습(그) + 화살 시(矢)

候 기후 후 ⓢ 候
사람 인(亻) + [제후 후(侯)]

函 함 함 ⓢ 函
입벌릴 감(凵) + 화살 시(矢)

바로잡을 교(矯)자는 '휘어진 화살(矢)을 바로잡는다'는 뜻입니다. 교정(矯正)은 '바로잡아(矯) 바르게(正) 하다'는 뜻입니다. 교각살우(矯角殺牛)는 '뿔(角)을 바로 잡으려다(矯) 소(牛)를 죽이다(牛)'는 뜻으로 작은 일에 힘쓰다가 큰 일을 망치는 것을 말합니다.

짧을 단(短)자는 '화살(矢)이 콩(豆)과 같이 작다, 짧다'는 뜻입니다. 이후 '작다, 짧다→모자라다→뒤떨어지다→결점' 등의 뜻이 생겼습니다. 장단(長短)은 '길고(長) 짧음(短)', '장점(長)과 단점(短)', '길고(長) 짧은(短) 박자' 등의 뜻이 있습니다.

제후(諸侯)는 봉건 시대에 일정한 영토를 가지고 백성을 다스리던 사람입니다. 제후 후(侯)자는 '화살(矢)을 과녁(그)에 잘 맞추는 사람(亻)이 제후(諸侯)이다'는 뜻입니다. 무인(武人) 사회였던 고대 중국에서 활 쏘는 실력으로 지위가 정해졌습니다.

기후 후(候)자는 원래 '사람(亻)에게 안부를 묻다'는 뜻입니다. 이후 '(안부를) 묻다→방문하다→살피다→징후(徵候)→기후(氣候)'라는 뜻이 생겼습니다. 증후군(症候群)은 '어떤 증세(症)나 징후(候)가 일어나는 무리(群)'로, 원인이 명확하지 않은 병적인 증상이나 현상들을 통틀어 이르는 말입니다. 영어로 신드롬(syndrome)이라고 합니다.

함 함(函)

함(函)은 물건을 넣어두는 상자를 말합니다. 결혼하기 전에 신랑 집에서 신부 집으로 결혼에 필요한 비단과 편지를 나무 상자에 넣어 보내는 것을 '함(函) 팔러 간다'고 합니다. 함 함(函)자의 갑골문자를 보면 화살(矢)이 화살통(凵)에 들어 있는 모습입니다. 화살(矢)이 화살통(凵)에 들어 있는 모습에서 '함'이나 '(함에) 넣다'라는 의미가 생겼습니다. 수학의 함수(函數)는 '숫자(數)를 넣다(函)'는 뜻으로, y=f(x)로 표현하며, x를 f(x)에 넣으면 y값이 계산됩니다. 함수(函數)는 돈을 넣으면 음료수가 나오는 자동판매기와 비슷하다고 생각하면 됩니다. 변수 x는 돈, 함수 f(x)는 자동판매기, y는 자동판매기에서 나오는 음료수에 해당합니다.

## 기타

雉 꿩 치 ㊥ 雉
화살 시(矢) + [새 추(隹)→치]

疑 의심할 의 ㊥ 疑
짝 필(疋) + 비수 비(匕) + 화살 시(矢) + 창 모(矛)

癡 어리석을 치 ㊥ 痴 ㊣ 痴
병 녁(疒) + 의심할 의(疑)

矣 어조사 의 ㊥ 矣
나 사(厶) + 화살 시(矢)

知 알 지 ㊥ 知
입 구(口) + [화살 시(矢)→지]

꿩 치(雉)자는 '화살(矢)처럼 날아가는 새(隹)' 혹은 '화살(矢)처럼 긴 꼬리를 가진 새(隹)'라는 뜻을 가졌습니다. 강원도 원주의 치악산(雉岳山)은 '꿩(雉)이 많이 사는 산악(山岳)'이란 뜻이며, 1908년에 이인직이 발표한 신소설의 이름이기도 합니다.

의심할 의(疑)

의심할 의(疑)자의 상형문자를 보면 갈림길에서 지팡이를 든 노인이 길을 잃고 어디로 가야할지 머뭇거리는 모습인데, 여기에서 '머뭇거리다, 헛갈리다, 의심(疑心)하다'는 뜻이 생겼습니다. 이 글자에 병 녁(疒)자가 추가되면, 어리석을 치(癡)자가 됩니다. 피의자(被疑者)는 '의심(疑)을 당하는(被) 사람(者)'으로 범죄자로 의심되어서 수사 대상이 된 사람입니다.

어조사 의(矣)자는 사람(大)이 입을 크게 벌리고 있는 모습으로 화살 시(矢)자와는 상관이 없습니다. 의(矣)자는 입을 벌리고 소리를 내는 의성어입니다. 하지만 자전에서 찾을 때는 화살 시(矢) 부에서 찾아야 합니다.

알 지(知)자에서 앎(知)이란 것은 화살(矢)이 과녁을 맞히듯 정확하게 말(口)할 수 있는 능력을 일컫습니다. 미지수(未知數)는 방정식에서 '알지(知) 못하는(未) 수(數)'로, 보통 문자 x로 나타내는데, x는 영어에서 '모르다'는 뜻도 가지고 있습니다. 엑스레이 사진을 찍는 X-선(X-Rays)은 X-선 광선을 발견한 뢴트겐이 이 광선의 정체가 무엇인지 모른다고 해서 X라는 이름을 붙였습니다. 예수의 탄생일인 크리스마스(Christmas)도 X-mas라고도 하는데, 예수의 탄생일이 정확하게 며칠인지 모르기 때문에 붙여진 이름입니다. 또, X-파일은 미국 연방수사국(FBI)의 해결되지 않는 미지(未知)의 사건 기록을 일컫습니다.

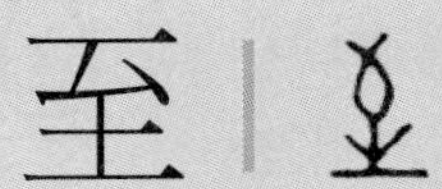

이를 지(至)
땅에 화살이 닿는 모습

이를 지(至)자는 땅(一) 위에 화살 시(矢)자가 거꾸로 있는 모습입니다. 즉, 화살이 땅에 떨어지는 모습으로 '이르다, 도달하다'는 뜻을 가집니다. 예를 들어, 하지(夏至)는 '여름(夏)에 도달하다(至)'는 뜻으로, 일년 중 낮이 가장 긴 날입니다. 동지(冬至)는 '겨울(冬)에 도달하다(至)'는 뜻으로, 일 년 중 밤이 가장 긴 날입니다. 스스로 자(自)자와 이를 지(至)자는 각각 '~부터(from)'와 '~까지(to)'라는 뜻도 가지고 있습니다. 자초지종(自初至終)은 '처음(初)부터(自) 끝(終)까지(至)'입니다.

### 이르다는 의미의 글자

**到** 이를 도 ㊥ 到
이를 지(至) + [칼 도(刂)]

**倒** 넘어질 도 ㊥ 倒
사람 인(亻) + [이를 도(到)]

**致** 이를 치 ㊥ 致
이를 지(至) + [뒤져올 치(夂)]

**臺** 대 대 ㊥ 台 ㊏ 台
갈 지(之→士) + 높을 고(高) + 이를 지(至)

**窒** 막힐 질 ㊥ 窒
구멍 혈(穴) + [이를 지(至)→질]

**膣** 새살돋을 질 ㊥ 膣
고기 육(肉/月) + [막힐 질(窒)]

도착(到着), 도달(到達)에 사용되는 이를 도(到)자는 뜻을 나타내는 이를 지(至)자에 소리를 나타내는 칼 도(刂)자가 합쳐진 글자입니다. 칼 도(刂)자가 소리로 사용되는 희귀한 경우입니다.

넘어질 도(倒)자는 '(화살이 땅에 이르듯이) 사람(亻)이 땅바닥에 이르다(到), 즉 넘어지다'는 뜻입니다. 이후 '넘어지다→도산(倒産)하다→거꾸로 되다' 등의 뜻이 생겼습니다. 도치법(倒置法)은 '문장을 거꾸로(倒) 두는(置) 방법(法)'으로 '갑시다. 저곳으로!' 등이 도치법의 예입니다.

이를 치(致)자는 뜻을 나타내는 이를 지(至)자에 소리를 나타내는 뒤에 올 치(夂)자가 합쳐진 글자입니다. 발의 상형인 뒤져올 치(夂)자가 칠 복(攵)자와 비슷해서 혼동할 수 있습니다. 과실치사죄(過失致死罪)는 '실수(失)가 지나쳐(過) 죽음(死)에 이르게(致) 한 죄(罪)'로, 고의가 아닌 실수로 인해 사람을 죽인 죄입니다.

부산의 해운대(海雲臺), 양양의 의상대(義湘臺), 강릉의 경포대(鏡浦臺)에 들어가는 대(臺)는 흙이나 돌 같은 것으로 높이 쌓아 올려 사방을 바라볼 수 있게 만든 곳이나 높은 누각입니다. 대 대(臺)자는 원래 '높은(高) 곳으로 가서(之→士) 도달하다(至)'는 뜻이었으나, 나중에 높은 곳이나 구조물을 의미하게 되었습니다.

막힐 질(窒)자는 '구멍(穴) 끝에 이르면(至) 막혀 있다'는 의미입니다. 질식(窒息)은 '숨(息)이 막히다(窒)'는 뜻입니다. 새살 돋을 질(膣)자는 '화살에 맞아 구멍이 난 상처에 새 살(肉/月)이 돋아 상처 구멍(穴)이 막히다(窒)'는 뜻입니다. 또 질(膣)자는 '사람의 몸(肉/月)에서 끝이 막힌(窒) 구멍(穴)'인 여자의 음문(陰門)을 뜻하기도 합니다.

## 이르는 집

**室** 집 실 ⓢ 室
집 면(宀) + [이를 지(至)→실]

**屋** 집 옥 ⓢ 屋
주검 시(尸) + 이를 지(至)

사람이나 짐승들이 밖에서 나다니다가 밤이 되면 모두 집에 돌아옵니다. 이런 이유로 집을 뜻하는 글자 중에는 이를 지(至)자가 들어가는 글자가 있습니다.

교실(教室), 화장실(化粧室), 특실(特室) 등에 사용되는 집 실(室)자는 집이라는 뜻보다는 방(房)이라는 뜻으로 많이 사용됩니다. 즉 '집(宀) 안에서 방에 이르면(至) 더 이상 갈 곳이 없다'는 뜻입니다. 고실(鼓室)은 '고막(鼓膜) 뒤에 있는 방(室)'이란 뜻으로, 고막 안쪽에 있는 가운데 귀의 한 부분으로, 공기로 차있으며, 바깥귀에서 받은 소리의 진동을 속귀로 전달하는 작용을 합니다.

집 옥(屋)자에 들어가는 주검 시(尸)자는 집을 뜻하는 글자이기도 합니다. 따라서 집 옥(屋)자는 '집(尸)에 이르다(至)'는 뜻입니다. 또 지붕이라는 뜻도 가지고 있습니다. 옥외(屋外)는 '집(屋)의 바깥(外)'이지만, 옥상(屋上)은 '지붕(屋) 위(上)'입니다. 서옥제(壻屋制)는 '사위(壻)가 사는 집(屋)이 있는 제도(制)'로, 고구려에서 결혼할 여자의 집 뒤에 조그만 집을 지어 결혼할 남자를 데리고 와 살게 한 제도입니다. 고구려의 서옥제는 데릴사위제와 비슷하나, 서옥제는 여자가 낳은 자녀가 성장한 뒤에 남자의 집에 되돌아가서 사는 점이 다릅니다. 즉 서옥제는 일시적인 데릴사위제입니다.

# 생활 4-14 북과 깃발

북 고(鼓) | 모 방(方)

鼓 | 鼓

북 고(鼓)
손에 북채를 잡고 북(壴)을 두드리는 모습

청동으로 만든 은나라의 북

고대 중국에서 전쟁은 일상생활이었습니다. 이러한 전쟁에서 칼이나 창과 같은 무기 외에도 없어서는 안 되는 중요한 것이 북과 깃발이었습니다. 확성기나 무전기가 없던 옛 중국에서 전쟁을 할 때, 수천수만 명의 군사를 일사불란하게 움직이기 위해서 사용되었기 때문입니다. 군사들은 멀리서 깃발의 움직임이나 북소리를 듣고 진격을 하거나 퇴각을 하였습니다. 따라서 깃발과 북은 전쟁 때문에 생겨난 것이라 하겠습니다.

북 고(鼓)자의 왼쪽 부분은 북 주(壴)자 입니다. 북 주(壴)자는 받침대(ㅛ) 위에 있는 북(口)과 북 장식(士)의 모습입니다. 우리나라에서는 북을 매달지만, 중국에서는 이와 같이 받침대 위에 올려놓는 경우가 많습니다. 글자 오른쪽의 지탱할 지(支)자는 북채(+)를 들고 있는 손(又)의 모습입니다. 따라서 원래는 '북을 치다'는 뜻을 가진 글자입니다. 이후 '북을 치다→북→두드리다→(북을 쳐서 기분을) 북돋우다'는 뜻이 파생되었습니다. '고무적이다'의 고무(鼓舞)는 '북을 치고(鼓) 춤을 추다(舞)'는 뜻도 있지만, '힘을 내도록 격려하여 용기를 북돋우다'는 뜻도 있습니다. 귓속의 고막(鼓膜)은 '소리가 두드리는(鼓) 얇은 막(膜)'이고, 고실(鼓室)은 '고막(鼓) 뒤에 있는 방(室)'으로, 공기로 차 있으며 바깥귀에서 받은 소리의 진동을 속귀로 전달하는 작용을 합니다.

### 북과 관련한 글자

**彭** 성/팽팽할 팽 ㊥ 彭
북 주(壴) + 터럭 삼(彡)

**膨** 부풀 팽 ㊥ 膨
고기 육(肉/月) + [팽팽할 팽(彭)]

**尌** 세울 주 ㊥ 尌
마디 촌(寸) + [북 주(壴)]

팽팽할 팽(彭)자는 받침대 위에 올려놓은 북(壴)에서 힘차게 소리(彡)가 나오는 모습입니다. 터럭 삼(彡)은 털과는 상관없이 소리가 나는 모습을 표현한 것입니다. 이 글자는 성씨로 사용되는데, 팽조(彭祖)는 하(夏)왕조부터 상(商)왕조에 걸쳐 약 800년을 살았다는 전설 속의 인물입니다.

팽(彭)자에 고기 육(肉/月)자가 합쳐지면 살이 쪄 팽팽하게 부풀 팽(膨)자가 됩니다. 단열팽창(斷熱膨脹)은 '외부 열(熱)을 단절(斷)시킨 상태에서 기체의 부피를 팽창(膨脹)시키면 기체의 온도가 내려가는 현상'으로 냉장고와 에어컨 등의 열교환기에서 온도를 낮추기 위해 이 현상을 이용합니다.

세울 주(尌)자는 '손(寸)으로 북(壴)을 받침대 위에 올려 세우다'는 뜻입니다.

굴뚝에 새겨 넣은 쌍희자(雙喜字)

### 기쁨과 관련한 글자

**喜** 기쁠 희 ⓒ 喜
입 구(口) + 북 주(壴)

**憙** (마음으로) 기뻐할 희 ⓒ 憙
마음 심(心) + [기쁠 희(喜)]

**囍** 기쁠 희 ⓒ 喜
[기쁠 희(喜)] X 2

**嘉** 아름다울 가 ⓒ 嘉
북 주(壴) + [더할 가(加)]

### 다른 북

**豈** 어찌 기 ⓒ 岂
받침대 위에 세운 북의 모습

**中** 가운데 중 ⓒ 中
막대기에 끼운 북의 모습

막대기 중앙에 끼워 세워놓은 북

이 글자가 독자적으로 사용되는 경우는 거의 없고, 다른 글자와 만나 소리 역할을 합니다. 집 엄(广)자를 만나면 주방 주(廚)자, 나무 목(木)자를 만나면 나무 수(樹)자가 됩니다.

환희(歡喜), 희비(喜悲), 희극(喜劇) 등에 사용되는 기쁠 희(喜)자는 '북(壴)을 치면서 입(口)으로 노래를 부르니 기쁘다'는 의미입니다. 나중에 뜻을 분명히 하기 위해 마음 심(心)자가 추가되어 기뻐할 희(憙)자가 되었습니다.

기쁠 희(喜)자가 2개 붙은 기쁠 희(囍)자는 기쁨이 2배라는 뜻으로 쌍희자(雙喜字)라고 부릅니다. 보통 이 글자는 옷이나 그릇, 건물 벽 등에 새겨 넣습니다. 중국 식당에 가면 종종 벽에 붙여 놓은 것을 볼 수 있습니다.

여자의 이름에 많이 사용되는 아름다울 가(嘉)자도 원래 기쁠 희(喜)자와 같은 뜻을 가졌습니다. 이후 '기쁘다→즐기다→좋다→칭찬하다→아름답다' 등의 뜻이 파생되었습니다. 가례(嘉禮)는 '아름다운(嘉) 예식(禮)'이란 뜻으로, 혼례(婚禮)를 말합니다.

북 이야기가 나온 김에 북을 나타내는 다른 글자도 살펴보겠습니다.

어찌 기(豈)

북 주(壴)자와 비슷하게 생긴 어찌 기(豈)자도 북의 상형입니다. 상형문자를 보면 북 주(壴)자와 닮아 있으나 윗부분에 장식이 더 많습니다. 나중에 가차되어 '어찌'라는 뜻으로 사용됩니다. 하지만 다른 글자 내에서는 여전히 북이란 의미로 사용됩니다. '싸움에서 이기고 북(豈)을 치며 돌아오다'는 뜻의 개선할 개(凱), '북(豈)을 치면 마음도 즐겁다'는 뜻의 즐거울 개(愷), '멀리까지 들리도록 북(豈)은 높은 곳에서 쳐야 한다'는 뜻의 높은땅 개(塏)자가 그러한 예입니다.

중국에서는 북을 막대기에 끼워 땅에 세우기도 하는데, 가운데 중(中)자가 북(口)을 막대기(丨)나 깃발에 끼워 땅에 세워 놓은 모습입니다. 이러한 북은 전쟁터에서 군대를 지휘하는 중심이 된다고 해서 '가운데'라는 뜻이 생겼습니다. 중동(中東)은 '동(東)양으로 가는 중(中)간에 있는 지역'이란 뜻으로, 사우디아라비아, 이란, 이라크 등의 나라가 있는 지역을 말하며, 유럽과 아시아의 중간에 위치하고 있습니다. 18세기 후반 이래 유럽인이 사용한 미들 이스트(Middle East)를 한자로 번역한 것입니다.

# 方 | 𠃑

모 방(方)
쟁기의 모습

소설 <공방전>의 소재가 된 엽전

모서리 방(方)자는 원래 손잡이가 달린 쟁기의 모습을 본떠 만든 글자입니다. 쟁기는 땅을 가는 데 사용하였고, 옛 중국 사람들은 땅이 네모졌다고 생각하였습니다. 그래서 방(方)자는 '네모'라는 뜻이 생겼습니다. 네모는 말 그대로 '네 개의 모가 있다'는 뜻입니다. 이후 '네모→모→모서리→가장자리→변방(邊方)→지방(地方)' 등의 뜻이 생겼습니다. '하늘(天)은 둥글고(圓) 땅(地)은 네모(方)나다'는 뜻의 천원지방(天圓地方)은 옛 중국 사람들이 본 하늘과 땅의 모습을 나타내는 말입니다. 〈공방전(孔方傳)〉은 '네모(方) 모양의 구멍(孔)을 가진 엽전의 전기(傳記)'라는 뜻으로, 고려 때 임춘이 엽전을 의인화하여 지은 소설입니다. 방언(方言)은 '지방(方)의 말(言)'이란 뜻으로 사투리를 의미합니다.

이러한 방(方)자는 다른 글자와 만나 소리로 사용됩니다. 소리로 사용될 때에는 글자의 오른쪽(防, 紡, 訪, 妨 등)이나 아래쪽(房, 芳, 旁 등)에 옵니다.

하지만 부수로 사용될 때에는 완전히 다른 뜻을 가집니다. 부수로 사용되는 방(方)자는 모두 글자의 왼쪽(旅,旗,族,施)에 오는데, 이 글자들은 공통적으로 글자 오른쪽 위에 사람 인(人)자처럼 생긴 글자가 있습니다. 상형문자를 보면 깃발이 휘날리는 모습인데, 이런 깃발을 본떠 만든 글자가 깃발 언(㫃)자입니다. 따라서 부수로 사용되는 모 방(方)자는 깃발 언(㫃)자를 반으로 잘라 놓은 글자입니다. 이러한 깃발은 주로 군인들이 들고 다녔으며, 이동하거나 전쟁 시 북과 마찬가지로 군대를 지휘하는 데 사용되었습니다.

## 깃발을 뜻하는 글자

**旗** 기 기 ㊥ 旗
깃발 언(㫃) + [그 기(其)]

**旅** (깃발을 든) 나그네 려 ㊥ 旅
깃발 언(㫃) + 성씨 씨(氏)

**族** (깃발을 든) 겨레 족 ㊥ 族
깃발 언(㫃) + 화살 시(矢)

**旋** (깃발을 따라) 돌 선 ㊥ 旋
깃발 언(㫃) + [발 소(疋)→선]

기 기(旗)자는 태극기(太極旗), 국기(國旗), 군기(軍旗) 등에 사용됩니다. 사령기(司令旗)는 '명령(令)을 맡은(司) 깃발(旗)'이란 뜻으로 군대를 지휘할 때에 쓰는 깃발입니다.

나그네 려(旅)

나그네 려(旅)자의 상형문자를 보면 깃발(㫃)을 든 군사들이 걸어가는 모습입니다. 깃발 아래에 있는 뿌리 씨(氏)는 뿌리와 상관없이 두 사람의 모습(从)을 본떠 만든 글자입니다. 이 글자는 원래 군대나 군대의 단위를 뜻하는 글자입니다. 주나라에서 여(旅)는 500명 단위의 군대이며, 5여(旅)를 1사(師)로 하고, 5사(師)를 1군(軍)으로 하였습니다. 지금도 여단(旅團), 사단(師團), 군단(軍團)은 각각 군대의 단위입니다. 이러한 군대는 항상 전쟁터를 떠돌아다니므로 이후 나그네라는 뜻으로 사용되었습니다. 여행(旅行)은 '나그네(旅)가 가다(行)'는 뜻이고, 여관(旅館)은 '나그네(旅)들이 자는 집(館)'입니다.

겨레 족(族)

겨레 족(族)자는 깃발(㫃) 아래에 있는 화살(矢)이 있는 모습으로, 화살은 전쟁을 의미합니다. 옛날의 전쟁은 씨족이나 같은 종족들이 같은 깃발 아래에서 함께 싸웠습니다. 이런 이유로 겨레라는 뜻이 생겼습니다. '귀한(貴) 종족(族)'이란 뜻의 귀족(貴族)은 신분이 높고 가문이 좋은 사람을 일컫는 말입니다. 족외혼(族外婚)은 '같은 씨족이나 종족(族) 바깥(外)의 사람과의 결혼(婚)'입니다.

돌 선(旋)

돌 선(旋)자는 깃발 아래에 발(疋)이 있는 모습으로 '지휘관이 흔드는 깃발(㫃)에 따라 움직이다(疋)'는 뜻에서 주위를 '돌다'는 뜻이 생겼습니다. 나선(螺旋)은 '소라(螺) 껍데기의 무늬처럼 돌아가는(旋) 무늬'를 말하며, 나사(螺絲)나 용수철(龍鬚鐵: 용의 수염처럼 생길 철사)은 나선(螺旋) 모양입니다.

기타

施 베풀 시 ㊥施
깃발 언(㫃) + [어조사 야(也)→시]

遊 놀 유 ㊥游
갈 착(辶) + [깃발 유(斿)]

於 어조사 어, 어조사 우, 탄식할 오 ㊥於
까마귀 모습

실시(實施), 시행(施行) 등에 사용되는 베풀 시(施)자는 원래 '깃발(㫃)이 흔들거리다'는 뜻으로 만든 글자입니다. 이후 '흔들거리다→드러내다→널리 퍼지다→실시(實施)하다→베풀다' 등의 뜻이 생겼습니다.

놀 유(遊)자는 원래 '군인들이 깃발(斿)을 들고 떠돌아다니다(辶)'는 뜻입니다. 깃발 유(斿)자는 아이(子)가 깃발(㫃)을 들고 있는 모습입니다. 이후 '떠돌다→여행하다→즐기다→놀다'라는 뜻이 생겼습니다. 유람(遊覽), 유목(遊牧), 유세(遊說), 유학(遊學) 등 유(遊)자가 들어가는 낱말은 '간다, 떠돌다'는 의미가 있습니다. 《서유견문(西遊見聞)》은 '서양(西)을 여행하면서(遊) 보고(見) 들은(聞) 것을 기록한 책'으로, 한말(韓末)의 정치가 유길준이 미국 유학 때, 유럽을 여행하며 보고 들은 것들을 기록한 최초의 국한문혼용체로 된 책입니다. 유흥가(遊興街)는 '놀거나(遊) 흥겨운(興) 거리(街)'로, 술집 따위의 놀 수 있는 장소가 모여 있는 거리입니다.

어조사 어(於)자는 원래 까마귀의 모습을 본떠 만든 글자입니다. 또 어조사 우(於)나 탄식할 오(於)자로도 사용됩니다. 어조사 우(於)자의 약자는 어조사 우(于)자인데, 방패 간(干)자와 비슷하게 생겼습니다. 청출어람 청어람(靑出於藍 靑於藍)은 '푸른색(靑)은 쪽(藍)에서(於) 나왔으나(出) 쪽(藍)보다(於) 더 푸르다(靑)'는 뜻으로 제자가 스승보다 뛰어남을 일컫는 말입니다. '찬성도 반대도 아닌 어중간한 태도'에서 어중간(於中間)은 '거의 중간(中間)쯤에(於)'라는 뜻입니다.

## 생활 4-15 형벌

검을 흑(黑) | 매울 신(辛) | 그물 망(网)

黑 | 

검을 흑(黑)
얼굴에 먹으로 문신을 새기는 모습

요즘은 죄를 지으면 감옥에 가지만, 옛 중국에서의 형벌은 어땠을까요?

죄인을 잡아 임시로 감옥에 가두기는 하였지만, 요즘처럼 몇 년씩 감옥에 두지는 않았습니다. 몇 년 동안 공짜로 밥을 먹여줄 수 없었으니까요. 당시의 형벌은 머리 자르기, 배 가르기, 다리 자르기, 생매장, 코 베기 등이 있었습니다. 형벌(刑罰)은 대부분 칼을 사용하기 때문에 형벌 형(刑)자나 벌할 벌(罰)자에 칼 도(刂)자가 들어갑니다.

이후 주나라 때부터 오형(五刑)이라고 해서 사형(死刑), 궁형(宮刑), 월형(刖刑), 의형(劓刑), 묵형(墨刑) 등 5가지 형벌이 있었습니다.

이중 사형(死刑)은 동서고금(東西古今)을 막론하고 항상 있어 왔던 가장 엄한 형벌입니다. 사형 다음으로는 거세를 하여 남자의 생식 능력을 없애는 궁형(宮刑)이 있었습니다. 한나라의 역사가인 사마천(司馬遷, 기원전 145~86년)은 궁형을 당했지만, 굴욕을 참고 역사에 길이 남는 《사기(史記)》를 완성했습니다.

발자를 월(刖)

톱으로 한쪽 혹은 양쪽 다리의 종아리 아래 부분을 잘라 걷지 못하게 하는 형벌인 월형(刖刑)은 죄수나 노예들이 도망가지 못하게 한 엽기적인 형벌입니다. 월(刖)자의 상형문자를 보면 톱으로 다리를 자르는 모습을 그대로 볼 수 있습니다. 《사기(史記)》를 읽어보면, 춘추전국시대에 월형을 당한 사람들이 신는 신발(한쪽이 높게 만든 신발)이 많이 팔렸다는 이야기도 나옵니다. 또 《손자병법》으로 유명한 손자(孫子)도 월형을 당했습니다.

가벼운 형벌로는 코를 베는 의형(劓刑)과 피부(주로 얼굴)에 먹으로 문신을 새기는 묵형(墨刑)이 있었습니다. 묵형(墨刑)은 죄수나 전쟁 포로를 노예나 첩(妾)으로 삼기 위해 표시하는 것입니다. 묵형(墨刑)은 경형(黥刑)으로도 불렀는데, 잘못한 사람을 꾸짖을 때 '경(黥)을 칠 놈'이라는 이야기는 '얼굴에 문신을 새길 놈'을 의미합니다. 동양에서의 문신은 이처럼 죄나 벌과 연관되어 서양과는 달리 함부로 문신을 하지 않았습니다. 묵(墨)형이나 경(黥)형에 검을 흑(黑)자가 모두 들어가는데, 검을 흑(黑)자는 사람 얼굴에 먹으로 문신을 새긴 모습을 본떠 만든 글자입니다. 따라서 검을 흑(黑)자는 나쁜 의미의 글자에 들어갑니다. 중국에서는 컴퓨터 해커(hacker)를 '검은(黑) 손님(客)'이란 뜻의 흑객(黑客)이라고 부릅니다.

### 흑(黑)자가 들어가는 글자

**墨** 먹 묵 ㊥墨
흙 토(土) + [검을 흑(黑)→묵]

**黨** 무리 당 ㊥党 ㊀党
검을 흑(黑) + [오히려 상(尙)→당]

**默** 잠잠할 묵 ㊥默
[검을 흑(黑)→묵] + 개 견(犬)

**點** 점 점 ㊥点 ㊀点
검을 흑(黑) + [점칠 점(占)]

**熏** 연기낄 훈 ㊥熏
검을 흑(黑) + 연기 모습

먹 묵(墨)자는 '검은(黑) 흙(土)으로 만든 것이 먹이다'는 뜻입니다. 필묵(筆墨)은 '붓(筆)과 먹(墨)'을 일컫고, 수묵화(水墨畵)는 '물(水)로 먹(墨)의 짙고 엷음을 조절하여 그린 그림(畵)'입니다. 수묵(水墨) 혹은 묵화(墨畵)라고도 합니다. 백묵(白墨)은 '흰색(白) 먹(墨)'이란 뜻으로, 분필(粉筆: 가루가 생기는 붓)을 말합니다.

무리 당(黨)자는 검은(黑) 무리들이 큰 건물(尙)에 모여 있는 모습에서 '무리'라는 뜻이 생겼습니다. 무리가 부정적인 이미지를 가진다고 해서 검을 흑(黑)자가 들어갔습니다. 당파(黨派)는 이해를 같이하는 사람들끼리 뭉쳐진 단체이고, '친구(朋)나 무리(黨)'라는 뜻의 붕당(朋黨)은 조선 시대에 같은 지방 또는 서원 출신의 친구나 무리들을 이르던 말입니다. 둘 단어 모두 나쁜 의미를 가집니다.

잠잠할 묵(默)자는 '개(犬)는 말을 할 줄 몰라 침묵(沈默)한다'는 뜻입니다. 묵념(默念)은 '잠잠하게(默) 마음속으로 생각하다(念)'는 뜻입니다.

장점(長點), 결점(缺點), 지점(地點), 관점(觀點) 등에 들어가는 점 점(點)자는 '검은(黑) 색으로 점을 찍다'는 뜻입니다. 이후 '점→점을 찍다→표를 하다→불을 켜다→불을 피우다→조사하다→검사하다' 등의 뜻이 생겼습니다. 점심(點心)은 '마음(心)에 점(點)을 찍다'는 뜻으로 마음에 점을 찍듯이 가볍게 먹는 음식을 의미하며, 중국에서 만든 단어입니다. 점등(點燈)은 '등불(燈)을 켜다(點)'는 뜻이고, 점화(點火)는 '불(火)을 피우다(點)'는 뜻입니다. 점수(點數)는 '시험을 검사하여(點) 매긴 수(數)'이고, 점호(點呼)는 '조사하기(點) 위해 부르다(呼)'는 뜻으로, 한 사람씩 이름을 불러 인원이 맞는가를 알아보는 것입니다.

연기낄 훈(熏)

연기낄 훈(熏)자 아래에 들어가는 검을 흑(黑)자는 불꽃으로 인해 검게 그을린 구멍이나 굴뚝의 모습으로 얼굴에 문신을 새기는 검을 흑(黑)자와는 상형문자의 모습이 다릅니다. 즉, 훈(熏)자는 검은 굴뚝(黑) 위로 연기가 올라오는 모습입니다. 훈제 바비큐와 훈제 연어의 훈제(燻製)는 '연기(燻)로 만든다(製)'는 뜻입니다.

辛 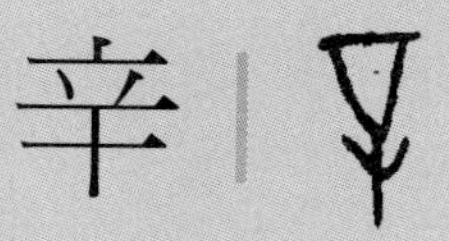

매울 신(辛)
문신을 새기는 침의 모습

라면 이름으로 우리에게 잘 알려져 있는 매울 신(辛)자는 묵형(墨刑)을 집행하기 위해 얼굴에 문신을 새기던 침의 모습을 본떠 만든 글자입니다. 또 침은 문신을 새길 뿐만 아니라, 죄수나 노예의 한쪽 눈을 찔러 애꾸눈을 만드는 데에도 사용하였습니다. 즉 노동력을 유지하면서 거리감을 없애 반항을 하지 못하도록 하기 위함이었습니다. 이후 '침→죄(罪)→슬프고 괴롭다→고통스럽다→맵다'는 뜻이 파생되었습니다. 중국에서는 사천(四川, 쓰촨) 지방과 일부 남쪽 지방을 제외하고는 매운 음식을 먹지 않습니다. 보통의 중국 사람들은 매운 맛을 고통스럽게 생각하기 때문입니다. 천신만고(千辛萬苦)는 '천(千) 가지 매운(辛) 것과 만(萬) 가지 쓴(苦) 것'이라는 뜻으로, 온갖 어려운 고비를 다 겪으며 심하게 고생함을 이르는 말입니다.

어쨌든 매울 신(辛)자는 죄(罪)나 벌(罰)과 관련되는 글자에 들어갑니다. 또 다른 글자에 들어갈 때 아이 동(童), 첩 첩(妾), 글 장(章)자에서 보듯이 설 립(立)자처럼 간략화되는 경우가 많습니다.

### 문신과 관련한 글자

**童** 아이 동 ㊥ 童
매울 신(辛→立) + 마을 리(里)

**妾** 첩 첩 ㊥ 妾
매울 신(辛→立) + 여자 녀(女)

**章** 글 장 ㊥ 章
매울 신(辛→立) + 일찍 조(早)

아이 동(童)

'아이(童)들의 이야기(話)'란 뜻의 동화(童話)와 '아이(童)들의 노래(謠)'라는 뜻의 동요(童謠)에 나오는 아이 동(童)자는 어원을 살펴보면 동화나 동요가 주는 좋은 느낌은 고사하고, 끔찍하다 못해 엽기적입니다. 아이 동(童)자의 상형문자를 보면 매울 신(辛→立), 눈 목(目), 사람 인(人), 흙 토(土)자가 그려져 있습니다. 즉, 땅(土) 위에 서 있는 아이(人)의 한쪽 눈(目)을 침(辛)으로 찌르는 모습입니다. 고대 중국에서 다른 부족을 정벌하면, 아이들의 한쪽 눈을 찔러 보이지 않게 하여 노예로 삼았던 풍습에서 나온 엽기적인 글자입니다. 나중에 눈 목(目)자와 사람 인(人), 흙 토(土)자가 합쳐져 마을 리(里)자가 되었습니다.

백성 민(民)

아이 동(童)자와 비슷한 어원을 가진 글자로는 백성 민(民)자가 있습니다. 백성 민(民)자의 상형문자도 눈(目)에 침을 찌르는 형상입니다. 모든 고대 국가가 그러했듯이, 당시 지배계층과 전쟁을 하는 병사를 제외하고는 모든 백성이 노예였습니다. 그래서 학교에서 배우는 국가의 발달과정을 보면 봉건제 이전의 사회를 노예제사회라고 부릅니다. '노예였던 백성(民)이 주인(主)인 국가(國家)'라는 뜻의 민주국가(民主國家)는 역사가 그리 길지 않습니다.

헌법(憲法)이나 제헌절(制憲節)에 들어가는 법 헌(憲)자도 같은 어원을 가지고 있습니다. 법 헌(憲)자는 해칠 해(害)자의 변형 자에 눈 목(目→罒)자와 마음 심(心)자가 합쳐진 글자입니다. 한쪽 눈(目→罒)을 해(害)하여 애꾸눈을 만들었던 형벌(刑罰)에서 법(法)이라는 의미가 생겼습니다. 나중에 이런 법을 '마음으로 지킨다'고 해서 마음 심(心)자가 들어갔습니다.

첩 첩(妾)자는 '잡혀오거나 죄를 지은 여자(女)의 얼굴에 문신(辛→立)을 새겨 첩으로 삼다'는 뜻으로 만든 글자입니다. 서기 100년경에 완성된 중국 최초의 한자 자전인《설문해자》를 보면 "남자가 죄를 지으면 노예가 되는데 이를 동(童)이라 하고, 여자의 경우는 첩(妾)이라 한다."고 되어 있습니다.

글 장(章)

글 장(章)자는 문신을 새기는 침(辛→立)과 문신의 모습(早)이 들어 있는 글자입니다. 일찍 조(早)자는 문신의 모습으로 원래의 의미와는 상관없습니다. 문신은 그림을 새기기도 하지만, 대부분의 경우 죄목 등을 글로 새기기 때문에 '글'이라는 의미가 나왔습니다. 재미있는 사실은 글월 문(文)자도 몸에 새긴 문신을 새긴 사람의 모습입니다. 문신(文身)이란 말 자체가 '몸(身)에 새긴 글(文)'이란 뜻입니다. 문장(文章)을 원래의 뜻 그대로 풀이하면, '문신(文)과 문신(章)'이란 뜻이 됩니다. 재미있는 사실은 검은 먹물을 뿜는 문어(文魚)를 중국에서는 장어(章魚)라고 합니다.

### 죄를 다스리는 글자

宰 재상 재 ㊥ 宰
집 면(宀) + 매울 신(辛)

辭 말씀/사양할 사 ㊥ 辞 ㊲ 辞
매울 신(辛) + 다스릴 란(𤔔)

避 피할 피 ㊥ 避
갈 착(辶) + [피할 피(辟)]

재상(宰相)은 임금을 돕고 모든 관리를 지휘하고 감독하는 일을 맡아보던 이품(二品) 이상의 벼슬입니다. 재상 재(宰)자는 형벌을 주는 도구(辛)가 있는 집(宀)이란 의미로, 옛날에는 재상(宰相)이 형벌을 준 데에서 유래한 글자입니다.

말씀 사(辭)자는 원래 '죄(辛)를 다스리다(𤔔)'는 뜻입니다. 이후 '죄를 다스리다→타이르다→말씀→사양(辭讓)하다'는 뜻으로 파생했습니다. 사전(辭典)은 '말(辭)을 풀어 놓은 책(典)'입니다.

피할 피(辟)

피할 피(避)자에 들어가는 피할 피(辟)자의 상형문자를 보면 꿇어앉아 있는 사람(尸) 옆에 형벌 기구(辛)가 있는 모습입니다. 사람(尸) 아래에 있는 입 구(口)자는 상처의 상형입니다. '형벌로 죄를 다스리다'는 뜻과 함께 '이러한 형벌을 피하다'는 뜻도 있읍니다. 나중에 '피하다'는 뜻을 강조하기 위해 갈 착(辶)자가 추가되었습니다. 피난(避難)은 '어려움(難)을 피하다(避)'는 뜻이고, 피서(避暑)는 '더위(暑)를 피하다(避)'는 뜻이며, 피구(避球)는 '공(球)을 피하는(避) 경기'입니다.

### 재판과 관련한 글자

**辡** 죄인서로송사할 변 ⓒ 辡
매울 신(辛) + 매울 신(辛)

**辯** 말잘할 변 ⓒ 辩
말씀 언(言) +
[죄인서로송사할 변(辡)]

**辨** 분별할 변 ⓒ 辨
칼 도(刂) +
[죄인서로송사할 변(辡)]

죄인서로송사할 변(辡)자는 두 명의 죄인(辛)이 서로 소송(訴訟)하며 싸우는 형상입니다. 이 글자는 단독으로 사용되지 않고, 다른 글자와 함께 사용됩니다.

말잘할 변(辯)자는 '두 명의 죄인(辛)이 서로 소송하여(辡) 싸울 때 말(言)을 잘해야 이긴다'는 뜻이 포함되어 있습니다. 변호사(辯護士)는 '말을 잘해(辯) 도와주는(護) 선비(士)'라는 뜻으로 재판에서 소송을 대행해 주는 사람입니다. 웅변대회(雄辯大會)는 '씩씩하고(雄) 말 잘하는(辯) 사람을 뽑는 큰(大) 모임(會)'입니다. 분별할 변(辨)자는 '두 명의 죄인(辛)이 서로 소송하여 싸울 때 칼(刂)로 물건을 자르듯이 누가 잘못했는지를 분별하다'는 뜻입니다. 변별력(辨別力)은 '분별하여(辨) 나눌(別) 수 있는 힘(力)'입니다.

### 행(幸)자가 들어가는 글자

**執** 잡을 집 ⓒ 执
다행 행(幸) + 알 환(丸)

**報** 알릴/갚을 보 ⓒ 报
다행 행(幸) + 병부 절(卩) +
또 우(又)

**睪** 엿볼/죄인 잡을 역 ⓒ 睾
눈 목(目/罒) + 다행 행(幸)

벌을 주는 것과 관련한 글자로 매울 신(辛)자와 비슷하게 생긴 다행 행(幸)자가 있습니다. 하지만 침의 모습을 본떠 만든 매울 신(辛)자와는 달리 다행 행(幸)자는 손이나 발, 혹은 목에 채우는 차꼬의 상형문자입니다. 현대의 수갑과 같은 역할을 하기 위해 만든 것입니다. 아마도 '죄인을 잡아 다행이다'라는 뜻에서 '다행'이라는 의미가 생긴 듯합니다.

잡을 집(執)

잡을 집(執)자는 꿇어앉아 있는 사람(丸)의 두 손에 수갑(幸)을 채운 형상으로, 죄인을 잡아 놓은 모습입니다. 여기에서 알 환(丸)자는 두 손을 앞으로 내밀고 꿇어앉아 있는 사람의 모습입니다. 집권(執權)은 '권력(權)을 잡다(執)'는 뜻입니다.

알릴 보(報)

알릴/갚을 보(報)자의 상형문자를 보면 꿇어 앉아 있는 사람(卩)에게 수갑(幸)을 채운 모습 옆에 손(又)이 있는 모습입니다. 아마도 재판을 받는 모습으로 추측됩니다. 이후 '재판하다→(재판 결과를) 알리다→(벌로 죄를) 갚다'는 뜻이 파생되었습니다. 1920년에 창간된 《동아일보(東亞日報)》는 '한국, 일본, 중국 등 동쪽(東) 아시아(亞)에서 일어나는 일을 날마다(日) 알려주는(報) 신문'이라는 뜻입니다. 보복(報復)은 '되돌려(復) 갚다(報)'는 뜻입니다.

엿볼 역(睪)자는 눈(目/罒)으로' 죄수(幸)를 엿보면서 감시하다'는 뜻입니다. 이 글자는 단독으로 사용되지는 않고, 다른 글자와 만나서 소리로 사용됩니다. 통역할 역(譯)자나 역 역(驛)자가 그런 예입니다.

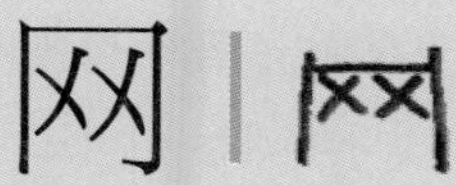

그물 망(网/罒)
물고기를 잡는 그물

그물 망(网)자는 그물을 쳐 놓은 모습을 본떠 만든 글자입니다. 다른 글자 내에서는 간략형인 망(罒)자로 더 많이 사용됩니다. 그물 망(罒)자는 그릇 명(皿)자와 비슷하게 생겼으나, 그릇 명(皿)자는 다른 글자의 아래에 쓰고(盃, 盆 등), 그물 망(罒)자는 다른 글자의 위에 씁니다(罪, 罰 등). 또 그물 망(罒)자는 종종 눈 목(目)자를 90도 돌려놓은 글자로도 사용됩니다. 덕 덕(德), 꿈 몽(夢), 엿볼 역(睪), 해바라기벌레 촉(蜀), 법 헌(憲)자 등에 쓰인 그물 망(罒)자는 눈 목(目)자를 90도 돌려놓은 글자입니다.

그물 망(网/罒)자는 물고기를 잡는 그물을 뜻하는 글자에도 들어가지만, 잘못한 사람을 꾸짖거나 형벌을 주는 뜻의 글자에 들어갑니다. 죄인을 가두어 놓은 곳이 나무를 격자로 만들어서 그물처럼 밖에서 안이 보이도록 만들었기 때문이라고도 하고, 그물로 물고기를 잡듯이 죄 지은 자를 잡아들이는 데에서 유래되었다고도 합니다. '죄를 지은 사람이 법망에 걸리다' 혹은 '법망을 빠져나가다'는 말에서 법망(法網)은 '법(法)의 그물(網)'이란 뜻인데, 그물 망(網)자가 들어가는 것은 우연의 일치가 아닙니다.

### 죄, 벌과 관련한 글자

**罪** 허물 죄 ㊥ 罪
그물 망(网/罒) + 아닐 비(非)

**罰** 벌할 벌 ㊥ 罚
그물 망(网/罒) + 말씀 언(言) + 칼 도(刂)

**罷** 파할 파 ㊥ 罢
그물 망(网/罒) + 능할 능(能)

**署** 관청 서 ㊥ 署
그물 망(网/罒) + [사람 자(者)→서]

허물 죄(罪)자는 '비리(非理)가 있는 사람을 그물(罒)로 잡아 죄(罪)를 벌하다'는 뜻입니다. 범죄(犯罪)는 '죄(罪)를 범하다(犯)'는 뜻입니다. 죄형법정주의(罪刑法定主義)는 '죄(罪)와 형벌(刑)은 법(法)으로만 정(定)해진다는 주의(主義)'로, 어떤 행위가 범죄인가 아닌가, 또는 그 범죄에 대하여 어떤 형벌을 내릴 것인가 하는 것은 법률에 의해서만 정할 수 있다는 주의(主義)입니다. 근대 자유주의 형법의 기본 원칙입니다. 즉, 예전에는 법을 집행하는 사람이 마음대로 하였다는 이야기입니다

벌줄 벌(罰)자는 '그물(罒)로 잡은 죄인을 말(言)로 꾸짖고 칼(刂)로 베어 벌(罰)을 주다'는 뜻입니다. 형벌(刑罰)은 죄 지은 사람에게 주는 벌입니다.

파할 파(罷)는 원래 '그물(罒)에 걸린 곰(能)을 놓아주다'는 뜻입니다. 이후 '놓아주다→내치다→마치다→파하다'로 뜻이 파생되었습니다. 파면(罷免)은 '직무를 파하거나(罷) 벗어나게(免) 하다'는 뜻이고, 노동자가 노동 조건을 개선하기 위해 벌이는 파업(罷業)은 '일(業)을 파하다(罷)'는 뜻입니다.

참고로, 능할 능(能)자는 곰의 모습을 본떠 만든 글자입니다. 곰이 재주를 잘

피우는 데에서 '능하다'라는 의미가 생겼습니다. 이후 곰이란 뜻을 분명히 하기 위해 불 화(火/灬)자를 추가하여 곰 웅(熊)자를 만들었습니다. 곰의 털에서 고운 빛의 광택이 나기 때문입니다. 그래서 웅(熊)자는 '빛나다'라는 의미도 있습니다. 웅담(熊膽)은 '말린 곰(熊)의 쓸개(膽)'로 한약재로 사용됩니다. 단군신화에 등장하는 웅녀(熊女)는 '곰(熊)이 변해 된 여자(女)'입니다.

관청 서(署)자는 관청에서 죄인에게 벌을 주므로 죄(罪)나 벌(罰)을 의미하는 그물 망(罒)자가 들어갑니다. 경찰서(警察署)는 '법을 어기는 사람이 있는지 경계하고(警) 살피는(察) 관청(署)'입니다.

### 그물과 관련한 글자

罔 없을/그물 망 ⓢ罔
그물 망(网/罒) + [망할 망(亡)]

網 그물 망 ⓢ网
실 사(糸) + [그물 망(罔)]

羅 벌일 라 ⓢ罗
그물 망(网/罒) + 실 사(糸) + 새 추(隹)

置 둘 치 ⓢ置
그물 망(网/罒) + [곧을 직(直)→치]

買 살 매 ⓢ买
조개 패(貝) + 그물 망(网/罒)

그물 망(罔)자는 그물 망(网)의 변형 자에 소리를 나타내는 망할 망(亡)자가 들어가 있습니다. 그물의 실 사이가 비어져 없다고 해서 '없다'는 뜻도 생겼습니다. 나중에 본래의 뜻을 분명히 하기 위해 실 사(糸)자가 추가되어 그물 망(網)자가 만들어졌습니다. TV 사극을 보면 자주 나오는 대사 중에 '성은이 망극하오이다'의 망극(罔極)은 '끝(極)이 없다(罔)'는 뜻입니다. 망막(網膜)은 '시신경이 그물(網)처럼 퍼져 있는 얇은 막(膜)'으로, 빛에 의한 자극을 받아들이는 시세포가 분포합니다.

벌일 라(羅)자는 원래 새(隹)를 잡기 위해 실(糸)로 만든 그물(罒)을 뜻하는 글자입니다. 이후 '그물→그물을 치다→(그물을) 벌여 놓다→벌이다'는 뜻이 파생되었습니다. 나열(羅列)은 '죽 벌여 놓다'는 뜻이고, 나침반(羅針盤)은 '침(針)을 벌여 놓은(羅) 쟁반(盤)'입니다.

위치(位置)나 배치(配置)에 들어가는 둘 치(置)자는 '물고기나 짐승을 잡기 위해 그물(罒)에 곧게(直) 세워 두다'는 뜻입니다. 영어의 전치사(前置詞)는 '다른 단어의 앞(前)에 위치(置)한 낱말(詞)'이란 뜻입니다. 정치망(定置網)은 '일정한(定) 자리에 배치(置)한 그물(網)'로, 한곳에 쳐 놓고 고기 떼가 지나가다가 걸리도록 한 그물입니다.

살 매(買)자는 '그물(罒)로 조개(貝)를 잡는 모습입니다. '그물(罒)로 돈(貝)을 끌어 모아 물건을 사다'는 해석과 '그물(罒)로 조개(貝)를 끌어 모으듯이 물건을 사 모으다'는 해석도 있습니다. 매매(賣買)는 '물건을 팔고(賣) 사고(買) 하는 일'입니다.

### 새를 잡는 그물

**離** 떠날 리 ⓢ 离
새 추(隹) + [떠날 리(离)]

**禽** 날짐승 금 ⓢ 禽
떠날 리(离) + [이제 금(今)]

**擒** 사로잡을 금 ⓢ 擒
손 수(扌) + [날짐승 금(禽)]

**畢** 마칠 필 ⓢ 毕
그물 모습

안국선의 소설
금수회의록

떠날 리(离)

그물 망(罒)자는 물고기를 잡는 그물을 뜻하는 반면, 떠날 리(離), 날짐승 금(禽), 사로잡을 금(擒)자에 공통적으로 나오는 떠날 리(离)자는 새를 잡기 위한 그물의 모습을 본떠 만든 글자로 원래는 '잡다'는 뜻을 가지고 있었습니다. 하지만 '그물에 걸린 새가 도망간다'고 해서 '떠나다'는 뜻도 생겼습니다. 이후 뜻을 분명히 하기 위해 새 추(隹)자가 추가되어 떠날 리(離)자가 되었습니다. 이별(離別)은 '떠나서(離) 헤어지다(別)'는 의미입니다. 이산가족(離散家族)은 '떨어져(離) 흩어진(散) 가족(家族)'입니다.

날짐승 금(禽)자는 '그물(离)로 날짐승을 잡다'는 뜻입니다. 《금수회의록(禽獸會議錄)》은 '날짐승(禽)과 짐승(獸)이 회의(會議)한 기록(錄)'이란 뜻으로, 개화기의 대표적인 지식인이었던 안국선이 1908년 발표한 신소설이자, 우리나라에서 최초로 판매 금지된 소설입니다. 꿈속에서 까마귀, 여우, 개구리, 벌, 게, 파리, 호랑이, 원앙새 등 8마리 동물들의 회의를 참관하고 그 내용을 기록하였는데, 이 동물들은 인간의 비리를 상징합니다. 즉, 까마귀처럼 효도할 줄 모르고, 개구리처럼 분수를 지킬 줄 모르며, 여우같이 간사하고, 벌처럼 정직하지 못하고, 창자가 없는 게보다 못하고, 파리처럼 동포를 사랑할 줄 모르고, 호랑이보다 포악하며, 원앙이 부끄러워할 정도의 부정한 행실 등을 폭로함으로써 인간 세계의 모순과 비리를 규탄합니다.

사로잡을 금(擒)자는 '손(扌)으로 날짐승(禽)을 산채로 사로잡다'는 뜻입니다. 칠종칠금(七縱七擒)은 '일곱(七) 번을 놓아주고(縱) 일곱(七) 번을 사로잡다(擒)'는 뜻으로 무슨 일을 제 마음대로 함을 일컫습니다. 《삼국지》에 등장하는 제갈공명이 맹획을 일곱 번 사로잡았다가 일곱 번 놓아준 이야기에서 유래합니다.

마칠 필(畢)

마칠 필(畢)자도 그물의 모습을 본떠 만든 글자로, 그물이란 뜻을 가지고 있습니다. 나중에 가차되어 '마치다'는 뜻이 생겼습니다. '세금 필납'의 필납(畢納)은 '납세(納)를 마쳤다(畢)'는 뜻입니다. '필생의 노력'이나 '필생의 소원'에 나오는 필생(畢生)은 '생(生)을 마치다(畢)'는 뜻으로 평생을 의미합니다. 하지만 '필사의 노력'에서 필사(必死)는 '반드시(必) 죽을(死) 힘을 다한다'는 뜻입니다.

# 생활 4-16 제사와 점

보일 시(示) | 귀신 귀(鬼) | 점 복(卜) | 점괘 효(爻)

示 | 示

보일 시(示), 귀신 기(示)
제사를 지내는 제사상

제사상

고대 중국인들은 사람이 죽으면 귀신(鬼神)이 되어 여전히 이 세상에 존재한다고 믿었습니다. 또한, 인간에게 닥치는 길흉화복(吉凶禍福)이 모두 돌아가신 조상신(祖上神)과 관련 있다고 믿었기 때문에, 종묘(宗廟)나 사당(祠堂)에서 돌아가신 조상신에게 제사(祭祀)를 지냈습니다. 이러한 조상신 외에도 하늘, 황하강, 땅의 신(神) 등에게도 제사를 지냈고, 전쟁을 치르거나, 농사를 짓거나, 병이 나거나, 집을 지을 때도 제사(祭祀)를 지냈습니다.

제사를 지낼 때는 복(福)을 빌거나 화(禍)를 막아달라고 기도(祈禱)를 하였고, 또 미래에 어떤 일이 생길지 귀신(鬼神)에게 물어보기 위해 점을 치기도 하였습니다. 예를 들어, 전쟁이나 농사일을 시작하기 전에는 반드시 점을 쳐서 전쟁에 이길지, 농사가 잘 될지를 물어보았습니다.

귀신 기(示)자로도 알려져 있는 보일 시(示)자는 원래 귀신(鬼神)에게 제사를 지내기 위해 제물을 올리기 위한 제사상을 본떠 만든 글자입니다. 이후, '제사상→(제사상의) 귀신→(귀신이) 지시(指示)하다→(귀신이) 알려주다→보이다' 등의 뜻이 파생되었습니다. 보일 시(示)자는 '눈(目)으로 보다'는 뜻의 볼 견(見)자와는 달리 '신(神)이 미래를 보여주거나 알려주다'는 뜻입니다. 예를 들어, 신의 계시(啓示)는 '신이 일깨워주고(啓) 알려주다(示)'는 뜻입니다.

보일 시(示)자는 제사, 귀신, 복, 기도 등에 관련된 글자에 들어갑니다.

### 제사와 관련한 글자

**祭** 제사 제 ⓩ 祭
보일 시(示) + 고기 육(肉/月) + 또 우(又)

**祀** 제사 사 ⓩ 祀
보일 시(示) + [뱀 사(巳)]

제사 제(祭)자는 '제사상(示)에 고기(肉/月)를 손(又)으로 올리며 제사를 지내다'는 뜻입니다. 기우제(祈雨祭)는 '비(雨)가 오기를 비는(祈) 제사(祭)'입니다. 기제(忌祭)는 '기일(忌日: 조상이 죽은 날)에 지내는 제사(祭)'이고, 시제(時祭)는 '철(時)마다(음력 2월,5월,8월,11월) 지내는 종묘의 제사(祭)'이고, 묘제(墓祭)는 '음력 9~10월에 조상의 묘(墓)를 찾아가 지내는 제사(祭)'입니다.

제사 사(祀)자는 제단(示) 앞에 있는 아기(巳)의 모습입니다. 아마도 새로 태어난 아이를 조상에게 보이거나 아기를 제물로 바치는 모습으로 추측됩니다. 사대봉사(四代奉祀)는 '4대(四代) 조상까지 받들어(奉) 모시는 제사(祀)'로, 부모(父

祝 빌 축 중 祝
보일 시(示) + 맏 형(兄)

祈 빌 기 중 祈
귀신 기(示) +
[도끼 근(斤)→기]

禱 빌 도 중 祷
보일 시(示) +
[목숨 수(壽)→도]

福 복 복 중 福
보일 시(示) + [찰 복(畐)]

禍 재앙 화 중 祸
보일 시(示) +
[입삐뚤어질 와(咼)→화]

천 개의 손을 가진
천수관음을 표현하는 춤

母), 조부모(祖父母), 증조부모(曾祖父母), 고조부모(高祖父母) 등 4대 조상까지 제사를 지내는 것을 말합니다. 1973년 박정희 대통령 때 제정하여 공포한 가정의례준칙에서는 이대봉사(二代奉祀)로 규정하고 있습니다.

빌 축(祝)

빌 축(祝)자는 '제사상(示) 앞에서 맏이(兄)가 복을 빌다'는 뜻입니다. 축복(祝福)은 '복(福)을 빌다(祝)'는 뜻입니다.

기도(祈禱)에 들어가는 기(祈)자와 도(禱)자는 모두 '빌다'는 뜻입니다. 이 중 빌 도(禱)자는 '제사상(示)에서 오래 살게 해달라고 목숨(壽)을 빌다'는 뜻입니다. 안수기도(按手祈禱)는 '손(手)으로 머리를 누르며(按) 하는 기도(祈禱)'로서, 목사나 신부 등이 기도를 받는 사람의 머리 위에 손을 얹고 하는 기도입니다.

〈도천수관음가(禱千手觀音歌)〉는 '천수관음(千手觀音)에게 기도(禱)하는 노래(歌)'로, 신라 경덕왕 때 희명(希明)이 지은 향가입니다. 천수관음(千手觀音)은 '천(千) 개의 손(手)을 가지고 세상의 모든 소리(音)를 살펴보는(觀) 보살'입니다. 경덕왕 때 한기리에 살던 희명이란 여자의 아들이 태어난 지 5년 만에 눈이 멀자 분황사 천수관음 앞에서 이 노래를 지어 아이에게 부르게 하자 눈을 떴다고 합니다.

옛 중국에서는(지금도 거의 마찬가지이지만) 사고가 나거나 건강이 나빠지는 것이 본인의 부주의나 무절제한 생활이 원인이라는 생각은 하지 않고, 순전히 운이 나쁜 것이라고 생각하였습니다. 이런 이유로 화(禍)를 물리치고 복(福)을 빌기 위해 제사를 지냈습니다.

복 복(福)

복 복(福)자는 '제물이 가득 찬 항아리(畐)를 제사상(示)에 올리며 복을 빌다'는 뜻입니다. 기복신앙(祈福信仰)은 '복(福)을 비는(祈) 신앙(信仰)'으로, 종교를 믿는 목적이 사업, 건강, 공부 등이 잘되도록 복(福)을 비는 것입니다.

재앙 화(禍)자는 복(福)의 반대말입니다. 원화소복(遠禍召福)은 '화(禍)를 멀리(遠)하고 복(福)을 부르다(召)'라는 뜻입니다. 사화(士禍)는 '선비(士)들의 재앙(禍)'이란 뜻으로, 조선 중기 당파 싸움에서 진 많은 선비들이 죽임을 당하거나 귀양을 간 사건입니다. 조선 시대의 사대사화(四大士禍)로 무오사화, 갑자사화, 기묘사화, 을사사화가 있습니다.

### 조상신과 관련한 글자

**祖** 할아비 조 ⓩ 祖
보일 시(示) + [도마 조(且)]

**神** 귀신 신 ⓩ 神
보일 시(示) + [납 신(申)]

할아비 조(祖)자는 조상(祖上)이란 뜻도 있습니다. 조상(祖上)은 '할아버지(祖) 위(上)의 분'을 뜻하고, 선조(先祖)는 '할아버지(祖)보다 먼저(先) 가신 분'을 뜻합니다. 둘 다 같은 말입니다. 시조(始祖)는 '처음(始) 조상(祖)'으로 박씨의 시조(始祖)는 박혁거세입니다.

귀신 신(神)자에 들어가는 납 신(申)자는 번갯불의 상형으로 '번갯불(申)을 만드는 것은 하늘을 떠도는 귀신(示)이다'는 뜻입니다. 앞에서 이야기 했듯이 죽으면 사람의 정신이 귀신이 된다고 생각했기 때문에 귀신 신(神)자는 '정신(精神), 혼(魂), 마음'이란 뜻도 함께 가지고 있습니다. 사람의 몸속에 있는 신경(神經)은 '사람의 마음이나 정신(神)이 지나가는 길(經)'이란 뜻입니다. 신성(神聖)로마 제국은 '신(神)처럼 성(聖)스러운 로마 제국(帝國)'이란 뜻으로 962년부터 1806년까지에 있었던 독일제국의 이름입니다. 독일 제국이지만 고대 로마 제국의 부활이라고 여겨 로마 제국이라 불렀고, 15세기부터는 그리스도 교회와 일체라는 뜻에서 신성(神聖)이라는 말을 붙였습니다.

### 기타(1)

**宗** 마루 종 ⓩ 宗
집 면(宀) + 보일 시(示)

**社** 모일 사 ⓩ 社
보일 시(示) + 흙 토(土)

서울시 종로구 사직동에 있는 사직단

마루 종(宗)자의 마루는 집안의 마루가 아니라, 산마루, 고갯마루에서 보듯이 '꼭대기'나 '높다'를 의미하는 순우리말입니다. 마루 종(宗)자는 원래 집(宀) 안에 제사상(示)을 모셔 놓은 모습으로 조상의 제사를 모시는 사당(祠堂)을 일컫는 글자입니다. 이후 '사당→조상→시조→맏이→으뜸→마루'라는 뜻이 파생되었습니다. 종묘(宗廟)는 '사당(宗)과 사당(廟)'이란 뜻으로 조선 시대 역대의 왕과 왕비에게 제사를 지내는 사당을 일컫습니다. 지금 서울의 종로3가에 위치합니다. 종갓집의 종가(宗家)는 '한 문중에서 맏이(宗)로만 내려온 큰 집(家)'을 말합니다.

사회(社會), 회사(會社)에 사용되는 모일 사(社)자는 원래 '땅(土) 귀신(示)', 즉 토신(土神)을 의미하는 글자입니다. 이후 땅 귀신에게 제사를 지내기 위해 사람들이 모인다고 해서 '모이다'라는 의미도 생겼습니다. 사직(社稷)은 고대 중국에서 나라를 세울 때 임금이 단을 쌓아 제사를 지내던 토신(土神)과 곡신(穀神)을 일컫습니다. 옛날에는 수도를 건설할 때 궁궐 왼쪽엔 조상에게 제사를 지내는 종묘(宗廟)를, 오른쪽엔 토신(土神)과 곡신(穀神)에게 제사를 지내는 사직단(社稷壇)을 두었습니다. 이런 이유로 사직(社稷)은 나라 또는 조정이란 의미를 가지게 되었습니다. 서울 종로구에 있는 사직동(社稷洞)은 조선 시대의 사직단(社稷壇)이 있는 동네입니다.

기타(2)

**禮** 예도 례 중 礼 약 礼
보일 시(示) + 풍년 풍(豊)

**禁** 금할 금 중 禁
보일 시(示) + 수풀 림(林)

**祥** 상서로울 상 중 祥
보일 시(示) + [양 양(羊)→상]

**禪** 고요할 선 중 禅
보일 시(示) +
[오랑캐이름 선(單)]

**視** 볼 시 중 视
[보일 시(示)] + 볼 견(見)

**祿** 녹 록 중 禄
보일 시(示) + [새길 록(彔)]

예도 예(禮)자에 들어 있는 풍족할 풍(豊)자는 제사 그릇(豆) 위에 음식(曲)을 풍족하게 올려놓은 모습입니다. '귀신에게 제사(示)를 지낼 때 음식(豊)을 풍족하게 갖추어 예를 갖추다'는 뜻입니다. 예의(禮儀), 예절(禮節), 예도(禮度) 등에 사용됩니다.

금할 금(禁)자는 울창한 숲(林)속에 귀신(示)을 모시는 곳으로 '이런 곳에 가기를 금기(禁忌)시 하거나 꺼리다'는 뜻에서 금지(禁止)하다는 뜻이 파생되었습니다. 금치산자(禁治産者)는 '자기 재산(産)을 다스리는(治) 것이 금지된(禁) 사람(者)'이란 뜻으로 정신적 장애가 있어서 자기 재산의 관리, 처분을 금지하도록 한 사람입니다. 금치산자에게는 후견인(後見人)이 있게 되며, 후견인은 금치산자의 요양, 간호는 물론 그 재산상의 행위를 대리합니다.

상서로움은 복되고 길한 일이 있을 듯함을 일컫습니다. 상서로울 상(祥)자는 '제사상(示)에 양(羊)을 희생으로 바쳐 복을 비니 상서롭다'는 뜻입니다. 고대 4대 문명의 발상지, 불교의 발상지 등에 나오는 발상지(發祥地)는 '상서로운(祥) 것이 발생(發)하는 땅(地)'이란 뜻입니다.

고요할 선(禪)자는 원래 '제단(祭壇)을 설치하여 하늘에 제사(示)를 지내다'는 뜻이었으나, 이러한 제사를 지낼 때 조용히 지냈기 때문에 '고요하다'는 뜻이 생겼습니다. 나중에 불교에서 '마음을 고요히 하여 진리를 찾는다'는 뜻으로 사용하였습니다. 선종(禪宗)은 '참선(禪)을 하는 불교의 종파(宗)'로, 정신 수양을 통한 해탈을 강조한 반면, 불경의 교리(敎理)를 중시하는 종파를 교종(敎宗)이라고 합니다.

시청자(視聽者), 시각(視覺) 등에 들어가는 볼 시(視)자는 '눈(目)으로 보다'는 의미의 볼 견(見)자와 '신(神)의 뜻이나 미래를 보다'는 의미의 보일 시(示)자가 합쳐진 글자입니다.

녹 록(祿)자는 원래 귀신이 내려준 복(福)을 뜻하는 글자입니다. 이후 '(신이 준) 복(福)→(신이 준) 선물→녹봉(祿俸)→봉급(俸給)'이란 뜻이 추가되었습니다. 녹(祿)이나 녹봉(祿俸)은 관리들의 봉급을 뜻하는 말입니다. 그러니까, 공무원의 월급은 신이 내려준 복입니다. 녹읍(祿邑)은 '녹(祿)으로 주던 고을(邑)'이란 뜻으로 신라에서 고려 초기까지, 벼슬아치에게 월급 대신 고을을 배정해 주고, 그 고을에서 세금을 받을 수 있도록 해주는 것입니다.

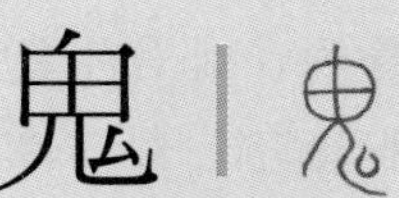

귀신 귀(鬼)
귀신의 모습

귀신 귀(鬼)자는 어진사람 인(儿)자 위에 귀신 머리가 있는 모습입니다. 중국의 주나라에는 방상씨(方相氏)라는 관직이 있었는데, 이 관직에 있는 사람은 눈이 4개 달린 탈을 쓰고, 몸에는 곰 가죽을 걸치고 악귀(惡鬼)를 물리쳤다고 합니다. 방상(方相)은 '사방(方)을 살피다(相)'는 뜻인데, 그래서 4개의 눈이 있습니다. 이런 이유로 귀신 귀(鬼)자는 이런 가면을 쓴 무당의 모습이라고도 합니다.

귀신 귀(鬼)자는 죽은 사람의 넋인 혼백(魂魄)을 뜻하기도 합니다. 가령《장화홍련전》에서는 죽은 장화와 홍련이 귀신이 되어 나타나는데, 이때의 귀신은 남을 해치는 나쁜 귀신이 아니라, 죽은 사람의 넋인 혼백(魂魄)입니다.

귀신 귀(鬼)자는 귀신에 관련되는 글자에 들어가는데, 다른 글자와 만나 소리로도 사용됩니다. 이때 '괴'로 소리가 납니다. 허수아비 괴(傀), 흙덩어리 괴(塊), 부끄러워할 괴(愧)자가 그러한 예입니다.

국가민속문화재
방상씨 탈

### 귀신과 관련한 글자

魂 넋 혼 ⓩ 魂
귀신 귀(鬼) + [이를 운(云)→혼]

魄 넋 백 ⓩ 魄
귀신 귀(鬼) + [흰 백(白)]

魔 마귀 마 ⓩ 魔
귀신 귀(鬼) + [삼 마(麻)]

醜 추할 추 ⓩ 丑
귀신 귀(鬼) + [닭 유(酉)→추]

혼(魂)자와 백(魄)자는 둘 다 죽은 사람의 넋을 뜻하지만, 차이가 있습니다. 옛사람들은 사람이 죽으면 정신적인 넋인 혼(魂)은 하늘로, 육체적인 넋인 백(魄)은 육신과 함께 땅으로 들어간다고 믿었습니다. 제사를 지낼 때 맨 먼저하는 일이 향을 피우고 땅(혹은 흙과 풀이 들어 있는 모사 그릇)에 술을 붓는데, 향을 피우는 이유는 하늘에 있는 혼(魂)을 불러오기 위함이고, 땅에 술을 붓는 이유는 땅에 있는 백(魄)을 불러오기 위함입니다.

넋 혼(魂)자에 구름의 상형인 이를 운(云)자가 들어가는 이유가 구름과 같이 하늘에 떠다니기 때문입니다. 또 넋 백(魄)자에 하얀 해골의 상형인 흰 백(白)자가 들어가는 이유는 사람이 죽어 땅에 묻히면 백골(白骨)이 되기 때문입니다. 혼비백산(魂飛魄散)은 '혼(魂)이 하늘로 날아가고(飛) 백(魄)이 땅에서 흩어지다(散)'는 뜻으로 몹시 놀라 어찌할 바를 모름을 일컫는 말입니다.

마귀 마(魔)자에는 삼 마(麻)자가 들어 있는데, 마(麻)는 삼베를 짜는 원료이지만, 동시에 대마초(大麻草)라고 부르는 마약(麻藥/痲藥/魔藥)의 원료입니다. 마귀 마(魔)자에 삼 마(麻)자가 들어가는 이유도 이와 관련이 있습니다.

추악(醜惡), 추태(醜態 ), 추잡(醜雜) 등에 사용되는 추할 추(醜)자는 '귀신(鬼)의 모습에 술(酉)까지 취해 추하다'는 뜻입니다. 누추한 옷차림의 누추(陋醜)는 '더럽고(陋) 추하다(醜)'는 뜻입니다.

### 귀신 모습과 관련한 글자

**異** 다를 이 ㊥ 异
귀신의 모습

**畏** 두려울 외 ㊥ 畏
귀신의 모습

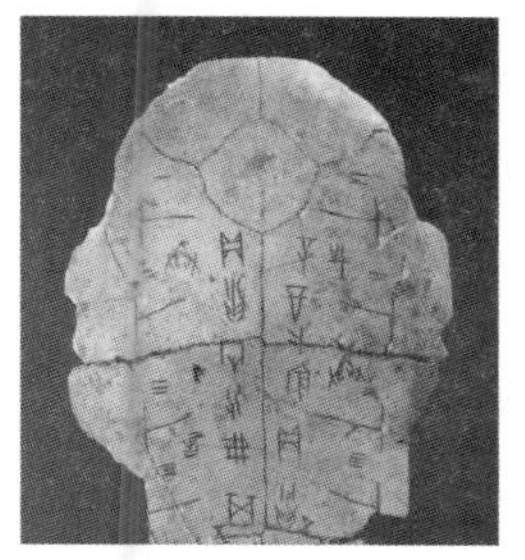
복(卜)자처럼 갈라진 모습이 보이는 거북 배의 껍질과 갑골문자

상형문자를 보면 귀신 귀(鬼)자와 비슷한 모양의 글자가 있는데, 다를 이(異)자와 두려할 외(畏)자가 그러한 글자입니다.

다를 이(異)

다를 이(異)자는 귀신이나 귀신 가면을 쓰고 춤을 추는 무당의 모습을 본떠 만든 글자입니다. '기이한 모습이 보통 사람들과는 다르다'는 의미에서 '다르다'는 뜻이 생겼습니다. 밭 전(田)자는 귀신의 머리 모습입니다. '이의를 제기하다'고 할 때 이의(異意)는 '다른(異) 의견(意)'이란 뜻입니다. 이양선(異樣船)은 '다른(異) 모양(樣)의 배(船)'로, 주로 나무로 배를 만들었던 조선 시대에 쇠로 만든 외국의 철선(鐵船)을 이르는 말입니다.

두려할 외(畏)

두려울 외(畏)자는 귀신이나 귀신 가면을 쓴 무당의 모습을 본떠 만든 글자입니다. '귀신은 두렵다'고 해서 '두렵다'라는 뜻이 생겼습니다. 경외(敬畏) 또는 외경(畏敬)은 '공경하면서(敬) 두려워하다(畏)'는 뜻입니다.

卜 | ⺊

점 복(卜)
거북 배의 껍질이나 소뼈가 갈라지는 모양

은나라 때 거북 배의 껍질이나 소뼈가 갈라지는 형태를 보고 점(占)을 쳤습니다. 점을 치는 방법은 거북의 배 껍질이나 소뼈 등에 불에 달군 쇠막대기를 찔러 거북 뼈가 갈라지는 모양을 보고 좋은지 나쁜지를 판단했습니다. 점 복(卜)자는 이와 같이 거북 배 껍질에 갈라진 모습을 나타냅니다. 점을 치고 나면 반드시 점친 결과를 거북의 배 껍질이나 소뼈에 적어 두었습니다. 이것이 바로 한자의 시작인 갑골문자입니다.

### 점과 관련한 글자

**占** 점칠 점 ㊥ 占
점 복(卜) + 입 구(口)

**卦** 점괘 괘 ㊥ 卦
점 복(卜) + [홀 규(圭)→괘]

점칠 점(占)자는 '거북 배 껍질이나 소뼈가 갈라지는 형태(卜)를 보고, 이 뜻을 입(口)으로 말하다'는 뜻입니다. 점성술(占星術)은 '별(星)의 빛이나 위치, 운행 따위를 보고 점(占)을 치는 기술(術)'로, 고대 중국, 바빌론, 인도 등지에서 발달하였고, 서양에서는 중세에 크게 성행하였습니다. 점성술은 천문학에 크게 이바지하였습니다.

점괘(占卦)는 '점(占)을 쳐서 나오는 괘(卦)'로, 이 괘를 풀이하여 길흉을 판단합니다. 원래 괘(卦)는 갑골문자가 만들어지기 전, 중국 고대 전설상의 제왕인 복희씨(伏羲氏)가 만든 글자로, 음양(陰陽)을 나타내는 효(爻)를 3개 조합하

**貞** 곧을 정 ㊥ 贞
점 복(卜) + [솥 정(鼎→貝)]

**外** 바깥 외 ㊥ 外
점 복(卜) + 저녁 석(夕)

**卓** 높을 탁 ㊥ 卓
점 복(卜) + 이를 조(早)

태극과 팔괘

여 8가지의 팔괘(八卦)를 만들었습니다. 점을 칠 때는 음과 양을 표시한 산가지를 여러 개 넣어놓은 통에서 3개나 6개를 뽑아 괘를 정합니다.

곧을 정(貞)자는 원래 '점(卜)을 치다'는 뜻입니다. 이후 '점을 칠 때 거북 배껍질이나 소뼈가 갈라지는 모습이 곧다'는 뜻이 생겼습니다. 정인(貞人)은 '은나라에서 점(貞)을 치고 기록하던 사람(人)'입니다. 정조(貞操)란 '곧은(貞) 지조(操)'입니다.

점은 보통 아침에 일어나 그날의 일에 대해 점을 쳤습니다. 또 낮에 점을 치기도 하였습니다. 바깥 외(外)자는 '저녁(夕)에 치는 점(卜)은 맞지 않다'는 뜻으로 '벗어나다, 바깥'이라는 의미를 가지게 되었습니다.

높을 탁(卓)

높을 탁(卓)자의 어원에 대해서는 정확한 해석이 없습니다. 따라서 '아침 일찍(早)에 치는 점(卜)은 적중률이 높다(卓)'고 암기하는 것이 좋을 것 같습니다. '탁월한 선택'의 탁월(卓越)은 '높게(卓) 뛰어남(越)'이란 뜻입니다. 탁자(卓子)는 '물건을 올려놓도록 높게(卓) 만든 물건(子)'이고, 탁상공론(卓上空論)은 '탁자(卓) 위(上)에서 벌이는 헛된(空) 논의(論)'로 실현성이 없는 허황된 논의를 일컫습니다.

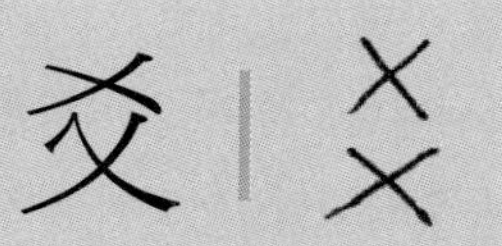

점괘 효(爻)
점을 치는 산가지가
흩어져 있는 모습

산(算)가지와 산가지를
담아두는 산통

점괘 효(爻)자는 점을 치기 위해 음(陰)이나 양(陽)을 표시한 막대기들이 흩어져 있는 모습입니다. 이 막대기들은 젓가락 크기이며 보통 대나무로 만드는데, 상아나 다른 나무를 사용하기도 합니다. 음(陰)이 표시된 막대기를 음효(陰爻)라고 하고, 양(陽)이 표시된 막대기를 양효(陽爻)라고 합니다.

또 이러한 막대기를 이용하여 숫자를 세거나 계산을 하기도 하여 우리나라에서는 산(算)가지라 불렀고, 중국 한나라 때 발명한 주산(珠算)과 함께 조선 시대까지 사용되었습니다. 점괘 효(爻)자는 X자가 두 개 모여 있는 모습인데, 고대 중국에서 X자는 숫자 5(五)를 의미하는 글자이었습니다. 1, 2, 3, 4는 각각 산가지를 一, 二, 三,...과 같이 숫자만큼 수평으로 배열하였고, 5는 두 개의 산가지를 겹쳐 X로 표시하였습니다. 그리고 10은 산가지 하나를 수직으로 세워 놓은 모습(丨)이었습니다.

산가지를 담아두는 통을 산통(算筒)이라 부르며, 중간에 누군가의 방해로 일을 그르치는 것을 '산통을 깨다'라고 말하는데, 이 말은 '산통이 깨어져 점을 칠 수 없다'는 뜻입니다.

### 산가지와 관련한 글자

**敎** 가르칠 교 ⓩ 教
점괘 효(爻) + 아들 자(子) + 칠 복(攵)

**學** 배울 학 ⓩ 学 ⓨ 学
아들 자(子) + 절구 구(臼) + 점괘 효(爻) + 집 면(宀→冖)

**覺** 깨달을 각 ⓩ 觉 ⓨ 覚
볼 견(見) + 절구 구(臼) + 점괘 효(爻) + 집 면(宀→冖)

교실(敎室), 교사(敎師) 등에 들어가는 가르칠 교(敎)자는 '아이(子)들을 때려가며(攵) 산가지(爻)를 들고 숫자를 가르치다'는 뜻입니다. 불교(佛敎), 기독교(基督敎), 회교(回敎), 유교(儒敎), 천도교(天道敎) 등에 들어가는 교(敎)자는 종교(宗敎)라는 뜻입니다. 대부분 종교(宗敎)에서는 신의 말씀이나 옛 성현의 말씀을 후세에게 가르쳤습니다. 그래서 가르칠 교(敎)자는 종교(宗敎)라는 뜻도 가지고 있습니다. 종교(宗敎)라는 말 자체가 '으뜸 또는 높은(宗) 가르침(敎)'이란 뜻입니다.

배울 학(學)자는 '집(宀→冖)에서 아들(子)이 두 손(臼)으로 산가지(爻)를 들고 숫자를 배우다'는 뜻입니다. 물리학(物理學)은 '물체(物)의 이치(理)를 배우는 학문(學問)'이란 뜻으로, 자연에 있는 물체나 물질의 상호작용과 물체나 물질의 성질(물성)을 탐구하는 자연과학의 한 분야입니다. 물리학이라는 말의 어원인 피직스(physics)는 원래 그리스어로 자연을 뜻합니다. 화학(化學)은 '물질의 상태나 성질의 변화(變化)에 대해 배우는 학문(學問)'입니다.

깨달을 각(覺)자는 '집(宀→冖)에서 두 손(臼)으로 산가지(爻)를 들고 숫자를 배우는데, 눈으로 보면서(見) 깨닫게(覺) 되다'는 뜻입니다. 각성(覺醒)은 '깨닫고(覺) 깨어나다(醒)'는 뜻으로 정신을 차리거나 자신의 잘못을 깨달음을 일컫는 말입니다.

### 기타

**希** 바랄 희 ⓩ 希
수건 건(巾) + 점괘 효(爻)

**稀** 드물 희 ⓩ 稀
벼 화(禾) + [바랄 희(希)]

**爽** 시원할 상 ⓩ 爽
큰 대(大) + 점괘 효(爻) X 2

효(爻)자가 산가지가 아니라, 베를 성기게 짠 모습을 나타내는 경우도 있습니다.

바랄 희(希)자는 '베(巾)의 올이 효(爻)라는 글자처럼 성기다'는 뜻입니다. 이후 '성기다→드물다→희소성(稀少性)이 있다→(희소성이 있는 것을) 바라다→희망(希望)한다'는 뜻이 생겼습니다. 나중에 '드물다'라는 원래의 뜻을 살리기 위해 벼 화(禾)자를 붙여 드물 희(稀)자가 되었습니다. 즉, '벼(禾)를 드문드문 성기게 심었다'는 뜻입니다. '희미하다'의 희미(稀微)는 '드물고(稀) 작다(微)'는 뜻이고, '희한하다'의 희한(稀罕)은 '드물고(稀) 드물다(罕)'는 뜻입니다.

시원할 상(爽)자는 큰 사람(大)이 성긴 올의 옷(爻爻)을 두르고 있는 모습에서 '시원하다'는 뜻이 생겼습니다. 정말 상쾌(爽快)해 보입니다.

# 생활 4-17 나라와 고을

둘러싸일 위(囗) | 고을 읍(邑)

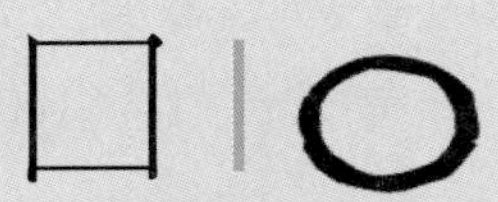

둘러싸일 위(囗)
나라 국(囗)
둘러싼 울타리의 모습

고대 중국인들은 자신들이 모여 사는 지역이나 나라를 동그라미(○)로 표시하였습니다. 둘러싸일 위(囗)자는 이러한 동그라미(○)가 변한 글자로, '지역, 나라, 울타리, 경계, 둘러싸다' 등의 뜻을 가지고 있습니다. 또 둘러싸일 위(囗)자는 나라 국(國)자의 옛 글자이기도 합니다.

둘러싸일 위(囗)자는 입 구(口)자와 모양이 같으나, 대부분의 경우 글자 바깥을 둘러싸므로 입 구(口)자와 구별이 됩니다.

### 지역과 나라

**或** 혹시 혹 ⓒ 或
창 과(戈) + 둘러싸일 위(囗) + 한 일(一)

**域** 지경 역 ⓒ 域
흙 토(土) + 혹시 혹(或)

**國** 나라 국 ⓒ 国 ⓐ 国
둘러싸일 위(囗) + 혹시 혹(或)

혹시 혹(或)자는 땅(一) 위의 지역(囗)을 창(戈)으로 지키는 모습으로 원래 '지경(땅의 경계)'이나 '나라'를 나타내는 글자였으나, 혹시(或是)라는 뜻으로 가차되어 사용되었습니다.

이후 혹(或)자는 원래의 의미를 살리기 위해 흙 토(土)자가 추가되어 지경 역(域)자가 되었습니다. 영역(領域)은 '다스리는(領) 지역(地域)'을 말합니다. 경제수역(經濟水域)은 '경제(經濟)적 권리를 가질 수 있는 물(水)의 영역(領域)'이란 뜻으로 바다에 대한 경제적인 권리, 즉 어업과 자원 등을 보유, 관할할 수 있는 영역이며, 보통 연안에서 200해리까지입니다.

또 혹(或)자의 둘레에 울타리(囗)를 쳐서 나라 국(國)자도 만들었습니다. 동국대학교(東國大學校), 《동국문헌비고(東國文獻備考)》, 《동국여지승람(東國輿地勝覽)》, 《동국이상국집(東國李相國集)》 등에 나오는 동국(東國)은 '중국의 동(東)쪽에 있는 나라(國)', 즉 우리나라를 가리킵니다.

### 둥근 원

**團** 둥글 단 ⓒ 团 ⓐ 团
둘러싸일 위(囗) + [오로지 전(專)→단]

한글의 이응(ㅇ)이나 영어의 오(O)와 같은 동그라미가 한자에는 없습니다. 하지만 갑골문자 문자를 보면 동그라미가 있습니다. 그런데 붓을 사용하기 시작하면서 모든 글자는 직선화되었고, 따라서 동그라미도 네모로 변했습니다. 따라서 둘러싸일 위(囗)자는 동그라미를 뜻하는 글자이기도 합니다.

둥글 단(團)자에 들어가는 오로지 전(專)자는 원래 둥근 실패(叀)를 손(寸)

員 인원 원 중 员 약 貟
둘러싸일 위(囗) +
솥 정(鼎→貝)

圓 둥글 원 중 圆
둘러싸일 위(囗) +
[인원 원(員)]

回 (원형으로) 돌 회 중 回
둘러싸일 위(囗) X 2

迴 돌아올 회 중 回
길게걸을 인(廴) + [돌 회(回)]

구상성단

산개성단

오로지 전(專)

으로 잡고 있는 모습을 본떠 만든 글자입니다. 여기에 동그라미(○→囗)를 추가하여 '둥글다'라는 의미의 글자를 만들었습니다. 이후 '둥글다→모이다→덩어리→모임→단체(團體), 집단(集團)' 등의 뜻이 생겼습니다. 기단(氣團)은 '공기(氣)의 덩어리(團)'라는 말로, 넓은 지역에 걸쳐 같은 온도와 습도를 가진 공기의 덩어리입니다. 발원지에 따라 적도기단, 열대기단, 한대기단, 북극기단 따위가 있습니다. 이러한 기단이 서로 만나는 경계선을 전선(前線)이라고 합니다. 성단(星團)은 '별(星)의 집단(團)'으로, 별이 조밀하게 모여 있는 집단입니다. '둥근 공(球) 모양(狀)'의 구상성단(球狀星團)과 '흩어져(散) 열려(開)' 있는 산개성단(散開星團) 등이 있습니다.

인원 원(員)

인원 원(員)자의 상형문자를 보면 둥근 원(○→囗) 아래에 솥 정(鼎→貝)자가 있습니다. 즉 둥근 원을 강조하기 위해 둥근 솥을 그린 모습입니다. 나중에 '인원, 수효(數爻)'라는 뜻이 생기면서 '둥글다'는 원래의 뜻을 분명히 하기 위해 다시 한 번 둥근 원(○→囗)을 바깥에 둘러싸서 둥글 원(圓)자를 새로 만들었습니다. 위원(委員)은 '어떤 일을 맡은(委) 인원(員)'입니다.

돌 회(回)자는 '둥글고(○→囗) 둥글게(○→囗) 돌아가다'는 뜻입니다. 나중에 길게걸을 인(廴)자가 추가되어 돌아올 회(迴)자가 되었습니다. 회전(回轉/迴轉)은 '돌아서(回/迴) 구르다(轉)'는 뜻입니다. 윤회(輪迴)는 '바퀴(輪)가 굴러 돌아오다(迴)'는 뜻으로 불교에서는 수레바퀴가 끊임없이 구르는 것과 같이 중생이 삶과 죽음을 반복해서 돌고 도는 일을 말합니다. 이슬람(Islam)교를 한자로는 회교(回敎)라고 하는데, 회교(回敎)는 '회흘족(回紇族: 위구르족)이 전해준 종교(敎)'라는 뜻입니다. 중국에서는 회회교(回回敎)라고 하였고, 이후 회교(回敎)라고 불렀습니다. 고려 시대의 가요인 〈쌍화점(雙花店)〉을 보면, "만두집에 만두 사러 갔더니만, 회회(回回) 아비 내 손목을 쥐더이다"라는 구절이 있는데, 여기에 나오는 회회(回回) 아비는 이슬람교도, 즉 아라비아 사람을 말합니다. 당시 고려는 원나라의 지배하에 있으면서 외국과의 교류가 매우 많았고, 이러한 외국인에 의해 '고려(Kore)의 땅(~a)'이란 뜻의 '코리아(Korea)'라는 이름이 전 세계로 알려졌습니다. 영어 접미사 ~a는 땅을 의미합니다. 이탈리아, 아라비아, 리비아, 콜롬비아, 아시아, 오세아니아 등 지명을 보면 대부분 '~아(~a)'로 끝납니다.

## 둘레와 관련한 글자

韋 가죽 위 중 韦
둘러싸일 위(口) + 2개의 발

圍 둘레 위 중 围 약 囲
둘러싸일 위(口) + [가죽/둘러쌀 위(韋)]

圈 둘레 권 중 圈
둘러싸일 위(口) + [책 권(卷)]

가죽 위(韋)

가죽 위(韋)자는 원래 성이나 지역(口)의 아래위로 발의 모습을 그려 '둘러싸다'라는 의미를 가진 글자였으나, 나중에 '가죽'이란 의미가 생겼습니다. 이후 원래의 의미를 보존하기 위해 둘러싸일 위(口)자를 추가하여 둘레 위(圍)자가 만들어졌습니다. 주위(周圍), 범위(範圍), 포위(包圍) 등에 사용됩니다.

둘레 권(圈)자에 들어가는 책 권(卷)자는 원래 '둘둘 말다'는 뜻을 가졌는데, '옛 중국에서 대나무 죽간(竹簡)으로 만든 책을 두루마리처럼 말았다'고 해서 책이라는 의미가 생겼습니다. 이후 원래의 뜻을 보존하기 위해 둘러싸일 위(口)자를 추가하여 둘레 권(圈)자가 만들어졌습니다. 수도권(首都圈)은 '수도(首都)의 둘레(圈)'이며, 대기권(大氣圈)은 '큰(大) 공기(氣)가 있는 지구 둘레(圈)'로, 지상에서 약 1000km까지를 이릅니다.

## 둘러싸인 물건과 사람

固 굳을 고 중 固
둘러싸일 위(口) + [예 고(古)]

困 곤할 곤 중 困
둘러싸일 위(口) + 나무 목(木)

菌 버섯 균 중 菌
풀 초(艹) + 둘러싸일 위(口) + 벼 화(禾)

囚 가둘 수 중 囚
둘러싸일 위(口) + 사람 인(人)

굳을 고(固)자는 '둘러싸인(口) 채로 오래되면(古) 굳어져 버리다'는 뜻입니다. 응고(凝固)는 '엉겨서(凝) 굳음(固)'이란 뜻이고, 액체가 고체가 되는 현상을 말합니다. 고유명사(固有名詞)는 '굳어져(固) 있는(有) 이름(名)을 나타내는 말(詞)'입니다.

곤할 곤(困)자의 '곤하다'는 '기운 없이 나른하다'는 뜻입니다. 이 글자는 원래 '나무(木)가 울타리에 둘러싸여(口), 더 이상 자라지 못하고 괴롭다'는 뜻입니다. 이후 '괴롭다→시달리다→지치다→졸리다→곤하다' 등의 뜻이 생겼습니다. 곤궁(困窮), 곤란(困難), 빈곤(貧困), 피곤(疲困) 등에 들어갑니다. 식곤증(食困症)은 '음식을 먹은(食) 뒤에 몸이 나른해지고 졸음(困)이 오는 증상(症)'이고, 춘곤증(春困症)은 '겨울에서 봄(春)이 오면 몸이 나른해지고 졸음(困)이 오는 증상(症)'입니다.

버섯이나 곰팡이를 뜻하는 버섯 균(菌)자는 '벼(禾)를 밀폐된 창고(口)에 넣어 두면 풀(艹)의 일종인 곰팡이나 버섯(菌)이 생기다'는 뜻입니다. 옛 중국 사람들은 버섯이나 곰팡이를 풀로 여겼습니다. 세균(細菌)은 '미세(細)한 균(菌)'이란 뜻으로 단세포 생물을 말합니다.

가둘 수(囚)자는 '사람(人)을 울타리(口)에 가두다'는 뜻입니다. 죄(罪)를 짓고 감옥에 갇힌 사람을 죄수(罪囚) 혹은 수인(囚人)이라고 합니다. 둘러싸일 위

(囗)자는 이와 같이 감옥을 뜻하는 글자에도 들어갑니다. 감옥에 갇힌 사람을 '영어(囹圄)의 몸이 되었다'고 표현하는데, 이때 영어(囹圄)는 감옥이란 뜻입니다.

### 기타

**園** 동산 원 중 园
둘러싸일 위(囗) + [옷 길/성씨 원(袁)]

**因** 인할 인 중 因
둘러싸일 위(囗) + 큰 대(大)

**圖** 그림 도 중 图 약 図
둘러싸일 위(囗) + [그림 도(啚)]

낙원(樂園), 공원(公園), 농원(農園), 정원(庭園) 등에 들어가는 동산 원(園)자는 원래 둘러싸인 울타리를 뜻하는 글자입니다. 이후 '울타리→구역→밭→뜰→동산'이란 뜻이 생겼습니다.

인할 인(因)자는 돗자리(囗) 위에 사람이 큰 대(大)자로 누워 있는 모습으로 원래는 '돗자리'를 의미하였습니다. 이후 '돗자리→(돗자리에) 의지하다→친하게 지내다→인연(因緣)→인하다→까닭→원인(原因)' 등의 뜻이 생겼습니다. 인과응보(因果應報)는 '원인(因)과 결과(果)는 마땅히(應) 갚다(報)'는 뜻으로 불교에서 전생(前生)에 지은 선악의 결과에 따라 현세의 행과 불행이 있고, 현세에 지은 선악의 결과에 따라 내세(來世)에서 행과 불행이 있음을 일컫습니다.

그림도(啚)
마을 비(啚)

그림 도(圖)자에 들어 있는 그림 도(啚) 혹은 마을 비(啚)자는 마을 모습을 그린 것으로 추측합니다. 이 글자는 '그림'이나 '지도'라는 뜻과 함께 '성 밖이나 변방의 마을'이란 뜻도 있기 때문입니다. 이후 이 글자의 뜻을 분명히 하기 위해 그림이나 지도의 테두리(囗)를 추가하였습니다. 도화지(圖畵紙)는 '그림(圖)을 그리는(畵) 종이(紙)'이고, 지도(地圖)는 '땅(地)의 그림(圖)'입니다. 《어린도책(魚鱗圖册)》은 '물고기(魚) 비늘(鱗)처럼 생긴 지도(圖)를 모아 놓은 책(册)'으로, 중국의 송나라 때부터 청나라 때까지 조세(租稅) 징수를 위한 토지대장(土地臺帳)입니다. 일정한 구역의 전체 토지를 세분한 지도의 모양이 물고기 비늘과 같다 해서 어린도책이라는 이름이 붙었습니다. 오감도(烏瞰圖)는 '까마귀(烏)가 내려다볼(瞰) 때의 모양을 그린 그림(圖)이란 뜻으로, 시인 이상(李箱, 1910~1937년)이 1934년 조선중앙일보에 연재하었던 시입니다. 오감도(烏瞰圖)라는 말은 조감도(鳥瞰圖)라는 말에서 나온 것으로 추측됩니다. 조감도(鳥瞰圖)는 '공중에서 새(鳥)가 내려다볼(瞰) 때의 모양을 그린 그림(圖)'으로, 입체도(立體圖)를 말합니다. 건축을 전공하고 건축 분야에서 일을 하였던 이상에게 익숙한 용어인 조감도를 조금 비틀어 오감도(烏瞰圖)라는 말을 만들었을 것으로 추측합니다.

아파트 조감도

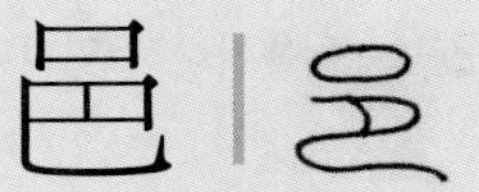

고을 읍(邑/阝)
고을(口)과
사람(巴)의 모습

고을 읍(邑)자의 상형문자를 보면 지역을 나타내는 동그라미(○) 아래에 꿇어앉아 있는 사람의 상형인 꼬리 파(巴)자가 들어 있습니다. '울타리로(○→口) 둘러싸인 곳에 사람(巴)들이 살고 있다'는 뜻입니다.

고을 읍(邑)자는 간략하게 읍(阝)자로 쓰는데, 언덕 부(阜/阝)자의 간략형과 똑같이 생겼습니다. 하지만 언덕 부(阜/阝)자는 항상 왼쪽(阿, 險, 隔, 障)에, 고을 읍(阝)자는 항상 오른쪽(鄭, 郡, 都, 郎)에 사용됩니다. 고을 읍(邑/阝)자는 나라, 지역, 지명 등을 나타내는 글자에 들어갑니다.

### 행정구역과 관련한 글자

**都** 도읍/우두머리 도 ⓩ 都
고을 읍(邑/阝) +
[사람 자(者)→도]

**鄙** 마을/더러울 비 ⓩ 鄙
고을 읍(邑/阝) +
[마을 비(啚)]

**郡** 고을 군 ⓩ 郡
고을 읍(邑/阝) +
[임금 군(君)]

갑골문자를 만든 은(殷)나라를 멸망시킨 주(周)의 무왕(武王)이 공을 세운 신하들과 친척들에게 땅을 나누어 주고, 제후(諸侯)로 봉(封)하여 다스리게 함으로써 중국 최초의 봉건제(封建制)가 시작되었습니다. 봉건제(封建制) 하에서 각 제후들은 여러 개의 고을로 이루어진 제후국(諸侯國)을 가지게 되었고, 여러 개의 고을 중 중심이 되는 고을(邑)을 도읍(都邑)이라 불렀고 나머지 고을(邑)을 비읍(鄙邑)이라 불렀습니다.

도읍 도(都)자의 도읍은 나라의 수도(首都)를 말합니다. 수도는 도시의 우두머리이기 때문에, 우두머리라는 뜻도 생겼습니다. 도독(都督)은 '우두머리(都) 감독관(督)'이란 뜻으로, 중국에서 지방 관아나 외지를 통치하던 기관의 최고 우두머리 벼슬입니다. 도호부(都護府)는 '백성을 보호하는(護) 우두머리(都) 관청(府)'으로 중국 당나라와 우리나라의 고려 시대와 조선 시대의 지방행정 기관입니다. 이외에도 도승지(都承旨), 도병마사(都兵馬使), 도원수(都元帥), 도방(都房), 도감(都監) 등 도(都)자가 들어가는 말이 국사 책에 자주 등장하는데, 도(都)자가 들어가면 '우두머리'나 '최고'라는 뜻으로 생각하면 됩니다.

마을 비(鄙)자에 들어가는 마을 비(啚)자는 마을의 모습을 그린 것으로 추측됩니다. 나중에 뜻을 분명히 하기 위해 고을 읍(邑/阝)자가 추가되어 마을 비(鄙)자가 되었습니다. 또 이러한 마을은 더럽다고 해서 '더럽다'는 뜻도 생겼습니다. 비열(鄙劣), 야비(野鄙) 등의 글자에 사용됩니다.

고을 군(郡)자는 '임금(君)이 다스리는 고을(邑/阝)'이라는 뜻입니다. 주(周)나라 때의 행정구역을 말하며, 현(縣) 단위 바로 아래의 고을을 나타냅니다. 전국 시대 이후로는 현(縣)이 군(郡)의 아래가 되었습니다. BC 221년 진(秦)나라의 시황제가 천하를 통일하여 전국을 36개의 군(郡)으로 나누고, 다시 군은 몇 개의 현(縣)으로 나누어 통치하는 군현제(郡縣制)를 실시하였습니다. 군현제(郡縣制) 하에서는 중앙에서 직접 군수(郡守)나 현령(縣令)을 파견하여 다스림으로써 강력한 중앙집권식 왕권정치가 시행되었습니다. 이로써 제후가 다스렸던 봉건제가 완전히 붕괴되었습니다. 우리나라의 행정구역 단위인 군(郡)과 읍(邑)이나, 일본의 행정구역 단위인 현(縣)이 모두 고대 중국에서 나온 용어입니다. 한사군(漢四郡)은 '한(漢)나라에서 설립한 네(四) 개의 고을(郡)'이란 뜻으로, BC 108년, 한나라가 위만조선을 멸망시킨 후, 위만조선이 있었던 지역에 설치한 낙랑군, 임둔군, 진번군, 현도군 등 4개의 고을입니다.

### 나라나 땅이름

**邦** 나라 방 ⓩ 邦
고을 읍(邑/阝) +
[우거질 봉(丰)→방]

**鄭** 나라이름 정 ⓩ 郑
고을 읍(邑/阝) +
[바칠 전(奠)→정]

**邱** 땅이름 구 ⓩ 邱
고을 읍(邑/阝) +
[언덕 구(丘)]

나라 방(邦)자는 원래 '우거진(丰) 나무로 경계를 삼은 땅이나 고을(邑/阝)'로, 나라라는 뜻을 가졌습니다. 우방(友邦)은 '친구(友)의 나라(邦)'라는 뜻으로, 가까이 사귀는 나라입니다. 《아방강역고(我邦疆域考)》는 '우리(我) 나라(邦)의 경계(疆)와 영역(域)을 살핌(考)'이란 뜻으로, 1811년(순조 11년) 정약용이 한국의 영토와 경계를 중국과 한국의 문헌을 중심으로 살펴서 쓴 지리서입니다.

나라이름 정(鄭)자는 원래 '제사(奠)를 잘 지내는 고을(邑/阝)'이라는 뜻입니다. 바칠 전(奠)자는 제단(ㅠ→大)에 익은 술(酋)을 올리는 모습으로 제사를 의미합니다. 정(鄭)나라는 춘추 시대에 섬서성(陝西省)에 있었던 나라입니다. 아마도 제사를 잘 지내는 나라로 짐작됩니다. 정(鄭)자는 우리나라의 성씨 중 하나입니다.

땅이름 구(邱)자는 '언덕(丘)에 있는 고을(邑/阝)'이란 뜻으로 '언덕'이란 뜻도 함께 가지고 있습니다. 대구(大邱)는 경상북도에 위치한 도시입니다. 또 대구에 있는 청구고등학교의 청구(靑丘/靑邱)는 '푸른(靑) 언덕(邱)'이란 뜻으로 옛 중국에서 우리나라를 일컫던 말입니다. 누런 황토 흙이 많았던 중국에서 볼 때, 우리나라에는 푸른 산과 강이 많아 이런 이름을 붙었으리라 짐작합니다. 그러나 청구(靑丘)의 원래 의미는 동쪽의 바다 밖에 있는 신선(神仙)이 사는 세계의 이름입니다. 《청구영언(靑邱永言)》은 '우리나라(靑邱)에서 오랫동안(永) 말(言)로 전해오는 시조들을 모아 만든 책'으로, 조선 영조 4년(1728년)에 김천택(金天澤)이 역대 시조를 수집하여 펴낸 최초의 시조집입니다. 시조 998수와 가사 17편이 실려 있으며, 《해동가요》, 《가곡원류》와 함께 3대 시조집으로 불립니다.

## 땅이름이 가차되어 사용됨

**那** 어찌 나 ㊥ 那
고을 읍(邑/⻏) + [나아갈 염(冄)→나]

**郎** 사내 랑 ㊥ 郎
고을 읍(邑/⻏) + [어질 량(良)→랑]

**邪** 간사할 사 ㊥ 邪
고을 읍(邑/⻏) + [어금니 아(牙)→사]

**耶** 어조사 야 ㊥ 耶
고을 읍(邑) + [귀 이(耳)→야]

**部** 떼 부 ㊥ 部
고을 읍(邑/⻏) + [침 부(咅)]

땅이름은 가차되어 다른 뜻의 글자로 사용되는 경우가 많습니다. 아래에 나오는 글자는 모두 그러한 글자입니다.

어찌 나(那)자는 원래 중국 서쪽 지방의 땅이름이었으나, 가차되어 '어찌'라는 뜻으로 사용됩니다. 인도차이나(Indochina)를 한자로 **인도지나(印度支那)**라고 하는데, 이때 지나(支那)는 영어 차이나(China)가 한자로 변하면서 생긴 낱말입니다. 즉, '진(秦)→진(Chin)→진(Chin)의 땅(~a)→진아(China)→지나(支那)'로 변화하였습니다.

사내 랑(郎)자는 원래 중국 춘추전국 시대에 노(魯)나라의 땅이름이었으나, 가차되어 사내라는 의미로 사용됩니다. 신라 시대에 왕과 귀족의 자제로 외모가 단정한 사람으로 조직된 청소년 단체인 **화랑(花郎)**은 '꽃(花) 같은 사내(郎)'라는 뜻으로 요즘 말로 하면 꽃미남입니다. 심신의 단련을 목표로 하였고, 국가에서 인재를 뽑아 쓰기도 하였습니다. '화랑(花郎)의 세계(世)를 기록함(記)'이란 뜻의 **《화랑세기(花郎世記)》**는 통일신라의 학자 및 정치가인 김대문(金大問)이 화랑의 세계에 대해 쓴 책입니다. 책 내용에는 "어진 재상과 충성스러운 신하가 여기에서 나왔고, 훌륭한 장수와 용감한 병사가 여기에서 생겼다"라고 기록되어 있습니다.

간사(奸邪), 사악(邪惡) 등에 사용되는 간사할 사(邪)자도 원래 중국 전국 시대에 제(齊)나라의 고을 이름이었으나, 가차되어 '간사하다'는 뜻이 생겼습니다. **사무사(思無邪)**는 '생각(思)에 사악한(邪) 것이 없다(無)'라는 뜻으로 마음이 올바름을 일컫는 말입니다. 《논어》의 공자 이야기에서 유래합니다.

어조사 야(耶)자도 원래 땅이름이었으나, 가차되어 어조사로 사용됩니다. 조선 시대에 기독교가 처음 들어왔을 때 예수(Jesus)를 **야소(耶蘇)**라고 불렀고, 기독교를 **야소교(耶蘇敎)**라고 불렀습니다.

떼 부(部)자는 원래 중국 신강성(新疆省)의 땅이름입니다. 이후 가차되어 사람의 무리나 떼라는 뜻이 생겼습니다. 이후 '무리, 떼→분야→(사람의 무리가 사는) 마을, **부락(部落)**→(마을을) 통솔하다, 거느리다→(통솔하는) 관청→부서' 등의 뜻이 생겼습니다. **삼부회(三部會)**는 '세(三) 무리(部)로 구성된 모임(會)'으로 성직자(제1신분), 귀족(제2신분), 평민(제3신분) 출신 의원으로 구성된 프랑스의 신분제 의회(議會)입니다. 1신분과 2신분이 의원직을 독점하자, 평민층의 불만이 고조되어 프랑스 혁명의 실마리가 되었습니다. **간부(幹部)**는 '사람들을 거느리는(部) 줄기(幹)와 같은 사람'이란 뜻으로, 회사나 조직 따위의 중심이 되는 자리에서 책임을 맡거나 지도하는 사람입니다. 외교부(外交部)는 '외국(外)과 교류하는(交) 관청(部)'이고, 영업부(營業部)는 '회사에서 영업(營業)을 담당하는 부서(部)'입니다.

### 기타

**郭** 성곽 곽 ㉧ 郭
고을 읍(邑/阝) + [누릴 향(享)→곽]

**郊** 들 교 ㉧ 郊
고을 읍(邑/阝) + [사귈 교(交)]

**郵** 우편 우 ㉧ 邮
고을 읍(邑/阝) + [드리울/변방 수(垂)→우]

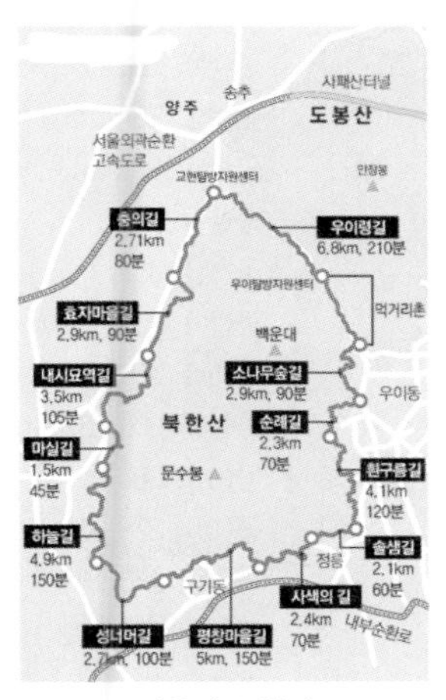

서울의 북한산 외곽의 둘레길

성곽 곽(郭)자에 들어 있는 누릴 향(享)자는 성벽 위의 높이 솟아 있는 집의 모습을 본떠 만든 글자입니다. 여기에 지역을 나타내는 고을 읍(邑/阝)을 합쳐 성곽(城郭)이란 의미를 만들었습니다. 또한 성곽은 고을 주위를 둘러싸고 있으므로 둘레라는 의미도 생겼습니다. 외곽(外郭)은 '성 밖(外)에 겹으로 쌓은 성(郭)'이란 뜻도 있지만, '바깥(外) 둘레(郭)'라는 의미도 있습니다. 또 곽(郭)자는 우리나라의 성씨 중 하나입니다.

들 교(郊)자는 주나라 때 성 밖 100리 이내의 땅(邑/阝)을 일컫는 말이었습니다. 이후 '성 밖→들→근교(近郊)→시골'이란 뜻이 파생되었습니다. 근교농업(近郊農業)은 '도시 가까운(近) 들(郊)에서 짓는 농업(農業)'입니다. 교외(郊外)는 '들(郊)이 있는 도시 바깥(外)'이란 뜻으로, 도시 둘레의 들이나 논밭이 비교적 많은 곳을 말합니다.

우편 우(郵)자는 원래 '변방(垂)에 있는 고을(邑/阝)'이란 뜻입니다. 이후 '변방의 고을→(변방으로 가는) 역말→역참→우편(郵便)'이란 뜻이 파생되었습니다. 우정국(郵政局)은 '우편(郵)을 다스리는(政) 관청(局)'으로, 조선 후기에 체신 사무를 맡아보던 관청으로 오늘날의 우체국(郵遞局)입니다. 우표(郵票)는 '우편물(郵便物)에 붙이는 표(票)'입니다. 등기우편(登記郵便)은 '기록(記)을 올리는(登) 우편(郵便)'으로, 우체국에서 우편물의 배달을 보증하기 위하여 우편물의 접수자와 접수일자, 배달한 날짜와 받은 사람의 이름을 기록합니다.

■ 1권 부수글자 쪽수
■ 2권 소리글자 쪽수

## (ㄱ)

### (ㄴ)

## (ㄷ)



## (ㄹ)

## (ㅅ)

## (ㅇ)

## (ㅊ)

## (ㅋ)



## ㅌ)

## ■ 1획

一(한 일) 하나를 나타내는 모습
丨(뚫을 곤) 상하로 통하는 모습
丶(점 주) 멈추는 곳에 찍는 표시
丿(삐침 별) 오른쪽에서 왼쪽으로 삐친 형상
乙(새 을) 나무 등이 굽어 있는 모습
亅(갈고리 궐) 갈고리

## ■ 2획

二(두 이) 둘의 모습을 나타내는 모습
亠(*뜻 없음 두) 알 수 없는 문자임
人/亻(사람 인) 사람의 옆 모습
儿(어진사람 인) 다른 글자의 아래에 들어가는 사람 인(人)
入(들 입) 앞이 뾰족한 모습
八(여덟 팔) 둘로 나누어져 있는 모습
冂(멀 경) 세로 두 줄은 길을, 가로 한 줄은 길의 끝을 나타내어 멀다는 의미를 표시
冖(덮을 멱) 머리에 쓰는 두건
冫(얼음 빙) 얼음의 상형에서 변화된 글자
几(안석 궤) 다리가 있는 책상
凵(입벌릴 감) 함정이나 그릇
刀/刂(칼 도) 칼
力(힘 력) 쟁기의 모습
勹(쌀 포) 배가 불룩 나오거나 팔을 뻗어 껴안은 모습
匕(비수 비) 오른쪽을 향한 사람 혹은 숟가락
匚(상자 방) 네모난 상자
匸(감출 혜) 물건을 덮어 가리는 모습
十(열 십) 10을 나타내는 기호
卜(점 복) 거북 배 껍질이나 소 뼈가 갈라지는 모양
卩(병부 절) 꿇어앉아 있는 사람
厂(언덕 엄,한) 비탈진 언덕이나 절벽
厶(나 사) 팔을 안으로 굽힌 형상 혹은 무엇을 둘러싼 모습으로 내 것을 의미
又(또 우) 오른쪽에서 내민 손

## ■ 3획

口(입 구) 벌리고 있는 입
囗(둘러싸일 위, 나라 국) 둘러싼 울타리의 모습
土(흙 토) 흙덩어리
士(선비 사) 자루가 없는 큰 도끼
夂(뒤져올 치) 아래로 향한 발
夊(천천히걸을 쇠) 아래로 향한 발
夕(저녁 석) 하늘의 달
大(큰 대) 양팔과 양다리를 벌리고 서 있는 사람
女(여자 녀) 다소곳이 앉아 있는 여자
子(아들 자) 팔을 벌리고 있는 아기
宀(집 면) 움막집
寸(마디 촌) 맥이 있는 오른손
小(작을 소) 작은 새싹이 땅을 뚫고 나오는 모습
尢(절름발이 왕) 한쪽 다리가 굽어진 사람(大)의 모습
尸(주검 시) 죽어서 누워 있는 사람 혹은 사람이 사는 집
屮(왼손 좌) 왼쪽에서 내민 손

山(뫼 산) 봉우리가 3개인 산
巛/川(내 천) 흘러가는 물
工(장인 공) 진흙을 바르고 고르는 데 사용하는 흙손
己(몸 기) 줄 혹은 상체를 구부리고 꿇어앉아 있는 사람
巾(수건 건) 나무에 걸린 천
干(방패 간) Y자 모양의 방패
幺(작을 요) 실의 모습
广(돌집 엄) 한쪽 벽에 붙여 지은 집이나 한쪽 벽이 없는 집
廴(길게걸을 인) 걸을 척(彳)자의 변형
廾(손맞잡을 공) 나란히 위로 내민 두 손
弋(주살 익) 말뚝 혹은 문지방
弓(활 궁) 낙타 등 모양으로 굽은 활
彐/彑(돼지머리 계) 오른쪽에서 왼쪽으로 내민 손
彡(터럭 삼) 털이 나 있는 모습이나 빛나는 모습
彳(걸을 척) 다닐 행(行)자의 왼쪽 절반

## ■ 4획

心/忄(마음 심) 심장
戈(창 과) 고대 중국의 창
戶(지게 호) 문(門)의 한쪽
手/扌(손 수) 5개의 손가락을 가진 손
支(가지 지) 손(又)에 나뭇가지(十)를 들고 있는 모습
攴/攵(칠 복) 손(又)에 막대기(卜)를 들고 있는 모습. 복(卜)자가 소리로도 사용됨
文(글월 문) 몸에 문신을 새긴 사람
斗(말 두) 국자
斤(도끼 근) 세워 놓은 도끼
方(모 방) 깃발 혹은 쟁기
无(없을 무) 없을 무(無)자의 다른 형태
日(해 일) 하늘의 해
曰(가로 왈) 입과 소리의 모습
月(달 월) 하늘의 달
木(나무 목) 나무
欠(하품 흠) 입을 크게 벌린 사람
止(그칠 지) 위로 향한 발
歹/歺(부서진뼈 알) 부서진 뼈
殳(창 수) 손에 막대기나 무기를 들고 있는 모습
毋(말 무) 어미 모(母)자와 같은 모습
比(견줄 비) 같은 방향을 향한 두 사람
毛(털 모) 털
氏(뿌리 씨) 나무의 뿌리
气(기운 기) 수증기나 구름
水/氺/氵(물 수) 물이 흐르는 모습
火/灬(불 화) 불이 타오르는 모습
爪(손톱 조) 위에서 아래로 내민 손
父(아비 부) 회초리를 든 손
爻(점괘 효) 점을 치는 산가지가 흩어져 있는 모습
爿(나무조각 장) 90도 돌려 놓은 침상의 모습
片(조각 편) 나무 목(木)자를 반으로 나눈 모습
牙(어금니 아) 어금니
牛(소 우) 소의 뿔과 머리
犬/犭(개 견) 90도 돌려 놓은 개의 옆 모습

## ■ 5획

玄(검을 현) 실 사(糸)자를 꺼꾸로 뒤집어 놓은 모습
玉/王(옥 옥) 실에 꿰어 있는 3개의 구슬

瓜(오이 과) 오이 1개와 좌우로 덩굴 2개, 위의 줄기가 있는 모습
瓦(기와 와) 기와
甘(달 감) 입과 혀
生(날 생) 땅 위로 솟아 있는 새싹
用(쓸 용) 물건을 담는 통
田(밭 전) 농사를 짓는 밭
疋(발 소) 발
疒(병 녁) 침대(爿)에 누운 사람(人)
癶(등질 발) 두 발을 벌린 모습
白(흰 백) 해골, 쌀알, 손톱 등의 모습
皮(가죽 피) 손(又)으로 가죽을 벗기는 모습
皿(그릇 명) 그릇
目/罒(눈 목) 눈동자가 있는 눈
矛(창 모) 찌르는 창
矢(화살 시) 화살
石(돌 석) 산기슭(厂) 아래에 있는 바위(口)
示(보일 시, 귀신 귀) 제사를 지내는 제사상
禸(짐승발자국 유) 짐승발자국
禾(벼 화) 이삭이 달려 있는 벼
穴(구멍 혈) 동굴
立(설 립) 땅(一) 위에 서 있는 사람(大)

■ 6획

竹(대 죽) 대나무 줄기와 잎
米(쌀 미) 쌀알이 달려 있는 이삭
糸(실 사, 실 멱) 실을 꼬는 모습
缶 (장군 부) 배가 불룩한 큰 항아리
网/罒(그물 망) 물고기를 잡는 그물
羊(양 양) 뿔과 털(毛)이 난 양
羽(깃 우) 새의 깃털
老/耂(늙을 로) 지팡이를 든 노인
而(말 이을 이) 수염
耒(쟁기 뢰) 밭을 가는 쟁기
耳(귀 이) 귀의 옆 모습
聿(붓 율) 붓을 들고 있는 손
肉/月(고기 육) 고기에 힘줄이 있는 모습
臣(신하 신) 눈동자를 강조한 눈(目)
自(스스로 자) 코의 앞 모습
至(이를 지) 땅 위에 화살 시(矢)자가 거꾸로 있는 모습
臼(절구 구) 절구나 함정 혹은 아래로 나란히 내민 두 손
舌(혀 설) 입과 혀
舛(어그러질 천) 흐트러진 두 개의 발
舟(배 주) 사각형 모양의 중국 배
艮(그칠 간) 눈을 강조한 사람
色(빛 색) 한 사람(人)이 다른 사람(巴) 위에 올라 탄 형상
艸/艹(풀 초) 풀 두 포기
虍(범 호) 호랑이
虫(벌레 훼,충) 뱀
血(피 혈) 그릇(皿)에 담긴 피
行(다닐 행) 사거리
衣(옷 의) 옷
襾(덮을 아) 그릇의 뚜껑

■ 7획

見(볼 견) 사람(儿)의 머리에 눈(目)이 붙은 모양
角(뿔 각) 짐승의 뿔

| | |
|---|---|
| 言(말씀 언) | 입(口)과 혀와 소리의 모습 |
| 谷(골 곡) | 물이 흐르는 계곡의 앞 모습 |
| 豆(콩 두) | 밑받침이 있는 그릇 |
| 豕(돼지 시) | 돼지 |
| 豸(발없는벌레 치) | 웅크리고 있는 짐승 |
| 貝(조개 패) | 조개 |
| 赤(붉을 적) | 불(火)에 타고 있는 사람(大) |
| 走(달릴 주) | 사람(大)과 발(止) |
| 足(발 족) | 다리 |
| 身(몸 신) | 배가 불룩한 임산부의 옆 모습 |
| 車(수레 차,거) | 위에서 본 수레의 모습 |
| 辛(매울 신) | 문신을 새기는 침 |
| 辰(별 신) | 조개 |
| 辵/辶(갈 착) | 길(行)에 발(止)이 있는 모습 |
| 邑/阝(고을 읍) | 고을(口)과 그곳에 사는 사람(巴)의 형상 |
| 酉(닭 유) | 술 항아리 |
| 釆(분별할 변) | 짐승의 발자국 |
| 里(마을 리) | 땅(土) 위에 밭(田)이 있는 모습 |

## ■ 8획

| | |
|---|---|
| 金(쇠 금) | 주물을 만드는 거푸집 |
| 長(길 장) | 머리 긴 노인 |
| 門(문 문) | 문 |
| 阜/阝(언덕 부) | 언덕의 계단 |
| 隶(미칠 이,대) | 꼬리를 잡은 손 |
| 隹(새 추) | 새 |
| 雨(비 우) | 하늘에서 비가 내리는 모습 |
| 靑(푸를 청) | 날 생(生)자와 붉을 단(丹)자가 합쳐진 모습 |
| 非(아닐 비) | 좌우 양쪽으로 펼쳐진 새의 날개 |

## ■ 9획

| | |
|---|---|
| 面(낯 면) | 뺨이 있는 얼굴 |
| 革(가죽 혁) | 짐승의 껍질을 벗겨 펼쳐 놓은 모습 |
| 韋(가죽 위) | 두 개의 발이 성(口)을 둘러싸고 있는 모습 |
| 韭(부추 구) | 부추 |
| 音(소리 음) | 입과 나팔 |
| 頁(머리 혈) | 몸이 있는 머리 |
| 風(바람 풍) | 바람으로 가는 돛(凡)과 바람을 따라 날아다니는 벌레(虫) |
| 飛(날 비) | 나란히 펼친 두 개의 날개를 가진 새 |
| 食(밥 식) | 뚜껑이 있는 밥그릇 |
| 首(머리 수) | 머리카락이 있는 머리 |
| 香(향기 향) | 벼(禾)와 혀를 빼문 입(曰) |

## ■ 10획

| | |
|---|---|
| 馬(말 마) | 말의 옆 모습 |
| 骨(뼈 골) | 뼈의 모습에 고기 육(肉/月)자를 추가 |
| 高(높을 고) | 높이 서 있는 누각 |
| 髟(터럭 표) | 길 장(長)자와 터럭 삼(彡)자가 합쳐진 글자 |
| 鬥(싸움 각,투) | 싸우고 있는 두 사람 |
| 鬯(술창주 창) | 숟가락(匕)과 숟가락에 담긴 것 |
| 鬲(솥 력) | 3개의 다리가 있는 솥 |
| 鬼(귀신 귀) | 가면을 쓴 무당이나 귀신의 모습 |

■ 11획

| | |
|---|---|
| 魚(고기 어) | 물고기 |
| 鳥(새 조) | 새 |
| 鹵(소금밭 로) | 주머니에 싼 소금 |
| 鹿(사슴 록) | 사슴 |
| 麥(보리 맥) | 뿌리(夊)가 달린 보리(來) |
| 麻(삼 마) | 평상에 삼을 말리는 모습 |

■ 12획

| | |
|---|---|
| 黃(누를 황) | 허리에 누른 옥을 찬 모습 |
| 黍(기장 서) | 벼 화(禾)자와 물 수(水)자가 합쳐진 글자 |
| 黑(검을 흑) | 먹으로 얼굴에 문신을 새기는 모습 |
| 黹(바느질 치) | 헝겊 위에 바느질을 하는 모습 |

■ 13획

| | |
|---|---|
| 黽(맹꽁이 맹) | 맹꽁이 |
| 鼎(솥 정) | 3개의 다리가 있는 솥 |
| 鼓(북 고) | 손(又)에 북채(十)를 잡고 북(壴)을 두드리는 모습 |
| 鼠(쥐 서) | 쥐 |

■ 14획

| | |
|---|---|
| 鼻(코 비) | 코(自)와 줄 비(畀)자가 합쳐진 형성문자 |
| 齊(가지런할 제) | 가지런히 서 있는 농작물의 모습 |

■ 15획

| | |
|---|---|
| 齒(이 치) | 이빨의 모습과 그칠 지(止)자가 합쳐진 형성문자 |

■ 16획

| | |
|---|---|
| 龍(용 룡) | 용 |
| 龜(거북 귀) | 거북 |

■ 17획

| | |
|---|---|
| 龠(피리 약) | 여러 개의 피리가 있는 모습 |

도서출판 이비컴의 실용서 브랜드 **이비락**樂 은 더불어 사는 삶에
긍정의 변화를 줄 유익한 책을 만들기 위해 노력합니다.
원고 및 기획안 문의 : bookbee@naver.com